日本知识产权审理与申诉程序手册

—— 发明、实用新型、外观设计和商标 ——

（修订第18版）

国家知识产权局专利局审查业务管理部　组织编译

審判便覽（改訂第18版）

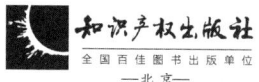

图书在版编目（CIP）数据

日本知识产权审理与申诉程序手册：发明、实用新型、外观设计和商标：修订第 18 版 / 国家知识产权局专利局审查业务管理部组织编译 . —北京：知识产权出版社，2022.9

ISBN 978－7－5130－8266－2

Ⅰ . ①日… Ⅱ . ①国… Ⅲ . ①审判—司法制度—日本　Ⅳ . ①D931.35

中国版本图书馆 CIP 数据核字（2022）第 135124 号

责任编辑：吴亚平　　　　　　　　　责任校对：王　岩
封面设计：杨杨工作室・张冀　　　　责任印制：刘译文

日本知识产权审理与申诉程序手册

发明、实用新型、外观设计和商标（修订第 18 版）

国家知识产权局专利局审查业务管理部　组织编译

出版发行：知识产权出版社有限责任公司	网　　址：http://www.ipph.cn
社　　址：北京市海淀区气象路 50 号院	邮　　编：100081
责编电话：010－82000860 转 8672	责编邮箱：yp.wu@foxmail.com
发行电话：010－82000860 转 8101/8102	发行传真：010－82000893/82005070/82000270
印　　刷：三河市国英印务有限公司	经　　销：新华书店、各大网上书店及相关专业书店
开　　本：787mm×1092mm　1/16	印　　张：45.75
版　　次：2022 年 9 月第 1 版	印　　次：2022 年 9 月第 1 次印刷
字　　数：970 千字	定　　价：286.00 元
ISBN 978－7－5130－8266－2	

出版权专有　侵权必究
如有印装质量问题，本社负责调换。

编译委员会

主　　编：魏保志

副 主 编：吴红秀

执行主编：周胡斌　穆江峰

编　　委：王大鹏　王　佶　王　婧　李英艳
　　　　　玉昌峰　冼理惠　李菲菲

编 译 说 明

在中国,为保护发明、实用新型、外观设计三种创新成果,将对该三者的保护规定于一部法律——《中华人民共和国专利法》。根据《中华人民共和国专利法》第一条、第二条之规定,中国专利法保护的客体是发明创造,即发明、实用新型和外观设计。由此可见,在中国发明、实用新型、外观设计均属于专利,是中国专利法立法体制特色之一。与中国一部法律规定发明、实用新型和外观设计保护的立法模式不同,日本对发明(特許)、实用新型(実用新案)、外观设计(意匠)的保护实行单独立法模式,即分别由『特許法』(以下称为《特许法》)、『実用新案法』(以下称为《实用新型法》)、『意匠法』(以下称为《外观设计法》)予以规范。除了这三部主要法律外,日本特许厅还制定了多部与上述法律相对应的辅助性法律法规,如『特許・実用新案審査基準』(以下称为《日本发明・实用新型审查指南》)、『特許・実用新案審査ハンドブック』(以下称为《日本发明・实用新型审查手册》)、『意匠審査基準』(以下称为《日本外观设计审查基准》)、『審判便覧』(以下称为《日本审判便览》)等。

为了加强知识产权保护工作,完善知识产权审查制度,丰富专利审查学术资源,国家知识产权局专利局审查业务管理部组织力量对《日本发明・实用新型审查指南》、《〈日本发明・实用新型审查基准〉特定技术领域适用实例》(《日本发明・实用新型审查手册》附属书B)、《日本外观设计审查基准》、《日本知识产权审理与申诉程序手册:发明、实用新型、外观设计和商标(修订第18版)》(《日本审判便览》)进行了翻译,编辑成册,供在审查实践中参考。

本书在出版过程中得到了日本贸易振兴机构北京办事处的大力支持,其为我们提供了完备的日文版本,同时给予了高度的关切。

本书仅作为理解日本知识产权审查规则的参考资料,如发现译文内容有不妥之处,请以原文为准。

本书编译组

序　言

产业财产权法及其政令省令①中规定了以驳回决定不服审判②、无效宣告审判为首的各种审判或异议、再审等与产业财产权的有效性或审查中的处分相关的争讼处理制度及其相关程序等。

不论是哪一种制度，鉴于其重要性，为了进行公正且准确的审理，均由特许厅厅长③指定合议组，按照法令规定的程序进行审理，作出审查决定④或者决定。

审判便览⑤的制定是为了便于隶属于特许厅审判部且负责审理案件的审判长、审判官以及负责庭审笔录的制作或送达等的审判书记员在按照法令规定的程序处理案件之时，在审判部内部能够统一理解法令的制定宗旨、裁判案例以及审查决定案例所示的法令的解释等，从而能够作出公正且准确的审查决定或者决定。

另外，为了便于以审判请求人、代理人为主的案件相关方通过审判便览来理解审判部的运行、审判程序的顺畅，特此公布其内容。

审判部期望通过该审判便览，能够帮助审判长、审判官、审判书记员以及案件相关人员深化理解，通过公正且准确的审理，取得可信赖的审判。

特许厅审判部

---

① 政令省令是指政府以及各部发行的命令。（全书脚注为译者注，以下不再说明）
② 驳回决定不服审判相当于中国的对驳回决定不服的审理。
③ 特许厅相当于知识产权局，特许厅厅长相当于知识产权局局长。
④ 审查决定特指经过合议组进行审理后的决定。
⑤ 即本书，下同。

日本审判便览的变迁

昭和 38 年（1963 年）3 月，日本审判便览作为审判部内部资料被制定，并于昭和 42 年（1967 年）7 月作为第一版对外公布发行。此后，伴随着审判制度相关的法律修正，规定了审判部的操作，同时不断进行修订以反映判例等实务变化。这些修订内容的概要如下。

第 8 版（平成 12 年（2000 年）9 月）

根据特许法等的修改部分的法律（平成 11 年（1999 年）法律第 41 号）规定，修改订正请求中的订正要件等相关修订。

第 9 版（平成 14 年（2002 年）10 月）

根据特许法等的修改部分的法律（平成 14 年（2002 年）法律第 24 号）规定，分离说明书和权利要求书等相关修订。

第 10 版（平成 17 年（2005 年）7 月）

根据特许法等的修改部分的法律（平成 15 年（2003 年）法律第 47 号）规定，废止特许异议申诉制度、修改无效宣告审判请求人的适格性等相关修订。

第 11 版（平成 19 年（2007 年）12 月）

根据特许法等的修改部分的法律（平成 18 年（2006 年）法律第 55 号）规定，放宽分案申请的时限要求以及禁止进行变更发明的特别技术特征的补正（关于驳回决定不服审判）、关于运作方面，删除有关特许异议申诉的记载，充实了有关商标注册异议申诉的记载等相关修订。

第 12 版（平成 21 年（2009 年）4 月）

根据特许法等的修改部分的法律（平成 20 年（2008 年）法律第 16 号）规定，修改驳回决定不服审判的请求期限、修改审判请求时进行补正的时期要件等相关修订。

第 13 版（平成 22 年（2010 年）11 月）

在口头审理中开始实行审理事项通知，订正审判、订正请求中判断请求书要旨变更与否的操作变更（允许删除权利要求的补正）等相关修订。

第 14 版（平成 24 年（2012 年）3 月）

根据特许法等的修改部分的法律（平成 23 年（2011 年）法律第 63 号）规定，审查决定的预告（其记载内容、审理过程等），以及提起审判决定撤销诉讼①后禁止请求订正审判、订正审判以及订正请求的请求单位（一组权利要求）等相关修订。

第 15 版（平成 27 年（2015 年）3 月）

根据特许法等的修改部分的法律（平成 26 年（2014 年）法律第 36 号）规定，修改特许异议申诉制度、无效宣告审判请求人的适格性等相关修订。

第 16 版（平成 27 年（2015 年）10 月）

与平成 27 年（2015 年）11 月实施的修改了部分特许法施行规则的政令省令相适应的订正相关的修改、修改审理终结通知、姓氏通知的操作等相关修订。

第 17 版（平成 30 年（2018 年）9 月）

已投入使用三年的特许异议申诉制度的操作修改、明确订正相关的说明等相关修订。

第 18 版（令和元年（2019 年）6 月）

反不正当竞争法等修改部分法律（平成 30 年（2018 年）5 月 30 日法律第 33 号）规定的记载商业秘密的判定中相关文件的阅览限制、充实无效宣告审判的审查决定等的记载事项等相关修订。

另外，虽然该审判便览着眼于给审判实务明确一定的规则，但是根据案件内容不同，也有可能采取不同于该审判便览的处理方式。

---

① 审查决定撤销诉讼是指不服审查决定而提起的诉讼，相当于我国的行政诉讼。

凡　例*

1. 该审判便览的分类如下。
（1）大分类
审判事务分为以下几大类，第一级编号如下。
0　一般
1　审判书记员负责的事务
2　形式审理事项
3　各种审判通用事项（一般）
4　各种审判通用事项（从合议到确定）
5　当事人类审判①（包含判定）
6　查定类审判②（包括补正驳回决定不服审判、特许（商标注册）异议申诉）
7　再审
8　诉讼
（2）中分类（章）
对所述大分类进一步划分，赋予第二级编号。第一级编号和第二级编号统称"章"。
（3）小分类（节）
对所述中分类进一步划分，赋予第三级以及第四级的"01～99"编号。第三级和第四级统称"节"。章和节之间标注"—"。
（4）PUDT 标记
在各节的分类末尾，为了表示本节与产业财产权法的哪一法律相关，标注 P（特许法）、U（实用新型法）、D（外观设计法）、T（商标法）。
2. 项目编号如下。

1、2、3 ……………………………………………………… 第一级项目
（1）、（2）、（3）…………………1、2、3 ……………… 包含的项目
ア、イ、ウ…………………………（1）、（2）、（3）…… 包含的项目
（ア）、（イ）、（ウ）………………ア、イ、ウ …………… 包含的项目
a、b、c………………………………（ア）、（イ）、（ウ）… 包含的项目

---

* 中文版目录、正文标题尽量与原文一致（未完全按照中文编辑规范修改）。中文版保留了日文假名序号ア、イ、ウ（相当于阿拉伯数字1、2、3）等。
① 当事人类审判是指具有请求人和被请求人对立结构的审判。即双方当事人的审判。
② 查定类审判是指不存在被请求人的审判。即只有单方当事人的审判。

另外，最上级的分类使用Ⅰ、Ⅱ等。

而且，在不表示项目分类，只是列出事项时，不使用上述编号，而是使用①、②等符号。

3. 文字遵循"公用文中的汉字使用等"（平22内阁训令第1号）、"常用汉字表"（平22内阁告示第2号），专业用语遵循以往的惯用语。

4. 当法令写明了其出处，有引用条款原文，也有简洁引用时，尽量不进行一一参照法令的烦琐的引用。

5. 缩略语的使用如下所示。

（1）（→）节等的参照

例1. 参考其他节的项目时

　　　（→51—07之1.（2））

例2. 参考同一节（例.51—07）的其他项目时

　　　（→1.（2））

例3. 参考整章时

　　　（→51—00）

（2）（→）条文的参照适用

例．在特许法第190条参照适用的民事诉讼法第106条第2款

　　　（特§190→民诉§106②）

（3）（⇒）表示程序流程

例．补正指令（特§17③）中的程序驳回（特§18①）

　　　（特§17③⇒特§18①）

6. 法令、裁判案例以及审查决定案例的简称如下。

§○○	第○○条
§○○①	第○○条第1款
§○○①二	第○○条第1款第2项
§○○三	第○○条第3项
特	特许法
平○○特	平成○○年改正特许法
实、新实	新实用新型法（平成5年改正后无审查登记）
旧实	旧实用新型法（平成5年改正前实用新型法）
外	外观设计法
商	商标法
○施令	○法施行令
○施规	○法施行规则
○登令	○法授权令
○登施规	○法授权令施行规则

H○○附	平成○○年修正法附则
特例法	工业所有权相关程序等的特例的相关法律
特例法施令	工业所有权相关程序等的特例的相关法律施行令
特例法施规	工业所有权相关程序等的特例的相关法律施行规则
辩理	辩理士[①]法
费用法令	特许法、实用新型法、外观设计法以及商标法相关费用法令
民	民法
民诉	民事诉讼法
民诉规	民事诉讼规则
刑诉	刑事诉讼法
刑诉规	刑事诉讼规则
最一小判	最高法院第一小法庭判决
大判	大审院判决
东高判	东京高等法院判决
知财高判	知识产权高等法院判决
知财高决	知识产权高等法院决定
知财高判平 19.9.12（平 18（行ケ）10421 号）	
	平成 18 年（行ケ）第 10421 号、平成 19 年 9 月 12 日知识产权高等法院判决宣判
平 25（行ケ）61 号	
	平成 25 年（行ケ）第 61 号（裁判案件编号）
昭 25 抗审 19 号	
	昭和 25 年抗告审判第 19 号（审判案件编号）
昭 41 审 3304 号	
	昭和 41 年审判第 3304 号（审判案件编号）

（2015.2 修订）

[①] 辩理士相当于我国的专利代理师。

审判便览分类表

0 一般	1 审判书记员负责的事务	2 形式审查事项	3 各种审判通用事项（一般）	4 各种审判通用事项（从合议到确定）
00 一般	10 信息提供	20 审理事项的处理	30 各种审判通用事项（一般）	40
01 一般文书	11 受理、预告登记	21 形式、补正、补充、驳回	31 利害关系	41
02 审查决定分类及判决分类	12 审判官及审判书记员的指定	22 当事人、共同审判	32 书面审理	42 审理终结、重新启动
03	13	23 代理人	33 口头审理	43 撤回、放弃
04	14	24	34 证据的一般规定	44 决定、驳回决定
05	15	25 期限	35 证据调查、证据保全	45 审查决定
06	16 物证（模型、样品）的处理	26 中断、中止、继承	36 职权主义、职权调查	46 确定
07 审判庭	17 认证、送达	27	37 审询①	47 费用
08	18	28	38 一般订正	48
09	19	29	39	49
5 当事人类审判（包括判定）	6 查定类审判（包括补正驳回不服审判、特许（商标注册）异议申诉）	7 再审	8 诉讼	9

---

① 审询：在审判程序中，审判长可以在书面审查或者口头审理等各过程中对当事人进行询问的程序，可以书面询问，也可以口头询问。

续表

50 当事人类审判（包括判定）	60	70 再审	80 诉讼	90
51 无效宣告审判	61 驳回决定不服审判	71	81	91
52	62 审查程序的效力、审查意见通知	72	82	92
53 注册商标撤销审判	63 补正、驳回补正的决定	73	83 一般诉讼事务	93
54 订正审判	64	74	84	94
55	65	75	85	95
56	66 商标注册异议的申诉	76	86	96
57 参加	67 特许异议申诉	77	87	97
58 判定、来自法院的鉴定委托	68	78 再审案例	88	98
59 除斥、回避审判	69 驳回补正决定不服审判	79	89	99

（2015.10 修订）

目　　录

00　一般
00—01　　P U D T　审判等的种类 ·· 1
00—02　　P U D T　电子信息处理系统的审判程序 ·· 3
00—03　　　　　D　外观设计国际注册申请相关审判 ··· 4

01　一般文书
01—01　　P U D T　文件阅览和商业秘密的声明 ··· 7

02　审查决定分类及判决分类
02—02　　P U D T　审查决定分类及判决分类 ·· 9
02—02.1　P　　　　特许的审查决定分类表 ·· 12
02—02.2　　U　　　实用新型审查决定的分类表 ··· 21
02—02.3　　　D　　外观设计审查决定的分类表 ··· 25
02—02.4　　　　T　商标审查决定的分类表 ··· 29
02—02.5　P U D T　判决分类表 ·· 35
02—03　　P U D T　审查决定分类及判决分类原则 ·· 40

07　审判庭
07—01　　P U D T　审判庭 ·· 46
07—02　　P U D T　审判庭里庭吏的职务 ··· 48

10　信息提供
10—02　　P U　T　权利授予前的信息提供 ·· 49
10—04　　P U　　　权利授予后的信息提供 ·· 52

11　受理、预告登记
11—01　　P U D T　审判等编号的通知 ··· 55
11—02　　P U D T　对已登记的权利拥有人的请求（申诉）的通知 ·············· 60

I

12　审判官及审判书记员的指定
- 12—01　ＰＵＤＴ　审判官及审判书记员的指定以及指定变更通知 …………… 64
- 12—04　ＰＵＤＴ　审判官的除斥、回避（前审参与） ………………………… 65

16　物证（模型、样品）的处理
- 16—01　ＰＵＤＴ　模型、样品或者物证的退还程序 ………………………… 68

17　认证、送达
- 17—01　ＰＵＤＴ　文件的送达 …………………………………………………… 72

20　审理事项的处理
- 20—00　ＰＵＤＴ　审理事项的处理 ……………………………………………… 73

21　形式、补正、补充、驳回
- 21—00　ＰＵＤＴ　违反形式要求的调查要领 …………………………………… 78
- 21—01　ＰＵＤＴ　应当附加于审判请求书等的必要附件
  （委托书等） ……………………………………………………… 80
- 21—02　ＰＵＤＴ　补正命令以及审询 …………………………………………… 82
- 21—03　ＰＵＤＴ　应当发出补正命令的类型 …………………………………… 83
- 21—03.1　ＰＵＤＴ　审判请求书的"请求理由"栏的记载 ……………………… 87
- 21—03.3　　　Ｔ　商标的无效、撤销审判的"请求宗旨"栏中记载
  有"类似商品"等时的处理 …………………………………… 89
- 21—05　ＰＵＤＴ　申请号或注册号记载有误时的处理 ………………………… 91
- 21—06　ＰＵＤＴ　补充理由的处理 ……………………………………………… 92
- 21—08　ＰＵＤＴ　驳回不合法的程序 …………………………………………… 93
- 21—09　Ｐ　　　　特许审判请求的官费 ………………………………………… 96

22　当事人、共同审判
- 22—01　ＰＵＤＴ　当事人 ………………………………………………………… 98
- 22—02　ＰＵＤＴ　与当事人相关的裁判例 ……………………………………… 103
- 22—03　ＰＵＤＴ　共同审判 ……………………………………………………… 104
- 22—04　ＰＵＤＴ　权利消灭后的无效宣告审判中请求书中记载的
  被请求人的住所 ………………………………………………… 107

23 代理人

23—00	PUDT	代理人的一般规定	108
23—01	PUDT	法定代理人	111
23—02	PUDT	任意代理人（基于委托的代理人）	113
23—03	PUDT	指定代理人	115
23—04	PUDT	特许管理人	116
23—05	PUDT	复代理人	117
23—06	PUDT	保护人	119
23—07	PUDT	无权代理	120
23—08	PUDT	代理人的有无与审判程序	121
23—09	PUDT	证明代理权的文件	123
23—10	PUDT	无特许管理人的情况下的程序	126
23—11	PUDT	代理人死亡的情况下的处理	132
23—12	PUDT	法人的代表人及其记载	133
23—13	PUDT	代理人中途受任的程序	134

25 期限

25—01	PUDT	查定类审判、商标注册异议、判定的指定期限	135
25—01.1	PUDT	主要期限一览表（1）（查定类审判、商标注册异议、判定）	138
25—01.2	PUDT	无效宣告审判、订正审判以及商标注册撤销审判的指定期限	145
25—01.3	PUDT	主要期限一览表（2）（无效、订正、撤销审判）	148
25—01.4	P	特许异议申诉的指定期限	155
25—01.5	P	主要期限一览表（3）（特许异议）	156
25—02	PUDT	期限的计算	158
25—03	PUDT	答辩书等的副本送达时的期限指定	159
25—04	PUDT	期限的延长与日期的变更	160

26 中断、中止、继承

26—01	PUDT	程序的停止（中断、中止）	165
26—01.1	PUDT	程序中断的状态长期持续的结果，超出权利期间的上限，导致不能够取得权利的情况的处理	172
26—02	PUDT	权利的继承和程序的继续进行	173
26—03	PUDT	审判（再审）请求期间的特例	175

26—04	ＰＵＤＴ	继承程序	……………………………………………	176
26—05	ＰＵＤＴ	是否允许继承的决定	………………………………	181

30　各种审判通用事项（一般）

30—01	ＰＵＤＴ	审判请求书的补正和要旨变更	………………………	182
30—02	ＰＵＤＴ	一事不再理	…………………………………………	184
30—03	ＰＵＤＴ	审理的合并或分离	…………………………………	187
30—04	ＰＵＤＴ	与合议组（审判官）的会晤	…………………………	190
30—07	ＰＵＤＴ	办理程序的人不适格的情况的处理	…………………	191

31　利害关系

31—00	ＰＵＤＴ	无效宣告审判中的请求人适格	………………………	192
31—01	Ｐ　　Ｔ	利害关系人	…………………………………………	194
31—02	Ｐ　　Ｔ	利害关系人的具体例	………………………………	196

32　书面审理

32—01	ＰＵＤＴ	无效宣告审判案件中的书面审理通知	………………	202

33　口头审理

33—00	ＰＵＤＴ	口头审理方式	………………………………………	203
33—00.1	ＰＵＤＴ	成为对象的审判案件以及选定时期	…………………	204
33—01	ＰＵＤＴ	口头审理的日期指定	………………………………	206
33—01.1	ＰＵＤＴ	口头审理的日期的告知	……………………………	210
33—02	ＰＵＤＴ	口头审理的日期变更	………………………………	211
33—03	ＰＵＤＴ	口头审理的出席者、在口审当日不出席的情况下的程序		213
33—04	ＰＵＤＴ	口头审理笔录的制作要领	…………………………	215
33—05	ＰＵＤＴ	口头审理的顺序	……………………………………	218
33—06	ＰＵＤＴ	口头审理中录音装置等的使用	………………………	221
33—07	ＰＵＤＴ	口头审理陈述要点书	………………………………	222
33—08	ＰＵＤＴ	审理事项通知书	……………………………………	225

34　证据的一般规定

34—01	ＰＵＤＴ	与证据提交相关的文件的检查和注意事项	……………	228
34—01.1	ＰＵＤＴ	无效宣告审判、特许（注册商标）异议的申诉证据中外文文献的处理		236

35 证据调查、证据保全

35—00	P U D T	证据的一般规定调查	237
35—01	P U D T	为准备证人询问等的程序	239
35—02	P U D T	证据调查用调查书的制成要领	250
35—03	P U D T	证据调查的委托询问	254
35—04	P U D T	证人询问的顺序	259
35—05	P U D T	证人询问的要领	262
35—06	P U D T	查证	265
35—07	P U D T	庭外查证的程序及其案例	270
35—08	P U D T	证据保全	271
35—09	P U D T	证据保全案件的实例	275
35—10	P U D T	因证据调查预缴的保管金的返还	277
35—11	P U D T	受命审判官	278
35—12	P U D T	鉴定	279

36 职权主义、职权调查

36—01	P U D T	职权主义和依职权调查案例	281

37 审询

37—00	P U D T	命令、审询、通知等	286
37—02	P U D T	审询	288

38 一般订正

38—00	P	订正的一般事项	291
38—01	P	一组权利要求	293
38—02	P	说明书或者附图的订正	297
38—03	P	订正要件	299
38—04	P	订正（审判）请求书的请求宗旨、理由	306
38—05	P	订正说明书、权利要求书或者附图	309
38—06	P	订正的官费	313

42 审理终结、重新启动

42—00	P U D T	审理的终结以及再启动	314
42—04	T	商标驳回决定不服审判中审理的再启动	316

43 撤回、放弃

编号	类型	内容	页码
43—01	ＰＵＤＴ	撤回书采用与否的权限	317
43—02	ＰＵＤＴ	审判请求（特许（商标注册）异议申诉）的撤回相关的程序	318
43—03	ＰＵＤＴ	审判请求的放弃	321
43—05	ＰＵＤＴ	审判请求（特许（商标注册）异议申诉）的部分撤回	322

44 决定、驳回决定

编号	类型	内容	页码
44—01	ＰＵＤＴ	决定的记载事项	324

45 审查决定

编号	类型	内容	页码
45—01	ＰＵＤＴ	审查决定的程序	325
45—03	ＰＵＤＴ	当事人类案件审查决定的记载事项	326
45—04	ＰＵＤＴ	审查决定、决定结论的记载方法	329
45—06	ＰＵＤＴ	审查决定等的更正	338
45—10	ＰＵＤＴ	审查决定书等中当事人等的记载	340
45—11	ＰＵＤＴ	审查决定书中无须记载代理人的案例	342
45—19	ＰＵＤＴ	基于审查决定的不予受理	343
45—20	Ｐ　ＤＴ	不予受理审查决定的范文	344

46 确定

编号	类型	内容	页码
46—00	ＰＵＤＴ	确定	347

47 费用

编号	类型	内容	页码
47—01	ＰＵＤＴ	审判等的费用的负担	349
47—02	ＰＵＤＴ	审判费用金额的决定	352
47—03	ＰＵＤＴ	审判费用的范围和计算	358

50 当事人类审判（包括判定）

编号	类型	内容	页码
50—00	ＰＵＤＴ	破产公司作为被请求人时审判请求的处理	361

51 无效宣告审判

编号	类型	内容	页码
51—00	ＰＵＤＴ	无效宣告审判	367

51—03	PUDT	无效宣告审判的四部法的各自流程	370
51—04	PUDT	无效宣告审判的请求对象、无效事由	379
51—05	PUDT	无效宣告审判的权限者、当事人、参加人	384
51—06	PUDT	无效宣告审判的请求的限制	388
51—07	PUDT	无效宣告审判的请求书	390
51—08	PUDT	无效宣告审判请求的缺陷和补正	394
51—09	PUDT	无效宣告审判的审理方式	399
51—10	PUDT	无效宣告审判的审理开始	403
51—11	P	由特许权人进行的订正请求	405
51—13	PUDT	最初答辩后的审理	408
51—14	P	提交订正请求书之后的审理	410
51—15	PUDT	请求人辩驳后的审理	414
51—16	PUD	"请求理由"的要旨变更	421
51—17	P	审查决定的预告	427
51—18	PUDT	无效宣告审判中的职权审理、无效理由通知	430
51—19	PUDT	无效宣告审判的审查决定、审查决定的登记簿登记等	433
51—20	P	关于订正请求的一事不再理的处理	438
51—21	PUDT	无效宣告审判审查决定后的程序	439
51—22	P	特许无效宣告审判与订正审判的关联处理	442
51—22.1	PUDT	多个无效宣告审判案件同时在审	445
51—22.2	PUDT	审查决定撤销诉讼在审期间被请求的无效宣告审判	447
51—23	U	实用新型无效宣告审判	449
51—23.1	PU	特许无效宣告审判和实用新型无效宣告审判的比较表	451
51—23.2	U	实用新型无效宣告审判中的订正	454
51—23.3	U	以涉及同一发明的特许申请为理由的实用新型无效宣告审判的审理	457
51—25	PUDT	计划审理	460

53 注册商标撤销审判

53—00	T	撤销审判的审理方式	465
53—01	T	注册商标不使用撤销审判	466
53—02	T	基于注册商标的不正当使用的撤销审判	472
53—03	T	所在成员国之一的标志所有人提起的对代理人或者代表人取得的商标不正当注册的撤销审判	474
53—04	T	防止近似商标的移转导致混淆的撤销审判	475

54 订正审判

54—00	P	订正审判	478
54—01	P	订正审判的请求	479
54—02	P	订正审判的当事人	480
54—03	P	可以请求订正审判的时期	481
54—04	P	订正审判的程序	483
54—05	P	订正审判的审理	489
54—05.1	P	变更订正审判请求书主要内容的补正	490
54—06	P	订正审判审理的注意事项	491
54—07	P	订正审判的审查决定、审查决定的登记等	492

57 参加

57—00	PUDT	参加	494
57—01	PUDT	参加的种类与要件	496
57—02	PUDT	参加申请（书）的形式违反	499
57—05	PUDT	参加的效力	500
57—07	PUDT	是否允许参加的决定	502
57—09	PUDT	参加申请与审判请求的驳回或者审判请求的撤回	504

58 判定、来自法院的鉴定委托

58—00	PUDT	判定	505
58—01	PUDT	判定的程序	507
58—02	PUDT	判定机关及审理方式	510
58—03	PUDT	判定的审理	512
58—04	P	有关标准必要性的判断的判定	518
58—10	PUDT	来自法院的鉴定委托	519
58—12	PUD	来自海关署长的意见照会	522
58—14	PUDT	征求意见、意见陈述	524

59 除斥、回避审判

59—01	PUDT	除斥及回避的原因等	525
59—02	PUDT	除斥申请的效果以及除斥审判的程序和决定的效果	528
59—03	PUDT	回避申请的效果以及回避审判的程序和决定的效果	530
59—05	PUDT	除斥或回避的决定的格式、实例等	532

61 驳回决定不服审判

61—00.1	P		特许驳回决定不服审判的基本流程	539
61—00.2	P		特许审查、审判的模拟案例	540
61—01	P	D T	驳回决定不服审判的请求对象	541
61—02	P	D T	驳回决定不服审判的当事人	542
61—03	P	D T	驳回决定不服审判的请求时期	543
61—04	P	D T	驳回决定不服审判的请求程序	544
61—05	P	D T	对驳回决定不服审判的请求的审理	546
61—05.1	P		在特许申请的驳回决定不服审判中，对前审的驳回补正决定提起的不服申诉	551
61—06	P	D T	对驳回决定不服审判的审理方式	553
61—07	P	D T	驳回决定不服审判的审查决定	555
61—10	P	D T	驳回决定不服审判的请求后又同时变更申请时的处理	558
61—11	P		在特许申请驳回决定不服审判中，该特许申请的发明与不同的申请人在同日申请且已经被授权的特许发明相同时向特许权人发送的通知	560
61—12		T	引证商标处于无效宣告审判、撤销审判中的驳回决定不服审判的处理方式	562

62 审查程序的效力、审查意见通知

62—02	P		当判断在原决定中因否定新颖性而驳回的申请在审判中以没有创造性为由驳回更为适当时的处理	563
62—03	P		当判断在原决定中因否定创造性而驳回的申请在审判中以没有新颖性为由驳回更为适当时的处理	564
62—04	P		将公开的实用新型公报作为引用出版物时的处理	565
62—06	P	D T	驳回决定不服审判中，虽在审查时被通知却没有被作为决定理由的驳回理由的处理	566

63 补正、驳回补正的决定

63—04	P		特许申请驳回决定不服审判的审查决定与驳回补正的决定合并作出时的起草	567

66 商标注册异议申诉

66—00		T	商标注册异议申诉	570

66—01	T	商标注册异议的申诉程序	572
66—02	T	商标权人、商标注册异议申诉人、参加人	576
66—03	T	商标注册异议的申诉方法	578
66—04	T	商标注册异议申诉的审理	582
66—05	T	商标注册异议申诉的审理方式	588
66—06	T	商标注册异议申诉的决定	590
66—07	T	商标注册异议申诉与审判之间的关系	594

67 特许异议申诉

67—00	P	特许异议申诉	600
67—01	P	特许异议申诉的理由及可申诉期间	603
67—02	P	特许权人、特许异议申诉人、参加人	605
67—03	P	特许异议申诉程序	607
67—04	P	特许异议申诉的不完备与补正	610
67—05	P	特许异议申诉的审理	612
67—05.1	P	撤销理由通知	618
67—05.2	P	特许权人的意见书或者订正请求书的提出	620
67—05.3	P	提出意见书或者订正请求书后的审理	622
67—05.4	P	特许异议申诉人意见书的提出	626
67—05.5	P	撤销理由通知（决定预告）	628
67—06	P	特许异议申诉的决定	631
67—07	P	两个以上的特许异议申诉的处理	635
67—08	P	特许异议申诉期间届满前的审理	637
67—09	P	同时处于特许异议申诉与无效宣告审判	639
67—10	P	特许异议申诉与订正审判的关系	642
67—11	P	特许权消灭后特许异议申诉的处理	644

69 驳回补正决定不服审判

| 69—02 | DT | 驳回补正决定不服审判案件的审查决定范例 | 645 |

70 再审

| 70—00 | PUDT | 再审 | 647 |

78 再审案例

| 78—00 | PUDT | 再审的案例 | 651 |

80 诉讼

80—00　　ＰＵＤＴ　审查决定等的撤销诉讼 ·················· 654
80—01　　ＰＵＤＴ　提起诉讼过程中的事务 ···················· 659

83 一般诉讼实务

83—00.5　ＰＵＤＴ　对审判长作出的驳回决定提起的不服申诉 ·············· 661
83—02.2　ＰＵＤＴ　从法院发回重审的审判案件的合议组构成 ·············· 662

附录

附录1. 法院行政案件记录符号 ································ 664
附录2. 审判制度的并存状态 ································· 669
附录3. 特许法的运用关系一览 ······························ 670
附录4. 实用新型法的运用关系一览 ·························· 689

00—01　ＰＵＤＴ
审判等的种类

1．审判

（1）驳回决定不服审判（特§121、外§46、商§44、商附则§13）

（2）驳回补正决定不服审判（外§47、商§45）

（3）无效宣告审判

①特许（注册）无效宣告审判（特§123、旧特§184之15①（1995.6.30之前的申请）、实§37、旧实§48之12①（1995.6.30之前的申请）、外§48、商§46）

②延长注册期限无效宣告审判（特§125之2）

③分类变更注册无效宣告审判（商附则§14）

（4）订正审判（特§126）

（5）注册商标撤销审判

①不使用注册商标的撤销审判（商§50）

②不正当使用注册商标的撤销审判（商§51、§53）

③因商标权的商标转让导致混淆的撤销审判（商§52之2）

④由商标注册的代理人（代表）擅自注册的撤销审判（商§53之2）

另外，关于防护标志注册相关的审判，参照适用商标法相关规定及商标法附则的规定（商§68④、商附则§23）。

2．决定

（1）决定（最终处分）

①特许异议申诉（特§113）

②商标注册异议申诉（商§43之2）

（2）决定（中间处分）

①除斥或者回避申请（特§139～§144、实§41、外§52、商§56①、§68④）

②申请参加（特§148、§149、实§41、外§52、商§56①、68④）

③申请证据保全（特§150、§151、实§41、外§52、商§56①、§68④）

3. 再审（特§171①、实§42①、外§53①、商§57①）

4. 判定（特§71①、实§26、外§25①、商§28①、商§68③）

5. 法院的鉴定委托（特§71之2、实§26、外§25之2、商§28之2）

6. 海关长官的意见函（关税法§69之7①、§69之17①）

（2015.2 修订）

00—02 ＰＵＤＴ
电子信息处理系统的审判程序

1. 向特许厅厅长或者审判长办理的程序

向特许厅厅长或者审判长办理的程序，且由经济产业省令规定的程序（特定程序），可以使用电子信息处理系统进行办理（特例法§3①、特例法施规§10）。

关于特定程序，法令规定该特定程序应当以书面形式提交，则视为按照该法令规定的书面形式提交（特例法§3③）。

2. 特许厅厅长、审判长、审判官或者审判书记员作出的处分等

法令规定应当以文书形式作出的行为，且由经济产业省令规定的行为（特定处分等），特许厅厅长、审判长、审判官或者审判书记员可以使用电子信息处理系统进行处理（特例法§4①、特例法施规§23）。

作出特定处分等时，代替记名盖章，通过已交付的识别卡及输入密码，来明确审判官等（特例法施规§23之3）。

关于特定处分等，法令规定该特定处分等应当以文书形式进行，则视为按照该法令规定的文书形式进行（特例法§4②）。

法令规定的通知或者命令，且由经济产业省令规定的通知或者命令（特定通知等），特许厅厅长或者审判长可以使用电子信息处理系统进行处理（特例法§5①、特例法施规§23之4）。

3. 各种审判类别的运行

关于驳回决定不服审判、驳回补正决定不服审判，原则上使用电子信息处理系统进行审判程序。

其他审判等，以书面、文书的形式进行审判程序。

（2015.2 追加）

00—03　D
外观设计国际注册申请相关审判

　　外观设计国际注册申请是指，指定日本国为日内瓦修改协定第1条（xix）规定的指定缔约国的国际申请，关于该国际申请，符合日内瓦修改协定第1条（vi）规定的国际注册应当根据日内瓦修改协定第10条（3）（a）的规定公开，并且根据经济产业省令的规定，视为于日内瓦修改协定第10条（2）规定的国际注册日提交的外观设计注册申请（外§60之6）。

　　在外观设计国际注册申请的相关审判中，进行如下特殊处理。

1. 请求人或者被请求人

（1）请求人或者被请求人的著录项目。

　　ｱ　在驳回决定不服审判及驳回补正决定不服审判的程序过程中，请求人需要在申请文件（审判请求书、程序补正书等）中用日文及原文同时记载请求人的姓名（名称）及住所（居所），原文的记载需要与国际注册簿中记载的文字一致（外施规§2之2、外施规格式12）。另外，如已记载识别号码，则可以省略记载地址（外施规格式12、特例法施规§2）。

　　ｲ　在上述以外的审判（无效宣告审判、判定等）程序中，请求人或者被请求人需要在申请文件中用原文记载国际注册名义人的姓名（名称）及住所（居所），原文的记载需要与国际注册簿中记载的文字一致（外施规§2之2）。不需要用日文记载。

　　ｳ　在驳回决定不服审判及驳回补正决定不服审判的程序中，特许厅在发送文件（审查决定书等）中用日文及原文记载请求人姓名（名称）及住所（居所）。

　　ｴ　在上述以外的审判程序中，特许厅在发送文件中用原文记载国际注册名义人的姓名（名称）及住所（居所）。

（2）请求人或者被请求人的姓名（名称）变更及住所（居所）变更。

　　ｱ　国际注册簿上注册的名义人的姓名（名称）及住所（居所）存在变更时，国际注册名义人需要向世界知识产权组织国际事务局（以下称为"国际事务局"）提出申请（海牙协定共同规则§21）。

　　ｲ　在驳回决定不服审判及驳回补正决定不服审判的程序中，使用识别号码时，请求人注册的姓名（名称）及住所（居所）存在变更时，国际注册名义人需要向特许厅厅长提交变更申请。在上述以外的审判中，国际注册名义人不需要向特许厅厅长提交变更申请（特例法施规§4①）。

（3）请求人或者被请求人的名义变更。

ア 国际注册名义人若要转让国际注册所有权，则需要向国际事务局提出申请（海牙协定共同规则§21）。

在国际注册簿中记录所有权的变更，才视为已向特许厅办理了名义变更程序，在日本亦产生获取外观设计注册的权利的承继或者以国际注册为基础的外观设计权的转让的效力（外§60之11、§60之19）。

但是，分别转让基本外观设计及其关联外观设计的外观设计权在日本不被认可，因此即便国际注册簿中记录了相应的所有权变更，特许厅也会向国际事务局发出声明，告知该国际注册簿中记录的所有权的变更不发生效力（海牙协定共同规则§21之2）。

イ 驳回决定不服审判及驳回补正决定不服审判中，新的名义人不享有识别号码时，国际注册的所有权变更后，特许厅基于新的名义人最初向特许厅办理的程序（递交代理人委托书等）赋予其识别号码（特例法§3③一四）。在上述以外的审判中，特许厅对新的名义人不赋予识别号码。

（4）请求人或者被请求人的同一性判断。

ア 驳回决定不服审判及补正驳回决定不服审判中，请求人的同一性判断是通过将申请文件中记载的请求人的姓名（名称）及住所（居所）的原文标记、日文标记以及识别号码的信息与国际注册簿及该案件对应的申请人注册信息相对照进行。

イ 上述以外的审判中，当请求人或者被请求人是国际注册的名义人时，其同一性的判断是通过将申请文件中记载的其姓名（名称）及住所（居所）的原文记载与国际注册簿相对照进行。

2．申请书记载事项的日文翻译

关于外观设计所涉及的产品、外观设计所涉及产品的说明及外观设计的说明，审判官在审查中确认其日文翻译。在审判过程中对这些事项进行补正时，审判官对补正的内容进行日文翻译。外观设计被授权时，该日文翻译作为参考信息刊登于日本的外观设计公报上（外观设计授权公报）。

3．对世界知识产权组织国际事务局的通报

（1）在驳回决定不服审判中，判定授权的审查决定已确定，且已进行授权注册时，特许厅对国际事务局发出"撤回驳回的通报"或者"授予保护的声明"（海牙协定共同规则§18、§18之2）。

（2）在无效宣告审判中，授权应予无效的审查决定已确定，且生效登记后，特许厅对国际事务局发出"无效通报"（海牙协定§15、海牙协定共同规则§20）。

4. 个别指定官费的返还

（1）外观设计国际注册申请被撤回、外观设计国际注册申请应被驳回的驳回决定或者审查决定确定时，特许厅根据缴纳个别指定官费的人的请求，向其返还政令规定的金额（外§60之22①）。

自外观设计国际注册申请被撤回、外观设计国际注册申请应被驳回的驳回决定或者审查决定确定之日起6个月后，缴纳个别指定官费的人不能请求返还（外§60之22②）。

（2）注册应予无效的审查决定确定后的第二年以后的每年的注册费（个别指定官费中相当于注册费的金额），不属于请求返还的对象（外§60之21③）。

(2015.2 追加)

01—01　PUDT
文件阅览和商业秘密的声明

1. 文件的阅览

任何人都可以向特许厅厅长提出申请，要求阅览特许（商标注册）异议申诉案件以及判定案件的相关文件（特§186①正文）。但是，特§186①一～六（含参照适用实§55的情形）、外§63①一～七以及商§72①一～四中记载的文件，根据形式审查便览58.20的规定特许厅厅长需要保密的，无法阅览（特§186①但书）。此外，根据审判案件的不同种类，下述文件亦无法阅览。

（1）驳回决定不服审判、订正审判案件、外观设计（商标）驳回补正决定不服审判或者不存在被请求人的判定案件的相关文件

驳回决定不服审判、订正审判案件、外观设计（商标）驳回补正决定不服审判（注1）或者不存在被请求人的判定案件的相关文件，除该文件的提交人外，若非在审判请求书（判定请求书）的形式审查结束之后，无法阅览。

（注1）含针对此类案件的确定审查决定等提起的再审案件。

（2）无效宣告审判案件、商标注册撤销审判案件、特许（商标注册）异议申诉或者存在被请求人的判定案件的文件

无效宣告审判案件（含注册续展无效宣告审判。以下，本节均同）、商标注册撤销审判案件或者特许（商标注册）异议申诉（注2），或者存在被请求人的判定案件的文件，除了文件提交人外，必须在审判请求书（特许（商标注册）异议申诉书、判定请求书）的副本送达（送付）后，方可阅览。

（注2）含针对此类案件的确定审查决定等提起的再审案件。

（3）审判等共通原则

ア　审查决定等起草文件，送达（经发送产生送达效力的文件发送）后，方可阅览。

イ　以录音带等形式制作的记录的阅览，主要使用录音带等的复制品进行。

ウ　会对审判业务产生影响的，另行指定阅览日。

2. 在无效宣告审判案件、商标注册撤销审判案件或者判定案件的文件中记载有商业秘密的声明

（1）声明概要

无效宣告审判案件或者商标注册撤销审判案件（注3）（以下，本节均称"无效宣告审判案件等"）的文件中记载有当事人或者参加人的商业秘密时，当事人或者

参加人要求对该文件设置阅览限制的,可以向特许厅厅长或者审判长声明其文件记载有商业秘密(特§186①四、实55①→特§186①四、外§63①五、商§72①一、特施规§50之14、实施规§23⑫→特施规§50之14、外施规§19⑧→特施规§50之14、商施规§22⑥→特施规§50之14)。

　　判定案件的文件中记载有当事人的商业秘密时,当事人要求对该文件设置阅览限制的,可以向特许厅厅长或者审判长声明在文件中记载有商业秘密(特§186①二、实55①→特§186①二、外§63①三、商§72①二、特施规§40→特施规§50之14、实施规§23⑨→特施规§40→特施规§50之14、外施规§19⑤→特施规§40→特施规§50之14、商施规§22④→特施规§40→特施规§50之14)。

　　(注3) 含针对此类案件的确定审查决定等提起的再审案件。

　　(2)声明程序

　　当事人(参加人)声明其商业秘密在无效宣告审判案件等或者判定案件的文件中有记载的,根据特施规格式第65之8规定的文件格式(商业秘密声明书)进行。

　　该声明最好与记载有商业秘密的文件同时提交,或者在文件提交之后尽快提交。

(2019.6修订)

02—02 PUDT
审查决定分类及判决分类

1. 审查决定分类及判决分类

（1）审查决定分类及判决分类是指，将审查决定、判决等按照案件的种类及在审查决定、判决等中主要论及的事项（以下称为"判示事项"）的内容和审查决定、判决等的结论及技术、产品、商品分类（类别）等的区别进行分类的标识。

（2）审查决定分类及判决分类原则上由4~8位组成的"基本分类"和基本分类后面用"—"连接的3种"辅助分类"构成。

另外，为了容易阅读分类标数，在"案件种类"和"判示事项"之间加入点。"案件种类"由3~5位文字及数字组成，"判示事项"由1~3位数字组成。

〔例1〕

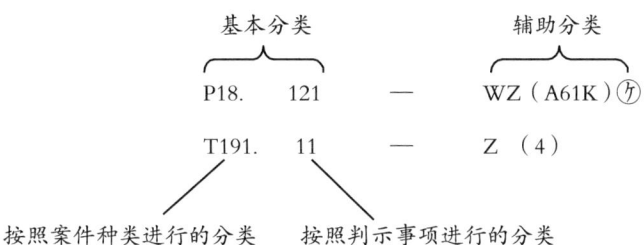

2. 审查决定分类及判决分类的构成

审查决定分类及判决分类大体由"基本分类"和"辅助分类"构成，"基本分类"又被细分为"按照案件种类进行的分类"和"按照判示事项进行的分类"。

（1）基本分类

基本分类根据十进制法制成，由4~8位文字及数字构成，其又被细分为按照案件种类进行的分类（3~5位）和按照判示事项进行的分类（1~3位）（→〔例1〕）。

a. 按照案件种类进行的分类

"按照案件种类进行的分类"用文字及数字表示产业财产权等的种类、审级的种类及审判等的种类。

〔例2〕

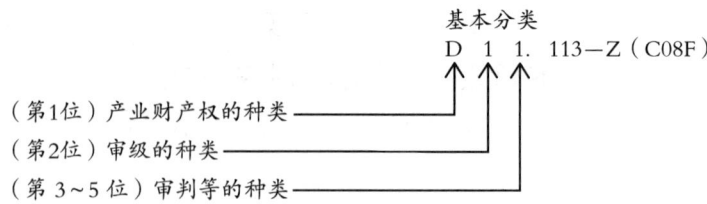

(a) 第1位（产业财产权等的种类）

第1位表示案件争议对象的产业财产权的种类（特、实、外、商等），使用 P、U、D、T 中的任意一个。关于其他，参照02—02（裁）之1。

(b) 第2位（审级的种类）

第2位表示审级的种类（审判、判定、起诉等）。

特许异议申诉（1996年1月以后及2015年4月以后的）及判定请求的第2位为1。例如，特许异议申诉中针对所有权利要求的异议申诉为P1651，特许判定请求为P12。

(c) 第3~5位（审判等的种类）

第3~5位表示审判等的种类（无效、特许异议申诉、判定、撤销、决定不服）。

b. 按照判示事项进行的分类

"按照判示事项进行的分类"为在 a 中陈述的"按照案件种类进行的分类"后面加入点，紧接其后表示的1~3位部分，表示在审查决定、判决等中主要论及的事项（创造性、说明书缺陷、近似外观设计、外观设计近似等）的内容，由1~3位数字组成。

〔例3〕

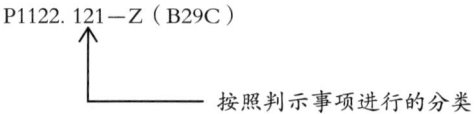

（2）辅助分类

辅助分类分为第1辅助分类、第2辅助分类及第3辅助分类。

〔**例4**〕

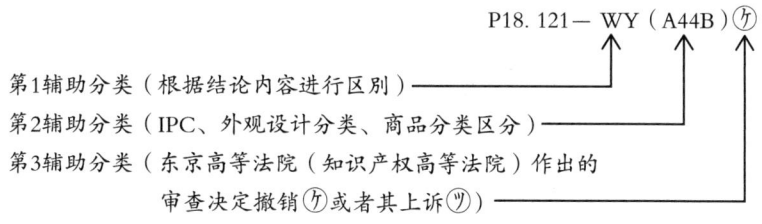

第1辅助分类（根据结论内容进行区别）
第2辅助分类（IPC、外观设计分类、商品分类区分）
第3辅助分类（东京高等法院（知识产权高等法院）作出的
审查决定撤销ケ或者其上诉ワ）

a. 第1辅助分类

第1辅助分类用罗马字（大写字母）记载，表示按照决定、审查决定、判决等的结论内容进行的区别（驳回、撤销注册、无效等）。

b. 第2辅助分类

第2辅助分类在括号内记载。对于特许、实用新型，记载至国际专利分类（IPC）的副分类；对于外观设计，记载至外观设计分类（最初的4位）；对于商标，记载商品分类或者类别。

c. 第3辅助分类

第3辅助分类表示为ケ或者ワ的记号。

ケ表示在东京高等法院（知识产权高等法院）作出的被撤销案件的审查决定；ワ表示在东京高等法院（知识产权高等法院）作出的审查决定被撤销的案件中被上诉的审查决定。

审查决定分类及判决分类的标数由将分类表（特、实相关02—02（P、U）、外观设计相关02—02（D）、商标相关02—02（T）、判决相关02—02（裁））的各表按照如下表所示进行组合而构成。

基本分类			判示事项 (1~3位)	辅助分类		
案件的种类（3~5位）				第1	第2	第3
产业财产权的种类	审级的种类	审判、裁判的种类		结论	IPC、外观设计分类、商品类别	撤销审查决定法院ケ，ワ
↓	↓	↓	↓	↓	↓	↓
P	1	8	·121	—Z	(B65H)	ワ
U	1	112	·13	—Y	(A47J)	
D	1	2	·1	—ZA	(J2—1)	
T	1	92	·11	—Z	(4)	
P	3	8	·121	—ZZ	(G11B)	
P	1	651	·121	—ZC	(F02D)	

(2015.2修订)

02—02.1　P
特许的审查决定分类表

〔1995 年 7 月 1 日以后的申请〕
（但是，特许异议申诉相关的分类自 2015 年 4 月 1 日起使用）

1. 按照案件种类（特许、审级种类、审判等种类）进行的分类表

(1995.7.1～)　　　　　　　　　　P．—（　）○

第 1 位		第 2 位		第 3～5 位	
P	特许	1	审判 （包括特许异议申诉、判定）	112	（无效） 全部无效
				113	全部无效（自 2004 年的请求）
				122	部分无效
		2		123	部分无效（自 2004 年的请求）
		3			
		4			（延长注册无效）
				15	延长注册无效（全部）
		5	再　审	16	延长注册无效（部分）
		6		2	判　定
		7		3	
		8			（订　正）
		9	其　他	41	订　正
				42	
				43	
				49	
					（除斥、回避）
				51	除斥
				52	回避
				6	（特许异议申诉）
				651	全部异议
				652	部分异议
				7	
				8	驳回决定不服审判
					（中间决定）
				91	许可参加与否的决定

续表

第1位	第2位	第3~5位	
		92	
		93	驳回补正的决定
		94	证据保全的决定
		95	许可继承与否的决定
		99	其他

(注) a. 多个异议申诉合并审理时，需要对所有的权利要求判断是否存在异议申诉。
　　b. 多个异议申诉分别审理时，对在后作出的异议决定进行标记分类时需要判断作出该决定时是对所有残存的权利要求的异议申诉还是对部分权利要求的异议申诉，并据此标记与此相对应的分类。

2. 按照判示事项进行的分类表

（1）关于驳回决定不服审判、无效、订正（注）、异议申诉的决定、判定（1995.7.1~）　　　　P．—　　（　）○

分类	判示事项	
0	一般审理（附表）	
1	特29条	特许要件
	（新增）	
111	1款1项	公知
112	1款2项	公开实施
113	1款3项	出版物记载
12		————
121	2款	创造性
13		————
14		产业上利用性
15		发明人·申请人
151	特38条	共同申请
152	特49条7款	非发明人·无继承的申请
		不具有申请特许权利人的申请（2012年4月1日以后的申请）
	特123条1款6项	非发明人·无继承的发明
		不具有申请特许权利的人的发明（2012年4月1日以后的申请）
16	特29条之2	
161		发明相同
162		发明人相同
163		申请人相同
	（特32条不被授权的发明）	
21		————
22		————

续表

分类	判示事项	
23	—	
24	特 32 条	公序、良俗、卫生
25	—	
26		
3		
31		
32		
33		
4	特 39 条	在先申请
5		其他
51	特 25 条	外国人权利的享有
	特 49 条 3 款	违反公约的申请
	特 113 条 3 款	违反公约的特许
	特 123 条 1 款 3 项	违反公约的特许
	特 123 条 3 款 7 项	授权后的公约违反
52	—	
	（说明书的记载缺陷）	
536	特 36 条 4 款	发明的详细说明部分的记载缺陷
537	6 款 1、2 项及 3 项	权利要求书的记载缺陷
538	6 款 4 项	权利要求书的记载形式缺陷
54	特 49 条 1 款 5 项	原文新事项（截至 2002 年 8 月 31 日）
	1 款 6 项	原文新事项（自 2002 年 9 月 1 日起）
	特 113 条 5 款	（1996 年 1 月 1 日以后）
	特 123 条 1 款 5 项	
55	特 17 条之 2、3 款	追加新事项的补正
	特 17 条之 3、2 款	（截至 1995 年 12 月 31 日）
	特 64 条 2 款	（截至 1995 年 12 月 31 日）
	特 113 条 1 项	（1996 年 1 月 1 日以后）
	特 159 条 2 款	
	特 163 条 2 款	
	特 174 条 2 款	（截至 2003 年 12 月 31 日的再审请求）
	特 174 条 1 款	（2004 年 1 月 1 日以后的再审请求）
56	特 53 条 1 款	补正的驳回
		公告后驳回补正（截至 1995 年 12 月 31 日）
	（准用 159 条 1 款、163 条 1 款、174 条 1 款）	
561	特 17 条之 2、3 款	追加新事项导致的驳回补正
562	特 17 条之 2、3 款	译文追加的新事项导致的驳回补正

续表

分类	判示事项	
57	特 17 条之 2、4 款（5 款）	补正目的
571	4 款 1 项	权利要求的删除
	（5 款 1 项）	同上（2007 年 4 月 1 日以后的申请）
572	4 款 2 项	权利要求的限定性缩减
	（5 款 2 项）	同上（2007 年 4 月 1 日以后的申请）
573	4 款 3 项	权利要求中误写的订正
	（5 款 3 项）	同上（2007 年 4 月 1 日以后的申请）
574	4 款 4 项	权利要求中不明确记载的解释
	（5 款 4 项）	同上（2007 年 4 月 1 日以后的申请）
575	5 款	独立特许要件
	（6 款）	同上（2007 年 4 月 1 日以后的申请）
58	特 54 条 1 款	公告后的补正的驳回（截至 1995 年 12 月 31 日）
	（准用 159 条 1 款、163 条 1 款、174 条 1 款）	
581	特 64 条（17 条之 3）	追加新事项的补正（截至 1995 年 12 月 31 日）
	2 款	
582	特 64 条（17 条之 3）	追加原文新事项的补正（截至 1995 年 12 月 31 日）
	2 款	
591	3 款 1 项	权利要求书的范围缩减（截至 1995 年 12 月 31 日）
592	2 项	误写的订正（截至 1995 年 12 月 31 日）
593	3 项	不明确记载的解释（截至 1995 年 12 月 31 日）
594	4 款	权利要求书的实质扩张（截至 1995 年 12 月 31 日）
595		权利要求书的实质变更（截至 1995 年 12 月 31 日）
6	———	
61	———	
62	———	
63	———	
64	特 37 条	发明的单一性（截至 2003 年 12 月 31 日）
641	1 项	课题相同
642	2 项	主要部分相同
643	3 项	产品发明的生产/使用/处理方法、该产品的生产装置等、专门利用该产品的性质的产品或者处理该产品的产品
644	4 项	方法发明的实施中使用的
645	5 项	其他政令中规定的
65	特 37 条	发明的单一性（自 2004 年 1 月 1 日起）
7	延长注册	期限
71	特 67 条之 3、1 款 1 项	处分的必要性
	特 125 条之 2、1 款 1 项	

（订正、订正请求）（1995.7.1～）

分类	判示事项	
83	（订正、订正请求）	
831	特 123 条 1 款 8 项	订正、订正请求的适当与否
832	特 126 条 1 款	订正
	特 134 条 2 款	订正请求
	特 120 条之 4、2 款	同上（1996 年 1 月 1 日以后）
	特 134 条之 2、1 款	同上（2004 年 1 月 1 日以后请求）
841	特 126 条 2 款	追加新事项的订正
	3 款	同上（2004 年 1 月 1 日以后请求）
	5 款	同上（2012 年 4 月 1 日以后请求）
	（特 134 条 5 款）	同上
	（特 134 条之 2、5 款）	同上（2004 年 1 月 1 日以后请求）
	（特 134 条之 2、9 款）	同上（2012 年 4 月 1 日以后请求）
	（特 120 条之 4、3 款）	同上（1996 年 1 月 1 日以后）
842		追加原文新事项的订正
85	特 126 条 1 款（特 134 条 2 款、特 120 条之 4、2 款）	
	（特 134 条之 2、1 款（2004 年 1 月 1 日以后请求））	
851	但书 1 项	权利要求书的范围缩减
852	但书 2 项	误写或者误译的订正
853	但书 3 项	不明确记载的解释
857	但书 4 项	引用其他权利要求的记载改为不引用其他权利要求的记载（2012 年 4 月 1 日以后请求）
854	3 款	权利要求书的范围的实质扩张
	4 款	同上（2004 年 1 月 1 日以后请求）
	6 款	同上（2012 年 4 月 1 日以后请求）
	（特 134 条 5 款）	同上
	（特 134 条之 2、5 款）	同上（2004 年 1 月 1 日以后请求）
	（特 134 条之 2、9 款）	同上（2012 年 4 月 1 日以后请求）
855		权利要求书的范围的实质变更
856	4 款	独立特许要件
	5 款	同上（2004 年 1 月 1 日以后请求）
	7 款	同上（2012 年 4 月 1 日以后请求）
	（特 134 条 5 款）	同上
	（特 134 条之 2、5 款）	同上（2004 年 1 月 1 日以后请求）
	（特 134 条之 2、9 款）	同上（2012 年 4 月 1 日以后请求）

（注）特§17 之 2⑤及特§126④（2004 年 1 月 1 日以后为§126⑤，2012 年 4 月 1 日以后为特§126⑦）（包括准用§134⑤（2004 年 1 月 1 日以后为§134 之 2⑤，2012 年 4 月 1 日以后为§134 之 2⑨）的情况）所示的"申请之际不能独立授予特许"的判示事项，与 575 或者 856 一同使用本分类表中的分类 1～645 的相应分类。

（2）判定（1995.7.1~）

分类	判示事项
0	一般审理（附表）
1	相同
2	利用
9	其他

（3）附表（一般审理的细分类）（1995.7.1~）

分类	判示事项
0	一般审理
01	请求书的表示、请求
02	利害关系、当事人适格、请求利益
03	申请日、优先权日、请求日
04	对象物
05	审理方式、审理程序
06	证据
07	一事不再理
08	要旨认定
081	权利
082	非权利
09	其他
091	参加
092	异议

一般审理的分类定义或者举例→02—03之Ⅳ。

3. "结论"（按照审判类别进行的分类）分类表
（特许）（1995.7.1~）

分类	按照审判等的种类进行的分类"结论"					
	无效·延长注册无效	订正	驳回决定不服审判	判定	除斥·回避、许可参加与否	特许异议申诉
W			撤销并发回重审			
WA			撤销驳回补正、撤销原决定、重新审查			
WB			维持驳回补正、撤销原决定、重新审查			
WY 定型为 WYF			撤销并特许注册			
WYA			撤销驳回补正、撤销原决定、授权			
WYB			维持驳回补正、撤销原决定、授权			
WZ 定型为 WZF			不授予特许权（前置或者当前审查中，驳回理由）			
WZA			撤销驳回补正、根据前置或者当前审查的驳回理由予以驳回			
WZB			维持驳回补正、根据前置或者当前审查的驳回理由予以驳回			

续表

分类	按照审判等的种类进行的分类"结论"					
	无效·延长注册无效	订正	驳回决定不服审判	判定	除斥·回避、许可参加与否	特许异议申诉
X	驳回审查决定	驳回审查决定	驳回审查决定	驳回决定（准用§135）		驳回决定（准用§135）
XX	驳回决定	驳回决定	驳回决定	驳回决定（准用§133之2）	驳回决定	驳回决定（准用§133之2）
XA	承认订正驳回审判请求（申请的权利要求全部因订正而被删除）					承认订正驳回异议申诉（申请的权利要求全部因订正而被删除）
Y	不予以无效	承认订正（全部认同）			承认、许可	维持特许
YA	承认订正不予以无效 ※1			属于（申诉成立）		承认订正维持特许
YAA	承认订正（全部认同）不予以无效 ※2					承认全部订正维持特许
YAB	承认订正（部分认同）不予以无效 ※2					承认部分订正维持特许
YB	不承认订正不予以无效			属于（申请不成立）		不承认订正维持特许
YC		承认订正（部分认同）※3				
Z	无效（申请全部成立）	不承认订正	不予授权		不承认、不许可	撤销特许（申请全部成立）

续表

分类	按照审判等的种类进行的分类"结论"				
	无效·延长注册无效	订正	驳回决定不服审判	判定	除斥·回避、许可参加与否	特许异议申诉
ZA	承认订正 无效（申请全部成立） ※1		撤销补正驳回以原驳回决定理由判定驳回	不属于（申请成立）		承认订正 撤销特许 （申请全部成立）
ZAA	承认订正 （全部认同） 无效（申请全部成立） ※2					承认全部订正 撤销特许 （申请全部成立）
ZAB	承认订正 （部分认同） 无效（申请全部成立） ※2					承认部分订正 撤销特许 （申请全部成立）
ZB	不承认订正无效（申请全部成立）		维持补正驳回以原驳回决定理由判定驳回	不属于（申请不成立）		不承认订正 撤销特许 （申请全部成立）
ZC	无效（申请部分成立）					撤销特许 （申请部分成立）
ZD	承认订正 无效（申请部分成立） ※1					承认订正 撤销特许 （申请部分成立）
ZDA	承认订正（全部认同） 无效（申请部分成立） ※2					承认全部订正 撤销特许 （申请部分成立）
ZDB	承认订正（部分认同） 无效（申请部分成立） ※2					承认部分订正 撤销特许 （申请部分成立）
ZE	不承认订正 无效（申请部分成立）					不承认订正 撤销特许（申请部分成立）

※1 在允许进行部分订正之时，表示为 YA、ZA 或者 ZD（但仅限于 2012 年 3 月 31 日以前请求的无效宣告审判）。
※2 适用于 2012 年 4 月 1 日以后请求的无效宣告审判。
※3 适用于 2012 年 4 月 1 日以后请求的订正审判。

(2015.10 修订)

02—02.2 U
实用新型审查决定的分类表

1. 按照案件种类（实用新型、审级的种类、审判等的种类）进行的分类表
（1994.1.1～） U．—（ ）○

第1位		第2位		第3～5位	
U	实用新型	1	审判（包括判定）		（无效）
		2	———	111	全部无效
		3	———	114	全部无效（自2004年的请求）
		4	———	121	部分无效
		5	再审	124	部分无效（自2004年的请求）
		6	———	15	
		7	———	16	
		8	———	2	判定
		9	其他	3	———
				41	
				42	———
				43	
				49	
					（除斥·回避）
				51	除斥
				52	回避
				6	
				7	
				8	驳回决定不服审判（中间决定）
				91	许可参加与否的决定
				92	
				93	
				94	证据保全的决定
				95	许可继承与否的决定

2. 按照判示事项进行的分类表
（1）关于注册无效（1994.1.1～）　　　　　　　U ． — （ ）○

分类	判示事项	
0	一般审理（附表）	
1	实3条（新增）	注册要件
111	1款1项	公知
112	2项	公开实施
113	3项	出版物记载
12		
121	2款	创造性
13	本文	产品
14	本文	产业上利用性
15	本文	发明人・申请人
151	实11条	共同申请
152	实37条1款5项	非发明人、无继承的注册实用新型
16	实3条之2	
161		实用新型技术方案相同
162		实用新型发明人相同
163		申请人相同
2	实4条	不能授权的实用新型技术方案
21		
22		
23		
24	实4条	公序、良俗、卫生
25		
26		
3		
31		
32		
33		
4	实7条	在先申请
5		其他
51	实2条之5、3款	外国人权利的享有
	实37条1款3项	违反公约的注册实用新型
	实37条1款6项	注册后的公约违反
52		

续表

分类	判示事项	
531	（说明书缺陷） 实5条4款	详细说明的记载缺陷（截至1995年6月30日）
532		——
533		——
534	5款1、2项及6项	权利要求书记载缺陷（截至1995年6月30日）
535	5款3项及6款	权利要求书记载形式缺陷（截至1995年6月30日）
536	4款	详细说明的记载缺陷（自1995年7月1日起）
537	6款1、2项及3项	
538	6款4项	权利要求书的记载形式缺陷
55	实2条之2、2项	追加新事项的补正
6		
61		——
62		——
63		——
64		
641		
642		
643		——
644		——
645		
81		
811		
812		

（2）判定（1994.1.1~）

分类	判示事项
0	一般审理（附表）
1	相同
2	利用
9	其他

（3）附表（一般审理的细分类）（1994.1.1～）

分类	判示事项
0	一般审理
01	请求书的表示、请求
02	利害关系、当事人适格、请求的利益
03	申请日、优先权日、请求日
04	对象物
05	审理方式、审理程序
06	证据
07	一事不再理
08	要旨认定
081	权利
082	非权利
09	其他
091	参加
092	异议

一般审理的分类定义或者举例（→02—03 之Ⅳ）。

3. "结论"（按照审判类别进行的分类）分类表

（实用新型）（1994.1.1～）

分类	按照审判等的种类进行的分类"结论"		
	无效	判定	除斥·回避、许可参加与否
X XX XA	驳回审查决定 驳回决定 存在订正 驳回审判请求（所有有争议的权利要求因订正而被删除）	驳回判定（§135） 驳回决定（§133）	驳回决定
Y YA YB	不予以无效 存在订正 不予以无效	属于（申请成立） 属于（申请不成立）	承认、许可
Z ZA ZB ZC ZD	无效（申请全部成立） 存在订正 无效（申请全部成立） 无效（申请部分成立） 存在订正 无效（申请部分成立）	不属于（申请成立） 不属于（申请不成立）	不承认、不许可

（2010.11 修订）

02—02.3 D
外观设计审查决定的分类表

1．按照案件种类（外观设计、审级种类、审判类别）进行的分类表

（外观设计）　　　　　　　　　　　　　　　　　　　　D — （　）○

第1位		第2位		第3～5位
D	外观设计	1	审　判	11　　　　　（无效）
		2	————	113　　　（无效）（注a）
		3	————	2　　　　　　判定
		4	————	3　　　　　————
		5	再　审	4　　　　　————
		6	————	（除斥・回避）
		7	————	51　　　　　除斥
		8	————	52　　　　　回避
		9	其　他	6　　　　　————
				7　　　　补正驳回决定
				8　　　　　不服审判
				决定不服审判
				（中间决定）
				91　　　许可参加与否的决定
				92
				93　　　　驳回补正的决定
				94　　　　证据保全的决定
				95　　　许可继承与否的决定

（注a）用于2004年1月1日以后请求的无效宣告审判。

2．按照判示事项进行的分类表

（1）无效、驳回决定不服审判

（外观设计） D．—（ ）○

分类	判示事项	
0	一般审理（附表）	
1	外3条	注册要件
11		新颖
111	1款1项	公知（包含近似）
112	————	
113	1款2项	出版物记载（包含近似）
12		创作
121	2款	容易创作
13	1款本文	产品
14		工业上利用
15		创作者、申请人
	外15条（→特38条）	共同申请
	外17条4款	非创作者无继承申请
	外48条1款3项	非创作者无继承授权外观设计
16	外3条之2	注册要件（部分）
2	外5条	不授予权利的外观设计
21	————	
22	————	
23	————	
24	1项	公序、良俗
25	2项	产品混淆
26	3项	功能性形状
3	外10条	关联外观设计（包含近似外观设计）
31		
32		
33		
4	外9条	在先申请
5	其他	
51	外68条3款（→特25条）	外国人权利的享有
	外17条2款	违反公约的申请
	外48条1款2项	违反公约的授权外观设计
	外48条1款4项	授权后的公约违反
52	外7条	一外观设计一申请
53	————	
6	外8条	组合外观设计
61		
62		
63		

(2) 判定
(外观设计)

分类	判示事项
0	一般审理（附表）
1	相同、近似
2	──────
9	其他

(3) 驳回补正决定不服审判、驳回补正的决定
(外观设计)

分类	判示事项
0	一般审理（附表）
1	附图（包括外观设计的说明）
2	产品（包括产品的说明）

(4) 附表（一般审理的细分类）
(外观设计)

分类	判示事项
0	一般审理
01	请求书的表示、请求
02	利害关系、当事人适格
03	申请日、优先权日、请求日
04	对象物
05	审理方式、审理程序
06	证据
07	一事不再理
08	要旨认定
081	权利的
082	非权利的
09	其他
091	参加
092	异议

3. "结论"（按照审判类别进行的分类）分类表

（外观设计）　　　　　　　　　　　　　　　D．—（　）○

分类	按照审判等的种类进行的分类"结论"				
	无效	驳回决定不服审判	补正驳回决定不服审判	判定	除斥·回避、许可参加与否
W		撤销发回重审	撤销		
WY		撤销并注册			
WZ		不予授权（当前审查驳回理由）			
X	审查决定	审查决定驳回	审查决定	判定驳回（§135）	
XX	驳回决定	决定驳回	驳回决定	决定驳回（§133）	决定驳回
Y	不予以无效			属于（申诉成立）	承认、许可
YA					
YB				属于（申诉不成立）	
Z	无效	不予授权	不撤销		不承认、不许可
ZA				不属于（申诉成立）	
ZB				不属于（申诉不成立）	
ZC					

（2010.11 修订）

02—02.4 T
商标审查决定的分类表

1. 按照案件种类（商标、审级种类、审判类别）进行的分类表

（商标）　　　　　　　　　　　　　　　　　T．—（　）○

第 1 位		第 2 位		第 3～5 位	
T	商标	1	审　判		（无效）
		2	———	11	全部无效
		3	———	12	部分无效
		4	———	13	续展注册无效（全部）（1996年改法前）
		5	再　审	14	续展注册无效（部分）（1996年改法前）
		6	———	17	分类变更注册无效（全部）
		7	———	18	分类变更注册无效（部分）
		8	———	2	判定
		9	其　他		（撤销）
				31	全部撤销
				32	部分撤销
				4	———
					（除斥・回避）
				51	除斥
				52	回避
					（商标注册异议）
				651	全部异议
				652	部分异议
				7	驳回补正决定不服审判
				8	驳回决定不服审判
				81	分类变更决定不服审判（中间决定）
				91	许可参加与否的决定
				92	关于注册异议的决定（1996年改法前）
				93	驳回补正的决定
				94	证据保全的决定
				95	许可继承与否的决定

2．按照判示事项进行的分类表

（1）关于无效、驳回决定不服审判、注册异议的决定（商标）　　　　　　　　　　　　　T．—（ ）○

分类	判示事项	
0	一般审理・（附表）	
1	商3条一般	商标的注册要件
11	商3条1款1项	普通名称
12	商3条1款2项	惯用语
13	商3条1款3项	产地、销售地、品质、原材料等
14	商3条1款4项	常见姓氏、名称
15	商3条1款5项	简单常见的要素
16	商3条1款6项	1项至5项以外的情形
17	商3条2款	通过使用获得显著性
18	商3条1款本文	业务记载、商标使用（意图）
2	商4条一般	不予批准注册的商标
21	商4条1款1项	国旗、菊花纹章、勋章等
	商4条1款2项	公约国的纹章等
	商4条1款3项	国际机构的标识等
	商4条1款4项	红十字的标志、记章等
	商4条1款5项	监督用、证明用的印章、记号等
	商4条1款6项	不以营利为目的的公益团体等的标识等
	商4条1款9项	博览会的奖项等
	商4条1款14项	与种苗法上的注册名称相同或者近似
22	商4条1款7项	公序、良俗
222	商4条1款19项	不正当目的的申请
23	商4条1款8项	他人的肖像、姓名、著名的艺名等
24	商4条1款13项（2011年改法前）	失效后尚未届满1年的他人的商标
25	商4条1款10项一般	公知商标
251		外观近似
252		发音近似
253		含义近似
254		商品（服务）的类似
255		商标的公知
26	商4条1款11项一般	他人的注册商标
261		外观近似
262		发音近似
263		含义近似

续表

分类	判示事项	
264		商品（服务）的类似
265		商品和服务的类似
27		一般混淆误认
271	商4条1款15项	来源的混淆
272	商4条1款16项	品质的误认
28	商4条1款12项	他人的注册防护标志
29	商4条1款17项	葡萄酒·烈酒的产地标志
3	商7条（1996年改法前）	联合商标
4	商8条	在先申请
5	商51条2款	因恶意使用被撤销的商标的再注册
	商53条2款	因使用权人的不正当使用被撤销的商标的再注册
6	商77条3款 （→特25条）	外国人权利的享有
	商46条1款2～6项	违反公约等以及事后的无效事由
	商15条1款2项	违反公约等
7	商21条1款	续展注册
71	商21条1款1项	公益方面的不注册事由
72	商21条1款2项	注册商标的不使用
73	商21条1款3项	非商标权人的申请
74	商附则13条 （1996年法）	服务重复注册的续展
	商附则17条（同上）	服务重复注册的续展无效
8	商64条	防护标志
81		标志的相同
82		商品（服务）的混淆
83		非商标权人的注册申请
84		违反公约
9		其他
91		商6条·一商标一申请
92	商15条1款4项	正当权利人以外的代理人或者代表人提交的申请
93	商·附则6条1款	基于使用的特例的适用
941	商4条1款18项其他	立体商标
942	商7条	集体商标（包括地域集体商标）
945	商附则8条1款	基于零售商标的使用的特例的适用（2007年4月1日起）
95	商附则6条	分类变更注册
951	商附则6条1款	商附则4条1款的要件
952	商附则6条2款	非商标权人的申请

（2）撤销
（商标）

分类	判示事项	
0	一般审判（附表）	
1	商 50 条	基于不使用的撤销
11		商标的同一性
12		包含紧急使用的商标使用
2		
3	商 51 条	基于权利人的不正当使用的撤销
31	商附则 10 条（1991 年法）	
4	商 52 条之 2	基于近似商标转让而导致混淆的撤销
5	商 53 条	基于使用权人的不正当使用的撤销
6	商 53 条之 2	正当权利人以外的代理人或者代表人的注册的撤销

（3）判定
（商标）

分类	判示事项
0	一般审理（附表）
1	相同
2	
9	其他

（4）驳回补正决定不服审判・驳回补正的决定
（商标）

分类	判示事项
0	一般审理（附表）
1	商标（服务）
2	商品

（5）附表（一般审理的细分类）
（商标）

分类	判示事项
0	一般审理
01	请求书的表示、请求
02	利害关系、当事人适格（权利滥用相关的判断）、请求的利益
03	申请日、优先权日、请求日
04	对象物
05	审理方式、审理程序
06	证据
07	一事不再理
08	要旨认定
081	权利的
082	非权利的
09	其他
091	参加
092	异议

3."结论"（按照审判类别进行的分类）分类表

（商标）　　　　　　　　　　　　　　　　　　　　　T　—　（　）○

分类	按照审判等的种类进行的分类"结论"						
	无效撤销	驳回决定不服审判	补正驳回决定不服审判	判定	除斥·回避、许可参加与否	授权前异议	授权后异议
W WY WZ		撤销发回重审 撤销并注册 不予注册 （当前审查驳回理由）	撤销			无理由 有理由	
X	审查决定驳回	审查决定驳回	审查决定驳回	决定驳回 （§135）			申诉驳回
XX	决定驳回	决定驳回	决定驳回	决定驳回 （§133）	决定驳回	申诉驳回	申诉书驳回

33

续表

分类	按照审判等的种类进行的分类"结论"						
	无效撤销	驳回决定不服审判	补正驳回决定不服审判	判定	除斥·回避、许可参加与否	授权前异议	授权后异议
Y	不予以无效 不予撤销				承认、许可		维持注册
YA				属于（申诉成立）			
YB				属于（申诉不成立）			
Z	无效（请求全部成立） 撤销（请求全部成立）	不予注册	不予撤销		不承认、不许可		撤销注册（申诉全部取消）
ZA				不属于（申诉成立）			
ZB				不属于（申诉不成立）			
ZC	无效（请求部分成立） 撤销（请求部分成立）						撤销注册（部分撤销、部分维持）

（2009.4 修订）

02—02.5 ＰＵＤＴ
判决分类表

判决分类使用以下的分类表，按照审查决定分类的记载要点（→02—02、审查决定分类）进行记载。

1. 按照案件的种类进行分类（特、实、外、商、其他种类；审级种类；裁判种类）的分类表

（判决）　　　　　　　　　　　　　　　　　　　．—（　）

第1位 （特、实、外、商、其他）		第2位 （审级种类）	第3~5位 （裁判种类）	
P U D T E	特许 实用新型 外观设计 商标 其他	3 4 5 7	向高院起诉 上诉 ——— 向地方法院起诉	0	裁判（注）
				01	一般诉讼
				02	行政诉讼（除外、审查决定撤销）
				03	临时禁令
				04	再审
				09	其他

（注）在请求撤销审查决定及决定的诉讼判决中，第3~5位的"裁判的种类"使用特·实·外·商分类表"02—02（PUDT）"的第3~5位的"审判等的种类"。
〔例〕P3112·121—ZZ（G11B）

　　　　　　　　　　　　　　　　（维持特许全部无效宣告审判决定的判决）

2. 按照判示事项进行分类的分类表（注1）

（判决）　　　　　　　　　　　　　　　　　　　．—（　）

〔一般诉讼、临时禁令、再审〕　　　〔行政诉讼〕

	判示事项		判示事项
0	一般审理（注2）	0	一般审理（注2）
1	权利范围	1	撤销处分
11	相同、近似	11	撤销不予受理处分
12	利用	12	撤销注册处分
19	其他	2	不作为的违法确认
2	在先使用		

续表

		判示事项		判示事项
3		禁令请求权		
4		视为侵权的行为		
5		推定		
51		损害赔偿额的推定		
52		过失的推定		
53		生产方法的推定		
6		信用恢复的措施		
9		其他	9	其他

（注1）请求撤销审查决定的诉讼判决的判示事项分类使用该审查决定分类的分类。

（注2）一般审理的细分类使用该审查决定分类的分类。

3. "结论"（按照裁判的种类进行的分类）分类表

在赋予判决的"结论"的分类时，分别在前审（判）决的"结论"分类之后，撤销前审（判）决的判决标记为W，维持前审（判）决（驳回请求）的判决标记为Z，驳回的标记为X。

（1）请求撤销审查决定等诉讼关联"结论"

a. 撤销查定类审查决定（包括决定）的诉讼判决的举例

审查决定			高院判决		最高院判决
请求不成立	Z WZ	撤销审查决定	ZW WZW	撤销原判决 维持原判决	ZWW WZWW ZWZ WZWZ
		维持审查决定	ZZ WZZ	撤销原判决 维持原判决	ZZW WZZW ZZZ WZZZ

b. 当事人类审查决定撤销诉讼判决、决定的举例

审查决定	高院判决、决定（注）		最高院判决
不予无效 承认订正 不予撤销　Y	撤销审查决定　YW	撤销原判决 维持原判决	YWW YWZ
	维持审查决定　YZ	撤销原判决 维持原判决	YZW YZZ
无效 撤销 不承认订正　Z 部分无效　ZC 部分撤销	撤销审查决定　ZW ZCW	撤销原判决 撤销原判决	ZWW ZCWW ZWZ ZCWZ
	维持审查决定　ZZ ZCZ	撤销原判决 撤销原判决	ZZW ZCZW ZZZ ZCZZ

（注）关于根据2003年修改特许法第181条第2款规定的发回重审审查决定作出的撤销审查决定，审查决定的结论编号中附加"V"，比如YV、ZV、ZCV等。

c. 特许（注册商标）异议申诉相关的请求撤销决定撤销诉讼判决的举例

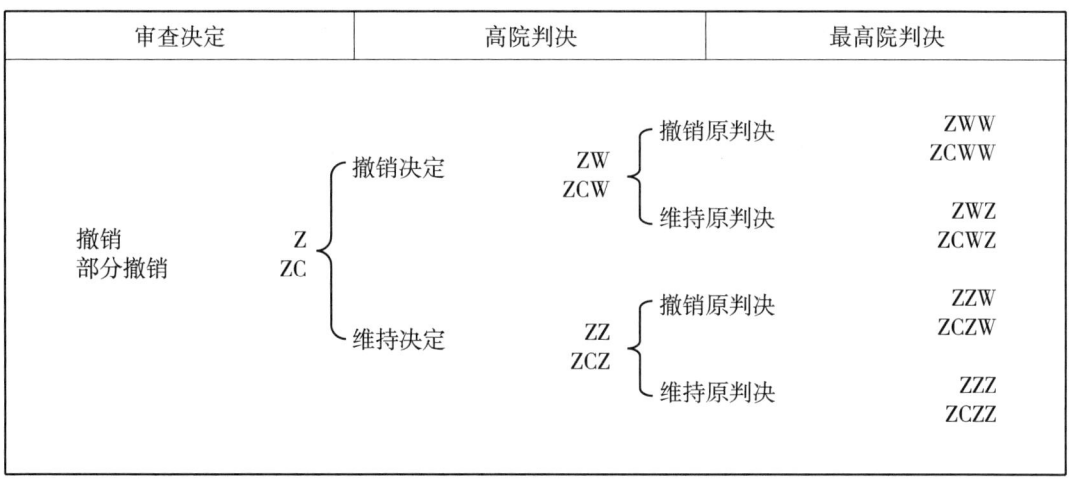

审查决定	高院判决		最高院判决
撤销 部分撤销　Z ZC	撤销决定　ZW ZCW	撤销原判决 维持原判决	ZWW ZCWW ZWZ ZCWZ
	维持决定　ZZ ZCZ	撤销原判决 维持原判决	ZZW ZCZW ZZZ ZCZZ

（2）一般诉讼、临时禁令、再审判决"结论"

地方法院判决		高院判决		最高院判决
存在侵权 存在不正当竞争 （申诉成立） YA	撤销原判决 YAW	撤销高院判决 维持高院判决		YAWW YAWZ
	维持原判决 YAZ	撤销高院判决 维持高院判决		YAZW YAZZ
存在侵权 存在不正当竞争 （申诉成立） YB	撤销原判决 YBW	撤销高院判决 维持高院判决		YBWW YBWZ
	维持原判决 YBZ	撤销高院判决 维持高院判决		YBZW YBZZ
存在侵权 存在不正当竞争 （申诉成立） ZA	撤销原判决 ZAW	撤销高院判决 维持高院判决		ZAWW ZAWZ
	维持原判决 ZAZ	撤销高院判决 维持高院判决		ZAZW ZAZZ
不存在侵权 不存在不正当竞争 （申诉不成立） ZB	撤销原判决 ZBW	撤销高院判决 维持高院判决		ZBWW ZBWZ
	维持原判决 ZBZ	撤销高院判决 维持高院判决		ZBZW ZBZZ

02—02.5

(3) 行政案件诉讼判决"结论"
（请求撤销审查决定诉讼"结论"→3（1）a、b）

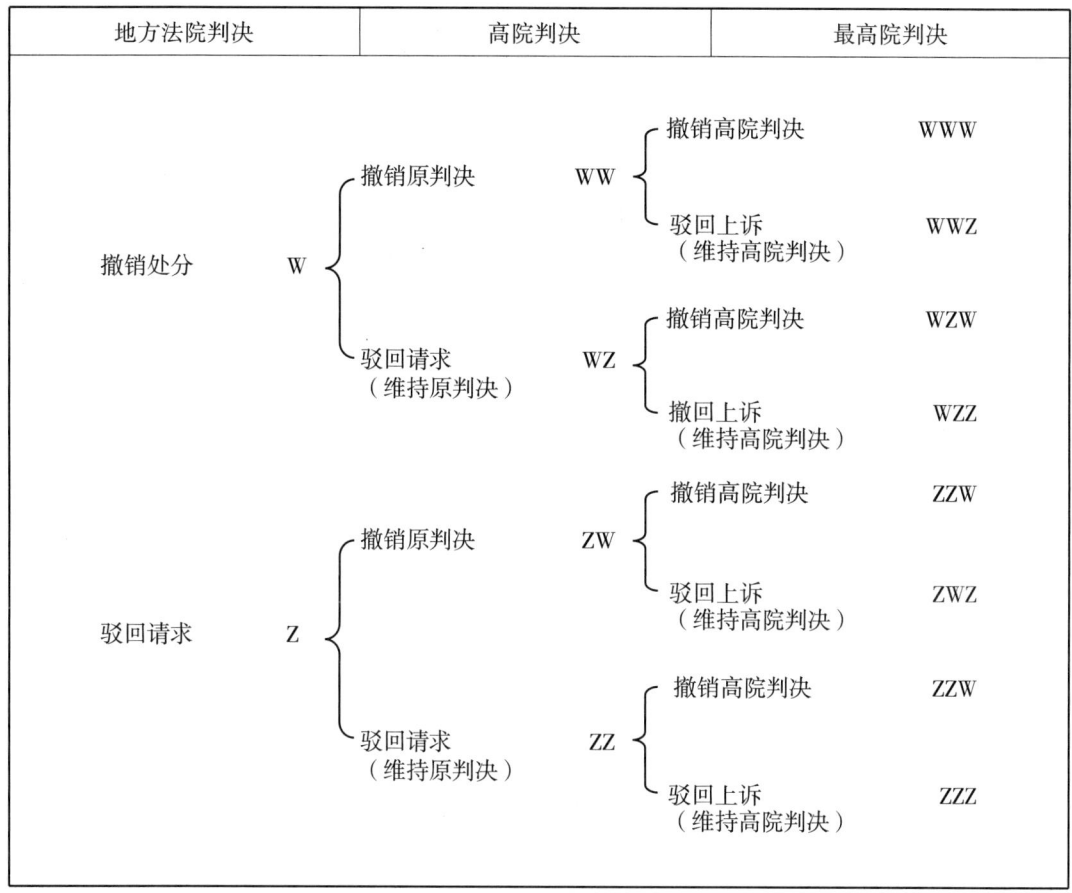

（2005.7修订）

39

02—03 P U D T
审查决定分类及判决分类原则

I 一般

1. 审查决定等的"判示事项"的内容覆盖两点以上时，以其主要点论及的事项的分类为主分类，主要点以外的其他参考事项的分类为副分类。

副分类在主分类的"判示事项"相关的分类标数的下面并行记载。

〔例1〕　　P1112.121—Z（H04N）……主分类
　　　　　　　　　　.02　　　　　……副分类

〔例2〕　　D 111.121—Z（L4—2）
　　　　　　　　　.03

2. 当分类项目由上位分类和下位分类构成时，为了对不属于任何下位分类的事项进行分类，设置了上位分类。

（注1）应当分类的事项仅符合一个下位分类或者多个下位分类时，不赋予上位分类。

（注2）应当赋予分类的事项为多个时，其中一个事项符合下位分类，但是其他事项符合上位分类时，并行记载其下位分类与上位分类。

3. "一般审理0"的细分类的各项内容如IV中的表所示。

II 审查决定分类

1. 各种中间决定分类的注意事项。

（1）驳回补正的决定在"审判的种类"的分类标数为93，记载"结论"以外的所有分类。

〔例1〕　　T193.1—（103）
〔例2〕　　D193.2—（L4—2）

（2）对许可参加与否的决定及许可继承与否的决定，不赋予判示事项相关的分类。

对作出许可参加与否的决定的案件的审查决定赋予分类标数时，作为副分类，并行记载091。

〔例〕　　D191.—Z 决定
　　　　　D111.11—Z（117）审查决定
　　　　　　　.091

作出前述各种决定时的审查决定及决定分类如下表例示。

决定的种类	按照审查决定、决定进行分类的记载例
关于特许异议申诉的决定 （2015年4月1日起施行）	决定……P1651.113—Y 决定……P1652.121—Z
关于商标注册异议的决定 （1997年4月1日起施行）	决定……P1651.262—Y（011） 决定……P1651.262—Z（040） 决定……P1651.13 —ZC（038） 决定……P1652.272—ZD（030）
许可参加与否的决定	决定……D191.　　—Z 决定……D111.11 —Z（17） 　　　　　　.091
许可继承与否的决定	决定……D195.　　—Z

2. 在查定类审判中，不能支持原查定的驳回理由，但是根据当前审查或者前置审查中的驳回理由或者前审中的其他驳回理由，作出审判请求不成立的审查决定时，作为结论的分类，记载为WZ。

3. 对除斥、回避案件的决定，不进行判示事项相关的分类。

〔例〕　　U151.—Y（D04H）

4. "全部无效（撤销）"及"部分无效（撤销）"相关的分类例。

〔例〕

P1112.111—Z　　　　　（C07D）　　　　全部无效的请求成立

P1122.111—Z　　　　　（C07D）　　　　部分无效的请求成立

P1112.111—ZC　　　　（C07D）　　　　全部无效的请求部分成立

P1122.111—ZC　　　　（C07D）　　　　部分无效的请求部分成立

T131.1—Z　　　　　　（4）　　　　　　全部撤销的请求成立

T132.1—Z　　　　　　（4）　　　　　　部分撤销的请求成立

T131.1—ZC　　　　　 （4）　　　　　　全部撤销的请求部分成立

T132.1—ZC　　　　　 （4）　　　　　　部分撤销的请求部分成立

5. 判定案件中的注意点。

（1）判定案件中"判示事项"里的"利用"是指论及权利的利用关系的情况，比如（イ）项的实施是否需要本案权利的实施。

（2）判定案件中，当对象物双方为权利，两者的分类相同时，第 2 辅助分类的末尾处标记"＝"的符号；两者的分类不同时，在"＝"的后面标记对方的分类号。

〔例〕
　　○分类相同的权利对权利的场合
　　P 12.2—YA（A01D ＝ ）
　　○分类不同的权利对权利的场合
　　P 12.1—ZB（D01H ＝ B65H）

6. "再审案件"的审查决定在"审级的种类"的分类标数为 5。

〔例〕
　　⑪ 5112.01—X（B01J）

7. 审判官指定的审查决定分类或者判决分类由审判长确认。

8. 审查决定分类的使用例。

（1）关于特许驳回决定不服审判的案例

ア　特许驳回决定不服审判中：

（ア）虽然不服前审的驳回补正决定，但是根据特§29②的规定当前审查支持该补正后的发明不能独立被授予权利的前审判断，判定驳回合法。

（イ）判断前审的驳回理由（特§29①三）不应当被推翻，根据当前审查的驳回理由（特§29②）作出维持驳回决定的审查决定。

$$P18.121—WZB$$
$$.575$$
$$.121$$

イ　特许驳回决定不服审判中：

（ア）判断前审的驳回理由（特§29之2）不应当被推翻，当前审查中，通知驳回理由（最后，特§29①三）后，虽然提交了补正书，但是根据特§29②的规定补正后的发明不能独立被授予权利，以此作出请求不成立的审查决定的同时，对该补正作出驳回补正的决定。

$$P18.113—WZ$$
$$.575$$
$$.121$$

ウ　特许驳回决定不服审判中：

（ア）虽然不服前审的补正驳回决定，但是当前审查中，支持该补正后的发明根据特§29②的规定不能独立被授予权利的前审判断，判定驳回合法。

（イ）判断前审的驳回理由（特§29之2）不应当被驳回，当前审查中，通知驳回理由（最后，特§29①三）后，虽然提交了补正书，但是通过补正追加了新事项，以此作出请求不成立的审查决定的同时，作出驳回补正的决定。

      P18．113—WZB
         ．575
         ．121

エ　特许驳回决定不服审判中：

（ア）虽然不服前审的驳回补正决定，但是当前审查中，支持通过该补正追加新事项的前审判断，判定驳回合法。

      P18．121—WZB
         ．561

オ　特许驳回决定不服审判中：

（ア）不服前审的驳回补正决定，当前审查认为，根据特§292的规定该补正后的发明不能独立被授予权利的前审判断有误，判定驳回不合法。

（イ）作出对被驳回的补正后的发明授予权利的审查决定。

      P18．121—WYA
         ．575
         ．121

（2）特许无效宣告审判的案例

特许无效宣告审判中，订正后的发明追加了新事项，则不承认订正请求，根据特§29①三的规定，作出特许无效的审查决定。

      P1112．113—ZB
         ．841

（3）订正审判的案例

订正审判中，根据特§29②的规定订正后的发明不能独立被授予权利，则以此作出不承认订正的审查决定。

      P141．856—Z
         ．121

（4）特许异议申诉的案例

特许异议申诉中，以订正后的发明追加了新事项为由，不承认订正，根据特§29②的规定，作出撤销特许的决定。

      P1651．121—ZB
         ．841

9. 在为商标时，第2辅助分类的记载内容与公报上的表示不同。

[例]　　（103）→（3）、（211）→（旧11）
    记载　　公报　记载　　　公报

Ⅲ 判决分类

1. 判决中存在两个以上的结论时,并行记载各自的分类。
2. 关于请求撤销审查决定诉讼判决的"裁判的种类"及"判示事项"的分类标数遵从 02—02(P·U)、02—02(D)及 02—02(T)的"审判的种类"及"判示事项"。
3. 请求撤销审查决定诉讼以外的行政诉讼判决的"裁判的种类"的分类标数为 02。

〔例〕　　P 702.11—Z(C08L)

4. 判决的"结论"的分类在前审(判)决的"结论"分类之后记载,这种情况下,"再审案件"的判决、审查决定、决定的"结论"分类上标记( )。

〔例1〕　　U 3112.01—(X)Z(G11B)
　　　　　　(针对再审案件审查决定的起诉案件的高院判决)
〔例2〕　　U 3112.01—Z(X)(G11B)
　　　　　　(针对请求撤销审查决定诉讼相关的确定判决的再审案件的高院判决)
〔例3〕　　U 4112.01—Z(X)Z(G11B)
　　　　　　(针对〔例2〕中的高院判决的上诉案件的最高院判决)
〔例4〕　　P 704.01—(X)(G11B)
　　　　　　(针对侵权诉讼相关的确定判决的再审案件的地方法院判决)
〔例5〕　　P 301.01—(X)Z(G11B)
　　　　　　(针对〔例4〕中的地方法院判决的控诉案件的高院判决)
　　　　　　(1985.3.30 修订)

5. 产业财产权以外的相关判决(著作权相关判决、反不正当竞争法相关判决等)的分类第1位的"产业财产权等的种类"的分类标数为 E。

Ⅳ 一般审理的分类定义或者举例分类

分类	判示事项	定义或者举例
0	一般审理	
01	申诉书请求书的表示	费用不足;地址、姓名、权利号码、影印等不一致;一定的申诉或者理由的缺陷
	请求	审判管辖事项以外的请求(比如先用权确认的请求);代理权(比如委托书缺陷)

续表

分类	判示事项	定义或者举例	
02	利害关系 当事人适格 请求的利益	实施权人的无效宣告审判请求；收到查定、审查决定的人或者权利共有人的部分请求；以前任权利人或者法人权利人的个人代表为对象的请求；权利灭失后的判定请求	
03	申请日、优先权日请求日、申诉日	申请日、优先权日或者请求日的认定；除斥期间或者请求期间届满后的请求、异议申诉期间届满后的申诉	
04	对象物	以无效的权利或者申请中的权利为对象的请求；判定请求中（イ）项的缺陷、不明确、多个等；以两个权利为对象的请求；补正书采纳与否的形式判断（参照08）	
05	审理方式	审理的一般方针乃至基准	但是，分类在01~04、06~08的除外
	审理程序	决定、审理程序的合法性	
06	证据	证据的采纳与否、证据调查程序；实地验证、鉴定等	
07	一事不再理	有关一事不再理	
08	要旨认定		
081	权利相关	注册授权的权利的要旨认定	补正书采纳与否的实质性判断（参照04）；作为权利要求范围被记载的事项以外的判断
082	非权利相关	申请中，或者疑似侵权物的要旨认定	
09	其他	未分类在01~08的判示事项	
091	参加	有关各种许可参加与否决定	
092	异议	有关各种异议决定（仅适用截至1995年12月的异议申诉）	

（2015.10修订）

07—01 PUDT
审判庭

1. 审判庭是审判官在审判程序（包括特许（注册商标）异议申诉、判定相关程序）中进行口头审理及证据调查的场所。

2. 审判庭原则上在特许厅内部开设，但是审判长认为有必要时，可以决定其他适当的场所作为审判庭。

3. 审判庭在规定期限内进行口头审理及证据调查。

4. 审判庭由定额的审判官及审判书记员列席开庭。

审判庭里审判官等的位置原则上如附记的审判庭构成图所示。

5. 审判长负责指挥开庭审判的审理，维持审判庭的秩序（特§138②、实§41、外§52、商§56）。

在未取得审判长许可的情形下，不得在审判庭里进行拍照、速记、录音、录像或者报道（特施规§54、实施规§23⑫、外施规§19⑧、商施规§22⑥）。

审判长为了维持审判审理的进行以及审判庭的秩序，可以采取必要的措施，比如要求关闭手机电源、禁止大声说话或者保持肃静等。另外，审判庭内允许补充水分。

6. 在进行非公开的口头审理时（特§145⑤但书、实§41、外§52、商§56①），让公众退庭之前，审判长应当向公众告知并说明理由。

7. 审判庭：特许厅本址：

第1审判庭：经济产业省分址

第2审判庭：经济产业省分址

另外，特许厅本址的审判庭为设有IT机器的IT审判庭，可以使用动画等进行技术说明，使用相机对实物、对象物进行验证。

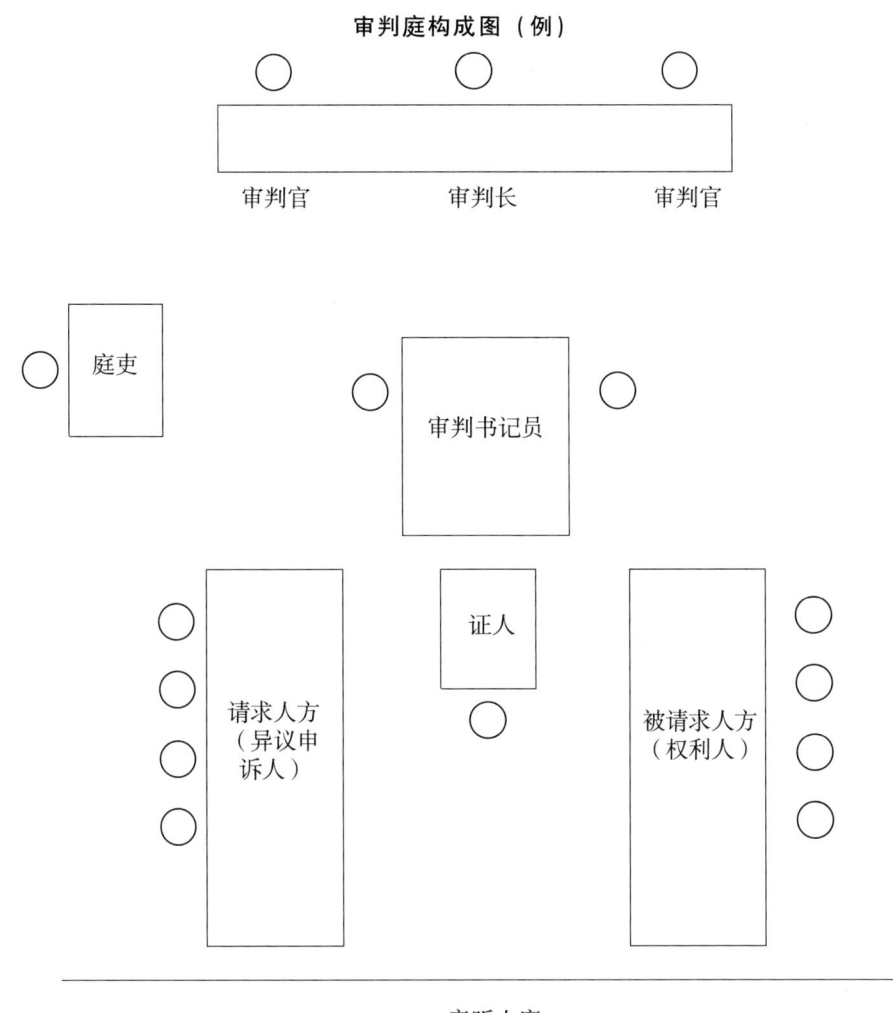

(注)（ ）内为特许（注册商标）异议申诉案件的情况。亦存在审判书记员代替庭吏①履行职务的情况。

(2018.9修订)

---

① 庭吏：在法庭中辅助法官处理一些事务的法院职员，如辅助法官维持庭内秩序或进行当事人记录等。

07—02　PUDT
审判庭里庭吏的职务

关于审判（包括特许（商标注册）异议申诉、判定）案件，为进行口头审理或者证据调查（注），审判庭开庭时，庭吏遵从审判长的指挥履行以下职务。

1. 当接到审判书记员的口头审理及证据调查的到场联络时，就座于审判庭内的庭吏席。
2. 当事人等开始入庭时，在各自的位置就座后，向审判书记员联络当事人的到庭情况。
3. 审判官入庭时，呼喊"请起立"，要求全体人员起立。
4. 全体人员起立后，仿效审判长向全体人员行礼，但是这时不发号"礼"的施令，而是通过动作进行。
5. 宣读案件名称（→33—05）。
6. 证人询问初始，证人宣读宣誓书时，呼喊"请起立"，要求全员起立。
7. 证人有两名以上时，全体证人在宣誓书上签字后，按照审判长的指示，引导待询问的证人去等候室等待，按照审判长的指示依次叫证人进入审判庭。
8. 存在证据物件或者其他当事人、证人和审判官之间往来物件时，遵从审判长的指示迅速将其传递。
9. 进行证人询问时，审判长告知证人询问结束，继续进行口头审理时，不得要求全体人员起立。
10. 询问结束的证人由于需要领取当天的差旅费，引导其去特许厅的相关部门办理必要的程序（→35—01之5.（3））。
11. 开庭中，着制服和制帽，保持礼节。周围有扰乱庭审秩序言行的人或者不礼貌的旁听人员时，小声对其提醒注意："请注意自己的言行，不要受到审判长的警告。"特别是收到审判长的指示时，遵从该指示取缔言行，采取责令退庭等处置。
12. 开庭中，审判长告知口头审理或者证据调查结束时，呼喊"请起立"，要求全体人员起立。全体人员起立后，和开庭时一样，无须发号"礼"的施令。
13. 全体人员退庭后，检查是否有遗失物品，对备用物品进行整理等。另外，以上的职务亦存在由审判书记员代替履行的情况。

（注）特许异议申诉中，仅进行证据调查。

（2015.10 修订）

10—02 ＰＵＴ
权利授予前的信息提供*

1. 意义

信息提供制度是伴随昭和 45 年（1970 年）申请公开制度的导入，以提高审查的准确性及迅速性为目的，而在特许法实施规则中作出的规定（特施规§13 之 2）。

另外，商标也伴随 1996 年注册异议申诉制度的导入，以提高审查的准确性及迅速性、防止有瑕疵的商标权产生于未然为目的，在商标法实施规则中作出了规定（商施则§19）。

另外，实用新型法实施规则中亦有同样的规定（实施规§22）。

2. 概要

（1）信息提供者

任何人均可以进行信息提供。

另外，由于信息提供者的姓名（名称）、住所（居所）、盖章等可以省略，所以也可以通过匿名进行信息提供（特施规§13 之 2③④、商施规§19③）。

（2）信息提供的申请对象

信息提供可以针对特许厅在审中的特许申请及商标注册申请（特施规§13 之 2、商施规§19）。针对特许厅非在审中的特许申请及商标注册申请（比如驳回决定已确定的特许申请、放弃、撤回的特许申请或者不被受理的特许申请），不能进行信息提供。另外，对是否已经提出审查请求没有要求。关于针对已经授权并注册的特许权的信息提供，参照权利授予后的信息提供制度（→10—04）。

（3）可以提供的信息的种类

仅限于特定的驳回理由才可以提供信息（特施规§13 之 2①、商施规§19①）。

ア　特许

具体而言，仅限于新事项追加的补正①（特§17 之 2③）、非发明（特§29①、§2①）、缺乏产业上的利用可能性（特§29①）、缺乏新颖性（特§29①）、缺乏创造性（特§29②）、抵触申请（特§29 之 2）、在后申请（特§39①～④）、违反说明书记载要件（特§36④）、违反特许权利要求书的记载要件（特§36⑥）、原文新事项（特§36 之 2②）。

---

* 信息提供制度相当于我国的第三人提供公众意见的制度。

① 相当于我国的"超范围的补正"。

ｲ　商标

具体而言，仅限于商标注册的要件（商§3）、不予注册的商标（商§4①一、六～十一、十五～十九）、缺乏地域集体商标的法人资格（商§7之2①）、在先申请（商§8②、⑤）。

（4）可以提供的资料

可以向特许厅提供的信息资料仅限于"文件"，不能提供文件以外的物件（比如拍摄了装置动作的DVD）。具体而言，以"出版物""特许申请、实用新型申请的请求书中所附的说明书、权利要求书、附图的复印件"为典型例子，此外也可以提供商品目录、实验结果证明等"其他文件"（特施规§13之2①柱书、商施规§19①柱书）。

（5）在基于所提供的信息决定是否存在驳回理由需要进行证据调查时的做法

在无效宣告审判制度或特许（商标注册）异议申诉制度的宗旨基础上，仅限于通过采用提供的信息，案件所涉申请的发明的特许性（商标的可注册性）被否定的盖然性高的情况下，才能基于职权探知主义进行证据调查。

（6）出版物等提出书的方式

在进行信息提供时，按照规定的格式制作《出版物等提出书》（特施规§13之2②格式20、商施规§19②格式20）。

此时，需要明确记载根据上述（4）的提出书认为该特许属于上述（3）中的无效理由时的理由。

以匿名提出时，出版物等提出书的"提出者"及"代理人"的"识别码""住所或者居所""姓名或者名称"栏中记载"省略"。以在提出的出版物等中使用下线、方框等指明引用处为宜。

（7）出版物等提出书的提出方法

信息提供可以通过书面形式，或者使用网上申请软件通过电子在线程序提出，以书面或者电子在线程序的方式进行信息提供，均不需要缴纳官费。另外，《出版物等提出书》在以书面形式提出时的邮寄收信人信息如下。

邮编100—8915 东京都千代田区霞关3—4—3 特许厅厅长

（8）对信息提供者的反馈

关于信息的利用情况，根据提供者的希望进行反馈。其内容为：

ｱ　所提供的信息是否在信息提供前的审查意见通知书中已被利用；

ｲ　是否在信息提供后的第1次审查意见通知书中被利用（不需要反馈是否在信息提供后的第2次以后的审查意见通知书中被利用，以及最终的审理结果）。

（9）对请求人的通知

向请求人通知有信息提供的事实。

（10）被提供的信息的阅览

提供的信息供阅览。

另外，针对电子申请案件提供的信息中，能够电子化的，作为电子化文件供阅览。

（11）关于提供的信息在审理中的利用情况的记录的制作

因为可以通过申请文件的阅览进行调查，所以无须制作。

（12）信息提供者关于该信息的释明、会晤等的机会

由于信息提供者不是审判的当事人，不允许审判官与信息提供者相互联络，比如通过面谈等方式解释说明该信息、说明申请对象的特许（商标注册）的注册可能性等。另外，不作为根据特§134④（包括在商§56①上准用的情况）的审判长的文书提出要求等的对象。

（2015.2修订）

10—04　PU
权利授予后的信息提供

1．意义

不应被授予特许（注册实用新型）的发明（实用新型）却被授予特许（注册实用新型）的情况是不应该发生的。就这一点而言，为了充分收集关于权利有效性的信息的手段，特许（实用新型）授予后亦允许进行信息提供是有意义的。

因此，在特许法实施规则及实用新型法实施规则中，规定了特许（实用新型）授予后的信息提供制度（特施规§13之3、实施规§22之2）。

以下，就特许的授予权利后的信息提供制度进行详细叙述，关于实用新型只进行条文的参照。

（1）授予权利后的信息提供制度的优点

ア　特许权人在运用特许之际，可以事先研讨提供的信息，同时可以根据需要通过订正审判消除特许中的瑕疵，从而可事先避免不必要的纷争。

イ　请求无效宣告审判的人，可以参考之前提供的信息提出无效宣告审判请求，能够提出更充实的无效理由·证据，以完善对特许的重新审视。

ウ　请求无效宣告审判或者订正审判之际，合议组有依职权审理的裁量权，在合议组认为合适时，提供的信息可以作为依职权审理的对象，从而可以期待更加迅速、准确的审理。

エ　与侵权诉讼并行请求订正审判之际，涉嫌侵权人（通常为诉讼的被告）可以利用该制度向审判官出示无效抗辩时使用过的证据，即使是在不存在对方当事人的订正审判的审理中，也可以对独立特许要件等的订正要件进行准确的审理。

（2）无效宣告审判、特许异议申诉与授权后的信息提供的比较

	无效宣告审判	特许异议申诉	授权后的信息提供
请求人/申诉人/信息提供者	仅限于利害关系人	任何人均可（不可匿名）	任何人均可（可匿名）
请求期间/申诉期间/信息提供期间	授予权利后任何时候均可	特许公报发行之日起6个月	授予权利后任何时候均可
审理的有无	有	有	无（无效宣告审判中有可能成为依职权审理的对象）

续表

	无效宣告审判	特许异议申诉	授权后的信息提供
审理的参与	作为当事人参与	有订正请求时通过提出意见书参与	无参与
对处分的不服申诉	对于审查决定，可以向东京高等法院（知识产权高等法院）提起诉讼	对于撤销决定，可以向东京高等法院（知识产权高等法院）提起诉讼 对于维持决定，不可以提起诉讼	没有不服申诉的救济
费用（日元）	49500＋（权利要求的项数×5500）	16500＋（权利要求的项数×2400）	免费

2．概要

（1）信息提供者

任何人均可以在授予权利后进行信息提供（特施规§13之3①）。另外，由于信息提供者的姓名（名称）、住所（居所）、盖章等可以省略，所以也可以匿名进行信息提供（特施规§13之3③、实施规§22之③）。

（2）信息提供的对象权利

以所有登记授权的特许及实用新型为对象。

（3）可以进行信息提供的时期

权利授权注册后任何时候均可以进行信息提供（特施规§13之3①、实施规§22之2①）。

（4）可提供的信息的种类

并不是特§123①各项中规定的所有无效理由都可以，而是仅限于特定的无效理由可以提供关于该特许属于该无效理由的信息（特施规§13之3①、实施规§22之2①各项）。

具体而言，仅限于新事项追加的补正（特§17之2③）、非发明（特29①本文）、缺乏产业上的利用可能性（特§29①本文）、缺乏新颖性（特§29①）、缺乏创造性（特§29②）、抵触申请（特§29之2）、在后申请特许（特§39①～④）、违反说明书记载要件（特§36④一）、违反特许的权利要求的记载要件（特§36⑥一～三）、原文新事项（特§36之2②）、不合法订正（特§126、§134之2）。

而关于外国人的权利能力欠缺（特§25）、违反公序良俗（特§32）、违反共同申请要件（特§38）、违反公约（特§123①三）、假冒申请（特§123①六）、后发性无效事由（特§123①七），不属于可提供的信息。

（5）可提供的资料

可以向特许厅提出的信息提供的资料仅限于"文件",不能提出文件以外的物件（比如拍摄了装置动作的 DVD）。具体而言,以"出版物""特许申请、实用新型申请的请求书所附的说明书、权利要求书、附图的复印件"为典型例,此外也可以提出商品目录、实验结果证明等"其他文件"（特施规§13 之 3①本文、实施规§22 之 2①本文）。

（6）出版物等提出书的方式

信息提供之际,按照规定的格式制作《出版物等提出书》（特施规§13 之 3②格式 20、实施规§22 之 2②格式 15）。

此时,需要明确记载根据上述工的提交文件认为该特许属于上述（4）中无效理由的情形的理由。

以匿名提出时,出版物等提出书的"提出者"及"代理人"的"识别号码""住所或者居所""姓名或者名称"栏中记载"省略"。

以在提出的出版物等中使用下划线、方框等指明引用处为宜。

（7）出版物等提出书的提出方法

信息提供可以通过书面,或者使用网上申请软件通过电子在线程序提出,以书面或者电子在线程序的方式进行信息提供均不需要缴纳官费。另外,《出版物等提出书》在用书面提出时的邮寄收信人信息如下。

邮编 100—8915 东京都千代田区霞关 3—4—3 特许厅厅长

（8）信息提供的存储和阅览

信息提供的内容存储在原始记录（系统）或者电子档案中,可供阅览。

（9）向合议组发送信息

原始记录或者审查档案中保存的信息提供的内容与申请记录一起存放在无效宣告、订正审判等的审判记录档案中。由此,合议组认为合适时,可以作为依职权审理的对象。

（10）向权利人的通知

特许厅向权利人通知有信息提供的事实。

（11）信息提供者关于该信息的释明、会晤的机会

由于信息提供者不是无效宣告审判、订正审判及特许（注册商标）异议申诉的当事人,通过会晤等方式进行有关该信息的释明、有关对象的权利的授权可能性的说明等合议组与信息提供者的相互联络是不允许的。

（2015.2 修订）

11—01 ＰＵＤＴ
审判等编号的通知

1. 特许厅厅长在审判、再审或者判定被请求时，特许（商标注册）异议申诉等被提起时，针对该请求等赋予审判等的编号。审判等的编号体系如附页所示。

2. 特许厅厅长在审判、再审或者判定被请求时，按照以下的格式 1 向当事人通知该审判等的编号。特许（商标注册）异议申诉被提起时，按照以下的格式 2 向特许（商标注册）异议申诉人及权利人发送该异议案件的编号等（特施规§48①、特施规§50 之 16、实施规§23⑩、外施规§19⑧、商施规§22⑥、特施规§40、实施规§23⑦、外施规§19⑤、商施规§22④、特施规§45 之 6、商施规§22⑤）。

关于驳回决定不服审判请求，请求人通过电子在线受领时，会收到格式 3 的受领书。

另外，提起审判官的除斥、回避申请或者证据保全申请时，向申诉人通知该申请案件的编号。

3. 向无效（包括延长注册的无效、撤销）审判的被请求人（权利人）送达审判请求书的副本时（特§134①、实§39①、外§52、商§56①、§68④），通知审判编号以及合议组成员的审判官及审判书记员的姓名（→12—01）。关于特许（商标注册）异议申诉，特许权人为外国人时，向特许管理人通知异议编号，其他场合向特许权人及办理前一次程序的代理人以及特许异议申诉人通知异议编号。

审判编号体系一览

种 类	2007～	～1993	1994～1995	1996	1997	1998～1999	2000	2001～2003	2004～
驳回决定不服审判	000001～199999	00001～50000	00001～40000			00001～30000			
撤销审判	300001～349999					30001～35000			
无效宣告审判（特许、旧实用新型）	800001～849999					35001～39000（截至 2004 年 3 月末受理的）			80001～88000
无效宣告审判（外观设计）	880001～889999								88001～89000
无效宣告审判（商标）	890001～899999								89001～90000
订正审判	390001～399999					39001～40000			
无效宣告审判（新实用新型）	400001～409999					40001～50000			

续表

种类		2007～	～1993	1994～1995	1996	1997	1998～1999	2000	2001～2003	2004～
驳回补正决定不服审判		500001～509999	50001～60000							
判定		600001～609999	60001～70000						60001～65000	
马德里协定	驳回决定不服审判	650001～669999							65001～66000	
	撤销审判	670001～679999							66001～67000	
	无效宣告审判	680001～684999							67001～68000	
	异议申诉	685001～689999							68001～69000	
	驳回补正决定不服审判	690001～694999							69001～69500	
	判定	695001～695999							69501～69600	
	再审	696001～696999							69601～69700	
	除斥	697001～697999							69701～69800	
	回避	698001～698999							69801～69900	
	证据保全	699001～699999							69901～69999	
异议申诉（特许、旧实用新型）（1992年1月～2003年12月）					70001～95000		70001～90000			
异议申诉（特许）（2015年4月～）		700001～749999								
异议申诉（商标）		900001～909999					90001～95000			
再审		950001～960000	70001～80000				95001～96000			
除斥		960001～970000	80001～85000				96001～97000			
回避		970001～980000	85001～90000				97001～98000			
证据保全		980001～999999	90001～95000			98001～99000		98001～99999		

格式 1　审判编号通知（审判、判定）

审判编号通知	通　知
令和　　年　　月　　日 　　　　　　特许厅厅长 （特许　第 1234567 号） 请求日　令和　　年　　月　　日 因审判（判定）请求书已提出，现通知审判编号如下。 　　　　　　记 无效（判定）20××—×00001	1. 办理审判案件或者异议案件相关的程序时，必须记载该审判编号或者异议编号。 2. 由于使用电子计算机处理汉字，因此有可能出现文字等被置换进行表达时，请了解。
	对本通知有疑问的，请联系以下负责人。 审判科第×负责人　审判　太郎 电　话 03（3581）1101　　内　线 69×× 传　真 03（3584）××××

格式 2　异议编号通知

异议编号通知	通　知
令和　　年　　月　　日 　　　　　　特许厅厅长 （注册商标　第 1234567 号） 申诉日　令和　　年　　月　　日 因异议申诉书已提出，现通知异议编号如下。 　　　　　　　记 异议 20××—×00001 申诉编号 01	1. 办理审判案件或者异议案件相关的程序时，必须记载该审判编号或者异议编号。 2. 由于使用电子计算机处理汉字，因此有可能出现文字等被置换进行表达时，请了解。
	对本通知有疑问的，请联系以下负责人。 审判科第×负责人　审判　太郎 电话 03（3581）1101　内线 69×× 传真 03（3584）××××

（注）"记"下面记载的"异议 20××—×00001"为异议编号。在其下面的"申诉编号"为对同一件特许（商标）权提起的异议申诉赋予的序列号，不是异议编号。

格式3　受领书

受 领 书		
	令和　年　月　日	
	特许厅厅长	

识别号码　　　100×××××

姓名（名称）　基干　太郎　阁下

以下文件已受领。

序号	文件名	整理序号	受理号	提出日	申请号通知 （案件的表示）
1	审判请求书	R－×－×××－××	××××××××××	令和××.×.×	不服审判20××－×××××× （特愿20××－×××××）
1	审判请求书	R－×－×××－××	××××××××××	令和××.×.×	不服审判20××－×××××× （特愿20××－×××××）
1	审判请求书	R－×－×××－××	××××××××××	令和××.×.×	补正20××－××××× （商愿20××－×××××）

(2019.6修订)

11—02　PUDT
对已登记的权利拥有人的请求（申诉）的通知

  审判长在无效（包括延长注册的无效、撤销）审判被请求时或者特许（商标注册）异议申诉被提起时，向独占实施（使用）权人、其他已注册的权利拥有人（注1）发送以下格式1的审判请求通知或者格式2、3的异议申诉通知（注2）（特§123④、特§115④、特§125之2②、实§37④、外§48④、商§46④、§43之4⑤、§55、§68④）。

（注1）已注册的质权人等。
（注2）无效（包括延长注册的无效、撤销）审判的再审请求时亦相同。

(2019.6修订)

格式1　审判请求通知（当事人类：实施权人）

审判请求通知	通　知
令和　年　月　日 　　　　　　　特许厅审判长 （特许　第1234567号） 请求日　　令和　年　月　日 因审判（判定）请求书已提出，现通知审判编号如下。 　　　　　记 无效20××—800001 本通知特此向独占实施权人特许太郎通知审判编号。	1. 办理审判案件或者异议案件相关的程序时，必须记载该审判编号或者异议编号。 2. 由于使用电子计算机处理汉字，因此有可能出现文字等被置换进行表达时，请了解。 对本通知有疑问的，请联系以下负责人。 审判科第×负责人　审判　太郎 电话03（3581）1101　内线69×× 传真03（3584）××××

格式2　特许异议申诉通知（异议：实施权人）

异议申诉通知 　　　　　令和　　年　　月　　日 　　　　　　　　　特许厅审判长 （特许　第1234567号） 申诉日　　令和　　年　　月　　日 因异议申诉书已提出，现通知异议编号如下。 　　　　　　　记 异议20××—700001 申诉编号01 本通知特此向独占实施权人特许太郎通知异议编号。	**通　知** 1. 办理审判案件或者异议案件相关的程序时，必须记载该审判编号或者异议编号。 2. 由于使用电子计算机处理汉字，因此有可能出现文字等被置换进行表达时，请了解。 对本通知有疑问的，请联系以下负责人。 **审判科第×负责人　审判　太郎** 电话03（3581）1101　　内线69×× 传真03（3584）××××

格式3 注册商标异议申诉通知（异议：使用权人）

异议申诉通知	通　知
令和　年　月　日 　　　　　　特许厅审判长 （注册商标　第1234567号） 申诉日　令和　年　月　日 因异议申诉书已提出，现通知异议编号如下。 　　　　　　记 异议20××—900001 申诉编号01 本通知特此向独占使用权人特许太郎通知异议编号。	1. 办理审判案件或者异议案件相关的程序时，必须记载该审判编号或者异议编号。 2. 由于使用电子计算机处理汉字，因此有可能出现文字等被置换进行表达时，请了解。 对本通知有疑问的，请联系以下负责人。 审判科第×负责人　审判　太郎 电话03（3581）1101　内线69×× 传真03（3584）××××

12—01 PUDT
审判官及审判书记员的指定以及指定变更通知

1. 特许厅厅长在特许（商标注册）异议申诉、审判、再审及判定案件中，应当指定负责该审理的合议组成员的审判官及审判书记员（特§71②、§116、§117、§137①、§144之2①、§174①~④、实§26、§41、§45、外§25②、§52、§58②~④、商§28②、§43之5、§43之5之2①、§56①、§61、§68④⑤）。

2. 原指定或者指定产生变更时，应当就此发送通知（特施规§40、§48②、§50之16、实施规§23⑨⑫、外施规§19⑤⑧、商施规§22④~⑥）。

3. 查定类案件，在审理开始前确保一定的期间（用于提出申诉书或者申请面谈的期间）来通知姓名。但是，责令补正时或者作为加快审理的对象时，通过指定商品、服务的补正等消除驳回决定的理由时等，亦存在通知姓名后立即审理的情形。

4. 当事人类案件及异议申诉案件，为了使答辩书等的程序迅速进行，在送达审判请求书副本等的同时，通知姓名。

5. 特许申请的驳回决定不服审判案件进入前置审查之际，审判官及审判书记员的指定在前置解除后进行。

6. 参加人可以申请除斥、回避（→59—01）（特§140、§141①、§144之2⑤、实§41、外§52、商§56①、§68④）。因此，参加人的参加被许可后，指定产生变更时，也应当就此通知参加人。

（2015.10 修订）

12—04 ＰＵＤＴ
审判官的除斥、回避（前审参与）

1. 指定审判官（→12—01）时，不能指定符合特§139①各项（实§41、外§52、商§56①、§68⑤）中规定的除斥原因（→59—01）的审判官。

2. 作为除斥的原因之一，特§139①六（实§41、外§52、商§56①、§68⑤）规定，"审判官作为审查员参与了被提起不服审判的决定时，从其职务的执行中予以排除"。因此，驳回决定不服审判案件中，审判官符合以下任何一项时，不能被指定。

（1）特许
ア　驳回决定前
（ア）通知驳回理由的审查员、审查员助理
（イ）作出驳回决定的审查员、审查员助理
（ウ）作出驳回补正决定的审查员、审查员助理
イ　前置审查中
（ア）通知驳回理由的审查员、审查员助理
（イ）作出前置报告的审查员、审查员助理
（2）外观设计驳回决定前
（ア）通知驳回理由的审查员、审查员助理
（イ）作出驳回决定的审查员、审查员助理
（ウ）作出驳回补正决定的审查员、审查员助理
（3）商标
驳回决定前
（ア）通知驳回理由的审查员、审查员助理
（イ）作出驳回决定的审查员、审查员助理
（ウ）作出驳回补正决定的审查员、审查员助理

3. 除上述法律上当然被除斥的情况之外，指定审判官时尽可能地考虑符合除斥及回避的原因（→59—01）的情形，不指定以下人员。

（1）无效宣告审判
ア　特许
（ア）作出驳回决定的审查员、审查员助理

（イ）作出特许授权决定的审查员、审查员助理

（ウ）通知驳回理由的审查员、审查员助理

（エ）作出公告决定的审查员、审查员助理

（オ）作出前置报告的审查员、审查员助理

イ　外观设计

（ア）作出驳回决定的审查员、审查员助理

（イ）作出授权注册决定的审查员、审查员助理

（ウ）通知驳回理由的审查员、审查员助理

（エ）作出驳回补正决定的审查员、审查员助理

ウ　商标

（ア）通知驳回决定的审查员、审查员助理

（イ）作出注册决定的审查员、审查员助理

（ウ）通知驳回理由的审查员、审查员助理

（2）实用新型无效宣告审判

出具实用新型技术评价书的审查员、审查员助理

（3）特许（商标注册）异议申诉

ア　特许

（ア）作出驳回决定的审查员、审查员助理

（イ）作出特许授权决定的审查员、审查员助理

（ウ）通知驳回理由的审查员、审查员助理

（エ）作出前置报告的审查员、审查员助理

イ　商标

（ア）通知驳回决定的审查员、审查员助理

（イ）作出注册决定的审查员、审查员助理

（ウ）通知驳回理由的审查员、审查员助理

（4）驳回补正决定的不服审判

对驳回补正决定的对象的程序补正书作出驳回决定的审查员、审查员助理

4．不被看作参与前审的示例：

（1）只是作为所属长官作出裁决的审查长、室长等

（2）审查时（以长官之名）责令补正程序的审查员、审查员助理

5．另外，以下情形不属于前审参与，不进行实质上的回避（→59—01）。

（1）针对同一权利的多个无效宣告审判案件

（2）针对同一权利的特许（商标注册）异议申诉案件与无效宣告审判案件

（3）针对同一权利的无效宣告审判案件与订正审判案件

（4）驳回决定不服审判案件与对该案件中被授权的权利提起的无效宣告审判案件

（5）驳回决定不服审判案件与对该案件中被授权的权利提起的特许（商标注册）异议申诉案件

（6）针对同一权利的判定案件与其他案件

（2015.10修订）

16—01　ＰＵＤＴ
模型、样品或者物证的退还程序

模型、样品或者物证的退还程序如下。

1. 模型、样品

（1）预先有退还请求时。

ア　审判终了之时，发出退还的通知。

イ　在审判在审期间，收到退还请求时，不发出退还通知，而通过请求退还者提交收据来予以退还，但是在认为特别需要时，不进行退还，直至案件确定为止，或者指定期间进行退还，使其再次提交所退还的模型、样品。

ウ　在发出退还通知之日起30日内，请求退还者不履行领取程序时，由特许厅进行处理（特施规§15②、实施规§23①、外施规§19①、商施规§22①）。

（2）预先无退还请求时。

在案件确定后，再次确认有无退还请求，在无请求（不要退还）时，由特许厅进行处理。

（3）在退还与记录连订在一起的模型、样品时，将记载有"模型、样品已经退还"内容的格式1的文件与记录连订在一起。另外，不退还与记录连订在一起的模型、样品时，原封不动地与记录连订在一起而不进行处分。

2. 物证

（1）预先有退还请求时

ア　审判结束后，在提交了替代原物而能够保存的誊本、附图或者说明书之后进行退还。但是，在认为不需要提交誊本、附图或者说明书时不受此限。

イ　在审判在审期间，有退还请求时，不发出退还通知，在请求退还者提交收据的同时，提交所退还物证的誊本等之后，予以退还物证，但是在认为特别需要时，不进行退还直至案件确定为止，或者指定期间进行退还，使其再次提交所退还的物证。

ウ　在发出退还通知之日起30日内，请求退还者不履行领取程序时，由特许厅进行处分。

（2）预先无退还请求时

在案件确定后，再次确认有无退还请求，在无请求（不要退还）时，由特许厅进行处分。

（3）在退还与记录连订在一起的物证时，将代替该物证而提交的誊本、附图或者说明书,以及记载有"物证已经退还"内容的格式1的文件与记录连订在一起。

另外,与记录连订在一起的物证不必退还时,原封不动地与记录连订在一起而不进行处分。

3. 退还程序

(1) 在进行退还时,在格式2的通知书中记入必要的事项,通知退还请求人。
(2) 在退还模型、样品或者物证时,应当提交格式2背面的格式所记载的全部收据。
(3) 当通过邮寄方式予以退还时,应当提交与邮寄费概算金额相当额度的邮寄券(邮票),当超额时返还,当金额不足时应当根据需要提交与不足金额相当额度的邮寄券。
(4) 应当退还的模型、样品或者物证为显著的大型物件、包装或者运输需要特殊处理的物件等作为邮寄件处理困难时,由退还请求人(代理人)安排包装、运输人员,在特许厅职员到场见证时,由该人员进行包装并运出。

4. 模型、样品或者物证的处分

(1) 针对不用退还的物品,在酌情考虑了保管仓库的容纳能力等的基础上,根据需要,将几个月的物品统一进行处分。
(2) 处分方法以及由独立行政法人工业所有权信息研究馆(下面称为"信息馆")代为保管的程序,每次由审判科长与会计科长或者信息馆理事长在协商的基础上决定。

5. 在特许(注册商标)异议申诉的审理中,模型、样品、物证提交后退还的程序也遵照上述1~4

格式1

```
无效○○○○—○○○○○○
异议○○○○—○○○○○○
                                          模型、样品
              及/或
                                          物证
  于  令和   年   月   日退还。
                                          审判部审判科
```

格式2

模型、样品　　**退还通知** 　　　　　　　　物　　证 　　　　　　　　　　　　　　　　　　　令和　　年　　月　　日 　　　　　　　　　　　　　　　　　　先生/女士 　　　　　　　　　　　　　　　　　　特许厅厅长 　　　　　　　　　　　　　　　　　　（特许厅审判长） 无效〇〇〇〇—〇〇〇〇〇〇 异议〇〇〇〇—〇〇〇〇〇〇 　　本案的模型、样品、物证已经使用完毕，若希望退还，请在本通知发送之日起30日内履行接收程序。 　　另外，在上述期限内，若未办理程序，则由本局任意处分。 　　注意 　　1. 在接收模型、样品或者物证时，请提交收据。请将本通知背面作为收据用纸来使用。 　　2. 若希望通过邮寄等方法送达，则请将邮寄费（邮票）日元与收据一起提交。

（注）在审判案件进行中时，请署审判长名。

16—01

样式2 背面

　　　　　　　模型、样品　**收　据**
　　　　　　　物　　证

　　　　　　　　　　　　　　　　　令和　年　月　日
　　　　　　　　　　　　　　　　先生/女士

特许厅厅长
（特许厅审判长）
　　接收人地址

　　姓名　　　　　　　　　　　　　　　　　　　印

　　无效〇〇〇〇—〇〇〇〇〇〇
　　异议〇〇〇〇—〇〇〇〇〇〇
　　特愿〇〇〇〇—〇〇〇〇〇〇

有关本案的下述模型、样品、物证已经领取。

甲
　　第　　　　号证～第　　　　号证
乙

　　　　　　　　（原件・复印件・物品）
　　　　　　　　　　　　　　　　　　　各　　份（个）

（2019.6修订）

71

17—01 PUDT
文件的送达

1. 送达的文件，除了特许法、特许法施行令以及特许法施行规则所规定的文件之外，还指对应当接受该文件送达的接受者产生程序上的权利、义务的文件，以及给予应当接受该文件的送达而得到通知的接受者辩明或者陈述意见的机会的文件，除有特别规定外，是指该文件的誊本或者副本（特§189、实§55②、外§68⑤、商§77⑤、特施规§16①、实施规§23①、外施规§19①、商施规§22①、民诉规§40）。

2. 针对审查决定、决定以及判定的誊本的当事人、参加者以及申请参加审判而被驳回者、特许（注册商标）异议人的送达通过特别送达来进行（特§190、实§55②、外§68⑤、商§77⑤、民诉§99、邮政法§49）。

3. 但是，针对有关特许（注册商标）异议申诉的决定、当事人类审判案件的审查决定，在审判科长认定当事人以及参加人等有特别的事由（涉及诉讼案件，尽早需要审查决定的誊本的情况等），并且处于发送阶段时，仅限于当事人以及参加人等来到审判科时，审判书记员能够将所述决定、审查决定的誊本交付于当事人以及参加人等来进行送达。

4. 另外，在有补充送达（特§190→民诉§106②）时，应当由特许厅厅长所指定的职员或者审判书记员将该情况通知给接收送达的人（特施规§16③、实施规§23①、外施规§19①、商施规§22①）。

（2015.2 修订）

20—00　ＰＵＤＴ
审理事项的处理

1. 审判请求、特许（注册商标）异议的申诉，在本案的审理之前，首先针对是否满足所定的形式要件，由审判书记员进行形式审查，由合议组进行审理。

另外，在当事人类审判、特许异议申诉案件中，使用审理用副本，在针对形式进行审查、审理的同时，进行案件审理的准备。

2. 针对审判请求的形式审查、审理的事务流程，如下图所示。

另外，虽然图中仅出示特许法的条文，但这些条文准用实§41、外§52、商§56①、§68④。

3. 针对在审理的过程中提出的中间文件也进行形式审查、审理。

[不服驳回决定] 特许（前置审查除外）、外观设计、商标

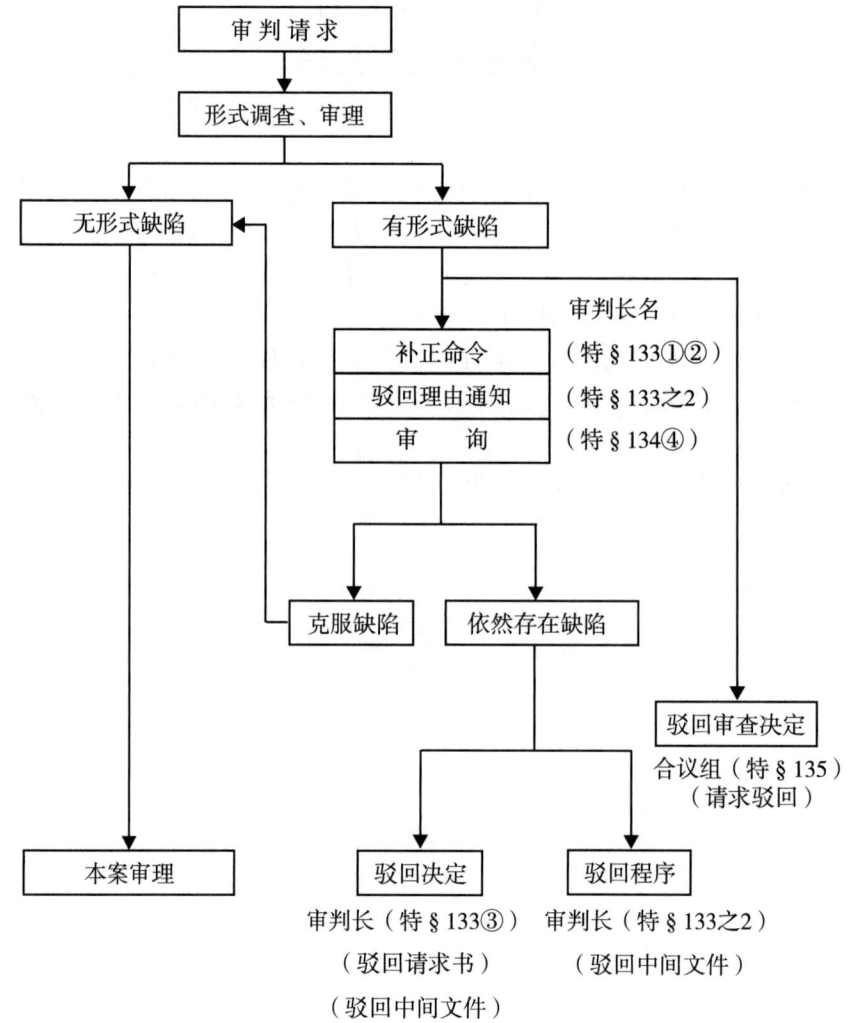

[不服驳回决定] 特许（与前置审查有关）

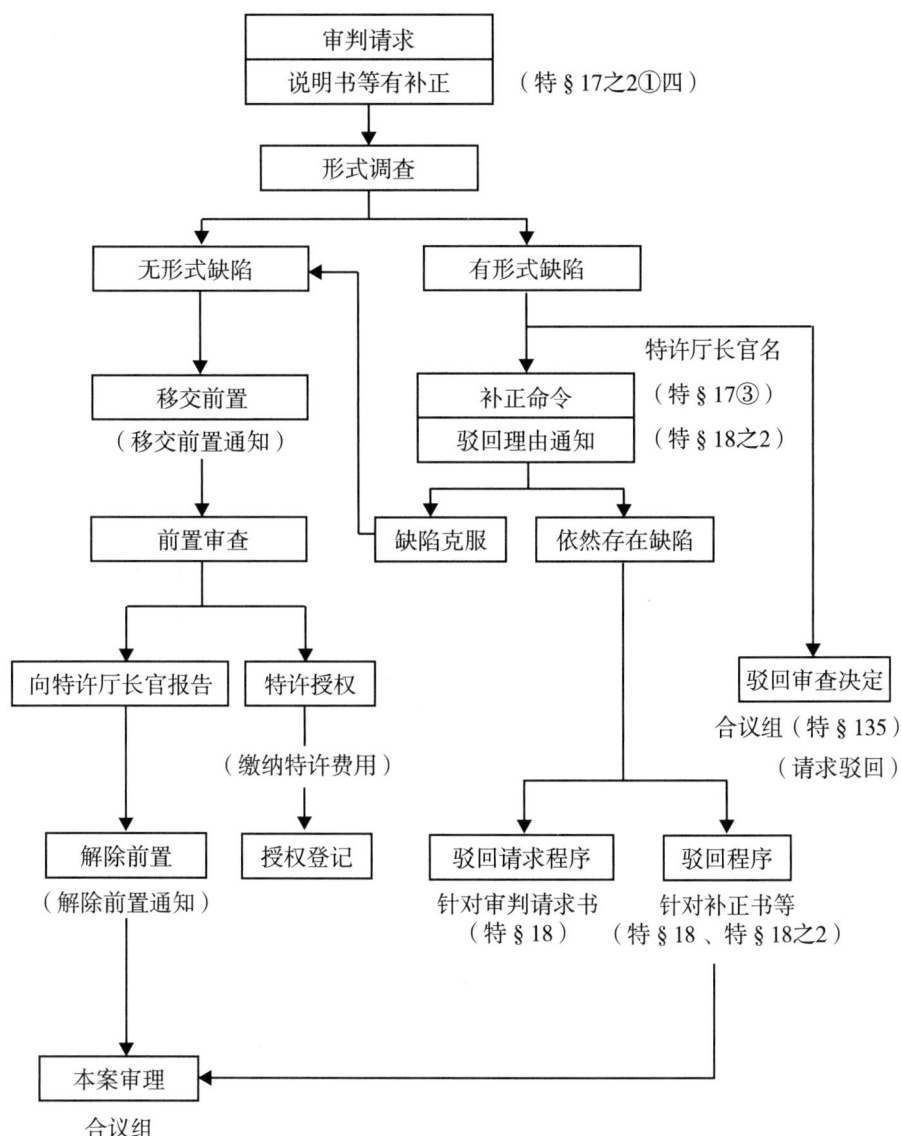

[当事人类审判]

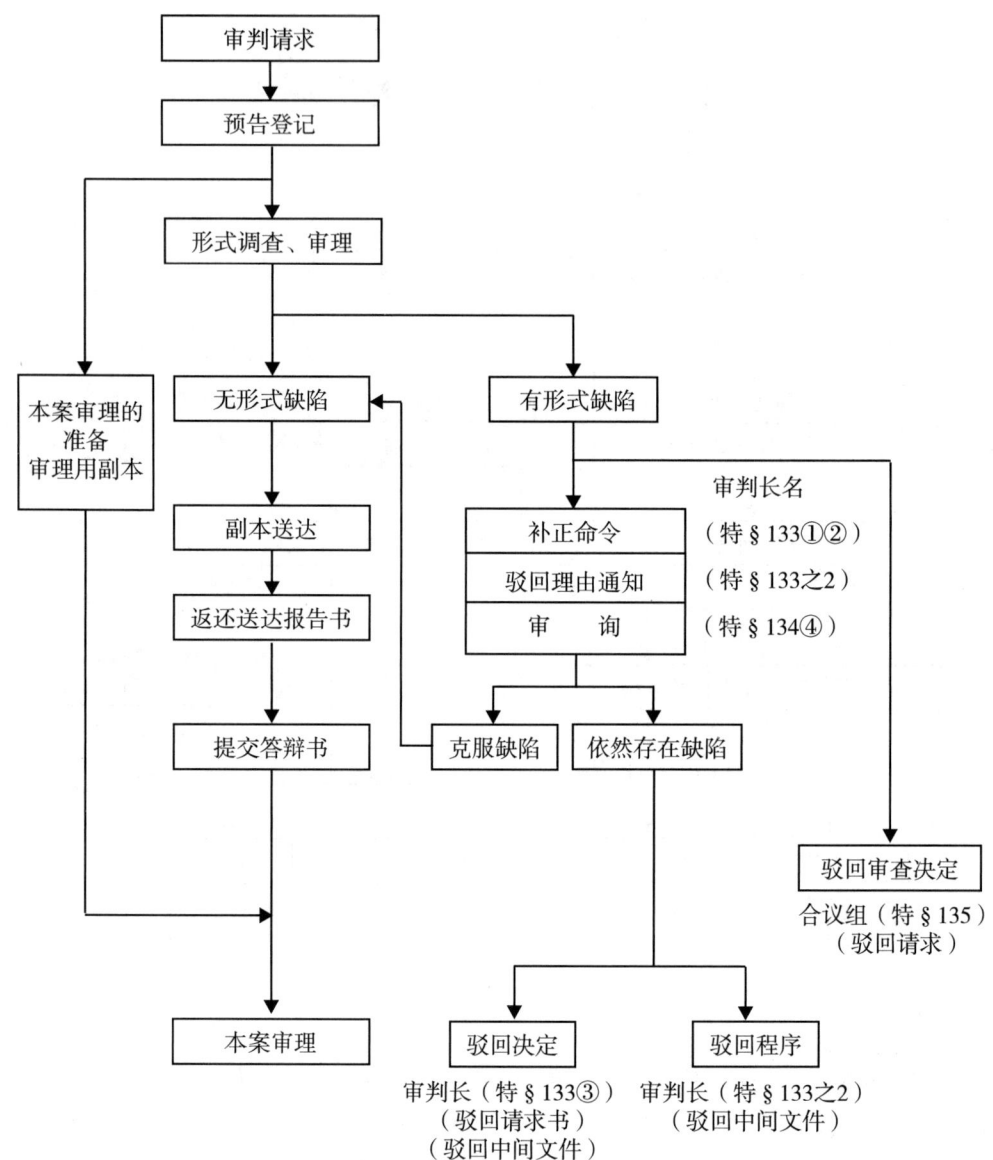

[异议] 特许、商标

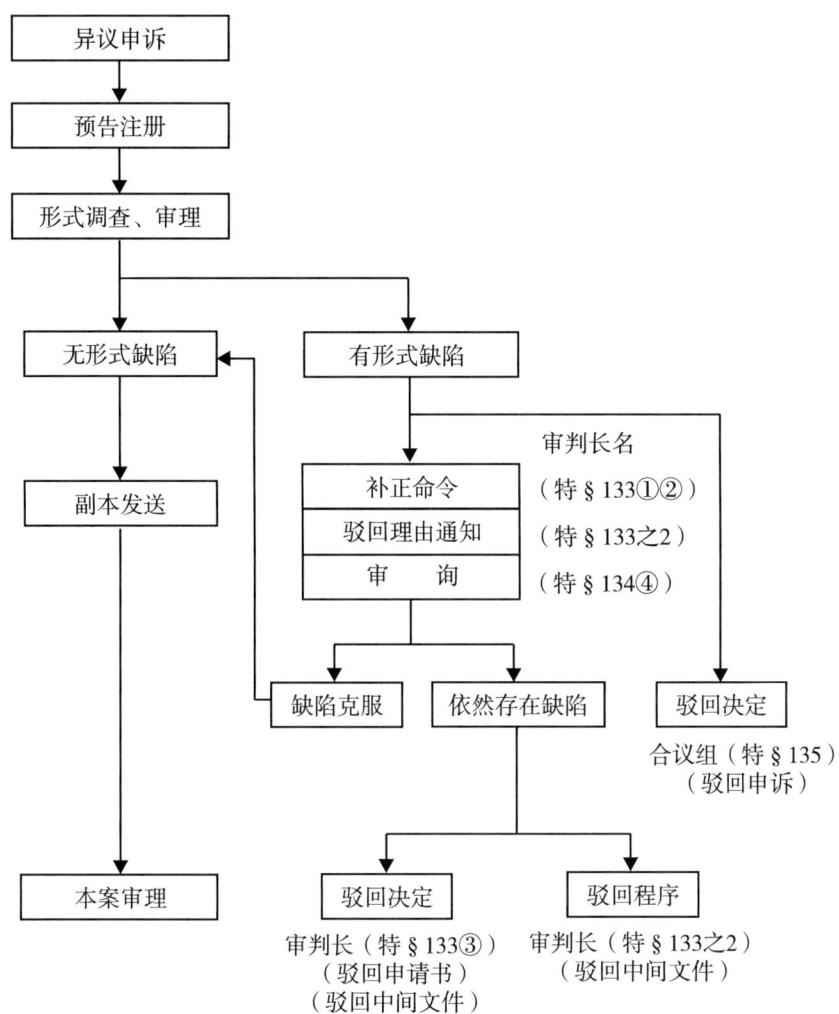

（2015.2 修订）

21—00 PUDT
违反形式要求的调查要领

1. 基本的考虑方式

在进行案件审理之前，应对审判请求的形式是否符合法律规定进行审理。

针对审判案件（除与前置审查有关的特许审判案件）、特许（商标注册）异议申诉、判定案件的形式审查的权限在审判长（特§133），以该权限为基础，由审判书记员进行形式审查，由合议组进行审理。

另外，针对前置审查相关的特许审判案件的形式审查的权限在特许厅厅长。在进行形式审理时，应当调查审判请求书、特许（商标注册）异议申诉书、判定请求书是否符合特§131①、特§115①、实§38①、外§52、商§43之4①、§56①、§68④所规定的形式记载要件。调查项目如下所述，此时针对作为依职权调查（→36—01之3.）事项的请求要件以及其他事项进行调查。

有关"请求宗旨及其理由"也属于形式要件（特§131①三），该要件若不适当，则在案件审理中有时会产生障碍，因此应当予以充分确认。

2. 当事人类审判

（1）审判请求的形式（特§131①、实§38①、外§52、商§56①、§68④）

包括请求人、被请求人、法人或者非法人团体等的代表人（仅请求人，但是在由代理人进行程序时不需要记载）、法定代理人（→23—01）、委托代理人（→23—02）、审判案件的表示、请求宗旨及理由等的记载以及有无盖章、请求对象物（工业产权）的确定（特许号、注册号）、官费的缴纳（粘贴特许印花等）等。

（2）理由与证据的关系

是否适当地记载了理由与证据的关系（特§131②）。

（3）当事人的确认

是否实际存在，是否与真实的当事人一致，与委托书、登记簿等进行对照。

（4）有无进行程序的能力（→22—01之6.）（特§6~8）

（5）有无代理权以及代理权的范围（特§7~14（§10除外）、实§2之5②、外§68②、商§77②）

（6）当事人是否适格（→22—01之7.），是否为必要共同审判（→22—03）请求（特§132②、③及④、实§41、外§52、商§56①、§68④）

（7）请求是否在法定期限内（特§126、§173①、②、④、实§45、外§58①、商§47、§52、§53③、§53之3、§61）

（8）有无必要附件（→21—01）；副本是否是在被请求人数量的基础上加上审理用的 1 份后合计的数量；特别是在订正审判、无效宣告审判中，是否有订正了的说明书以及权利要求书这两者的全文（全文订正说明书等）或者附图（特§131④）

（9）在审判请求前，为了证据保全而进行了证据调查时，是否有证据保全案件的号码的表示（特施规§46②、民诉规§54）

3. 查定类审判

（1）审判请求的形式（特§131①、外§52、商§56①）

除了请求的对象物是申请这一点、不存在被请求人这一点、非法人的社团不能作为请求人这一点之外，与上述 2.（1）相同。

（2）将请求人的记载与委托书、申请文件、申请人注册信息等进行对照

（3）有无代理权以及代理权的范围（特§7~14（§10 除外）、外§68②、商§77②）

（4）当事人是否适格、是否是作为"收到驳回决定的人"的申请人（或者其继承人）全体共同请求审判的（特§121①、§132③、外§46①、§47①、§52、商§44①、§45①、§56①）

（5）请求是否在法定期间内（特§121、§173①、②、④、外§46、§47、§58、商§44、§45、§61）

（6）有无必要附件（→21—01）

4. 特许（商标注册）异议申诉

（1）申请书的形式（特§115①、商§43之4①、§68④）

与上述 2.（1）相同。

（2）有无代理权以及代理权的范围（特§7~14（§10 除外））

（3）申请是否在法定期间内（特§113①、商§43之2）

（4）有无必要附件（→21—01），副本是否是在权利人数量的基础上加上审理用的 1 份后合计的数量等

5. 判定

按照特§71③，准用特§131等，与上述 2. 相同。

（2015.2 修订）

21—01　PUDT
应当附加于审判请求书等的必要附件
（委托书等）

1. 审判请求书

应当附加于审判请求书的文件如下所述（按照法令条文的顺序）。

（1）作为非法人的社团或者财团，由代表人或者管理者中符合规定的人员办理程序时（特§6、实§2之4、外§68②、商§77②）

需要在审判请求书中标明代表人或者管理者的姓名，但是伴随着程序的简单化，原则上不要求提交证明代表人或者管理者资格的文件。

（2）由未成年人、成年无行为能力人、被监护人等办理程序时

证明法定代理权的文件、监护监督人的同意书、监护人的同意书（特§7、特施规§6、实§2之5②、实施规§23①、外§68②、外施规§19①、商§77②、商施规§22①）。

（3）由委托代理人办理程序时

证明代理权的文件（特§8、§9、特施规§4之3①、实§2之5②、实施规§23①、外§68②、外施规§19①、商§77②、商施规§22①）。

（4）由两人以上共同办理程序时，在选定了其代表人时

证明该事实的文件（特§14、特施规§8、实§2之5②、实施规§23①、外§68②、外施规§19①、商§77②、商施规§22①）。

（5）由获得特许权利的继承人办理程序时

证明名义变更申请中权利转移的文件；在存在共有关系时，其他共有人的同意书（特§33、§34④以及⑤、特施规§5、§12、外§15②、外施规§19①、商§13②、商施规§22①）。

（6）请求订正审判时（注）

ア　在有独占实施权人、质权人、基于职务发明的一般实施权人、基于许可的一般实施权人时，这些人的承诺书（特§127、特施规§6）。

イ　订正后的说明书、权利要求书或者附图（特§131④）。

（注） 针对无效宣告审判以及特许异议申诉的程序中进行的订正请求也同样需要附加这些文件。

（7）作为委托书、国籍证明书及其他文件，用外语书写时

其译文（特施规§2、实施规§23①、外施规§19①、商施规§22①）。

（8）用于发送给对方以及审理所需要的数量的请求书的副本（特施规§4、§50之4、实施规§23①⑩、外施规§19①⑧、商施规§22①⑥）

（9）证据说明书（特施规50③、实施规23⑩、外施规19⑧、商施规22⑥）（根据文书的记载，文书的目录、作者以及证明宗旨明确时除外）

2．特许（商标注册）异议申诉书

特许（商标注册）异议申诉书也参照审判请求书（→66—03、67—03）。

（2015.2 修订）

21—02 PUDT
补正命令以及审询

1. 根据21—00，对审判请求书等的形式进行调查的结果，发现形式上存在缺陷时，原则上发出补正命令或者进行审询。

（1）补正命令（特§17③、§133①、②、实§41、外§52、商§56①、§68④）

为特许厅厅长或者审判长发出的命令，命令对审判请求书、特许（商标注册）异议申诉书的形式缺陷（记载事项欠缺、不清楚、官费未缴纳（未足额缴纳）等）进行补正时进行。

特许申请的驳回决定不服审判中的补正命令，针对在审判请求的同时对说明书、权利要求书或者附图进行补正的审判案件，在特§162的前置审查被解除之前由特许厅厅长进行，解除之后以及除此之外的案件由审判长进行。

（2）审询（特§134④、实§39④、外§52、§68②、商§56①、§68④、§77②）

由审判长进行的事项，针对请求的合法要件，为了明确事实关系，或者虽然事实关系明确但为了正确表示请求书等，或者在本案进入审理之后产生了有必要明确事实关系时等进行（→37—02）。在通过审询，不进行补正等而不能克服缺陷时，发出（1）的补正命令。

2. 针对形式缺陷，发出补正命令或者进行审询之前，基于来自审判书记员或者审判官的联系，办理程序的人进行主动补正，通过该补正克服形式上的缺陷时，受理该程序补正书，不发出补正命令或者审询。

3. 形式上的缺陷为明显的误写或者轻微的错误（例如"东京市千代田区……""株式会会〇〇〇〇"等），即使依职权订正也不会改变文件的宗旨时，不发出补正命令或者审询，审判书记员可依职权进行文件的订正。另外，在依职权进行订正时，通过电话、传真等使事先取得办理程序的人的知晓。

4. 在无效、撤销等审判以及特许（商标注册）异议申诉中发出补正命令或者审询时，向对方送达（发送）请求书（特许（商标注册）异议申诉书）副本的事宜，原则上应等待该程序，在通过程序补正书进行合法的补正后，才送达（发送）副本。

5. 当合议组判断为违法审判请求而不能进行补正时，不发出补正命令或者审询，直接发出审查决定对该审判请求作出驳回决定（特§135、→22—01之8.(2)、61—04之3.等）。

（2015.2 修订）

21—03 PUDT
应当发出补正命令的类型

1. 在请求书（申请书）属于以下情况时，审判长指定一定的期限命令请求人（申请人）进行补正。
 (1) 应当记载在请求书中的下列事项存在缺陷时（特§133①、实§41、外§52、§68②、商§56①、§77②）
　ア　当事人以及代理人的姓名或名称，以及住所或居所
　イ　审判案件的表示
　ウ　请求宗旨及其理由
 (2) 特许（商标注册）异议申诉书中应当记载的下列事项存在缺陷时（特§120之8①、商§43之15①）
　ア　特许（商标注册）异议申诉人以及代理人的姓名或名称，以及住所或居所
　イ　特许（商标注册）异议申诉所涉及的特许（商标注册）的表示
　ウ　特许（商标注册）异议申诉的理由以及必要证据的表示
 (3) 订正审判（特§126①、旧实§39①）或特许无效宣告审判，或者特许异议申诉中如下所示情况请求订正（特§134之2①、特§120之5②）时
　ア　请求宗旨及其理由不满足记载要件（特§131③）时
　イ　未添附所订正的说明书、权利要求书或者附图时
2. 审判长在除了1.的情况之外，审判程序属于以下情况时，指定一定的期限而命令办理程序的人进行补正（特§133②、特§120之8①、实§41、外§52、商§56①、商§43之15①）。
 (1) 程序违反特§7①～③时（例：未成年人未通过法定代理人来办理程序时）
 (2) 程序违反特§9时（例：在驳回决定不服审判的请求中由未确认委托的代理人进行驳回决定不服审判的请求）
 (3) 程序违反由法令所规定的形式时
 (4) 应当缴纳的官费未缴纳时
（注） 在特许申请的驳回决定不服审判中，在审判请求的同时针对说明书、权利要求书或者附图进行了补正的案件，存在形式违反时，也包括审判请求书不满足记载要件时，由特许厅厅长发出特§17③的补正命令。
3. 补正命令的具体案例。
 (1) 可能成为补正命令的对象的补正事项，如以下所示，只要阅览审判请求书、特许（商标注册）异议申诉书的记载即可知晓的范围。

（2）当事人类审判。

ア 当事人（请求人、被请求人）

（ア）住所（居所）未记载时

（イ）无姓名（名称）的记载，但能够根据文件整体确定时

（ウ）法人或者非法人的社团等未记载代表人时（仅限于请求人，由代理人办理程序时例外）

（エ）外国人未记载国籍或地区时（仅限于请求人，其国籍或地区与住所中记载的国家相同时也可以不记载）

（オ）未盖章时

イ 代理人

（ア）未记载住所（居所）时

（イ）虽然无姓名（名称）的记载，但是根据文件整体能够确定时

（ウ）特许业务法人等没有代表人的记载时

（エ）未盖章时

ウ 案件的表示

（ア）虽然未记载，但是根据文件整体能够确定特许（注册）号时

（イ）虽然有记载，但是作为案件的表示令人无法解读时

エ 请求宗旨

（ア）未记载时

（イ）虽然有记载，但是不正确时

オ 请求的理由（无效宣告审判除外）

无记载时

カ 官费（附有特许印花税票）

（ア）未缴纳法定的官费时

（イ）未足额缴纳法定的官费时

キ 订正审判或者订正请求

（ア）请求宗旨及其理由未满足记载要件（特§131③）时

（イ）未添附订正后的说明书以及权利要求书时

（ウ）未添附订正后的附图时

（3）查定类审判。

ア 请求人

（ア）未记载住所或者居所时（记载有识别号码时除外）

（イ）识别号码以及姓名或名称都未记载，但是根据文件整体能够确定时

（ウ）法人未记载代表人时（由代理人办理程序时除外）

（エ）外国人未记载国籍或地区时（其国籍或地区与住所中记载的国家相同时，或者记载有识别号码而省略了住所时也可以不记载）

（オ）在书面程序中，未盖章或粘贴识别标签时
イ　代理人
（ア）未记载住所或居所时（记载有识别号码时除外）
（イ）虽然识别号码以及姓名或名称都未记载，但是根据文件整体能够确定时
（ウ）特许业务法人等未记载代表人时
（エ）在书面程序中，未盖章或粘贴识别标签时
ウ　案件的表示
（ア）虽然未记载，但是根据文件整体能够确定申请号时
（イ）虽然有记载，但是作为案件的表示令人无法解读时
エ　请求宗旨
（ア）未记载时
（イ）虽然有记载，但是不正确时
オ　请求的理由
（ア）未记载时
（イ）虽然有记载，但是未具体记载时
カ　官费（粘贴特许印花税票）
（ア）未缴纳法定的官费时
（イ）未足额缴纳法定的官费时
キ　程序补正书
程序补正书作为物证被提出时（平26（行ケ）10158号）
（4）特许（商标注册）异议申诉。
ア　特许（商标注册）异议申诉人
（ア）未记载住所（居所）时
（イ）虽然未记载姓名（名称），但是根据文件整体能够确定时
（ウ）法人或者非法人社团等未记载代表人时（由代理人办理程序时除外）
（エ）外国人未记载国籍或地区时（其国籍或地区与住所中记载的国家相同时也可以不记载）
（オ）未盖章时
イ　代理人
（ア）未记载住所（居所）时
（イ）虽然未记载姓名（名称），但是根据文件整体能够确定时
（ウ）特许业务法人等未记载代表人时
（エ）未盖章时
ウ　特许（商标注册）异议申诉所涉及的特许（注册商标）的表示
（ア）虽然未记载，但是根据文件整体能够确定注册号（特许号）时
（イ）虽然有记载，但是作为案件的表示不能令人解读时

エ 官费（粘贴特许印花税票）

（ア）未缴纳法定的官费时

（イ）未足额缴纳法定的官费时

审判程序中驳回等的规定以及不服申诉的一览表

指令		指令内容	条文依据	不服申诉
特许厅厅长	前置程序	形式缺陷	特§17③⇒特§18①（程序驳回）	行政不服
			特§17③⇒特§18②（申请驳回）	
		不合法程序不能补正	特§18之2②⇒特§18之①（程序驳回）	
审判长	其他程序	形式缺陷	特§133②⇒特§133③（程序驳回）	
		不合法程序不能补正	特§133之2②⇒特§133之2①（程序驳回）	
	请求程序	请求书不满足特§131的缺陷	特§133①⇒特§133③（驳回请求书）（注1）	东京高等法院知识产权高等法院
		请求书的官费或者附加文件等缺陷	特§133②⇒特§133③（驳回请求书）（注1）	
		不合法审判请求不能补正	特§135（驳回请求）（注2）	

（注1）

针对2012年4月1日以后的订正请求（特§134之2①、特§120之5②）所涉及的针对订正请求书的驳回决定不服而提起的诉讼，由东京高等法院专属管辖（特§178①）。

（注2）

针对特许（商标注册）异议申诉的驳回决定不服，不可以提起不服申诉（特§120之8②→特§114⑤、商§43之15②→商§43之3⑤）。

(2019.6 修订)

21—03.1 PUDT
审判请求书的"请求理由"栏的记载

根据特§131①三、实§38①三、外§52、商§56①的规定有义务记载审判请求的理由。

1. 除了无效宣告审判之外的特许、外观设计、商标的审判

审判请求的理由在前置审查以及审判阶段的审理中，对于审查员以及审判官迅速且正确地掌握请求人的主张来说是重要的，因此在审判请求时，需要以实质的内容明确记载审判请求的理由（东高判昭63.10.11（昭61（行ケ）96号）、最二小判平1.4.14（平1（行ツ）7号））、东高判平11.11.9（平10（行ケ）312号））。

在审判请求书的"请求理由"栏中未记载实质性理由时，违反特§131①三、外§52、商§56①的规定，根据特§133①、外§52、商§56①（或者特§17③、外§68、商§77②）的规定发出补正命令，在指定期限内未进行补正时，按照特§133③、外§52、商§56①（或者特§18①、外§68②、商§77②）的规定，以决定的方式对审判请求书作出驳回决定（或者驳回请求程序）（→61—04）。

另外，订正审判请求书的"请求理由"栏的记载，在不满足记载要件（特§131③、特施规§46之3②）时，审判长也按照特§133①的规定发出补正命令，在指定期限内未进行补正时，按照特§133③的规定以决定的方式驳回订正审判请求书。

尤其，针对特许申请的驳回决定不服审判案件，如下所述。

（1）程序的内容

ア 在审判请求的同时，对说明书、权利要求书或者附图进行补正的案件，按照特§17③的规定，以特许厅厅长的名义发出"程序补正指令书（形式）"，在该命令的指定期限内未进行补正时，按照同§18①的规定驳回请求程序。

イ 针对ア以外的情况，按照特§133①的规定，以审判长的名义发出"程序补正指令书（形式）"，在该命令的指定期限内未进行补正时，按照同§133③的规定，以决定的方式驳回审判请求书。

（2）补正命令的基准

ア 如"详细的理由随后补充"等，仅记载有日后补充的意思。

イ　如"对原决定不服"等，仅记载有不能接受原决定的结论本身的意思，并没有记载具体不能接受的点。

　ウ　仅记载有至原决定的审查过程。

　エ　仅记载有相当于ア～ウ的组合的内容。

2．无效宣告审判（→51—04）

（2015.2 修订）

21—03.3 T
商标的无效、撤销审判的"请求宗旨"栏中记载有"类似商品"等时的处理

1. 基本思路

在注册商标的撤销审判请求或者无效宣告审判请求中，针对部分指定商品或者指定服务请求审判时，存在如下案件，即在审判请求书的"请求宗旨"栏中记载"类似商品"等（注），来请求撤销或者无效。

审判请求书的"请求宗旨"由请求人进行记载，根据该记载的内容，确定审判请求的审理对象的范围，但是在确定了部分撤销或者部分无效的案件中，注册商标的效力所涉及的指定商品或者指定服务的范围会变得不明确，因此原则上不认可"类似商品"等的记载。

所以，针对在"请求宗旨"栏中记载有"类似商品"等的审判请求书，以如下所述进行处理。

（注） 在此所说的"类似商品"等的记载中，包含如"类似服务""类似商品"以及"类似服务"等的记载。下面相同。

2. 处理方法

（1）程序补正命令

ア 在审判请求书的"请求宗旨"中记载有"类似商品"等时，在形式审查的阶段，以违反商§56①准用的特§131①为理由，发出补正命令。

イ 该补正命令要求请求人进行：在不变更要旨的范围内对"类似商品"等的记载进行补正，以使其记载更为明确，或者在不需要时删除该记载，或者对所记载的"请求宗旨"进行客观且明确的解释。

ウ 请求人针对补正命令没有进行任何应答时，审判长根据商§56①准用的特§133③的规定，以决定的方式驳回审判请求书。

（2）审询

ア 针对（1）的程序补正命令，通过补正"请求宗旨"或者解释等，而进行某些应答时，合议组对"请求宗旨"的明确性进行实质性判断。

イ 根据需要，合议组根据准用商§56①的特§134④的规定，以审判长进行审询的形式，要求请求人对"请求宗旨"的明确性进行解释。

ウ 合议组认为通过补正或者解释"请求宗旨"已经明确时，在更正注册商标

登记簿原簿的预告注册的基础上，将审判请求书的副本送达对方。

エ　针对审询，请求人未进行应答，而合议组依然认为"请求宗旨"的记载不明确时，根据商§56①准用的特§133③的规定，以决定的方式驳回该审判请求书。

（参考裁判例）

1. 知财高判平 19.6.27（平 19（行ケ）10084 号）
2. 知财高判平 19.10.31（平 19（行ケ）10158 号）
3. 知财高判平 19.11.28（平 19（行ケ）10172 号）

（2015.2 修订）

21—05 ＰＵＤＴ
申请号或注册号记载有误时的处理

申请号或注册号（特许号等）的记载有误时，原则上，审判长通过审询等确认请求人等的意思，采取以下任意方法。

另外，在综合判断整个文件，而推定为误写时，发出补正命令（特§133①、特§120之8①、实§41、外§52、商§43之15①、§56①、§68④）。

1. 在提交了补正书时
（1）补正不被认可时
对审判请求书、特许（商标注册）异议申诉书中所记载的申请号或注册号的错误进行的补正，导致对请求书、特许（商标注册）异议申诉书的要旨变更（→30—01）时，以审查决定或决定的方式，驳回该请求或申请（特§135、特§120之8①、实§41、外§52、商§43之15①、§56①、§68④）。

（2）补正被认可时
如同审判请求书、特许（商标注册）异议申诉书中所记载的申请号或注册号的错误仅仅是笔误时，对该错误进行的补正并没有构成对请求书、特许（商标注册）异议申诉书的要旨之变更时，认可该补正。

2. 没有答复时
针对审询等，请求人等没有进行任何答复，或者未提交补正书时，以审查决定或决定的方式驳回该请求或申请（特§135、特§120之8①、实§41、外§52、商§43之15①、§56①、§68④）。

(2015.2修订)

21—06 PUDT
补充理由的处理

1. 在审判、再审、判定的请求中，当事人应当明确其主张的理由（特§17①、§71③、§131①②、特施规§46、§46之3、实§38①②、外§25③、§52、§60之3、外施规§14、§19⑧、商§28③、§56①、§68④、§68之40①、商施规§14、§22⑥）（→51—07、58—01、70—00）。

在特许（商标注册）异议申诉中，应当记载申请的理由（特§115①、特施规§45之2、商§43之4①、§68④、商施规§12）（→66—03、67—03）。

2. 根据审判等的种类，对请求理由的补正有所限制。

（1）除了无效宣告审判以外的特许、外观设计、商标的审判

除了无效宣告审判以外的特许、外观设计、商标的审判请求中，截至审理终结，在不改变请求宗旨的范围内，可以对最初申请的部分或者全部理由进行补正，也可以进一步补充新的理由（但是，过迟的理由补充从迅速审理的观点来看并不提倡）（特§131之2①但书一、外§52、商§56①、§68④）（→61—04之4.）。

（2）无效宣告审判

在无效宣告审判中，原则上不能进行变更请求理由的要旨的补正（特§131之2①、实§38之2、外§52、商§56①、§68④），但有时审判长也可以许可进行变更请求理由的要旨的补正（特§131之2①但书二、实§38之2、平23附§19②旧实§41、外§52）（→30—01之1.、51—08、51—15）。

（3）特许（商标注册）异议申诉

若在特许（商标注册）异议申诉书的补正期限内，则可以对申请理由等进行补正（改变或增加等）（特§115②、商§43之4②③、§68④）（→66—03、67—04）。

特许：自特许公布公报的发行日起经过6个月时，或者根据特§120之5①的规定发有通知时，以该二者中早到的时间为准。

商标：商标公布公报的发行日起经过两个月之后的30日之内（期限延长：日本国内居住者（标准）15日、国外居住者60日）。

3. 终结审理的通知之后，提交补充理由用的补正书时，根据其内容，探讨是否需要再次启动审理，在认为有必要时，再次启动审理（→42—00），但若认为没有必要时，连订在记录中。

4. 对于审查决定的誊本送达之后提交的补正书以及判定审理结束之后提交的补正书，作出驳回程序的处理（特§18之2、实§2之5②、外§68②、商§77②）。

(2015.2 修订)

21—08 PUDT
驳回不合法的程序

审判请求书以及特许（商标注册）异议申诉书以外的中间文件符合以下所列的事项时，发出驳回理由的通知，在给予提交辩明书的机会的基础上，驳回程序（特§18之2、§133之2、实§2之5②、§41、外§52、§68②、商§56①、§68④、§77②）。

（1）以提交的宗旨不明的文件及其他物件办理了程序时

（2）以办理程序的人的识别号码以及姓名（名称）都未记载的文件（出版物等提交书除外）办理了程序时（根据整个程序文件能够确定进行程序的人的姓名（名称）的除外）

（3）审查决定或者请求书的驳回决定的誊本送达之后，提交了意见陈述书、答辩书等文件时

（4）在针对法定期限或者指定期限请求延长时，该期限的延长在法律上不被允许时或者该期限届满后请求延长时（特§4、§5、实§2之5①、外§68①、商§77①）

（5）程序符合以下情况时

ア　程序补正书中未记载补正的内容时（补正方法为"删除"的除外）或者应附加的文件（物件）未附加时

イ　物件提交书未附加物件时

ウ　代表人选定申请书中未记载何人为代表人时

エ　申请人名义变更申请中，没有记载继承人的识别号码以及姓名（名称）时

オ　委托代理申请中，没有记载接受委托的代理人的识别号码以及姓名（名称）时

カ　代理人选任（代理人变更、代理权变更、代理权撤销）申请中，没有记载选任的代理人的识别号码以及姓名（名称）时

另外，上述ウ～カ的申请中，根据所附加的证明书等，能够确定申报内容时，对程序无须进行驳回。

キ　程序补充书中未记载补充的内容时，或者应当附加的文件未附加时

ク　总委托书使用限制申请中，没有记载限制使用的代理人时

ケ　外观设计的特征记载书中，没有记载外观设计的特征时

コ 在有关微生物保藏的保藏号变更申请中，未记载新保藏号、未附加应当附加的证明新保藏号的文件时

（6）利用未使用日文书写的文件办理程序时（特施规§2①）

（7）在海外者不通过在日本国内有住所（居所）的代理人办理程序时（特§8①、实§2之5②、外§68②、商§77②）

（8）办理程序的人与在请求书、特许（商标注册）异议申诉书等中记载的人员不同时（由代理人办理程序，在制作程序文件时，明确是误写的情况除外）

（9）在补正官费之际，符合以下情况时

ア 利用预缴时

（ア）未记载预缴账号时

（イ）办理程序的人（有代理人时为该代理人）不是在程序补正书中记载的预缴账号的预缴账户的预缴人（包含提交了基于特例法施规§41规定的代理人申请的人）时

（ウ）由于预缴账户的余额不足，完全不能由估算金额填补官费的缴纳时

イ 通过特许印花税票进行缴纳时

完全没有粘贴特许印花税票办理程序时

ウ 使用现金（电子现金）进行缴纳时

不存在缴纳事实时或者已经使用（返还）时

エ 通过转账来缴纳时

（ア）在书面的程序补正书中，申报通过转账来缴纳时

（イ）进行程序的人（有代理人时为该代理人）不是在程序补正书中记载的被赋予转账号的人（包含提交了基于特例法施规§41规定的代理人申请的人）时

（ウ）由于存款账户或者存款账户的余额不足等，而无法进行官费的转账时

オ 指定代缴人进行缴费时

（ア）通过书面提交的程序补正书，声明指定代缴人代为缴费时

（イ）信用卡有效期已过等原因导致的无法缴纳的情形

（10）由特许法、实用新型法、外观设计法或者商标法规定了能够办理程序的时间或者期限的情况下，在该时间或者期限以外办理程序时

（11）查定类（包含订正审判）案件中，提交了参加申请书时

（12）在进行了代表人选定申报的情况下，由代表人以外的人办理程序时（程序的效果仅涉及本人的程序除外）

（13）在请求或者特许（商标注册）异议申诉被撤回或驳回之后办理程序时，或者在审查决定或决定确定之后办理程序时（在审查决定确定之后的商§68之40

②规定的设定注册费缴纳的同时使商标注册申请的类别的数量减少的补正除外)

(14)在应当共同进行的程序中,并不是由全体请求人进行时(作为由代理人进行的程序,明确在制作程序文件时遗漏的情况除外)

(15)在特许申请的驳回决定不服审判的请求的同时提交的程序补正书(限于以附加于请求书的说明书、权利要求书或者附图的补正为目的的情况。也包含误译订正)中,该审判请求被撤回时或者根据审查决定而被驳回时(其中,该申请中有正在审理中的其他驳回决定不服审判请求时)(特§17之2①四)

(2019.6修订)

21—09　P
特许审判请求的官费

1. 特许审判请求的官费根据以下所示的权利要求的项数来征收。

（1）在驳回决定不服审判（特§121①）中，在审判请求时的权利要求书（包含在审判请求的同时进行补正后的权利要求书）中记载的权利要求的项数。

（2）在无效宣告审判（特§123①）中，审判请求所涉及的权利要求的项数。

（3）在订正审判（特§126①）中，审判请求所涉及的权利要求的项数。即，在对特许权整体进行订正时，在审判请求之际，在特许登记簿原簿中记录的权利要求的项数。在对每一项权利要求进行订正时，作为订正对象的权利要求的项数（→38—06）。

2. 通过与驳回决定不服审判的请求同时进行的补正，相比于成为已经缴纳申请阶段实质审查请求的官费的基础的权利要求的项数，审判请求时的权利要求的项数增加，申请阶段实质审查请求的官费不足时，对此进行征收。

但是，增加权利要求项数的补正，在案件审理中，被认定不合法的情况多，对于这种状况应当注意。

3. 通过在驳回决定不服审判的请求之后进行的补正，权利要求的项数增加时，征收审判请求的官费、申请阶段实质审查请求的官费。

但是，在多次增减权利要求的项数时，针对已经缴纳的权利要求的项数以内的增减不应征收。

4. 符合上述1.～3.的官费不足时，命令进行官费的补正，进行追缴。

	命令权人	应缴纳人	未缴纳时的处理
符合1.（1），请求的同时进行了补正	特许厅厅长（特§17③）	请求人（申请人）	驳回审判请求程序处分（特§18①）
符合1.（1），请求的同时未进行补正	审判长决定（特§133②）	请求人（申请人）	驳回审判请求书决定（特§133③）
符合1.（2）、(3)	审判长（特§133②）	请求人	驳回审判请求书决定（特§133③）
符合2.（程序补正书所涉及的补正命令）	特许厅厅长（特§17③）	请求人（申请人）	驳回程序补正书处分（特§18①）

续表

	命令权人	应缴纳人	未缴纳时的处理
符合3. （前置审查中）	特许厅厅长 （特§17③）	请求人 （申请人）	驳回审判请求程序 处分（特§18①）※
符合3. （审理中）	审判长 （特§133②）	请求人 （申请人）	驳回审判请求书 决定（特§133③）

（注）表的3.的情况下，发出一封通知，令其对合计了申请阶段实质审查请求费和审判请求费的不足官费进行补正。

※ 第三人提出实质审查请求（特§195③）时，驳回申请（特§18②）。

5. 注意事项。

在驳回决定不服审判中，通过与审判请求的同时进行的补正，权利要求的项数相比于驳回决定时的权利要求的项数，数量增加，虽然审判请求的官费没有不足，但是申请阶段实质审查请求的官费不足时，针对程序补正书发出命令进行官费的补正，未缴纳时，驳回程序补正书的程序。

6. 多缴错缴的官费，根据缴纳人的请求进行返还（特§195⑪）。

多缴错缴的官费的返还，自缴纳日起1年之后，不能请求返还（同§195⑫）。官费的返还请求，以提交已缴官费返还请求书的方式进行返还（特施规§77、格式75）。

（2015.10修订）

22—01　PUDT
当事人

1. 前言
当事人的问题涉及广泛的范围以及多个方面，针对有关审判请求要件的具体案例在22—02中说明，另外，针对有关共同审判的部分在22—03中说明，在此针对除此之外的事项进行说明。另外，对特许（商标注册）异议申诉也与审判请求同样处理。

2. 当事人
所谓当事人是指在法律上有特定关系或者成为该特定关系的原因的法律要件乃至法律事实等的相关人，在审判中的当事人是指审判请求人以及被请求人，再审请求人以及被请求人。

另外，在特许法上，参与人与当事人是有区别的，但是与当事人具有几乎相同的立场（→57—00～57—09）。

3. 当事人的确定
（1）当事人有几个人，不仅仅是知晓审查决定涉及几个人，审判官的除斥（特§139、实§41、外§52、商§56①、§68④）、回避（特§141、实§41、外§52、商§56①、§68④）、程序的中断或中止（特§22～§24、实§2之5②、外§68②、商§77②）等问题也由此决定，权利能力、办理程序的能力、当事人适格等也是应当对此进行判断的事项，因此在审判中首先应当明确当事人。

（2）当事人的确定是综合观察审判请求书的内容以及在驳回决定不服审判中从申请起至审判请求期间经过为止所提交的文件来确定的。

在审判请求书中要求有当事人的记载（特§131①、实§38①、外§52、商§56①、§68④），仅在此记载的当事人的记载并不是唯一的资料，应当根据审判请求书的全部宗旨和驳回决定不服审判中从申请起至审判请求期间经过为止所提交的文件等进行判断（→22—02之11.）。

4. 针对当事人的审判请求的要件
针对当事人，要求具备当事人的实际存在、办理程序的能力、当事人适格等审判请求的要件（→5.～8.）。

另外，审判请求的要件是案件审理的前提要件，在发现其缺陷时，无须进入本案审理或者继续审理。

5．权利能力

所谓权利能力，是指能够成为权利主体的地位或资格，具有权利能力的是自然人和法人。

针对外国人，民法是以国内外人平等主义为原则（民§3②、§35②），而在特许法中，在日本国内无住所或居所（法人是指经营场所）的外国人符合特§25 一、二、三、（实§2之5③、外§68③、商§77③）中的任意一个的情况以外，不认可其权利能力。

6．办理程序的能力

所谓办理程序的能力，是指能够成为程序的主体的能力，原则上具有权利能力（→5．）的人具有办理程序的能力。

在特许法中，即使是不具有权利能力的社团或财团，只要是确定有代表人或者管理人，限于申请阶段实质审查的请求、特许（商标注册）异议申诉、无效宣告审判请求等一定的程序，认可办理程序的能力（特§6、实§2之4、外§68②、商§77②）。

另外，针对未成年人、成年无行为能力人等（特§7①②、实§2之5②、外§68②、商§77②）以及在海外者（特§8①、实§2之5②、外§68②、商§77②），具有限制办理程序的能力的规定（法定代理人、监护人、特许管理人→23—01、23—06、23—04）。

另外，审判长认为办理程序的人并不适合办理该程序时，可命令应当由代理人办理程序（特§13①、实§2之5②、外§68②、商§77②）。

7．当事人适格

（1）所谓当事人适格是指有关作为请求而主张的特定的权利关系，作为当事人办理程序，接受审查决定所需要的资格，在特别的情况下，破产管理人等也存在当事人适格。

另外，当事人适格由特定的权利关系决定，应当区别于与权利能力、办理程序的能力这样的特定的案件没有关系而普通抽象地确定的资格或人格的能力。

（2）审判中的当事人适格。

ア　驳回决定不服审判的请求人

（ア）能够请求驳回决定不服审判的人

接受驳回决定的人（包含继承人）（特§121①、外§46①、商§44①）。

（イ）能够请求驳回补正决定不服审判的人

受到驳回补正的人（包含继承人）（外§47①、商§45①）。
　イ　当事人类审判等的请求人
（ア）当事人类审判的请求人（能够请求订正审判的人除外）

特许无效宣告审判（特§123②）以及注册商标无效宣告审判（商§46②）要求具有利害关系（→31—00～31—02），对于实用新型无效宣告审判（实§37②）、外观设计无效宣告审判（外§48②）、注册商标撤销审判（商§50、§52、§52之2、§53），任何人都能进行请求。但是，针对权利归属所涉及的无效理由的特许、实用新型以及外观设计的无效宣告审判请求人，限于具有获得特许、实用新型以及外观设计的权利的人（特§123②但书、实§37②但书、外§48②但书）。

（イ）能够请求订正审判的人

能够请求订正审判的人是特许权人（特§126①）。
　ウ　当事人类审判的被请求人

当事人类审判的被请求人是特许权人、实用新型权人、外观设计权人、商标权人。

另外，特许登记簿原簿中登记的权利人有时并不是真正的权利人（例如由于权利人的死亡、合并造成的公司的消亡、公司分立等的事由，由继承人、合并后的存续公司、分立公司等继承权利时）。在审判请求之前，由请求人进行的被请求人的住所、姓名的确认过程中，当这样的事实被判明时，应当在调查清楚真正的权利人的基础上，确定住所、姓名，将真正的权利人作为被请求人来请求审判。

8．有关当事人的审理

有关当事人的审理是在有关请求是否适当的正式案件审理之前进行，在认定有关当事人的要件存在缺陷时，按如下所述进行处理。

（1）当事人的记载违反形式要件时。

在当事人的记载违反形式要件（特§131①、实§38①、外§52、商§56①、§68④）时（→9.），审判长指定一定的期限命令请求人进行补正（特§133①、实§41、外§52、商§56①、§68④），等答复后进行处理。

在指定期限内请求人未进行补正时，以决定的方式驳回该请求书（特§133③、实§41、外§52、商§56①、§68④）。

（2）不具备有关当事人的审判请求要件时。

（3）在已经审理中的审判案件中，针对不具备有关当事人的审判请求要件（→4.）的案件，通过补正，存在该缺陷被订正和该缺陷没有被订正的可能性的情况，如以下所述进行处理。

　ア　通过补正，缺陷被订正时

审判长对请求人指定一定的期限进行审询（特§134④、实§39④、外§52、商§56①、§68④）或者发出补正命令（特§133①、实§41、外§52、商§56①、

§68④)。

(ア) 通过补正等，缺陷被订正之后继续进行审理。

(イ) 在指定期限内缺陷未被补正时或者提交的补正不被认可时，以决定的方式驳回请求书（特§133③、实§41、外§52、商§56①、§68④)。

イ 通过补正，没有订正的可能性时

通过当事人的变更等补正没有订正的可能性时，不进行审询或发出补正命令，作为不合法的审判请求，以审查决定的方式予以驳回（特§135、实§41、外§52、商§56①、§68④)。

9. 不具备有关当事人的审判请求要件时的能够补正的例子

(1) 驳回决定不服审判中的请求人

ア 从请求书中请求人的记载和请求书所附加的文件中有关请求人的记载来看，认为与申请人为同一人时。

イ 并不认为请求人与申请人为同一人时，且符合以下例子时。

(ア) 在审判请求书中，针对存在继承以及其他一般继承的事实，并没有通过符合形式的程序，而是简单地记载时，命令补正，等待应答之后进行处理。

(イ) 如以下情况时，继续审理。

a. 在以审查决定的方式发出驳回的誊本送达之前，提出了有继承或者其他一般继承的申报时（特§34⑤、外§15②、商§13②)。

b. 在请求审判的法定期限内，提出有权利继承（继承以及其他一般继承的情况除外）的申报时（特§34④、外§15②、商§13②)。

c. 在请求审判的法定期限内，通过主动补正而成为正当请求人时（特§121、外§46、§47、商§44、§45)。

(2) 当事人类审判中的请求人（→利害关系（31—00～31—02))对订正审判中的请求人，与对（3）ア的被请求人进行相同的处理

(3) 当事人类审判中的被请求人

ア 从请求书的被请求人的记载和特许登记簿原簿的权利人的记载来看，认为是同一人时。

另外，有关权利消灭后的被请求人（→22—04)。

イ 在认为被请求人与权利人为同一人时，且符合以下例子的情况。

如在极其接近审判请求时的时期内进行了权利人名义变更，因不能归责于请求人的理由，造成被请求人不同时，则进行审询，等待答复后进行处理。

另外，有关权利消灭后的被请求人（→22—04)。

(4) 办理程序能力的缺陷

即使是由欠缺办理程序能力的人办理的程序，也有能够追认（特§16、实§2之5②、外§68②、商§77②) 或者补正的情况，因此进行审询（特§134④) 或

者发出补正命令（特§17③、§133②、实§41、外§52、§68②、商§56①、§68④、§77②），等待答复后进行处理。

（5）当事人死亡或者消灭

案件一旦开始审理之后，当事人死亡或者因公司合并而消灭时，案件中断，但是若有继承人，则继承人成为当事人而继承案件，因此等待继承程序之后进行处理（特§21～§24、§34⑤、实§2之5②、§11②、外§15②、§68②、商§13②、§77②、继承→26—02～26—05）。

但是，在有委托代理人时，并不中断，因此不需要继承程序（特§11、§24〈民诉§124②〉、实§2之5②、外§68②、商§77②）（→26—04）。

在特许（商标注册）异议申诉案件中，特许（商标注册）异议申诉人的地位不能继承，因此不需要进行继承程序。若在通知撤销理由之后，则继续进行审理，作出决定；但是在通知撤销理由之前时，该特许（注册商标）异议的申请作为不合法的申请而被驳回。

(2015.2 修订)

22—02 ＰＵＤＴ
与当事人相关的裁判例

与当事人相关的案例，除了当事人类审判中的请求人适格问题的情况（31—00～31—02）、有关共同审判的情况（→22—03）之外很少，在此登载具体的审判案件审理时可以参考的裁判例。

1. 当事人的确定并不仅根据审判请求书的请求人一栏的记载，还应当考虑审判请求书的整体宗旨和从申请至审判请求期限届满为止所提交的文件来进行综合判断的裁判例
（1）东高判昭 53.10.25（昭 53（行ケ）45 号）
（2）东高判昭 54.7.25（昭 53（行ケ）208 号）
（3）东高判平 6.6.7（平 5（行ケ）197 号）

2. 无效宣告审判的被请求人的变更被认可的裁判例
（1）东高判昭 47.10.24（昭 44（行ケ）62 号）
（2）东高判昭 53.3.30（昭 45（行ケ）98 号）

(2015.2 修订)

22—03　PUDT
共同审判

1. 关于共同审判,与当事人适格(→22—01、22—02)、利害关系(→31—00)的问题有所相关,但是在此,将请求人或者被请求人为两人以上的审判案件全部包含在内,针对参加人(→57—00),则作为另外问题来处理。

2. 在特许法中针对共同审判规定如下。

(1)"特许权或者申请特许的权利的共有人针对该共有的权利请求审判时,应当由全体共有人共同请求。"(特§132③、外§52、商§56①、§68④)

(2)"有关共有的特许权,如针对特许权人请求审判,则应当将全体共有人作为被请求人进行请求。"(特§132②、实§41、外§52、商§56①、§68④)

(3)"针对同一个特许权,请求第123条第1项规定的审判的人为两人以上时,可以共同请求审判。"(特§132①、实§41、外§52、商§56①、§68④)

其中,特§132②以及特§132③的规定相当于民事诉讼法中规定的固有的必要共同诉讼。

3. 对于审判请求时违反上述(1)(2)的规定而进行请求的审判案件,进行如下处理。

(1)查定类审判(包含针对驳回补正却决定的审判)

通过综合考虑从申请至审判请求期限届满为止提交的文件,推定实质上是否表达有共同审判的意思(→22—01之3.(2)),进行如下处理。

ア　在认为表达有共同审判的意思时

根据在审判请求期限届满之前提交的文件(也参照申请文件),认为表达有实质上是共同审判的意思时,审判长发出程序补正命令(特§133①、外§52、商§56①、§68④),请求人进行答复的结果,如果该缺陷未克服,则以决定的方式进行驳回(特§133③、外§52、商§56①、§68④)(→22—01之8.)。

但是,针对前置审查的案件,以厅长的名义发出程序补正命令(特§17③),请求人进行应答的结果,如果该缺陷未克服,则驳回请求程序(特§18①)。

另外,虽然推定为共同审判,但是在有必要进行确认时,进行审询,等待其回答后进行判断。

イ　认为表达有共同审判的意思的具体例

a. 在审判请求之际提交了代表人选定书的基础上,在审判请求书中仅记载有该代表人时

b. 在审判请求书中记载有代表人某某时

c. 在审判请求书中记载有某某之外的某某时

d. 全体共同申请人将审判请求委托于一位代理人（除了提交了证明代理权的文件的情况之外，根据请求书的整个宗旨和有关该申请的特许厅方所知晓的事项等而能够推定代理权的情况包含在内），可是由于代理人过错而在审判请求人栏中仅记载了一部分请求人时（→裁判例③、④、⑩、⑪）

e. 驳回决定通知书的申请人栏的记载中有遗漏，审判请求仅记载了驳回决定通知书中记载的申请人时

f. 记载有继承以及其他一般继承的事实时（注）

这时，按照特§34⑤、外§15②、商§13②的规定，有义务毫无延迟地向特许厅厅长进行申报，也有在审判请求书中仅仅简单记载（仅记载有死亡、公司合并等文字）的情况。

（注）在一般继承时的附加文件。

（a）由于公司合并（吸收合并、设立合并）而存续的公司进行申报时证明合并事实的文件（注册事项证明书等）

（b）有继承时

㋑由全体继承人继承时

被继承人的户籍誊本、必要的销户誊本以及被继承人与全体继承人的住民票或者户籍的附票。

㋺ 全体继承人都不继承时

前述㋑和遗产分割协议书（→裁判例⑤）。

㋩ 在继承人中有放弃的人时

前述㋑和有家庭法院的受理证明的继承放弃申述书。

㊁ 共有人的一方无继承人而死亡时

证明无主张作为继承人的权利的人的证明书。

ウ 不认为表达有共同审判的意思时

不发出程序补正命令或者审询（特§134④、外§52、商§56①、§68④），该缺陷作为不能克服的缺陷，以审查决定的方式驳回（特§135、外§52、商§56①、§68④）（→裁判例①、②、⑥~⑨）。

（2）当事人类审判以及订正审判

不发出程序补正命令或者审询（特§134④、实§39③、外§52、商§56①、§68④），该缺陷作为不能克服的缺陷，以审查决定的方式驳回（特§135、实§41、外§52、商§56①、§68④）（→审查决定例⑫）。

但是：

ア 从请求书的整体宗旨来看，认为表达有实质上为共同审判的意思时，发出程序补正命令，请求人进行答复的结果，如果该缺陷仍没有克服，以决定的方式驳回（特§133③、实§41、外§52、商§56①、§68④）。

ィ　预想由于不能归责于请求人的理由而违反特§132②、实§41、外§52、商§56①、§68④的规定时（在与审判请求时极其接近的时期中，进行了权利人名义变更时等），进行审询，等待请求人对此进行答复后，进行处理。

　　4. 裁判例、审查决定例：

　　① 东高判昭52.7.27（昭51（行ケ）96号）→最二小判昭53.3.24（昭52（行ツ）112号

　　② 东高判昭55.9.30（昭53（行ケ）163号）

　　③ 东高判昭53.10.25（昭53（行ケ）45号）

　　④ 东高判昭54.7.25（昭53（行ケ）208号）

　　⑤ 东高判昭61.5.29（昭57（行ケ）106号）

　　⑥ 东高判昭63.7.27（昭63年（行ケ）39号）→最三小判平2.10.2（昭63（行ツ）158号）

　　⑦ 东高判平5.4.14（平4（行ケ）228号）

　　⑧ 东高判平5.12.24（平5（行ケ）93号）

　　⑨ 知财高判平17.6.22（平17（行ケ）10243号）

　　⑩ 知财高判平21.11.19（平21（行ケ）10148号）

　　⑪ 知财高判平23.5.30（平22（行ケ）10363号）

　　⑫ 昭41审3304号（昭48.6.19）

　　5. 共同审判中的费用负担（→47—01）。

　　审查决定的理由的记载、结论的表示（→45—20）。

(2015.2修订)

22—04 ＰＵＤＴ
权利消灭后的无效宣告审判中
请求书中记载的被请求人的住所

无效宣告审判在权利消灭后也可以请求（特§123③、实§37③、外§48③、商§46③、§68④）。

另一方面，在权利消灭后提交的各种登记请求书，全部驳回，住所等的变更在闭锁原簿中不再进行登记。

所以，即使是审判请求书中记载的被请求人的住所等与闭锁原簿中记载的内容不相同，在证明了住所等的变更事实时，也认可审判请求。

另外，在不能将请求书副本送达到被请求人时，将该情况通知给请求人进行释明。

（2015.2修订）

23—00 PUDT
代理人的一般规定

1. 代理的意义

所谓代理是指由他人（代理人）的独立行为（意思表示）而本人直接获得其法律效果的制度。

2. 代理人的能力

虽然在民法上规定代理人并不需要为完全行为能力人（不受到行为能力限制的人）（民§102），但是针对有关特许的程序，在特许法中规定，未成年人、成年无行为能力人不通过法定代理人就不能办理相关程序（特§7①、实§2之5②、外§68②、商§77②），由此来看，并不优选受到行为能力限制的人成为代理人。

如果无行为能力人作为代理人而办理了程序时，可以办理程序的代理人办理该程序并不合适为由，令其改变委托（特§13②、实§2之5②、外§68②、商§77②）。

3. 代理权

（1）产生原因

ア　任意代理人（→23—02）

（ア）基于委托的代理人（→23—02）

（イ）特许管理人（→23—04）

（ウ）指定代理人（→23—03）

任意代理人的代理权，通过本人、代理人之间的授权行为而产生。

イ　法定代理人（→23—01）

（ア）在具有一定地位的人在法律上当然成为法定代理人时，该法规是代理权产生的原因（民§818、§840）。

（イ）在法院决定、选任或者由遗嘱人进行指定时，该选任、法定或者指定的行为是代理权产生的原因（民§25、§26、§841、§918、§943、§952、§1010、§839、§1006）。

（2）范围

ア　任意代理人

（ア）基于委托的代理人

根据授权的内容确定。但是，若没有特别授权，就不能进行申请的变更、放弃或者撤回，特许权保护期的延长注册申请的撤回、请求、申请或者申请的撤回，基于特许申请等的优先权的主张（特§41①，国内优先权的主张）或者撤回，基于实用新型的特许申请（特§46之2①），申请公开的请求，特许权的放弃，驳回决定不服审判或者外观设计、商标注册申请中驳回补正决定不服审判之请求或者复代理人的选任（特§9、实§2之5②、外§68②、商§77②）。

（イ）特许管理人

包含特别授权（特§9）的一切程序以及根据特许法或者基于特许法的命令的规定而不服行政厅作出的处分提起的诉讼，代理本人办理相关程序。但是，当在海外者限制了特许管理人的代理权范围时，并不受此限制（特§8②、实§2之5②、外§68②、商§77②）。

（ウ）指定代理人根据授权内容确定

イ　法定代理人

根据各个有关法定代理人的规定确定（例如，民§28、§824、§859、特§7③、实§2之5②、外§68②、商§77②）。

（3）消灭

ア　任意代理人（→23—02之2.）

イ　法定代理人（→23—01之3.）

（4）无权代理（→23—07）

自称代理人而实施了行为的人并不具有正当代理权。

4．代理行为

（1）具有为了本人而进行的意思。

（2）有代理意思的表达。

（3）是代理人本身的法律行为。

5．双方代理

所谓双方代理，是指成为某个法律行为的当事人双方的代理人的情况，按照民法的规定应被禁止（民§108）。

在特许（商标注册）异议申诉案件、审判请求案件中，双方代理原则上不合法。

由于当事人的指出等，该点成为问题时，对此进行审理，若这样的事实被判明，则作为不合法的申请、请求，以决定、审查决定的方式驳回（特§135、实§41、外§52、商§43之14①、§56①、§68④）。

（注） 在与辩理§31以及§48的关系中，可以理解为无效宣告审判的请求、不服审查决定的审查决定撤销裁判、特许（商标注册）异议的申诉都属于"由受委托案件的对方委托的其他案件"。

因此，可以理解为，在判断当事人适格之前，若是违反辩理§31以及§48的程序，则解释为无效的程序。

若是无效的程序，则当然成为不合法的申诉、请求。

但是，在对方对此无异议时，可以解释为对方了解该情况，继续进行程序也不会特别成为问题。

若是如此，则并不一定需要特许厅方积极要求获得对方的同意，在一方申请时进行审询等程序，针对是否是违反辩理士法的事实进行审理即可。

6. 共同代理

所谓共同代理，是指数个代理人仅在共同办理事务时才能够行使代理权的代理。但是，针对有关特许的程序，办理该程序的人的代理人为两人以上时，相对于特许厅来说，每个人都代表本人（特§12、实§2之5②、外§68②、商§77②）。

（2015.2 修订）

23—01 PUDT
法定代理人

1. 含义

所谓法定代理人，是指直接按照法律规定被给予代理权的代理人。

2. 法定代理人种类（注）

（1）根据亲属、身份在法律上当然成为法定代理人时

ア　亲权者①（民§818）

イ　法定监护人（民§840）

（2）由法院选任时

ア　不在者的财产管理人（民§25、§26）

イ　选定监护人（民§841）

ウ　继承财产管理人（民§918、§943、§952）

エ　遗言执行人（民§1010、§1015）

（3）由具有一定指定权的人指定时

ア　指定监护人（民§839）

イ　指定遗言执行人（民§1006、§1015）

3. 法定代理权

（1）产生、消灭

代理权的产生、消灭，原则上遵照民法等的规定，但是其消灭依照民事诉讼法（§36①）的例子通知对方最为理想。

法定代理人死亡或者丧失代理权时程序中断（特§24、实§2之5②、外§68②、商§77②→民诉§124①三）。

另外，作为法定代理权消灭的理由有：

ア　在本人或者法定代理人死亡、法定代理人破产或者代理人受到监护开始的审判时（民§111①）。

イ　有监护人的辞任、选任、解任（民§844、§845、§846）等。

---

① 亲权者：可以行使亲权之人。

（2）范围

法定代理权的范围根据民法决定。

〔例〕

　　行使亲权的人管理子女的财产，或者代表该子女行使有关该财产的法律行为。但是，在应产生以该子女的行为为目的的债务的情况下，应当征得本人的同意（民§824）。

另外，法定代理人能够负有责任选任复代理人（→23—05）。

(2015.2 修订)

23—02 ＰＵＤＴ
任意代理人（基于委托的代理人）

1. 含义
所谓任意代理人，是指受到本人的信任，根据本人的意思成为代理人。

因此，任意代理人并不仅是"基于委托的代理人"，也包含基于委托合同以外的事物处理合同（例如：组合合同、雇佣合同）的代理人。

另外，可以理解为特许管理人（→23—04）、指定代理人（→23—03）也包含在任意代理人之内，但是在本节（23—02）中针对基于委托的代理人进行说明。

2. 代理权
（1）产生

代理权在本人向他人授予代理权时产生。

（2）消灭

代理权在本人解任时自然消灭，但是与在民法上规定的代理权的消灭事由（民§111①）不同，并不会因为本人的死亡或者作为本人的法人的合并造成的消灭、作为本人的受托人的信托任务结束或者法定代理人的死亡或其代理权的变更或消灭，而有所消灭（特§11、实§2之5②、外§68②、商§77②）。

这是因为，在贯彻民§111的法理时，代理人不知晓本人的死亡而办理的程序将会变得无效，或者，急需办理的程序无法办理的话，不仅给本人的继承人带来不可预测的损害，而且对审查、审判的各种程序的办理也会产生障碍。

因此，在工业产权法中设置规定，规定代理权不消灭（特§11、实§2之5②、外§68②、商§77②）。

（3）范围

在日本国内有住所或者居所（在为法人时为经营场所）的人为向特许厅办理申请、请求及其他程序而委托的代理权，针对申请的变更、放弃或撤回，特许权保护期的延长注册申请的撤回，请求、申请或申诉的撤回，基于特许申请等的优先权的主张（特§41①，国内优先权的主张）或撤回，基于实用新型的特许申请（特§46之2①），申请公开的请求、特许权的放弃、驳回决定不服审判（特§121①、外§46①、商§44①、§68④）或者外观设计、商标注册申请的驳回补正决定不服审判（外§47①、商§45①、§68④）的请求或者复代理人（→23—08）的选任，需要特别的授权（特§9、实§2之5②、外§68②、商§77②）。

另外，本人死亡后的代理人的代理行为，应理解为为了权利的继承人而进行的行为。

3. 复代理人选任的权限（复任权）

指定遗言执行人作为遗嘱人的任意代理人确定复任权（→23—05 之 1.（2））（民§1016）。

(2012.3 修订)

23—03　PUDT
指定代理人

1. 所谓指定代理人，是指在国家或行政厅等为当事人的程序中由行政厅等指定而办理程序的职员。

2. 指定代理人的代理权，通过由国家或行政厅指定或者选任而产生，通过指定解除、解任而消灭。

3. 针对撤销审查决定等的审查决定撤销裁判中的指定代理人（→80—01）。

（2002.10 修订）

23—04　P U D T
特许管理人

1. 含义

特许管理人制度是由于特许制度中程序时间成为问题的情况很多，并且，在时间上受到限制，因此作为在海外者（在日本国内没有住所或者居所的人，法人在日本国内没有经营场所）在地理或者时间上产生障碍，所以强制规定在日本国内有住所或者居所的代理人来办理相关程序，从而顺利办理程序。

在海外者除了特定的情况之外，若不通过特许管理人（作为在海外者的有关特许的代理人而在日本国内有住所或者居所的人），则不能办理程序，或者不服行政厅按照特许法或者基于特许法的命令的规定而进行的处理而提起诉讼（特§8①、实§2之5②、外§68②、商§77②）。

所谓特定的情况，限于有特许管理人的在海外者（作为法人时指其代表人）在日本居住的情况（特施令§1）。

2. 权限

在包含特别授权（特§9）的一切程序以及不服行政厅按照特许法或者基于特许法的命令的规定进行的处理而提起的诉讼中，特许管理人代理本人。但是，当在海外者限制了特许管理人的代理权范围时，不受此限（特§8②、实§2之5②、外§68②、商§77②）。

所以，在不限制代理权范围时，特许管理人针对一切程序都具有代理权。另外，通过1996年部分改正特许法，有关特许管理人的选任等的注册制度被废止，在申请中向特许厅提交的证明代理权的文件中，若在委托事项中存在针对注册后的授权（也包含在代理权的范围中未设置限制的情况），则在注册后的程序以及有关特许权的程序中也具有代理权。

3. 特许管理人死亡时（→23—11）

（2015.2 修订）

23—05 ＰＵＤＴ
复代理人

1. 定义
（1）所谓复代理，是指代理人为了进行自己权限内的行为，以自己的名义再次选任代理人来代理本人工作，由代理人选任的代理人称为复代理人。
（2）选任复代理人的权限（复任权），当然不是代理权的一部分，而是根据本人的允许或者法律直接规定而赋予的另外的权限。

2. 复代理人选任的权能、责任
（1）权能
ア　任意代理人
任意代理人若无特别的授权就不能选任复代理人（特§9、实§2之5②、外§68②、商§77②）。

另外，在民法中规定原则上任意代理人若未得到本人的允许或者无不得已的事由就不能选任复代理人（民§104）。

イ　法定代理人
法定代理人并不是根据本人的意思而成为代理人的，其权限也一般较宽，也不能自由辞任，本人不具有许诺能力的情况也多，因此法定代理人通常具有复任权，由其负责选定复代理人（民§106）。

但是，在有监护监督人时，应当得到其同意（特§7③、实§2之5②、外§68②、商§77②）。

（2）责任
ア　任意代理人
选任复代理人的责任，仅在选任以及监督懈怠的情况下，对本人负有损害赔偿的责任（民§105①）。

但是，在代理人按照本人的指名选任复代理人时，仅在知晓其不适任或者不诚实，却懈于将该情况通知本人或懈于解任的情况下，负有责任（民§105②）。

イ　法定代理人
复代理人选任的责任，原则上不论有无选任、监督的过失，都涉及复代理人的全部行为（民§106前段）。

但是，在法定代理人有不得已的事由时，仅针对其选任、监督负有责任（民§106但书）。

3. 复代理权的消灭

复代理权的消灭，除了根据特§11（实§2之5②、外§68②、商§77②）的规定不会消灭的情况之外，根据基于民§111的一般的消灭原因，或者对代理人、复代理人的委托或授权的解除或取消而消灭。

4. 基于本人的解任

复代理人相对于本人以及第三人与代理人具有相同的权利义务（民§107②），虽说是复代理人，但是按照委托的宗旨负有善管注意义务（民§644），因此可以理解为本人能够将复代理人解任（→形式审查便览02.26（代理—7））。

5. 复代理人的权限

复代理人针对其权限内的行为代表本人（民§107①），相对于本人以及第三者与代理人具有相同的权利义务（民§107②）。

6. 复代理人的死亡（→23—11）

（2015.2 修订）

23—06 ＰＵＤＴ
保护人

1. 所谓保护人，是指被保护人（注）的保护机关。

被保护人在进行有关工业产权的程序时，需要获得保护人的同意（特§7②、实§2之5②、外§68②、商§77②）并提交其同意书（特施规§6、实施规§23①、外施规§19①、商施规§22①）。

被保护人未得到保护人的同意办理的程序，可以获得保护人的同意并进行追认（特§16③、实§2之5②、外§68②、商§77②）。所以，在被保护人办理程序之际，可以理解为针对代理人的选任也需要保护人的同意。

（注）所谓被保护人，是指在家庭法院受到保护开始的审判且由于精神上的障碍使得辨识事理的能力显著不足者。

2. 在审判请求书中不需要记载保护人，即使有记载，由特许厅发出的文书中也不记载保护人。

（2005.7修订）

23—07 P U D T
无权代理

1. 无代理权的人办理的程序，可以由具有办理程序能力的本人或者法定代理人（→23—01）追认（特§16②、实§2之5②、外§68②、商§77②）。

（1）在证明办理程序的人的代理人的代理权时，应当以书面形式予以证明（特施规§4之3、实施规§23①、外施规§19①、商施规§22①）。

（2）作为由代理人办理的程序，在未附加证明代理权的文件（以下称为"委托书"）时，或者委托书中记载的本人的姓名不同时以及印章与最初的不同时等，被视为无权代理。

（3）在这种情况下，令其进行补正来提交正确的委托书（→21—00），在提交了正确的委托书时视为得到了本人的追认。

（4）若未得到追认，则以决定的方式驳回该程序（特§133③、实§41、外§52、商§56①、§68④、→21—03的一览表）。

(2002.10修订)

23—08　ＰＵＤＴ
代理人的有无与审判程序

1. 在有代理人的情况下

（1）确认有无证明代理权的文件（特施规§4之3、实施规§23、外施规§19①、商施规§22）（以下称为"文件"），在该文件不适当的情况下，或者欠缺文件的情况下，令其进行补正（特§17③、§133②、实§2之2④、§41、外§52、§68②、商§56①、§68④、§77②）。

（2）任意代理人以及有监护人的情况下的法定代理人，无论有无补正而欠缺适当的文件时，该代理人都是无权代理人（→23—07）。

（3）针对代理人的能力（→23—00）、委托能力的有无，不必进行调查，除了在当事人的攻防战中对其有无构成争点以外，依职权进行调查、判断即可。

2. 在无必要的代理人的情况下

（1）在日本国内无住所或者居所（在为法人时为经营场所）的人（在海外者）的情况下

ア　在海外者不通过特许管理人（→23—04）办理程序时，该程序作为不合法的程序被驳回（特§18之2、§133之2、§135、实§41、外§52、§68②、商§56①、§68④、§77②）。

イ　审判被请求人为在海外者时：

（ア）在将审判（特许（注册商标）异议的申诉）相关文件送达（发送）时之前，该案件的特许申请或者特§121①的审判请求的程序中提交的委托书或由特许权人提交的代理人选任申请等已经提交的情况下，确认代理人选任申请等中附加的委托书（也包含转移注册申请书的程序中附加的委托书），当存在有关特许权（实用新型权、外观设计权、商标权）的记述时，将该相关文件送达（发送）给最新的特许管理人。

（イ）除了上述（ア）以外时或者未提交委托书时，针对作为该案件的特许申请或者特§121①的审判请求的特许管理人或转移注册申请程序的特许管理人的人，进行该案件的受任的意思确认。在无受任时，向权利人发送相关文件，同时通知以后的程序应当通过特许管理人进行办理（→23—10）。

（2）未成年人、成年无行为能力人、被保护人等的情况下

ア　未成年人、成年无行为能力人不通过法定代理人而办理了程序时，令其进行法定代理人选任的补正（特§7①、§133②、实§2之5②、§41、外§52、

§68②、商§56①、§68④、§77②)。但是，即使是未成年人，本人也能够独立地进行法律行为时，不受此限。

　　イ　被保护人未得到保护人的同意而办理的程序，令其提交保护人的同意书（特§7②、§133②、特施规§6、实§2之5②、§41、实施规§23①、外§52、§68②、外施规§19①、商§56①、§68④、§77②、商施规§22①)。

　　ウ　即使是法定代理人办理了程序时，在有监护人时，令其提交同意书（特§7③、§133②、特施规§6、实§2之5②、§41、实施规§23①、外§52、§68②、外施规§19①、商§56①、§68④、§77②、商施规§22①)。

　　エ　在不回应ア～ウ的补正命令时，以决定的方式驳回该程序（特§133③、实§41、外§52、商§56①、§68④、§77②)。

（2015.2 修订）

23—09 PUDT
证明代理权的文件

1. 什么情况下应当提交证明代理权的文件

仅限于申请的放弃、撤回这样的对请求人产生不利的程序或代理人的选任、变更等的申请类程序，有关代理权的存在与否、代理范围有可能产生争议，因此代理人在办理这类程序时，应当提交证明代理权的文件（特施规§4之3、特登施规§13之2）。

审判长可以不拘于特施规§4之3①、③的规定，针对代理人已办理的程序，在认为有必要时，可以令其提交证明代理权的文件（特施规§4之3④）。

2. 程序的种类

（1）在审判中需要委托书的程序

ア　特§9所规定的特别授权（特施规§4之3①、实施规§23①、外施规§19①、商施规§22①）

イ　法定代理权的证明（特施规§4之3①、实施规§23①、外施规§19①、商施规§22①）

ウ　在程序中，在特许授权后的代理人的选任、变更等的申请（中途受任）（特施规§4之3②、实施规§23①、外施规§19①、商施规§22①）

エ　未进行代理人的选任等的申请，由不同于申请时的代理人的代理人办理的中间程序（特施规§4之3③、实施规§23①、外施规§19①、商施规§22①）

オ　申请特许权利的继承的申报、程序被继承的申诉（特施规§4之3①一、二）

カ　判定的请求（特施规§4之3①六、实施规§23①、外施规§19①、商施规§22①）

キ　特许异议的申诉（特施规§4之3①九）

ク　注册商标异议的申诉（商施规§22①）

ケ　意见书（特§120之5①、商§43之12、§60之2①、§68④、§68⑤）的提交（特施规§4之3①十一、商施规§22①）

コ　审判（驳回决定不服审判、驳回补正决定不服审判除外）的请求（特施规§4之3①十二、实施规§23①、外施规§19①、商施规§22①）

サ　答辩书（特§71③、实§26、外§25③、商§28③、特§84、§92⑦、

§93③、实§21③、§22⑦、§23③、外§33⑦、特§134①、实§39①、外§52、商§56①、特§174③、外§58④、商§61）的提交（特施规§4之3①八、十三、实施规§23①、外施规§19①、商施规§22①）

シ 参加（特§119①、§148①、③、§174②、实§41①、§45①、外§52、§58④、商§43之7、§56、§61）的申请（特施规§4之3①十、十四、实施规§23①、外施规§19①、商施规§22①）

ス 证据保全的申请（特施规§4之3①十五、实施规§23①、外施规§19①、商施规§22①）

セ 再审的请求（特施规§4之3①十六、实施规§23①、外施规§19①、商施规§22①）

ソ 有关微生物保藏的保藏号的申报（特施规§4之3①十七）

タ 商标权保护期延长注册申请（限于减少商品以及服务的类别数的申请的情况）（商施规§22①）

チ 基于防御商标注册的权利的保护期延长注册申请（商施规§22①）

ツ 分类变更注册的申请（商施规§22①）

テ 特例法中的姓名（名称）、住所（居所）、印章变更的申报、总委托书的提交等（特例施规§5之2①）

ト 赋予特例法中的识别号码的请求、输入输出装置的申报、预缴纳的提出等（特例施规§5之2①）

ナ 工业所有权的官费等用现金缴纳的情况下，根据有关程序的省令（现金程序省令）的§3之2①的规定请求赋予识别号码等

（2）不需要委托书的程序

ア 早期审理的情况说明书的提交

イ 出版物等提出书（特施规§13之2、§13之3）的提交

3. 证明代理权的文件

（1）法定代理人

（ア）证明未成年人的法定代理人的代理权的文件，是本人的户籍誊本（抄本）、住民票以及法定代理人的住民票

（イ）证明成年无行为能力人的法定代理人的代理权的文件，是有关保护注册的注册事项证明书（未进行保护注册时，则是本人的户籍誊本（抄本）、住民票以及法定代理人的住民票）

另外，在保护人是法定代理人的情况下，有监护人时，是此人的同意书以及住民票。

（2）任意代理人

ア 基于委托的代理人、特许管理人

委托书（注）

（注）委托书有特定案件的单独委托书和预先向特许厅厅长提交的未特定案件的委托书（总委托书），在用总委托书进行代理权的证明时，应当记载参照适用该总委托书的情况（特施规§9之3①、实施规§23①、外施规§19①、商施规§22①、特例施规§6①④）。

ィ　指定代理人
指定书

4. 代理权的范围

（1）针对法定代理人（→23—01）、特许管理人（→23—04）、指定代理人（→23—03），分别由民法、特许法等进行规定。

（2）在以证明委托代理权的委托书表示代理权的范围时，记载有"某氏作为代理人，委托下述事项"的委托代理人的姓名，接着作为委托事项而记载有"案件号""有关○○的件"，来特定应当委托的事项。

针对提交有委托书的申请代理人的代理权，在委托书中只要有关于特许权（实用新型权、外观设计权、商标权）的程序的记述，除了在代理人的代理权范围中设置特别的限制之外，在权利消灭之前一直持续，因此不用重新提交委托书，作为特许（商标注册）异议的申诉以及无效宣告审判、订正审判、商标撤销审判等的权利人的代理人能够办理程序。

另外，针对申请的撤回，特许权的放弃，驳回决定不服审判请求，外观设计、商标注册申请驳回补正决定不服审判请求或者复代理人的选任等需要特别的授权的事项（特§9、实§2之5②、外§68②、商§77②）也一并委托时，在委托书中明确记载该情况。

5. 委托措辞及其范围的解释

（1）"审判"的解释

针对查定类审判请求案件中的委托书，在原审中提交的委托书中记载有"审判"的用语时，在审判部视为"有关审判请求的事项"也被委托。

（2）"参加申报"的解释

若委托进行"参加申报"，则对于参加决定后的攻防也受到代理委托。

（3）"口头审理的出庭陈述"的解释

仅委托口头审理的陈述之际，视为针对以后的代理并无委托。

（4）"其他""其他一切"的解释

不利于本人的行为，例如申请的撤回、请求的撤回、权利的放弃等不包含在内。

在海外者的特许管理人（→23—04之2.）的情况下，无须特别的授权。但是，当在海外者限制了特许管理人的代理权范围时，不受此限（特§8②）。

（2015.2修订）

23—10　PUDT
无特许管理人的情况下的程序

1. 不通过特许管理人而办理了程序的情况：
（1）在请求人的情况下。
由于在国内无住所或者居所（为法人时为经营场所）的人（以下称为"在海外者"）的程序应当通过特许管理人（特§8①、实§2之5②、外§68②、商§77②）进行办理，因此在不通过特许管理人而办理了程序的情况下，通过审查决定而予以驳回（特§135、实§41、外§52、商§56①、§68④）。
（2）在被请求人的情况下。
在海外者不通过特许管理人就不能办理程序这一点与（1）相同。
（3）特许管理人在审判请求之后因死亡（→23—11）或其他原因而不再存在的情况下也与上述（1）、（2）相同处理。
但是，在由于死亡、辞任、解任等特许管理人不再存在的情况下，应当给予选任特许管理人的机会，使其选任新的特许管理人。
（4）在海外者不通过特许管理人办理的程序，根据上述（1）、（2）办理，但是可以由特许厅向请求人、被请求人直接发送通知等。
另外，无法进行除斥或者回避申请（→59—01~59—05）这点也是无疑的。
2. 针对无特许管理人的情况下的特许厅方面的程序，注意以下几点。
（1）针对未提交证明代理权的文件（以下称为"委托书"）的特许权提出了审判请求（特许（商标注册）异议申诉）时，向作为特许管理人的人确认是否作为特许管理人获得委托（格式1）。
在其回答中表示作为特许管理人获得委托之时，向特许管理人送达（发送）审判请求书（特许（商标注册）异议申诉书）副本，在其回答中表示没有获得委托之时，向权利人送达（发送）审判请求书（特许（商标注册）异议申诉书）副本。
（2）虽然提交了委托书，但是按照特§8②但书的规定，对有关特许权（实用新型权、外观设计权或者商标权）的程序设置有限制时，向权利人送达（发送）审判请求书（特许（商标注册）异议申诉书）副本。
（3）在未选任特许管理人的情况下，审判官以及审判书记员的姓名通知（→12—01）、书面审理通知（→32—01）、审理结束通知（→42—00）等，与后续发送的决定、审查决定（→17—01）等的送达（发送）文件一起发送。
（4）审查决定（针对特许（注册商标）异议的申请的决定）可不附加译文而原样不变地发送。

3. 针对文件的发送注意以下几点。

（1）向无特许管理人的在海外者以航空挂号信件等（经济产业省令规定挂号信件或者书信邮件的服务中以挂号信件为标准）的方式发送（特§192②、实§55②、外§68⑤、商§77⑤）。

（2）将文件等通过（1）来发送时，发送之时视为送达（特§192③、实§55②、外§68⑤、商§77⑤）。

4. 在向权利人送达（发送）审判请求书（特许（商标注册）异议申诉书）副本时（→2.（1）、（2）），附加如下所述含义的英文："针对该审判请求，作为被请求人办理程序时，按照特§8（实§2之5②、外§68②、商§77②）的规定需要选任特许管理人，以后的程序全部应当通过特许管理人办理。"

另外，该英文范文（格式2）由审判书记员或者特许侵权业务室保管。

格式1　（特许无效宣告审判的例子）

特许管理人的选任申请等的委托

令和〇〇年〇〇月〇〇

〇〇国际特许事务所　　　　　传真号（03）〇〇〇〇—〇〇〇〇
〇〇〇〇〇〇先生/女士　　　　电话（03）〇〇〇〇—〇〇〇〇

发送页数〇〇页
特许厅审判部审判科第〇负责人（特许侵权业务室）
记

特许第〇〇〇〇〇〇〇号
权利人　　住所
　　　　　名称〇〇〇〇
无效20××—800〇〇〇

　　针对上述特许权，令和〇〇年〇〇月〇〇日提出了无效宣告审判请求。
　　由于贵方为授权时的代理人，因此委托该选任（接受委托）申请等。
　　另外，应当向特许权人说明按照特许法第 8 条应当通过管理人才能进行审判程序的情况，请在本通知到达后〇〇日以内通过传真（另外的用纸）向审判科第〇负责人（特许侵权业务室）发送特许管理人接受委托的答复。
　　此外，在特许管理人答复接受委托的情况下，请和该答复一起提交特许管理人的选任（受任）申请等。在〇〇日以内无特许管理人的选任（受任）申请等的情况下，直接向权利人发送审判请求书副本。

　　（注）若有不明之处，请与特许厅审判部审判科第〇负责人（特许侵权业务室）联系。

　　　　　　　　电话（03）3581—1101（内线）〇〇〇〇
　　　　　　　　传真号（03）3501—〇〇〇〇〇〇〇〇　负责人〇〇〇〇

针对特许管理人的选任申请等的委托的答复（传真用）

令和〇〇年〇〇月〇〇日

特许厅审判部审判科第〇负责人（特许侵权业务室）〇〇〇〇收

特许第〇〇〇〇〇〇〇号
无效20××—800〇〇〇
　　　　识别号码　　　　　　电话（03）〇〇〇〇—〇〇〇〇
　　　　特许管理人姓名（〇〇〇〇〇〇〇〇〇〇）　　〇　〇　〇　〇
　　　　　　　　　　　　　　　　　　　　　　　　　　　　记

请用〇选择符合的号码。
1. 针对上述件接受委托。
2. 针对上述件不能接受委托。

接受委托的情况下：
请提交特许管理人的选任（接受委托）申请等。
另外，"证明代理权的文件"请附加新的文件（委托书），或者引用已经提交的文件（委托书）或总委托书。

不能接受委托的情况下：
我们会直接向权利人发送，请告知贵事务所掌握的权利人最新的名称以及住所（名称以及住所的英文表示以及译文）。

格式 2

Japan Patent Office
3 – 4 – 3 Kasumigaseki, Chiyoda – ku
Tokyo, Japan, 100—8915

November 21, 2014
To：○○○○○（特许权人）

Dear Sir/Madam：
  The Japan Patent Office hereby notifies you that a request to hold a trial for patent invalidation has been filed against your patent No. ○○○○○. Japan Patent Office hereby notifies you that a request to hold a trial for patent invalidation has been filed against your patent Noate, against the request within ninety (90) days from the date on which this notice was sent.
  In submitting your response in writing, however, you first will need to designate a representative domiciled or residing in Japan, who is a qualified patent administrator such as a patent attorney, as defined in Article 8 of the Patent Law of Japan.
  Only your qualified patent administrator will be authorized to deal with the Japan Patent Office and conduct the necessary procedures on your behalf.
  Please note that the Japan Patent Office is unable to extend the deadline for you to submit your response in writing, unless you can prove any specific and reasonable grounds for the need to extend the deadline.

Yours faithfully,

Chief Administrative Judge

（译文）

日本特许厅
日本东京都千代田区霞之关 3—4—3

日期

○○○○○（特许权人）先生/女士

  对你所持有特许第○○○○○○○号进行无效的审判请求案件，要求你在由特许厅发送的本通知的发送日起 90 日内提交答辩书及副本。
  在提交答辩书时，选任特许法第 8 条所规定的在日本国内有住所或者居所的代理人（即特许管理人），应当由该代理人代替你办理必要的程序。

  另外，请注意若不能证明需要延长期限的合理且具体的理由，该期限不能延长。

敬礼

特许厅审判长

（2019.6 修订）

23—11　PUDT
代理人死亡的情况下的处理

1. 由于代理权因代理人死亡而消灭（民§111①二），因此在审判请求后，该案件的代理人死亡之后作出的审查决定或者决定中，仅记载请求人或被请求人的姓名及其住所或居所，不记载因死亡而代理权消灭了的代理人的姓名及住所或居所。

2. 代理人死亡的情况下的程序。

（1）在法定代理人死亡之时，直到法定代理人或者具有能力的当事人（→22）承继该程序之前中断（→26—01）（准用民诉§124①三、特§24、实§2之5②、外§68②、商§77②）。

（2）在任意代理人死亡之时，以后向当事人办理程序。

但是，在为特许管理人（→23—04）的情况，由于在海外者不通过特许管理人就不能办理程序（特§8①、实§2之5②、外§68②、商§77②），因此在直接向当事人发送的同时，通知其选任特许管理人（→23—10）。

（3）在选任有复代理人的情况下。

复代理人的代理权并不因代理人的死亡而消灭。但是，并不妨碍本人对复代理人进行解任。

ｱ　在民事诉讼法中，鉴于顺畅、迅速地进行诉讼而进行诉讼代理的目的等，可以解释为即使诉讼代理人已经死亡，复代理人的代理权也不会当然消灭。

ｲ　由于特许的程序是在申请、审查、审判等一系列流程中进行，视为类似于诉讼程序，因此复代理人的代理权并不因代理人的死亡而消灭。

3. 复代理人死亡的情况下。

复代理人死亡的情况下，向在后代理人办理程序。

（2015.2 修订）

23—12 PUDT
法人的代表人及其记载

按照法令规定，在公司章程、章程以外的其他基本条款中规定的目的范围内，法人具有权利，负有义务（民§34），为了主张其权利且履行其义务而设置代表人，代表法人履行各种事务。因此，在审判案件中，当事人为法人的情况下，在审判请求书中应当记载当事人的名称及住所以及代表人（仅请求人）的姓名（特§131①一、特施规§46、实§38①一、实施规§23⑫、外§52、外施规§14①、商§56①、§68④、商施规§14）。

另外，在由代理人进行程序的情况下，在程序文件中，不需要记载代表人的姓名（特施规§46、格式61之2备注12→格式2备注17、格式62备注12→格式3备注11）。

（2015.2修订）

23—13 PUDT
代理人中途受任的程序

1. 在已经向特许厅进行审判请求的过程中，选任代理人或者变更代理人的情况下，应当提交附加有委托书的代理人选任申请书等（特施规§9之2）。

2. 在中间文件中仅附加委托书（包含记载有委托进行有关审判的一切事务内容的情况），由其代理人办理程序的情况下，即使未提交代理人选任申请书等，视为针对该中间程序（在同时进行其他中间程序的情况下，也包含该中间程序）具有代理权。

以后，在该代理人办理程序的情况下，应当依照特施规§9之2的规定进行申报。在该情况下的证明书，在先前提交的证明书的内容未变更的情况下，在该申报中将该情况进行申报（记载有参照适用的表示），可以省略该证明书的提交（特施规§10、实施规§23①、外施规§19①、商施规§22①）。

（→形式审查便览 02.24（代理—5））

（2012.3修订）

25—01 PUDT
查定类审判、商标注册异议、判定的指定期限

查定类审判、商标注册异议、判定的指定期限如本节（25—01）所记载内容。针对本节（25—01）不适用的以下案件，请分别参照相应章节。

无效宣告审判、订正审判以及商标注册撤销审判的指定期限（→25—01.2）。

特许异议申诉的指定期限（→25—01.4）。

指定期限的延长（→25—04）。

I 原则

关于指定期限，原则上按照以下方式进行处理（注册商标异议申诉案件同理）。

但是，在与请求人达成合意时等，指定期限有时也可以被指定为与以下期限不同的期限。

1. 办理程序的人为国内居住者（在内者）的情况

（1）根据法律以及省令①的规定，由特许厅厅长或者审判长指定的期限（指定期限），除了以下情况外，特许为60天，外观设计、商标为40天，实用新型为30天。

（2）程序的补正以及辩明书的提出（特§17③、实§2之2③、外§68②、商§77②、特§18之2②、实§2之5②、外§68②、商§77②、特§133特①、②、§133之2②、实§41、外§52、商§43之14、§56①、§68④）的指定期限为30天。

（3）有关意见陈述书的提交期限，在请求特许厅交付在审查意见通知中引用的文献等、撰写意见陈述书所需要的文件誊本时，自誊本或者抄本的发送日起延长23天（特许除外）。

（4）针对被要求提交审询（特§134④、外§52、商§43之15①、§56①、§68④、特§174②、外§58②、③、商§62①、②、§68⑤）答辩书的人提交实验结果证明或者特殊的模型或样品的提交期限，可以考虑各自的情况，指定与（1）所规定的期限不同的期限。

（5）通过邮寄或者书信发出的有期限的指定文件或物件的通信日期的印章不清楚，导致是否在期限内发出的事实不清楚而要求提交挂号邮件的收条、特定记录邮

---

① "省令"相当于中国的"部门规章"。

件的收条等（特§134④、§174①、§194①）时的指定期间为10天。

（6）因不能归责于办理程序的人及其代理人的理由，而在（1）以及（2）所规定的期限内无法办理程序时，可以指定与（1）以及（2）规定的期限不同的期限，或者可以允许延长必要的期限。

（7）对于针对处于偏远或者交通不便之地的人的延长（特§4、外§68①、商§77①、外§17之4、商§17之2②），在办理程序的人或者其代理人居住在附表所列之地的情况下，为15天。但是，驳回决定不服审判的请求期限（特§121①、外§46①、商§44①）、驳回补正决定不服审判的请求期限（外§47①、商§45①）不予延长。

另外，对审查中驳回补正后的新申请的期限（外§17之3①、商§17之2①）不予延长，但审判中驳回补正后的新申请的期限（外§50①、商§55之2①）可以延长（外§17之4②、商§17之2②）。

2. 办理程序的人为在海外者的情况

（1）针对以下所列文件及其他物件的提交的指定期限，特许、外观设计、商标为3个月，实用新型为60天。但是，在只需代理人就能够制作这些物件的情况下，为1. 之（1）中规定的期限。

    ア 意见陈述书（特§48之7所规定的除外）
    イ 答辩书（限于裁定的情况）
    ウ 协议命令（特§39⑥、外§9④、商§4④）的应答文件
    エ 上述1.（3）的期限
    オ 程序补正书（接到特§17③、实§2之2③以及特§133①、②中所列相关程序的补正命令的人要提交的程序补正书除外）

（2）上述1.（2）的程序的补正、辩明书的提交的指定期限为30天。

（3）有关（1）的各项规定的物件以外的物件的提交的指定期限，为1. 之（1）中规定的期限。

（4）1. 之（3）至（5）的规定适用于在海外者办理程序的情况。

（5）针对处于偏远或者交通不便之地的人的延长（特§4、外§68①、商§77①）、外§17之4（商§17之2②），为60天。但是，特许的驳回决定不服审判的请求期限（特§121①（保护期的延长注册申请的驳回决定不服审判的期限除外））延长1个月，外观设计以及商标的驳回决定不服审判的请求期限（外§46①、商§44①）、驳回补正决定不服审判的请求期限（外§47①、商§45①）不予延长。

另外，虽然对审查中驳回补正后的新申请的期限（外§17之3①、商§17之2①）不予延长，但是对审判中驳回补正后的新申请的期限（外§50①、商§55之2①）可以延长（外§17之4②、商§17之2②）。

Ⅱ 判定的指定期限

1. 有关判定的意见陈述书的提交、答辩书的提交以及辩驳书的提交的指定期限（各法通用），在办理程序的人是国内居住者的情况下为 30 天，在外者的情况下为 60 天（不进行延长的请求）。

2. 有关在海外者的程序的补正以及辩明书的提交期限，为上述Ⅰ2.（2）中记载的期限。

（→关于通常的期限，参照形式审查便览（04. 期限））

（2015. 10 修订）

25—01.1 ＰＵＤＴ
主要期限一览表（1）（查定类审判、商标注册异议、判定）

（有关特许（无效、订正审判除外））

程序	依据条文（准用、类似规定）	起始日	期限（延长） 国内居住者	期限（延长） 在海外者	备注
【法定期限】					
说明书、权利要求书、附图的补正	17之2	申请日	特许授权决定誊本到达日（接到审查意见通知后除外）		
	17之2①四	与驳回决定不服审判的请求同时	—	—	
摘要的补正	17之3	申请日或优先权日	1年3个月	1年3个月	
适用丧失新颖性例外的申请	30①、②	丧失之日	6个月	6个月	
同上证明书的提交	30③	申请日	30天	30天	
要求优先权的申请	43①、43之2①、②巴黎公约4条C(1)	第一国申请日	特许12个月外→特6个月	特许12个月外→特6个月	
优先权证明文件的提交	43②、43之2③	优先权日	1年4个月	1年4个月	分案、变更申请的情况下
	44③、46⑤	优先权日	1年4个月或新的申请日起3个月中在后的日*		
要求国内优先权的申请	41①	在先的申请日	1年	1年	
外文书面申请的译文	36之2②	申请日或优先权日	1年2个月☆	1年2个月☆	

续表

程序	依据条文（准用、类似规定）	起始日	期限（延长） 国内居住者	期限（延长） 在海外者	备注
申请变更（实→特）	46①	申请日	实用新型申请在审中但申请日起3年		
申请变更（外→特）	46②	イ．外观设计申请日 ロ．外观设计申请的驳回决定誊本的送达日	3年 3个月	3年 3个月	最初的决定
特许费的缴纳	108①	决定或审查决定誊本的送达日	30天（求30天）	30天（求30天）	
驳回决定不服审判的请求	121①	驳回决定誊本的送达日	3个月	3个月（职1个月）◇	
再审的请求	173①	审查决定确定后再审的理由知晓日	30天（职15天）※	30天（职60天）	
针对审查决定的起诉	178③	审查决定等的誊本的送达日	30天（附15天）※	30天（附90天）	
【指定期限等】					
说明书、权利要求书、附图的补正	17之2①一、三	审查意见通知书的发送日	60天或75天※（求1个月）	3个月（求3个月）	
	17之2①二	特48之7的通知的发送日	30天或45天※	60天	
基于命令的形式补正	17③、133①、②、71③、174①	指令书的发送日	30天	30天	
辩明书的提交	18之2②、133之2②、71③、174①	不予受理理由通知的发送日	30天	30天	
基于命令的继承的期限	23①	继承命令书的发送日	60天或75天※	3个月	

续表

程序	依据条文（准用、类似规定）	起始日	期限（延长） 国内居住者	期限（延长） 在海外者	备注
意见陈述书的提交（意见的申诉）	50、67之4、71③、150⑤、159②、163②、174①	审查意见通知的发送日 审理结果通知的发送日 证据调查或证据保全的结果通知的发送日	60天或75天※（求1个月）	3个月（求3个月）#	
	48之7	特48之7的通知的发送日	30天或45天※ 但是，在与审查意见通知书同时的情况下是60天或75天※	60天 但是，在与审查意见通知书同时的情况下是3个月	
判定中的意见陈述书的提交	71③	证据调查或证据保全的结果通知的发送日	30天	60天	
判定中的答辩书的提交	71③、规40	判定请求书的副本的发送日	30天	60天	
判定中的辩驳意见书的提交	规47之3①	辩驳指令书的发送日	30天	60天	
针对审询书的答辩书	134④、174②	审询书的发送日	60天或75天※（求1个月）	3个月（求3个月）#	可指定不同的期限
	71③	审询书的发送日（判定）	30天	60天	
挂号邮件的收条等的提交	71③、134④、174①、194①	要求提交物件的通知的发送日	10天	10天	

注1. ※表示针对日本国内的偏远或交通不便之地居住者的延长期限。
注2. （职）表示依职权延长，（求）表示请求延长，（附）表示附加期限。
注3. #表示根据理由为60天（参照审判便览25—01 2.(1)）。
注4. *表示在原申请日为2011年12月31日以前的情况下为"1年4个月"。
注5. ☆表示在基于分案申请、变更申请、基于实用新型的特许申请，自原申请的申请日（在原申请为要求《巴黎公约》优先权等的情况下，为优先权日）起超过了1年以上进行申请的情况下，为自该分案申请等的日起2个月以内。
注6. ◇表示在延长注册申请的驳回决定不服审判的情况下，不能依职权延长请求期限。

(外观设计、商标（无效、撤销审判除外））

程序	依据条文 （准用、类似规定）	起始日	期限（延长）		备注
			国内 居住者	在海外者	
【法定期限】					
补正	外 60 之 3、商 68 之 40 ①、商附 24		针对审查、注册异议的申诉的审理、审判或再审正在进行的期限		
	商 68 之 40②		与商标设定注册费的缴纳同时（将商标注册申请中类别数量减少的补正）		
适用丧失新颖性例外的申请	外 4①、②	丧失之日	6 个月	6 个月	
同上证明书的提交	外 4③	申请日	30 天	30 天	
申请时的特例的适用的申请	商 9①	在博览会等参展或展出之日	6 个月	6 个月	
同上证明书的提交	商 9②	申请日	30 天	30 天	
要求优先权的申请	外 15①、商 13①、商 68①、巴黎公约 4C、E1	第 1 申请日	外·商 6 个月 专·实 → 外 6 个月	外·商 6 个月 特·实 → 外 6 个月	
优先权证明文件的提交	外 15①、商 13①、商 68①	国内申请之日 （不适用拟制）	3 个月	3 个月	
申请变更（特→外）	外 13①	驳回决定誊本的送达日	3 个月	3 个月	最初的决定
申请变更（实→外）	外 13②		在实用新型申请审理的期间		

续表

程序	依据条文（准用、类似规定）	起始日	期限（延长） 国内居住者	期限（延长） 在海外者	备注
驳回补正（审查阶段）后的新申请	外17之3①、商17之2①、商68②	驳回补正决定誊本的发送日	3个月	3个月	
驳回补正（审判阶段）后的新申请	外50①、商55之2①、商68③	驳回补正决定誊本的发送日	30天（职15天）※	30天（职60天）	
注册费的缴纳	外43①、商41①、商65之8①、②	决定或审查决定誊本的发送日	30天（求30天）	30天（求30天）	
申请文件等的阅览	商18④、商68③	商标公报发行日	2个月	2个月	
商标注册异议的申诉	商43之2、68④	商标公报发行日	2个月	2个月	
注册商标异议申诉理由等的补正	商43之4②、商68④	可异议申诉的期限的最后一天	30天（职15天）※	30天（职60天）	
驳回决定不服审判的请求	意46①、商44①、商68④、商附13、商附23	驳回决定誊本的送达日	3个月	3个月	
驳回补正决定不服审判的请求	外47①、商45①、商68④	驳回补正决定誊本的送达日	3个月	3个月	
再审的请求	外58①、商61、商68⑤、商附20	审查决定等的确定后再审的理由知晓之日	30天（职15天）※	30天（职60天）	
针对审查决定等的起诉	外59②、商63②、商68⑤、商附22②、商附23	审查决定等誊本的送达日	30天（附15天）※	30天（附90天）	

续表

程序	依据条文（准用、类似规定）	起始日	期限（延长）		备注
			国内居住者	在海外者	
【指定期限等】					
基于命令的形式补正	外25③、外52、外58②、③、外68②、商28③、商43之14①、商56①、商62①、②、商68④、商77②、商附17①、商附21、商附23、商附27②	指令书的送达日	30天	30天	
判定中的答辩书的提交	外25③、外规19④、商28③、商规22⑥	答辩指令书的发送日	30天	60天	
判定中的辩驳书的提交	外规19④、商规22⑥	辩驳指令书的发送日	30天	60天	
意见陈述书的提交（意见的申诉）	外19、外50③、外57①、商15之2、商15之3①、商43之12、商55之2①、商60之2①、②、商65之5、商68②、④、⑤、商附7、商附16、商附19、商附23、H8改正附12	审查意见通知书的发送日 撤销理由通知的发送日	40天或55天※	3个月（求1个月）但是基于理由可40日	
证据调查或证据保全时的意见的申诉	外52、外58②、商43之8、商56①、商68④、商附17①、商附21	证据调查或证据保全的结果通知的发送日	40天或55天※	3个月（求1个月）	
辩明书的提交	外25③、外52、外58②、③、外68②、商28③、商43之14①、商56①、商62①、②、商77②、商68④、商附17①、商附21、商附23、商附27②	不予受理理由通知的发送日	30天	30天	

143

续表

程序	依据条文 （准用、类似规定）	起始日	期限（延长）		备注
			国内居住者	在海外者	
程序补充书	商5之2②	指令书的发送日	1个月或1个月＋15天※	2个月	
基于命令的继承的期限	外68②、商77②	继承命令的发送日	60天或75天※	3个月	
对审询书的答辩书	外52、外58②、③、商56①	审询书的发送日	40天或55天※	3个月（求1个月）	可指定不同的期限
	外25③、商28③	审询书的发送日（判定）	30天	60天	
挂号邮件的收条等的提交	外25③、外52、外58②、③、外68②、商28③、商43之14①、商56①、商62①、②、商77②、商68④、商附17①、商附23、商附27②	要求提交物件的通知的发送日	10天	10天	

注1. ※表示为了日本国内偏远或交通不便之地的居住者的延长期限。
注2. （职）表示依职权延长，（求）表示请求延长，（附）表示附加期限。

（2015.10 修订）

25—01.2 ＰＵＤＴ
无效宣告审判、订正审判以及商标注册撤销审判的指定期限

在无效宣告审判、订正审判以及商标注册撤销审判中，关于依据法律以及省令的规定而指定的期限（指定期限），如以下所述规定标准的指定期限（标准指定期限）。

另外，有关对于无效宣告审判、订正审判以及商标注册撤销审判的确定审查决定的再审也同样适用。

1．关于国内居住者（在内者）的标准指定期限
（1）关于实质性攻防机会的标准指定期限
ア 权利人的实质性攻防机会
（ア）在无效宣告审判以及商标注册撤销审判被请求之后，对于权利人最初赋予的法定答辩期限（订正请求期限）（特§134①、实§39①、外§52、商§56①），特许为60天，实用新型为30天，外观设计、商标为40天。

（イ）关于第二次之后的答辩机会，在进行了请求理由的要旨变更的补正的情况下的法定答辩机会（特§134②、实§39②、外§52）、实施规则上的答辩机会（特施规§47之2①、实施规§23⑫、外施规§19⑧、商施规§22⑧）、最初的法定答辩机会的再适用（特§134①、实§39①、外§52、商§56①）之中的任意一种情况下均为30天。

（ウ）有关对于审查决定的预告的权利人的订正机会（特§164之2②），为60天。
イ 无效宣告审判请求人以及商标注册撤销审判请求人的实质性攻防机会
（ア）有关催促无效宣告审判请求人以及商标注册撤销审判请求人提交针对权利人的答辩的辩驳的应答期限（特施规§47之3①、实施规§23⑫、外施规§19⑧、商施规§22⑥），为30天。
ウ 对于依职权审理结果通知的应答期限
（ア）发出了依职权审理结果通知时权利人进行应答的意见申诉期限（特§153②、实§41、外§52、商§56①）、有关订正请求的订正审查意见通知的意见申诉期限（特§134之2⑤）、订正审判中的订正审查意见通知的意见陈述书的提交期限（特§165），以及依职权证据调查结果通知的意见申诉期限（特§150⑤、实§41、外§52、商§56①），为30天。

（イ）对于发出了书面审理的审询书时（特§134④、实§39③、外§52、商

§56①）的答复期限，以 15 天左右作为大致期限，审判长根据审询的内容指定认为合适的答复期限。

（2）有关权利人已经准备就绪的程序的标准指定期限

ア 在审查决定撤销诉讼特许维持审查决定的撤销判决已经确定的情况下，重新在审的特许无效宣告审判的审理开始时特许权人请求订正的指定期限（特§134 之 3），为 10 天左右的短期限。

（3）关于与实质性攻防无直接关系的应答的标准指定期限

ア 对于无效宣告审判请求人作出的请求理由的要旨变更的补正发出的确认权利人是否同意的同意确认通知的应答期限（特§131 之 2②二、特施规§47 之 4①、实§38 之 2②、实施规§23⑫、外§52、外施规§19⑧），为 10 天。

イ 对于参加申请的当事人等陈述意见的指定期限（特§149②、实§41、外§52、商§56①），为 15 天。

ウ 对于违反形式要件的情况下的补正命令的应答期限（特§133①②、实§41、外§52、商§56①），为 10~20 天。

但是，在违反形式要件之中，对于违反无效宣告审判请求书的请求理由的记载要件（特§131②、实§38②、外§52），以及在进行订正请求的情况下违反请求宗旨及其理由的记载要件（特§134 之 2⑨→§131③），应答期限为 30 天。

エ 对于审查意见通知的辩明书提交期间（特§133 之 2②、实§41、外§52、商§56①），为 20 天。

オ 对于审判等程序的继承命令的继承的指定期限（特§23①、实§2 之 5②、外§68②、商§77②），以及其他实施规则所规定的程序期限（特施规§50③但书、§50 之 8①、§58 之 2①但书、§58 之 17③、§60①等、实施规§23⑫、外施规§19⑧、商施规§22⑧），没有一律的规定为标准指定期限，可以考虑各案的具体情况指定期限。

（4）对于处于偏远或交通不便之地的人的标准指定期限

对于处于偏远或交通不便之地（→25—01 的附表）的当事人或者参加人，在各标准指定期限的基础上一律增加 15 天。

2. 有关在海外者的标准指定期限

关于在海外者的标准指定期限，相对于上述 1. 的国内居住者的标准指定期限为如下期限。

（1）对于权利人的最初的法定答辩期限，增加 30 天。

（2）对于权利人的第二次以后的答辩期限，增加 20 天。

（3）有关对于审查决定的预告的权利人的订正请求的指定期限，增加 30 天。

（4）对于无效宣告审判请求人以及商标注册撤销审判请求人的辩驳期限，增加 20 天。

（5）有关对于依职权审理结果通知的应答期限，增加 20 天。
（6）有关对于审询的回答期限，增加 10 天。
（7）针对权利人准备就绪的程序，不再另加时间。
（8）针对与攻防无直接关系的程序的应答期限，基本上不再另加时间，但有关对于参加申请的意见申述以及对委托书缺陷的应对，增加 10 天。

3. 与标准指定期限不同的期限的指定

（1）比标准指定期限短的期限的指定

在以下情况下，审判长可以考虑各案情况，指定比上述各标准指定期限短的期限（各法通用。但是，也有在指定后依职权或者根据程序办理人的请求延长指定期限的情况）。

指定期限比标准指定期间短时的思路是，国内居住者与在海外者相同。

ア　对于程序文件，程序办理人同意比标准指定期限短的期限时。

イ　根据案件的内容、性质，认为当事人在比标准指定期限短的期限能够应对时。

ウ　在案件已经相当成熟的局面下，在指定提出攻防用期限之际，认为当事人很难准备出全新的攻防方法时。

エ　特别需要迅速地审理的进度时。

オ　在审判的两个当事人之间的侵权诉讼中，由于围绕着基于审判中请求的无效理由而提出的无效抗辩已经进行了攻防，认为当事人在短的期限内能够应对时。

カ　由于特许及外观设计无效宣告审判决定以及撤销商标注册的审判的撤销判决的确定而重新在审的无效宣告审判中，在审理开始时，给予无效宣告审判请求人提交辩驳书的机会时。

（2）比标准指定期限长的期限的指定

在适用了标准指定期限的情况下，在应答期限的期限内包含有年初、年末或大型连休的行政机关的休息日，指定期限中工作日的大部分被占用时，审判长也可以将标准指定期限延长大致相当于被占用的天数的时间（另外，不是期限的中途，而是截止日正好是行政机关的休息日的情况，反而实质上延长了期限，因此此时不进行延长）。

4. 对已指定的期限根据请求或者依职权进行延长（→25—04）

（2015.2 修订）

25—01.3 PUDT
主要期限一览表（2）（无效、订正、撤销审判）

（特许（无效、订正审判））

程序	依据条文 （准用、类似规定）	起始日	期限（延长）		备注
			国内居住者	在海外者	
【法定期限】					
订正审判中附加的说明书、权利要求书、附图的补正	17 之 4②	订正审判请求时	直到在审理终结的通知到达之前（在审理重新开始的情况下，直到在后审理终结的通知到达之前）		
撤销审查决定的判决确定后的订正请求的申请	134 之 3 （平 15）134 之 3①	判决的确定日	1 周	1 周	
再审的请求	173①	审查决定确定后再审理由的知晓日	30 天（职 15 天）※	30 天（职 60 天）	
针对审查决定的起诉	178③	审查决定等的誊本的送达日	30 天（附 15 天）※	30 天（附 90 天）	
【指定期限等】					
订正请求书的提交	134 之 2	134①	答辩指令书的发送日（基于 134① 的再适用的第 2 次以后的答辩指令与 134② 相同）	60 天或 75 天※ 新实为 30 天或 45 天※	90 天 新实为 30 天	

续表

程序	依据条文（准用、类似规定）		起始日	期限（延长）		备注
				国内居住者	在海外者	
订正请求书的提交	134之2	164之2②	审查决定的预告的誊本的送达日	60天或75天※	90按	
		134② 153②	答辩指令书的发送日 无效理由通知的发送日	30天或45天※	50天	
基于审查决定的撤销的重新在审的审理开始时的订正请求的提交		134之3 （平15）134之3①、②	订正请求的期限指定通知的发送日	10天或25天※	10天	
订正请求所附说明书、权利要求书、附图的补正	17之4①	134①	答辩指令书的发送日 (基于134①的再适用的第2次以后的答辩指令与134②相同)	60天或75天※	90天	
		164之2②	审查决定的预告的誊本的送达日			
		134② 153② 134之2⑤	答辩指令书的发送日 无效理由通知的发送日 订正审查意见通知的发送日	30天或45天※	50天	
订正请求所附说明书、权利要求书、附图的补正（续）	17之4①	134之3 （平15）134之3①、②	订正请求的期限指定通知的发送日	10天或25天※	10天	

续表

程序	依据条文（准用、类似规定）	起始日	期限（延长） 国内居住者	期限（延长） 在海外者	备注
第 1 次法定答辩书的提交	134①、174②	答辩指令书的发送日	60 天或者 75 天※ 新实为 30 天或 45 天※	90 天 新实为 60 天	
对请求理由的要旨变更补正得到许可决定的情况下的第 2 次以后的法定答辩书的提交	134②	答辩指令书的发送日	30 天或者 45 天※	50 天	
实施规则上的答辩书的提交	规 47 之 2①、规 50 之 16	答辩指令书的发送日	30 天或者 45 天※	50 天	
再适用第 1 次法定答辩机会的规定的答辩书的提交	134①	答辩指令书的发送日	30 天或者 45 天※	50 天	
辩驳书的提交	规 47 之 3①、规 50 之 16	辩驳指令书的发送日	30 天或者 45 天※	50 天	
意见陈述书的提交（意见的申诉）	153②、134 之 2⑤、165	无效理由通知的发送日 订正审查意见通知的发送日	30 天或者 45 天※	50 天	
意见陈述书的提交（意见的申诉）	150⑤、174②、③	证据调查或证据保全结果通知的发送日	30 天或者 45 天※	50 天	
对于参加申请的意见陈述书的提交	149②、174②	参加申请书副本的送达通知的发送日	15 天或 30 天※	25 天	

续表

程序	依据条文（准用、类似规定）	起始日	期限（延长） 国内居住者	期限（延长） 在海外者	备注
对于审询书的答辩书的提交	134④、174②、③	审询书的发送日	15天或30天※左右	25天左右	
基于命令的形式补正	133①、②、174②、③	指令书的发送日 イ.费用不足的情况下 ロ.委托书有缺陷的情况下（多名委托人或代理人） ハ.审判请求理由、订正请求宗旨及理由的记载要件违反 二.其他形式违反	10天或25天※ 10天或25天※ （20天或35天※） 30天或45天※ 20天或35天※	10天 20天 30天 30天 20天	
辩明书	133之2②、174②、③	审查意见通知书的发送日	20天	20天	
同意答辩书的提交	131之2②、规47之4①	同意确认通知的发送日	10天或25天※	10天	
基于命令的继承的期限	23①	继承命令的发送日	考虑了具体情况的合适的期限	考虑了具体情况的合适的期限	
其他实施规则所规定的程序	规50③但书、规50之8①、规58之2①但书、规58之17、规60①等	通知书等的发送日	考虑了具体情况的合适的期限	考虑了具体情况的合适的期限	
挂号邮件的收条等的提交	134④、174②、③	要求提交物件的通知的发送日	10天	10天	

注1.※表示针对日本国内的偏远或交通不便之地的居住者的期限延长。
注2.（职）表示依职权延长，（求）表示请求延长，（附）表示附加期限。

（外观设计、商标（无效、撤销审判））

程序	依据条文 （适用·类似规定）	起始日	期限（延长）		备注
			国内 居住者	在海外者	
【法定期限】					
再审的请求	外58①、商61、商68⑤、商附20	审查决定等确定后再审理由的知晓日	30日（职15日）※	30日（职60日）	
针对审查决定的起诉	外59、商63、商68⑤、商附22②	审查决定等的誊本的送达日	30天（附15日）※	30天（附90天）	
【指定期限等】					
第1次法定答辩书的提交	外52、外58④、商56①、商61、商68④、⑤、商附17①、商附20	答辩指令书的发送日	40天或55天※	70天	
对请求理由的要旨变更补正得到许可决定的情况下的第2次以后的法定答辩书的提交	外52	答辩指令书的发送日	30天或45天※	50天	
实施规则上的答辩书的提交	外规19⑥、商规22⑧	答辩指令书的发送日	30天或45天※	50天	
再适用第1次法定答辩机会的规定的答辩书的提交	外52、商56①、商61、商68④、⑤、商附17①、商附20	答辩指令书的发送日	30天或45天※	50天	
辩驳书的提交	外规19④、商规22⑧	辩驳指令书的发送日	30天或45天※	50天	

续表

程序	依据条文（适用・类似规定）	起始日	期限（延长） 国内居住者	期限（延长） 在海外者	备注
意见陈述书的提交（意见的申诉）	外52、商56①、商68④、商附17①	无效理由通知的发送日 依职权审理结果通知的发送日	30天或45天※	50天	
	外52、商56①、商61、商68④、⑤、商附17①、商附20	证据调查或证据保全的结果通知的发送日	30天或45天※	50天	
针对参加申请的意见陈述书的提交	外52、商56①、商61、商68④、⑤商附17①、商附20	参加申请书副本的送达通知的发送日	15天或30天※	25天	
针对审询书的答辩书的提交	外52、商56①、商61、商68④、⑤商附17①、商附20	审询书的发送日	15天或30天※左右	25天左右	
基于命令的形式补正	意52、商56①、商61、商68④、⑤、商附17①、商附20	指令书的发送日 ア 费用不足的情况下 イ 委托书缺陷的情况下（多名委托人或代理人） ウ 其他的形式违反	10天或25天※ 10天或25天※ （20天或35天※） 20天或35天※	10天 20天 30天 20天	
	外52	指令书的发送日 请求理由的记载要件违反	30天或45天※	30天	
同意答辩书的提交	外52、外规19⑥	同意确认通知的发送日	10天或25天※	10天	

续表

程序	依据条文 （适用・类似规定）	起始日	期限（延长）		备注
			国内 居住者	在海外者	
辩明书	外52、外58④、商56①、商61、商68④、⑤、商附17①、商附20	审查意见通知书的发送日	20天	20天	
命令中的继承的期限	外68②、商77②、商附27②	继承命令的发送日	考虑了具体情况的合适的期限	考虑了具体情况的合适的期限	
其他实施规则所规定的程序	外规19、商规22⑧	通知书等的发送日	考虑了具体情况的合适的期限	考虑了具体情况的合适的期限	
挂号邮件的收条等的提交	外52、外58②、③、商28③、商43之14①、商56①、商62①、②、商68④、商附17①、商附27②、商附23	要求提交物件的通知的发送日	10天	10天	

注1．※表示针对日本国内的偏远或交通不便之地的居住者的期限延长。
注2．（职）表示依职权延长，（求）表示请求延长，（附）表示附加期限。

(2015.10 修订)

25—01.4　P
特许异议申诉的指定期限

在特许异议的申诉中，关于审判长按照法律以及省令的规定而指定的期限（指定期限），规定标准的指定期限（标准指定期限）如下。

另外，对针对特许异议的申诉的已确定的决定的再审也同样适用。

1. 标准指定期限

（1）针对撤销理由通知（包含作为决定的预告而进行的通知）的特许权人的意见陈述书的提交期限（特§120之5①），国内居住者为60天，在海外者为90天。

（2）针对特许权人的订正请求的特许异议申诉人的意见陈述书的提交期限（特§120之5⑤），国内居住者为30天日，在海外者为50天。

（3）特许权人针对订正审查意见通知提交的意见陈述书的提交期限（特§120之5⑥），国内居住者为30天，在海外者为50天。

（4）在程序办理人或其代理人处于日本国内的偏远或交通不便之地（→25—01的附表）的情况下的指定期限，在上述（1）～（3）的各期限中的针对国内居住者的指定期限增加15天。

（5）针对审询（特§134④）的答辩书的提交期限，国内居住者为15天左右，在海外者为25天左右。

（6）当事人等针对参加申请陈述意见的期限、在违反形式要件的情况下针对补正命令的应答期限、针对审查意见通知的辩明书的提交期限、继承程序的指定期限（→25—01.2之1.（3）イ～エ）。

2. 对已经指定的期限根据请求或依职权进行延长（→25—04）

（2015.2 追加）

25—01.5 P
主要期限一览表（3）（特许异议）

（特许异议的申诉）

程序	依据条文（适用·类似规定）		起始日	期限（延长）		备注
				国内居住者	在海外者	
【法定期限】						
特许异议的申诉	113①		特许公报的发行日	6个月	6个月	
再审的请求	173①		撤销决定确定后再审的理由的知晓日	30天（职15天）※	30天（职60天）	
针对撤销决定的起诉	178③		撤销决定的誊本的送达日	30天（附15天）※	30天（附90天）	
【指定期限等】						
订正请求书的提交	120之5②	120之5①	撤销理由通知的发送日	60天或75天※	90天	
订正请求所附说明书、权利要求书、附图的补正	17之5①	120之5①	撤销理由通知的发送日	60天或75天※	90天	
		120之5⑥	订正审查意见通知的发送日	30天或45天※	50天	
意见陈述书的提交（意见的申诉）		120之5①	撤销理由通知的发送日	60天或75天※	90天	
		120之5⑥	订正审查意见通知的发送日	30天或45天※	50天	
		150⑤	证据调查或证据保全的结果通知的发送日	30天或45天※	50天	
针对订正请求的特许异议申诉人的意见陈述书的提交	120之5⑤		记载有撤销理由的文件的发送日	30天或45天※	50天	

续表

程序	依据条文（适用·类似规定）	起始日	期限（延长）		备注
			国内居住者	在海外者	
针对参加申请的意见陈述书的提交	119②、174②	参加申请书副本的送达通知的发送日	15天或30天※	25天	
针对审询书的答辩书的提交	134④、174②、③	审询书的发送日	15天或30天※左右	25天左右	
基于命令的形式补正	120之5⑨、120之8、174②、③	指令书的发送日 ア 费用不足的情况下 イ 委托书缺陷的情况下 （多名委托人或代理人） ウ 申请的理由、订正请求宗旨及理由的记载要件违反 エ 其他的形式违反	10天或25天※ 10天或25天※ 20天或35天※ 30天或45天※ 20天或35天※	10天 20天 30天 30天 20天	
辩明书	120之8、174②、③	审查意见通知书的发送日	20天	20天	
基于命令的继承的期限	23①	继承命令的发送日	考虑了具体情况的合适的期限	考虑了具体情况的合适的期限	
其他实施规则所规定的程序	规50③但书、规50之8①、规58之2①但书、规58之17、规60①等	通知书等的发送日	考虑了具体情况的合适的期限	考虑了具体情况的合适的期限	
挂号邮件的收条等的提交	134④、174②、③	要求提交物件的通知的发送日	10天	10天	

注1.※表示针对日本国内的偏远或交通不便之地的居住者的期限延长。
注2.（职）表示依职权延长，（附）表示附加期限。

25—02　P U D T
期限的计算

1. 关于期限的计算，期限的起始日是不算入期限内的。但是，该期限从凌晨零时开始时，不受此限。在规定期限以月或年计的情况下，遵从日历。在期限不是从月或年开始起算的情况下，该期限在最后的月或年中于其起算日对应之日的前一日届满。但是，在最后的月中无对应的日的情况下，在该月的最后一日届满。遇到期限的最后一日是行政机关的休息日时，以该日的次日作为该期限的最后一日（特§3、实§2之5①、外§68①、商§77①）。

2. 延长的期限（特§4、实§39之2④、§54之2⑤、§45②、外§68①、商§77①、特§5、实§2之5①、外§68①、商§77①）与延长前的期限合为一体，作为合计后的一个期限确定为可办理程序的期限，"所谓期限的最后一日"是指从原来的期限的起算日开始计算，至合计后的一个期限的最后一日。

所以，即使遇到延长前的期限的最后一日是星期六、星期日、国民的庆祝日等，在此也不适用特§3②的规定（东高判昭57.10.21（昭57（行ケ）94号）、东高判平16.4.27（平成16（行ケ）61号））。

(2015.2修订)

25—03　PUDT
答辩书等的副本送达时的期限指定

对于请求书副本的送达，审判长在受理了来自被请求人的答辩书或订正请求书（以下称为"答辩书等"）时，应当对请求人送达该副本（特§134③、实§39③、外§52、商§56①、§68④）。

为了赋予陈述意见的机会，将答辩书、订正请求书或者辩驳书的副本送达对方，需办理以下程序。

1. 在指定期限赋予陈述意见的机会的情况下，起草答辩书副本发送通知，将答辩书等的副本送达请求人。

2. 在不需要指定期限的情况下，起草答辩书副本发送通知，将答辩书等的副本送达请求人。

3. 辩驳书的副本的送达（发送）与所述1或2相同。

（注）在当事人类审判中指定期限，是为了促进和方便审判的审理，当事人在基于特§156的收到审理终结通知之前，可以提交答辩书等的书面文件（东高判昭49.9.3（昭40（行ケ）5号）），因此即使是在过了指定的期限之后提交的书面文件，也应当将其作为审理的对象。

（2015.2修订）

25—04 PUDT
期限的延长与日期的变更

1. 通常的期限的延长

法定期限以及指定期间可以依请求或依职权进行延长。

期限的延长请求应当在原来的法定期限、指定期限届满之前进行，当原来的期限的届满日是休息日时，可以是次日。

2. 法定期限的延长

（1）在办理程序的人（程序办理人）或者其代理人居住在偏远或交通不便之地（→25—01的附表）时，法定期限的延长仅限于下述期限内可依职权进行延长。

审判中驳回补正后的新申请（外§50①、商§55之2①）的期限为15日。

（2）办理程序的人为在海外者时，仅限于对下述期限予以认可。

ア　特许申请的驳回决定不服审判的请求（特§121①）的期限为1个月。

イ　审查阶段的驳回补正的驳回补正后的新申请（外§17之3①、商§17之2①）的期限为60天。

3. 指定期限的延长

指定期限的延长依请求或依职权进行（特§5、实§2之5①、外§68①、商§77①）。

（1）依程序办理人的请求的延长

ア　通常的依请求的延长（下述イ、ウ除外）。

依请求的延长仅限于对在海外者提交意见陈述书（特许法第48条之7规定的情况除外）、答辩书（限于裁定的情况）、通过审询提交实验结果证明或模型、样品等而指定的期限予以认可。

另外，在特定的程序（→25—01之Ⅰ之1.（1）以及（2））中，在确实不能归责于程序办理人及其代理人的情况下，不论是国内居住者，还是在海外者，都可予以必要的期限的延长（→25—01之Ⅰ之1.（6））。

イ　无效宣告审判、订正审判、商标注册撤销审判以及特许异议的申诉在无效宣告审判、订正审判、商标注册撤销审判以及特许异议的申诉中，原则上不因程序办理者的请求而延长指定期限，但是考虑到以下（ア）～（イ）的要件，可依请求进行延长。应延长的期限以在标准指定期限上增加20天作为大概的限度，并不一定按照所请求的期限进行延长。

（ア）该指定期限届满后，就是对于办理重要的攻防相关的程序在法律上被禁止的指定期限的延长请求。

具体而言，"订正的请求"（特§134之2①、特§120之5②）以及"订正请求书中所附的订正说明书等的补正"（特§17之5①②）仅限于在该期限内才得到认可的指定期限，即，特许法以及旧实用新型法的无效宣告审判中的法定的答辩书提交期限、对于审查决定预告的订正请求的指定期限、对无效理由通知的应答期限、对特许异议的申诉的撤销理由通知的应答期限、对有关订正的请求的订正审查意见通知的应答期限、重新在审时的订正请求所指定的期限的延长请求。

（イ）在指定期限届满前在充裕的时间内，程序办理人在缴纳规定的官费（特§195①一）并提交期限延长请求书（特施规§4之2、格式3）的同时，在该期限延长请求书的"请求的内容"栏中记载以下的事项。

a. 需要延长期限的合理且具体的理由（不能归责于程序办理人以及代理人的理由或可客观地判断的理由）。

b. 所请求的延长期限的确定。

c. 所请求的延长期限是合理的、具体的理由。

ウ 驳回决定不服审判。

原则上不进行对于驳回决定不服审判中的审查意见通知以及审询的指定期限的依请求的延长，但在以下（ア）以及（イ）的情况下是允许的。

（ア）特许申请。

在满足以下a、b中任意一个要件时允许。

a. 在审查意见通知书等中出示的对比文献所记载的发明的对比实验数据的获取。

b. 审判程序文件的翻译。

对于每一个请求所延长的期限最多为1个月。国内居住者对于a仅延长1次；在海外者最多允许延长3次，但是对于a仅允许延长1次。

但是，程序办理人在指定期限届满之前（在海外者进行了第2次以后的请求时在所延长的指定期限届满之前）在充裕的时间内提交期间延长请求书。

（イ）外观设计、商标申请。

仅限于在海外者，最多可延长1个月。

エ 优先审理对象案件。

在作为优先审理对象案件而被选定的特许案件中，在提出应答期限延长的请求时，原则上不作为优先审理的对象，与通常的案件同样处理。

（2）依职权的延长

ア 通常的依职权的延长（特许除外）（以下イ时除外）。

依职权的延长不分国内居住者、在海外者，在意见陈述书的撰写所需要的誊本、抄本的交付请求在原来的指定期限内时，针对意见陈述书的提交期限进行。

以誊本发送日的次日作为第 1 天，明示第 23 天的日子进行延长，但是在该发送日中原来的指定期限有 23 日以上时就不进行延长。

イ 无效宣告审判、订正审判、商标注册撤销审判以及特许异议的申诉。

在无效宣告审判、订正审判、商标注册撤销审判以及特许异议的申诉中，对指定期限原则上不进行依职权的延长。但是，限于以下（ア）或者（イ）的情况满足规定的要件时，可依职权延长指定期限。

（ア）指定期限比标准指定期限短时。

在满足以下 a 以及 b 时，延长后的指定期限以标准指定期限为限，可延长期限。

a. 在指定期限届满之前在充裕的时间内提交申诉书，申诉书中指明需要与标准指定期限差不多的期限的合理且具体的理由时。

b. 从申诉书等的内容来看，认为确实需要与标准指定期限差不多的指定期限时。

（イ）由于证据等的数量或性质的原因需要长期的应答期限时。

在满足以下 a～c 时，可以以在标准指定期限上增加 30 天作为大概的限度而进行期限延长（但是，对于商标注册撤销审判，在被请求人是在海外者的情况下，与国内的使用权人等的联系、明确该使用权人与被请求人（权利人）的关系的证据的收集等，与在内者相比存在需要一定时间的合理理由时，第 1 次法定答辩书的提交指定期限，以在标准指定期限上增加 50 天作为大概的限度）。

a. "自己出示的证据的收集"的情况，要求满足在指定期限内提交实验结果证明及其他证据的必要性、证据收集活动需要极长时间的必然性这两个条件。"对方或者特许异议申诉人出示的证据的分析"的情况，要求对方或特许异议申诉人出示的证据的量极为庞大（数百页），证据的性质极其复杂且高水平，存在证据的分析与防御方法的准备需要极长的时间的必然性。

b. "自己出示的证据的收集"的情况的无效宣告审判请求人的应答期限（辩驳机会等）的延长，要求不是以提交违反请求理由的补正的限制的证据为目的。

c. 在指定期限届满之前，在充裕的时间内，程序办理人提交了记载有以下事项的申诉书。

·需要期限延长的合理且具体的理由。

·所需的延长期限的确定。

·所需的延长期限是合理的具体理由。

（3）请求延长和依职权延长不双重进行，以其中届满日在后的一方为准

（4）为进行指定期限的延长的对特许厅的程序以及特许厅内事务

ア 上述（1）イ的期限延长请求书，以及以上述（2）イ为目的的申诉书，以"特许厅审判长"为收信人，在指定期限届满之前在充裕的时间内通过邮寄或提交到特许厅受理窗口。

イ 在提交了关于期限延长的申诉书或者期限延长请求书时，审判书记员将该

申诉书或者期限延长请求书立即送给审判长，进行可否延长期限的判断。

ウ　认可期限延长的情况下，将此事通知程序办理人，以后就根据延长后的期限进行期限管理。另外，在该期限的延长与可请求订正说明书等的期限的延长没有关联的情况下，即使是期限延长得到了认可的情况，也可以仅通过电话或传真进行联系。

エ　不认可期限延长时，在审判书记员对程序办理人通过电话联系告知期限延长没有得到认可一事，并通过传真发送记载了有关不延长应答期限的内容的文件。

4．附加期限

可在有关对审查决定等的起诉的不变期限上决定附加期限（特§178⑤、外§59②、商§63②、§68⑤），审判长依职权对居住在偏远或交通不便之地的人进行决定（→25—1 的附表之地的居住者为 15 天，在海外者为 90 天）。该期限和延长期限同样，与原来的期限一体合计。

5．日期的变更

审判长在按照特许法的规定而指定日期时，可依请求或依职权变更该日期。

上述日期的变更请求，应当指明需要变更日期的事由（特施规§4 之 2③、实施规§23①、外施规§19①、商施规§22①）。

在以下（1）、（2）时除了具有不得已的事由外，是不可允许的（特施规§4 之 2④、实施规§23①、外施规§19①、商施规§22①）。

（1）在当事人一方的代理人为多人的情况下，对一部分的代理人产生了变更的事由时

（2）在日期指定后与该日期相同的日期被指定为其他案件的日期时

6．基于有关为了实现特定紧急灾害的受害人的权益保护等的特别措施的法律的延长

有关为了实现特定紧急灾害的受害者的权益保护等的特别措施的法律，是通过由政令来决定有关延长行政上的权益的届满日等的各种特别措施，从而在受灾时能够使这些措施得到迅速地启动，其适用于大规模的紧急灾害（特定紧急灾害）。

在 2011 年东北地方太平洋洋面地震被指定为特定紧急灾害之际，有关对特许厅的程序，以因遭受特别大的灾害而在原来的期限内无法进行规定的程序的人为对象，实施了延长法定期限以及指定期限的措施。

关于指定期限，一旦能够办理程序，通过附上用于说明无法继续办理程序的情况的文件并迅速地办理程序，从而按有效的程序进行处理。

关于法定期限，实施了将该程序期限的届满日延长到以 2012 年 3 月 31 日为限的措施。

成为延长对象的有关审判的主要程序如下。

（1）驳回决定不服审判的请求

（特§121①、外§46①、商§44①、§68④、附则§13）

（2）订正审判的请求

（特§126②）

（3）订正请求的申请

（特§134之3①）

（4）再审的请求

（特§171①、§172①、实§42①、§43①、外§53①、§54①、商§57①、§58①、§68⑤、附则§18）

（5）驳回补正决定不服审判的请求

（外§47①、商§45①、§68④）

（6）注册商标异议申诉书的补正

（商§43之4②、§68④）

今后，可以理解为在发生大规模灾害，被指定为特定紧急灾害时，将采取同样的措施。

（2015.2修订）

26—01　ＰＵＤＴ
程序的停止（中断、中止）

1. 程序的停止

所谓程序的停止，是指在存在一定的事由的情况下，停止一切程序直到该事由消灭为止。

停止伴随着法律上的效果，在停止期间办理的特许厅以及当事人的程序，以在当事人双方或者对方关系无效为原则，期间也停止。执行被停止的期间，从程序继承通知或者继续办理时起，重新开始计算所有期间（准用特§24→民诉§132②、实§2之5②、外§68②、商§77②）。

停止分为中断和中止。

2. 中断

所谓中断，是指如下制度：在审判程序中，在发生了当事人必须更换的事由时，在新的当事人能够参与程序为止的期间，停止程序的办理，以保护当事人的利益的制度。中断因法定的中断事由的发生而当然地发生，中断事由的发生与特许厅或当事人是否知晓无关。

法定的中断事由如下。

（1）因死亡而中断

ア　在当事人死亡时，到继承人、继承财产管理人及其他按照法令应当继续办理程序的人继承该程序为止中断（特§24→民诉§124①一、实§2之5②、外§68②、商§77②）。不过，在能够放弃继承（民§938）的期间，继承处于不确定的状态，因此不能办理程序的继承（特§24→民诉§124③、实§2之5②、外§68②、商§77②），对方也不能提出继承的申请。

イ　与民事诉讼法不同，即使是在辅助参加的情况下，在参加人有中断的原因时，审判程序中断（特§148⑤、实§41、外§52、商§56①、§68④）。

另外，由于被参加人是审判程序的当事人，因此当被参加人产生了中断的原因时，对参加人也产生效力。

ウ　当事人死亡的情况下的继承程序（→26—04）。

エ　裁判例。

①在当事人死亡时，在其对方是该诉讼的唯一继承人的情况下，对立当事人的地位归为一人，因此诉讼结束，不产生中断（大判昭10.4.8（民集14卷511页））。

②在特许无效宣告审判的请求人成为被告的审查决定撤销诉讼的在审中，在该被告死亡的情况下，基于民诉§124，其继承人或其他依照法令应当继续进行诉讼的人应继承该诉讼的程序，而不是诉讼结束（最判昭55.12.18（昭52（行ツ）130号）。

（2）因法人的合并而中断

作为当事人的法人因合并而消灭时，在通过合并而设立的法人或者合并后存续的法人继承该程序为止中断（特§24→民诉§124①二、实§2之5②、外§68②、商§77②）。

（3）基于破产法而中断

ア 因破产程序开始的决定而中断

当当事人接到破产程序开始的决定时，到破产财产管理人继承该程序为止中断（破产法§46→同§44①、②）。

（裁判例）

在共同申请的驳回决定不服审判的审理中，请求人中的一人接到破产程序开始的决定的案件中，由于请求人中的一人接到破产程序开始决定，因此审判程序当然中止，共同审判请求人中的一人产生的中断对全体请求人产生效力（特§132④），因此在此期间作出的本件审查决定无效（知财高判平22.10.25（平22（行ケ）10270号））。

イ 因破产程序结束而中断

因破产程序开始的决定而中断的程序，在破产财产管理人继承该程序之后破产程序结束时，到作为破产者的当事人继承该程序为止中断（破产法§46→同§44④、⑤）。

（4）因办理能力的丧失、法定代理人的死亡、法定代理权的消灭而中断

ア 在当事人丧失办理能力，或者法定代理人死亡，或者其代理权消灭时，到法定代理人或者达到具有办理能力的当事人继承该程序为止中断（特§24→民诉§124①三、实§2之5②、外§68②、商§77②）。

イ 关于法定代理权的消灭，若本人或代理人不通知对方，则不产生效力（民诉§36①）。该规定也准用于法人及其他团体的代表或管理人的权限的消灭（民诉§37、民诉规§18）。

ウ 在政府机关为当事人时，该机关首长的变更构成法定代理权的消灭。但是只要有指定代理人，就不会产生中断（特§24→民诉§124②、实§2之5②、外§68②、商§77②）（大判大4.10.16（大4（オ）572号、民录21编1644页）。

エ 在公司解散，原来的董事成为法定清算人时，并不构成法定代理权的变更（公司法§478）。

（5）因信托任务结束而中断

当作为当事人的受托人的信托任务结束时，到新受托人继承该程序为止中断

（特§24→民诉§124①四、实§2之5②、外§68②、商§77②）。

（6）因资格变更而中断

在具有一定资格的人以自己的名义为了他人而成为程序的当事人（包括基于一定资格的当事人，基于所谓的职务的当事人等，下面在该项中称为"资格当事人"）的情况下，当该资格丧失时，到具有相同资格的人继承该程序为止中断。资格当事人死亡时也相同（特§24→民诉§124①五、实§2之5②、外§68②、商§77②）。

（7）因公司重组法而中断

ア　因重组程序开始的决定而中断

作为当事人的公司接到来自法院的重组程序开始的决定（公司重组法§41）时，到财产管理人等继承该程序为止程序中断（公司重组法§53→同§52①、②）。

イ　因重组程序结束而中断

作为因重组程序开始的决定而中断的程序，在财产管理人继承该程序之后重组程序结束时，到公司等继承该程序为止中断（公司重组法§53→同§52④、⑤）。

（8）因民事再生法而中断

ア　因管理命令而中断

在有再生程序开始的决定时并不中断，当发出了管理命令时，若在再生债务人的财产有关的诉讼程序中再生债务人为当事人的情况，则中断（民事再生法§69→同§67②）。

イ　因再生程序结束而中断

因管理命令而中断的程序，在财产管理人继承该程序之后再生程序结束或者撤销管理命令的决定确定时，到再生债务人继承该程序为止中断（民事再生法§69→同§68②、③以及④）。

（9）因法院的保全管理命令而中断

在有破产程序开始、重组程序开始或者再生程序开始的申请的情况下，法院发出保全管理命令时，到保全管理人继承该程序为止中断（破产法§96②→同§44、公司重组法§34③→同§52、民事再生法§83③→同§67、68）。

（注）

在特许（商标注册）异议申诉案件中，由于特许（商标注册）异议申诉的继承不被认可，因此针对特许（商标注册）异议申诉人一方，上述（1）~（9）的中断事由并不适用（→66—02之2.、67—02之2.）。

3．不适用中断的情况

（1）上述1.之（1）ア、（2）、（4）、（5）、（6）时，在有受托代理人的期间，不适用（特§24→民诉§124②、实§2之5②、外§68②、商§77②）（→26—04之1.（3））

（2）有关不适用中断的情况的裁判例

①在诉讼代理人没有提起上诉的特别授权的情况下，仅限该审级中判决的送达和上级审的诉讼行为以缺少诉讼代理人为由，之后的诉讼程序在上诉的关系中中断（大决昭6.8.8（昭6（ク）788号）。

②若有控诉、上告的特别委托的情况，则到终局判决的确定，即诉讼结束为止不会产生中断（大判昭8.7.27（昭8（ク）1059号））。

（3）代理人死亡的情况下的处理（→23—11）

4．中止

所谓中止，是指在特许厅或者当事人不能或者不适于继续进行审判程序的情况下，在法律上当然产生，或者通过特许厅厅长或者合议组的决定而产生。法定的中止事由如下。

（1）因特许厅无法执行职务而中止

由于天灾及其他事由，特许厅无法履行职务时，程序在该事由消灭为止中止（特§24→民诉§130、实§2之5②、外§68②、商§77②）。

（2）在以下情况下，合议组可根据申请或者依职权而中止程序

ア　因当事人的故障而中止

在当事人因不定期间的故障而无法继续进行程序时，可在到该故障停止为止中止（特§24→民诉§131①、实§2之5②、外§68②、商§77②）。

イ　共同审判等的程序的中止

在共同审判或者其再审中，在其中一部分人由于不定期间的故障而无法继续进行程序时，可将该全部程序中止（特§132④、§174②以及③、实§41、外§52、§58④、商§56①、§68④）。

（3）因法院的命令而中止

在有法院的中止命令时，程序中止。

（例）

在存在重组程序开始的申请的情况下，在认为有必要时，法院根据利害关系人的申请或者依职权，在到对重组程序开始的申请作出决定为止的期间，可以对因公司财产有关的案件而在行政厅处理中的案件，命令终止程序（公司重组法§24①）。

5．通过决定的中止命令

在当事人因不定期间的故障而无法继续进行审判程序时，特许厅厅长或者合议组可以以决定的方式命令中止（特§24→民诉§131①、实§2之5②、外§68②、商§77②）。

6．因其他的审判或者诉讼而中止

（1）在审判中认为有必要时，到对特许（商标注册）异议申诉的决定或其他的

审判的审查决定确定为止，或者诉讼程序结束为止可以中止该程序（特§168①、实§40①、外§52、商§56①、§68④）

（例） 特许无效宣告审判与订正审判的相关处理（→51—22）

（2）有关中止的裁判例

ア 到民事、刑事的诉讼程序结束为止，是否需要中止审判程序，是委以审判官的自由裁量，而不是必须中止（东高判昭23.5.28（昭22（才）11号）、东高判昭32.3.12（昭31（行ナ）15号））。另外，也不是认可了中止申请权（大判昭13.11.28（昭13（才）1270号））。

イ 在无效宣告审判案件的在审中，请求了对该权利的订正许可的审判的人，即使提交了无效宣告审判的审理中止申请，也不受该申请的限制，而且也并不是需要作出是否允许的决定（大判昭11.7.11（昭10（才）2143号））。

7. 中断、中止的效力

（1）期间的计算停止、开始

在存在程序的中断或者中止时，期间的计算停止，但是在因继承或中止的解除而使得程序再次计算时，从继续办理时起全部期间重新计算（特§24→民诉§132②、实§2之5②、外§68②、商§77②）。

另外，由于中断或者中止而使得期间的计算停止的情况，仅是有关程序的期间，例如，在中断或者中止中特许权的存续期间（特§67）届满，则该特许权消灭。

（2）共同审判

对于共同请求审判的人或者对共有的特许权被请求了审判的人中的一人存在审判程序的中断或者中止的原因时，该中断或者中止对全体产生效力（特§132④）。

（3）继续进行的禁止

合议组或者当事人在中断或者中止的期间，不能继续办理有关该案件的程序。

（4）在中断或者中止中办理的程序

在中断或者中止中办理的程序是违法的，但是在继承或者继续进行的申请人进行申请（也包括通过名义变更申请而进行继承申请的情况）之际，对于在中断或者中止中由当事人或者本厅办理的程序（以下称为"中断中的程序"）的效力无争议时，对中断中的程序无效或者撤销的主张不予认可（→形式审查便览05.11（中间程序—8））。

（5）有关中断、中止的效力的裁判例

在诉讼程序中断中，对本案中当事人的诉讼行为在对于对方的关系是无效的，但对方明确认可该行为，或者对此未提出任何异议，而照样继续进行诉讼行为时，可以理解为由于所谓的责问权的放弃而在之后该人将丧失主张无效的权利（大判昭14.9.14（昭13（才）2445号））。

作为共同审判请求人中的一人Y被宣告破产，审判程序中断，但却没有发现此事而送达了审查决定的案件中，对 Y 产生的上述中断，对作为共同审判请求人的被告全体产生效力（特§132④）（东京高判平 13.1.31（2000 年（行ケ）227 号））。

8. 已中断、中止的程序的继承

已中断或者中止的程序的继承通过申请来进行，具体而言，将根据向特许厅提交记载有该情况的文件来进行。

申请权人是新的办理程序者以及对方（特§24→民诉§126）。

9. 已中断、中止的程序的继承申请通知

在有前项的继承的申请时，审判长应当将该情况通知对方（特§24→民诉§127、实§2之5②、外§68②、商§77②）。

10. 对已中断、中止的程序的继承的决定

（1）特许厅厅长或者审判官（合议组），对在送达决定、查定或者审查决定的誊本之后申请已中断的程序的继承，应当作出是否允许继承的决定（特§22①、实§2之5②、外§68②、商§77②）（→26—05之1.）。

根据特许厅厅长或者审判长作出的继承的通知，中断解除而再次启动程序（特§24→民诉§132②）。

（2）对审判程序的继承的申请，特许厅厅长或者合议组依职权进行调查，在认为没有理由时以决定的方式不予受理（特§24→民诉§128①、实§2之5②、外§68②、商§77②）。在不予受理时中断仍继续进行。

11. 已中断、中止的程序的继承命令

特许厅厅长或者合议组，在应当对中断了的审查、特许（商标注册）异议申诉的审理以及决定、审判或者再审的程序进行继承的人怠于继承时，应当根据对方的申请或者依职权指定一定期间，命令其继承（特§23①、实§2之5②、外§68②、商§77②）（→26—04之1.（1）イ）。

在该情况下，在指定的期间内没有继承的情况下，可视为在该期间的过期之日已经继承（特§23②、实§2之5②、外§68②、商§77②）。在该情况下，特许厅厅长或者审判长应当将该情况通知当事人（特§23③、实§2之5②、外§68②、商§77②）（→26—04之1.（1）ウ、エ）。

12. 参加人的中断、中止的效力（→57—05之3.）

13. 因除斥、回避关系而中止

在有除斥或者回避的申请时，到对该申请作出决定为止，应当中止审判程序。

但是对于需要作出迅速行动的不受此限（特§144、实§41、外§52、商§56①、§68④）。

14. 因驳回外观设计、商标注册申请的补正而中止

外§17之2④（准用同§50①）以及商§16之2④（准用同§55之2②）中规定，对于基于该条第1项规定的驳回补正的决定，根据外§47①或者商§45①请求审判时，或者根据外§59①或商§63①提起诉讼时，到该审判的审查决定或者诉讼的判决确定为止，应当中止针对该外观设计注册申请或者商标注册申请的审查或驳回决定的审判。

（注） 在外§17之2③以及商§16之2③中规定，"在有根据第1项的驳回的决定时，从决定的誊本送达之日起3个月之内，不得针对该外观设计注册申请或者商标注册申请作出查定"。其并非是对审查（审判）的中止的规定。

所以，在所述的3个月期间内，即使办理了对于外观设计、商标注册申请的查定（审查决定的情况下是30天的期间内）以外的程序（例如审查意见通知、补正命令）也不违法，而且，对于在驳回补正的决定的前后或者同时进行的程序的指定期间等，只要没有请求审判或者没有提起诉讼，期间的计算就不停止。

（2015.2修订）

26—01.1　PUDT
程序中断的状态长期持续的结果，超出权利期间的上限，导致不能够取得权利的情况的处理

1. 处理

对于因某种原因使得程序中断的状态长期持续的结果，超出了权利期间的上限，导致即使得到注册也无法取得权利的状态的审判案件，依职权结束审判程序。

（参考）程序长期中断，超出了权利期间的上限的案例

（1）由于特许管理人的死亡而导致程序中断之后，程序没有继承的案例（1994年以前的申请）。

（2）公司清算后，得不到清算当时的清算人的协助，导致陷入了是否存在申请特许的权利的继承者不明的状态的案例。

(2015.2 修订)

26—02 ＰＵＤＴ
权利的继承和程序的继续进行

1. 程序的效力的继承
具有特许权或具有有关特许的权利的人所办理的，或者对于该人办理的程序所产生的效力，对该特许权或有关特许的权利的继承人也有效（特§20、实§2之5②、外§68②、商§77②）。

所谓"特许权或有关特许的权利"，可列举出特许权、专有实施权、普通实施权、以这些权利为目的的质权。另外，"对于特许权和其他的有关特许权的权利所办理的程序"不仅包括具有特许权等人办理的程序，还包括特许厅办理的程序。

2. 程序的继续进行
在案件正在特许厅处理中的情况下，在特许权或有关特许的权利发生转移时，特许厅厅长或者审判长可对这些继承人继续进行程序（特§21、实§2之5②、外§68②、商§77②）。

但是，本条并没有规定对由于本人的死亡等而导致程序中断时可以以继承人为对象继续进行程序。

3. 继续进行通知
审判长根据上述规定要对继承人继续进行程序时，会把此事通知给当事人（特施规§17、实施规§23①、外施规§19①、商施规§22①）。

（1）继续进行通知的起草
有关案件由注册责任部门接收到以审判长为接收人的权利异动通知书时，由审判书记员起草程序继续进行通知书，将它与记录一起送给合议组。

（2）继续进行通知的裁决
合议组在认为应当进行上述程序继续进行通知时，进行必要的裁决。

4. 裁判例
（1）关于外观设计权，当无效宣告审判处于特许厅审理中的情况下，由于外观设计权发生了转移，审判长依职权向该受让人通知继续进行程序的情况时，该外观设计权的受让人取得当事人的地位，该案件的程序的效力与转让人是否已经知道该案件处于审理中的情况无关，全部对受让人有效（东京高判平12.1.27（平10（行ケ）391号））。

（2）从作为特许申请的驳回决定的接收人特定继承了得到该特许的权利的人所进行的驳回决定不服审判请求，在特§121①规定的期间内提出，并且，有关特§34④规定的得到特许的权利的继承已向特许厅厅长备案的情况下，由非驳回决定的接收人提出的审判请求所存在的缺陷是可以补正的，但是在过了该期间之后才提出的情况下，该缺陷是得不到补正的（东京高判昭60.12.24（昭60（行ケ）134号））。

(2015.2 修订)

26—03 ＰＵＤＴ
审判（再审）请求期间的特例

1. 审判（再审）请求人由于不能归责的理由而在法定期间（特§121①、§173①、实§45、外§46①、§47①、§58、商§44①、§45①、§61、§68④、⑤）内不能提出该请求时，在该理由消失之日起14天（在海外者的情况下为2个月）以内，在超过该期间后的6个月以内可进行该请求（特§121②、§173②、实§45、外§46②、§47②、§58、商§44②、§45②、§61、§68④、⑤）。

2. 裁判例。

ア　仅是因为法人的工业所有权有关的保全管理业务的责任人工作忙，并不属于"不能归责的理由"（东地判昭48.11.16（昭47（行ウ）110号））。

イ　即使请求人住院动手术，除了手术后的非常苦痛的时期之外的期间，不能说撰写审判请求书并提交是非常困难的事情，并不属于"不能归责的理由"（东高判昭56.1.27（昭55（行ケ）227号））。

ウ　作为在海外者的请求人的本国代理人的病患并不属于"不能归责的理由"（东高判昭57.10.28（昭57（行ケ）91号））。

エ　因代理人事务所文员的过失造成的情况并不属于"不能归责的理由"（最三小判平1.4.11（平1（行ツ）8号）。

(2015.2修订)

26—04　PUDT
继承程序

1. 当事人的死亡

(1) 没有选任代理人的情况下

到继承程序完成为止程序中断（→26—01），但是在死亡的事实未得到确认时，继承程序事务处理如下。

ア　即使能够推定当事人的死亡，在如下死亡无法得到确认时，通过别纸格式1的委托书向该地区市区町村请求提供户籍誊本以及户籍的附票。

（ア）由本厅送达的邮件由于接收人死亡无法投递而被退回寄件人时（昭30抗审2837号）

（イ）当事人的亲戚朋友等通过申诉书等通知了当事人死亡的情况，但是并没有提交足以充分证明该情况的证据时（昭28抗审618、619号）

イ　当事人死亡的结果，认为需要办理继承程序时，特许厅厅长或者审判官（合议组）应当根据对方的申请或者依职权，通过程序继承指令书指定一定的期间而命令按照ア确认的继承人进行审判程序的继承（特§23①、实§2之5②、外§68②、商§77②）。

ウ　特许厅厅长或者审判官（合议组），在イ所指定的期间内没有进行继承时，可视为在过了该期限间日已经继承（特§23②、实§2之5②、外§68②、商§77②）。

エ　特许厅厅长或者审判长，根据ウ视为已经继承时，应当将程序继续进行通知书发送当事人（特§23③、实§2之5②、外§68②、商§77②）。

(2) 继承程序的实例

ア　听到无效宣告审判中的权利人A死亡传闻的审判官，利用格式第1的文件对向M市政府确认其死亡及其继承人用的户籍誊本的发送方进行委托。

イ　在通过户籍誊本确认了死亡之后，利用格式第2的文件指定了30天的期间对于被认为是继承人的6名人员全部命令办理继承审判程序。

ウ　由于6名继承人全部放弃对A的继承，因此命令提交记载有共同继承人全部的住所、姓名且所有人员盖章的证明放弃继承的文件。

エ　尽管提交了已记载放弃由本件特许所产生的一切权利的继承的继承放弃书，但为了确认民法上的效果，采取了以下措施。

オ　对M家庭法院进行了如下委托，即，在调查由于特许权人A（记载有住所）的死亡（记载有年月日），对于其继承人是否在知晓自己的继承时起3个月以内，根据民法§915、同§938提出继承或者放弃的申请的基础上进行通报。

カ 由于 M 家庭法院回答了没有继承放弃、限定承认的申述事宜，因此无理由认为其没有继承，所以，之后在审查决定中认定"特许权的继承一旦进行了之后，由各号的特许权产生的一切权利被放弃了"。

（3）选任了代理人的情况下（→26—01 之 3.（1））

由于即使本人死亡代理权也不消灭（特§11、实§2 之 5②、外§68②、商§77②），因此通过利用特§24（实§2 之 5②、外§68②、商§77②）准用的民诉§124②的适用，不会产生程序的中断，但需要注意以下各点。

ア 当因代理人的辞任、死亡及其他事由，该诉讼代理权消灭，或者属于原来被赋予的代理权范围的事项结束时，程序中断。

例如，代理人的代理权原则上限于审级内（审级代理的原则），所以当对于审查决定撤销诉讼的提起有特别的授权的情况下等，对于上级审具有代理权限的情况除外，即使在代理人被选任时，在审查决定誊本送达的同时，程序中断（东京高判昭 48.6.29（昭 47（行ケ）12 号）、东京高判昭 42.11.21（昭 42（行ソ）1 号））。

イ 基于中断事由而产生当事人的更替时，代理人作为新当事人的代理人进行审判程序。但是，此时，审判可以以原来的当事人的名义继续进行，即使继承人不明确，也不妨碍审判的继续进行。

ウ 对于以死亡者的名义下达的审查决定，与一开始就将死者作为当事人的情况不同，作为针对其继承人的审查决定是有效的。

另外，即使在当事人死亡等的情况下，其继承人以自己的名义重新提交委托书时，对继承适格进行调查，在得到肯定时，不妨碍以其名义进行审查决定，即使是有误，作为对于真的继承人的审查决定也同样有效。

2．作为当事人的法人的破产等

（1）根据针对当事人的破产程序开始的决定（破产法§30①）、重组程序开始的决定（公司重组法§41①）或者管理命令（民事再生法§64①）而中断的程序（破产法§46 准用同§44①、公司重组法§53 准用同§52①、民事再生法§69 准用同§67②），可以由财产管理人等继承（破产法§46 准用同§44②、公司重组法§53 准用同§52②、民事再生法§69 准用同§67③）。

（2）到有（1）的继承为止，破产程序或者重组程序结束或者撤销管理命令的决定确定时，作为破产者等的当事人当然地继承程序（破产法§46 准用同§44⑥、公司重组法§53 准用同§52⑥、民事再生法§69 准用同§68④①）。

（3）在有（1）的继承之后，因破产程序或者重组程序的结束或者撤销管理命令的决定的确定而中断的程序，应当由作为破产者等的当事人继承（破产法§46 准用同§44⑤、公司重组法§53 准用同§52⑤、民事再生法§69 准用同§68⑤③）。

格式1（之1）

委托书

令和　年　月　日

〇　〇市区町长　先生/女士

特　许　厅　审　判　长

关于不服20XX—〇〇〇〇〇〇（特愿20YY—△△△△△△）案件，请求发送作为请求人的下述之人的死亡事实、用于确认继承人的户籍誊本及户籍的附票各1份（户籍法第10条之2第2款），特此委托。

记

住所
姓名

格式1（之2）

委托书

令和　年　月　日

〇　〇市区町长　先生/女士

特　许　厅　审　判　长

有关本局的无效20XX—800〇〇〇（特许第〇〇〇〇〇〇号）的特许无效宣告审判案件，请求发送用于确认作为注册的权利人的下述之人其住址的住民票的复印件，如果已迁出，请求发送被取消的住民票的复印件（住民基本台账法第12条之2第1款），特此委托。

记

住所
姓名

格式2

发送号码　１２３４５６　１／Ｅ
发送日　令和　年　月　日

程序继承指令书

令和　年　月　日
特　许　厅　审　判　长

审判请求号　　　　　　　　不服20XX—○○○○○○
（特许申请号）　　　　　　（特愿20YY—△△△△△△）
推定继承人　　　　　　　　○○○○先生／女士

有关本审判案件，本厅进行的依职权调查的结果，判明作为请求人的○○○○先生／女士已于令和　年　月　日死亡。
由于认定您是第一顺位的推定（共同）继承人，因此应当在本指令的发送日起60天以内继承审判程序。
在上述期间内没有继承的，根据特许法第23条第2款的规定视为已经继承，继续进行审判案件的程序。

　　外第一顺位推定继承人　　○○○○
　　　　　　　　　　　　　　○○○○

（实）根据1993年改正前的实用新型法第55条第2款的规定准用特许法第23条第2款
（外）根据外观设计法第68条第2款的规定准用特许法第23条第2款
（商）根据商标法第77条第2款的规定准用特许法第23条第2款

针对本通知若有疑问，请联系以下人员。
审判科第○○负责人　　　○○　○○
电话03（3581）1101　内线XXXX　传真03（3501）XXXX

格式3

发送号码　　１２３４５６　１／Ｅ
发送日　　　令和　　年　　月　　日

程序继续进行通知书

令和　　年　　月　　日
特　许　厅　审　判　长

审判请求号　　　　　　不服20XX—○○○○○○
（特许申请号）　　　　（特愿20YY—△△△△△△）
推定继承人　　　　　　○○○○先生／女士

有关本审判案件，由于作为请求人的○○○○先生死亡（令和年月日），已对您发出继承审判程序的指令，但在指定的期间内没有提出继承的申请，因此根据特许法第23条第2款的规定视为已经继承，继续进行审判案件的程序。

（实）根据1993年改正前的实用新型法第55条第2款的规定准用特许法第23条第2款
（外）根据外观设计法第68条第2款的规定准用特许法第23条第2款
（商）根据商标法第77条第2款的规定准用特许法第23条第2款

针对本通知若有疑问，请联系以下人员。
审判科第○○负责人　　　○○　○○
电话03（3581）1101　　内线XXXX　传真03（3501）XXXX

26—05 PUDT
是否允许继承的决定

1. 特许厅厅长或者审判官（合议组），在针对决定、查定或者审查决定的誊本送达后中断的程序有继承的申请时，应当作出是否允许（许可）继承的决定（特§22①、实§2之5②、外§68②、商§77②）。

在民诉§128中有相同内容的规定，这用于明确接受判决的效力的人的同时明确上诉期间。

2. 上述1的决定以文书的方式进行，并且应当附上理由（特§22②、实§2之5②、外§68②、商§77②）。

3. 决定的誊本发送当事人。

4. 决定的示例：

昭44审3541号

（2015.2修订）

30—01　ＰＵＤＴ
审判请求书的补正和要旨变更

1. 审判请求书的补正
（1）请求审判的人向特许厅厅长提交请求书，该请求书的补正不得变更其要旨。

所以，在特许、实用新型（包含1993年法之前的旧实用新型）、外观设计、商标的审判中，对下述事项的补正是不认可请求书的要旨变更的。

　　ア　当事人等
　　イ　案件的显示
　　ウ　请求宗旨及其理由

（2）但是，除了无效宣告审判以外，特许、旧实用新型、外观设计、商标的审判的请求理由，不受此限（特§131之2①但书一、平5附4旧实§41、外§52、商§56①、§68④）。

（3）对于无效宣告审判的请求理由如下（→51—04）。

　　ア　在特许、旧实用新型、外观设计、商标的无效宣告审判中，即使是请求理由的补正，也不能变更请求书的要旨（特§131之2等）。

　　イ　在对于1994年1月1日以后注册的新实用新型请求的注册无效宣告审判中，请求理由的补正是不允许变更请求书的要旨的（实§38之2①）。

　　ウ　在特许、新实用新型、旧实用新型、外观设计的无效宣告审判中，存在审判长许可对请求理由的要旨变更的补正的情况（特§131之2①但书二、实§38之2但书、平23附§19②旧实§41、外§52）。

（4）在订正审判请求书的记载不满足记载要件（特§131③）时，审判长根据特§133①的规定命令其补正，但是仅限于针对所命令的事项进行补正，认可该变更要旨的补正（特§131之2①但书三）。

2. 当事人等的补正
（1）请求人

请求人的补正，除不失去请求人的相同性（例如打字错误的订正）的情况外，构成要旨变更（→22—01之9.）。

（2）被请求人

被请求人的补正，除不失去被请求人的相同性的情况外，构成要旨变更（→22—01之9.）。

在仅共有人的一部分作为被请求人的无效宣告审判的请求中，在被请求人中补充其余的共有人，原则上构成要旨变更（→22—03、51—05之2.）。

（3）法人代表

当事人作为法人，在没有代理人时，对请求书中缺少的请求人的代表人姓名进行补充，或对变更所显示的代表人姓名进行补正，不构成要旨变更。

（4）代理人

对代理人姓名的打字错误进行补正不构成要旨变更。对于律师或辩理士住所的补正不构成要旨变更。另外，代理人是特许业务法人，对请求书中缺少的代理人的代表姓名进行补充，或将所显示的代表人姓名变更的补正，不构成要旨变更。

3. 案件的显示以及请求宗旨的补正

（1）申请号或权利号码的补正

在申请号或者权利号的记载有误，对其补正的情况下，只限该错误仅是打字错误等通过补正并不会失去审判请求对象的相同性的情况，不构成要旨变更（→21—05）。

（2）请求宗旨及其理由的补正

ア 作为审判请求的对象的权利号的补正（→（1））

イ 将特许（实用新型）无效宣告审判的对象从特许（实用新型）权利要求书所记载的某个权利要求的发明（实用新型）改为另一个权利要求的发明（实用新型）的补正构成要旨变更。

ウ 特许（实用新型）无效宣告审判的请求的对象是某个权利要求的发明（实用新型），但是通过审判进行了订正（订正请求），成为另一个权利要求的发明（实用新型）时，将订正后的权利要求的发明（实用新型）作为请求对象的补正不构成要旨变更。

エ 将商标注册的无效宣告审判的请求改为商标注册的撤销审判的请求的补正构成要旨变更。

オ 订正审判中所附的说明书、权利要求书或者附图的补正（→54—05.1）。

カ 订正请求中所附的说明书、权利要求书或者附图的补正（→51—14之3.）。

キ 在外观设计、商标注册申请的驳回补正决定不服审判中，变更驳回补正决定的日期的补正构成要旨变更（明显的打字错误的情况除外）。

4. 请求理由的补正（→1.（2）（3））

5. 注册商标异议申诉书的要旨的变更（→66—03之3.）

6. 特许异议申诉书的要旨的变更（→67—04之2.）

（2015.2修订）

30—02　PUDT
一事不再理

1. 一事不再理

在有下列审判的确定审查决定的注册（特登施规§37、实登施规§3③、意登施规§6④、商登施规§16之2）时，当事人以及参加人不能根据同一事实、同一证据请求该审判（在本节30—02中称为"同一审判"）（特§167、实§41、外§52、商§56①、§68④）。

（1）无效宣告审判的确定审查决定
（2）延长注册无效宣告审判的确定审查决定
（3）商标注册撤销审判的确定审查决定（商§56）

设立该规定的理由是，防止基于同一事实以及同一证据发生两个以上矛盾的确定审查决定的情况的同时，防止乱诉而免除针对同一审判反复进行相同程序的烦琐。

该一事不再理的效力是确定审查决定的效力之一。

另外，确定审判决定的效力涉及未参与审判的人，这与民事诉讼的例子相比，并不妥当，因此第三人可以基于同一事实以及同一证据请求审判。

再者，若不是同一事实、同一证据，即使请求人相同，也可以再次请求同一审判（注1.）。

2. 同一审判的定义

所谓同一审判，可以解释为请求宗旨同一的审判，换句话说是请求宗旨的对象的权利相同，并且种类相同的审判。

3. 同一事实、同一证据

（1）同一事实

所谓同一事实，是指在无效、撤销审判中作为无效、撤销事由而主张的相同事实（注2.、3.）。

例如，确定审查决定是针对本件实用新型与出版物所记载的实用新型相同这样的请求理由作出的，而基于本件实用新型是根据相同出版物所记载的实用新型是极其容易想出来的这样的请求理由的审判请求，为基于不同事实的审判的请求（注4.）。

（2）同一证据

所谓同一证据，是具有同一性的证据。

所以，可以解释为在即使证据本身不同，但内容实质上相同的情况下，为同一证据（注5.、9.）。

另外，在即使是相同的出版物，但引用部分不同，要举证的技术内容不同的情况下，不能说是同一证据（注2.）。

再者，在有关特§167的审查决定或者裁判例中，也有在后的无效宣告审判请求中首次提出的证据却没有被认定为新证据的情况（参考1、2）。

(参考1) 知财高判平18.4.11（平17（行ケ）10467号、无效2004—80180）

"本件审判请求中，既然原告基于与已经确定的在先的审查决定'同一事实'进行主张，不违反特许法167条，那就是限于其是基于新的证据的情况。这里所说的新的证据，是指作为对被告特许的无效事由进行举证用的证据，与在先的审判请求中的证据实质上不同。……但是，原告自身主张：甲第8至10号证据是为了指出并举证在先的审查决定的错误之处而提出的，并不是为了举证在被告特许说明书中所记载的制造产品的方法的。……可以理解为，本来用于举证审查决定的撤销事由的证据，是提起针对该审查决定的撤销理由，应当在该诉讼中提出，而在审查决定确定之后在先的审判请求的请求人针对同一特许再次提出审判请求，提出举证已经确定的审查决定的撤销事由用的证据，按照特许法第167条的宗旨是不允许的。"

(参考2) 东高判平16.3.23（平15（行ケ）43号、无效2002—35031）

"从本件无效宣告审判请求是否是基于与在先的无效宣告审判请求相同的证据来看，在先的无效宣告审判中审判请求人的主张被排斥的争议焦点在于与从审判甲第1号证据、第2号证据以及第3号证据中的记载内容导出的公知技术的对比的'本发明的构成C的显而易见性'。审查决定应当是对于'粘接两个构件时，根据需要在任意形状的粘接区域有局部粘接，不仅是当事人，也是一般人通常惯用的'这一事实的认定，不应认为在这一点上有错误，应当认为，在在先的无效宣告审判中，在上述对比中应当考虑将通常惯用技术的有无作为审理的对象，从该公知技术是否容易推导和想到进行审理、判断，即使没有应证明这种通常技术常识的证据，在审理中也得到了作为结果的判断。所以，将应当证明上述通常技术常识的证据在基于上述同一事实的在后的审判中提出是得不到允许的，不能将仅仅是证明上述通常技术常识的审判甲第5号证据以及第6号证据作为新的证据的审查决定的判断没有错。"

4. 针对同时在审的其他审判案件的适用

特§167规定的宗旨是，针对某个特许无效宣告审判请求不成立的审查决定（请求不成立审查决定）确定，并进行了注册时，在该注册后基于与上述无效宣告审判请求的同一事实以及同一证据进行新的无效宣告审判请求是不被允许的，因此在所确定的请求不成立审判决定的注册时刻（注册是在2012年4月1日以后的情况下，是审查决定的确定时刻）已经在审的无效宣告审判请求不适用特§167的规定（注6.）。

5. 确定审查决定是驳回（不予受理）的审查决定的情况

有如下裁判例（注 7.）：应当理解为，特§167 的规定是以考虑到审判请求人所提出的一定的事实及证据而针对特许的无效及其他同条所规定的事项相关的审判请求的实体完成审理之后进行审判为前提（→1.）而应当适用的，因此，在审判请求由于例如涉及非利害关系人提出请求这样的其他理由而被排斥（不予受理）的情况，不适用前示法条。

6. 请求人适格及其一事不再理

有如下裁判例（注 8.）：在以没有作为请求人适格的利害关系这样的理由作出的审判请求驳回（不予受理）的确定审查决定注册时，不能主张有关作为请求人适格的利害关系的同一事实，且不能提出同一证据请求同一审判。

7. 判定的一事不再理

对于判定不适用一事不再理（→58—03 之 1.（5））。

8. 特许（商标注册）异议申诉的一事不再理

特许（商标注册）异议申诉不适用一事不再理。

（注）

1. 东高判昭 48.7.20（昭 40（行ケ）64 号）取消集昭 48 年 111 页、无体集 5 卷 2 号 233 页
2. 东高判昭 44.6.28（昭 39（行ケ）161 号）取消集昭 44 年 393 页
3. 东高判昭 54.2.28（昭 46（行ケ）128 号）
4. 昭 45 审 3957 号（昭 50.4.2）、参考审判决集 2 号 281 页
5. 大判大 9.10.19（大 8（オ）184 号）大审民判录 26 辑 1534 页
6. 最一小判平 12.1.27（平 7（行ツ）105 号）
7. 大判昭 5.12.24（昭 5（オ）693 号）法律新闻 3220 号 9 页
8. 大判昭 17.11.10（昭 17（オ）187 号）民集 21 卷 19 号 1025 页
9. 知财高判平 26.3.13（平成 25（行ケ）10226 号）

（2019.6 修订）

30—03 ＰＵＤＴ
审理的合并或分离

1. 合并审理

（1）合并审理的意义

ア　合并审理的定义

所谓审理的合并，是指将两个以上的审判案件通过同一审判程序进行审理，针对当事人的双方或一方相同的两个以上的审判，可以合并审理（特§154①、实§41、外§52、商§56①、§68④）。

但是，由于所适用的法律不同，因此原则上无效宣告审判中有关当事人的攻击防御的程序有很大不同的案件不适用合并原则。

イ　合并审理的目的

合并审理是以避免重复审理而简化审理程序，同时防止审查决定相互矛盾抵触为目的而进行的。

（例） 当特许有多个无效宣告审判请求时，若针对各个审判提出订正请求，则由于审查决定的确定先后不同，造成审理的对象不同而变得错综复杂，因此灵活应用合并审理，使订正请求等的程序共同化。

（2）合并审理的要件

ア　当事人的双方或者一方的同一性

只要"当事人的双方"或"当事人的一方"是同一人即可，无论是当事人类审判案件，还是查定类审判案件，都可以合并审理。

イ　两个以上的审判

可以合并审理的"两个以上的审判"为相同种类的审判。

另外，有关再审，针对特许无效宣告审判以及延长注册无效宣告审判的确定审查决定的再审，准用合并或分离的相关规定（特§174③、实§45、外§58④、商§61）。

ウ　合并审理的必要性

需要判断通过合并审理而可期待实现所述合并审理的目的。作为可期待实现合并的目的，有以下几种。

（ア）有同样的证据调查的情况。

（イ）成为对象的发明的技术基础是共通的情况。

（ウ）对比文件、证据方法相同的情况。

（エ）针对同一权利的多个无效宣告审判。

特许、外观设计、商标、新实用新型、旧实用新型的无效宣告审判的请求理由为变更要旨的补正时是得不到认可的，因此，对于无效理由不同的案件，从符合合并审理的目的、审理迅速化的观点出发，判断是否合并审理。

エ　合并审理的时期

可进行合并审理的时期是至审理结束之前为止。

（3）合并审理的程序

ア　审判官（合议组）的判断

具有判断是否进行合并审理的权限的人是合议组，合议组可以根据自由裁量依职权作出决定。

イ　合并审理的通知

审判长在合并审理时，应将该情况通知当事人。

（4）合并审理的效果

ア　审查决定

关于合并审理的审判案件，可以同时针对每个以同一审查决定书合并的案件作出审查决定。

イ　提交文件、证据方法等的利用

在两个以上审判的审理合并的情况下，在合并前针对各个审判案件提交或者出示的文件及其他物件、在各个审判案件的审理中得到的证据方法等，可以在合并后的审判案件中加以利用。

但是，在合并后的审判案件的审理中采用所述的证据方法的情况下，可以理解为，从根据特§153（依职权审理）、特§150（证据调查及证据保全）、特§134（答辩书的提出等）、特§159②的规定准用的特§50（驳回理由的通知）的规定的宗旨出发，应当给予当事人针对相关的特许等提交申诉意见或答辩书的机会。例如，将A、B两个特许无效宣告审判案件合并，在根据针对A审判案件提出的无效理由X，要将B审判案件的特许B1也宣告无效的情况下，在针对B审判案件没有给予对无效理由X提交答辩书的机会时，在合并后的审判案件的审理中针对特许B1应当给予提交前述宗旨的答辩书的机会。

（5）判定中的合并审理

有关判定，针对两个以上的判定，进行合并审理后，可以再次进行分开审理（特§71③、实§26→特§71③、外§25③、商§28③）。

另外，针对目的、要件、程序以及效果，参照审判的例子。

（6）与便览中的合并审理相关的项目一览

ア　审查决定的程序→（45—01之4.）

イ　当事人类案件审查决定的记载事项→（45—03之2.）

ウ　审查决定、决定的结论的显示方法→（45—04之5.（3））

エ　特许（注册）无效宣告审判的审理→（51—09之5.）

オ 订正审判的审理→（54—06 之 4.）
カ 判定的审理→（58—02 之 2.（4））
キ 针对注册商标异议申诉的审理→（66—05 之 1.（2））
ク 针对特许异议申诉的审理→（67—07）

2. 分开审理

（1） 分开审理的意义

所谓分开审理，是指将合并审理的案件，即两个以上的审判案件通过同一审判程序进行分开审理的情况，合并审理后，可以再次进行分开审理（特§154②、实§41、外§52、商§56①、§68④）。

这是因为，认为某个审判案件与其他审判案件没有关联性，因此不需要用同一程序进行审判，不仅如此，认为合并审理反而会成为审理复杂化及延迟的原因，在这种情况下，将审理分离，通过不同程序进行审理，从而使程序简明并促进程序的办理。

（2） 分开审理的要件

可以进行分开审理的案件仅限于合并审理的情况。

（3） 分开审理的程序

ア 审判官（合议组）的判断

有判断是否进行分开审理的权限的人是合议组，合议组可以根据自由裁量依职权作出决定。

イ 分开审理的通知

审判长在将审理分离时，应将该情况通知当事人。

（4） 分开审理的效果

被分离的审判案件，将以分别独立的审理程序进行审理判断，审查决定也分别作出。

到分离为止提交的文件等的证据资料，在双方的程序中共同具有效力。

（2019.6 修订）

30—04 ＰＵＤＴ
与合议组（审判官）的会晤

参照"会晤指引【审判编】"。

(2015.2 修订)

30—07　PUDT
办理程序的人不适格的情况的处理

1. 审判长在认为办理程序的人办理该程序不适格时,可以要求通过代理人办理程序(特§13①、实§2之5②、外§68②、商§77②)。

2. 审判长在认为办理程序的人的代理人办理该程序不适格时,可要求其改任(特§13②、实§2之5②、外§68②、商§77②)。

3. 审判长在上述1.、2.的情况下可以要求应当以辩理士作为代理人(特§13③、实§2之5②、外§68②、商§77②)。

4. 审判长在提出上述1.、2.的要求之后,可以针对上述1.的人、上述2.的代理人对特许厅办理的程序予以驳回(不予受理)(特§13④、实§2条之5②、外§68②、商§77②)。

(2002.10 修订)

31—00 PUDT
无效宣告审判中的请求人适格

1. 无效宣告审判中的请求人适格

可以请求无效宣告审判的人（请求人适格），在特许无效宣告审判、延长注册无效宣告审判、商标注册无效宣告审判中被规定为"利害关系人"（特§123②、§125之2②、商§46②），在实用新型无效宣告审判、外观设计无效宣告审判中被规定为"任何人"（实§37②、外§48②）。但是，在特许、实用新型、外观设计中，对以权利的归属为理由的无效宣告审判的请求人适格，分别被规定为具有申请特许、实用新型、外观设计注册的权利的人（特§123②、实§37②、外§48②）。

2. 请求人适格的规定的变迁和解释

无效宣告审判的请求人适格的规定经历了如表1所示的变迁，除了修改为"任何人"的2003年法律修改后的特许无效宣告审判等以外，即使是在没有明文的规定时，裁判例也一贯要求为"利害关系人"。

在2014年修正法中，创建了特许异议申诉制度，确认性地规定了申请人适格是"任何人"的同时，特许无效宣告审判的请求人适格是"利害关系人"，但是有关请求人适格的判断基准或运用，与2003年法改正前相比没有变更。

针对延长注册无效宣告审判、商标注册无效宣告审判的请求人适格，也确认性地规定为"利害关系人"，与特许无效宣告审判相同，有关请求人适格，与当时的判断基准或运用相比没有变更。

（注）审判中的当事人适格→22—01之7.（2）

表 1　无效宣告审判中的请求人适格的变迁

	1921年法	1959年法	1987年法	2003年法	2014年法
特许无效宣告 （特§123）	"利害关系人及审查员"	无条文规定 （判例上理解为利害关系人）		"任何人"	"利害关系人"
延长注册无效宣告审判 （特§125之2）			无条文规定 （判例上理解为利害关系人）		"利害关系人"
实用新型无效宣告审判 （实§37）	"利害关系人及审查员"	无条文规定 （判例上理解为利害关系人）		"任何人"	
外观设计无效宣告审判 （外§48）	"利害关系人及审查员"	无条文规定 （判例上理解为利害关系人）		"任何人"	
商标注册无效宣告审判 （商§46）	"利害关系人及审查员"	无条文规定 （判例上理解为利害关系人）			"利害关系人"
（参考） 特许异议的申诉 （特§113）	"任何人"	"任何人"			"任何人"

（2015.2 修订）

31—01　PT
利害关系人

1. 利害关系人

所谓可以请求无效宣告审判的利害关系人（特§123②、§125之2②、商§46②），是指由于特许（商标）权等的存在，法律上的利益、相对于该权利的法律地位受到直接影响或者有可能受到直接影响的人。

是否能被认定为利害关系人，应当在与权利内容或请求人的事业内容等的关系中个别地具体判断，并不是以像办理程序的能力那样的与个别案件无关而作为一般能力来判断。

2. 审判请求书中利害关系的记载

无效宣告审判请求人在审判请求书中不需要记载利害关系，即使在审判请求书中没有记载利害关系，合议组也不需要命令其补正。

另外，在审判请求书的格式（特施规§46①格式第62、商施规§14格式第15）中并没有设置记载利害关系一栏。

3. 关于利害关系的审理

ア　在被请求人针对利害关系有争论的情况下，合议组认为请求人有明显的利害关系时，不必要求请求人进行释明而进行审理。

イ　被请求人针对利害关系有争论的情况下，请求人的利害关系不清楚时，合议组应要求请求人释明利害关系。例如，将被请求人主张针对利害关系进行争辩的答辩书送达请求人，要求请求人提交辩驳书。在此基础上，即使根据当事人的主张，利害关系仍有疑义时，通过审询等依职权对利害关系进行调查。

ウ　在被请求人对利害关系不争辩的情况下，合议组不必要求请求人进行释明而进行审理。但是，合议组认为请求人明显不具有利害关系时，与イ同样，合议组应要求请求人释明利害关系。

（参考）

在请求人请求认定存在利害关系的情况下，关于该利害关系虽然是依职权调查事项，但是以往对关于是否有利害关系的认定浪费了很多时间和精力，妨碍了案件进入正式审理，根据为了改变当年实际状况的1949年法律修改的原委（注1.~2.），只要对方不特别存有争议就不会成为问题，因此关于利害关系不进行调查。

注1．特许厅编《工业所有权制度改正审议会答申说明书》1957年2月，发明

协会，第 115~116 页

注2. 第 31 次国会众议院商工委员会议事录第 37 号

4. 不认为有利害关系时的处理

审理的结果在不认为审判请求有利害关系时，由于请求人适格欠缺，因此以该审判请求不合法为理由，以审查决定驳回（不予受理）无效宣告审判请求（特§135、商§56①、§68④）。

5. 利害关系的判断的基准时刻

以审查决定之时为基准。

（裁判例）

"应当理解为，为了针对根据商标法第四十六条的规定使商标注册无效的情况请求审判，请求人必须针对该审判请求的提出存在法律上的正当利益，而无效宣告审判请求的利益，是为了将审判请求作为合法的请求而受理，针对请求是否适当而获得审查决定所应当具备的要件，因此应当将审查决定时作为基准进行判断，应当是必须在审查决定时存在且这已经足够。"东京高判平 1.10.19（平 1（行ケ）65 号）

"关于是否有特许权的范围确认审判请求的利益，可以理解释为，即使在请求之时没有利益，但在到审查决定时已有利益，不驳回审判请求，应当对特许权的范围作出审查决定。"最二小判昭 37.12.7（昭 36（オ）465 号）

6. 审查决定中的利害关系的记载

在被请求人对利害关系没有争论时，在审查决定的理由中不必记载有关利害关系的判断。

（2015.2 修订）

31—02　ＰＴ
利害关系人的具体例

关于无效宣告审判的请求人适格，除了修改为"任何人"的2003年法律修改后的特许无效宣告审判等以外，无论是否有明文规定，都要求"有利害关系"，因此关于利害关系，积累了当时的裁判例（参照后述的裁判例）。根据审判请求人本人是否有利害关系的观点将这些裁判例归类，可以整理出以下（1）~（7）。

这些裁判例是关于各案件的个别具体之争，但在2014年法修改中，并不是关于是否有利害关系的判断基准和运用的变更，这些裁判例中关于利害关系的判决所示内容，可以用在2014年法律修改后的利害关系的思考方式中。

即，在审判请求人符合（1）~（7）类型中的任意一个时，一般可以认为有利害关系。

另外，这些仅是例示，有利害关系的人并不仅限于此。是否为有利害关系的人，应当根据具体案件进行判断。

（1）正在/曾经实施与该特许是同一发明的人

将与该注册商标相同或近似的商标正在/曾经使用于相同或近似的商品等的人

（参照裁判例①~③）

（2）有可能将来实施该特许的人

有可能将来使用与该注册商标相同或近似的商标的人

ア　正在实施与该特许近似的发明的人

イ　正在准备实施该特许的人（已经购入必要的机械或材料，或者正在着手进行设备的建设或设计等）

正在准备使用与该注册商标相同或近似的商标的人

ウ　具有可实施该特许的设备的人

（参照裁判例④、⑤）

（3）正在进行与涉及该特许权的产品/方法相同种类的产品/方法的制造/销售/使用等的业务的人

（参照裁判例⑥~⑨）

（4）因该注册商标而有可能导致商品的出处混淆从而蒙受利益损失的人

（参照裁判例⑩）

（5）该特许权的独占实施权人、一般实施权人等

该商标权的独占使用权人、一般使用权人等

（参照裁判例⑪）

（6）有关该特许权有／曾经有诉讼关系的人或受到警告的人
有关该商标权有／曾经有诉讼关系的人或受到警告的人
（参照裁判例⑫～⑯）
（7）有关该特许有申请特许的权利的人
（参照裁判例⑰～⑲）

另外，即使在符合上述类型（1）～（7）的情况下，对于该特许权等纠纷达成和解的人，根据和解的内容，存在可能被认为是没有利害关系的情况（裁判例㉒、㉓）。

再者，关于审判请求书的文件上记载的形式上的审判请求人与实际的利害关系人不同的情况，存在以下裁判例。

首先，即使在受利害关系人的委托的情况下，辩理士或律师（不是代理人）成为审判请求人本人，辩理士或律师个人因不具有请求无效宣告审判的法律上的利益而得不到认可（裁判例㉔、㉕）。同样，对有利害关系的法人代表或被使用者，因作为个人不具有利害关系，而不认可其为审判请求人（裁判例㉖）。

另外，由于是对该特许权等有利害关系的组合的构成单位／团体的构成单位，也有该组合／团体作为审判请求人被认可的例子（裁判例⑳、㉑）。

再者，除了上述类型之外，作为关于利害关系的假想案例，关于（a）～（e），根据这些裁判例的思考方式，进行如下处理。

（a）对于该特许的利用发明所涉及的特许权人或者该特许权的独占实施权人或一般实施权人，在实施该特许的利用发明时，有关该特许请求无效宣告审判的法律上的利益得到认可，因此，作为有利害关系来处理。对于有与该特许权相抵触的外观设计权人或者该外观设计计权人的独占实施权人或一般实施权人也同样处理。

（b）关于大学或大学的研究人员，即使是在不实施本职工作等的情况下，该大学或大学的研究人员与企业等共同进行研究或开发，并且对于该企业等关于该特许请求无效宣告审判的法律上的利益得到认可时（典型的情况为该企业等符合上述（1）～（4）等时），作为有利害关系来处理。

（c）关于涉及该特许权的特许异议申诉人，仅仅是以已作出应当维持特许的决定这一点为理由无效宣告审判的请求人适格得不到认可的，对请求人是否适格（典型的情况为是否符合上述（1）～（7）的类型）另行判断。

（d）关于有母子关系的公司，作为相互有利害关系来处理。

（e）使用与该特许权所涉及的产品同种类的产品，来制造作为该产品等集合的成品的人、销售该成品的人，作为有利害关系来处理。

有关利害关系的裁判例

[认定为有利害关系的裁判例]

内　　容	对象	类型
①东高判昭 38.7.18（昭 37（行ナ）188 号） 将与注册商标相同或近似的标志使用于与指定商品相同或近似的商品的人为利害关系人。	商标	(1)
②东高判昭 28.12.22（昭 27（行ナ）4 号） 对于以通过对曼珠沙华的球根进行处理来提取淀粉等为目的的本特许，从事通过对曼珠沙华的球根进行处理来提取淀粉、制造肥皂等事业的人，由于包含因本特许而有可能蒙受利益损失的情况，因此有利害关系。	特许	(1)
③知财高判平 19.1.23（平 18（行ケ）10307 号） 被告基于本件商标与引证商标近似且指定商品也相同或近似等理由进行了本件审判请求，被告虽然不是当前的引证商标的商标权人，但是该商标权的转移对象是被告全资出资的子公司，综合考虑被告是使用与引证商标相同结构的商标的人的情况，可以说被告与本件商标的注册无效有利害关系。	商标	(1)
④东高判昭 42.11.18（昭 40（行ケ）73 号） 所谓利害关系人，不一定限于制造、销售该特许所涉及的产品的人或拥有实施的设备的人等，广义地包含将来会制造、销售该产品或将会拥有实施的设备的人、从事与该特许有某种关联的事业的人等、因该特许被授权且受到保护而有可能蒙受利益损失的人。	特许	(2)
⑤知财高判平 22.11.8（平 22（行ケ）10040 号） 作为曾经使用文字部分与本件商标共通的标志或商标进行事业的人，虽然当前没有进行该事业，但是为了重新启动而与第三人取得联系等计划重新启动该事业的人，由于本件各商标造成了阻碍而请求本件各商标的无效宣告审判，因此有利害关系。	商标	(2)
⑥东高判昭 43.9.14（昭 37（行ナ）97 号） 相对于单反相机所涉及的特许，以单反相机的制造/销售为生产经营目的，实际上在制造该相机的人对于请求将本特许无效的审判有利害关系。	特许	(3)
⑦东高判昭 60.9.25（昭 58（行ケ）181 号） 对于彩色铅笔所涉及的注册实用新型，从事铅笔制造业的人，通过使注册无效，从而不会受到原告的停止请求、损害赔偿请求，可以制造与本件注册实用新型相同的彩色铅笔，从这样的立场来看，有无效宣告审判请求的利益。	实用新型	(3)

续表

内　　容	对象	类型
⑧东高判昭 63.3.30（昭 60（行ケ）191 号） 本特许与请求人的研究开发、制造销售之物在技术领域上相同，具有竞争关系，本发明的特许的有效与否对请求人的业务的执行产生直接影响，由于他们的这种关系，存在无效宣告审判请求的法律上的利害关系。	特许	(3)
⑨东高判平 9.9.25（平 7（行ケ）228 号） 在与饮用水等的水质改善材料相关的特许中，以家庭用/业务用净水器的制造以及销售为目的的公司（A 公司）存在无效宣告审判请求中存在利益关系。	特许	(3)
⑩东高判平 10.9.17（平 10（行ケ）77 号） 由于本件商标与引证商标类似，因此被告（引证商标的商标权人）由于本件商标的存在，与被告的业务所涉及的商品会产生混淆而有可能蒙受利益损失，因此有请求本件商标的注册的无效宣告审判的法律上的利益。	商标	(4)
⑪东高判昭 38.1.31（昭 31（行ナ）48 号） 因应当被无效的特许权的存在而直接蒙受利益损失的人属于利害关系人是毫无疑问的。 从实施权人的立场，因与没有特许权的独占的情况相比存在非常大的利益损失，因此即使在审判案件审理中原被告之间达成实施许可的约定，以作为本特许的对象的合成树脂积层板的制造销售为生产经营目的的被告也有利害关系。	特许	(5)
⑫东高判昭 36.4.27（昭 35（行ナ）106 号） 处于由于某个商标的注册的存在而会直接蒙受利益损失的关系的人，有请求该商标的注册的无效宣告审判的利害关系。 原告由于以与被告所具有的商标近似为理由自己所具有的商标注册才被被告请求无效宣告审判的，因此因被告商标的存在而会直接蒙受重大利益损失是毫无疑问的。	商标	(6)
⑬东高判昭 41.12.13（昭 33（行ナ）30 号） i）与原告之间的侵害诉讼等在审中的人，ii）作为以人工编织机的制造为生产经营的目的，没有从原告获得本特许的实施许可的人，所制造的人工编织机的销售由于本特许权的存在而受到妨碍的人，有请求无效宣告审判或者参加该审判的利害关系。	特许	(6)
⑭东高判昭 62.6.18（昭 57（行ケ）269 号） 原告申请要求被告们停止对本件产品的制造等的临时禁令，对此既然被告们主张本特许权有应当被无效的瑕疵，则被告们就有利害关系。另外，即使原告与被告曾经有过协作关系，以对被告提出的原告的临时禁令申请为契机，两者的协作关系已经解除的情况下，被告作为防御方法的一种而提出本件无效宣告审判请求本身是难以认定其违反诚实信用原则的。	特许	(6)

续表

内　　容	对象	类型
⑮东高判平9.9.25（平7（行ケ）228号） 受到原告的警告，以净水用过滤器材的制造以及销售等为生产经营的目的，制造/销售各种净水器材的公司（B公司）有请求无效宣告审判的利益。	特许	(6)
⑯知财高判平25.5.30（平25（行ケ）10028号） 原告对被告提起本件商标权的侵害诉讼一事在本法院非常显著。作出被告有本件无效宣告审判请求的利益的审查决定的判断没有错误。	商标	(6)
⑰东高判昭37.12.25（昭36（行ナ）32号） 在审查决定的时刻还不是本件实用新型权的共有权人的请求人并不能说其丧失了有关进行无效宣告审判的利害关系（本件实用新型权达成一部分转让的契约是在审查决定之日以前，但是有关转让的注册申请以及注册之日是在审查决定之日以后）。	实用新型	(7)
⑱东高判平16.10.18（平15（行ケ）156号） 该案件是，原告因为"被告承担本件说明书中记载的拉舍尔经编机的改造等，并以本发明相关联的装置的改造与原告协作，并且当本特许成立时，以对第三人也销售该装置以及相关联装置的意图，对本特许请求了无效宣告审判"，主张"违反了诚实信用原则是显而易见的，对于被告而言使本特许无效不存在法律意义上的利害关系"的案件。 与被告的事业活动相关联，既然作为本特许的特许权人的原告作出受到特许权侵害的权利主张，或者由于本特许的存在而有可能在与编织机的生产、销售相关的事业活动上受到某种限制，那么被告关于本特许的无效宣告审判请求在法律上存在正当利益，这一点是明确的。是否违反诚实信用原则，并不是对无效宣告请求的被告在法律上的利益带来消长的原因。	特许	(7)
⑲东高判平17.1.31（平16（行ケ）219号） 鉴于被告R公司向被告C公司提供的钟表上附了被告R公司的商标的同时，也附了被告C公司的商标（与本件商标相同或类似的商标），该钟表当前在市场上流通等诸多情况，对于被告C公司与被告R公司共同请求本件商标的注册无效宣告审判，不能说没有任何利害关系。	商标	(7)
⑳东高判昭42.12.19（昭39（行ケ）20号） 基于中小企业等协同组合法成立的协同组合，即使在其章程中没有关于工业所有权的规定，为实现组合的目的可以对组合成员进行无效宣告审判的请求。	特许	(7)

续表

内　　容	对象	类型
㉑知财高判平 22.3.29（平 21（行ケ）10226 号） 被告以实现国内咖啡相关行业的健全发展，并且有助于国民饮食生活的提高和发展为目的，因此可以说会员是否能够使用本件商标，是与上述目的实现相关的事项。所以，应当说被告作为"为了实现其他的本会的目的所需要的事业"，能够进行本件无效宣告审判请求，因此对于本件商标注册无效宣告审判请求有利害关系。	商标	

［认定为无利害关系的裁判例］

内　　容	对象
㉒东高判昭 54.11.28（昭 52（行ケ）127 号） 在原告们（审判被请求人）和被告（审判请求人）之间，在本特许无效宣告审判程序的在审中且本件审查决定之前，已经达成和解，由被告撤回审判请求的协议已成立，因此应当说在上述协议成立时，被告请求本件审判的法律上的利益就已经消灭。	特许
㉓东高判昭 59.12.20（昭 59（行ケ）228 号） 由于在本件审判案件的审理中，原告与被告之间已经达成撤回本件审判请求协议，因此应当说作为审判请求人的被告已丧失了本件审判请求的利益。	商标
㉔东高判昭 45.2.25（昭 44（行ケ）81 号） 可以请求特许无效宣告审判的人对于该审判请求需要有法律上正当的利益。	特许
㉕东高判平成 11·11·4（平 11（行ケ）105 号） 在商标注册无效宣告审判中规定有与民事诉讼类似的程序，根据这些规定的方式可以明确，商标法中关于商标注册无效的审判采用了以民事诉讼为准的程序构造，自然可视为"没有利益就没有诉讼权"这样的民事诉讼法的原则原本就适用。而对商标注册无效宣告审判的请求人适格，甚至认可有关请求在法律上不具有利害关系的人是正当的，则需要有必须排除上述行政不服审查法和民事诉讼法的原则的特别理由，然而却没能发现这样的特别理由。原告没有足够的认可其作为商标注册无效的审判的请求人有法律上的利益的证据。	商标
㉖东高判昭 41.9.27（昭 40（行ケ）65 号） 被告作为个人没有对能构成特许的侵权的装置进行了制造销售的事实，个人经营的请求人在无效宣告审判请求后，将事业改为法人（公司）	特许

（2015.2 修订）

32—01 PUDT
无效宣告审判案件中的书面审理通知

1. 审判长在无效宣告审判（包含商标注册撤销审判）案件中，在根据当事人或参加人的申请，或者依职权决定进行书面审理时（特§145①、实§41、外§52、商§56①、§68④），对当事人以及参加人发出书面审理的通知。

但是，在口头审理之后，决定进行书面审理时，在口头审理时向该案件出席的当事人以及参加人告知了以后通过书面审理进行审理时，不需要通过文书进行通知。另外，在当事人的一方或双方，或者参加人在口头审理的日期没有出席时，那就需要通知未出席的人。

2. 进行书面审理的情况，应当尽早进行书面审理的通知。

3. 根据特§133③（实§41、外§52、商§56①、§68④），在根据审判长的决定驳回审判请求书的情况下，不需要进行书面审理的通知。

4. 根据特§135（实§41、外§52、商§56①、§68④）作为不合法以审查决定驳回审判请求的情况下，如下所述。

（1）在没有给予被请求人提交答辩书的机会时，不需要进行书面审理的通知。

在民诉§140中，规定"诉讼由于不合法而其缺陷无法补正时，法院可以不经过口头辩论，通过判决驳回诉讼"，因此不需要进行书面审理的通知。

（2）在给予被请求人提交答辩书的机会时，应当向当事人双方以及参加人进行书面审理的通知。

（2015.2修订）

33—00 ＰＵＤＴ
口头审理方式

1. 口头审理方式及其优点

审判的审理方式，除了书面审理以外，也可以通过口头审理，特别是无效宣告审判，以口头审理为原则（特§145、实§41、外§52、商§56）。

口头审理针对书面中无法进行充分说明的当事人的主张，通过审判长的审询而引出，从而有助于合议组正确把握争论点，另外，通过得到当事人的说明，也能对技术内容的正确把握起到作用。

而由于通过口头能够充分主张，因此不需要提交第二次答辩书或辩驳书等，其结果相比于书面审理能够进行更快的审理。

而且，通过进行积极的审理指挥，当事人仅就必要的争议焦点进行主张即可，能够省略针对争议焦点以外的主张举证。

2. 与民事诉讼中的口头辩论的不同

特许厅的口头审理与民事诉讼中的口头辩论不同，能够依照职权主义进行审理指挥，因此通过进行各种努力应对案件，从而能够引导案件得到最适当的解决。

另外，特许厅的审理可以通过口头，也可以通过书面进行，因此无论是进行口头审理时，还是通过书面提交，都构成在审判中的有效陈述。

所以，特许厅的口头审理，与民事诉讼中的口头辩论不同，通过书面提交的主张在审判官面前再次进行口头陈述在法律上是没有意义的，在审判长通过进行审询，整理争议焦点，从而实现当事人的合适的主张举证方面具有一定意义。

（2015.2 修订）

33—00.1 PUDT
成为对象的审判案件以及选定时期

1. **成为对象的审判案件**

口头审理的有效利用，特别是针对以下案件类别很有效。
①无效宣告审判（特许、实用新型、外观设计、商标）
②撤销审判（商标）
③注册商标异议申诉（商标）
④判定（特许、实用新型、外观设计、商标）

关于无效宣告审判案件，为了进行迅速的争议焦点整理以及完成准确的审理，另外，为了提高当事人之间的信赖性以及信服感，除了符合以下条件的案件以外，原则上都进行口头审理（→51—09 之 2.）。

（1）审判请求或者审判请求所涉及的程序（审判请求书）应当驳回时
（2）明确当事人不进行争辩时

例：不提交答辩书或辩驳书时，通过订正请求将成为无效宣告审判的对象的权利要求全部删除时，当事人主张不进行争辩时，等等

（3）当事人（以及参加人）都申请进行书面审理时

例：由于针对同一特许权在另一件无效宣告审判中的无效已经确定，因此本件无效宣告审判请求被驳回时，等等

（4）其他的判断为不需要进行口头审理时

2. **选定时期**

口头审理的时期以进行如下选定为宜。
（1）当事人类审判案件

ア 被请求人提交了答辩书的阶段（包含针对请求书无应答的情况。提交了订正请求时根据需要进行辩驳之后）

イ 答辩书提交之前、答辩书（订正请求书）刚提交之后等，审理的早期阶段在以下情况下，在审理的早期阶段进行以当事人的说明为中心的口头审理。

（ア）本件的技术内容复杂并高水平，内容的理解需要花费很多时间时
（イ）成为主张前提的背景技术/理论等复杂而难理解时
（ウ）当事人的主张不清楚，或者相互矛盾时
（エ）所提交的证据多，其内容的整理/理解很费时间时

（オ）所提交证据的证明目的不明确时

（2）注册商标异议申诉

ア　着手于正式的案件审理时

イ　针对撤销理由通知书，权利人提交了意见书

（2015.2 修订）

33—01 PUDT
口头审理的日期指定

1. 请求人、被请求人、注册商标异议申诉人、权利人或者代理人通过日期调整的请求书（格式1）来调整日期。此时，原则上记载有通过口头审理来审理的预定事项的审理事项通知书（→33—08）等也与日期调整的请求书一起通过传真发送给当事人。另外，也有在审理事项通知书发送之前确定日期的情况。

2. 日期传唤利用电话/传真的简单方法来进行（特§151→民诉§94、实§41、外§52、商§56）。为确保出席，通过传真以格式2的日期接受请求当事人。但是，针对下列情况，向当事人送达格式3的口头审理日期传票。
①无法通过电话事先联系到当事人时
②当事人要求传票时

3. 口头审理日期传票，原则上在日期的两周之前送达。

4. 在口头审理日期传票无法送达时，公告送达。

在公告送达的效力产生之日（从官报公告之日起经过了20天之日）之前已经指定了日期时，在日期变更（→33—02之2.）后公告送达。

5. 在进行了口头审理之后还需要再次进行口头审理时，以向出席的当事人告知日期为宜（→33—01.1）。

（2015.2修订）

[格式1] 日期调整的请求书

传真发送传票	
	令和〇年〇月〇日
接收方　　　〇〇特许事务所 　　　　　　〇〇〇〇先生/女士	Tel Fax 原稿页数 　　〇页（包含本页）

　　无效20XX—800〇〇〇　特许第〇〇〇〇〇〇〇号无效宣告审判案件的口头审理日期调整的请求以及审理事项通知书
　　请求人　　　〇〇〇〇
　　被请求人　　〇〇〇〇
　1. 关于口头审理日期调整的请求
　　关于本无效宣告审判案件的口头审理的举行日，审判长计划以下述日程中的1日作为举行日。请调整日期并通过传真给发信方回信。
　　另外，口头审理时间大约为〇小时。

期日	开始时间	可否
令和〇〇年〇月〇日　（星期三）	下午〇时起	
令和〇〇年〇月〇日　（星期四）	下午〇时起	
令和〇〇年〇月〇日　（星期五）	下午〇时起	

※能出席之日：请记入〇，不能出席之日：请记入×
　2．关于审理事项通知书
　　在口头审理中审理的事项已记载在附件的审理事项通知书（日期未记入）中，请作为口头审理的事前准备的参考。
　　在日期决定之后，将会重新邮寄记入了日期的该通知书（本次发送的内容和审理事项没有变更）。

发送人特许厅审判部审判科特许侵害业务室 　　　〇〇〇〇	电话：03（3581）1101　内线×××× FAX：03（3584）××××

[格式2] 日期回执

日 期 回 执

令和　　年　　月　　日

特 许 厅 审 判 长　　　　　　先生/女士

请　求　人　代　理　人　　　　　　　　　　　　　　　印

被　请　求　人　代　理　人　　　　　　　　　　　　　印

请 求 人　　　　〇〇〇〇
被请求人　　　　〇〇〇〇

关于上述当事人之间的无效20XX–800〇〇〇
特许第〇〇〇〇〇〇〇号的无效宣告审判案件
接受令和　　年　　月　　日（〇）上午/下午　　时在特许厅审判庭进行的口头审理的日期。

（注）用于简易传唤、口头通知日期的情况等。

[格式3] 口头审理日期传票

口头审理日期传票

审判请求号　　　　　　　　　　　无效20XX—800X○○○
（特许号）　　　　　　　　　　　（特许第○○○○○○○号）
起草日　　　　　　　　　　　　　令和○○年○○月○○日
审判长　特许厅审判官　　　　　　○○　○○
请求人代理人辩理士　　　　　　　○○　○○　　　先生/女士

审判请求人　　　　　○○　○○
审判被请求人　　　　○○　○○

关于本审判案件，指定了口头审理日期为○○年○○月○○日（○）下午○时○○分，因此请在当日前往特许厅审判庭（特许厅○层）出席。
另外，受到传唤的人，在既无正当理由又拒不出席的情况下，处以10万日元以下的罚款。

（备注）
有关该传票若有有事询问，请与下方联系。

审判科特许侵害业务室　　　○○　　　○○
电话03（3581）1101　　　内线XXXX　　　FAX03（3584）XXXX

33—01.1 PUDT
口头审理的日期的告知

审判长可以就该案件向出席的当事人或者参加人告知口头审理的日期。此时，不需要送达口头审理日期传票（特§145④→民诉§94、实§41、外§52、商§56）。

1．告知人
应当由审判长告知。

2．被告知的人
就该案件出席的当事人或参加人，或者其代理人。
所谓"关于该案件出席"，是指以实现该审判案件的审理、审询、会晤、记录的阅览等与该审判案件相关的事情为目的前往特许厅出席的情况。
就其他的案件出席时，不可以进行告知。

3．告知事项
告知日期以及场所。
日期应当依据合议组、双方当事人以及审判书记员能否参加进行调整并决定，因此日期的告知原则上在双方当事人就该案件出席时进行。
场所是指定审判庭、第1审判庭、第2审判庭、共用会议室或者会晤室中的任意一个。

4．进行日期告知的注意事项
审判长在告知日期时，应当事先与审判书记员根据审判庭等的使用状况等就口头审理日期进行充分的协商。
口头审理即使是伴随着证人询问等证据调查，也可以对出席的当事人进行日期的告知。

5．日期告知的记录
审判长在告知日期时，将此事和所指定的日期一起记录在笔录或者会晤记录中。

(2005.7 修订)

33—02　ＰＵＤＴ
口头审理的日期变更

审判长在指定了日期时，可以根据请求或者依职权变更该日期（特§5②、实§2之5①、外§68①、商§77①）。

1. 根据请求的日期变更

日期的变更请求，应当明确需要进行日期变更的事由（特施规§4之2②③、实施规§23①、外施规§19①、商施规§22①、民诉规§36）。

（1）认可日期变更的情况

ア　日期变更请求书中显示有对方（注1）同意的内容时。

イ　日期变更请求书中具体记载有正当的理由（注2）时。此时，不问是否有对方的同意。

（2）不认可日期变更的情况（特施规§4之2④、实施规§23①、外施规§19①、商施规§22①、民诉规§37）

ア　当事人的一方有两个以上的代理人，其中一人产生了日期变更请求的理由时。

イ　日期指定后与该日期同一时间被指定为其他的案件的日期时。

ウ　离近所指定的日期已很近时请求变更日期，无法将此事与证人以及其他的指定日期传唤人联系时。此时不问是否有对方的同意。

2. 依职权的日期变更

仅限于在存在不得已的事由时，审判长依职权进行日期的变更。

3. 日期变更的程序

（1）根据请求或者依职权变更日期时，只要没有特别的情况，将指定日期后的尽早的日子指定为新日期。

（2）新日期指定的程序（→33—01）。

（注1）所谓对方是指作为当事人的对方，不包括参加人、参加申请人以及注册商标异议申诉人。

但是，在当事人请求对询问参加人、参加申请人以及注册商标异议申诉人所申请的证人的日期进行变更时，该参加人、参加申请人以及注册商标异议申诉人成为对方。

(注2)〔正当理由的例子〕

（1）在无代理人的当事人、代理人或者证人生病的情况下，附有医生的诊断书，无法出席的理由明确时。

（2）日期与在先指定的法院、审判口头审理的日期相冲突时。

（3）无代理人的当事人、代理人或者证人因公或由于其他的不得已的事情而无法出席的理由明确时。

（4）基于其他的以（1）、（2）、（3）为准的理由并附有第三人的证明书，审判长认为是正当的理由时。

（2012.3修订）

33—03　PUDT
口头审理的出席者、在口审当日不出席的情况下的程序

1. 出席者
（1）能够出席口头审理的人是当事人（若是法人则是代表人）、代理人、参加人以及翻译人员。

以下人员可作为代理人。

ア　已经向特许厅办理了作为代理人程序的辩理士、律师、指定代理人等

イ　持有委托书的辩理士、律师

以如上所述的出席者为宜，但在当事人说明了不得已的情况，并且得到了审判长认可时，持有委托书的该当事人的员工等也可以出席。例如，对专业性要求高的技术事项进行说明的发明人符合该情况。

（2）在出庭的人未出示委托书，并且申请想要出席口头审理的情况下，审判长认为让其出席是合适的情况下，在征求了对方的意见的基础上，让其之后提交委托书并进行审理。因不提交委托书其陈述是无效的，故将该情况明确记载在笔录中。

（3）不能成为出席者的人，作为旁听者来处理。

辩理士事务所的、不具有辩理士等的资格的工作人员不能成为出席者。

属于与当事人的法人不同的法人的员工不能成为出席者。

2. 在口头审理当日未出席时
受到特许厅传唤的人，在无正当理由不出席时处以十万日元以下的罚款（特§203、实§63、外§76、商§84）。

3. 在口头审理当日双方当事人都不出席时
在口头审理当日双方当事人都不出席时实质上无法进行口头审理。因此，

（1）在该日没有与证人询问一起进行的预定时，仅制作记载有不出席的事实的口头审理笔录（→33—04）。

（2）在该日有进行与证人询问一起进行的预定时，

ア　在证人没有出席时，按照所述（1）办理。

イ　在证人出席时，可以仅进行证人询问（特§151、实§41、外§52、商§56①、§68④、民诉§183）。此时，主要根据记载有申请进行证人询问的人所提出的询问事项的文件，审判长对证人进行询问。作为其结果，制作记载有有关口头审理没有出席的事实的口头审理笔录和证人询问笔录。

4. 在口头审理当日当事人的一方不出席时

在口头审理当日当事人的一方不出席时，原则上进行口头审理。

（1）在该日没有与证人询问一起进行的预定时，仅制作口头审理笔录。

（2）在该日有与证人询问一起进行的预定时，

　ア　在证人没有出席时，按照所述3.（1）办理。

　イ　在证人出席时，可以与证人询问（特§151、实§41、外§52、商§56①、§68④、民诉§183）一起进行。作为其结果，制作口头审理笔录和证人询问笔录。在此时的证人询问中，

（ア）在申请进行证人询问方的当事人有出席时，主要让该当事人询问。

（イ）在申请进行证人询问方没有出席，而对方有出席时，与所述3.（2）

　イ　同样进行证人询问。但是，当然也会给予所述的对方反询问的机会。

（2015.10 修订）

33—04　PUDT
口头审理笔录的制作要领

1. 口头审理笔录由审判书记员按照每个日期制作（特§147①、实§41、外§52、商§56①、§68④）。

2. 口头审理笔录是为了公证口头审理的内容而制作的公文书。

3. 口头审理笔录在格式1的口头审理笔录的规定之处填写审判案件号、日期、审理的公开或者非公开（其理由）、场所、出席者、合议组（审判官的姓名）、审判书记员等的形式方面的记载事项，接着简洁记录陈述人和所陈述内容的要点。

笔录中可以引用书面、照片、录音带、录像带、其他的审判官认为合适的物件，并附在审判记录中作为笔录的一部分（特施规§56、实施规§23⑫、外施规§19⑧、商施规§22⑥、民诉规§69）。

记载陈述内容时要注意下列几点。

（1）在根据审判请求书、答辩书等文件进行陈述时，根据需要明确表示该文件、文件的提交日、相关之处（页、项目），写上如文件记载陈述的内容。

有关其他的审判长的审理指挥的内容、当事人意见的陈述、主张以及异议等，也要明确记载其要领。另外，在当事人、审判长的发言需要按时间顺序时，按照发言的顺序记载。

在进行主张、证据方法的撤回、证据是否成立时，记载其内容。

（2）在陈述了不包含在审判请求书、答辩书等中的事项时，审判长为了确认当事人的陈述内容而对其进行重复，指示审判书记员将该情况记载在笔录中。

要陈述的内容很长，其内容复杂或者不明确时，审判长也可以指示日后以书面形式提交，因此在这种情况下，写上有过这样的指示一事和当事人日后提交一事（提交期限以及提交方法）。

（3）在口头审理结束之际，审判长告知本件的审理结束，作出审查决定的时机已经成熟，或者今后通过书面审理进行审理一事，记载该内容。

（4）作出了不需要以书面形式形成的是否允许补正的决定、无效理由通知、订正审查意见通知等时，记载该情况。

（5）在口头审理之际，有时一并进行证据调查（→35—01）。在这种情况下，在记下口头审理笔录之外另外制作的证据调查用笔录（→35—02）中记载的进行了证据调查的内容一事的同时，出示并记载是在口头审理的哪个阶段进行的。

（6）除斥、回避的申诉是通过口头作出的情况下，将与此有关的审判长的审理相关的指挥内容作特别正确、缜密的记录，3日以内提交了说明书，并在除斥、回避审判（→59—01~05）被立案时，办理笔录中的该部分的记录进行复制并连订在立件记录中的程序。

4. 审判书记员在制作了笔录后通过传真向双方当事人发送笔录的复印件（证据调查用笔录、引用了录音带等的笔录除外）。

[格式1] 口头审理笔录

<table>
<tr><td colspan="4" align="center">第一次口头审理笔录</td></tr>
<tr><td>审判号</td><td colspan="3">无效20○○—800○○○</td></tr>
<tr><td>日期</td><td colspan="3">○○年○○月○○日下午○时○○分</td></tr>
<tr><td>场所以及公开的有无</td><td colspan="3">在特许厅审判庭公开</td></tr>
<tr><td>审判长审判官</td><td></td><td>○○</td><td>○○</td></tr>
<tr><td>审判官</td><td></td><td>○○</td><td>○○</td></tr>
<tr><td>审判官</td><td></td><td>○○</td><td>○○</td></tr>
<tr><td>审判书记员</td><td></td><td>○○</td><td>○○</td></tr>
<tr><td>出席的当事人等</td><td>请求人代理人辩理士</td><td>○○</td><td>○○</td></tr>
<tr><td></td><td>请求人代理人辩理士</td><td>○○</td><td>○○</td></tr>
<tr><td></td><td>被请求人代理人辩理士</td><td>○○</td><td>○○</td></tr>
<tr><td></td><td>被请求人代理人辩理士</td><td>○○</td><td>○○</td></tr>
</table>

陈述的要领

请求人
　　1　〈当事人的陈述的要领〉
　　2　〈审判长命令记载的事项〉
　　3　〈根据当事人的请求,审判长允许记载的事项〉
　　4　〈其他必要事项〉
被请求人
　　1　〈当事人的陈述的要领〉
　　2　〈审判长命令记载的事项〉
　　3　〈根据当事人的请求,审判长允许记载的事项〉
　　4　〈其他必要事项〉
审判长
　　1　〈审判长命令记载的事项〉
　　2　〈根据当事人的请求,审判长允许记载的事项〉
　　3　〈其他必要事项〉

以上

审判长	特许厅审判官	○○○○	XXXX
	审判书记员	○○○○	YYYY

(2019.6修订)

33—05 ＰＵＤＴ
口头审理的顺序

1. 准备
（1）开庭场所
ア 在没有伴随证据调查时，原则上选择审判庭（特许厅本厅）、第1审判庭（经济产业省别馆1层）、第2审判庭（经济产业省别馆1层）中的任意一个。但是，若能够保证公开性，会议室或者会晤室也可以（→07—01）。

イ 在伴随证据调查时，使用审判庭、第1审判庭。另外，审判庭是配备IT设备的IT审判庭，可以通过视频等进行技术说明，使用实物投影仪进行实物/对象物的查证。

ウ 在上述ア、イ之外，合议组还可以前往全国各地开庭进行口头审理的巡回审判。

（2）口头审理前的事先协调以及审理事项的通知
ア 审判长、合议组成员、审判书记员就包含案件内容的简单说明等的口头审理的进展方式、主要争议焦点、记录的要点等进行事先的协调。

イ 为了顺利地实施充实的审理，合议组将在当日预定审理的事项通过审理事项通知书（→33—08）等，预先通知当事人，促使其进行在此基础上的口头审理陈述要点书的制作等的准备。另外，审理事项通知书原则上在日期决定之后发送，但是为了确保口头审理的准备期间，在日期决定前也会将通过之后邮寄的审理事项通知书的内容用传真发送。

（3）口头审理的公开
ア 为了确保审判的公平性，口头审理公开进行。但是，在有可能有害于公序良俗时，以及当事人或者参加人所保有的商业秘密有可能被公开时，以非公开的方式进行。

イ 针对各个案件，公开与否是在决定了口头审理后，由合议组来判断。

ウ 为了确保透明性，对口头审理的日期/场所等进行公示。

（4）审判书记员的准备工作
ア 在特许厅1层大厅公布有一个月的开庭预定表。另外，也会在特许厅网页上公布。

イ 在当日的早晨，就当日的开庭案件，在各审判庭前的公布板上公布该情况。

2．从开庭至闭庭

（1）开庭

在审判庭事务员宣读案件之后，审判长对当事人以及代理人的出席者分别进行确认。另外，案件的宣读也可以由审判书记员进行（→07—02）。

（2）请求人的陈述

ア　关于请求宗旨以及理由。

审判长要求请求人或其代理人陈述请求宗旨以及理由（口头审理陈述要点书→33—07）。

（ア）如果请求的理由与审判请求书等中记载的内容相同，则不必特别进行陈述。不需要"如审判请求书中所述的陈述"等仪式性的陈述。

（イ）请求人或者其代理人可以主张请求宗旨以及理由中想要强调的内容、整理后想要陈述的内容。

（ウ）审判请求书、辩驳书、口头审理陈述要点书等中记载的事项，即使不陈述也构成审查决定的基础。

イ　以进行有关争议焦点的释明为宜。

ウ　可以对本案技术、背景技术、商品交易的实际情况等进行说明。

（3）被请求人的陈述

ア　关于答辩的宗旨以及理由。

审判长接着要求被请求人或其代理人陈述答辩的宗旨以及理由（口头审理陈述要点书→33—07）。

（ア）如果答辩的理由与答辩书等中记载的内容相同，则不必特别进行陈述。不必特意地进行"如答辩书所述的陈述"等仪式性的陈述。

（イ）被请求人或其代理人以进行答辩的宗旨以及理由中想要强调的内容、整理后想要陈述的内容的主张为宜。

（ウ）答辩书、口头审理陈述要点书等中记载的事项，即使不进行陈述也构成审查决定的基础。

イ　以进行有关争议焦点的释明为宜。

ウ　可以对本案技术、背景技术、商品交易的实际情况等进行说明。

（4）辩驳以及再答辩

进一步，若请求人或其代理人要对被请求人或其代理人所陈述的答辩进行辩驳以及针对该辩驳进行答辩，可以进行陈述。

（5）审判长的询问

审判长针对请求人的请求宗旨及理由，以及被请求人的答辩宗旨及理由，命令其对不明确的陈述（记载）进行释明。

（6）对方的陈述

要求陈述针对释明的对方的意见。

（7）证据的处理

若有需要，使其进行证据的原件的确认、成立的认可与否（→34—01）。

（8）当庭证人的采信与否的决定

若有当庭证人的申请，通过合议决定是否采信。

（9）审理结束、日期指定或者书面审理的告知

审理结束（口头审理以尽量1次结束为宜）、下次日期或继续进行日期的指定，或者以后进行书面审理时，对此进行告知。在使其提交某种文书时，在当事人同意的基础上，以指定尽可能短的期间（标准指定期间→25—01.2）为宜。

（10）证据调查

在口头审理日期中一并进行证据调查时，也可以在当事人进行陈述之前进行。在进行证人询问（→35—05）时，按照35—04的顺序进行。

（11）针对证据调查的结果的意见陈述

审判长关于证据调查的结果，让双方当事人进行意见的陈述。

（12）闭庭

在进行了充分主张之后，审判长向当事人确认在笔录（→33—04）中要求记载的事项。

原则上，口头通知审理终结的情况或者作出审查决定的时机已经成熟的情况，并将该情况记载在笔录中。在例外的情况下，指定下次口头审理日期，或者指定要求提交的文件的提交期限，或者进行书面审理通知。

审判长宣布闭庭。

（2015.10修订）

33—06　PUDT
口头审理中录音装置等的使用

1. 审判长在认为有必要时，可以根据申请或者依职权使用录音装置，将口头审理（包含证据调查）中的陈述的全部或者一部分进行录音（特施规§53、实施规§23⑫、外施规§19⑧、商施规§22⑥、民诉规§76、刑诉规§40）。

2. 当事人要使用录音装置对口头审理（包含证据调查）中的陈述的全部或者一部分进行录音时，应当得到审判长的许可。另外，以将附加有对方的承诺书的使用许可申请书提交给审判长为宜（特施规§53、§54、实施规§23⑫、外施规§19⑧、商施规§22⑥、民诉规§76、§77、刑诉规§215）。

3. 在没有充裕时间递交前项的使用许可申请书时，在使用之前，也可以尽量地在开庭前向审判长口头申请进行录音之事。此时，审判长在确认对方（证人调查的情况下除了对方以外还有证人本人）的意向的基础上，决定采用与否，并且根据需要命令审判书记员在证据调查用笔录中对该经过进行记载。

4. 当事人或者参加人针对证据调查（证人询问）的证人等的陈述的录音带，可以通过申请得到。另外，在审查决定的誊本送达之前可以申请制作"记载有证人等的陈述的书面文件"。

（2015.2 修订）

33—07 PUDT
口头审理陈述要点书

口头审理陈述要点书（特施规§51、实施规§23⑫、外施规§19⑧、商施规§22⑥）用于实现以下目的：即使是在事实关系很复杂并涉及多方面时，也能够切实地进行当事人的陈述以及对其进行毫无遗漏的听取，而且，可形成具有缜密逻辑结构的陈述，有效地进行口头审理。

所以，在请求书、答辩书等已经提交的文件中有准确且明确的记载时，或者，在规定日期之前未提交口头审理陈述要点书时，不一定要义务性地提交。

所以，即使是没有提交时，也不用发出命令等。口头审理陈述要点书的提交，以如下方式进行。

（1）口头审理陈述要点书的提交要求，原则上在发送审理事项通知书时进行。口头审理陈述要点书的提交期限，考虑到该陈述要点书的撰写所需要的期间、对方的探讨所需要的期间、合议组预先对该内容进行把握所需要的期间等，一般设定为日期的1~2周之前。

当事人在提交口头审理陈述要点书的情况下，提交正本（1份）、副本（对方用○份+审理用1份），并且将其复印件通过传真发送给特许厅以及对方。

（2）口头审理陈述要点书的标准格式为格式1（请求人、申请人用）、格式2（被请求人、权利人用）。

（3）当事人在口头审理中使用投影仪、屏幕等特别设备时应当事先与审判书记员协商。

[格式1] 口头审理陈述要点书［请求人／申请人用］

口头审理陈述要点书

令和　　年　　月　　日

特　许　厅　审　判　长　　　　　先生/女士

1. 审判编号

无效20XX—800001

（异议20XX—900001）

2. 请求人（申诉人）

住　所

姓　名（名称）

3. 代理人

住　所

电　话

传　真

姓　名

4. 被请求人（商标权人）

住　所

姓　名（名称）

有关上述审判（异议）案件，在令和　　年　　月　　日上午/下午　　点为日期日的口头审理中，请求人（申诉人）应当准备陈述的要领如下。

5. 陈述的要领

6. 证据方法

7. 附件的目录

口头审理陈述要点书　副本　○份

（注）针对"5.陈述的要领"中记载的事项并没有特别规定。

示例：①审理事项通知书中所要求的释明，②答辩理由的补充，③对请求人的主张的反驳，④撤回的理由、证据，⑤目前为止的所有主张的摘要等。

[格式２] 口头审理陈述要点书 [被请求人/权利人用]

口头审理陈述要点书

令和　　年　　月　　日

特 许 厅 审 判 长　　　　先生/女士

1. 审判编号
无效 20XX—800001
（异议 20XX—900001）

2. 被请求人（商标权人）
住　　所
姓　名（名称）

3. 代理人
住　　所
电　　话
传　　真
姓　　名

4. 请求人（申诉人）
住　　所
姓　名（名称）

有关上述审判（异议）案件，在令和　　年　　月　　日上午/下午　　点为日期日的口头审理中，被请求人（商标权人）应当准备陈述的要领如下。

5. 陈述的要领

6. 证据方法

7. 附件的目录
口头审理陈述要点书　副本　〇份

（注）针对"5.陈述的要领"中记载的事项并没有特别规定。

示例：①审理事项通知书中所要求的辩解意见，②答辩理由的补充，③对请求人的主张的反驳，④撤回的理由、证据，⑤目前为止的所有主张的摘要等。

（2019.6修订）

33—08 ＰＵＤＴ
审理事项通知书

1. 审理事项通知书的意义

审理事项通知书的作用是，将合议组在口头审理日期所预定的审理事项在开庭前传达给当事人，促使其在此基础上进行口头审理陈述要点书的制作等准备，从而使口头审理顺利进行，以收集审查决定需要的资料。

审理事项通知书和其他通知（→37—00 之 2.）同样都连订在记录中，成为阅览请求的对象，从而提高程序的透明性。审查决定也作为程序之一进行记载。

2. 审理事项通知书的记载事项

为了收集审查决定所需要的资料，可以考虑在审理事项通知书（格式 1）中以下述（1）至（3）为中心进行记载，但是具体的记载事项根据案件基于合议组的判断进行记载。

（1）合议组暂定的见解

记载在该时间点合议组对本发明、引用发明、两者的相同点、不同点等的事实认定相关的暂定的见解。

（2）有关当事人的主张

针对上述（1）的事实认定相关的合议组的暂定的见解征求当事人的意见。另外，针对当事人作为的争议焦点的事项，以及合议组起草审查决定时的论点有关事项，具体指出这些争议焦点等，并且穷尽当事人对此的主张/举证。

而且，指出审判请求书、答辩书、订正请求书、辩驳书等中不明确的事项等，要求其进行释明，根据情况敦促撤回主张。

（3）其他

根据需要，敦促进行本特许及其背景等的技术说明。

在特许无效宣告审判中，在有关联的侵害诉讼、有无效的抗辩时，要求针对理由/证据的异同进行说明。

若有需要确认原件的证据，敦促其在开庭时带来。

另外，在审理事项通知书的末尾，以记载"相同内容的审理事项通知书也已经向对方进行通知"等为宜。

3. 审理事项通知书的发送程序

（1）审判书记员将日期调整的委托书（→33—01 之格式 1）以及合议组起草的

审理事项通知书（由于在决定前故日期未记入）通过传真发送给当事人。

另外，为了缩短审理时长，由审判书记员进行的日期调整和由合议组进行的审理事项通知书的起草可以同时进行。此时，合议组应当注意不能不当地缩短当事人的口头审理前的准备时长。

（2）审判书记员与当事人调整日期，在得到合议组的同意后，将日期接受书的模板通过传真发送给当事人。

（3）审判书记员在双方当事人都得到日期接受书时，将所决定的日期通知合议组。

（4）合议组原则上在接到该通知之日将日期记入审理事项通知书中，进行裁决。

（5）审判书记员将记入日期的审理事项通知书发送给当事人。

[格式1] 审理事项通知书

审理事项通知书

令和○年○月○日
特许厅审判长

审判请求的号码	无效 20XX – 800○○○
（特许号）	（特许第○○○○○○○号）
请求人	○○○○先生／女士
代理人辩理士	○○○○先生／女士

有关在令和○年○月○日进行的口头审理的审理事项现通知您。

在提交口头审理陈述要点书之际，请以下述事项为基础进行撰写，且在令和○年○月○日之前提交到特许厅申请窗口或进行发送。另外，请在同一天将该口头审理陈述要点书通过传真发送给负责审判书记员以及对方。

记

有关本通知有任何疑问，请与下述人员联系。
审判部第○部门　审判官　○○○○
电话 03（3581）1101　内线○○○○　传真○○○○

（2015.10 修订）

34—01 PUDT
与证据提交相关的文件的检查和注意事项

1. 证据方法

所谓证据方法，是指成为证据调查对象的有体物，有文书、证人、鉴定人、当事人本人、查证物。

2. 证据的提交以及撤回

（1）原则

在审理结束之前可以提交证据。所以，在当事人类案件审判中，在审理结束后采用提出证据的申请时，在将审理再次启动的基础上（→42—00 之 2.），需要给予向对方提供答辩以及与此相关联的证据提交的机会（特施规§47 之 2①、§47 之 3①、实施规§23⑫、外施规§19⑧、商施规§22⑥）。

证据的撤回可以在证据调查开始之前自由进行，但是在证据调查开始后，需要对方当事人的同意。也存在撤回对对方也有利的证据等不能获得同意的情况，因此需要当事人慎重选定提交的证据。另外，在证据调查结束后，由于合议组已经获得心证，因此没有撤回的余地。

（2）异议申诉中证据的追加、变更

针对特许异议申诉证据的追加、变更，只要是在特许异议申诉期限日或者取消理由的通知日二者中最早日期前，即认可（特§115②但书）（→67—04）。

针对商标注册异议申诉的证据的追加、变更，只要是在注册异议申诉期限日后的 30 日之前即可被认可（商§43 之 4②但书）（→66—03）。

3. 证据提交程序

有关审判请求书、答辩书及其他的审判，在向特许厅提交的书面文件中应当记载必要的证据方法，在有物证时，应当附加（特施规§50①、实施规§23⑫、外施规§19⑧、商施规§22⑤、⑥）。

在提交证据时，将该证据通过书面（请求书、证据提交书等）具体确定，并且需要明确出示应当证明的事实以及该证据与应当证明的事实的关系（特§131②、特施规§57 之 3（格式 65 之 11、65 之 12）、实§38②、实施规§23⑫、外§52、外施规§19⑧、商§56①、§68④、商施规§22⑥）（近似法规：民诉§180①、民诉规§99①、民诉§221①、民诉规§150、民诉规§153）。

合议组根据文书、证人等、证据的种类研究所提交的文件中是否存在缺陷，若有必要就敦促进行主动补正，或者命令进行补正（→35—01 之 1.）。

4．文书

将文书作为证据方法，将所记载的思想内容作为证据资料通过证据调查成为书证。在实务中，也有将文书本身称为书证的情况。

（1）证据号码

在证据文书中，根据提交人是请求人、被请求人或者参加人中的哪一个，在最前端附上甲、乙或丙，按照提交顺序而附上号码称为第几号证据。例如，请求人提交的第一个证据文书是"甲第 1 号证据"。

（2）复制件的提交

将文书作为证据方法进行证据提交的人，按照与特许厅以及对方（包括参加人）的数量对应的份数提交文书的复制件（特施规§50②、实施规§23⑫、外施规§19⑧、商施规§22⑥）。这些复制件除了举证需要的文件页之外，还要提交图书等的封面、扉页、末页、封底、书脊等确定文书需要的部分。这些物件不齐全时命令进行补正。

（3）原件、复制件

作为书证的提交，文书的提交或发送应当是以原件、正本或者经认证的誊本（下面在本节34—01中称为"原件等"）进行。审判官可以命令提交原件，或者使其发送原件（特施规§61之5、实施规§23⑫、外施规§19⑧、商施规§22⑥、民诉规§143）。原件可以要求在审理后返还（特施规§15）（→16—01），此时，在确认复制件与原件一致的基础上，将该情况记录在复制件上。

在实务中，通过提交替代原件等的复制件（无认证的复印件。在以下本节34—01中相同）来进行书证的提交也被认可，但是仅以复制件的形式而不能认定对应的原件存在时，依职权或根据对方当事人的申请，在口头审理等中，督促提交原件等的情况也时有发生。在提交复制件时，除了记载有举证事项的页之外，还提交确定该文书所需要的部分。

在原件等已不存在时，或者不能提交原件等并且不能确认原件的存在时等，向特许厅提交的复制件本身也可以作为证据。是直接将原件等提交，还是通过提交复制件来推定作为证据的原件的存在（提交代替原件的复制件），或是将所提交的复制件本身作为证据，由证据提交者进行判断。

在实务中，大致如下所述进行处理。

ア　特许公报类、特许登记簿、独立行政法人工业所有权信息馆所藏的出版物原件的对照可容易进行，因此代替原件而提交复制件足够。

イ　图书、杂志、学会期刊、目录等派发多个的文书

优选提交原件（例如目录本身），但是在页数多等原因提交原件有困难时，提交复制件的情况很多。

ウ　设计图、规格书、订货书/交货书等交易文件

在现存有原件时，优选提交原件（例如设计图本身）。

在业务上的需要等原因提交原件有障碍时，也有提交复制件的情况，但是依职权或者根据当事人的申请，要求提交原件的情况很多。

エ　证明书等、为本件请求/申诉制成的文书

一般要求提交原件。

(4) 出版物

所谓出版物是指"以向公众派发而公开为目的复制的文书、图画及其他与此类似的信息传递介质"（最二小判昭55.7.4）。

（作为出版物的裁判例）

(例1) 规格书（知财高判平21.1.28（平20（行ケ）10180号））

(例2) 制造业者向服务业者分发的技术导引（知财高判平22.6.29（平21（行ケ）10323号））

(例3) 粘贴有织物样品的实物的目录（知财高判平26.10.15（平25（行ケ）10204号））

(5) 译文的附加

由外文制成的文书作为书证提交时，针对要求调查的部分应当附加该文书的译文（特施规§61①、实施规§23⑫、外施规§19⑧、商施规§22⑤⑥、民诉规§138①）。即，当证据为外国文献时，必须附加所引用部分的译文（与书证的复制件、证据说明书同时提交译文）。

对方针对该译文的正确性有意见时，应当提交记载该意见的书面文件（特施规§61②、实施规§23⑫、外施规§19⑧、商施规§22⑥、民诉规§138②）。

(6) 证人询问等的利用

在不能提交原件等时，或者文书为以下所列之外时，为了使得文书的成立和证明内容明确，也可以考虑一并进行证人询问的申请。

ア　派发日明确的出版物

イ　证明事项为管辖事项的官方机构所证明了的公文书

ウ　设施以及专门技术人员齐全的大学或研究所的正式证明书

エ　该医药明确在医院的治疗中使用等该医院的正式医疗效果证明书

(7) 证据说明书

除了根据文书的记载进行明确以外，应当提交记载有文书的目录、制成年月日、作者、证明目的的"证据说明书"（格式1）（特施规§50③、实施规§23⑫、外施规§19⑧、商施规§22⑥）。证据说明书在实务中与审判请求书、答辩书、辩驳书、口头审理陈述要点书等一起提交，因此并不作为单独的文件，而作为所述文件的附加文件提交的例子很多。

"证据说明书"按照特许厅以及对方的数量提交。

（8）文书提交命令的申诉（特§151、实§41、外§52、商§56①、§68④、民诉§221、特施规§61之2、实施规§23⑫、外施规§19⑧、商施规§22⑥、民诉规§140）

在文书是具有根据特§151准用的民诉§220所规定的文书提交义务的他人所有物时，当事人可以进行申诉（文书提交命令的申诉），要求合议组基于民诉§223①发出提交命令。

在进行文书提交命令的申诉之际，需要通过书面文件确定文书进行申诉。
（记载事项）
・文书的记载
・文书的宗旨
・文书的持有者
・应当证明的事实
・文书的提交义务的原因

对方针对文书提交命令的申诉有意见时，应当向审判长提交记载有意见的书面文件。

（9）出示文书的保管（特施规§61之3、实施规§23⑫、外施规§19⑧、商施规§22⑥、民诉规§141）

审判官为了判断文书提交命令的申诉所涉及的文书是否符合民诉§220四イ～ホ，认为有必要时，可以要求文书的持有者出示（特151→民诉223⑥），另外，在认为有必要时，可以暂时保管所出示的文书。

＊民诉§220四（概要）
　イ　记载有文书的持有者等有可能受到刑事追诉、有罪判决的情况的文书
　ロ　公务员职务上的秘密相关的文书
　ハ　记载有辩理士、律师等基于职务上能够知晓的事实而未被免除沉默的义务内容的文书
　ニ　专供文书的持有者利用的文书
　ホ　刑事案件的诉讼相关的文件等

（10）录音带等转录文书（特施规§61之6、实施规§23⑫、外施规§19⑧、商施规§22⑥、民诉规§144）

提交了录音带等转录文书的书证的当事人或者参加人，在对方要求交付该录音带等的复制品时，应当向对方进行交付（例如，需要确认转录文书的内容与录音带的内容的一致性时）。

（11）是否认可文书成立时的理由的明示（特施规§61之7、实施规§23⑫、外施规§19⑧、商施规§22⑥、民诉规§145、特§151、实§41、外§52、商§56、§68④、民诉§228）

所谓文书的成立，是指根据主张举证人是制成者的特定人（制成名义人）的意

思制成该文书这样的情况被确认的情况，由此具备文书的形式证据力。在对方否认文书成立的情况下，等同于主张该文书是伪造文书，因此应当使其理由明确，合议组根据该结果判断成立性。

即使文书的成立被认可，也并不意味着认可文书的记载事项和内容也是真实的。

（12）应当供笔迹等对照用的文书等的调查书（特施规§61之8、实施规§23⑫、外施规§19⑧、商施规§22⑥、特§151、民诉§229、民诉规§146）

供笔迹或者印迹对照用的文件的原件、誊本或者抄本应当附加于调查书。

（13）基于文书的物件（特§151→民诉§231、特施规§61之9、实施规§23⑫、外施规§19⑧、商施规§22⑥、民诉规§147）

图纸、照片、录音带、录影带、鞋寄存牌、随身行李的对号牌、界标及其他的标识等，不能说是文书，虽然没有使用文字及其他的符号但是从表现了它们的制作人的思想这一点考虑，或者虽然没有表现任何的思想但从使用着文字及其他的符号这一点考虑，与文书是共通的，因此作为以文书为标准的物件（称为"准文书"。），通过与书证相同的程序进行调查。

（14）照片、录音带等（特施规§61之10、实施规§23⑫、外施规§19⑧、商施规§22⑥、民诉规§148）

进行照片、录音带等证据调查的提交时，在证据说明书中，应当明确拍摄、录音、录像等的对象、日期、场所以及拍摄者、录音者（制成者）。另外，在将它们提交时，根据需要有时在证据调查中进行盒带的再现或者放映。

（15）说明录音带等的内容的书面文件（特施规§61之11、实施规§23⑫、外施规§19⑧、商施规§22⑥、民诉规§149）

进行了录音带等证据调查的提交的当事人或者参加人，在审判官或者对方有要求时，应当提交说明该录音带等的内容的书面文件。

对方在针对上述书面文件的说明的内容有意见时，应当向审判长提交记载有意见的书面文件。

作为准文书被作为书证提交的录音带等，通过再现而进行证据调查。此时，优选预先提交说明该录音带等的内容的书面文件，从而能够确定发言人，明确发言内容。作为说明录音带等的内容的书面文件，典型的是"转录书面文件"，其内容、范围根据需要确定。

5. 证人（→35—01）

将把自己认识的过去的事实以及状态在审判庭中供述的作为第三人的证人作为证据方法时，在申请证人询问的书面文件（证人询问申请书（特施规§58）、审判请求书、答辩书等）中，为了确定该证人，需要在明示姓名、职业以及住所等的同时，根据特许厅、证人以及对方的数量提交询问事项书（特施规§58之2）。

6. 鉴定人（→35—12）

为了补充审判官的知识经验，将根据特别的学识经验在审判庭中陈述意见的作为第三人的鉴定人作为证据方法时，鉴定人的指定由合议组进行（特§151→民诉§213、实§41、外§52、商§56、§68④），因此不必一定由当事人指名鉴定人，但是当由当事人指名鉴定人时（注），在鉴定的申请书（特施规§60⑤、格式65之19、格式65之20）中，为了确定该鉴定人，需要明示姓名、年龄、职业以及住所等。

无论有无指名鉴定人，在进行鉴定的申请时，都需要提交鉴定事项书（特施规§60①、⑥、格式65之21、格式65之22）。

（注） 在取得对方的同意，合议组也认为适当时，指定由当事人指名的鉴定人。

7. 鉴定证人

询问将根据特别的学识经验而能够知晓的事实在审判庭中供述的作为第三人的鉴定证人时，该询问适用证人询问的规定（特施规§60之7）。

在存在鉴定证人的情况下，在申请询问鉴定证人的书面文件中，为了确定该鉴定证人，需要在明示姓名、年龄、职业以及住所等的同时，根据特许厅、证人以及对方的数量提交记载有鉴定证人询问事项的书面文件。

8. 当事人询问

在无其他的证据方法时，或仅其他的证据方法不能充分进行事实认定时等，作为补充，将把自己认识的过去的事实以及状态在审判庭中供述的当事人本人、其法定代理人，或者作为当事人的法人或团体的代表人作为证据方法时，其程序适用证人询问（特施规§59之2、实施规§23⑫、外施规§19⑧、商施规§22⑥）。

在申请询问的书面文件中，为了确定受到询问的当事人本人等，需要在明示姓名、年龄、职业以及住所等的同时，根据特许厅、证人以及对方的数量提交记载有当事人询问事项的书面文件。

另外，当事人的处理方式也适用于参加人。

9. 查证（→35—06）

（1）审判官对通过五感的作用直接检查特性、现象的物件、即对查证物进行查证时，进行查证的场所是特许厅审判庭的庭内查证和审判庭外的庭外查证。

在提交了查证物时，查证在特许厅审判庭进行（庭内查证）。

在不能提交查证物时，在其他需要的情况下，查证在该查证物所在的场所进行（也称为庭外查证、实地查证或者现场查证等）。

在这种情况下，申请查证的书面文件（查证申请书（特施规§62、实施规§23⑫、外施规§19⑧、商施规§22⑥）、审判请求书、答辩书等）中，为了确定查证物，应当明示查证物所在的场所。

（2）查证的申请需要出示作为标的物的查证物（特施规§62、实施规§23⑫、外施规§19⑧、商施规§22⑥、民诉规§150），针对查证物的出示或者发送，适用有关书证的民事诉讼法的规定（特§151→民诉§232①、实§41、外§52、商§56、§68④、一部民诉规§151）。

申请查证的当事人应当提交与特许厅以及对方的数量相对应数量的确定查证物所需要的图纸或者模型或样品（模型或者样品的情况下，另外附加图纸或者说明书）（特施规§50②、实施规§23⑫、外施规§19⑧、商施规§22⑥）。

（3）在查证之际，需要申请查证的当事人针对查证物具体进行指示说明，因此需要注意是否有这方面的准备。

（4）在查证物及其模型、样品上，根据进行申请的人是请求人、被请求人或者参加人中的哪一个，在上端部附上检甲、检乙或者检丙，按照提交顺序标记是第几号证据。

（5）在查证的申请中，伴随有应当同时进行的证人询问或鉴定人在场的申请，或者将示意图或照片等作为证据提交的情况很多，因此作为进行查证的前提，针对这些的申请或提交的程序的缺陷也应当注意。

10．证据方法的采用以及补充

（1）在有"证据方法随后提交"这样的申请的情况下，在经过一定的期间之后仍未提交时，也存在不命令补充证据方法，而直接作出审查决定的先例。

所谓一定的期间根据案件而不同，一般是1个月至3个月左右。

（2）针对有关证据的提交的补正命令，对方未回应时，是针对程序不予受理，或者是不认可证据的提交而进行审理等，由合议组进行判断。

（3）证据方法的补充构成要旨变更的，有时也不被认可。

【格式1】【证据说明书的样品】

证据说明书

令和〇〇年〇〇月〇〇日

特许厅审判长　　　　　　先生/女士

1　审判编号
　　无效〇〇〇〇—〇〇〇〇〇〇

2　请求人
　　住所（居所）　　　　　东京都千代田区霞之关〇丁目〇番〇号
　　姓名（名称）　　　　　特许株式会社
　　代表人　　　　　　　　审判　太郎

3　代理人
　　（识别号码　　　　　　100XXXXXX）
　　住所（居所）　　　　　东京都千代田区霞之关〇丁目〇番〇号
　　电话号码　　　　　　　03—〇〇〇〇—〇〇〇〇
　　传真号码　　　　　　　03—〇〇〇〇—〇〇〇〇
　　姓名（名称）　　　　　辩理士　特许　一郎　　㊞

4　证据的说明

证据编号	目录	原件·复制件的区分	制成年月日	制成	举证的宗旨
甲1	ABC001部件图纸	复制件	令和〇〇年〇〇月〇〇日	〇〇公司开发课特许太郎	ABC001部件的结构
甲2	〇〇公司产品目录	原件	令和〇〇年〇〇月〇〇日	〇〇公司营业部	ABC001部件向不特定多数销售
甲3	购货收条	原件	令和〇〇年〇〇月〇〇日	××公司资财课	ABC001部件的交易状况
甲4	请求书	复制件	令和〇〇年〇〇月〇〇日	〇〇公司营业部	ABC001部件的交易状况

5　附加文件或者附加物件的目录
　　无

（注）证据（甲第1号证据等）一般作为审判请求书等各个文件的附加文件提交。

(2019.6 修订)

34—01.1　PUDT
无效宣告审判、特许（注册商标）异议的
申诉证据中外文文献的处理

作为无效宣告审判、特许（注册商标）异议的申诉证据而提交了外文文献，但是未附加译文，或者存在对作为证据而引用的部分未翻译的部分时，如以下所述进行处理。

1. 无效宣告审判

请求的理由存在缺陷而命令进行补正（特§133①、实§41、外§52、商§56、§68④），在无答复等时，以决定的方式对请求不予受理（特§133③）。

另外，为了实现程序便捷，也可以通过电话等要求提交与译文相关的补正书、申诉书。

2. 特许异议的申诉

申诉的理由存在缺陷从而命令进行补正（特§120之8①→特§133①），在无答复等时，以决定的方式驳回申诉（特§120之8①→特§133③）（→67—04之1.）。

3. 商标注册异议的申诉

因申诉的理由存在缺陷而命令进行补正（商§43之15①→特§133①），在无答复等时，以决定的方式驳回申诉（商§43之15①→特§133③）。

理由如以下所述。

证据是外文文献的情况下，附加译文（特施规§61①、实施规§23⑫、外施规§19⑧、商施规§22⑤⑥、民诉规§138①）。

为了担保公平性，并向特许（实用新型、外观设计、商标）权人发送译文，要求译文作为正式的文件提交。以擅长证据的语言而对审理不造成障碍等的理由忽略译文，从公平性的观点来看并不妥当。

合议组在正式的文件提交之前，通过电话要求申诉人/请求人、代理人利用传真等提交译文，并以此为基础，或者无论有无译文，都可以进行审理。但是，在日后未提交正式的文件时，对申诉书/请求书不予受理。

（2015.10 修订）

35—00　ＰＵＤＴ
证据的一般规定调查

1. 直接主义、间接主义

在证据调查中，所谓直接主义是指应当作出审查决定的合议组自己进行证据调查的原则，所谓间接主义是指作为合议组构成人员的审判官（受命审判官）或者不是构成合议组的审判官（受托审判官）及其他的合议组以外的机构进行证据调查，合议组根据该结果的报告形成心证的原则。前者是合议组直接接触证据，能够形成新鲜且正确的心证，而后者并不直接接触证据，因此一般而言前者更优。

民事诉讼法原则上采用直接主义（民诉§249①），作为例外，从确保审理的机动性和诉讼经济的观点来看，认可受命/受托法官进行的证据调查（民诉§185、§268），并在有法官更换的情况下更新辩论（民诉§249②）。

审判程序也是原则上采用直接主义，但是在由受命审判官进行的证据调查（→35—11）以及由法院进行的委托询问（→35—03）中，采用间接主义。

2. 证据调查和事实认定

（1）为了使得审判的审理和结论适当，"事实认定"（事实存在与否的确定工作）的根据和过程应当公正且合理。而为了认定事实原则上需要证据，因此证据的调查，即"证据调查"的程序也需要公正性和合理性。

使用了违法的证据调查的结果进行的事实认定或者忽视合法的证据调查的结果进行的事实认定都是违法的。为了在事实认定中保障不存在这样的违法情况，确保当事人或第三人对审判的信赖，应当将事实认定的资料和基于该资料的推论的过程在审查决定中明确（因此，要求应当在审查决定中记载"理由"（参照最高判昭59.3.13（昭54（行ツ）134号））。

（2）针对影响审理结论的事实存在与否，通常会在当事人之间产生争执。该争执的本质多在于作为证据的证人的证言、文书的记载、查证物的评价的差异。

证据的评价是最终应当由合议组判断的事项，因此合议组不应被当事人的主张不当所左右，应当根据自由的心证，理解、把握证人的证言、文书的记载、查证物等来认定事实。但是，毫无疑问，证据的评价应当根据社会常识、经验和技术常识进行。

3. 事实认定和法律上的评价的区别

（1）审判的审理遵循以下过程。

①以审判中提交的"证据"为基础，确定具体事实的存在与否（事实认定）。

②针对确定存在的具体事实是否满足特许法（实、外、商）规定的法律要件进行判断（法律上的评价）。

③作为结论导出一定的行政处分（法律效果）。

这样，"具体事实的存在与否（①）"和"是否满足法律要件（②）"是不同的问题。"证据调查"是为了认定前者"具体事实的存在与否（①）"而进行的。

（2）但是，在当事人的证据调查的申请等中，"要举证的事实"与"法律上的效果的主张"有时是没有区别的。

例如，"根据证人A的证言，举证本发明被公开实施的事实"这样的证据调查的申请，以举证属于法律要件却不属于具体事实的"公开实施"这样的"事实"这一点并不适当。

审判官不应被这样的申请所影响，应当由证人A举证的示例是"△产品于○年○月○日被销售给B的事实"，应理解为"该销售是否属于'公开实施'"是审判官自身根据事实认定的结果进行解释（判断）的事项，使当事人明确根据证据调查而要举证的具体事实是什么，应当与法律上的评价的主张相区别。

（3）如以上所述，当事人①根据证据举证具体事实的存在，②该事实符合（相反，不符合）法律规定的构成要件，应当在将两者加以区别的基础上进行主张。当然，如所述的那样，证据的评价以及事实的认定（①）是根据合议组的自由心证来判断，而该事实的法律上的评价（②）也是合议组的专权事项，合议组无论是属于哪种判断，都应当不受当事人主张的不当影响。

4．多个证据方法和事实认定

（1）具有如下情况：针对一个具体的事实提交了多个证据，对于此进行证据调查。在这种情况下，合议组以根据证据调查得到的多个证据资料为基础，进行具有整合性的事实认定。特别是在针对有关某个事实负有举证责任的当事人提出的证据方法（本证）和否认事实的对方提出的证据方法（反证）进行证据调查时，在审判官的心证形成过程中，各证据所示的事实的关系以及反证所示的相反事实的存在可能性成为问题。

（2）不应因为有相反事实的存在可能性的情况而直接认定"不能认可事实"。例如，即使是仅残留有相反事实的存在可能性，也要针对所有的证据进行综合研究，按照经验法则对相反事实进行研究，若结果确信存在"一般人"合理怀疑程度的应举证的事实，则作为"可以认可事实"而作出审查决定。

（2015.10 修订）

35—01 PUDT
为准备证人询问等的程序

1. 举证计划的制订、要证事实和主张的整理以及区别

（1）举证事项（举证事实）、证据的整理

ア 由当事人进行的整理

在无效宣告审判请求等中，在审判请求书的请求理由中，应当在确定成为无效根据的具体事实的基础上，在证据方法一栏中，具体明示并记载该具体的事实（举证事项）与该证据的关系（特§131②、实§38②、外§52、特施规格式62备注8）。另外，在申请证据调查时，应当通过证据提交书等具体明示应证明的事实以及应证明的事实与证据的关系（特施规§57之3、实施规§23⑫、外施规§19⑧、商施规§22⑥）。

イ 由合议组进行的整理

存在由请求人或被请求人提出多个举证事项以及证据的情况，而"显著的事实"、与本案无关的事实等不需要通过证据进行认定，与本案无关的证据不需要进行证据调查。

所以，合议组在当事人申请的举证事项（举证事实）中，针对在与要件事实的关系中什么是必要的、该事项应当通过什么证据来证明这样的内容进行整理，这在实施顺利、有效的证据调查中是重要的。

以上整理的结果，在进行与当事人的主张、申请不同的审理程序时，优选事先得到当事人的同意。

ウ 证据的采用与否

证据的采用与否是与进行证据调查的范围、时期、顺序等一起依职权能够决定的事项。

但是，合议组不应因为预先判断证据的证据力可能薄弱而拒绝进行调查。在研究证据的采用与否的过程中，以下的观点是有用的。

（ア）针对多个证据，要举证的事实相同时，向当事人确认该情况，使其限定为主要的证据是有效的。

（イ）证据方法具有如下各个特征，有效利用该特征的举证成为有效审理的助力。

· 书证的调查容易，另外对事实的确定有效。

· 查证对于把握结构容易。

· 人证对于把握事实的细节或多个证据的相互关系有效。

（ウ）针对相比于基于人证、查证的举证而其他的证据方法更适当的情况，将这一点向举证者指出，敦促增加其他的证据方法和撤回不适当的证据方法。另外，针对根据人证以外的证据不能认定的事项，根据人证而终结是高效的（所以，优选在实施证人询问之前结束其他的证据调查）。

エ　间接事实的处理

在为了证明一个具体事实的存在而主张多个间接事实的情况下，在审判官可以判断不需要当事人所主张的间接事实时，不需要进行对该间接事实的研究以及与此相关的证据调查（针对这一点，向举证者说明理由，使其撤回证据调查的申请即可）。

（2）所申请的举证事项和证据方法的研究

ア　主张与证据的关系不明确时

当事人如所述那样应当具体使其主张所涉及的具体事实与证据的关系明确，但是在该关系不明确或者明确无关时，合议组命令当事人进行补正，或者敦促进行主动补正（审判请求书的补正。另外，作为审判请求书有明显的记载缺陷时，也应研究在答辩指令前通过审查决定对审判请求书不予受理）。

イ　主张或者证据不充分时

在当事人的主张中，在明确判断法律要件所需要的具体事实（主要事实）有欠缺时，使其针对这一点的主张进行补充。另外，对于日后极可能补充针对辅助事实的证据的主张，早期指出这些缺陷可缩短审理期间。

而且，无论所主张的具体事实是否需要举证都不基于证据时，根据需要敦促其提交证据。

ウ　询问事项书等的记载不明确时

在申请人证、查证时，将记载有证据调查的具体内容的"询问事项书"、记载有查证物的查证事项的"指示说明书"作为附加文件提交。在未具体记载，毫无疑问被认为不明确时，合议组针对当事人命令进行补正或者使其主动补正询问事项书等（→21—02）。

（3）要证事实和主张的整理、区别

在请求人或被请求人的举证事项中，有时包含法律上的评价（事实是否满足法律要件的判断）或事实的评价（是否适当或者是相同还是不同等的判断）。即使就此实施证据调查也可能引起混乱，或者证据调查有可能偏离所争执的本质部分。若不明确事实与主张的区别，则会出现对证人询问与本发明的同异，或者询问交易是否属于公开实施，证人对无意义的抽象概念（所经历的事实以外的情况）进行作证等无谓的工作，从而导致对审查决定的起草产生障碍。

在这样的情况下，敦促其对要证事实与以该事实为前提的法律上的评价进行区别、整理，举证事项中出示事实，事实的评价和基于此的法律上的评价另外通过书面文件进行主张，对顺利、有效地实施证据调查是重要的，对起草审查决定是有用的。另外，由此有时也可判明应当举证的事实、证据的不足。

（4）给予最初的答辩机会之前的证据调查的实施

证据调查通常是在被请求人进行答辩（订正请求）或作出请求理由的补正允许与否的决定之后，即，在来自双方当事人的举证事项、证据、主张齐备的阶段实施，但是，例如，在证据方法实质上是基于人证和查证的情况下，不进行这些证据调查而给予被请求人答辩的机会，被请求人进行实质的反论或反证困难时，可以在给予答辩的机会前进行证据调查。

在请求书的形式审理（"请求的理由"的记载要件的调查）之际，基于人证或查证确认举证事项，针对是否应在向被请求人发出答辩指令之前进行这些证据调查进行研究即可。

2. 口头审理和证据调查

以口头审理（33—00）为原则（特§145①、实§41、外§52、商§56①、§68④）的双方当事人案件审判中，使当事人针对要证事实、证据、主张进行区别、整理，针对证人知晓什么举证什么的情况进行整理的行为在口头审理中进行，日后作为询问事项书提交，并将其向对方出示，使其准备相反询问，在此基础上进行证据调查也可以。

但是存在如下问题，若口头审理和证据调查在不同日实施，则不仅程序变得复杂，审理时间也会变长，因此为了使口头审理和证据调查同日进行，实务上按如下操作：事先通过传真等向双方确认证据调查相关的事项，使其进行准备，在实施日当天首先进行口头审理，针对"要证事实与证据的关系、证据调查需要的时间、证据调查时进行的事项与之后在口头审理时进行的事项之间的区别"等，由合议组和当事人进行确认，然后按照→口头审理中断→口头审理证据调查→口头审理再启动→口头审理结束的顺序进行。

另外，决定不服审判以书面审理为原则（特§145②、外§52、商§56①、§68④），但是在假设进行证人询问等的证据调查时，根据上述同样的理由，也可以进行口头审理。

另外，口头审理和证据调查是否同日进行，由合议组根据其有效性和必要性进行判断，并取得双方当事人的理解。

3. 证人询问的事先程序

（1）基于申请的证人询问

ア 通过合议决定采用证人询问的申请并进行证人询问时，采取以下措施。

（ア）询问事项书（特施规§58之2、格式65之16）。

a. 在未提交时，命令进行提交补正。

b. 在询问事项的内容存在缺陷时，命令补正，提交该点缺陷已进行修改的询问事项书。

c. 必要的份数不足时，命令补正以补足必要的份数。必要的份数是指驳回决定不服审判的情况下为1份，除此之外的情况下为在特许厅1份的基础上加上对应于证人以及对方的数量的份数。

d. 在未对补正命令作出回应时，采取以下措施：根据合议组的判断暂停采用证人询问申请，或者即使采用也不推进其程序，再次发出同样的命令或者发出其他适当的命令等。不通过审查决定对审判请求不予受理。

（イ）基于申请的证人有多个时，在记录上附上摘录有应当进行证人询问的人的姓名和作出申请一方的当事人是哪一个的笔记。

（ウ）指示审判书记员发出证人询问所需要的费用（证人交通费、日津贴、住宿费，以下称为"交通费等"）的预缴通知。另外，决定不服审判中，也可以命令进行证据调查费用的预缴（特§169③、外§52、商§56①、§68④）。

（エ）查定类审判中证人询问和口头审理同时进行时，将该情况指示给审判书记员。另外，在双方当事人案件审判中，即使是不同时进行口头审理时也将该情况进行指示。

イ 得到ア（ウ）的指示的审判书记员，向申请证人询问的人确认证人是要求还是放弃交通费等，并采取以下措施。

（ア）在证人放弃交通费等的情况下，省略预缴程序，将记录进行保管（在证人询问结束时要求证人提交交通费等的放弃书）。

（イ）在证人要求交通费等的情况下，采取以下措施。

a. 根据证人询问申请书的记载，基于民事诉讼费用等相关法律的例子计算证人交通费、日津贴、住宿费（特§169⑥、实§41、外§52、商§56①、§68④）。

b. 在保管金收支簿中记入必要事项，起草预缴通知（格式1），以特别送达的方式送达申请人。

c. 在保管记录的基础上，确认预缴金的缴纳情况，从财政收入支出外现金出纳员接收领取预缴金的通知书，并连订于记录上。

d. 在保管金收支簿上盖已经预缴的橡胶印章以及对此进行了确认的人的印章。

ウ 完成イ的措施的审判书记员采取以下措施。

（ア）起草口头审理日期传票（格式2，另外在不进行口头审理时遵照同样格式的证据调查日期通知），在裁决的基础上，以特别送达的方式送达双方当事人。另外，不能送达时，进行公示送达。（日期的指定→33—01）

（イ）起草证人传票（格式3），在裁决的基础上，附加记载有询问事项的书面文件（特施规§58之3），以特别送达的方式向证人送达。但是，申请证人询问的当事人申请证人"同行"时，不进行送达。另外，不能送达时，将该文件连订于记录上。

（ウ）当（ア）的文件送达时会发送邮政送达报告书，将该报告书连订于记录上，并迅速移交合议组。

エ　在完成イ的措施之后不再需要进行证人询问的情况下，在将该情况记载在保管金收支簿的基础上，通知申请人。在该情况下，在已经完成ウ的措施时，也通知其他的当事人以及证人。该通知未及时送达，证人按日期出席时，开庭并宣布日期延期，向要求交通费等的证人支付该费用。

（2）依职权进行的证人询问（→36—01）

程序和注意事项遵照（1）的情况，但是以下几点是不同的。

ア　证人是基于合议而选定的基础上指定的。

イ　询问事项书是由合议组制成，或者根据合议组的指示由审判书记员制成，进行（1）ウ的程序。

4．询问事项书

（1）在进行证人询问的申请时，应当同时对应于特许厅、证人以及对方的数量提交询问事项书。但是，在有不得已的事由时，在由审判长规定的期限内提交即可（特施规§58之2①）。

（2）询问事项书应当尽可能地单独且具体记载（特施规§58之2②）。

（注）特许异议申诉案件（特§120）、商标注册异议案件（商§43之8→特§150、§151）中进行证人询问等的证据调查时，遵照上述审判案件中的证据调查进行处理。

5．针对出席证人的费用支出的相关程序

（1）审判书记员在证人询问的前一日以前，向会计科会计负责人员提交记载有应向证人支付的交通费、日津贴、住宿费的金额的证人询问通知书。

（2）审判书记员在证人交通费、日津贴、住宿费的账单以及收据的各格式纸上记入必要事项，并在此基础上将该格式纸交付于当日出席的证人。

（3）在证人询问结束时，审判庭事务员与证人同行去会计科会计负责人员处，证人在上述的各格式纸上记入住所、姓名，并盖章，将所制成的文件提交，领取交通费、日津贴、住宿费。

6．鉴定证人、鉴定人、当事人询问的准备程序

（1）鉴定证人的询问不限于事先程序，适用证人询问的规定。

（2）鉴定人的传唤适用证人询问程序的规定，针对鉴定人的交通费等、鉴定费以及鉴定所需要的费用履行与证人的交通费等相同的程序。针对记载有提交要求鉴定的事项的书面文件及其他的程序参照35—12。

（3）当事人本人询问适用证人询问相关的规定。但是，针对交通费等，接受询

问的人若不是证人,可以不预缴。

7. 查证的程序

非庭内查证的庭外查证（实地查证）中的审判官以及审判书记员的交通费等需要预缴。针对其他的程序参照35—06以及35—07。

8. 当庭证人

进行所预定的证人询问仍然有不明的点,对此,一方当事人申请针对当庭证人进行询问,在这样的情况下,另一方当事人也同意,该证人询问被认为是已经进行的证人询问的补充时,可以采用该方式。

只是在另一方当事人不同意时,也考虑到在相反询问的准备中存在欠缺之处,因此若并不明确是补充的话,优选不采用。

9. 书面询问

（1）书面询问

在合议组认为没有不同时,允许提交书面文件,以代替证人或当事人本人的询问或者鉴定人的意见陈述（以下称为"书面询问"。特§151→民诉§278、特施规§58之17）。

书面询问不用宣誓,也没有相反询问,因此在信用性的评价方面应充分注意。

（2）书面询问的程序

ア 在进行书面询问的过程中,审判官可以使进行询问申请的当事人或者参加人的对方提交在该书面文件中记载有许诺事项的书面文件。

イ 审判长确定证人应提交代替询问的书面文件的期限。

ウ 证人应当在该书面文件上署名、盖章。

10. 利用基于影像等的发送接收进行通话的方法进行的询问（特§151→民诉§204、特施规§58之16）

（1）询问的方法

利用该方法进行的询问,是对远距离地区的证人（当事人本人、鉴定人）通过电视会议系统（→37—02）进行。所谓电视会议系统,是指远距离地区的人通过影像和声音的发送接收而可以一边相互识别对方的状态、一边通话的方法。

（2）当事人的意见

利用该方法进行的询问是新类型的证据调查的方法,优选在充分得到当事人理解的基础上进行,因此在实施过程中,应听取当事人的意见来进行。

(3) 电视会议系统的具体利用方法

ア 必要的设备。

为了使用电视会议系统，需要以下的设备等。不需要安装电视会议用的特别软件。

- 电脑
- 网线（推荐线路速度为 ADSL 以上）
- 网络摄像头
- 麦克风和扬声器

イ 程序。

①在确定使用时间之后，由审查第一部调整科的会晤审查管理专员向出席者的电子邮件地址传送邀请邮件。邀请邮件中包括举办时间和邀请 URL。

②邀请邮件中出示的举办时间以后，可访问邀请 URL。访问邀请 URL，进入网站上的会议室。

ウ 利用传真发送委托书等的文书等，也可以利用传真进行。

エ 在利用了电视会议系统的情况下，应当将该情况及证人等出席的场所记载在调查书中。

11．证人询问中用于证人保护的措施

（1）护理（特§151→民诉§203 之 2、特施规§58 之 15 之 2）

审判长在证人有可能觉得显著不安、紧张时，为了缓和不安、紧张，可以在询问中让适当且不会对证言造成不当影响的人对证人进行护理。

在采取该措施的情况下，审判长应当听取当事人、参加人及证人的意见。另外，在采取了该措施的情况下，应当将必要事项记载在调查书中。

（2）遮蔽（特§151→民诉§203 之 3、特施规§58 之 15 之 3）

审判长在证人在当事人本人或者其法定代理人的面前进行陈述时有可能受到压力而显著损害精神的稳定性的情况下，在认为没有不同时，可以采取在证人与当事人本人或者其法定代理人之间放置屏风等的措施。另外，考虑到案件的性质等，可以采取在证人与旁听人之间放置屏风等的措施。

在采取该措施的情况下，审判长应当听取当事人、参加人及证人的意见。另外，在采取了该措施的情况下，应当将必要事项记载在调查书中。

（3）电视会议系统（特§151→民诉§204、特施规§58 之 16 等）

并不限于证人居住在远距离地区的情况，考虑到案件的性质等，在认为证人在审判长及当事人进行证人询问的场所进行陈述时有可能受到压力而显著损害精神平稳性的情况下，在认为没有不同时，可以通过电视会议系统进行询问。

在采取该措施的情况下，审判长听取当事人、参加人及证人的意见，使证人在适当的场所出席。另外，在采取了该措施的情况下，应当将必要事项记载在调

查书中。

(4) 旁听人的退庭（特§151→民诉§203 之 3②、§204、特施规§58 之 14）

在认为即使是在证人与旁听人之间采取遮蔽措施的情况下以及通过电视会议系统进行询问的情况下，证人在特定的旁听人面前受到威慑而不能进行充分陈诉时，听取当事人以及参加人的意见，在该证人进行陈述的期间，可以使该旁听人退庭。

格式 1

预 缴 通 知

令和　　年　　月　　日
特 许 厅　　审 判 长

先生/女士

针对无效 20XX 无效－800XXX 申请而产生的
证人　　　　　　　询问的费用金额　　　　　　日元
限于从本通知发送之日起　　日内以现金方式预缴至本局财政收入支出外现金出纳员处。

另，请将先前已经提交的登载有针对上述证人询问事项的书面文件的副本提交 2 份。另外，该指定期限不能延长。

预缴金额明细

证人	金额
合计	

另外，在提交预缴金之后，在进行审判请求的撤回、伴随着证人询问的申请的特许（注册）异议申诉的撤回或者证人询问的申请的撤回的情况下，返还预缴金，因此请向财政收入支出外现金出纳员（本局会计科）提出要求。

格式 2

口头审理日期传票

令和　年　月　日
特　许　厅　审　判　长

请求人代理人　　　　　　　　　　　　　　　先生/女士

被请求人代理人　　　　　　　　　　　　　　先生/女士

无效 20XX—800XXX

　　请求人
　　被请求人

针对上述当事人的特许第〇〇〇〇〇〇〇号审判案件（无效 20XX—800XXX），口头审理日期指定为令和　年　月　日　午　时，因此，望当日于特许厅审判庭出席。
　　另，请在　月　日之前提交口头审理陈述要点书。
　　另外，当日询问的证人如下。

　　证　人

格式3

```
                    证人传票
                                    令和   年   月   日
                                    特 许 厅 审 判 长

                         先生/女士

无效20XX—800XXX

请 求 人

被请求人

针对上述案件,由于有关另附的询问事项作为证人进行询问,因此请于令和
年   月   日   午    时携带印章以及本通知,于特许厅审判庭出席。
(无正当理由拒不接受传唤时,处以10万日元以下的罚金。)
```

(2019.6修订)

35—02 ＰＵＤＴ
证据调查用调查书的制成要领

1. 证据调查用调查书与口头审理调查书相同，由审判书记员制成（特§151→特§147①、实§41、外§52、商§56①、§68④）。

证据调查用的调查书中记载的事项（特施规§57之5、实施规§23⑫、外施规§19⑧、商施规§22⑤、⑥）
（1）审判编号；
（2）审判官以及审判书记员的姓名；
（3）出席的当事人本人、代理人、参加人、翻译人、证人、鉴定人的姓名；
（4）证据调查的时间、场所；
（5）将证据调查公开或者没有公开时的情况及理由；
（6）证人、当事人本人、鉴定人的陈述要领；
（7）证人、当事人本人、鉴定人宣誓的有无及证人、鉴定人无宣誓的理由；
（8）查证的结果；
（9）审判长命令记载的事项以及根据当事人或者参加人的请求而允许记载的事项；
（10）其他必要的事项。

2. 根据基于证据方法（→34—01）进行证据调查的结果得到的资料，即根据证言或者供述的内容、鉴定意见、文书的记载内容、查证的结果，形成合议组的心证，因此记录该资料的证据调查用调查书是重要的文书。

3. 注意事项。
（1）证据调查用调查书的形式如格式1所示，其制成要领遵照口头审理调查书的情况（→33—04），但是应当特别明确证人等证据方法。
（2）在调查书中引用书面文件、照片、录音带等（例如 CD—R、DVD—R）及其他审判官（合议组）认为适当的物件，可附加在审判记录中作为调查书的一部分（特施规§57之7→§56）、实施规§23⑫、外施规§19⑧、商施规§22⑤、⑥）。
（3）为真正证明文书成立，供笔迹或者印迹对照之用的文件的原件、誊本或者抄本，应当附加在调查书中（特施规§61之8①、特§151→民诉§229①、实施规§23⑫、外施规§19⑧、商施规§22⑤、⑥）。
（4）在审判长许可时，可以通过将证人等的陈述记录在录音带等中，从而代替证据调查的调查书的记载（特施规§57之6、实施规§23⑫、外施规§19⑧、商施规§22⑤、⑥）。在这种情况下，针对陈述的部分，录音带等成为调查书。当事人或者参加人在审判长许可时，可以陈述意见。

另外，在审查决定的誊本送达之前有当事人或者参加人的申请时，应当制成记载有证人等的陈述的书面文件（该书面文件仅具有作为理解该录音带等内容时参考用说明资料的性质）。

但是，在审判的请求被撤回时，不需要制成该书面文件。

4. 证据调查用调查书根据证据方法的种类被称为证人调查书、（当事人）本人调查书、鉴定人调查书、查证调查书等。

5. 证人调查书。

（1）利用格式1，首先在证人的姓名、住所的项中记载规定事项，并且记载证人的宣誓和审判长告知伪证处罚（特§151→民诉§201①、一部民诉规§112以下）以及应询问的其他证人当时是否在审判庭上的内容。另外，在翻译人等在场时，记载该情况。同时，在采取了证人保护用措施（→35—01之11.（1）~（3））时，针对以下的事项进行记载。

ア　护理（特§151→民诉§203之2、特施规§58之15之2）
采取该措施的情况以及护理证人的人的姓名及其与证人的关系

イ　电视会议系统（特§151→民诉§204、特施规§58之16①、②等）采取该措施的情况以及证人出席的场所

ウ　遮蔽的措施
采取该措施的情况

（2）基于申诉进行证人询问时，对按照询问的顺序（→35—04）进行的询问（提问）和证人的证言（陈述）的要领进行记载。

另外，在审判长对当事人未准备的提问的限制、对此的异议等频繁地进行时，多优选一问一答式。

（3）审判书记员根据（1）及（2）制成"调查书原案"，审判长针对该"调查书原案"，根据需要进行补充或概括，作为制成调查书的参考提供给审判书记员。

（4）在调查书中，审判书记员签名、盖章，审判长盖确认章（特施规§55②、实施规§23⑫、外施规§19⑧、商施规§22⑤、⑥）。

另外，在审判长不便时，由陪审审判官附记其事由并盖确认印。在两者都存在不便时由审判书记员将该情况记载即可（特施规§55③、实施规§23⑫、外施规§19⑧、商施规§22⑤、⑥）。

（5）作为证人调查书所附加的文件如下。

ア　证人署名、盖章后的宣誓书

但是，在证人不能署名、盖章时，在明确记载其事由且由审判书记员代书的文件上附加捺有证人指印的文件。

イ　在审判长认为适当时，可以将证人署名、盖章的手记引用为调查书的一部分。

6. （当事人）本人调查书。

虽然可遵照 5. 的情况，但是存在以下不同点。

在已宣誓的当事人进行了虚假陈述的情况下，与证人的情况不同，不处以徒刑的制裁（10 万日元以下的罚金）。

7. 针对由录音带等制成的调查书的阅览、复制。

针对"调查书"，主要以录音带或者录像带的复制品进行交付。

8. 查证调查书。

（1）在审判庭中进行的查证调查书的记载与 5. 以及 6. 的情况相同，除了查证的目的之外，还可以记载经过以及结果。

ア　具体记载查证的目的。

イ　也有根据查证的目的而以简单的视觉判断就能明白的情况，因此不能遗漏对这样的点的必要记载。

（2）现场查证的调查书的记载除了（1）以外，还记载查证的场所以及查证物，并且，原则上需要作为附加图纸进行图示。这是基于需要客观确定查证物这样的要求。

（3）查证通常当事人也在场，在这种情况下，就有关查证物要求双方当事人提供意见或者进行陈述，审判长和审判官一起对查证物进行查证，并确认该结果。在审判长补充进行提问的情况下，由于是针对在场的人进行的，因此在调查书中记载在场的人的住所、姓名。

（4）为了查证物的说明而有当庭证人（现场证人）的申诉时。或者依职权询问证人时，遵照 5. 进行处理。

（5）查证的结果是对审判长根据查证的实施结果而认识、确认的事项进行记载。在认为必要时，在时刻、天气、示意图、照片、距离关系的情况下等也记载其基点、方位等。

另外，在查证的结果中也可以记载由查证可以直接推测的事实结论。

格式 1

第 1 次证据调查用调查书

审　判　编　号　　　　无效 20○○—800○○○
日　　　　　期　　　　令和○○年○○月○○日　下午○时○○分
场 所 以 及 是 否 公 开　　在特许厅审判庭公开
审 判 长 审 判 官　　　　　　　　　　　　　　○○　○○
审　　判　　官　　　　　　　　　　　　　　　○○　○○
审　　判　　官　　　　　　　　　　　　　　　○○　○○
审　判　书　记　员　　　　　　　　　　　　　○○　○○
出 席 的 当 事 人 等　　请求人代理人辩理士　　○○　○○
　　　　　　　　　　　被请求人代理人辩理士　○○　○○
　　　　　　　　　　　证人　　　　　　　　　○○　○○
证据关系　　　　　　　如下述证人调查书所记载的那样。

证人调查书

证人的记载
姓　名　○○　○○
住　所　○○○○○○○
职　业　○○

审判长针对宣誓的宗旨进行说明，告知证人作伪证时的处罚，使其宣读另外的宣誓书进行宣誓。

陈述的要领

请求人代理人○○○○
001　　　○○○○○○○
　　　　　　．
　　　　　　．
　　　　　　．

以上

| 审判长 | 特许厅审判官 | ○○　○○　XXXX |
| | 审判书记员 | ○○　○○　YYYY |

（2019.6 修订）

35—03　ＰＵＤＴ
证据调查的委托询问

1. 证据调查的询问可以委托于地方法院或者简易法院（特§150⑥、实§41、外§52、商§56①、§68④）。当然，该程序是基于间接主义（35—00 之 1.）的，并不是直接询问，仅通过询问调查书（→5.）来判断事实，因此应当限定在 2. 所列举的例外的情况下采用。

2. 是否应当进行委托询问是通过合议来决定的，而根据上述 1.，应当限定于以下的情况等来采用。

（1）完全具备下列的条件时
ア　查证物仅存在于地方。
イ　难以将查证物带到本局。
ウ　存在合议组难以前往地方的情形。
（2）证人在地方上居住，由于老龄或者病弱等而难以承受状况发生，并且存在（1）ウ这样的情形时
（3）需要全国性或者在特别多的场所进行证据调查，并且由于费用、时间等原因将证据物全部集中到本局，或者合议组前往所有的地方有困难的
（4）可以预测到文书的成立或者认可与否等极其简单，仅通过委托询问调查书就能充分获得心证时

3. 在作出询问事项的决定的过程中，为了处理 1. 中所述的缺陷，特别注意以下几点，应慎重行动以获得充分的心证。

（1）应当询问的证人（鉴定人、本人询问）的顺序（→35—04）。
（2）询问事项的内容的易理解性和顺序。
（3）在有证言等被肯定或被否定这样的询问事项，并且根据是被肯定或是被否定的情况而改变接下来的询问事项的情况下，明示针对之前的询问事项的证言是否是被肯定或被否定的情况下的询问事项。
（4）即使是内容上相同的询问事项，也可以根据需要改变表现形式，重复地加入询问事项的适当地方。

4. 审判书记员无论是在依申请的情况下还是依职权的情况下，都根据审判长的指示，如以下所述办理程序。

（1）费用的计算以及预缴
遵照证人询问等的准备程序（→35—01），计算两份的法院的传唤费用（当事人、证人、鉴定人）、证人的交通费、日津贴、住宿费，使申请人预缴。

（2）委托事项的决定

在证人询问中，在询问事项、鉴定或者查证中除了决定鉴定物或者查证物以外，还决定委托的内容。

（3）委托书的制成

ア 制成格式1的证据调查委托书，以审判长的名义发送给指定法院。

在这种情况下，应注意调查作为证人以及鉴定人而接受询问的人的一般裁判管辖地，确定指定的法院。

另外，在该证据调查委托书中，在从本局移送询问费用的情况下，附记格式2的文件，在由指定法院发出预缴指令的情况下附记格式3的附加书。

イ 附件文件以及附加物（鉴定物、查证物）作为附加文件或者附加目录进行记载，并且请求在将由指定法院明确了证据调查的内容的调查书发送给本局之际一并退还（→格式2或者3）。

ウ 将进一步记载有询问事项以及鉴定事项、查证目的的文件作为附加文件附加必要的份数。

エ 费用的支付。

在发送委托询问所需要的费用时，委托会计科向指定法院的财政收入支出外现金出纳员支付（远程支付）。

オ 从记录中取出并附加于委托书的文件，在原本连订的记录之处，连订记载有该文件由于通过委托进行证据调查而发送给法院的情况的书面文件。

5. 调查书的处理。

在指定法院完成询问并向本局发送了调查书（→4.（3）イ）的情况下，将调查书连订于记录中。所退还的附加文件以及附加物也同样连订于调查书，或者连订或保管于原来的连订场所或者保管场所。

6. 合议组将该调查书与证据调查用调查书同样处理而作为判断的资料即可，由于必须仅从文字上获得心证，有理由在询问事项的决定（→3.）中应当慎重。

7. 不通过委托询问，指定合议组的构成人员的一部分作为受命审判官，由该受命审判官进行询问也可以（特§151→民诉§195、特施规§57、民诉规§31、受命审判官→35—11）。

格式1

```
                    证据调查委托书
                                    令和　　年　月　日

法院民事部收启
                    东京都千代田区霞之关3－4－3　特许厅审判部
                        审判长特许厅审判官　　姓　名


    令和　　　年　　　　　审判第　　号
        住　所
            请　求　人　　姓　名
        住　所
            代　理　人　　姓　名
        住　所
            被请求人　　　姓　名
        住　所
            代　理　人　　姓　名


    针对上述的当事人之间的　　审判案件，基于另附的询问事项，委托对下述证
人进行询问。

                            记

    证　人　住　所
            姓　名
```

格式 2

　　另外，该询问比另附的询问事项中记载的内容更加详细，按照下述顺序，使证人对此后的询问内容并不预先知晓而进行询问。

1.
1.

附加文件

1. 甲第　　　　　号证据
1. 乙第　　　　　号证据

针对上述附加文件，请在使用完毕之后返还。
　　另外，基于下述的计算而得到的询问费用，正在由本局财政收入支出外现金出纳员向贵厅会计人员进行移送程序中。

1. 当事人日期传唤的费用	日元
1. 证人传唤的费用	日元
1. 证人的日津贴	日元
交　通　费	日元
住　宿　费	日元
1. 向本局送达文件的费用	日元
合　计	日元

格式3

　　　请随后由贵厅针对证据调查费用发出预缴指令书。
　　　另外，该询问比另附的询问事项中记载的内容更加详细，请按照下述顺序，使证人对之后的询问内容并不预先知晓而进行询问。

1.
1.

　　　　　　　　　　　　　附加文件

　　1. 甲第　　　　　　号证据
　　1. 乙第　　　　　　号证据

针对上述附加文件，请在使用完毕之后返还。
　　另外，基于下述的计算而得到的询问费用，正在由本局财政收入支出外现金出纳员向贵厅会计人员进行移送程序中。

1. 预缴指令送达的费用　　　　　　　　　　　　　　　　　日元
1. 当事人日期传唤的费用　　　　　　　　　　　　　　　　日元
1. 证人传唤的费用　　　　　　　　　　　　　　　　　　　日元
1. 向本局送达文件的费用合计　　　　　　　　　　　　　　日元
　　　合计　　　　　　　　　　　　　　　　　　　　　　日元

（2019.6修订）

35—04　PUDT
证人询问的顺序

1. 宣读、点名

在证人询问当天，审判长宣读案件之后，通过点名分别确认当事人以及代理人的出席或缺席。

另外，当出现证人当天无法出席的事由时，应当立即明确该事由并进行申报（特施规§58之4、实施规§23⑫、外施规§19⑧、商施规§22⑤、⑥）。

2. 核定是否是证人本人的提问

审判长对比出席证人所持有的证人传票与原件之后，询问证人的姓名、年龄、职业以及住所。出席的证人未持证人传票时或者无须提交证人传票时，要求记载证人等出席卡。

所持有的证人传票或者证人等出席卡的记载内容与证人询问申请书中所记载的内容不同时，直接要求证人或者当事人进行阐明。街名、住所编号发生改变，或者居所或者工作单位所在地作为住所等，住所相关不一致的情形较多。其结果被认为是应当询问的证人时，命令当事人进行证人询问申请书的补正，或者指示审判书记员在调查书中记载阐明的内容等，进行必要的措施之后，进行审理。

3. 宣誓书的朗读

（1）应当在询问之前进行证人宣誓。但是在有特别事由时，可以在询问之后进行（特施规§58之5①、实施规§23⑫、外施规§19⑧、商施规§22⑤、⑥、民诉规§112①）。

（2）在宣誓之前，审判长说明宣誓宗旨、伪证处罚（特§199、实§59、外§72、商§81）警告，以及可以拒绝证言的范围（特§151→民诉§196、§197），之后，全体起立，使证人朗读记载有"我宣誓遵从良心如实陈述，不隐瞒任何事，也不添加任何事"的宣誓书，并在宣誓书上署名盖章（特施规§58之5②~⑤、实施规§23⑫、外施规§19⑧、商施规§22⑤、⑥、民诉规§112②~⑤）。

（3）在证人不能朗读宣誓书时，审判长应当使审判书记员朗读宣誓书（特诉规§58之5③、实施规§23⑫、外施规§19⑧、商施规§22⑤、⑥、民诉规§112③）。

（4）在证人不懂日文的情况下，或者证人为听力障碍者或不能言语者的情况下，翻译人在场时（特§146→民诉§154），由该翻译人遵照证人的情况进行宣誓（特§151→民诉§216、§201）。翻译人作虚假翻译时适用虚假翻译罪（特§199、实§59、外§72、商§81）。

4. 证言时注意事项的告知等

（1）告知如下必要注意事项：（i）尽可能向审判长作出清楚、平稳的证言；（ii）仅对自己经历的事情进行证言，不陈述自己的意见；（iii）仅回答所听到的内容；（iv）可以拒绝有关自己秘密或对自己不利的证言等，但是在申请之际要求陈述理由等。

（2）在有多个证人的情况下，针对从哪个证人开始询问，按照预先与申请人一方协商的顺序进行，在未预先协商时当场听取。

（3）调查书的证人陈述部分通常替换成录音带。审判长在最初告知该情况。

5. 证人的隔离

证人有多人时，原则上进行隔离询问，即，使之后询问的证人退庭并在别的房间等待，但是在审判长认为有必要时，也可以使之后询问的证人不退庭（特施规§58之13、实施规§23⑫、外施规§19⑧、商施规§22⑤、⑥、民诉规§120）。在之后询问的证人不退庭时，向双方当事人听取意见。

6. 询问的顺序

询问按照以下顺序进行（特施规§58之6、实施规§23⑫、外施规§19⑧、商施规§22⑤、⑥、民诉§202①、民诉规§113）。但是在审判长认为合适时，可以听取当事人的意见而改变以下顺序（特施规§58之6③、实施规§23⑫、外施规§19⑧、商施规§22⑤、⑥、民诉§202②）。

（1）主询问

请求证人询问的当事人或者参加人，按照询问事项，针对应举证的事项以及与此相关联的事项进行询问。

（2）反向询问

针对主询问中出现的事项以及与此相关联的事项及与证人证言的信用性相关的事项进行询问。

（3）再主询问

针对反向询问中出现的事项以及与此相关联的事项进行询问。

（4）补充询问

当事人或者参加人取得审判长的许可而可以进一步进行询问。

（5）依职权询问

审判长在认为有必要时，可以随时亲自询问证人（特施规§58之6③、实施规§23⑫、外施规§19⑧、商施规§22⑤、⑥、民诉规§113③）。

陪席审判官在告知审判长的基础上可以对证人进行询问（特施规§58之6④、

实施规§23⑫、外施规§19⑧、商施规§22⑤、⑥、民诉规§113④)。

（6）对质询问

在证言或供述不一致等的情况下，审判长认为有必要时，可以命令证人与其他证人进行对质（特施规§58之11、实施规§23⑫、外施规§19⑧、商施规§22⑤、⑥、民诉规§118）。在命令对质时，应当将该情况记载在调查书中。另外，进行对质时，审判长可以首先询问证人。

7. 提问的限制

在审判长认为当事人的提问与上述6.（1）～（3）中记载的事项之外的事项相关且认为不恰当时，或者属于被禁止提问（→35—05之2.）内容时，可以根据申诉或者依职权限制该提问（特施规§58之7②、§58之8③、实施规§23⑫、外施规§19⑧、商施规§22⑤、⑥、民诉规§114②）。

8. 当事人的异议

针对审判长对当事人的询问的许可或者不许可（→6.（4）），或者上述7.中记载的提问的限制，当事人存在异议并进行了申诉时，通过合议直接决定采用与否，并将该经过记载在证人询问调查书中（特施规§58之10②、实施规§23⑫、外施规§19⑧、商施规§22⑤、⑥、民诉规§117②）。

9. 当事人询问

（1）虽与证人询问的顺序相同，但需告诫当事人在进行了宣誓的基础上，若进行虚假陈述，与证人不同，会受到罚金的制裁（特§202→§151、民诉§207①、实§62、外§75、商§83）。

（2）在证人询问中，原则上证人有宣誓的义务，相对于此，在当事人询问中，当事人是否宣誓，由审判长裁量确定（特§151→民诉§207①）。实际上，在听取出席当事人本人的意见之后，审判长通过裁量决定是否使其宣誓。

（3）受到询问的当事人本人没有代理人时，审判长询问该当事人本人。

（4）由于当事人本人是程序的主体，因此即使在其他当事人或者证人之后进行询问，在询问其他当事人或者证人时，可以不退庭（特施规§59之2、实施规§23⑫、外施规§19⑧、商施规§22⑤、⑥、民诉规§127）。

10. 鉴定人的陈述（→35—12）

（2015.10修订）

35—05 PUDT
证人询问的要领

1. 审判长的审理指挥
审判长为了顺利地进行证人询问，应当积极对包含以下2. 以及依职权（补充）询问进行审理指挥（在审判庭内的指挥）（特§138②、实§41、外§52、商§56①）。

另外，照片的拍摄、速记、录音、录影或者播放需要得到审判长的许可。

2. 被禁止的提问
提问应当尽可能的具体且单独，在构成非一问一答形式的综合、抽象的提问或者使证人以叙事的形式进行提问的情况下，审判长应当使询问者改变提问的方法等（特施规§58之8①、实施规§23⑫、外施规§19⑧、商施规§22⑤、⑥、民诉规§114、115）。另外，下列（1）~（6）的提问被禁止（但是，除了（1）的类型以外，在有"正当理由"的情况下被允许），当有此类提问时，审判长可以根据申诉或者依职权限制提问（特施规§58之8②、③、实施规§23⑫、外施规§19⑧、商施规§22⑤、⑥、民诉规§114、115、提问的限制（→35—04之7.）、当事人的异议（→35—04之8.））。

（1）侮辱证人或使证人困惑的提问。

（2）诱导性提问。

给予不当的暗示会产生操控证言内容的危险，因此原则上被禁止，但是与无争议的前提事项相关的诱导或唤起记忆用的诱导，可以说具有正当理由，也有助于提高审理效率。

（3）已经进行的提问和重复的提问。

由于明确的误解或者遗忘而进行了与在先的证言相矛盾的证言时等，可以说有正当的理由。

（4）要求陈述意见的提问。

听取非事实的单纯意见或感想，或者向无资格的人听取专业性见解的意见是不被允许的（允许鉴定人）。但是，允许听取有关人或物的相同性、笔迹、性质、能力、年龄等的判断。但是要注意即使证人陈述意见（例如显而易见性等），也不会对举证事实起到作用的情况很多，或者成为询问者和证人之间的无用的争论而浪费询问时间。

（5）要求证人陈述未直接经历的事实的提问。

原则上禁止要求进行传闻证言的提问。但是，若直接经历该事实的第三人死亡而得不到证言等时，可以说有正当的理由。

（6）与争议焦点无关的提问。

3. 证人询问的顺利进行

为了顺利地进行证人询问，审判长应注意以下几点并积极进行审理指挥。

（1）当实际询问时间比当初预计时间更长时，敦促询问的进行。

（2）就证人询问的进行方式等，当事人无法达成一致时，审判长当场进行判断并告知，或者休庭在休息室进行合议后告知结论。由于无法预测的事项而不能进行判断时，直接休庭进行合议（若有必要，从休息室通过电话等向相关人员询问并得出结论）。

（3）休息需要每1~2小时进行1次（一般休息45分钟至90分钟）。

（4）当事人之间发生争执、陈述冗长或者询问内容不明确时，审判长打断发言来进行适当的引导。

（5）在询问者逼近证人进行提问时（特别是在察觉到证人感到不愉快时），审判长要求询问者在自己的座席进行询问。

（6）为了维持庭内秩序或者证人在特定旁听人面前感到压力而不能进行充分陈述时，在听取当事人以及参加人的意见的基础上，在该证人进行陈述的期间，审判长可以要求该旁听人退庭（特施规§58之14、实施规§23⑫、外施规§19⑧、商施规§22⑤、⑥）。

（7）若审判长允许，则在开庭期间可以拍摄照片、速记、录音、录影或者播放，但是一般都不允许，实际上当发现实施这类行为的当事人、旁听人时，告知"有可能扰乱庭内秩序，故请不要拍摄照片"，进行制止或者使其退庭（针对已经拍摄的人，交与审判庭事务员处理。另外，在开庭之前可以摄像录影、拍摄照片、录音）。

4. 证言的方法

（1）证人有时会面向发问人进行证言，此时，应注意朝向正面（审判长）进行证言。

（2）由于证人陈述应当基于证人记忆，因此原则上进行口头证言。但是，也有如下情况：在技术内容复杂时等，参照适当的文件，或者一边记录图等一边进行陈述，能得到正确的证言，因此以下询问方法被认可。

ア 证人在审判长许可的情况下可以根据文件进行陈述（特§151→民诉§203），询问者得到审判长的许可可以在询问中利用文书、图纸、照片、模型、装置及其他适当的物件（在本节35—05中称为"文书等"）（特施规§58之9①、实施规§23⑫、外施规§19⑧、商施规§22⑤、⑥）。询问中利用的文书等应当是原件或实物，在这些物件未经过证据调查时，原则上在提问前应当给予对方阅览该文书的机会。另外，在证人根据文书等进行了陈述时，将该情况记载在调查书中。在认为需要附加在调查书上时，可以要求当事人或者参加人提交所出示文书等的复制件。

　　イ　另外，在审判长认为有必要时，可以命令证人进行记录文字、数式、结构式、示意图等必要的行为（特施规§58之12、实施规§23⑫、外施规§19⑧、商施规§22⑤、⑥）。此时，要使其加注机械名称、部件名称以及简单说明，并署名盖章。

　　（3）在录音带等构成调查书的一部分时，制作语音转录（转录）格式的书面文件。为了容易制作转录格式的书面文件，为了从录音带或转录格式的书面文件更加明确地把握发言内容，注意以下几点。

　　ア　当询问人发生变化时，审判长都要预先陈述下一个询问人的名字。

　　イ　在证言中陈述技术用语或专业学术用语时，要求尽可能清楚、明确地进行陈述，有时还要要求反复陈述。

　　ウ　当使用了"那个"等指代名词的证言时，指代对象有可能不清楚，因此要求尽可能地明确具体指代对象。

5．证人询问的结束

针对举证事项，获取一定的心证，其结果被认为不再需要原先预定的其余的证人询问时，在此刻结束证人询问。

6．其他

（1）在向有听力障碍的证人通过书面进行提问时，或者使无法言语的证人通过书面进行回答时，审判长可以让审判书记员朗读记载有提问或者回答的书面记录（特施规§58之15、实施规§23⑫、外施规§19⑧、商施规§22⑤、⑥、民诉规§122）。

（2）在受命审判官（→35—11）进行证人询问时，由受命审判官行使审判官以及审判长的职务（特施规§58之18、实施规§23⑫、外施规§19⑧、商施规§22⑤、⑥、民诉规§125）。

（3）审判长可以采取证人询问中用于保护证人的各种措施（→35—01之11.）。

（2015.10 修订）

35—06 ＰＵＤＴ
查证

1. 查证的概念

查证是审判官通过五感直接检查事物的性状、现象，并将结果作为证据资料的证据调查。五感不仅限于视觉，也包含听觉、味觉、嗅觉、触觉。成为查证对象的物件称为查证物。

查证与人证或书证不同之处在于，后者是将作为供述或记载内容的人的思想作为证据，相对于此，前者将通过感官得到的内容作为直接判断的资料。因此，即便证据具有文书的形态，但并不是将其记载内容作为证据，其性质或者状态等作为审判官心证依据的部分，不是文书，而是查证物。

2. 查证的申请

（1）适用书证程序（特§151→民诉§232①、实§41、外§52、商§56①、§68④、民诉规§150、一部民诉规§151、→34—01之9.）。

（2）查证申请除了记载证明事实，还应当记载查证物（特施规§62、实施规§23⑫、外施规§19⑧、商施规§22⑤、⑥）。

在记载查证物时，根据查证申请人是请求人、被请求人或者参加人中的哪一个，在最前端记载检甲、检乙或检丙，并且按照提交顺序标记是第几号证据。

（3）针对查证物件，要求说明人说明查证的部位、查证的宗旨，该说明应当具有要领，因此，在实务中会事先要求提交"查证物指示说明书"（格式1）。在查证当日，审判长也可以要求说明人进行阐明，以使对方当事人也能够充分理解查证物。若有必要，可以要求对方当事人提出相反意见，对此要求举证者进行阐明。

（4）在庭外查证时，为了确定查证物而必须明确查证物所在地，另外在该查证物所在地查证申请人需要进行说明，因此在申请查证的书面文件（查证申请书（特施规§62）、审判请求书、答辩书等）中确认是否明确记载有查证物所在地。另外，当查证物被保管在第三人管理的设施内时，应当事先得到进行管理的第三人的同意。

（5）判断进行庭内查证还是进行庭外查证（实地查证）（→34—01）。

（6）查证日期的指定与口头审理相同（→33—01）。

3. 查证的实施

（1）查证的实施日可以在答辩书提交前后，多数情况下与口头审理同日进行，因此可以在查证之前进行口头审理，向当事人确认举证事实与查证物的关系，或者事先确认查证。针对查证的进行等,也可以与当事人协商。

(2) 在进行查证的过程中,除以下情况外,应当认定为不具有非公开理由。

ア 不服决定而提起的案件未公开,或者在工厂等的查证中包含商业秘密时;

イ 有可能损害公序良俗时;

ウ 有可能扰乱查证现场的秩序时。

(3) 查证中需要特别的学识经验而命令鉴定人在场,或者伴随有证人或鉴定人的询问的申请,也可以使辅助检测、照片拍摄或者机械操作所必要的技术人员等作为案件的关系人在场。可以为了对查证物进行说明而向查证中在场的第三人听取意见,要求其进行说明。

(4) 在当事人的一方或者双方未出席时,在确认当事人是出席还是缺席之后,告知本日当事人 A 未出席但实施查证的情况。例如即使是在依职权进行查证的情况下两当事人都未出席时,也实施查证并制成调查书(依职权进行的查证→8.)。

(5) 将查证的结果如何记载在调查书中是最重要的点,因此审判长一边指示各部分一边具体说明其结构,将合议组的认知准确传达,以使得审判书记员容易取得调查书。

4. 实施庭外查证(实地查证)的注意事项

(1) 在庭外查证中,在开始查证时,确认应当出席的当事人、参加人以及代理人、其他关系人(上述(3)记载的人)。使所述以外的人退到不妨碍查证之处。另外,针对在查证现场妨碍查证或者并无任何事情却进入现场的人,命令退出或者采取适当的措施。调查查证物所在地的位置、状况,若有必要也调查温度、湿度、明亮度、天气等。

(2) 作为庭外查证时携带物的例子,可列举出该案件相关文件、宣誓书、预缴指令书、审判长印章、白纸、记录工具、地图、磁铁、卷尺、分度器、温度计、照相机、录音、录影设备等。

(3) 到达现场后直接前往查证物所在地,与查证物管理者取得联系,预先查看查证现场。与查证物管理者事先进行协商,以为查证作万全准备。在出发之际应当考虑上述准备的时间。

5. 查证后的证人、鉴定人询问

遵照 34—01、35—01、35—04 等。

6. 查证调查书的制成(→35—02 之 8.)

审判官按照说明进行查证,将通过五感而感知的结果记载在调查书中。为了明确当事人的主张和查证的结果,引用设计图、工作图纸、照片、示意图、地图等适当的物件并附加到查证调查书中，可以将其作为调查书的一部分。另外，查证调查书并不是在该查证与口头审理或者证人询问一并进行时作为附件制成的，也可以在这些调查书中记载查证物的标注、查证的目的、当事人的指示说明、查证的经过、查证的结果。

〔**参考**〕法院审判书记员研修所"民事查证的程序和调查书"1975 年 12 月，法曹会，300～311 页

在查证结果的记载中，注意以下几点。

（1）报告合议组在该时间点的客观认识。

（2）结果可以是针对每个要证事项，或者针对每个通过查证而要明确的事项，构成为"项目的记载"。

（3）也可以记载根据查证可直接推测的事实的结论（在该意思中判断被增加内容）。

（4）法适用的结论要绝对避开（这是审判官应当在审查决定的阶段作出的结论）。

（5）为了记载距离关系而应当尽可能地使基点、方位明确。

（6）注意由于各案件的特质而使得重点不同的点。

（7）物的名称等避免个别的表示方法，应遵从一般称呼。

（8）示意图、照片仅是为了说明查证的结果除了文字以外还利用了附图，因此绝不具有另外的意思，仅是查证的结果本身。

因此：

ア　距离关系等在本文中省略，改成附图记载的书写方式较好。

イ　距离关系基于公尺法。附图尽可能使用缩尺图。

另外，若有必要，也可以考虑截面图、立体示意图等。

ウ　在利用照片时，针对每张照片，应当明确被拍摄物是什么、拍摄年月日、时刻，若需要还应明确天气等。

7. 费用的预缴

在庭外查证中，针对实施查证的特许厅职员（合议组以及审判书记员）的交通费、住宿费，应当由查证申请人或者依职权实施查证时合议组认为合适的人预缴该费用。

8. 依职权进行的查证

在依职权进行查证时，应当将该结果通知当事人及参加人，并指定一定的期限，给予申诉意见的机会（特§150⑤、实§41、外§52、商§56①、§68④）。

【格式1】【指示说明书的样本】

查证物指示说明书

令和　　年　　月　　日

特许厅审判长　　　　　　先生/女士

1　审判的编号

　　无效20XX—80XXXX

2　查证申请人

　　住所（居所）

　　姓名（名称）　　　　　　　　　　　（印）

　　（代表人）

3　代理人

　　住所（居所）

　　姓名（名称）　　　　　　　　　　　印

4　被请求人

　　住所（居所）

　　姓名（名称）

5　查证的目的

　　使……的结构/形状/个数明确。

6　通过查证明确的事项

　　明确检甲第1号证据具有以下的结构。

　　（1）……在……上以可开闭的方式被安装。

　　（2）（1）的安装结构是……。

　　……

　　（m）……上附加有铭牌。

　　（n）……铭牌上，记载有……。

7　指示说明人

　　姓名　〇〇〇〇

8　查证物以及所在地

　　查证物检甲第1号证据〇〇〇〇〇

　　所在地〇〇县〇〇市〇〇区……

9　指示说明内容

　　针对下述（1）~（n），指示查证物来说明检甲第1号证据的结构。

　　（1）将在……上……以可开闭的方式被安装的结构，开闭……，取"图照片……"的状态加以说明。

（2）……。

……

（n）……。

10　附件文件的目录

（1）图、照片

（2）查证物指示说明书副本〇份

（2019.6 修订）

35—07　P U D T
庭外查证的程序及其案例

1. 庭外查证（实地查证）包括证据保全用的庭外查证，一般的庭外查证与证据保全用的庭外查证，除了以下2.的内容以外并无不同。程序也相同（→34—01之9.、35—06、35—08、35—09）。

2. 不同之处在于，证据保全用的庭外查证需要有紧急性，因此在作出证据保全决定的过程中，可以针对有无该事情的说明以及是否妥当进行审理。所以，一般的庭外查证的准备程序，除了有关证据保全的特殊性方面以外，与证据保全用的庭外查证的准备程序（→35—08之4.）相同。

3. 庭外查证的实例。

无效　2004—35144（特许）
无效　2003—35079（实用新型）
无效　2003—35002（特许）
异议　2000—70703（特许）
异议　平11—73952（特许）

（2015.2修订）

35—08 PUDT
证据保全

1. 含义

（1）所谓证据保全，是指如下的审判程序：在等待审判中的一般证据调查期间，针对该调查有可能变得无法获得或者难以获得特定的证据，则预先进行调查，并将该结果进行保全（特§150、§151→民诉§234、实§41、外§52、商§56①、§68④）。

（2）通常首先进行审判的请求以及答辩等，对此进行受理，整理需要举证的事项以及争议焦点，在研究证据调查所需证据的基础上，指定证据调查的日期，因此从审判请求至进行证据调查，需要一定的时间。但是，在等待过程中，有时由于疾病等使本应成为证人的人死亡，本应成为证据的物件的篡改、隐匿、消失、消亡或者损坏等，证据调查变得无法或者难以进行。存在这样的特别情形时，需要不等待上述程序而进行证据调查来预先保全证据。

2. 证据保全的程序

提出证据保全时，应在已经请求审判时向审判长提交证据保全申请书，尚未进行审判的请求时，向特许厅厅长提交证据保全申请书，该证据保全申请书明确记载申请人以及对方、应证明的事实、证据、证据保全的事由，提交证据保全申请书时还应当一并说明证据保全的事由（特§150②、③、实§41、外§52、商§56①、§68④、特施规§50、实施规§23⑫、外施规§19⑧、商施规§22⑤、⑥、特施规§64、民诉规§153）。

（1）申请人以及对方的记载

应当记载各自的住所、姓名。申请人在审判请求前是利害关系人，在审判的过程中是请求人、被请求人或者参加人（特§150②）。

（2）应证明的事实

应当是举证申请人的主张所必要的事实。

（3）证据（→34—01、35—06）

可以解释为证据方法没有限制，因此可以是证人、鉴定人、文书、查证物、当事人本人中的任意人或物。

ア 证人：由住所、姓名确定。

イ 鉴定人：由审判的合议组指定，因此不需要确定。

ウ 文书：需要记载制成日，作者，标题，记载事项的要领或概要，当前持有文书的人。

　　エ　查证物：需要记载其名称、内容、所在场所。在属于申请人以外的人支配时，需要得到并出示该人的承诺，因此也需要记载该人的住所、姓名。

　　オ　当事人本人：适用于证人的情况。

　　另外，证据方法在适用于证人或者当事人本人时应当明示询问事项，在适用于鉴定人时应当明示鉴定事项，在查证物时应当明示查证事项。

（4）证据保全的事由

　　应当明确记载如下事项：若未预先进行证据调查，则使用该证据有可能变得困难或无法使用。

　　例如，证人生命垂危、外国人在近期回国等的时候，在鉴定人只有一人的情况下，在存在上述证人的情形时（当事人本人也与证人相同），针对查证物或文书，现状有可能发生改变时，特别是文书有可能被篡改、隐匿或者消失时等，基于这样具体情况的必要性应当被记载。

（5）证据保全事由的说明方法

　　说明应当根据可以立刻调查的证据（特§151→民诉§188）。实际上附加私人的报告（证明）书这样的文件的情况很多，证人等的人证限于当时在场的人。所谓说明，是指审判官针对存在证据保全的事由，达到基本上确凿这样的心证。

3．证据保全的决定

（1）针对申请书，由于需要紧急处理的关系，在由审判书记员进行形式审查之后，先制成记录，直接转交给先前指定的合议组（→12—01）。

（2）证据保全的提出符合规定的形式，具备证据保全的要件，证据属于申请人或者由提出义务的人的支配，有证据保全的事由的说明，根据这些情况判断应当进行证据保全时，作出应当证据保全的决定。针对证据保全的决定不能进行不服申诉（特§151→民诉§238）。

（3）成为证据保全的对象的证据处于对方或者第三人的支配之下时，配合着证据保全决定，作出文书的提交命令或者出示命令。

　　但是，特许法并不适用民事诉讼法中不遵照文书提交命令时的制裁相关的规定等（民诉§224、§225、§232②、③以及特§151），因此在文书或查证物的持有者拒绝提交（出示）时，达不到证据保全决定的效果。另外，查证物设置场所的管理人等拒绝进入该场所，不能实施查证时，会产生相同的情况。

　　所以，在证据保全决定的过程中，为了避免陷入上述情况，应针对证据调查的方法，事先与申请人进行协商。

4．实施前的准备程序

　　证据保全的决定一般在申诉之日起一个月以内作出。决定后，直接指定日期

(→33—01)。从作出决定至日期的期间也很短,因此证据调查的准备程序按照以下顺序紧急进行。

（1）决定誊本的送达

在作出证据保全的决定时,转送给审判书记员。审判书记员认证之后,向申请人以及对方（也包含参加人）送达决定誊本。针对送达时期,也参照以下（4）。

（2）日期的决定和费用

针对之后直接指定证据调查日期,与合议组协商的基础上决定日期,计算证据保全需要的费用。该费用是指审判官3～5名、审判书记员2名以及用于证人询问等的交通费等。具体的明细以及程序参照35—01。

证据保全所需要的费用的预缴,宜通过电话等与代理人联系,要求直接进行。

在紧急到来不及传唤对方的程度时,可以不传唤对方而实施（特§151→民诉§240）。

但是,特意准备的证言等,由于对方不在场,不经过相反询问的话,证据力会变弱,无法达到本来的目的,因此应当尽可能地使对方也在场。

（3）费用的支付

审判庭外进行的证据调查时证人的费用,应当领取会计科财政收入支出外现金出纳员发送的支票,并在现场亲手交给证人。

（4）日期指定通知

审判书记员直接起草实地查证日期指定通知（在仅进行证人询问时是证据调查日期通知）,在一并进行证人询问时也起草证人传票（→35—01之格式3）,在裁决之后送达当事人以及证人。

该送达（→35—01之3.（1）ウ）要考虑至证据调查日期的期间。

另外,由于从申诉之日起至日期止的期间很短,一般将证据保全申请书副本、证据保全决定书誊本、实地查证日期指定通知等文件统一送达。

（5）查证出差的程序

在有费用预缴时,委托综合股制成出差命令书。在该委托中,发送记载有负责人姓名（审判官3～5名、审判书记员2名）、案件名、查证日期以及场所、住宿地、交通关系以及预缴者姓名、预缴日的备忘录。

（6）查证的场所、用具等的研究

与证据保全申请人（代理人）有关查证进行下列几点的协商。

ア　查证场所

使其尽量提交记载有从到达站起的路线的简略图。最好针对交通便利性、旅馆所在地等听取情况。

イ　针对进入对方或者第三人的建造物时以及查证物的所有者或管理人等的许诺

ウ　在查证当日认为必要的用具

（ア）在证人询问一并进行时，进行询问的场所、桌子、椅子等。
（イ）屋外的查证有可能遇到雨天时，雨天的用具（防水苫布等）。
（ウ）查证物为建造物等时，需要梯子等。
（エ）外观设计案件等，特别是需要近距离摄影时，适当委托专家。

5．证据调查的实施

针对证据保全中的证据调查，也按照本来的证据调查的规定进行，因此其实施也与证人询问、查证等相同。

6．证据保全记录的发送

为了证据保全而进行证据调查时，进行该证据调查的审判官，应当向保存本案审判记录的审判官发送证据调查相关的记录（特施规§65、实施规§23⑫、外施规§19⑧、商施规§22⑤、⑥、民诉规§154）。

7．审判请求前的证据保全

在审判请求前为了证据保全进行证据调查时，请求人应当在审判请求书中记载证据保全案件编号等内容。

(2015.10 修订)

35—09 ＰＵＤＴ
证据保全案件的实例

1. 审判请求前的申诉（→特§150②、实§41、外§52、商§56①、§68④）
（1）1962年证据保全第1号（特许）
"方便面的制造法"
申诉的要旨
ア 申请对象的特许制造法是假冒的，因此针对在权利人的工厂中进行的制造法，若不事先将该证据保全，则有可能会发生变更。
イ 为了举证假冒的情况，申请进行证人询问（3名）。
说明方法
虽然未特别提交说明书，但在此申诉，证人之一为外国人，正在申请回国程序并在近期回国。
决定
证人之中，仅回国程序申请中的人的询问在本局审判庭进行，其他的查证以及证人询问的申诉不予采用。
申诉　1962.7.11
决定　1962.8.14
日期　1962.8.23
（2）1967年证据保全第1号（实用新型）
"家具用自由折叠腿"
申诉的要旨
查证物的销售可以追溯到很久以前，因此在无效宣告审判的请求后使事实清楚是困难的。
说明方法
提交记载证人年龄的住民票等。
决定
证人的年龄并不那么大，另外证据品也向本局提交，不可能遗失，因此证据保全的申诉不予采用。
（3）1968年证据保全第3号（特许）
"蓄积管"
申诉的要旨
使用了该蓄积管的示波器已经使用了4年半，不知何时就会更换新品。

说明方法
申请人关联公司员工提交了叙述上述情况的报告书。
决定
关于实地查证以及示波器购入的时期、经过等，采用作为使用者之一的大学助手的证人询问的申诉。

2. 审判案件处理中的申诉

（1）1964 年证据保全第 3 号（实用新型）
"照片植字机"
申诉的要旨
由于长年的使用而变得多少有些失常，因为仍是旧式机器，所以预定近期更换新品。
说明方法
提交了叙述上述事情的机械所有人的证明书。
决定
查证物的机械制作编号、相关无效宣告审判的证据的机械制作编号、所述所有人的证明书中记载的机械制作编号全部不一致，因此因缺乏证据保全的实质要件而对证据保全的申诉不予采用。

（2）1968 年证据保全第 1 号（实用新型）
"浴缸"
申诉的要旨
安装之后已经经过 5 年，有可能废弃。
说明方法
提交了多张显示浴缸现状的照片，在设置浴缸的公司宿舍的所有人公司的查证承诺书中，提及了设置时期。
决定
针对实地查证以及两名证人的询问的申诉予以采用。

（3）证据保全 2003—98001 号（特许）
"多级压缩机"
申诉的要旨
查证物已经持续使用约 16 年，已经达到不能使用的状态，有可能直接被废弃处理。
决定
认可应当提前实施查证的必要性，针对实地查证的申诉予以采用。

（2015.2 修订）

35—10 ＰＵＤＴ
因证据调查预缴的保管金的返还

1. 不再需要用于证据调查所需要的费用而预缴的保管金（预缴金）时：
（1）在以下情况下，向预缴者返还。
ア 审判案件基于审查决定而结束时，在审判请求被撤回时，以及伴随着证据调查的申诉的特许（商标注册）异议申诉，或者证据调查的申诉被撤回时。
イ 即使是审判案件正在处理中，在审判长判断以后不需要进行证据调查时。
（2）证据调查结束，即使进行了规定的支付，在仍然有余额时，也向预缴者返还。

2. 无法返还的保管金（预缴金）自保管义务解除之日的第二日起经过5年后，归属国库（保管金规则§1）。预缴金的保管义务解除的日期，是审判案件通过审查决定而结束之日、审判请求被撤回之日、伴随着证据调查的申诉的特许（商标注册）异议申诉被撤回之日，或者证据调查的申诉被撤回之日中的最早的日期（保管金规则）。

〔保管金返还请求权的丧失〕
第1条 根据法律敕令或者以往的规则，由政府保管的公有金私有金，按照下述的计算方法满5年仍未有退还请求时，成为政府的所得，但是在另外的法律中规定了权利丧失期限的，从其规定。
第一 有保管业务解除的期限的，从解除其业务之日的第二日起计算。
第二 无保管业务解除的期限的，从保管之日的第二日起计算。
第三 在因诉讼案件能够请求退还的情况下，从裁判确定之日的第二日起计算。

〔保管金和利息〕
第2条 保管金除了基于法律敕令或以往的规则或协议之外应当支付利息。

〔保管金证书的不流通性〕
第3条 保管金的证书，可以买卖转让或者担保抵押。

3. 有关上述2. 的程序的事务由审判书记员负责。

（2015.2修订）

35—11　PUDT
受命审判官

　　在审判中的证据调查或者证据保全（特§150、实§41、外§52、商§56①、§68④）在本局之外进行的情况下等，在适当之时，审判长可以从合议组之中指定应当进行证据调查或者证据保全的审判官（特施规§57、实施规§23⑫、外施规§19⑧、商施规§22⑤、⑥）。

　　1. 受命审判官由审判长指定（特施规§57①、实施规§23⑫、外施规§19⑧、商施规§22⑤、⑥）。

　　2. 受命审判官作为合议组的辅助机构，进行本来应当由该合议组进行的证据调查、证据保全。

　　3. 受命审判官办理程序的日期由受命审判官指定（特施规§57之2、实施规§23⑫、外施规§19⑧、商施规§22⑤、⑥）。

　　4. 受命审判官可以确定应当记载在有关证据调查的调查书中的事项。审判书记员可以将文书的复制件附加到受命审判官作出的证据调查的调查书中（特施规§61之4、实施规§23⑫、外施规§19⑧、商施规§22⑤、⑥）。

　　受命审判官的制度是将作为独审制的优点的机动性、经济性引入到合议制中，因此其不能扰乱合议制。所以，由受命审判官进行的证据调查、证据保全仅限于简单的证据调查、证据保全。

（2015.10 修订）

35—12 PUDT
鉴定

1. **鉴定事项**（特施规§60、实施规§23⑫、外施规§19⑧、商施规§22⑤、⑥（以下省略准用关系）、民诉规§129）

（1）在当事人或者参加人进行鉴定的申请时，应当同时提交记载有要求鉴定的事项的书面文件。但是在有不得已的事由时，只要在审判长规定的期限内提交即可。

（2）对方针对该书面文件若有意见，应当向审判长提交意见书。

（3）审判长依职权或者根据申请，在考虑了意见书的基础上确定鉴定事项。

（4）审判长应当向鉴定人发送记载有鉴定事项的书面文件。

2. **针对鉴定人**（→34—01之6.）**的回避的申诉**（特施规§60之2之2、民诉规§130）（→59—01）

（1）针对鉴定人的回避的申诉，原则上通过书面文件（根据特§142的类推，例如适用特施规§48之2（格式64）的书面文件）进行。

（2）在口头审理或者证据调查中也可以通过口头进行。

3. **鉴定人的宣誓**（特施规§60之3）（类似法规：民诉规§131）

（1）宣誓书中应当记载有宣誓遵从良心诚实鉴定的内容。

（2）鉴定人的宣誓也可以采用向审判长提交宣誓书的方法。此时，审判长对也可以采用将记载有相关事项的书面文件发送给鉴定人的方法告知宣誓宗旨的说明、对虚伪鉴定的处罚。

4. **鉴定人的陈述方式**（特施规§60之4、民诉规§132）

审判长可以使鉴定人共同或者单独陈述意见。

5. **鉴定人的发问**（特施规§60之5、民诉规§133）

鉴定人为了鉴定而在有必要时，可以在证据调查中出席，向审判长要求对证人或当事人本人进行询问，或者得到审判长的许可，对这些人直接提问。

6. **准用规定**（特施规§60之6~8）（类似规定：民诉规§134~136）

（1）鉴定。

针对传票、不出席的申请、宣誓、口头的意见陈述以及替代询问的书面文件的提交，适用有关证人询问的规定。

（2）针对鉴定证人询问（与基于特别的学识经验而知晓的事实相关的询问），适用与证人询问相关的规定。

（3）针对鉴定的委托，除了与宣誓相关的规定以外，准用与鉴定相关的规定。

（2015.10 修订）

36—01　PUDT
职权主义和依职权调查案例

1. 职权主义

民事诉讼法中，也可以看到有不少法院依职权进行诉讼等基于职权主义的规定，民事诉讼以解决与本来当事人能够自由处分的个人利益相关的纠纷为目的，因此以"法院对当事人未申诉的事项不能进行判决"这样的规定（民诉§246）为中心，可以说在主要条款（例如，民诉§179、§267、§296①、§320、§348①）中，所谓的当事人主义所占的比重比职权主义所占的比重大。

相对于此，在审判中，无效审查决定效力的对世影响很大，因此不去准用这些当事人主义的规定，而在有了审判请求之后，只要没有撤回，与当事人的意思在某种程度上没有关系，审判官依职权积极地介入案件，并且规定应当主导审理的条款，在特许相关法中有很多，职权主义的比重极大（另外，在再审中，在特§174⑤（实§45①、外§58①、商§61）中准用了前述民诉§348①，在这一点上与审判宗旨多少有些不同）。

因此，可以说审判程序的特征之一在于以职权主义为基调，特别是大幅采用后述的职权探知主义这一点，审判程序中的职权主义可以分为职权进行主义和职权探知主义两个方面。

（1）职权进行主义

职权进行主义是指进行审判程序的行为由审判官依职权进行，关于这点不需要当事人的申请，或者不允许申请的方针。

法定期间或者指定期间的依职权延长（特§4、§5、实§2之5①、外§68①、商§77①→25—04）、审理方式的选择（特§145、实§41、外§52、商§56①、§68④）、审理的进行（特§152、实§41、外§52、商§56①、§68④）、中断或者中止程序的继承命令（特§23、实§2之5②、外§68②、商§77②）等采用职权进行主义。

（2）职权探知主义

职权探知主义是指不受当事人主张的约束，审判官依职权积极地收集成为审查决定基础的资料的方针。

依职权的证据调查（特§150①、§151后段、实§41、外§52、商§56①、§68④）、依职权的证据保全（特§150②、实§41、外§52、商§56①、§68④、民诉§237）、对当事人或者参加人的没有申诉理由的审理（特§153①、②、实§41、外§52、商§56①、§68④）、与所驳回理由不同的驳回理由的发现（特

§159②、外§50③、商§55之2①、§68④）等采用职权探知主义。

（3）依职权调查

民事诉讼等中，没有当事人异议或申诉的提出，法院自己提起并进行调查的情况称为依职权调查，将应当符合依职权调查的事项（例如，管辖、当事人适格等的诉讼要件、诉讼能力、有无代理权等，由于涉及裁判的运用而不适合由当事人支配的事项）称为依职权调查事项。另外，将应当等待当事人的申诉等而提起的事项（仲裁协议或不起诉合约情况的存在等，具有为了当事人的利益的诉讼要件）称为抗辩事项。

审判中，也会存在职权探知主义在非常广泛的范围内进行的情况，依职权调查并不限于上述内容，其包含依职权进行的所有的一般调查，以及所有的基于职权探知主义的探知行为（例如依职权证据调查）。

但是，针对请求人没有申诉请求的宗旨不能进行审理（特§153③、实§41、外§52、商§56①、§68④），由此可见依职权调查的界限。

（4）职权探知主义的限制

在对当事人或者参加人不申诉理由进行审理时，应当将审理的结果通知当事人以及参加人，必须给予提交申诉意见的机会（特§153②、同§150⑤、实§41、外§52、商§56①、§68④）。在驳回决定不服审判、订正审判以及订正请求中，应当通知驳回理由，必须给予提交意见陈述书的机会（特§159②、外§50③、商§55之2①、§68④、特§165、§134之2⑤）。

另外，依职权探知应当努力到何种程度，应当考虑对公益造成的影响、审理的迅速性、真实发现的可能性等各种情况。

2. 与形式事项相关的依职权调查的案例

（1）审判请求书的形式（特§133、实§41、外§52、商§56①、§68④）

ア 权利等的记载有误时调查（→21—05）

イ 驳回决定不服审判或者外观设计、商标注册申请中的驳回补正决定不服审判的请求年月日的合适与否的调查

存在未在法定期间内提出请求的嫌疑时，向邮局请求发送驳回决定或者补正驳回决定誊本的投递证明书（→45—20）。

由于该证明书在经过一年后不再发送，因此在审判请求受理后需要迅速进行调查。

（2）中断审判或者再审程序继承人的调查

请求市町村长交付户籍誊本（→26—04之1.（1））

（3）登记簿的调查

在核对或对注册事项进行调查之际，调查登记簿。

（4）无效宣告审判请求人是否具备当事人适格的调查（→31—01 之 3.）

通常只要对方针对这一点没有争执，则可以根据审判请求书等当事人所提交的资料进行判断即可（不根据职权探知主义进行依职权调查的例子）。

3. 与实体事项相关的依职权调查的案例

（1）原查定的驳回理由不适当时，是否存在适当的驳回理由的调查

（2）原查定的驳回理由不充分时

ア 原查定中未说明的惯用手段或者公知事实成为查定不服的争议焦点，认为该说明必要时，对是否存在惯用手段或者公知事实的调查

イ 原查定的引用出版物在国内发行的年月日成为查定不服的争议焦点时，对上述年月日的调查

（ア）请求保管该出版物的图书馆或者官方机构交付证明书

（イ）依职权证据调查

例如，原查定所采用的出版物的接收年月日成为查定不服的争议焦点时，依职权进行的证人询问。

ウ 原查定所采用的证据缺陷成为查定不服的争议焦点，依职权调查对补充证据的缺陷情况进行调查

例如，针对基于出版物等提交书而提交的证据进行证据调查，从而维持原查定时。

（3）当事人或者参加人没有申诉理由的审理（特§153、实§41、外§52、商§56①、§68④）

4. 依职权证据调查的程序和费用

准备程序→35—01 之 3.（2）

费用的支出→35—01 之 5.

针对当事人类案件进行依职权证据调查、依职权证据保全时，其费用应当由最终败诉的一方当事人负担，但一般命令先由通过证据调查而获判的一方当事人预缴。但是由于可能有不服从预缴指令的当事人，或者作为特许厅日后不要求缴纳该费用，或者有时针对查定类案件（包括特许异议申诉案件、注册商标异议申诉案件）也是在 3.（2）イ（イ）的情况下需要依职权证据调查，因此在特许厅预算中计入必要经费。

5. 依职权证据调查的种类

（1）根据特§150①（实§41、外§52、商§56①、§68④）进行的依职权证据调查

审判长在依职权进行了证据调查时，应当指定一定的期间，给予当事人提交申诉意见的机会。

依职权证据调查通知，在证据调查的结果虽不能说是新的无效/取消理由，但对审查决定的结论产生影响时进行。

另外，在产生新的无效/取消理由时，重新通知无效/取消理由。

（裁判例） "根据辩论的所有宗旨，合议组在本件的审判程序中针对本件出版物1至14依职权进行证据调查，同时审判长没有将该结果通知作为当事人的原告给予其提交申诉意见的机会。

审查决定对由'POLO'至'Polo'文字与'by RALPH LAUREN'的文字构成的标志，由'骑在马上的马球运动选手的图形'构成的标志以及将它们组合而成的标志，【E】的设计图案所涉及的服装等中所使用的标志（以下将它们统称为'拉尔夫·劳伦标志'）的公知性及其他事实进行了认定，并以该认定作为根据，引出本申请商标符合商标法第4条第1款15项（审查决定中并没有将引证商标的公知性本身作为要件的商标法第4条第1款10项作为问题。另外，参照15项括弧内的内容）这一结论，从审查决定的理由自身就是很清楚的。

这样，本案件的审判程序有瑕疵，该瑕疵一般来说对作为审判结果的审查决定的结论会产生影响。"（东高判平13.2.15（平12（行ケ）6号））

（2）根据特§150⑥（实§41、外§52、商§56①、§68④）进行的委托依职权证据调查

（3）根据特§151前段（实§41、外§52、商§56①、§68④）中准用民诉§184（在外国的证据调查）、§185（在法院外的证据调查、由受托法官进行的证据调查）、§186（调查的委托）进行的依职权证据调查

（4）根据特§151后段（实§41、外§52、商§56①、§68④），对有关民诉§179的准用除外的当事人自认的事实进行的依职权证据调查

民事诉讼法中，当事人自认的事实，不需要被证明，可直接成为判决的基础，而在审判中，即使是当事人就事实进行了自认，也需要为审判官在合理的判断中得到充分的心证而提供更确切的证据，另外，对当事人之间无争议的事实，除了特许厅中的显著事实以外，也需要根据其他具体事实进行确认。

如此在审判中，考虑到特许权对世的效力（对世效力），审判官针对有关事实为了得到充分心证的证据需要进行调查。

6．依职权证据保全的种类

（1）根据特§150②（实§41、外§52、商§56①、§68④）进行的依职权证据保全

（2）根据特§150⑥（实§41、外§52、商§56①、§68④）进行的委托依职权证据保全

（注）无效宣告审判中的职权主义（→51—18）
（注）特许异议申诉中的职权主义（→67—05、67—05.4）
（注）商标注册异议申诉中的职权主义（→66—04）

(2015.10 修订)

37—00　ＰＵＤＴ
命令、审询、通知等

以审判长名义对当事人及案件关系人进行的审判程序中，除了法令规定的审查决定以及决定以外的行为，按照其目的，分为对当事人等指示而使其应答的命令、审询和仅进行告知的通知，针对这些发出书面文件时，分别进行如下处理。

1. 命令、审询

以审判长或者合议组要求当事人等办理特定的程序、回答，或者提交样品、实验成绩书等的应答的情况为目的的。

在命令、审询（→37—02）中，因要求当事人等的应答的关系而必须指定期间，并且为了与下项通知相区别，在书面文件中适当显示命令等的内容，不作为单纯的通知书。

例如，要求针对本件申请的内容的不清楚之处进行释明时，显示为审询，指示其通过答辩书提交明确的文书。

〔例〕
　　补正命令　　　审询
　　预缴命令
　　样品或者实验成绩书等的提交命令

2. 通知

以审判长或者合议组对当事人等仅通知审判审理的发生及其内容、审判程序的进行及其内容、决定事项，或者审判长或合议组的见解等，或者为了给予当事人等陈述意见的机会而告知为目的。

仅仅是通知时，仅发送通知，不要求当事人等进行意见等的应答。另外，在发送为了给予当事人等陈述意见的机会的通知时，指定期间，要求当事人等进行如"对此若有意见"这样的具有消极意思的回答。

〔例〕
　　无效宣告审判请求通知　　　书面审理通知
　　口头审理、证据调查日期通知
　　合并审理通知　　　审查意见通知
　　查定类审判相关的各种通知（对申请变更、分案等的申请日的追溯不

予认可时的通知等）
 依职权进行的证据调查、证据保全的结果通知
 副本的发送   继承通知
 程序继续进行通知   审理终结通知
 审理重新启动通知
 对起诉期间的附加期间的通知

（注） 以审判长名义对当事人以外的人发送书面文件的行为（例如证人传唤命令、证据调查的委托、实地查证相关的询问等）从本节（37—00）排除（→35—01、35—03、35—06）。

(2015.2 修订)

37—02　PUDT
审询

1. 审询

审判长无论对于何种审判的种类（驳回决定不服审判、无效宣告审判等）、审理的方式（书面审理、口头审理），都可以通过口头或文书，对当事人以及参加人进行审询（特§134④、实§39④、外§52、商§56①、§68④）。

（1）在请求书的形式审查时，可以进行为了确认当事人的程序意思的审询（→21—02）。

（2）在需要明确当事人等的主张等时，例如对补正/订正是否合法有疑义，想要明确主张的根据时，想要确认技术常识/公知技术时等，可以进行审询。

（3）在特许的驳回决定不服审判中，在审判请求的同时进行了补正时，由审查员进行前置审查（特§162），除了作出授权决定的情况以外，提交记载有包括补正的合法性、发明的特许性等的审查结果的报告书（特§164③）。合议组根据相关报告书认为需要要求提供请求人的见解时，可以利用报告书进行审询。

2. 审询的形式

通过文书进行审询时，要基于审判长名义的审询书（格式1）。

审询可以"关于审判"，因此在基于口头审理的案件中，可以在口头审理日期外通过口头或者文书进行审询。

另外，审询可以利用电视会议系统（→35—01之10.）或传真。在这种情况下，会制作会晤记录、应对记录。

再者，关于口头审理，特施规§52之2①规定，"审判长在口头审理中为了明确案件关系，关于事实上以及法律上的事项，可以向当事人或者参加人发问，或者敦促举证"；特施规§52之2②规定，"陪席审判官在报告审判长的基础上，可以进行前款规定的处置"。

3. 对审询不回应的情况的处理

审询当事人等不应答时，仍继续审理，不能以没有应答为理由作出驳回审查决定/决定，或者作出对该当事人等不利的结论。

4. 针对拒绝出庭证明的审询

在特§151（实§41、外§52、商§56①、§68④）中，由于准用了民诉§199

① "除了第 197 条第 1 款第 1 项的情况,对于拒绝出庭证明是否正当,受诉法院对当事人进行审询,通过决定进行裁判",因此在审判的证人询问中,有时会针对拒绝出庭证明进行审询。

(参考)
特许异议申诉中的审询(67—05 5.(2))
商标注册异议申诉中的审询(→66—04 4.(3))

(2019.6 修订)

（格式1）

审询

审判请求的编号　　　　　　　　　　不服20XX—123456
（特许申请号）　　　　　　　　　　（特愿20XX—123456）
起草日　　　　　　　　　　　　　　令和　　年　　月　　日
审判长　特许厅审判官　　　　　　　○○　　○○
审判请求人　　　　　　　　　　　　○○○○株式会社　　先生/女士
代理人　　　　　　　　　　　　　　○○○○（另4名）　　先生/女士

针对本审判案件，请将针对下述事项的答辩书（满足下述宗旨的申诉书）自本审询发送之日起　　天以内提交。

记

○○

（备注）
在无继续审判意思的情况下，请迅速将审判撤回。

另外，在将审判请求书撤回的情况下，请尽量预先将该情况与审判长或者在审询书的末尾记载的审判官联系。

有关本通知若有疑问，请与下述人员联系。
审判部第○○部门　　审判官　　XX　　XX
电话　03（3581）1101　内线XXXX　　传真　03（XXXX）XXXX

38—00　P
订正的一般事项

1. 概要
订正审判是指用于在特许授权注册后特许权人主动地对说明书、权利要求书或者附图进行订正的制度。无效宣告审判或者特许异议申诉中的订正请求是指用于作为无效宣告审判等的特许权人的防御手段，对于说明书等进行订正的制度。

订正的对象是"特许请求书所附的说明书、权利要求书或者附图"。特许权人在订正审判的情况下，可以请求该审判（特§126①）。另外，特许权人在无效宣告审判或者特许异议申诉时可以请求订正（特§134之2①、§120之5②），但若有在先的订正请求时，该在先请求视为被撤回（特§134之2⑥、§126之5⑦）。

认可订正要旨的订正审判、无效宣告审判、特许异议申诉的审查决定或决定确定后，将其订正后的说明书等的内容视为特许申请、申请公开、特许查定的内容（特§128、特§120之5⑨→特§128、特§134之2⑨→特§128）。

2. 订正的请求单位
（1）"对特许权的整体进行请求"或者"按每一个权利要求进行请求"

ア　"对特许权的整体进行请求"或者"按每一个权利要求进行请求"的选择

订正有"对特许权的整体进行请求"（订正的请求单位是特许权的整体）或者"按每一个权利要求进行请求"（订正的请求单位是每个权利要求）的方法（特§120之5③④、§126③、§134之2②③）。

在订正时，进行是否认可按请求单位进行订正的判断，按请求单位审查等确定决定（特§120之7、§167之2）。

订正前的权利要求的项数为1项的时候，订正必须"对特许权的整体进行请求"。订正前的权利要求的项数为2项以上的时候，特许权人可以选择"对特许权的整体进行请求"或者"按每一个权利要求进行请求"。但是，如果有关无效宣告审判以及特许异议申诉中的订正请求，无效宣告审判等以"按每一个权利要求进行请求"请求的，则订正也必须"按每一个权利要求进行请求"（特§134之2②、§120之5③）。若特许权人没有表明"对特许权的整体进行请求"或者"按每一个权利要求进行请求"，则理解为"按每一个权利要求进行请求"（参照表1）。因为无效宣告审判、特许异议申诉虽然可以各自对于特许权的整体进行，但是针对特许权的整体进行的情况下，即使有一部分不成立则全部不成立，这对请求人或申诉人都没有好处，所以，通常是按照每一个权利要求进行请求的。

表1　订正请求单位的选择

	订正审判	订正的请求
订正前的权利要求是1项	"特许权整体"	"特许权整体"
订正前的权利要求是2项以上	请求人可以选择	通常按照"每一个权利要求"进行

イ　"按特许权整体进行请求"

所谓"按特许权整体进行请求",是指要求按照所提交的订正说明书、权利要求书、附图,对全部订正事项进行一次性的订正。

所以,只要其中一部分不满足要件,则所有的订正均得不到认可。由此,在涉及多个权利要求的订正中,不可能只有其中一部分的权利要求的订正得到认可,所以在确认当前的特许说明书等的记载时,对于一个特许权通常只需确认一组的说明书、权利要求书、附图即可,权利管理就变得容易。

但是,由于"对特许权整体进行请求"是指按照所提交的订正权利要求书等的订正事项进行订正,也就是说,对订正前的权利要求所记载的全部权利要求进行了订正请求,因此即使是假设仅针对一个权利要求进行了订正时,也需要按特许登记簿中记载的权利要求项数支付官费。

ウ　"按每一个权利要求进行请求"

所谓"按每一个权利要求进行请求",是指要求针对所提出的订正权利要求书的权利要求的各自的请求单位进行订正。订正是否认可是以权利要求为单位判断的,即使某个权利要求的订正没有得到认可,其他权利要求的订正也会有得到认可的可能。

但是,由于按每一个权利要求进行是否认可的判断,一项权利要求的订正事项有多个而其中只要有一个事项没有满足订正要件,则该权利要求的所有订正事项均得不到认可。而订正的权利要求中有一组权利要求(具有规定的引用关系的权利要求的组)的情况下,关于这些权利要求必须以"一组权利要求"为单位(特§120之5③④、§126③、§134之2②③),是否认可该订正的判断也以该"一组权利要求"的请求单位来进行。

另外,"按每一个权利要求进行请求"进行订正时,可以只对一部分的权利要求请求订正。因此,与"对特许权整体进行请求"的情况相比较,官费有时候会相对便宜(→38—06)。

(2018.9修订)

38—01　P
一组权利要求

1. 一组权利要求

订正记载的权利要求与其引用形式的权利要求（从属项）组成的组称为"一组权利要求"。特§120之5④以及特施规§45之4规定了一组权利要求的关系。

要确定"一组权利要求"，首先要在订正前的权利要求中，确定对记载内容进行订正的权利要求，接着，确定订正前的引用关系中直接或间接地引用了对记载内容进行订正的权利要求的所有引用形式的权利要求（从属项）。此类引用形式的权利要求（从属项），通常包括对记载内容进行订正的权利要求的订正事项，所以无论是否存在对引用形式的权利要求（从属项）的记载的订正，都与对记载进行订正的权利要求联动进行订正来处理。

例：权利要求由权利要求1和引用了权利要求1的权利要求2构成，假设将权利要求1的"A"这一记载订正为"A'"。在这样的情况下，因对权利要求1的记载进行订正的订正事项使权利要求2也由此联动而被订正，所以，权利要求1以及2构成一组权利要求（图1）。

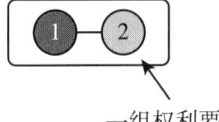
一组权利要求

［权利要求1］一种装置，具有A。
［权利要求2］权利要求1所述的装置，都有B。

订正事项：权利要求1的"A"订正为"A'"

图1　"一组权利要求"的基本思路

"一组权利要求"基于订正前的引用关系而确定，由根据订正事项联动而被订正的权利要求的组构成。因此，即使是订正前有引用关系的权利要求，不是订正事项的对象的权利要求就不构成"一组权利要求"，这一点需要注意。

例：假设权利要求由权利要求1、引用权利要求1的权利要求2，以及引用权利要求2的权利要求3构成，将权利要求2的"B"的记载订正为"B'"。在这样的情况下，根据订正权利要求2的记载的订正事项，权利要求3也被联动订正，所以权利要求2和权利要求3构成"一组权利要求"。但是，不是订正对象的权利要求1，虽然与订正前的权利要求2有引用关系，但不因订正权利要求2的记载的订正事项而被联动订正，因此不构成"一组权利要求"（图2）。

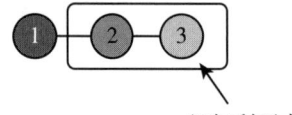

[权利要求1]一种装置，具有A。
[权利要求2]权利要求1所述的装置，具有B。
[权利要求3]权利要求2所述的装置，具有C。

订正事项：将权利要求2的"B"订正为"B'"

图 2　不构成"一组权利要求"的权利要求的例子

如上所特定的"一组权利要求"有多个，拥有共同的权利要求的（范围有一部分重叠）"一组权利要求"有 2 个以上的情况下，这些"一组权利要求"组合成为"一组权利要求"（特施规§45 之 4）。

例：假设权利要求由权利要求 1、权利要求 2，以及引用权利要求 1 或者 2 的权利要求 3 构成，将权利要求 1 的"A"的记载订正为"A'"的订正事项 1，将权利要求 2 的"B"的记载订正为"B'"的订正事项 2。在这样的情况下，如上述所说明的，权利要求 1 和 3 构成"一组权利要求"的同时，权利要求 2、3 也构成"一组权利要求"。此时，具有共同的权利要求 3 的这些"一组权利要求"组合起来，权利要求 1 至 3 成为一个"一组权利要求"（图 3）。

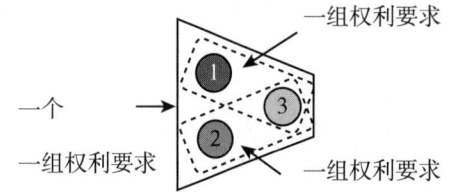

[权利要求1]一种装置，具有A。
[权利要求2]一种装置，具有B。
[权利要求3]权利要求1或2所述的装置，具有C。

订正事项1：将权利要求1的"A"订正为"A'"
订正事项2：将权利要求2的"B"订正为"B'"

图 3　两个以上的"一组权利要求"被组合在一起的例子

2．其他订正单位要求

如果进行解除权利要求间的引用关系的订正（将引用其他权利要求记载的权利要求订正为不引用其他权利要求记载的订正）、删除引用形式权利要求（从属项）的订正，或者对引用了多个权利要求的权利要求进行引用权利要求的数量减少的订正，订正后的权利要求间的引用关系有时候可以解除。

根据 2011 年的法律修改，在将引用其他权利要求记载的权利要求订正为不引用其他权利要求记载的订正（特§120 之 5②四、§126①四、§134 之 2①四）的引入宗旨的基础上，对订正前的引用关系中构成"一组权利要求"的特定权利要求进行解除引用关系的订正时，另行根据规定的要求，将该特定权利要求的订正事项作为与"一组权利要求"另外的订正单位进行处理。

这种要求被称为"其他订正单位要求"。

关于特定权利要求的订正事项,通过进行"其他订正单位要求",该特定权利要求的订正事项不受其他"一组权利要求"的订正被认可与否判断的影响,其单独订正可以得到认可。因此,将"其他订正单位要求"的特定权利要求作为与"一组权利要求"是另外的订正单位进行处理,所以,关于该特定权利要求就不受"一组权利要求"的影响而由审查决定等确定。

例:假定权利要求由权利要求1以及引用权利要求1的权利要求2组成,将权利要求1的"A"的记载订正为"A'"的订正事项1、将引用权利要求1的权利要求2订正为独立形式权利要求(独立权利要求)的订正事项2(解除引用关系的订正)、将权利要求2的"B"的记载订正为"B'"的订正事项3(订正事项2与订正事项3也会有可以不分开作为一个订正事项的情况),订正事项1因追加新事项等违反了订正要件(图4)。

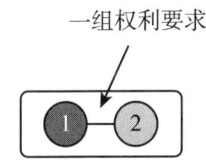
一组权利要求

[权利要求1]一种装置,具有A。
[权利要求2]权利要求1所述的装置,具有B。

订正事项1:将权利要求1的"A"订正为"A'"
订正事项2:将引用权利要求1的权利要求2订正为独立权项
订正事项3:将权利要求2的"B"订正为"B'"

订正事项1得不到认可时

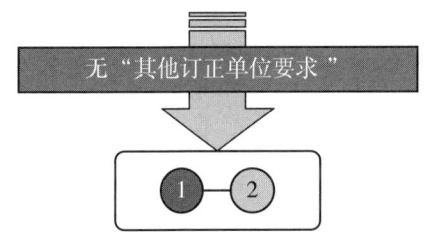
无"其他订正单位要求"

[权利要求1]一种装置,具有A。
[权利要求2]权利要求1所述的装置,具有B。

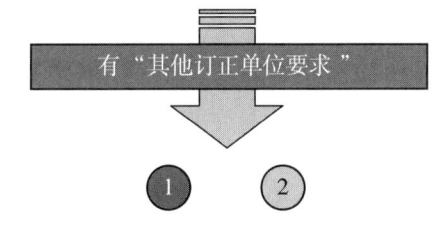
有"其他订正单位要求"

[权利要求1]一种装置,具有A。
[权利要求2]一种装置,具有A以及B'。

图4 "其他订正单位要求"的效果

在权利要求2的订正事项2与订正事项3不存在"其他订正单位要求"的情况下,权利要求1、权利要求2是一组权利要求,因此订正事项2和订正事项3也被作为和订正事项1一体的订正事项来处理,结构订正得不到认可,另外,审查决定等对构成一组权利要求的订正事项1和订正事项2就整体确定了。在存在"其他订正单位要求"的情况下，当订正事项 2 和订正事项 3 满足订正要件时，权利要求 2 的订正事项就作为与"一组权利要求"的其他权利要求另外的订正单位来处理，因此，订正事项 2、3 与订正事项 1 的判断是独立的，其订正就可以得到认可，另外，审查决定等是与权利要求 1 另外独立地确定的。

但是，即使是订正事项 1 本身得到认可的情况，如果权利要求 2 的订正事项 3 得不到认可，则权利要求 2 的订正事项 2 也作为整体而得不到认可。其结果是，权利要求 2 的"其他订正单位要求"也得不到认可。而且，因为"其他订正单位要求"没有得到认可，所以与权利要求 2 一起构成的"一组权利要求"的权利要求 1 的订正事项 1 也作为整体得不到认可。

该"其他订正单位要求"是根据特许权人的请求作为"一组权利要求"的例外而被认可的，因此需要在订正审判的请求书或者无效宣告审判等的订正请求书中予以明确记载。即，即使是在消除引用关系的订正的情况下，要是没有进行"其他订正单位要求"，则还是希望作为"一组权利要求"，进行整体的认可与否的判断处理。

3．程序上的注意事项

"其他订正单位要求"记载于订正审判请求书、订正请求书的"请求的理由"栏（→38－04 之 2．（3）ウ）。

其他订正单位要求有缺陷时，审判长对特许权人指定一定的期限（标准 30 天→25－01．5）令其进行补正。

（2018．9 修订）

38—02 P
说明书或者附图的订正

1. 与说明书或者附图的订正相关的权利要求

在订正是"对每个权利要求请求"的情况下，在进行说明书或者附图的订正时，需要针对与说明书或者附图的订正相关的所有的权利要求进行（特§126④、§134之2⑨→§126④、§120之5⑨→§126④）。

对与说明书或者附图的订正无对应关系的权利要求（一组权利要求），通常不考虑说明书或者附图的订正，根据订正前的说明书或者附图进行解释。

例如，在对图1的说明书的段落【0011】中记载的事项进行订正时，需要针对与该说明书的段落【0011】的订正相关的权利要求1以及权利要求2来进行。

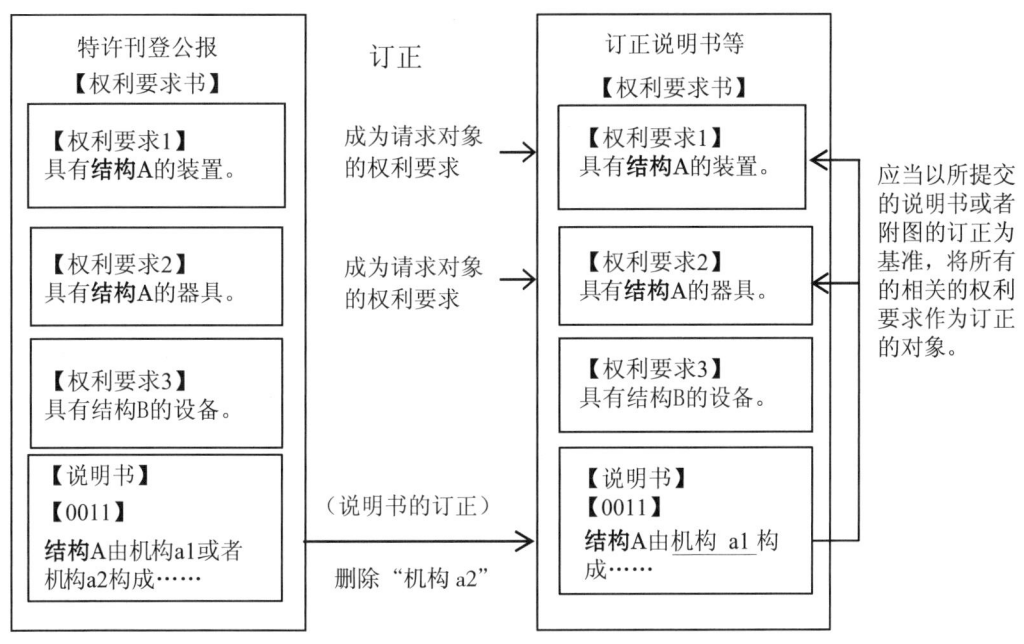

图1 订正说明书与权利要求的关系

与特定的权利要求相关的说明书（或者附图）被订正时，该说明书（或者附图）中的订正事项，作为针对该权利要求的订正事项来处理。

例如，权利要求书如下：

"【权利要求1】一种空调装置，具有A机构和B机构。

【权利要求2】如权利要求1所述的空调装置，还具有C机构。

【权利要求3】如权利要求1或2所述的空调装置,还具有D机构。
【权利要求4】如权利要求3所述的空调装置,其特征在于,D机构的冷媒由E制法制造。"

在说明书的【0020】中记载有:
"由于D机构的冷媒由E制法制造,因此在废弃冷媒时<u>舰桥不可</u>[①]极高。"
将其订正(误记的订正)为:
"由于D机构的冷媒由E制法制造,因此在废弃冷媒时<u>对环境的负荷</u>极高。"
假设只请求了有关于冷媒的记载的权利要求4的订正。

此时,仅与权利要求4相关的说明书得到了订正,对于权利要求3相关的说明书仍然留着"舰桥不可"。要使说明书的订正反映到所有的权利要求,说明书的订正需要针对该订正所涉及的所有权利要求来进行。

另外,在对每个权利要求进行订正请求的情况下,对"发明的名称"进行订正时,由于说明书的"发明的名称"的记载涉及全部权利要求,所以订正需要对全部权利要求进行。

2. 当没有与说明书或者附图的订正有关的权利要求时

说明书或者附图的订正,例如是对其误记的订正,在对订正后的任一权利要求中记载的发明的认定不需要考虑时,其说明书或者附图的订正可以针对任意的权利要求或者一组权利要求进行订正,也可以针对全部权利要求进行。

但是,通常没必要对任何权利要求中记载的发明的认定都不会考虑的说明书记载的部分进行订正。

(2018.9修订)

[①] 日语中与"环境负荷"同音。

38—03　P
订正要件

1. 订正要件（针对订正审判：特§126①⑤⑥⑦、平5附§4②旧实§39①②③，针对无效宣告审判：特§134之2①、§134之2⑨→§126⑤⑥⑦、平23附§19②旧实§40之2①、§40之2⑨→实§39⑤⑥⑦，针对特许异议的申诉：特§120之5②、§120之5⑨→§126⑤⑥⑦）

特许权人针对特许请求书所附的说明书、权利要求书或者附图请求订正的要件，在特§126、§134之2、§120之5中有规定。

由于订正是通过事先去除特许的一部分中的瑕疵以防备无效宣告审判等的攻击，因此只需认可为了达到此目的的最小范围就已足够。所以，订正限于以下面所列的事项为目的（特§126①、平5附§4②旧实§39①、特§134之2①、§120之5②）。

（1）权利要求的范围的减缩（但书一）（→2.）；
（2）误记或者误译的订正（但书二）（→3.4.）；
（3）不明确的记载的释明（但书三）（→5.）；
（4）权利要求之间的引用关系的解除（将引用其他权利要求的记载订正为不再引用该其他权利要求的记载）（但书四）（→6.）。

另外，订正必须在特许请求书所附的说明书等的记载事项的范围内进行（→7.），不得是实质上对权利要求的范围的扩展或者改变（→8.），根据订正后的权利要求所记载的事项而确定的发明必须是在特许申请时能够独立获得授权的（→9.）。

2. 权利要求的范围的减缩（特§126①一、旧实§39①一、特§134之2①一、§120之5②一）

（1）所谓"权利要求的范围的减缩"，是指在权利要求的记载保持不变的情况下，有可能被解释为因存在包含公知技术的瑕疵、因与同一人的其他特许权相同而存在特许无效或者特许撤销的理由等时，对权利要求书进行减缩。权利要求的删除（包含所有的权利要求的删除）也属于该情况。

（2）在权利要求书中必须区分权利要求，每个权利要求中应当记载所有为了获得特许的发明的必要事项。因此，对于"权利要求范围的减缩"的判断，基本上是基于各个权利要求（包含没有订正该权利要求自身的记载的引用形式请求（从属项））进行的。

（3）不属于"权利要求的范围的减缩"的具体例子：

ア　将以串列方式记载的用于确定发明事项（技术特征）的一部分删除
　　イ　增加择一的记载要素
　　ウ　进行增加权利要求的订正（属于（4）カ以及6.的情况除外）
　（4）属于"权利要求的范围的减缩"的具体例子：
　　ア　删除择一的记载要素
　　イ　以串列方式附加用于确定发明的事项（技术特征）
　　ウ　从上位概念变更为下位概念
　　エ　权利要求的删除
　　オ　引用了多个权利要求的权利要求的引用权利要求项数的削减
　　例：将权利要求的记载"如权利要求1～3中任一项所述的空调装置，具有A机构"订正为"如权利要求1或2所述的空调装置，具有A机构"。
　　カ　将引用了 n 个权项的1的权利要求变更为 $n-1$ 个权项以下的权利要求
　　例：将权利要求书的一个权利要求的记载"如权利要求1～3中任一项所述的空调装置，具有A机构"，变更为"如权利要求1所述的空调装置，具有A机构"和"如权利要求2所述的空调装置，具有A机构"的两个权利要求的订正。在这种情况下，也包括进一步不引用这些权利要求而重新撰写的情况。

3. 误记的订正（特§126①二、旧实§39①二、特§134之2①二、§120之5②二）

　（1）所谓"误记的订正"，是指原本是该意思，修改为从说明书、权利要求书或者附图的记载等可以明确的内容的字词、语句，可客观认定表示订正前的记载当然与订正后的记载是相同的意思（注1、注2）。

　（注1）在注册实用新型的请求书所附的附图存在误记的情况下，即使没有订正审查决定，也允许订正该误记并用来解释实用新型权的权利范围（青森地弘前支判昭47.5.22（昭46（ヨ）2号）无体集4卷1号313页）。

　（注2）限于权利要求书的记载，误记的订正仅允许在本领域技术人员及其他的一般第三人能够理解订正前的记载当然与订正后的记载所表示的意思相同的情况下进行，发明的详细说明部分的记载仅限于成为该点的判断资料的情况应当予以考虑（最一小判昭47.12.14（昭41（行ツ）1号）民集26卷10号1888页、判时692号18页、判夕297号220页、东高判昭48.12.25（昭44（行ケ）10号）无体集5卷2号530页、知财高判平18（行ケ）10204号）。

　（2）要使误记的订正得到认可，授权注册时（在已经确定了订正的情况下，指其确定时）的说明书、权利要求书或者附图的记载中必须存在误记。

　（3）通过权利要求书的记载或者授权注册时（有已确定的订正的情况下，为其确定时）与说明书记载的关系判断，权利要求中的记载明显是错误的，并且，从授权注册时（有已确定的订正的情况下，为其确定时）的说明书、权利要求书或者附图的记载的整体来看，确定正确的记载是显而易见的事项时，将该错误改为正确记载的订正，并不构成对权利要求范围的实质性扩大或者变更。

相对于此，参考原始申请的说明书或者外文书面文件，首次正确的记载被确定时，需要重新将订正前与订正后的权利要求书进行对比，审理订正是否是实质上扩大或者变更了权利要求的范围（→8.）。

（4）针对"て、に、を、は"①，若以误记的订正为目的，则需要将这一目的明确。

但是，针对将"および"②改为"及び"③这样的订正，是伴随其他的订正所做的订正时，也可以不解释订正的目的。

4. 误译的订正（特§126①二、§134之2①二、§120之5②二）

所谓"误译的订正"，是指将通过翻译而成为与外文书面文件不同的意思的记载（误译），订正为外文书面文件所表示的意思的记载。

要使误译的订正得到认可，需要授权注册时（有已经确定的订正的情况下，为其确定时）的说明书、权利要求书或者附图中的记载的意思与外文书面文件中所对应的记载的意思不同。

5. 不明确的记载的释明（特§126①三、旧实§39①三、特§134之2①三、§120之5②三）

（1）所谓"不明确的记载的释明"，是指由于授权注册时（有已经确定的订正的情况下，为其确定时）的说明书、权利要求书，或者附图中的其自身意思记载不明确，或者由于与授权注册时（有已经确定的订正的情况下，为其确定时）的说明书、权利要求书，或者附图中的其他记载的关系出现不合理的情况从而变得不明确的记载等，对说明书、权利要求书或者附图中产生的记载上的缺陷进行订正，使其本来的意思明确。

（2）要使不明确的记载的释明得到认可，在授权注册时（有已经确定的订正的情况下，为其确定时）的说明书、权利要求书或者附图中需要存在不明确的记载。

（3）属于"释明不明确的记载"情况的类型：

ア 改正其自身记载内容不明确的记载时。

イ 改正其自身的记载内容在与其他记载的关系中产生的不合理记载时。

ウ 改正发明的目的、构成或者效果在技术上不明确的记载等，使其记载内容明确时。

---

① 日语助词。
② "以及"的平假名写法。
③ "以及"的汉字写法。

エ　加入作用效果。
オ　将当然具备的条件加入权利要求书。

随着权利要求书的订正，为了使其与权利要求书整合而进行说明书订正属于上述イ的类型。关于エ，在授权注册时（有已经确定的订正的情况下，为其确定时）说明书等中明确记载了发明的构造或作用、功能，根据该记载，该作用效果显而易见时，允许订正。

新的实施例、实施方式的追加通常不能被认定为在授权注册时（有已经确定的订正的情况下，为其确定时）说明书、权利要求书或者附图所记载事项范围内的内容。

6. 权利要求之间引用关系的解除（将引用其他权利要求记载的权利要求订正为不再引用该其他权利要求的记载）（特§126①四、平24 附则§19 旧实§39①四、特§134 之 2①四、§120 之 5②四）

所谓"权利要求之间引用关系的解除（将引用其他权利要求记载的权利要求订正为不再引用该其他权利要求的记载）"，是指针对权利要求书的订正，对于权利要求引用了成为订正对象的多个权利要求之中的某个权利要求的记载的这样的引用关系，不改变其内容而改写成不引用该权利要求记载的形式。

该订正是以使某个权利要求不作为"一组权利要求"，而将解除权利要求之间的引用关系作为目的的。（→38－01）

权利要求之间引用关系的解除和权利要求书的减缩，在特定权利要求下进行的情况下，根据订正后的该特定权利要求的记载事项所特定的发明，必须是特许申请时能够独立获得授权的（特§126⑦、特§134 之 2⑨→§126⑦、§120 之 5⑨→§126⑦），这一点需要注意。

（订正得到认可的例子：伴随上位权利要求的删除引用关系的解除）
＊原始权利要求
【权利要求 1】一种空调装置，具有 A 机构和 B 机构。
【权利要求 2】如权利要求 1 所述的空调装置，还具有 C 机构。
【权利要求 3】如权利要求 1 或 2 所述的空调装置，还具有 D 机构。
【权利要求 4】如权利要求 1、2 或 3 所述的空调装置，还具有 E 机构。
＊订正后的权利要求（删除原权利要求 1）
【权利要求 1】（删除）←以权利要求保护范围的缩小为目的的订正
【权利要求 2】一种空调装置，具有 A 机构、B 机构、C 机构。
【权利要求 3】一种空调装置，具有 A 机构、B 机构、D 机构。
【权利要求 4】一种空调装置，具有 A 机构、B 机构、E 机构。
【权利要求 5】一种空调装置，具有 A 机构、B 机构、C 机构、D 机构。
【权利要求 6】一种空调装置，具有 A 机构、B 机构、C 机构、E 机构。

【权利要求 7】 一种空调装置，具有 A 机构、B 机构、D 机构、E 机构。
【权利要求 8】 一种空调装置，具有 A 机构、B 机构、C 机构、D 机构、E 机构。
←权利要求 2~8 是以权利要求之间引用关系的解除为目的的订正。

7. 禁止增加新事项的订正（特§126⑤、§134 之 2⑨→§126⑤、§120 之 5 ⑨→§126⑤）

进行订正时，必须落入特许的说明书、权利要求书或者附图中记载的范围内，增加新事项的订正是不允许的。

订正中，判断是否增加了新事项的基准的说明书等是授权注册时的说明书、权利要求书或者附图（基于其他订正审判或无效宣告审判的订正请求进行的订正已经确定时所确定的说明书、权利要求书或者附图），例如，根据从申请时的说明书删除了一部分记载的说明书被授予特许时，不能进行将该删除的部分恢复的订正。

但是，以误记或者误译为目的的订正可以在特许请求书最初所附的说明书、权利要求书或者附图（外文书面申请所涉及的特许的情况为外文书面文件）所记载的事项的范围内进行，而不是授权注册的说明书、权利要求书或者附图（→3.、4.）。

8. 不是实质上扩大或者变更权利要求的范围（特§126⑥、旧实§39②、特§134 之 2⑨→特§126⑥、特§120 之 5⑨→特§126⑥）

（1）所谓"实质上扩大权利要求的范围"，是指除了通过对权利要求书的记载自身进行订正导致了权利要求的范围扩大（例如，将权利要求中记载的事项更换为更宽广的意思表述的订正）之外，还有并没有对权利要求的范围作任何订正，只是对发明的详细说明或者附图的记载进行订正，从而扩大权利要求的范围的情况。

所谓"实质上变更权利要求的范围"，是指通过对权利要求书的记载自身进行订正导致了权利要求的范围变更（例如，通过将权利要求中记载的事项更换成其他意思的表述导致权利要求的范围变动的订正），或者除了变更发明的对象的订正之外，针对权利要求的范围不作任何订正，仅对发明的详细说明或者附图的记载进行订正，从而变更权利要求的范围。

实质上扩大或者变更权利要求范围的订正的例子：
ア　在用于确定权利要求中记载的发明的事项中，将串列要素中的一部分删除
イ　在用于确定权利要求中记载的发明的事项中，增加择一记载的要素
ウ　将用于确定权利要求中记载的发明的事项变更为上位概念
エ　用于确定权利要求中记载的发明的事项的更换
オ　使权利要求中记载的数值限定变宽或者错开
カ　将"方法的发明"或者"生产产品的方法的发明"进行类型变更而变为"产品的发明"
キ　对发明的详细说明中记载的订正，对权利要求中记载事项的解释产生影响，

其结果，实质上属于上述ア～カ中的任一种的情况。

（2）关于实施方式或实施例的追加，追加为了说明作为特许对象的产品或者方法而实现的效果的说明、理论以及实验数据等，即使实际上并未变更权利要求的范围，一般也不认为在特许请求书所附的说明书、权利要求书或附图所记载事项范围内。

9. 特许申请时可独立获得授权的发明（独立发明要件：特§126⑦、旧实§39③、特§134之2⑨→§126⑦、§120之5⑨→§126⑦）

（1）以权利要求范围的减缩（特§126①一、§134之2①一、§120之5②一）以及误记或者误译的订正（特§126①二、§134之2①二、§120之5②二）为目的进行了订正时，由订正后的权利要求所记载的事项确定的发明应当在特许申请时可独立获得授权。但是，该要件针对被请求无效宣告审判的权利要求、被申诉的特许异议申诉的权利要求没有要求。

另外，该要件针对仅进行了权利要求的删除的订正、没有要求订正的权利要求

（注1）以释明不明确的记载或者解除权利要求之间引用关系为目的的订正。

（注1）是否属于要求订正通过实质上是否要求订正来判断。例如，引用形式的权利要求虽然其自身没有直接进行订正，但是通过对所引用的权利要求进行订正，可以解释为间接地被订正了。

（2）订正后的权利要求书中记载的事项所确定的发明不能根据特§49的规定获得授权时，原则上该订正违反独立特许要件。

但是，针对特§36④二、§36⑥四以及§37的规定，通过比较考虑这些规定未作为无效理由（特§123①）及取消理由（特§113①）的情况，考虑到并未违反特§126⑦所规定的"特许申请时可以独立获得授权"，而不能适用。

（3）独立特许要件的判断对象的案例（订正审判）。

在以下例子中，独立特许要件的判断对象是权利要求1~3。

根据订正的目的，权利要求1及权利要求3成为独立特许要件的判断对象，权利要求4及权利要求5则不是判断对象。针对权利要求2，虽然不存在明确的订正事项，但是由于订正后的权利要求2引用了被减缩订正后的权利要求1，因此实质上是由订正前的权利要求2减缩而成。所以，权利要求2成为判断对象。

（例）

	订正前	订正后	（订正的目的）
权利要求1	具有A的装置	→具有a的装置	（权利要求书的缩减）
权利要求2	如权利要求1所述的装置，还具有B		
权利要求3	具有C的装置	→具有C'的装置	（误记的订正）
权利要求4	具有D的装置	→具有D'的装置	（释明不明确的记载）
权利要求5	具有E的装置		

10. 判断流程

在判断订正是否满足特§126、§134之2、§120之5所规定的要件时,在进行特§126⑤~⑦的要件(§134之2⑨→§126⑤~⑦、§120之5⑨→§126⑤~⑦)的判断之前,判断是否满足特§126①的目的要件。

11. 一事不再理

不适用特§167〔一事不再理〕的规定,但是针对反复进行完全相同的订正请求的案件,得到相同结论的可能性很高。

(2018.9 修订)

38—04　P
订正（审判）请求书的请求宗旨、理由

1. "请求宗旨"的记载方法

在订正审判的审判请求书或者订正请求书"请求宗旨"中，特许权人表明作为订正对象的特许权，确定针对该特许权的订正内容、范围，并且记载要求何种审查决定等（订正）。

该"请求宗旨"栏中表明是"针对特许权全体的请求"，还是"针对每个权利要求的请求"，在"针对每个权利要求的请求"时，明确记载其请求单位（每个权利要求或者每一组权利要求）。（→38—00）

请求宗旨具体按照以下表1、表2所示记载（特施规§46之2①、格式第61之4备注1、格式第62备注5、格式63之2备注2）。

"请求宗旨"的记载根据请求订正的内容进行记载。例如，请求订正的内容仅是权利要求书时，"请求宗旨"记载为"所附的订正权利要求书"（关于订正说明书、权利要求书的制作，参照38—05）。

在"针对每个权利要求的请求"的情况下，将成为订正对象的权利要求用订正后的权利要求的编号确定。此时，在删除权利要求A时，也要记载该权利要求A。

另外，针对一组权利要求，根据订正前的权利要求书的记载，判断订正对象的权利要求是否是一组权利要求，而在解除引用关系的订正的情况下，根据"其他订正单位要求"，可以通过存在引用关系的其他权利要求作为另外的请求单位请求订正。但是，对进行了解除引用关系订正的权利要求的订正得不到认可时，其他订正单位要求也不被允许。在审查决定或者决定结论中记载认可订正一事时，按照每个认可订正的订正单位加以区分表示。例如，一组权利要求如权利要求〔3～5〕所示，用〔 〕来表示。

表1　订正审判请求书"请求宗旨"栏的记载例

请求的单位	"请求宗旨"栏
订正审判"针对特许权全体的请求"的情况	请求认可将特许第○○○○○○○号的说明书、权利要求书（以及附图）订正为如本件审判请求书所附的订正说明书、权利要求书（以及附图）的审查决定。
订正审判"针对每个权利要求的请求"的情况	请求认可将特许第○○○○○○○号的说明书、权利要求书（以及附图）订正为如本件审判请求书所附的订正说明书、权利要求书（以及附图）那样的，形成订正后的权利要求○、○、○～○的审查决定。

表2　订正请求书"请求宗旨"栏的记载例

请求的单位	"请求宗旨"栏
订正"针对特许权全体请求"的情况	请求将特许第〇〇〇〇〇〇〇号的说明书、权利要求书（以及附图）订正为如本请求书所附加的订正说明书、权利要求书（以及附图）。
订正"针对每个权利要求请求"的情况	请求将特许第〇〇〇〇〇〇〇号的说明书、权利要求书（以及附图）订正为如本请求书所附加的订正说明书、权利要求书（以及附图）那样的，形成<u>订正后的权利要求〇、〇、〇～〇</u>。

2．"请求的理由"的记载方法

"请求的理由"栏中按"授权注册的经过""订正事项""订正的理由"分项目记载。在订正是针对每个权利要求的请求时，在将请求书的"请求的理由"按照订正的请求单位（每个权利要求或者每一组权利要求）分项目的基础上，按"授权注册的经过""订正事项""订正的理由"分项目记载（特施规§46之2②、格式第61之4备注2、格式第62备注7ハ、格式63之2备注3）。

（1）"授权注册的经过"

"授权注册的经过"栏中，针对请求订正审判或者订正的特许（或者成为请求对象的特许权的权利要求等），记载从申请至特许权授权注册的经过（包括申请日、注册日等）。

另外，针对该特许，在此之前在先前的订正审判或者订正的请求中已有得到了认可的订正的情况下，针对有关该订正的程序也记载其经过。

（2）"订正事项"

在订正多样的情况下，为了能够正确确定各订正事项，将"订正事项"栏按照每个订正事项分项目，具体且明确地记载订正内容。

另外，在如增减权利要求项数时，以在该栏中生成订正前后权利要求的对应表为宜。

（3）"订正的理由"

记载关于以下各项目的说明。

ア　关于一组权利要求的说明

在存在关于一组权利要求的订正时，根据通过订正说明书等订正后的权利要求书的记载，说明哪些权利要求构成"一组权利要求"（特§120之5④、§126③、§134之2③、特施规§46之2）。

イ　订正事项符合所有订正要件的事实的说明

在"订正的理由"栏中，分项目记载，以使各订正事项对应。具体而言，如上述（2）记载的按每个订正事项，说明该订正事项符合所有订正要件的事实（包含在特§126、特§120之5以及§134之2准用的情况）。例如，对订正的目的、不是实质上导致权利要求范围的扩大或者变更的订正事项、特许请求书所附的说明书、权利要求书或附图记载事项范围内的订正、特许申请时能够独立授权等内容进行说明。

ウ 其他订正单位要求

在进行消除引用关系订正或者删除权利要求订正的情况下，要求与引用基础的权利要求所属的请求单位区别对待时，需记载"其他订正单位要求"（→38—01）。

エ 关于与说明书或者附图的订正相关的权利要求的说明

在"针对每个权利要求的请求"订正的情况下，在说明书或者附图的订正与多个权利要求相关时，需要将与该说明书或者附图的订正相关的"所有的权利要求"作为订正请求对象（特§126④）。

而"针对每个权利要求的请求"订正时，要明确记载与该说明书或者附图的订正相关的所有订正的权利要求（或者一组权利要求）的对应关系，针对与该"说明书或者附图"的订正，对有关的所有权利要求成为请求对象的情况进行说明（特§131③、特施规§46之2②）。

另外，在解释没有明确记载与"说明书或者附图"的订正关系的权利要求中，由于可以认为不考虑该"说明书或者附图"的订正，因此针对该对应关系进行慎重的探讨是重要的。

（2018.9修订）

38—05 P
订正说明书、权利要求书或者附图

1. 已订正说明书、权利要求书或者附图的记载方法

在请求进行订正审判或者订正时,应当在请求书中附已订正说明书、权利要求书或者附图(订正说明书等)(特§131④(包含在特§120之5⑨或者特§134之2⑨准用的情况))。但是,在订正仅是针对上述任一种文件,例如仅订正权利要求书时,只要附已订正权利要求书即可。这时,请求书"请求宗旨"中的"所附的订正说明书、权利要求书(以及附图)"的记载,如"所附的订正权利要求书",与所附的文件对应。

在记载该订正说明书等时,为了防止产生说明书、权利要求书或者附图的"一览性的欠缺"(参照图1),通过在订正的前后,权利要求编号或段落编号、附图编号等不发生错位的方法进行记载(参照图2)(特施规格式29备注19、格式29之2备注15)。

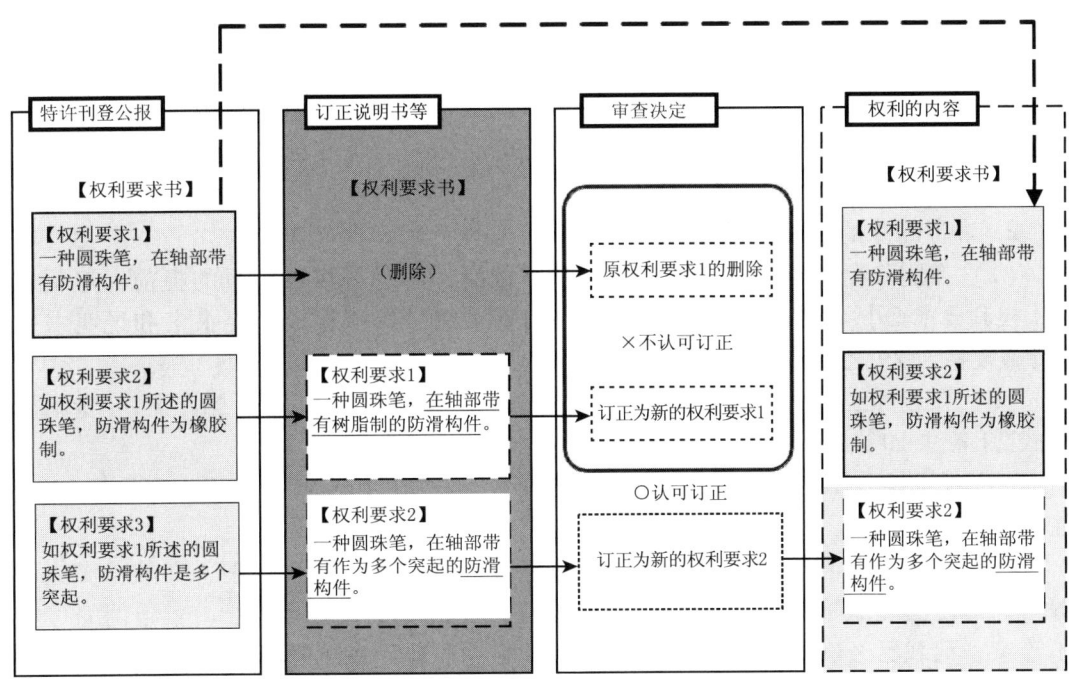

图1 "一览性的欠缺"的发生例(产生了两个"权利要求2")

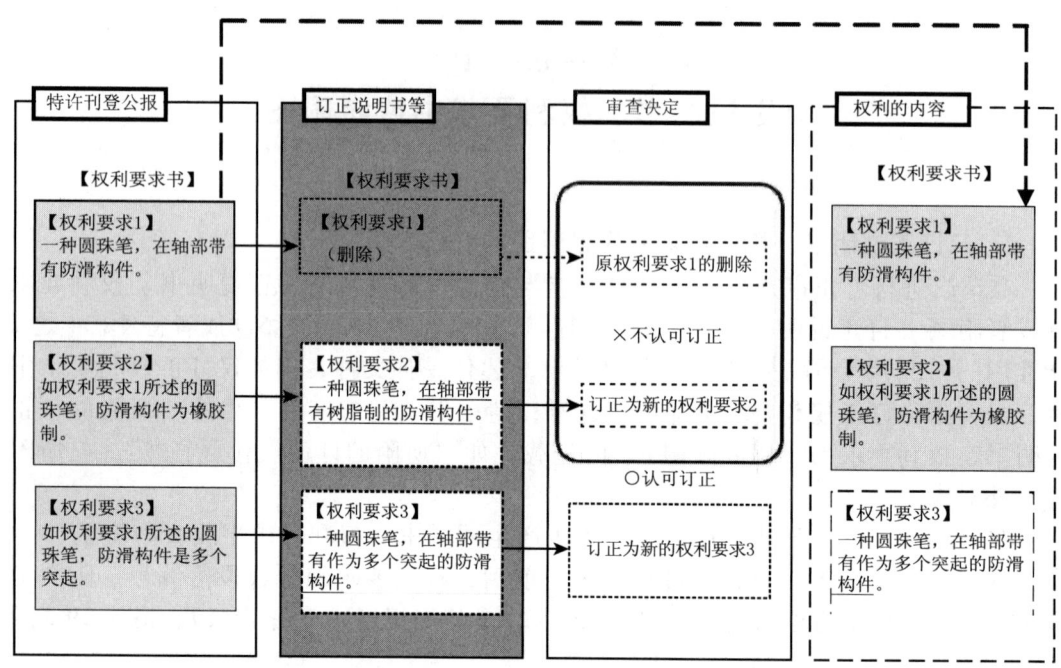

图 2　防止"一览性的欠缺"的发生的记载例

如图1、图2的记载，在订正处画下划线。另外，在多次订正时，由于在先的订正被视为撤回，因此画下划线的订正处是从授权注册时（在图1、图2中为特许登载公报。在已确定修改时指其确定时）的变更部分，这点需要注意。

2. 进行删除的订正的记载方法

（1）在删除权利要求书中记载的权利要求时，不进行权项编号的提前，记载为"【权利要求○】（删除）"，所删除的权利要求编号保留在权利要求书和说明书中（特施规格式29之2备注15イ）。

（2）在删除说明书中记载的段落时，记载为"【○○○○】（删除）"（特施规格式29备注19イ）。

（3）在删除附图中记载的图时，记载为"【图○】（删除）"（特施规格式30备注13イ）。

（4）在删除权利要求书或说明书等中记载的化学式、数式、表、文献、实施例等时，即使已经赋予的化学式编号、数式编号、表编号、文献编号、实施例编号等不连续，记载已经赋予的编号按原样保持不变，不进行将编号提前的订正（特施规格式29备注14ハホ、备注16、格式29之2备注16）。

3. 追加的订正的记载方法

（1）在追加新的权利要求时，接续末尾的权利要求进行新的记载，不进行在权利要求之间插入编号的订正（特施规格式 29 之 2 备注 15 口）。

（2）追加新图时，接续末尾的图进行新的记载，不进行在图之间插入新图的订正（特施规格式 30 备注 13 口）。

（3）追加新的段落、化学式、数式、表、文献、实施例等时，以已经赋予的段落编号、化学式编号、数式编号、表编号、文献编号、实施例编号等不产生偏移或变更的方式进行订正。另外，订正结果中这些编号变得不连续也无妨（特施规格式 29 备注 14 ハホ、16、19 口、格式 29 之 2 备注 16）。

4. 已订正说明书、权利要求书或者附图的记载例

进行删除订正的情况下订正说明书等的记载例

订正前的说明书等	订正说明书等（订正后）
权利要求书 【权利要求1】 一种圆珠笔，在轴筒的前端侧的把持部分嵌入防滑构件，该防滑构件为与轴筒部不同的材质，且由多孔性软管构成。 【权利要求2】 如权利要求1所述的圆珠笔，软管外表面具有多个小突起。 【权利要求3】 如权利要求1所述的圆珠笔，软管外表面具有多个通气槽，该多个通气槽呈轴向间隔相同。 **说明书（发明的详细说明）** …… 【实施例1】 【0012】……由多孔性软管构成的防滑构件，嵌入设置在圆珠笔的轴筒的前端侧的把持部分中，可以使把持部分具有吸汗的作用。 【实施例2】 【0013】……如图2所示，通过在多孔性软管的外表面设置多个小突起，从而可以提高防滑的性能，并且得到良好的把持感觉。……	**权利要求书** 【权利要求1】 一种圆珠笔，在轴筒的前端侧的把持部分嵌入防滑构件，该防滑构件为与轴筒部不同的材质，且由<u>橡胶制的</u>多孔性软管构成。 【权利要求2】<u>（删除）</u> 【权利要求3】 如权利要求1所述的圆珠笔，软管外表面具有多个通气槽，该多个通气槽呈轴向间隔相同。 **说明书（发明的详细说明）** …… 【实施例1】 【0012】……由<u>橡胶制的</u>多孔性软管构成的防滑构件，嵌入设置在圆珠笔的轴筒的前端侧的把持部分中，可以使把持部分具有吸汗的作用。 【实施例2】 【0013】<u>（删除）</u>

续表

| 【实施例3】
【0014】……通过在多孔性软管的外表面设置呈轴向且间隔相同的多个通气槽,从而抑制表面的发黏,可以使舒服的把持感持续。……
附图
……
【图2】 | 【实施例3】
【0014】……通过在多孔性软管的外表面设置呈轴向且间隔相同的多个通气槽,从而抑制表面的发黏,可以使舒服的把持感持续。……
附图
……
【图2】(删除) |

在上述例子中,进行了在删除权利要求2的记载的同时,对应于权利要求2所涉及的发明,将发明的详细说明中记载有实施例2的段落【0013】删除,还进行将说明该实施例2的【图2】删除的订正。

①权利要求的删除。

伴随着【权利要求2】的删除,不进行将权利要求3变更为权利要求2的订正,将所删除的权利要求2记载为"【权利要求2】(删除)",所删除的权利要求编号保留在权利要求书中。

②段落的删除。

伴随着段落【0013】的删除,不进行将段落【0014】以后的段落逐个前移的订正,将所删除的段落【0013】记载为"【0013】(删除)",所删除的段落编号保留在说明书中。

另外,伴随着该段落的删除,虽然实施例编号等变得不连续(实施例2被删除),但是仍保持原样。

③图的删除。

伴随着图2的删除,不进行将图3以后的图片逐个前移的订正,将所删除的【图2】记载为"【图2】(删除)",所删除的图的编号保留在附图中。

通过进行这样的订正,防止在订正的前后,权利要求编号、段落编号、附图编号等发生错位,可以防止"一览性的欠缺"的发生。

(2018.9 修订)

38—06 P
订正的官费

在请求订正审判时，需要缴纳与基于特施规§46之2①格式62备注4的"审判请求所涉及的权利要求的项数"对应的官费（→21—09之1.（3））。

无效宣告审判或者特许异议申诉中的订正也与订正审判同样，需要缴纳与基于特施规§46之2①格式63之2（无效宣告审判）、格式61之4（特许异议申诉）的"订正请求所涉及的权利要求的项数"对应的官费。

即，在对特许权整体进行订正时，在审判请求时，需要缴纳与特许登记簿中记录的权利要求的项数对应的官费。

另外，针对每个权利要求进行订正时，需要缴纳与订正审判请求书或者订正请求书的"请求宗旨"栏中记载的权利要求的项数（→38—04）对应的官费。

例如，权利要求书由权利要求1~3构成，在全部都是独立权项的情况下，在仅对权利要求3进行订正时，需要缴纳所订正的权利要求部分的官费，即在这种情况下仅需要缴纳1项的官费。

又例如，权利要求书由权利要求1~5构成，在权利要求4、5都引用权利要求3的情况下，在仅对权利要求3要进行订正时，针对权利要求3~5的每一组权利要求进行订正，或者通过权利要求3的订正以及将权利要求4、5以包含权利要求3的记载形式重新撰写，来解除与权利要求3的引用关系而进行订正，从而作为所订正的权利要求部分，需要缴纳3项的官费。

再者，在请求删除权利要求的订正的情况下，例如，权利要求书为权利要求1~5，在请求删除权利要求5的订正时，作为所订正的权利要求部分，需要缴纳1项的官费。

另外，在多次订正的情况下，因在先的订正被视为撤回（特§120之5⑦、§134之2⑥），因此，每次订正都需要缴纳官费。

（2018.9修订）

42—00 P U D T
审理的终结以及再启动

1. 审理的终结（终结审理）

（1）审判长在特许无效宣告审判以外的审判中，在案件作出审查决定的时机已经成熟时，应当将审理的终结通知当事人以及参加人（以下在本章42中称为"当事人"）（特§156①、实§41、外§52、商§56①、§68④）。另外，在特许无效宣告审判中，在案件作出审查决定的时机已经成熟的情况下，不作审查决定的预告（→51—17）时，或者在作出审查决定的预告的情况下，在指定期间内被请求人没有作出订正的请求或不进行补正时，应当将审理的终结通知当事人（特§156②）。在当事人类审判中，在进行审查决定驳回的情况下（包含请求书的副本尚未送达被请求人的情况），向双方当事人通知审理的终结。

（2）审理终结的通知是通知当事人近期会作出审查决定，在发出该通知以后即使当事人提出攻击防御方法，也不能将其作为审理的对象（参照东高判昭40.7.29（昭39（行ケ）17号））。另外，在发出了审理终结的通知之后，需要进一步进行审理时，在将审理的再启动（→2.）通知当事人的基础上进行审理。在审理终结之后，就不能参加（→57—01）该审判（特§148①、③、实§41、外§52、商§56①、§68④）。

（3）即使是已发了审理终结的通知，在审查决定确定之前，也可以撤回审判的请求（→43—02）。

（4）所谓"作出审查决定的机会已经成熟时"，是指考虑了所有审理所需要的事实，应当调查的证据已经全部调查，已经达到可以作出结论的状态。

所以，在审理终结的通知以后，原则上不进行审理。

（5）审理终结通知的效力，可以理解为从告知当事人时起产生，因此在通过书面文件通知的情况下，在到达当事人时，审理终结的通知就产生效力。所以，在审理终结的通知到达当事人之前，当事人提出书面文件的情况下，需要在针对该书面文件进行审理的基础上作出审查决定（参照东高判昭38.5.23（昭和36年（行ナ）88号）、东高判昭46.3.23（昭41（行ケ）184号））。

（6）虽然规定审查决定应当在审理终结的通知发出之日起二十日以内作出（特§156④、实§41、外§52、商§56①、§68④），但这是训示规定，即使在该期限内未作出审查决定的情况下也不产生程序违法的问题（参照大判大14.4.17（大14（オ）165号））。

2. 审理的再启动

（1）审判长在认为有必要时，即使是在发出审理终结的通知之后，根据当事人的申诉或者依职权，也可以进行审理的再启动（特§156③、实§41、外§52、商§56①、§68④）。

审理的再启动是为了期待审理的完全性，在重大证据的调查尚未完成、补充与审理终结的通知交错进行的请求理由、进行了说明书的补正等情况下，审判长认为有必要时进行。

（2）在进行审理的再启动时，向当事人通知审理再启动一事。

（3）在审理终结的通知之后，提出了审理再启动申诉书和书面文件时，审判长根据需要在向其他合议组成员征询意见的基础之上，慎重探讨是否允许。其结果是不具备再启动审理的必要性时，根据书面文件的内容和重要性，将该情况向申诉人说明，并且制作应对记录。

若是期望补正的机会等对审理不造成影响的内容，则不进行联系等，将不具备再启动审理的必要性的情况附记在审查决定中即可。

（4）在仅提交了审理再启动申诉书时，也和上述（3）相同。

（裁判例）

［为了使超过可补正期限后的补正得到认可的审理再启动的申诉］

根据经过，原告主张特许厅未根据申诉再启动审理一事违反程序，这种主张属于超过法定的可补正期限之后而终结的审理，为了使超过可补正期限后的补正得到认可而再启动。这样的主张与补正限于可补正期限内才得到认可这样的特许法所规定的补正制度所互不相容。

特许法规定的审理再启动制度，多解释为是为了期待审理的完全性，在审判长认为特别需要的情况下应当进行的程序，为了认可这样的补正的审理再启动，是审理再启动的制度所未预定的。（东高判平 7.1.25（平 4（行ケ）239 号））

（2015.10 修订）

42—04　T
商标驳回决定不服审判中审理的再启动

　　在商标审判处理中可以进行指定商品等的补正（商§68之40①），因此，在发出审理终结通知之后进行为了消除驳回理由而指定商品等的补正时，审理将再启动。

　　但是，针对在审理终结通知后进行的以下情况，不属于为了再启动审理的合理理由，由于是应对错过时机，因此不进行审理的再启动。

（1）仅主张进行指定商品的补正一事，没有进行具体的补正程序。
（2）为了补充请求的理由或者证据而请求的审查决定的宽限。
（3）为了与引证商标的商标权人进行转让谈判而请求的审查决定的宽限。
（4）针对引证商标主张请求了不使用撤销审判的情况等。

　　但是，该审判请求在审理终结通知后存在合理理由的情况除外。

(2015.2 修订)

43—01 ＰＵＤＴ
撤回书采用与否的权限

在有撤回书的提交时，决定采用与否的权限在于合议组的审判官。

既然已指定了合议组，就应当尽力进行审理直到该案件的终止，因此在提交了撤回书的情况下，存在决定案件审理是结束还是继续的基础由合议组决定是否采用。

（裁判例）

"上诉人在原抗告审判程序中主张了尽管被上诉人在第一审中已经将本件无效宣告审判的请求撤回，但第一审仍然针对注册是否有效作出审查决定是违法的情况，从记录来看是很明显的。如是否有撤回，即使没有当事人的主张，作为原审也是应当进行进一步的调查的事项，既然当事人有这样的主张，首先针对这一点就应当判断并明示，这虽然到现在才说也是毫无疑义的。"（东高判昭 23.5.28（昭 22（才）11 号））

（2015.2 修订）

43—02 ＰＵＤＴ
审判请求（特许（商标注册）异议申诉）的撤回相关的程序

所谓审判请求（异议申诉）的撤回，是指由请求人（申诉人）进行的单方请求（申诉）撤回的行为。

当将审判请求撤回时，恢复到与该请求不存在相同的状态，因此在日后可以以相同的请求宗旨对相同的被请求人再次请求审判。

1. 撤回书的处理

在受理了撤回书时，通过以下程序进行处理。但是，针对撤回书的采用与否的权限，参照43—01。

（1）撤回书的形式审查

对于撤回书记载的内容进行如下调查。

ア　针对案件的显示、当事人的住所、姓名、印章进行调查，确认本文的内容是撤回的宗旨。

イ　审判请求可以在审查决定确定之前撤回（特§155①、实§41、外§52、商§56①、§68④）。

针对无效宣告审判、商标撤销审判的请求，在提交了答辩书之后，若得不到对方的同意就不能撤回（特§155②、实§41、外§52、商§56①、§68④），因此在与它们的关联中确认撤回书提交之日。

针对异议申请，在撤销理由的通知之后不能撤回（特§120之4①、商§43之11①），因此确认是否是在可以撤回的期限内提交的。

ウ　针对附件进行如下调查。

（ア）在撤回书是由委托的代理人或者指定代理人提交的情况下，确认针对撤回的特别委托事项记载在委托书或者指定书中（特§9、实§55②、外§68②、商§77②）。

（イ）在当事人为在海外者，由根据特§8而选任的人（特许管理人）提交撤回书的情况下，即使在委托书中没有关于撤回的特别委托事项的记载，例如"关于一切的程序……"，只要有一般的委托事项的记载，就认可撤回（特§8②、实§55②、外§68②、商§77②）。

（ウ）在无效宣告审判、商标撤销审判中，在答辩书提交之后提交了撤回书的情况下，需要对方的同意（特§155②、实§41、外§52、商§56①、§68④），因此针对该承诺书也需要进行调查（关于承诺书的记载例参照另附的记载例）。

另外，在调查实务中，在这种情况下，对方作为不包含被请求人的参加人进行处理。

（エ）在请求人撤回请求时，向被请求人代理人委托该程序，由该代理人制作撤回书以及承诺书并提交，这种情况看似属于民§108所禁止的双方代理，但是由该条但书的宗旨进行类推，判断为没有问题，也可以认可撤回。

　　认可撤回的例子：昭31审644号
　　　　　　　　　　昭32审373号

（**参考**）民法第108条："关于同一法律行为，不能成为对方的代理人，或者成为双方当事人的代理人。但是，关于债务的履行以及由本人预先允许的行为，不受此限。"

（2）撤回书的缺陷的处理

基于（1）的调查结果，在存在缺陷的情况下，命令其进行补正。形式缺陷的代表性例子如下。

　　ア　撤回的对象不明的
　　イ　请求人（申诉人）的住所、姓名、印章等的遗漏或者不一致
　　ウ　委托书的缺陷
　　エ　承诺书的缺陷

2. 当事人类审判请求或者异议申诉中撤回的通知（特施规§50之5、特施规§45之6→§50之5、实施规§23⑩、外施规§19⑧、商施规§22⑥）

（1）在撤回被认可的以下情况下，向对方发送撤回通知书。

　　ア　因未提交答辩书，不需要对方的同意而撤回得到认可时。
　　イ　获得对方的同意而提交的撤回书，并且得到认可时。

（2）在有参加人时，也对各参加人进行通知。另外，在根据特§148①的规定参加的情况下，被参加人即使撤回审判请求，该审判也不结束（特§148②、实§41、外§52、商§56、§68）。

3. 共同请求人（申诉人）的部分撤回

（1）特许权或者申请特许权利的共有人针对该共有权利请求审判时，应当由共有人全体共同请求（特§132③、外§52、商§56①、§68④），因此订正审判以及驳回决定不服审判的共同请求人的任何一员均不能从该请求退出（请求撤回）。

（2）订正审判以及驳回决定不服审判以外的审判请求、异议申诉中，共同请求人（申诉人）的任何一员从该请求（申诉）中退出时，需提交撤回书。

无效宣告审判、商标撤销审判中，在提交答辩书之后共同请求人的一部分提交请求撤回书时，需要对方（不是共同请求人，而是被请求人）的承诺书。

承诺书的记载例

```
                      承  诺  书
                                    令和○○年○○月○○日

   请求人
        住所：○○○○○○○○○○
        名称：○○○○○○  先生/女士
   审判案件的编号：＊无效20○○—○○○○○○

      有关（针对＊特许第○○○○○○○号）上述审判案件，被请求人同意请求人
   撤回审判请求。


                            被请求人
                                住所：○○○○○○○○○○
                                名称：○○○○○
                            被请求人代理人
                                住所：○○○○○○○○○○
                                姓名（辩理士）：○○○○○  ㊞
```

＊针对"撤销20○○—30○○○○""针对商标注册第○○○○○○○号"

※要注意代理权（关于撤回的特别委托事项）。

(2019.6 修订)

43—03 PUDT
审判请求的放弃

1. 审判请求的放弃

审判中没有关于民诉§266所称的放弃请求的规定，并且采用职权审理主义，不允许当事人自由处分，因此不会因请求的放弃而结束审判。

审判请求的放弃申请书被视为单纯的申诉书，根据其记载内容有如下所述处置的先例。

（1）因判断基于人证的公知事实的举证以及主张是基于错误而形成的，故放弃请求，因此认为请求人没有进一步进行证人调查的程序的意思，不发出预缴指令即结审。

（2）在公知事实的举证是根据出版物进行的情况下，以及有关公知事实的证人调查已经完成之后发出放弃申请的情况下，与放弃申请无关而根据证据进行了正式的案件审理。

（3）由于可以理解为撤回的意思，因此敦促其若有撤回的意思应办理正规的程序，提交了附有对方同意书的撤回书，审判结束。

2. 审判请求权的放弃

即使是在提交了审判请求权的放弃申请时，也将其作为单纯的申诉书来处理。处理遵照1.进行。

（2015.2修订）

43—05 PUDT
审判请求（特许（商标注册）异议申诉）的部分撤回

1. 所谓审判请求（异议申诉）的部分撤回，是指根据请求人（申诉人）的自由意思将审判（异议）对象的一部分撤回的情况，例如，在请求 A、B 两个发明所涉及的特许权的特许无效（异议）之后，将针对其一部分 A 或者 B 的请求（申请）撤回，就属于该情况。

2. 审判请求（异议申诉）的部分撤回的可否：

（1）特许（实用新型）权利要求书中记载的两个以上的权利要求所涉及的特许（实用新型）无效宣告审判的请求，可以针对每个权利要求进行撤回（特§155③、实§41）。

针对 1987 年 12 月 31 日以前的申请所涉及的特许，权利要求书中记载的两个以上的发明所涉及的特许无效宣告审判的请求，可以针对每个发明进行撤回。

（2）关于外观设计无效宣告审判，不能进行部分撤回。

（3）商§46①所规定的无效宣告审判，依照商§56②准用的特§155③的规定，可以就每个指定商品或者指定服务，将其请求撤回。

（4）关于商§50①、§51①、§52之2①、§53①及§53之2所分别规定的撤销审判，没有准用特§155③的规定，不能进行请求的部分撤回。

（5）权利要求书中记载的两个以上的权利要求所涉及的特许异议申诉，可以就每个权利要求进行撤回（特§120之4②→特§155③）（→67→03）。

（6）两个以上的指定商品或者服务所涉及的商标注册异议申诉，可以针对每个指定商品或者指定服务进行撤回（商§43之11②→特§155③）。

（7）针对驳回决定不服审判（特§121①、外§46①、商§44①）、驳回补正决定不服审判（外§47①、商§45①）、订正审判（特§126①），由于没有规定，因此不能将这些审判请求的一部分撤回。但是，针对两个以上的订正事项，在请求了一个订正审判的情况下，针对其中的一部分事项进行删除的补正有时会得到认可（→54—05.1之2.（3））。

（8）针对两个以上的权利要求所涉及的特许，针对每个权利要求（或者每一组权利要求）请求了订正审判的情况下，这些审判请求不能针对每个权利要求（或者每一组权利要求）进行撤回（特§155④）。

3. 审判请求（申诉）的部分撤回时的注意事项。

撤回的要件、审判书记员以及审判官的程序与 43—01 及 43—02 相同，在部分撤回的情况下，针对撤回部分的申诉理由及证据，属于特§153①的"当事人或者参加人没有申诉的理由"。

（2015.2 修订）

44—01 PUDT
决定的记载事项

1. 决定的种类
决定包括针对特许（商标注册）异议申诉的决定、审判的中间决定、审判长署名的请求书不予受理的决定、除斥、回避审判的基于审判的决定（特§143、实§41、外§52、商§56①、§68④），关于应当记载在决定中的事项，在特施规中有规定。

2. 记载事项的详细情况（当事人类审查决定的记载事项→45—03）
（1）关于特许异议申诉的决定（特§120之6）
应当记载在决定中的事项（→67—07之3.）
（2）关于商标注册异议申诉的决定（商§43之13）
应当记载在决定中的事项（→66—04之4.）
（3）是否允许参加的决定（特施规§50之6）（→57—07之3.）
ア 在允许的情况下在其结论中不记载费用的负担（→47—01之3.（3））。
イ 参加申请人记载在当事人后。
ウ 关于参加人的情况，特别是申请当事人哪一方参加，一般在当事人的显示或者结论中都不记载。
（4）驳回补正的决定（特施规§33）
（5）请求书的驳回决定（针对无效宣告审判，包括在特§134之2⑨准用的情况）
ア 针对请求书基于决定被驳回的事由，由特§133①②（实§41、外§52、商§56①、§68④）规定（→21—03）。
イ 根据特§133③（实§41、外§52、商§56①、§68④），审判长作出对审判请求书驳回的决定时，应当根据特§133④附上理由。
ウ 驳回决定书中的当事人等的记载（→45—10）。
エ 驳回决定书的署名盖章。
（6）除斥、回避的决定
除斥、回避决定中的记载事项及注意事项（→59—05）

3. 署名盖章
合议组的各审判官应当全员署名盖章（特施规§50之13①）（盖章替代措施→00—02之2.）。

(2015.2 修订)

45—01 ＰＵＤＴ
审查决定的程序

1. 除了不予受理决定（→44—01 之 2.（5））、审判请求的撤回（→43—01、02）、申请的放弃、基于撤回以及变更（→61—05 之 9.）的审判的结束以外，一般自审理结束通知发出之日起 20 日内作出审查决定（特§156①、④、实§41、外§52、商§56①、§68④），审判案件结束。

2. 审查决定包括基于不合法的审判请求的审查决定作出不予受理（特§135、实§41、外§52、商§56①、§68④）以及进行正式案件审理的审查决定（特§156①、③、实§41、外§52、商§56①、§68④）。

3. 应当在审查决定中记载的事项（特§157②、实§41、外§52、商§56①、§68④）（→45—03）。

4. 审查决定的合并。

（1）针对当事人的双方或者一方相同的两个以上的审判，可以进行审理的合并或者将进行了合并审理的审判分开（特§154①、②、实§41、外§52、商§56①、§68④），因此合并审理的结果可以通过一份审查决定书作出审查决定。

（2）审查决定合并的情况下的记载要点（→45—03 之 2.）。

5. 在作出审查决定时，将审查决定的誊本送达当事人、参加人以及申请参加审判且该申请被拒绝的人（特§157③、实§41、外§52、商§56①、§68④）。

6. 要求当事人提供所提交的书面文件的电子数据。

审判官在制作审查决定书时，在其他认为必要的情况下，在当事人或者参加人所提交的书面文件中记载的内容有电子版（指的是以电子方式、磁盘方式以及其他通过人的知觉无法认知的方式记录，并用于电子计算机信息处理）时，可以要求当事人或者参加人提交其复制品（特施规§50 之 11、实施规§23⑫→特施规§50 之 11、外施规§19⑧→特施规§50 之 11、商施规§22⑥→特施规§50 之 11）。（具体提交方法，参见特许厅官网）

(2019.6 修订)

45—03 PUDT
当事人类案件审查决定的记载事项

1. 审查决定应记载事项（特§157②、实§41、外§52、商§56①、§68④）

记载事项的详细内容以及注意事项如下所述。

另外，在审查决定的末尾，作出审查决定的合议组的全体审判官应当署名盖章（特施规§50之10、实施规§23⑫、外施规§19⑧、商施规§22⑥）（盖章替代措施→00—02之2.）。

（1）记载审判的编号为无效20○○—800○○○等。在除斥或者回避的审判的情况下并不仅仅记载审判，而是记载除斥审判或者回避审判（→11—01）。

（2）针对当事人、参加人及代理人的姓名或名称以及住所或居所的记载根据下述进行。

审查决定书中的当事人等的记载（→45—10）

代理人不需要记载的案例（→45—11）

（3）审判案件的记载（特施规§46、格式62、备注3、外施规§14、格式13、备注5、商施规§14、格式15、备注1）。

ア 审判案件记载权利的编号和案件的种类（无效、保护期延长注册无效、订正、撤销、保护期续展无效宣告审判），且记载进行审查决定的情况。

イ 审判案件的记载中的权利的记载，如以下所述记载。

特许第○○○○○○○号发明"（发明的名称）"

注册第○○○○○○○号实用新型"（新型的名称）"

注册第○○○○○○○号外观设计"（外观设计名称）"

注册第○○○○○○○号商标

（4）审查决定的结论以及理由。

ア 审查决定的结论（→45—04）。

（ア）当事人类案件审判的情况也和查定类审判相同，存在请求因不合法而不予受理的情况，以及进入正式案件进行审理的结果是请求不成立的情况和成立的情况，因此针对该情况和审判费用的负担（→47—01）进行记载。

但是，在请求成立的情况下，具体记载该内容（→45—04）。

（イ）特许、实用新型以及商标中存在作出对无效请求的一部分认可的审查决定。

（相对于全部无效的请求，使其中一部分无效的审查决定；相对于使一部分无效的请求，仅使该一部分中的其中一部分无效的审查决定）的情况。

（范文）第〇〇〇〇号注册商标的注册，针对指定商品中"〇〇"，宣告其无效。

イ　理由。

在当事人类审判中，权利内容的要旨认定成为审理的前提之外，申请年月日、特许，或者注册年月日的明确认定是必要的，因此首先明确记载这一点。

ウ　特许无效宣告审判中存在订正请求的情况下的审查决定。

在认可订正的情况下，将该情况记载在审查决定的结论中，在不认可订正的情况下，并不将该情况记载在审查决定的结论中，而是记载在理由中（→51—19之3.（3））。

（5）审查决定的年月日。

2. 在合并审理的基础上作出审查决定的情况下的注意事项

（1）合并案件的审判编号上下并列记载。

（2）可以合并审理是因为处在当事人的双方或者一方相同的情况下，而不相同一方的当事人的记载（→1.（2））是在当事人之前记入的"请求人"或"被请求人"的记载之前附加记入所对应的案件编号，例如"20〇〇—800〇〇〇的请求人"这样排列记录。

（3）通常在审查决定的序文中在"如下所述作出审查决定"之前记入"在合并的基础上"。

另外，在权利不同的情况下，将权利的记载（→1.（3）イ）排列记录。

（范文）注册第〇〇〇〇号实用新型"（新型的名称）"
注册第××××号实用新型"（新型的名称）"
针对对上述的注册进行无效宣告的各审判案件，根据依照实用新型法第41条而准用的特许法第154条的规定，在合并审理的基础上，如以下所述作出审查决定。

（4）针对审查决定的结论，对已合并的各个案件的每一个进行记载（→45—04之5.（3））。在审查决定中仅记载与一部分的审判案件对应的结论时，构成为遗漏审查决定（民诉§258），剩余的审判案件依然处于特许厅处理中（参照知财高判平19.10.31（平18（行ケ）10129号）），因此应当对应于所有的案件记载各自的结论。

针对审查决定的理由，已合并案件中共同的事项并不特别记载案件，与不合并时同样记载，由于已合并案件而产生的不同的事项，例如范文1、2那样需要特别出示案件或者对象物等而分别进行记载。另外，在不同部分多的情况下审查决定的简单化的意思变少。

（范文1）请求人提交了甲第1～8号证据（但是，在无效20XX—800XXX中欠缺甲第8号证据，因此是甲第1～7号证据），……

（范文2）另外，无效20XX—800XXX的请求人称提交了甲第〇号证据……，无效20XX—800XXX的请求人称……，进行了证人询问的申请，但是……，

（5）即使是在合并审理的基础上作出了审查决定，也需要针对在各案件中申诉的所有的理由作出判断。

"本件审查决定仅针对另一件审判A案件的无效理由的一个进行认定判断，无论是针对审判B案件还是针对另一件审判C案件，有关其撤销理由，都未作出任何的认定判断，这一点根据审查决定书的记载自身是明确的，在当事人之间也不存在争议。这样，本件审查决定中涉及审判B案件的部分存在判断遗漏的重大违法，这一点是明白无误的。"（参照东高判平14.7.18（平13（行ケ）79号））

（2015.2修订）

45—04 ＰＵＤＴ
审查决定、决定结论的记载方法

1. 审查决定、决定结论的记载

所谓审查决定、决定的结论，是指针对案件当事人的请求宗旨、申诉或者申请记载在怎样的范围内允许或者排斥的审判合议组或者审判长的判断结果。

在审查决定、决定结论的项目中简洁清楚且完全地记载请求、申诉等的不合法不予受理、根据请求的宗旨而对其全部或者一部分的允许或者排斥，由此，以使审查决定、决定的效力以及范围以清晰明确的方式进行记载。

特别是在有订正审判、订正请求时，审查决定、决定的确定范围是根据每个请求单位（每个权利要求或者每一组权利要求）构成，因此使其可以确定的方式进行记载。

2. 审判中费用负担的记载

（1）针对有关特许（注册）无效宣告审判（特§123、实§37、外§48、商§46、§68④）或者注册商标撤销审判（商§50、§51、§52之2、§53、§53之2）的费用负担，无论有无当事人的申诉，都应当依职权在结论的项目中明确记载应由哪一方负担（特§120之8①、§169①、外§52、商§43之15①、§56①、§68④）（费用的负担→47—01）。

（2）有关驳回决定不服审判（特§121①、外§46①、商§44①、§68④）、驳回补正决定不服审判（外§47①、商§45①、§68④）、特许异议的申诉（特§113①）、注册商标异议的申诉（商§43之2）、订正审判（特§126①）或者判定（特§71①、实§26①→特§71①、外§25①、商§28①）的费用，法律条文规定（特§120之8①、§169③、外§52、商§43之15①、§56①、§68④）由请求人（申诉人）负担，因此不需要在结论中记载。

（3）在决定是否允许参加之际，针对由于反对参加申请的意见而产生的费用的负担，在结论的项目中记载（→47—01之3.（3））。

3. 结论的记载方法的基本方针

（1）结论中不能记载超过请求的宗旨，申诉或者申请范围的判断。但是，针对请求书的不予受理以及费用的负担不受此限。

（2）在排斥该案件的请求人的请求（申诉或者申请）时，将该请求（申诉或者申请）不成立的情况进行记载，在允许时将允许请求的宗旨（申诉或者申请）的情况进行具体记载。

（3）在部分不予受理时，按照部分不予受理、针对正式案件的判断结果、费用负担的顺序一并记载。

（4）结论必须与其他的必要记载事项分开，并且在理由的项目之前记载。

（5）针对结论的更正，虽然特许法中没有审查决定的更正决定的规定，但是裁判例一贯地使得审查决定可以更正（→45—06之1.）。

（6）各种情况下结论的记载方法（→45—03之1.（4））。

（7）在有订正审判、订正请求时，在结论中确定作为其确定范围的请求单位。具体而言，在订正后的权利要求1、权利要求3、4、权利要求6—9分别为订正单位时，"针对订正后的权利要求1、〔3、4〕、〔6—9〕"进行记载和明确（在按照每一组权利要求确定时，以使其易懂的方式用〔〕确定单位）。

4. 特许无效宣告审判的程序中有订正请求的情况下的审查决定（→45—03之1.（4）ウ，51—19之3.（3））

5. 审查决定的结论的实例

（1）请求不予受理的审查决定

ア　全部不予受理

本件审判的请求不予受理。

审判费用由请求人负担。

イ　部分不予受理（→5.（2）ウ（イ）c）

（2）正式案件审查决定

ア　驳回决定不服审判

（ア）成立

a. 撤销原决定而进行自判[①]的情况

记载"撤销原决定"，将以下自判审查决定的结论按照以下的范文一并记录。

（a）一般情况下的范文

本申请的发明（外观设计、商标）应当被授予特许（外观设计注册、商标注册）。

（b）重复注册商标所涉及的商标权保护期延长注册申请时的范文

应当进行注册第〇〇号商标的商标权的保护期延长注册。

（c）防御标志的范文

本申请标志作为注册第〇〇号商标的防御标志应当给予注册。

b. 将原决定撤销、送回的情形

---

① 所谓自判是指上诉的法院认为原审的判决不当而撤销或废弃并自行判决的情况。

将原决定撤销。
本申请应当进一步交付审查。
（イ）不成立
本件审判的请求不成立。
イ 外观设计、商标注册申请的驳回补正决定不服审判
（ア）成立
将原决定撤销。
（イ）不成立
本件审判的请求不成立。
ウ 特许（注册）无效宣告审判
（ア）通常的审判的情况
a. 成立
<u>全部无效</u>：针对权利要求书的全部权利要求进行审判请求，该全部权利要求无效的情况。
（a）有关特许第〇〇号的权利要求1~3中记载的发明的特许无效。审判费用由被请求人负担。
（b）有关注册第〇〇号实用新型（外观设计、商标）的权利要求1~5中记载的新型（外观设计、商标）的实用新型（外观设计注册、商标注册）无效。
审判费用由被请求人负担。
<u>部分无效</u>：针对权利要求书的一部分的权利要求进行审判请求，被请求的该部分的权利要求全部无效的情况。
有关特许第〇〇号的权利要求1中记载的发明的特许无效。
审判费用由被请求人负担。
b. 不成立
本件审判的请求不成立。
审判费用由请求人负担。
c. 部分成立
（a）有关特许第〇〇号的权利要求1中记载的发明的特许无效。
有关剩余部分的审判请求不成立。
（同权利要求2中记载的发明的审判的请求不成立。）
审判费用的二分之一由请求人负担，二分之一由被请求人负担。
（b）有关注册第〇〇号商标的指定商品（以及指定服务）中"××"的注册商标无效。
有关其余的指定商品（以及指定服务）的审判请求不成立。
审判费用的二分之一由请求人负担，二分之一由被请求人负担。

（イ）特殊的情况

a. 共同审判

本件审判的请求不成立。

审判费用的三分之二由请求人甲负担，三分之一由请求人乙负担。

b. 有参加人的情况

（a）在请求人方有参加人，成立时

注册第〇〇号外观设计的注册无效。

审判费用以及由于参加而产生的费用，由被请求人负担。

（b）在请求人方有参加人，不成立时

本件审判的请求不成立。

审判费用包含由于参加而产生的费用，由请求人以及参加人负担。

（c）在被请求人方有参加人，成立时

特许第〇〇号发明的特许无效。

审判费用，包含因参加而产生的费用，由被请求人以及参加人负担。

（d）在被请求人方有参加人，不成立时

本件审判的请求不成立。

审判费用以及因参加而产生的费用由请求人负担。

c. 一部分不予受理，一部分允许的情况

有关注册第〇〇号商标的指定商品（以及指定服务）中"××"的注册商标无效。

有关其余的指定商品（以及指定服务）的审判的请求不予受理。

审判费用由……负担。

（ウ）伴随着订正请求的特许无效宣告审判的情况

针对上述（ア）、（イ）的特许无效宣告审判认可订正的情况下，在上述各结论之前将允许订正的结论如下所述一并记入。

例.

a. 成立（订正的全部允许）

（a）针对特许权全体进行订正请求时

认可将特许第〇〇号的说明书、权利要求书（以及附图）订正为如订正请求书所附加的订正说明书、权利要求书（以及附图）所示。

有关特许〇〇号的权利要求1中记载的发明的特许无效。

审判费用由被请求人负担。

（b）针对每个权利要求进行订正请求时（按照每组权利要求确定时，以使其易懂的方式用〔〕确定单位）

认可将特许第〇〇号的说明书、权利要求书（以及附图）如订正请求书所附加的订正说明书、权利要求书（以及附图）那样，针对订正后的权利要求1、〔3、4〕、〔6—9〕进行订正。

有关特许○○号的权利要求1、3、4、6—9中记载的发明的特许无效。
审判费用由被请求人负担。

b. 成立（订正的部分允许）

在令和○○年○○月○○日的订正请求中，认可将特许第○○号的说明书、权利要求书（以及附图）如订正请求书所附加的订正说明书、权利要求书（以及附图）那样，针对订正后的〔3、4〕进行订正。有关特许第○○号的权利要求1—4中记载的发明的特许无效。
审判费用由被请求人负担。

c. 不成立

针对有关订正适合与否的判断的记载与上述a、b相同。

d. 认可将被申诉无效的权利要求全部删除的订正，对特许无效宣告审判的请求不予受理的情况

认可针对权利要求书进行的订正之中，将权利要求○—△删除的订正。
对本件审判的请求不予受理。
审判费用由请求人负担。
（另外，费用负担由被请求人负担部分或者全部的情况等也是可能的（特§169②、民诉§62、63。→47—01）。）

e. 认可将被申诉无效的权利要求的一部分删除的订正的情况

认可如订正请求书中……的那样进行订正。
有关权利要求○—○中记载的发明的特许无效。
有关权利要求○—○中记载的发明的审判请求不成立。
针对有关权利要求○—○的本件审判的请求不予受理。
审判费用的○分之○由请求人负担，○分之○由被请求人负担。
（相对于所删除的权利要求的部分，请求不予受理。有关所删除的权利要求部分的费用负担与上述c相同。）

エ　注册商标撤销审判

（ア）成立

将注册第○○号商标的注册撤销。
审判费用由被请求人负担。

（イ）不成立

本件审判的请求不成立。
审判费用由请求人负担。

オ　特许（注册商标）异议的申诉

（ア）通常的申诉的情况

a. 维持决定

（全部维持）

维持特许第〇〇号的权利要求1—2所涉及的特许。

维持注册第〇〇号商标的注册。

（部分维持）

撤销特许第〇〇号的权利要求1所涉及的特许。

维持特许第〇〇号的权利要求2所涉及的特许。

b. 撤销决定

撤销特许第〇〇号的权利要求3所涉及的特许。

撤销注册第〇〇号商标的注册。

（イ）伴随着订正请求的特许异议申诉的情形

认可针对上述（ア）的特许异议的申诉订正的情形，在上述各结论之前将允许订正的结论如以下所述一并记入。

例.

a. 维持决定（订正的全部允许）

（a）针对特许权全体进行了订正的请求时

认可将特许第〇〇号的说明书、权利要求书（以及附图）订正为订正请求书所附加的订正说明书、权利要求书以及附图。

维持特许第〇〇号的权利要求1所涉及的特许。

（b）针对每个权利要求进行了订正的请求时

认可将特许第〇〇号的说明书、权利要求书（以及附图）如订正请求书所附加的订正说明书、权利要求书（以及附图）那样，针对订正后的权利要求1、〔3、4〕、〔6—9〕进行订正。

维持特许第〇〇号的权利要求1、3、6所涉及的特许。

b. 维持决定（订正的部分允许）

认可令和〇〇年〇〇月〇〇日的订正请求中，将特许第〇〇号的说明书、权利要求书（以及附图）如订正请求书所附加的订正说明书、权利要求书（以及附图）那样，针对订正后的权利要求〔3、4〕进行订正。

维持特许第〇〇号的权利要求3所涉及的特许。

c. 撤销决定

针对有关订正适合与否的判断的记载与上述a、b相同。

カ 订正审判

（ア）成立（订正的全部允许）

a. 针对特许权全体请求订正审判时

认可将特许第〇〇号的说明书、权利要求书以及附图如本件审判请求书所附加的订正说明书、权利要求书以及附图那样进行订正。

b. 针对每个权利要求请求订正审判时

认可将特许第〇〇号的说明书、权利要求书（以及附图）如本件审判请求书所附加的订正说明书、权利要求书（以及附图）那样，针对订正后的权利要求1、〔3、4〕、〔6—9〕进行订正。

（イ）部分成立（订正的部分允许）

认可在令和〇〇年〇〇月〇〇日的本件订正审判请求中，将特许第〇〇号的说明书、权利要求书（以及附图）如本件审判请求书所附加的订正说明书、权利要求书以及附图那样，针对订正后的权利要求1进行订正。

有关权利要求1、〔6—9〕所涉及的订正的审判请求不成立。

（ウ）不成立（不认可订正）

本件审判的请求不成立。

（3）合并审理情况下的审查决定

（针对合并案件分别记载各自的结论。）

结论

无效20XX—800001号审判案件

有关特许〇〇号的权利要求1~3中记载的发明的特许无效。

审判费用由被请求人负担。

无效20XX—800002号审判案件

有关特许〇〇号的权利要求1~4中记载的发明的特许无效。

审判费用由被请求人负担。

无效20XX—800003号审判案件

本件审判的请求不成立。

审判费用由请求人负担。

（4）再审

ア　审查决定不予受理

本件再审的请求不予受理。

イ　正式案件审查决定

（ア）成立

针对令和〇〇年审判第〇〇号案件，将令和〇年〇月〇日作出的审查决定撤销。

（将该审判请求成立情况下的审查决定的结论一并记入。）

（イ）不成立

本件再审的请求不成立。

（注）

通过以判断遗漏或者欺诈审查决定为事由的再审请求，该事由的有无作为正式案件审理的结果首次知晓时，若事由存在则作出イ的结论，若不存在则作出ア的结论。费用的负担及其他遵照该审判的审查决定的结论。

6．决定结论的实例

（1）由审判长作出的决定不予受理

ア　对本审判请求书不予受理。

イ　对本特许异议申诉书不予受理。

ウ　对本商标注册异议书不予受理。

エ　对本参加申请书不予受理。

（2）基于审判作出的决定不予受理

对本特许异议的申诉（商标注册异议的申诉、参加的申请、排斥的申诉、回避的申诉）不予受理。

（3）正式案件决定

ア　是否允许参加的决定

（ア）成立

（例1） 允许参加。

（例2） 允许申请人为了辅助（被）请求人的参加。

（注） 也可以根据特§148①或者③的规定（实§41、外§52、商§56①、§68④）记载参加的形态。

（イ）不成立

参加申请人的申诉不成立。

由于参加的申诉而产生的费用由参加申请人负担。

イ　补正不予受理的决定

对令和〇年〇月〇日的程序补正不予受理。

（4）证据保全的决定

ア　成立

（ア）针对另附的记载事项进行证人的询问。

（イ）针对本件，作为鉴定人，指定东京都文京区汤岛1之9的何某。

（ウ）在对方的事务所以及工厂进行查证、询问鉴定人。

イ　部分成立

在特许厅审判庭，针对另附的记载事项，进行证人询问。不进行其他申请所涉及的证据调查。

（5）是否允许继承的决定

ア　允许继承人继承程序。

イ　本件继承的申诉不成立。

（6）除斥、回避的决定

ア　本件除斥（回避）的申诉存在理由。

イ　本件除斥（回避）的申诉不成立。

7．判定的结论的实例

（1）不予受理

对本件判定的请求不予受理。

（2）正式案件判定

ア　如以下判定结论的范文所示。

（ア）（特・实）イ号附图及其说明书中所示的○○（不）属于

本发明

的技术范围。

本件新型

（イ）（外）イ号附图及其说明书所示的外观设计，（不）属于注册第○○号外观设计以及与其近似的外观设计的范围。

（ウ）（商）商品○○上使用的イ号商标，（不）属于注册第○○号商标的商标权的效力范围。

（2019.6修订）

45—06　PUDT
审查决定等的更正

1. 民事诉讼法中规定："判决中存在计算错误、误写及其他与此类似的明确的错误时，法院根据申诉或者依职权在任何时候都可以作出更正决定。"（民诉§257①）特许法中没有这样的规定，在法律条文上不必一定明确是否可以进行审查决定等的更正。但是裁判例一般可以对审查决定进行更正（大判大12.12.3（大12（オ）602号）、大判昭4.10.16（昭4（オ）673号）、大判昭9.5.8（昭8（オ）3120号、东高判平7.10.31（平4（行ケ）245号））。

2. 如特§157（实§41、外§52、商§56①、§68④）所示，审判以审查决定的方式结束。所以，在将重要处分的审查决定送达之后不会收回。

3. 更正决定限于订正记载错误的情况，并且限于该错误明确的情况。通过更正决定，不能实质上变更审查决定的内容。

4. 更正决定依职权或者根据申诉而由作出该审查决定的部门的合议组进行。

5. 在作出更正决定的情况下，向送达了审查决定的人送达更正决定书的誊本。

6. 决定（包括特许（注册商标）异议决定、不予受理决定）也可以和审查决定同样地进行更正。

（例）更正决定（查定类）（原件）

发送编号112233　　　　1/

更正决定

不服20XX—○○○○○○

○○○○○○○○○○○○○○
请求人　　　○○　○○
○○○○○○○○○○○○○○○
代理人辩理士　　　○○　○○

针对特愿20XX—○○○○○○号驳回决定不服审判案件，在令和　　年　　月　　日作出的审查决定中存在明确的错误，因此依职权如下所述作出更正决定。

记

将审查决定书的○○栏中"△△△"改为"□□□"。

令和　年　月　日

　　　　　　　　　审判长　特许厅审判官　〇〇　〇〇
　　　　　　　　　　　　　特许厅审判官　〇〇　〇〇
　　　　　　　　　　　　　特许厅审判官　〇〇　〇〇

（基于行政不服审查法第 82 条的提示）

对该处分不服的，可以在收到本处分通知次日起 3 个月内，基于行政不服审查法，向特许厅厅长提出审查请求。

（基于行政案件诉讼法第 46 条的提示）

可在收到本处分通知次日起 6 个月内，以日本国为被告（诉讼中代表日本国的是法务大臣），提起诉讼。

（2019.6 修订）

45—10　ＰＵＤＴ
审查决定书等中当事人等的记载

1. 审查决定书等中当事人等的记载，在案件的记载之前如范文那样进行记载（国际外观设计注册申请所涉及的案件→00—03）。
2. 在当事人以及参加人为法人的情况下，省略代表人姓名。
3. 在当事人以及参加人为多个的情况下，将全员排列记载，若有代理人，则在各授权人之后，将全体代理人排列记载。
4. 在有法定代理人的情况下，记载为"法定代理人〇〇"。
5. 在有破产、重组财产管理人等的情况下，记载为"财产管理人〇〇"。
6. 在有指定代理人时，记载指定代理人的职务及其姓名。

〔说明〕
根据"与国家的利害具有关系的诉讼中法务大臣的权限等相关法律"第5条，规定"……由所部的职员对该指定的……"，因此遵照此规定记载职务以及姓名，但是由于事务处理上的理由而如上所述进行记载。

7. 在根据特许登记簿等判明当事人的住所等发生变更的情况下，有时记载变更后的住所。

记载例
东京都〇〇区……
请求人　　　　　Ａ公司
东京都〇〇区……
代理人　　　　　甲
东京都〇〇区……
代理人　　　　　乙
东京都〇〇区……
请求人　　　　　Ｂ公司
东京都〇〇区……
代理人　　　　　甲

(范文)

```
住所或者居所
请求人　姓名或者名称
住所或者居所
代理人　姓名或者名称
住所或者居所
参加人　姓名或者名称
住所或者居所
代理人　姓名或者名称

住所或者居所
被请求人　姓名或者名称
住所或者居所
代理人　姓名或者名称
住所或者居所
参加人　姓名或者名称
住所或者居所
代理人　姓名或者名称
```

(2015.2 修订)

45—11　PUDT
审查决定书中无须记载代理人的案例

在以下情形中审查决定书中不记载代理人。
（1）审查决定时代理人已经被解聘时
（2）审查决定时代理人死亡的情况在特许厅已明确时
（3）提交了代理人的死亡报告时
（4）未以规定的格式提交证明代理权的书面文件（委托书）时
　　但是，针对请求人方的全体代理人，在以代理权不存在为理由而应当不予受理时，不受此限。
（5）虽然提交了委托书，但是未通过该代理人办理程序时
（6）在中途接受委托的情况下，虽然提交了委托书但是未提交接受委托报告时

（1996.2 修订）

45—19 PUDT
基于审查决定的不予受理

审判请求符合以下所列事由时,不命令其补正,而是作为不合法的请求,以审查决定的方式不予受理(审查决定不予受理)(特§135、实§41、外§52、商§56)。

(1) 超过审判请求期限后的请求(→45—20);
(2) 由共同申请人中的一部分人提出的请求(→45—20、22—03);
(3) 共有人中的一部分人作为被请求人的请求(→45—20);
(4) 非特许权人的人作为被请求人的请求(→45—20);
(5) 无对象物的请求;
(6) 在海外者不通过特许管理人而提出的请求;
(7) 超过除斥期间后的请求;
(8) 在因商标权不使用而撤销的审判中,针对未超过商标权规定的注册日起3年以上的商标进行的请求;
(9) 针对一个特许申请重复提出的驳回决定不服审判请求(由于撤回等而不再处于审判处理中的请求除外)之中最初的请求之外的请求。

(2015.2 修订)

45—20 PDT
不予受理审查决定的范文

1. 超过请求期限

由于查定类不服审判的请求超过期限（特§121、外§46、§47、商§44、§45）而应当不予受理时（特§135、外§52、商§56①），可以如范文那样记载审查决定的理由。

（范文）

理由

针对本申请（令和年月日申请），于令和年月日作出驳回决定，该决定的誊本于令和年月日通过电子信息处理系统送达作为本件审判请求人的申请人（代理人）。

（注）

该驳回决定不服审判的请求，根据特许法第121条的规定应当在决定的誊本送达之日起3个月之内，即令和　年　月　日（根据特许法第3条的规定计算之期限）之前提出，但是本件审判的请求于令和　年　月　日提出，因此属于超过上述法定期限之后的不合法的请求，不能进行补正。所以，本件审判请求根据特许法第135条的规定应当不予受理。

因此，如结论所述，作出本审查决定。

（注）在送达通过邮寄进行的情况下，将"该决定的誊本"以后替换为"于令和　年　月　日送达作为本件审判请求人的申请人（代理人）的情况，根据邮寄品配送证明书可得以证明"。

2. 由共同申请人中的一部分人提出的审判请求不予受理审查决定的范文

在针对驳回决定（外观设计、商标注册申请的驳回补正的决定）的审判中，对于由共同申请人中的一部分人提出的审判请求，应当通过审查决定而不予受理时（→22—01之3.、22—03之3.（1）），可以如范文那样记载审查决定的理由。另外，虽然全体共同申请人委托一名代理人进行审判的请求，但是由于代理人的过失而在审判请求人栏中仅记载了一部分人时，可推定记载了实质上是共同审判的意思的，审判长应当命令进行程序的补正，不能根据特许法第135条的规定不予受理（→23—02之3.（1）イd）。

（范文）

理由

本件审判是申请特许的权利由　　　以及　　　共有的特许申请的驳回决定不服审判，因此该请求根据特许法第132条第3款的规定应当由上述全体共有人共同请求，但是本件审判的请求是由作为其中一部分人的　　　提出，因此是不合法的请求，不能进行补正。

（注）

所以，本件审判的请求根据特许法第135条的规定应当不予受理。

（注）审判请求后，变更请求人，该变更被认为是改变请求书的要旨时（→30—01），在"不能进行补正。"之后插入"另外，基于令和　年　月　日提交的程序补正书进行的变更请求人的补正，改变了请求书的要旨，违反特许法第131条之2第1款的规定"。

3. 共有人中的一部分人作为被请求人的审判请求不予受理审查决定的范文

针对共有的特许权的无效宣告审判中，对共有人中的一部分人作为被请求人的审判请求应当通过审查决定而不予受理时（→22—03之3.（2）），可以如范文那样记载审查决定的理由。（注1）

（范文）

理由

本件审判是特许权由　　　以及　　　共有的特许的无效宣告审判，因此在请求审判时，根据特许法第132条第2款的规定，应当将上述全体共有人作为被请求人，但是本件审判的请求是将作为其中一部分人作为被请求人，因此是不合法的请求，不能进行补正。（注2）

所以，本件审判的请求根据特许法第135条的规定应当不予受理。

因此，如结论那样作出审查决定。

（注1）在注册商标撤销审判中，对共有人中的一部分人作为被请求人的审判请求应当通过审查决定而不予受理时，也可以以与范文相同的宗旨记载审查决定的理由。

（注2）审判请求后，变更被请求人，该变更被认为是改变请求书的要旨时（→30—01），在"不能进行补正。"之后插入"另外，基于令和年月日提交的程序补正书进行的变更被请求人的补正，改变了请求书的要旨，违反特许法第131条之2第1款的规定"。

4. 非特许权人作为被请求人的审判请求不予受理审查决定的范文

在无效宣告审判中，对非特许权人的人作为被请求人的审判请求，应当通过审查决定而不予受理时（→22—01之7.、22—02），可以如范文那样记载审查决定的

理由。（注1）

（范文）

理由

本件审判是特许权人为　　的特许的无效宣告审判，应当将特许权人作为被请求人进行请求，但是本件审判的请求是将不是特许权人的　　作为被请求人而提出的，因此是不合法的请求，不能进行补正。（注2）

所以，本件审判的请求根据特许法第135条的规定应当不予受理。

因此，如结论那样作出审查决定。

（注1） 在注册商标撤销审判中，对将非商标权人作为被请求人的审判请求，应当通过审查决定而不予受理时，也可以以与范文相同的宗旨记载审查决定的理由。

（注2） 审判请求后，变更被请求人，该变更被认为是改变请求书的要旨时（→30—01），在"不能进行补正"之后插入"另外，基于令和年月日提交的程序补正书进行的变更被请求人的补正，改变了请求书的要旨，违反特许法第131条之2第1款的规定"。

（2019.6修订）

46—00 ＰＵＤＴ
确定

1. 审查决定等的确定

对审查决定以及决定不服的人在法律规定的期限内（特§178③、实§47②、外§59②、商§63②）未提起诉讼，或者即使提起诉讼但结局是该审查决定等获得支持，处于用通常的不服申诉的方法不能撤销的状态时确定。

另外，在驳回决定不服审判中作出应当授予特许（注册）的结论的审查决定、在订正审判中订正被认可的情况下的审查决定，由于申诉不服的具有法律上的利益的人不存在，因此在送达审查决定的誊本时确定。

2. 审查决定等的部分确定

各种审判等（→00—01）所涉及的审查决定等之中，特许（注册）无效宣告审判（特§123、实§37）、特许异议的申诉（特§113）、订正审判（特§126）、注册异议的申请（商§43之2）、注册商标无效的审判（商§46）以及类别转换注册无效宣告审判（商附则§14）的审查决定等，如以下所示那样，有时确定其一部分（部分确定）。

（1）特许（注册）无效宣告审判（特§123、实§37）的审查决定的部分确定（特§167之2、实§41）（→51—19之4.）、特许异议的申诉（特§113）的决定的部分确定（特§120之7）（→67—06之5.）

针对两个以上的权利要求所涉及的特许（注册），可以针对每个权利要求请求特许（注册）无效宣告审判，在针对两个以上的权利要求请求特许（注册）无效宣告审判的情况下，原则上各个权利要求的审判同时进行。而针对无效宣告审判请求的审查决定（请求成立/不成立）是针对有关各权利要求而判断的每一个可分的行政处分，在审查决定撤销诉讼中，仅审查决定的一部分获得支持时，或者针对多个权利要求的一部分未提起审查决定撤销诉讼时，审查决定之中与该权利要求相关的部分单独确定。

另外，针对按照"每一组权利要求"进行了订正的请求时（特§134之2③）的特许的审查决定，在该一组权利要求中的所有的权利要求成为确定的状态时，按照每一组权利要求确定。

在此"一组权利要求"是根据订正前的权利要求来判断。但是，在进行解除引用关系的订正或者删除权利要求的订正时，仅在该订正被认可时，根据要求与被引用方的权利要求所属的请求单位分别处理。

特许异议的申诉中也相同。

(2) 订正审判(特§126)的审查决定的部分确定(特§167之2)

针对两个以上的权利要求所涉及的特许,可以针对每个权利要求或者每一组权利要求请求订正审判,此时,原则上每个权利要求或者每一组权利要求的审判同时进行。而针对订正审判的请求的审查决定(允许/不允许订正),是按照针对每个权利要求或者每一组权利要求进行判断的每一个可分的行政处分,在审查决定撤销诉讼中,在审查决定的一部分获得支持时,或者针对审查决定的一部分并未提起审查决定撤销诉讼时,该一部分之中与该权利要求相关的部分,按照每个权利要求或者每一组权利要求确定。针对"一组权利要求"的考虑方式与上述(1)相同。

(3) 注册商标异议的申请(商§43之2)、注册商标无效宣告审判(商§46)以及类别转换注册无效宣告审判(商附则§14)的部分确定(商§43之14、§55之3、商附则§16之2)

针对两个以上的指定商品或者指定服务所涉及的注册商标,可以针对每个指定商品或者指定服务,进行注册商标异议的申诉或者注册商标无效的审判请求,决定或者审查决定与特许(注册)无效宣告审判相同,按照每个指定商品或者指定服务部分确定。

3. 针对特许无效宣告审判的审查决定及特许异议申诉决定的确定和允许订正的确定

针对每个权利要求进行特许无效宣告审判的请求时,按照如下方式确定。

(1) 审查决定中针对每个权利要求或每一组权利要求认可订正的部分和针对每个权利要求或每一组权利要求的审判请求的成立/不成立所涉及的部分,以一体不可分的方式确定。

(2) 审查决定中针对未提起审查决定撤销的诉讼的权利要求或一组权利要求判断订正的部分,在超过可提起诉讼期限的时刻,与针对该权利要求或者一组权利要求的审判请求的成立/不成立所涉及的部分一起确定。

(3) 审查决定中针对未提出无效宣告审判请求的权利要求或一组权利要求认可订正的部分,在送达审查决定的同时确定。另外,认可订正的审查决定被送达之后即使撤回无效宣告审判的请求时,对该认可订正的审查决定的确定也不产生影响。

(4) 针对特许异议申诉决定的确定也相同。

(2019.6 修订)

47—01 Ｐ Ｕ Ｄ Ｔ
审判等的费用的负担

1. 与无效宣告审判相关费用的负担原则

与特许（注册）无效宣告审判、商标注册撤销审判相关的费用负担，由合议组根据审判（记载在结论中）依职权确定。但是，在审判未经由审查决定而结束时（审判请求的撤回、特§133③的不予受理等），根据审判中的决定确定（特§169①、实§41、外§52、商§56①、68④），在这种情况下由请求人一方负担，因此实务上并不作出决定。

负担的原则是根据特§169②（实§41、外§52、商§56①、68④）而准用的民诉§61，确定败方负担，民诉§62、63 的例外（→2.）也被认可。

2. 与无效宣告审判相关费用负担的例外（胜方的负担）

（1）由于胜方当事人的不必要的行为而产生的全部或者一部分费用可以由胜方当事人负担，即使是由于败方当事人的行为而产生的费用，在该行为是败方的权利延伸或者防御所需要的行为时，该费用可以由胜方当事人负担（民诉§62）。

ア 证人询问的结果，在判明证人是与需要举证的事项完全没有关系的人的情况下等，认为该证人询问所需要的费用是由于不必要的行为而产生的费用，即使是在申请证人询问的当事人成为胜方的情况下，也可以使其负担该费用。

イ 在通过订正请求而使得特许所涉及的权利要求中成为无效宣告审判对象的权利要求全部被删除的情况下，无效宣告审判的对象变得不存在，该无效宣告审判被不予受理，因此也可以向作为胜方的权利人方请求该费用。

ウ 以与公知的发明相同为理由的特许无效宣告审判的请求之后，该特许的权利要求书通过订正审判而订正的结果，在所述无效理由消灭的情况下，适用民诉§62后段，也可以使作为胜方的被请求人负担该费用。

（2）由于应当归责于胜方当事人的事由，使审理延迟，由此需要额外的费用的情况下，可以使胜方当事人负担该费用（民诉§63）。

3. 无效宣告审判中特殊情况下费用的负担

（1）部分无效

针对全部无效的请求，作出部分无效的审查决定时，审判的费用由双方当事人分担，分担比例可以由审查决定确定，也可以使当事人的一方负担全部费用（民诉

§64）（范文→45—04）。

（2）共同审判

ア 在这种情况下，原则上使成为败方的共同当事人以同等的比例负担，但是也可以共同负担或使用其他方法负担（民诉§65①）。

イ 在审判请求由甲、乙共同提出的情况下，甲作为请求人不适格，仅乙的请求有理由时，甲与被请求人之间产生的费用由甲负担，其他费用由成为败方的被请求人负担。

ウ 在共同审判中也是由于并非权利的延伸或者防御所需要的行为而产生的费用，可以使作出该行为的人负担（民诉§65②）。

（3）参加

针对参加申请，当事人有反对意见的情况下，该参加申请人与陈述反对意见的人之间产生的费用以败方负担的原则进行负担（民诉§66前段）。

由于参加而产生的费用负担，与共同审判的情况相同（民诉§66后段），以审查决定的方式确定，但是由于参加申请的反对意见而产生的费用负担，在决定是否允许参加之际，在结论中记载并确定。

（4）利害关系

针对审判请求的利害关系在当事人之间有争议，为此的证据调查等需要费用时，该费用的负担仅在针对利害关系争执的当事人之间，与正式案件审理中的胜败无关，可以根据该争执的胜败来确定。

（5）代理人

针对不能证明代理权的审判请求的费用，由该代理人负担（民诉§69②、§70）。

（裁判例）

在甲、乙二人的共同诉讼中，针对甲的代理权已经证明，而针对乙的代理权不能证明，因此代理人应当负担乙的负担部分（东高判昭33.6.17（昭32（行ナ）12号））。

4. 与驳回决定不服审判、驳回补正决定不服审判、订正审判等相关的费用负担

与驳回决定不服审判，外观设计、注册商标申请的驳回补正决定不服审判，订正审判相关的费用由请求人负担（特§169③、外§52、商§56①、68④），与特许异议的申诉、注册商标异议的申诉相关的费用，无论针对异议的决定结论如何，都确定由申请人负担（特§120之8①、商§43之15①→特§169③）。

另外，在这些请求、申诉是共同提出的情况下，各请求人、申诉人以同等的比例负担（特§169④、实§41、外§52、商§56①、68④）。

5. 与判定相关的费用负担

针对与判定相关的费用负担，没有任何规定，各当事人支出的费用由该当事人负担，在判定结论中，针对费用的负担不作判断。

（2015.2 修订）

47—02 PUDT
审判费用金额的决定

1. 一般事项
（1）与审判相关的费用金额，根据请求由特许厅厅长决定（特§169⑤、实§41、外§52、商§56①、§68④）。

在决定金额之前，应当催告对方在一定的期限内提交费用计算书以及说明费用金额所需要的书面文件及针对请求人的费用计算书的记载内容进行陈述的书面文件。但是，在仅由对方负担与审判相关费用的情况下，在记录上明确费用负担金额时，不必进行催告（特施规§50之8①）。

（2）请求应当在该审查决定或者是否允许参加的决定确定后，在审判记录被保存的期限内进行。

（3）请求决定审判费用金额的人，应当在格式1的审判费用金额决定请求书中附加格式2的费用计算书以及说明费用的金额所需要的书面文件，并提交给特许厅厅长（特施规§50之7、民诉规§24②）。

（4）在有请求时，由审判书记员办理该事务。

2. 请求书的形式审查
在有请求时，从工业所有权信息研究馆借用该案件的记录，针对请求书的必要记载事项，与记录进行对照，审查有无缺陷，在存在缺陷时按照下面的分类办理审查意见通知或者补正命令的程序。

（1）针对费用的负担，审查决定的结论与请求书中的申诉对照不一致之处，命令进行补正而使得与审查决定的结论一致。

（2）请求人以及对方的住所、姓名及申请人的印章。

针对存在缺陷之处，命令进行补正。

（3）在有代理人时的委托书。

无委托书的（但是，针对该案件有授权的除外），命令进行补正。

（4）针对费用计算书，有无提交与对方数量相当的副本份数不足时，命令进行补正。

（5）费用计算书的权利要求数超过费用的范围（→47—03），或者请求价额超过规定的金额时，命令进行补正。

（6）有无案件的确定。

在案件处于处理中时，通知驳回理由且驳回程序。

3. 催告书的制成、送达

（1）在请求书的形式合格时，制成格式3的催告书，在得到裁决的基础上，附加请求书计算书以及说明费用金额的书面文件的各副本，并向对方送达，考虑情况并指定适当的期限，给予提交意见陈述书的机会。

但是，在对方仅负担与审判相关费用的情况下，记录上请求人针对与审判相关费用的负担金额明确时（例如，仅注册商标撤销审判的官费的请求等），不受此限（特§169②、实§41、外§52、商§56①、§68④、民诉规§25①）。

（2）对方针对催告提出了意见时，将副本送达请求人之后，以请求人的费用计算书以及对方的意见陈述书为基础计算审判的费用，在对方未提交意见陈述书时，仅以请求人的费用计算书为基础来计算、决定（特§169②、实§41、外§52、商§56①、§68④、民诉规§25②、特施规§50之8）。

4. 审判费用金额的决定

在决定费用金额后，制成格式4的审判费用的金额决定书，在得到裁决之后，在将副本盖上骑缝章并认证的基础上，送达当事人。

格式 1

审判费用金额决定请求书

（令和〇〇年〇〇月〇〇日）

特许厅厅长　先生/女士

1. 审判的编号
    无效 20 〇〇—800 〇〇〇
2. 请求人（审判请求人）
    住所
    名称
3. 代理人
    住所
    姓名
4. 被请求人（审判被请求人）
    住所
    名称
5. 请求宗旨
    针对上述审判案件，于〇〇年〇〇月〇〇日作出了审查决定，因此请求按照审判费用计算书决定费用金额。
6. 附加文件的目录
    （1）审判费用计算书　　　　　　　　份
    （2）说明费用金额的书面文件　　　　份
    （3）审查决定书誊本的复制件　　　　份
    （4）审判费用金额决定请求书副本　　份
    （5）委托书　　　　　　　　　　　　份

格式 2

审判费用计算书

案件的记载
  无效 20 ○○—800 ○○○

 请求额 56500 日元

（明细）
1. 审判请求书粘贴印花税（审判官费）   55000 日元
2. 审判请求书及其文件的制成以及提出费用
  （基本额＋增加额＋增加额）×○   1500 日元

格式 3

催　告　书

令和　　年　　月　　日

对方（审判（被）请求人）
〇〇〇〇〇〇〇〇　　　　　　　　　　　　　　　先生/女士

特　许　厅　厅　长

无效 20 〇〇—8000〇〇

请求人（审判（被）请求人）
　　　住　　所
　　　姓　　名
请求人代理人辩理士
　　　住　　所
　　　姓　　名
对方（审判（被）请求人）
　　　住所
　　　姓名

　　有关上述案件，审判（被）请求人进行申诉，要求决定审判费用的金额，并提交了另附的计算书，因此请在自该催告书发送之日起 60 日内提交意见陈述书。
　　另外，在期限内未提交意见陈述书时，有时仅以请求人（审判（被）请求人）提交的资料为基础而作出决定，因此预先告知。

以上

针对该催告若有任何疑问请与下方联系人联系。
特许厅审判部审判科特许侵害业务室　　YY　YY
电话 03（3581）1101 内线×××　传真 03（3580）×××

格式 4

　　　　　　　　　　无效 20 ○○—8000 ○○
　　　　　　　　　　审判费用金额的决定
　　请求人（审判（被）请求人）
　　　　住　　所
　　　　姓　　名
　　请求人代理人辩理士
　　　　住　　所
　　　　姓　　名
　　对方（审判（被）请求人）
　　　　住　　所
　　　　姓　　名
　　由于请求人请求决定审判费用金额，因此对请求相当认可，如下面所述作出决定。
　　　　　　　　　　正　　文
　　根据令和○○年○○月○○日的审查决定，应当由对方负担的审判费用的金额，如另附的计算书那样，决定为○○，○○○日元。
（基于行政不服审查法第 57 条的提示）
　　在对该处分不服的情况下，可以在收到该处分的通知次日起 60 日内，基于行政不服审查发向特许厅厅长进行异议申诉。
（基于行政案件诉讼法第 46 条的提示）
　　针对该处分的诉讼，可以在收到针对有关该处分的异议申诉的决定次日起六个月之内，以国家为被告（诉讼中代表国家的人是法务大臣）而提起诉讼。
　　在针对有关该处分的异议申诉的决定未作出之前不能提出针对该处分的诉讼。但是，一、自异议申诉日起超过三个月仍未作出决定时，二、为避免因处分、处分的执行或者程序进行而产生显著的损害而在紧急且必要时，三、其他针对未作出决定的情况有正当理由时，符合上述三种情况中的任一种情况时，不用等待异议申诉作出决定，就可以针对该处分提起诉讼。
　　　　　　　　　　　　　　　○○○○○○○○特许○○○号
　　　　　　　　　　　　　　　　令和　　年　　月　　日
　　　　　　　　特　许　厅　厅　长　姓　　　名　㊞

针对本决定若有任何疑问请与下方联系人联系。
特许厅审判部审判科特许侵害业务室 YYYY
电话 03（3581）1101 内线 ×××　传真 03（3580）×××

（2019.6 修订）

47—03 ＰＵＤＴ
审判费用的范围和计算

1. 审判费用的范围

只要不违反其性质，审判相关的费用范围与民事诉讼费用等相关的法律（以下在本节47—03中称为"民诉费法"）中，基于与此相关的规定（第二章第一节以及第三节中确定的部分除外）的例子（特§169⑥、实§41、外§52、商§56①、§68④）。

作为审判费用而计算的项目如以下所述。

（1）制成以及提交审判请求书及其他文件的费用；
（2）翻译费；
（3）审判程序费；
（4）根据特§13（实§2之5②、外§68②、商§77②）而命令代理人代理时的报酬；
（5）按日期出席的当事人以及代理人的日津贴、交通费、住宿费；
（6）证人、鉴定人、口头翻译人以及根据民诉§218②确定的鉴定书的说明人的日津贴、交通费、住宿费；
（7）鉴定费、口头翻译费；
（8）实地查证的审判官以及审判书记员的交通费、住宿费；
（9）证据保全需要的费用；
（10）其他。

另外，针对（6）、（7）、（8）、（9），使证据调查申请人预缴其概算金额（特§169⑥、实§41、外§52、商§56①、§68④、民诉费法§12）。

2. 审判费用的计算

审判的费用是将有要求决定审判费用金额的请求案件的审判记录、请求人的费用计算书以及对方的意见陈述书进行对照、调整，针对费用范围内的项目（→1.），按照民诉费法以及与民事诉讼费用等相关的规则（以下在本节47—03中称为"民诉费则"）所确定的基准，利用以下程序进行计算。其价额是基于费用支出时的价额。

（1）根据审判记录，对请求人所支出的各个费用的项目及其金额进行调查、计算。
（2）将请求人提交的费用计算书的费用项目及其金额与（1）的计算进行对照，

当存在项目不一致、计算不一致的情况时，命令进行补正。

（3）向对方发出催告书，在提交了意见书的情况下，将该意见书与请求人的费用计算书进行对照，针对认可存在理由的事项，根据对方的意见书订正请求人的费用计算。

（4）通过以上程序，在请求人的费用计算书各项目及金额得到适当确定后，求出其总计金额，决定费用金额。但是，该总计金额不能超过请求人的请求金额。

3．注意事项

（1）针对接受政府机关等文件交付所需要的费用，由民诉费法第2条第7项规定，为了作为书证加以利用而接受来自政府机关等的文件（例如，举证所有权用的登记簿誊本或举证继承用的户籍誊本等）交付的情况下，官费不适用本项规定，不包含在诉讼费用中。

因此，特许登记簿誊本通常被作为书证加以利用而从政府机关接受交付，针对交付的官费，不适用本项规定，不包含在审判费用中。

（参考："民事实务讲义案Ⅱ（三订版）第137页（第3章诉讼费用　第5诉讼费用金额确定程序　4（3）ウ（イ）d）"）

（2）针对当事人等的交通费计算方法中最短距离，根据民诉费法第2条第4项的规定计算，出席地是特许厅的情况下以东京简易法院为基准，在巡回审判的情况下以巡回审判之地管辖的简易法院为基准。

针对代理人的交通费也作相同处理。

（3）针对制成以及提交审判请求书及其他文件的费用，根据民诉费则确定的以下计算方法计算。

"｛基本额①＋（基于诉讼、准备文件等的份数合计②）＋（基于书证的复制件的份数合计③）｝×将应发送对方的数量除以5得到的数④"

（参照附表）

根据民诉费则，最终针对添加了"对方数量"的金额进行计算，因此成为对象的书面文件基本上是向对方发送的书面文件。如此一来，制成以及提交特许厅的审判请求书及其他文件的费用金额计算之中，基本上也是应当以向对方送达、发送的文件为对象。

所以，作为与该民诉费则中的诉状、准备文件等相对应的文件，可列举出审判请求书、答辩书等向对方送达、发送的书面文件，同样地，作为与该民诉费则中的书证相对应的文件，可列举出上述的审判请求书、答辩书等向对方送达、发送的书面文件所附加的甲第1号证据等的书证（即使作为参考资料，向对方送达的书证全部被包含在内）。

另外，在计算对方数量之际，在特施规第50条之4中要求提交审理用副本1份，因此在应发送对方的数量上＋1（特许厅部分）是妥当的。

附　表

①基本额		1500 日元
②请求书等	当书面文件的份数超过 5 份，不超过 15 份时	1000 日元
③书证的复制件	当书面文件的份数超过 15 份，不超过 50 份时	1000 日元
④对方数量	将应发送对方的数量除以 5 而得到的数（不满 1 时，进位到 1）	

（具体例）

例如，在请求书等提交了 4 份，书证的复制件提交了 20 份，应发送对方的请求书等数量为 2 的情况下，如下所示计算出制作及提交文件的费用。

$$* \ (2+1)/5 = 0.6 \ \text{进位到} \ 1$$

（1500 日元 + 0 日元 + 1000 日元）× 1 * = 2500 日元
　　　　↑　　　　　↑　　　　　↑　　　　↑
　　基本额①　　份数合计②　　份数合计③　　对方数量④

（2015.2 修订）

50—00 ＰＵＤＴ
破产公司作为被请求人时审判请求的处理

在当事人类案件审判请求案件中，在审判请求书的副本无法送达被请求人的情况下，确认了被请求人破产的事实时，进行如下处理。

1. 敦促请求人进行被请求人的清算人的选任程序（公司法§478②），并且，针对审判请求书，通知进行补正，将该清算人作为被请求人的程序办理人。

2. 在请求人无任何答复时，或者进行清算人选任申诉的意思不明确时，以该审判请求存在缺陷为理由，以审判长的名义命令进行补正（特§133①、实§41、外§52、商§56①）。

3. 在请求人没有提交补正书时，对审判请求书以决定的方式驳回（特§133③、实§41、外§52、商§56①）。

（2015.2 修订）

51 PUDT
无效宣告审判（小目录）

51—00 无效宣告审判
1. 制度的宗旨
2. 法律修改的经过
   无效审告审判程序流程

51—03 无效宣告审判的四部法的各自的流程

51—04 无效宣告的请求对象、无效事由
1. 审判请求的对象
2. 无效事由
3. 无效理由
4. 判断无效事由存在与否的基准时间
5. 与实用新型的基础要件的审查的关系
   特许、实用新型无效宣告审判中的无效理由一览
   外观设计无效宣告审判中的无效理由与适用的法条一览
   商标注册无效宣告审判中的无效理由与适用的法条一览

51—05 无效宣告审判的权限者、当事人、参加人
1. 无效宣告审判的权限者
2. 当事人
3. 参加人

51—06 无效宣告审判的请求的限制
1. 可以进行审判请求的期间
2. 基于后发性的无效事由的无效，或者针对放弃的权利的无效宣告审判的请求
3. 请求的限制
4. 预告登记

51—07 无效宣告审判的请求书
1. 一般事项

2．请求的宗旨
3．请求的理由

51—08　无效宣告审判请求的缺陷和补正
1．请求（书）的缺陷和处理
2．补正命令和审判请求书的决定驳回
3．审查决定驳回
4．其他不合法程序的驳回
5．审判长、合议组的裁量
6．不服申诉

51—09　无效宣告审判的审理方式
1．审判合议组的指定
2．有关无效宣告审判案件审理的进行
3．审理形式
4．依职权审理
5．合并审理

51—10　无效宣告审判的审理开始
1．伴随审理开始的程序
2．答辩书、订正请求书

51—11　由特许权人进行的订正请求
1．订正的请求
2．订正请求的方式
3．有多个订正请求时的处理
4．订正请求的撤回
5．订正的效果
6．订正请求的预告登记

51—13　最初答辩后的审理
1．被请求人的最初答辩后的审理

51—14　提交订正请求书之后的审理
1．订正请求书的形式和补正

2. 订正内容的审理
3. 特许权人对订正审查意见通知的回应

51—15　请求人辩驳后的审理
1. 请求人的最初辩驳（针对答辩书的主张）后的审理
2. 不包含请求理由的要旨变更的补正事项的情况
3. 包含请求理由的要旨变更的补正事项的情况
4. 是否允许补正的决定
5. 被请求人再答辩后的审理
6. 请求人再辩驳后的审理
7. 以后发性的不注册理由作为无效理由的审判请求

51—16　"请求理由"的要旨变更
1. 基本观点
2. 判断方法
3. 请求理由的要旨变更的例子
4. 不构成请求理由的要旨变更的例子

51—17　审查决定的预告
1. 与审查决定的预告相关的审理顺序的概要
2. 审查决定预告的概要
3. 作出审查决定的时机成熟时的审理

51—18　无效审告审判中的职权审理、无效理由通知
1. 无效理由通知
2. 依职权审理启动的基本观点
3. 与不许可决定的补正相关的请求理由的依职权采用
4. 实用新型无效宣告审判中技术评价书的处理

51—19　无效宣告审判的审查决定、审查决定的登记簿登记等
1. 审查决定的时期
2. 无效宣告审判的审查决定
3. 审查决定的记载
4. 审判决定的确定
5. 审判决定的效果

6. 登记等
7. 官费和费用负担
8. 其他

51—20　关于订正请求的一事不再理的处理

51—21　无效宣告审判审查决定后的程序
1. 审查决定撤销诉讼的提起
2. 审查决定撤销诉讼的判决和无效宣告审判的再审后的审理

51—22　特许无效宣告审判与订正审判的关联处理
1. 特许无效宣告审判与订正审判的关联处理
2. 由同一合议组进行审理
3. 无效宣告审判和订正审判同时审理时的处理
4. 后续审判的审理

51—22.1　多个无效宣告审判案件同时在审
1. 多个无效宣告审判案件同时在审时的审理

51—22.2　审查决定撤销诉讼在审期间被请求的无效宣告审判
1. 审查决定撤销诉讼在审期间被请求的无效宣告审判的审理
2. 具体处理

51—23　实用新型无效宣告审判
1. 适用对象
2. 实用新型无效宣告审判的特征
3. 平成17年（2005年）4月1日以后申请的实用新型的处理

51—23.1　特许无效宣告审判和实用新型无效宣告审判的比较表

51—23.2　实用新型无效宣告审判中的订正
1. 订正
2. 实用新型无效宣告审判和订正的关联处理

51—23.3　以涉及同一发明的特许申请为理由的实用新型无效宣告审判的审理
1. 审理的进行方式

2. 对涉及同日申请的特许申请人的通知
3. 提交答辩书后的审理的进行方式

51—25　计划审理
1. 制作审理计划的案件的指定
2. 审理计划书的格式
3. 审理计划的制作方法
4. 审理计划的制作期间
5. 无效宣告审判合意进度

（2019.6 改订）

51—00　PUDT
无效宣告审判

1. 制度的宗旨

在权利有瑕疵的情况下，给予权利人不当的权利，使得本来任何人都可以实施、使用的发明却被禁止实施和使用，就会产生妨碍产业发展的弊病。在这样的情况下，由于需要将该权利宣告无效，使该权利自始不存在，或者自后发性的无效理由（特§123①七、实§37①六、外§48①四、商§46①五等）产生时起不存在，而对应设置的制度即为无效宣告审判制度（特§123①、实§37①、外§48①、商§46①、§68④）。

2. 法律修改的经过

特许法等进行了如下修改，原则上有关无效宣告审判的程序适用审判请求时的法律，有关无效理由适用申请时的法律。

（1）1993年法律第26号（1994年1月1日起施行）

关于实用新型，引入了不进行实质审查而赋予权利的制度，关于无效宣告审判程序也进行了修改。

在实用新型中，注册后，通过提交订正书，不进行正式案件审理，也可以进行订正。

关于特许（平5附§4②、平23附§19②），在无效宣告审判程序中引入了可以对说明书或者附图进行订正的订正请求制度，当无效宣告审判正在特许厅进行审理时不能请求订正审判。

关于特许，废除了订正无效宣告审判，增加新事项的补正以及增加新事项的订正成为无效理由（平23附§19②旧实§37①二之二）。但是，根据在1993年12月31日以前请求的订正审判而进行的不合法的订正不构成无效理由，仍在订正无效宣告审判中进行争辩（平5附§2⑤旧特§129、平5附§4①旧实§40）。

（2）1994年法律第116号（1996年1月1日起施行的部分）

关于特许、伴随授权后的特许异议申诉制度的引入以及申请公告制度的废除，删除了有关公告后补正的无效理由。

1994年法律修改中，有关说明书的记载要件、外文书面申请相关的规定，适用于1995年7月1日以后的特许申请以及与其相关的特许（平6附§6、§7）。

（3）1996年法律第68号（1997年4月1日起施行）

关于商标，由于伴随着商标法条约的要求而废除了续展注册的无效宣告审判，因此在商§46①的无效理由中追加了后发性的公益的不注册理由作为第5号。

（4）1998年法律第51号（1999年1月1日起施行）

对变更特许、旧实用新型、外观设计、商标的无效宣告审判的请求理由要旨的补正不予认可。

（5）2003年法律第47号（2004年1月1日起施行）

关于特许，废除了授权后的特许异议申诉制度，整合到无效宣告审判制度中。任何人都可以请求进行无效宣告审判。另外，在使审判请求书的请求理由的记载要件明确化的同时，变更最初记载的请求理由的要旨而形成的新的攻击作为例外而得到了允许。而且，在无效宣告审判的审查决定撤销诉讼中，在请求了订正审判的情况下，设置了可以根据法院的判决而撤销审查决定并退回到特许厅的规定，在退回的无效宣告审判案件中将"订正审判的请求"改为"订正请求"。

（6）2004年法律第79号（2005年4月1日起施行）

关于新实用新型，在无效宣告审判审理中的情况下，以实用新型的权利要求保护范围的缩小等为目的的订正，仅允许在最初的答辩书提交期间内进行一次，将进行了不满足要件的订正的情况重新加入无效理由中。

（7）2011年法律第63号（2012年4月1日起施行）

ア　在特许无效宣告审判程序中，进行"审查决定的预告"，可以进行订正的请求，禁止在提起涉及无效宣告审判的审查决定撤销诉讼后请求订正审判。

イ　关于涉及两个以上的权利要求的特许无效宣告审判，完善了涉及订正的请求单位以及审查决定的确定范围的规定等。

ウ　在无效宣告审判的审查决定确定之后，允许当事人以及参加人以外的人根据相同的事实以及相同的证据请求审判。

エ　特许、实用新型、外观设计由不具备申请权的人进行了申请时或者属于违反共同申请而申请时，伴随具备申请权的人可以针对该权利人请求进行权利的转移，对有关涉及权利归属的无效理由的请求人适格进行了重新调整。

オ　关于以根据2011年修改前的法律而进行了订正的特许的不合法的订正为理由的无效宣告审判（特§123①八）中订正的目的要件的规定的适用，即使是2012年4月1日以后请求的无效宣告审判，也适用2011年修改前的规定（平23附§2㉑）。

（8）2014年法律第36号（2015年4月1日起施行）

伴随着特许异议申诉制度的引入，关于特许无效宣告审判，仅限于利害关系人可以请求。关于商标注册无效宣告审判，也确认性地明确了仅限于利害关系人。

无效宣告审判程序流程

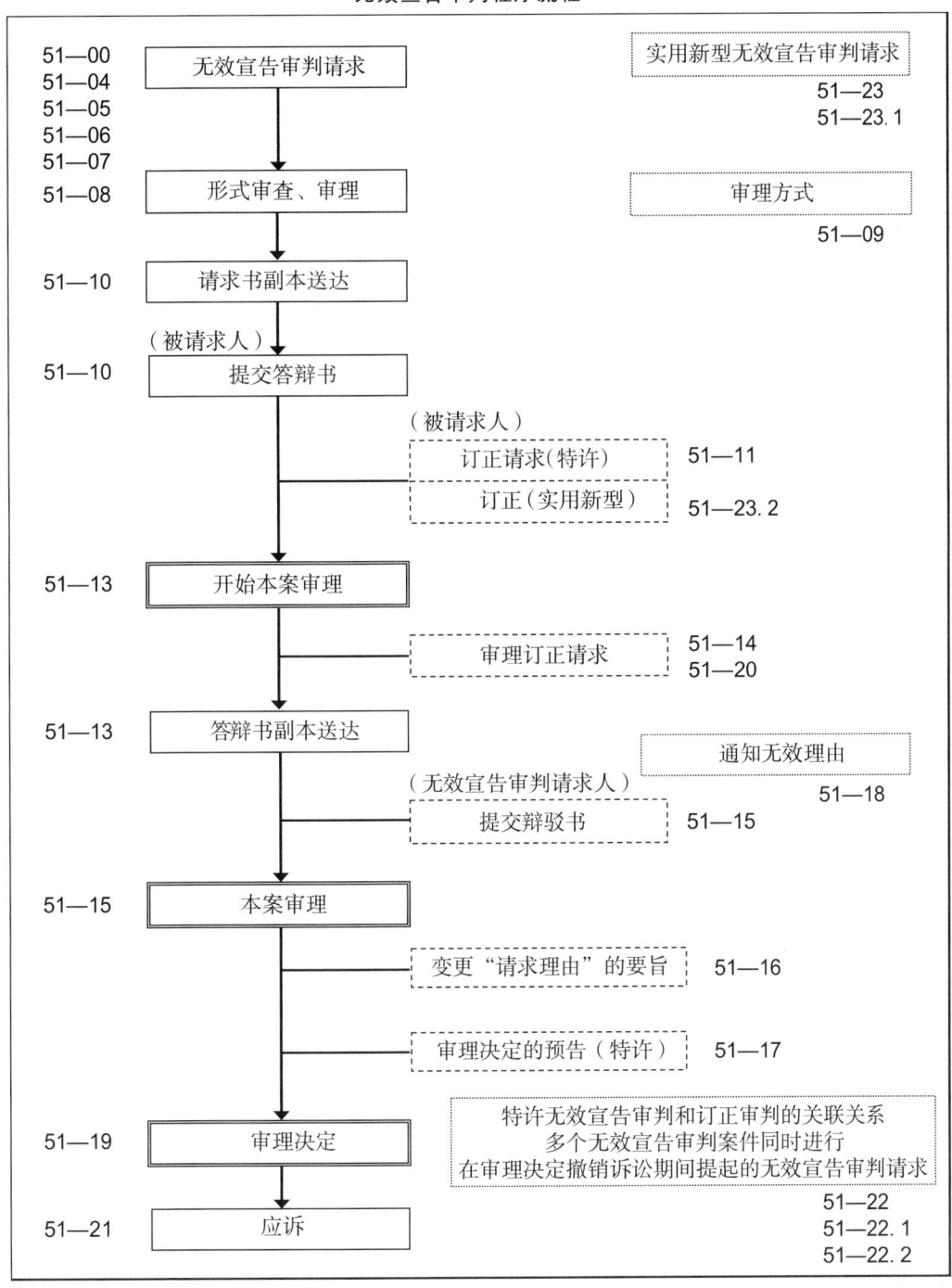

（2019.6修订）

51—03 ＰＵＤＴ
无效宣告审判的四部法的各自流程

[特许]
图1—1：特许无效宣告审判的基本流程图（至审查决定的预告为止）
图1—2：特许无效宣告审判的基本流程图（审查决定的预告后）
图2：在审判请求书的"请求理由"的要旨变更补正的情况下的流程图
图3：依职权发现无效理由的情况下的流程图
图4：依职权发现违反订正要件的情况下的流程图
图5：特许无效宣告审判的审查决定作出后的基本流程图

[实用新型]
图6：实用新型无效宣告审判的基本流程图

[外观设计]
图7：外观设计无效宣告审判的基本流程图

[商标]
图8：商标注册无效宣告审判的基本流程图

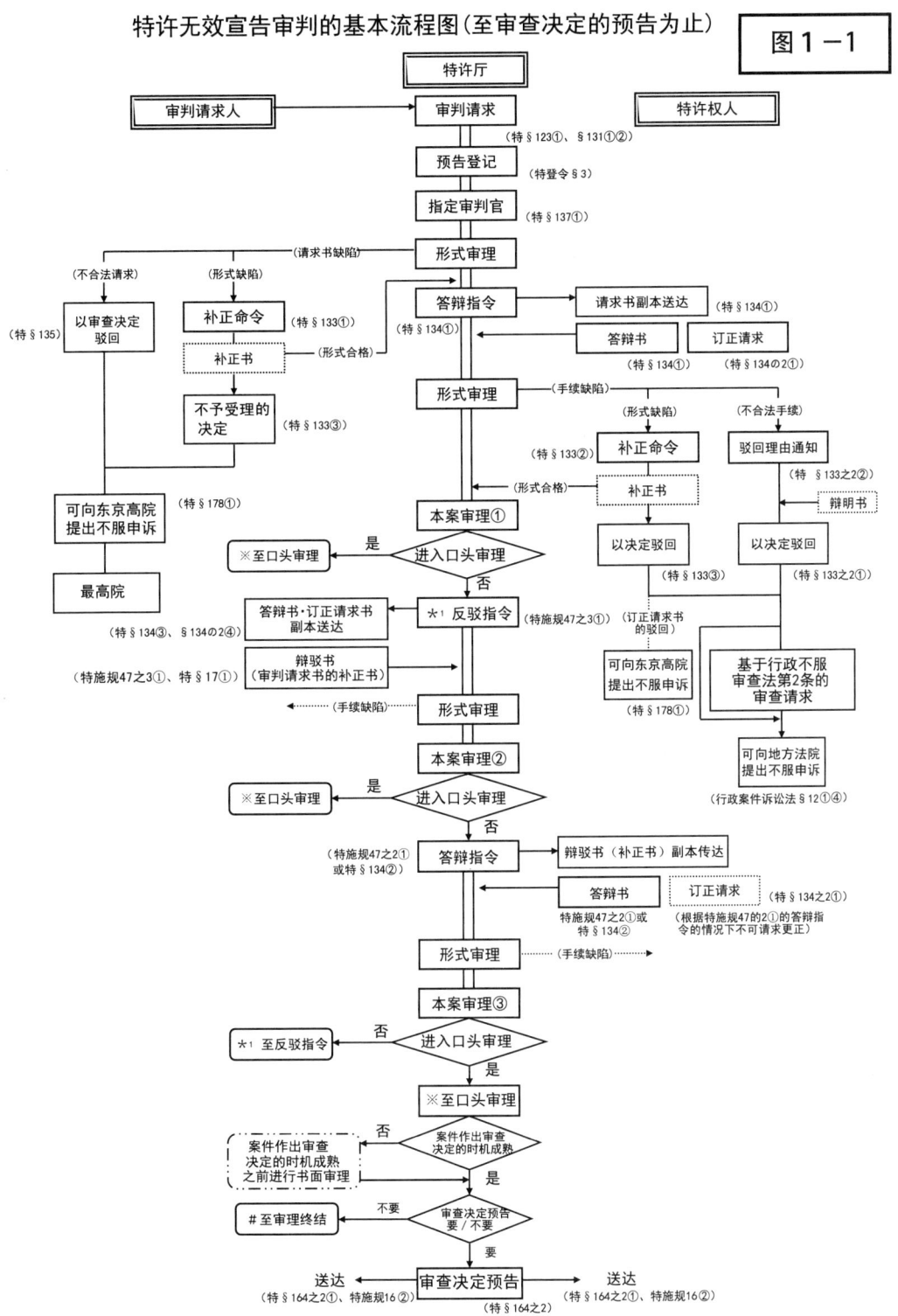

图1-1 特许无效宣告审判的基本流程图（至审查决定的预告为止）

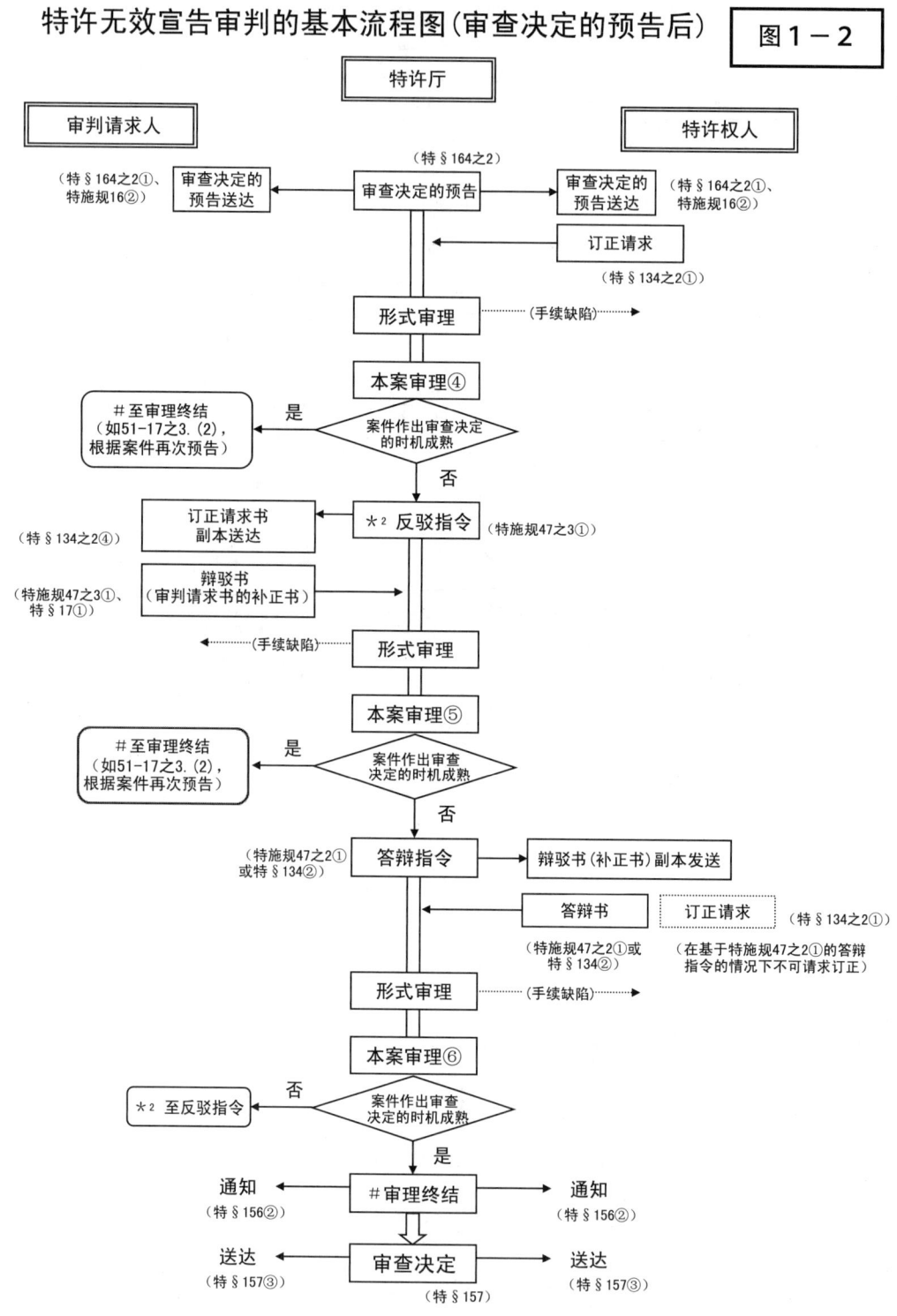

在审判请求书的"请求理由"的主要内容变更补正的情况下的流程图

（口头审理前的情况）

图2

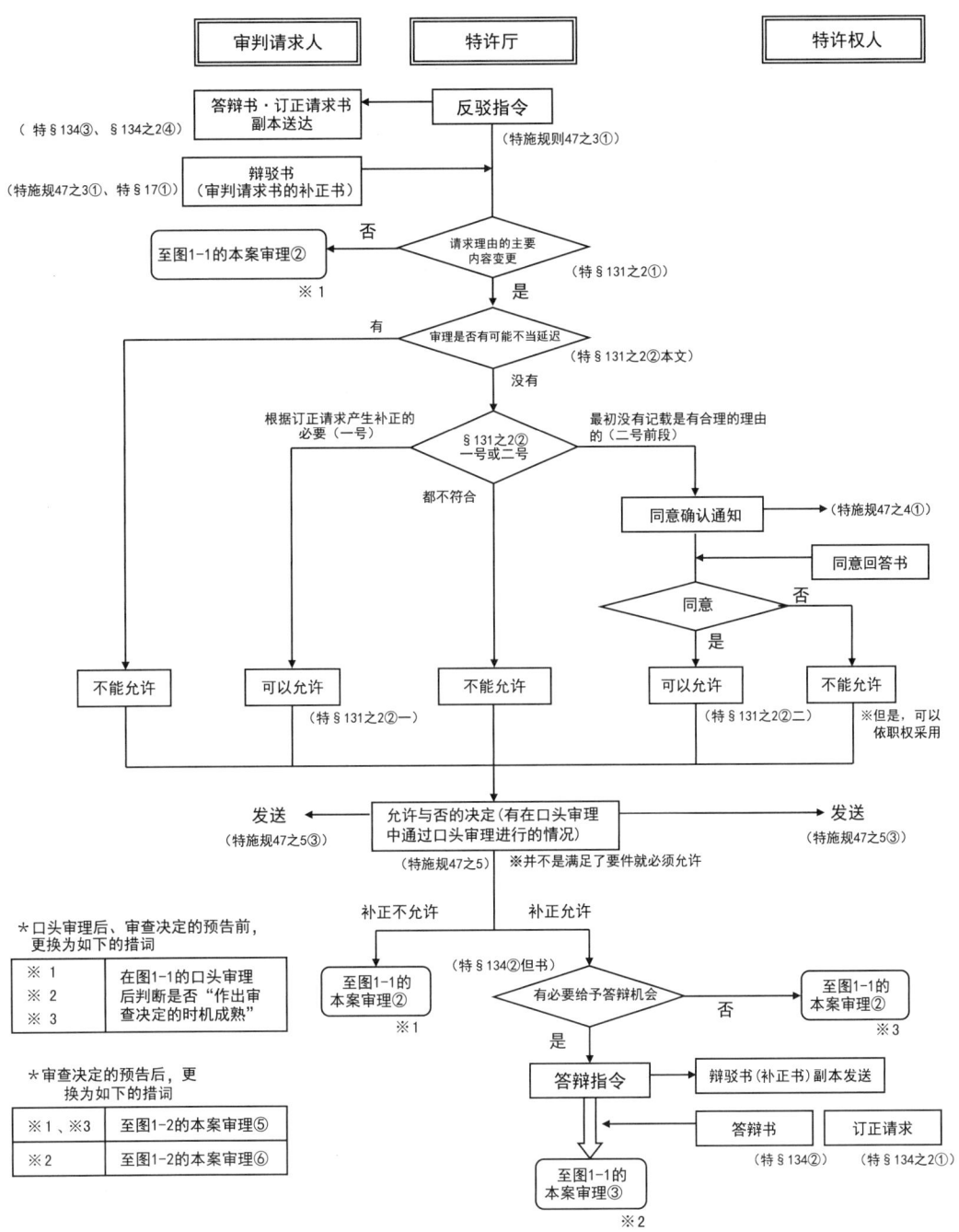

图 3

依职权发现无效理由的情况下的流程图

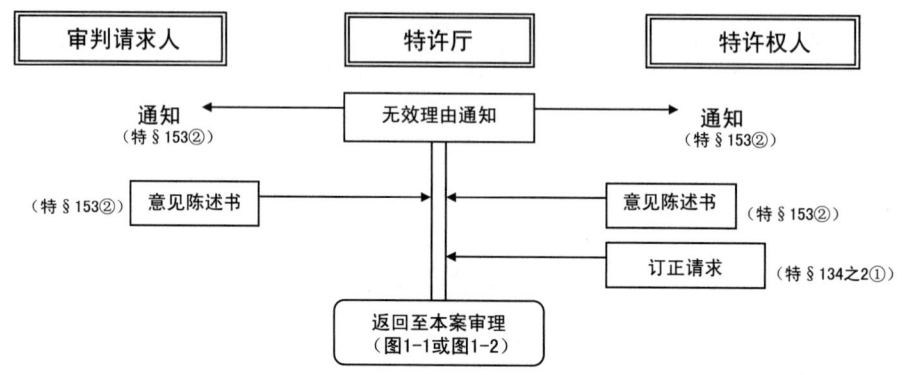

图 4

依职权发现违反订正要件的情况下的流程图

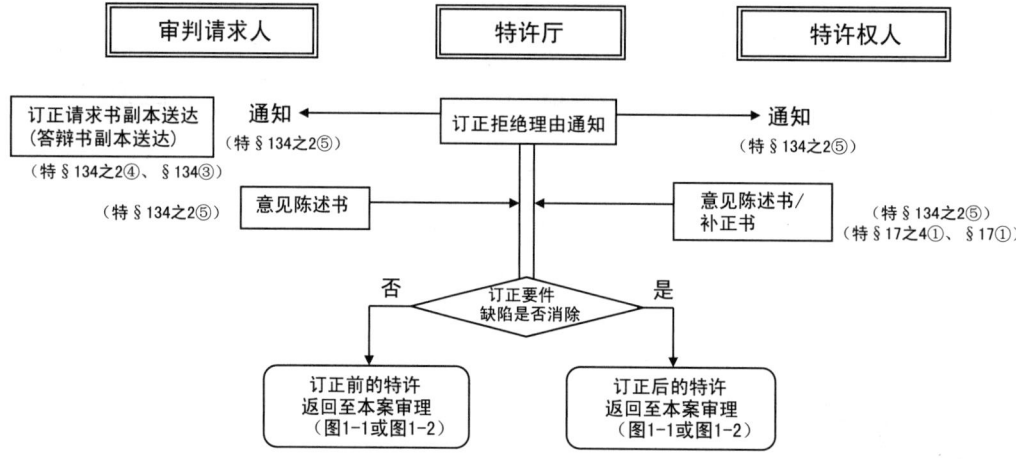

图 5

特许无效宣告审判的审查决定作出后的基本流程图

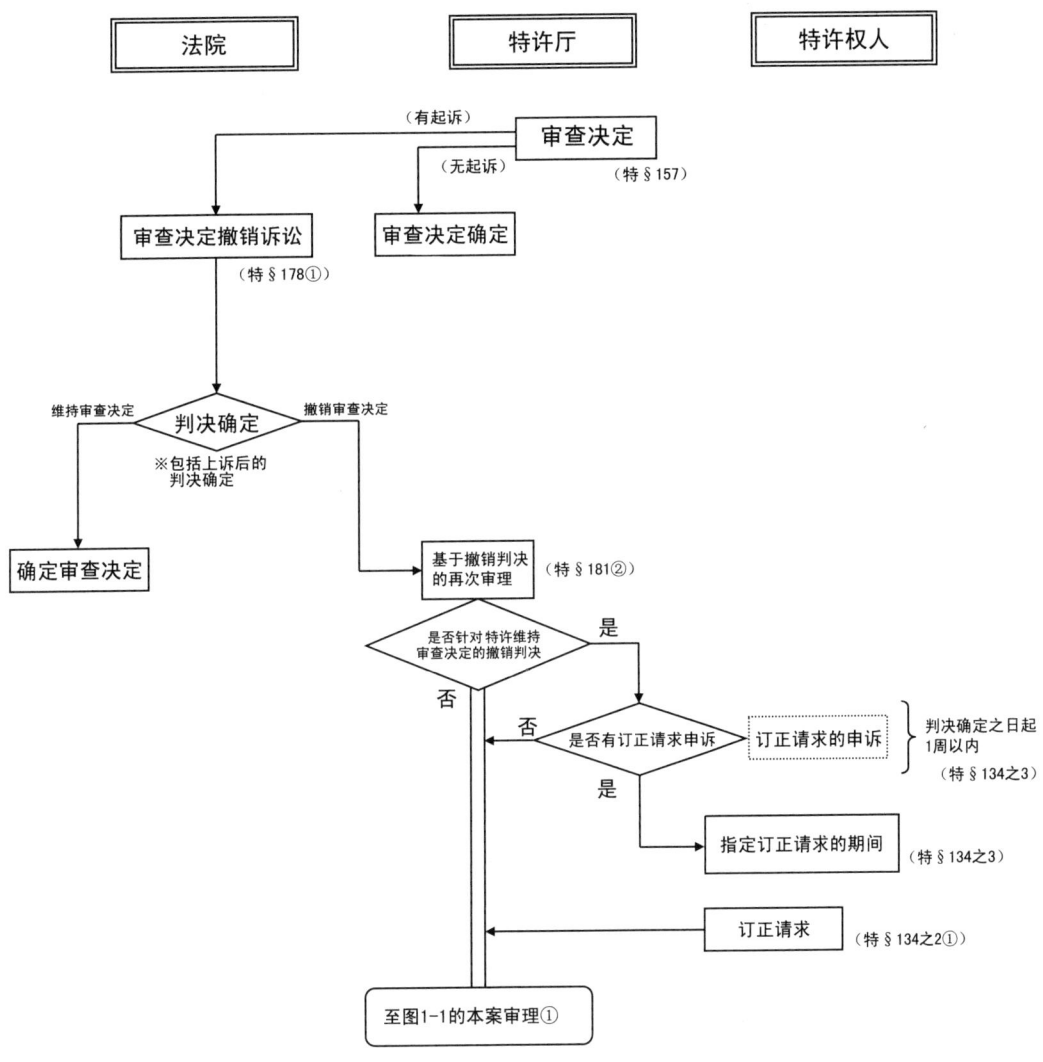

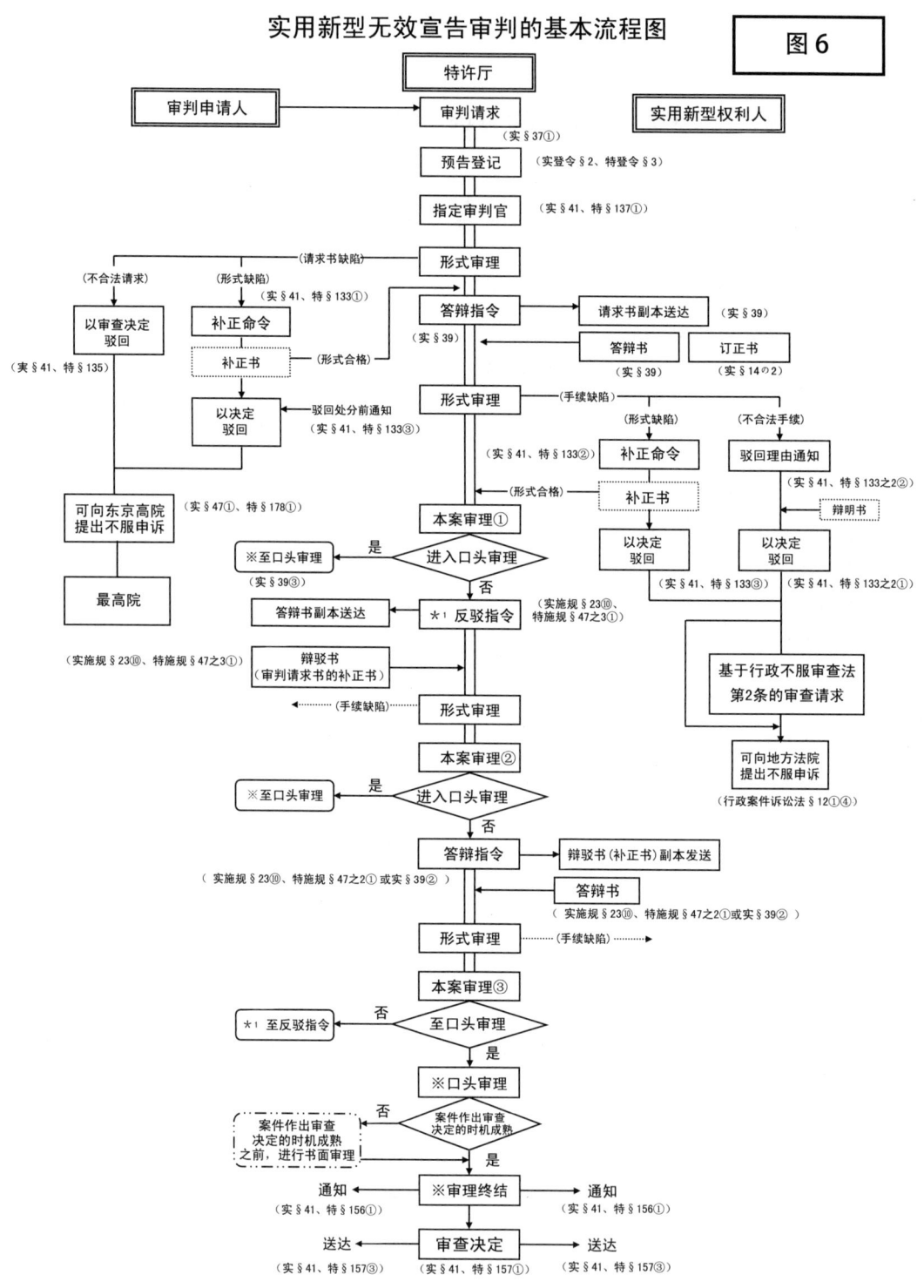

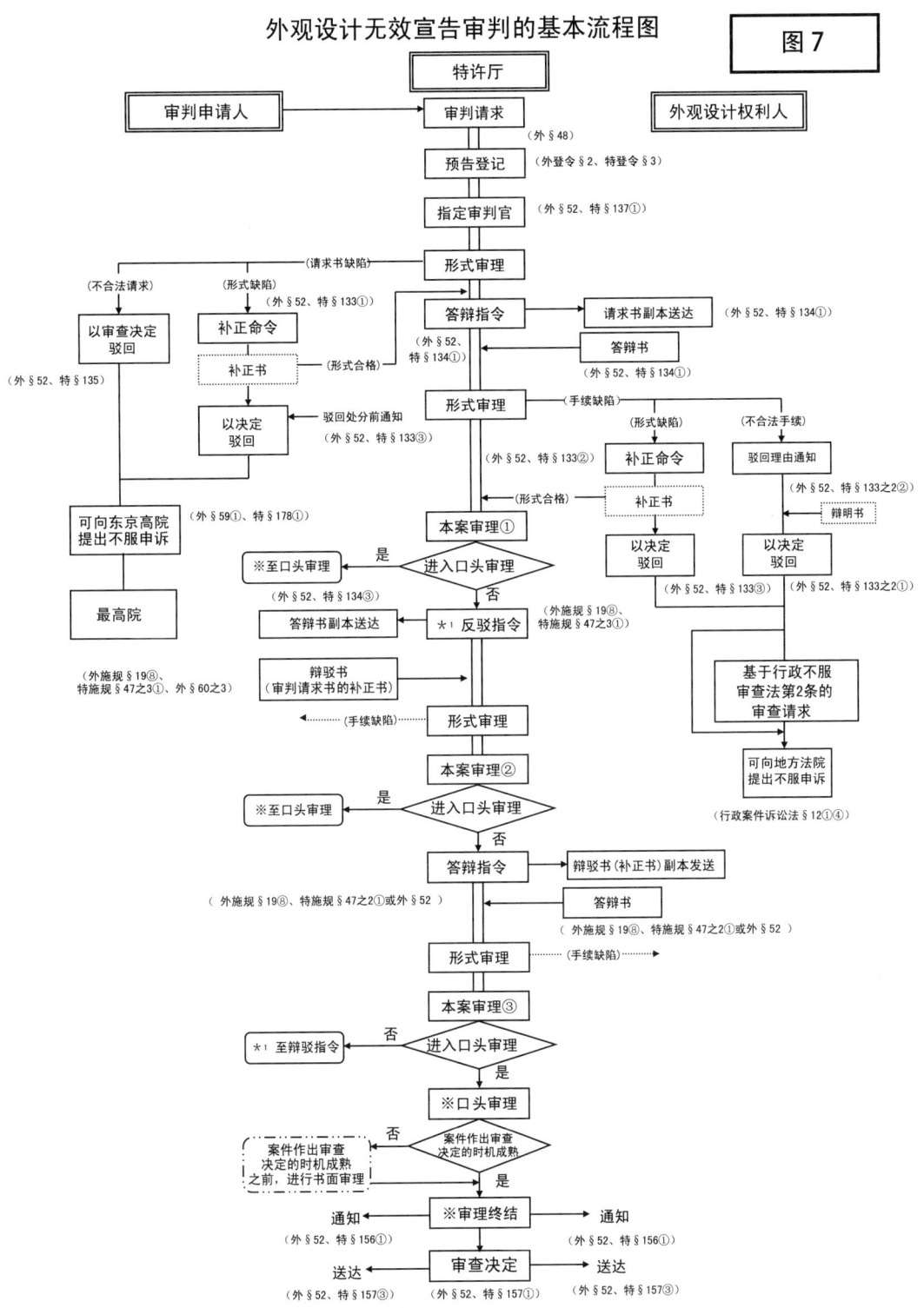
图7 外观设计无效宣告审判的基本流程图

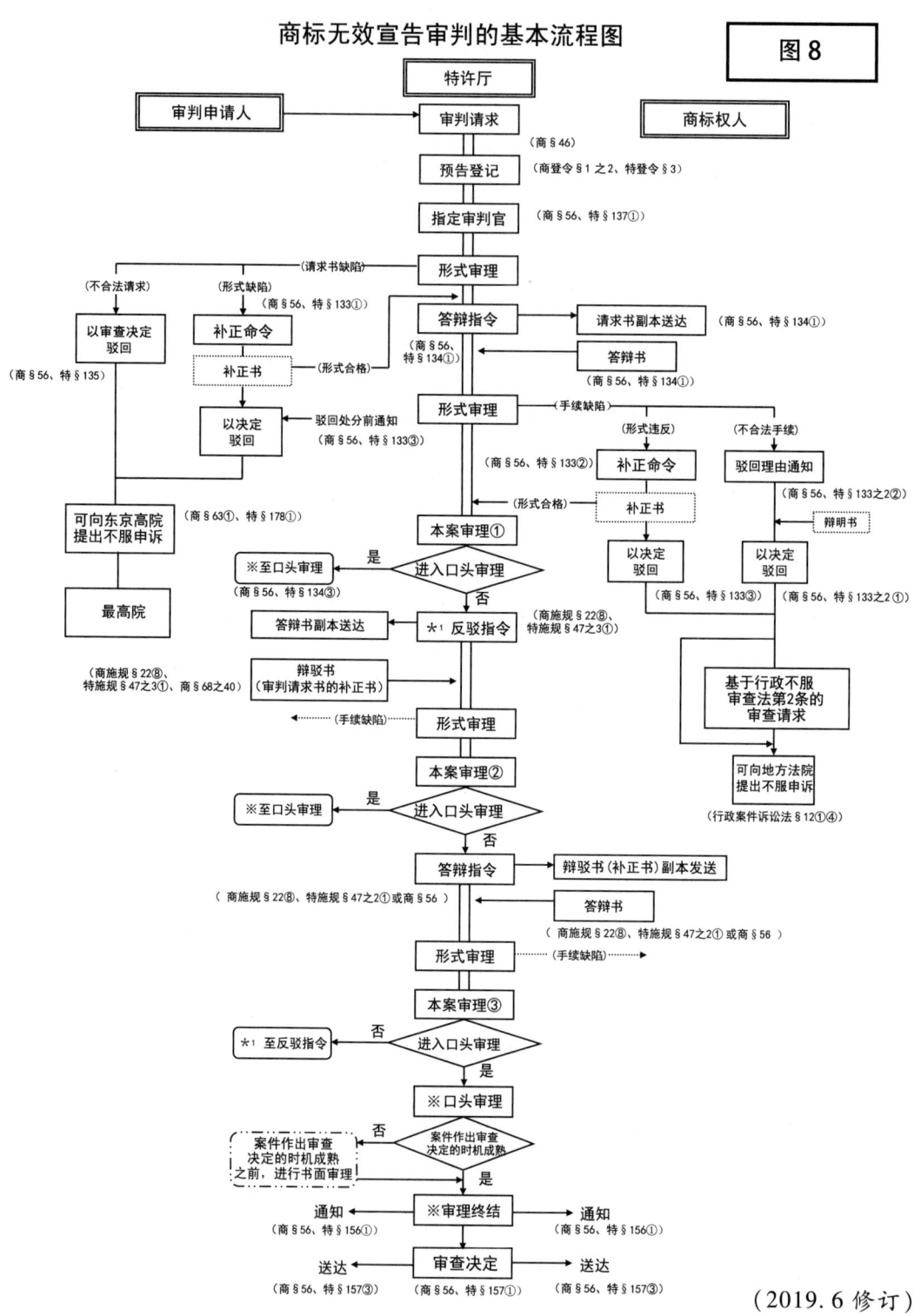

51—04 ＰＵＤＴ
无效宣告审判的请求对象、无效事由

1. 审判请求的对象
无效宣告审判的请求对象是作为行政处分的一个授权（注册）处分（特§123①、实§37①、外§48①、商§46①、§68④）。

（1）在特许/实用新型中，针对涉及两个以上的权利要求的权利，可以针对每个权利要求请求无效宣告审判。

（2）在商标注册中，针对指定商品、服务有两个以上的权利，可以针对每个指定商品、服务请求无效宣告审判。

2. 无效事由
无效事由是使权利无效的理由以及事实。该理由限于法定（特§123①、实§37①、外§48①、商§46①、§68④）的内容，不能将除此之外的内容作为理由来请求无效宣告审判。这是穷举规定。

3. 无效理由（参照后面的无效理由一览表）
无效的理由与驳回的理由基本相同，但其中有一部分不同。

（1）特许、实用新型

ア　是驳回理由，但不是无效理由的情形

（ア）违反申请的单一性（特§37、实§6）

（イ）违反权利要求书的省令（特§36⑥四、实§5⑥四）

（ウ）违反补正要件（特§17之2④）

（エ）有关文献公知发明信息的记载缺陷（特§36④二、§48之7、§49五）

イ　不是驳回理由，却是无效理由的情形

（ア）后发性的无效理由（特§123①七、实§37①六）

（イ）不合法的订正（特§123①八、实§31①七）

（注）根据过渡措施，有关1995年6月30日以前提交的外文特许申请，存在基于原特§184之15①的无效理由。

（2）外观设计

ア　是驳回理由，但不是无效理由的情形

一个外观设计一个申请（外§7）、成套产品（外§9）、关联外观设计（外§10①）

イ 不是驳回理由，却是无效理由的情形
后发性的无效理由（外§48①四）
（3）商标
ア 是驳回理由，但不是无效理由的情形
一商标一申请（商§6①②）
イ 不是驳回理由，却是无效理由的情形
后发性的无效理由（商§46①五、六、七）、无权利人注册（商§46①四）、在先申请（商§8①）

4. 判断无效事由存在与否的基准时间

关于无效事由的存在与否，存在应当依照哪个时间点的法律以及事实状态进行判断这样的问题，这因各无效理由而不同。

特许、实用新型、外观设计通常是申请时，商标通常是注册时，但是例如特§123①七、实§37①六、外§48①四、商§46①五的后发性的无效理由，在被授权（注册）之后，变为具备无效理由的判断时间点，是属于后发性的无效理由产生的时间点。

5. 与实用新型的基础要件的审查的关系

实用新型的无效理由（实§37①）与基础要件（实§6之2、§14之3），虽是独立的要件，但不满足基础要件的实用新型，除了实用新型的单一性（实§6）缺陷以及权利要求没有按照省令进行记载（实§5⑥四）的情形之外，均具备无效理由。

例如，因权利要求记载有方法而造成基础要件的缺陷，成为违反实§3柱书的无效理由，因说明书等的记载明显不清楚而造成的基础要件的缺陷，成为违反实§5（说明书等的记载缺陷）的无效理由。

（参考） 商标的除斥期间（→51—06）

特许、实用新型无效宣告审判中的无效理由一览

新事项的增加 （特§123①一） （实§37①一）	尽管对申请时的说明书等的补正违反了特§17之2③、实§2之2②而增加了新事项，还是被授予特许（实用新型注册）
违反外国人的权利能力 （特§123①二） （实§37①二）	违反特§25、实§2之5③，对不能享有权利的外国人授予特许（实用新型注册）

续表

非发明 （特§123①二） （实§37①二）	对不是特§2①以及§29①所称的发明、实§2①以及§3①所称的实用新型的内容授予特许（实用新型注册）
违反实用性 （特§123①二） （实§37①二）	对未满足特§29①、实§3①的实用性要件的内容授予特许（实用新型注册）
缺乏新颖性 （特§123①二） （实§37①二）	对缺乏特§29①、实§3①所规定的新颖性的发明（实用新型）授予特许
缺乏创造性 （特§123①二） （实§37①二）	对缺乏特§29②、实§3②所规定的创造性的发明（实用新型）授予特许
扩大在先申请 （特§123①二） （实§37①二）	对与特§29之2、实§3之2所规定的在后公开的在先申请中所记载的发明（实用新型）相同的在后申请的发明（实用新型）授予特许（实用新型注册）
违反公序良俗 （特§123①二） （实§37①二）	对违反特§32、实§4所规定的公序良俗等的发明（实用新型）授予特许（实用新型注册）
违反共同申请要件※ （特§123①二） （实§37①二）	违反针对共有获得特许（实用新型注册）的权利的发明（实用新型）必须共同申请的特§38、实§11①的规定而授予特许（实用新型注册）
在后申请特许 （特§123①二） （实§37①二）	违反特§39①～④、实§7①～③的排除在后申请等的规定而授予特许（实用新型注册）
违反条约 （特§123①三） （实§37①二）	违反条约授予特许（实用新型注册）
违反说明书的记载要件 （特§123①四） （实§37①四）	对不满足特§36④一、实§5④所规定的说明书的记载要件的内容授予特许（实用新型注册）

381

续表

违反权利要求书的记载要件 （特§123①四） （实§37①四）	对不满足特§36⑥一~三、实§5⑥一~三所规定的权利要求书的记载要件的内容授予特许（实用新型注册）
原文新事项 （特§123①五）	对在外文书面文件中增加了新事项的外文书面申请授予特许
冒认申请※ （特§123①六） （实§37①五）	对不具有获得特许（实用新型注册）的权利的人的申请授予特许（实用新型注册）
后发性的无效理由 （特§123①七） （实§37①六）	在授予特许（实用新型注册）之后，事后成为上述的"缺乏外国人的权利能力"或者"违反条约"的特许（实用新型注册）
不合法订正 （特§123①八） （实§37①七）	针对特许（实用新型注册）进行了不满足特§126、§134之2、实§14之2所规定的订正要件的订正

※关于涉及权利归属的无效理由，基于根据特许法第74条第1款规定的请求，在进行了特许权转移登记时，该无效理由被消除。

外观设计无效宣告审判中的无效理由与适用的法条一览

无效理由	适用法条
违反外观设计授权要件（外§3、§3之2）	外§48①一
违反不授权事由（外§5）	外§48①一
违反在先申请（外§9①、②）	外§48①一
尽管对本外观设计设定了专用实施权却得到了外观设计注册的关联外观设计（外§10②）	外§48①一
仅与得到了外观设计注册的关联外观设计近似的外观设计（外§10③）	外§48①一
违反共同申请（外§15①准用特§38）	外§48①一
违反外国人的权利享有（外§68③准用特§25）	外§48①一
违反条约	外§48①二
无权利人注册	外§48①三
后发性的违反外国人的权利享有·违反条约	外§48①四

商标注册无效宣告审判中的无效理由与适用的法条一览

无效理由	适用法条	除斥期间（商§47）（注1）
违反商标注册要件 （商§3）	商§46①一	○
违反不注册事由 （商§4①）	商§46①一	○ （第8项、第10项、第11项~ 第15项、第17项）（注2）
违反地域团体商标注册要件 （商§7之2①）	商§46①一	○
违反在先申请 （商§8条①、②、⑤）	商§46①一	○
违反注册撤销中的再注册禁止 （商§51②、§52之2②、§53②）	商§46①一	×
违反外国人的权利享有 （商§77③准用特§25）	商§46①一	×
违反条约	商§46①二	×
违反商§5⑤的要件	商§46①三	×
无权利人注册	商§46①四	○
后发性的违反外国人的权利享有/违反条约	商§46①五	×
后发性的违反不注册事由 （商§4①一~三、五、七、十六）	商§46①六	×
后发性的违反地域团体商标要件	商§46①七	×
违反防护标志注册要件 （商§64）	商§68④	×

注1：标记○是指从商标权的设定注册之日起经过了5年之后不能请求的情形。

注2：关于第4条第1款第10项以及第17项以不正当竞争为目的获得商标注册的情况，以及关于第15项以不正当目的获得商标注册的情况，不受此限。

（2019.6修订）

51—05 PUDT
无效宣告审判的权限者、当事人、参加人

1. 无效宣告审判的权限者
作出权利是否无效的决定是行政权的行使，仅由审判官的合议组进行的审判才可以决定（特§136、实§41、外§52、商§56①、§68④）。

即，已授权的权利，只要使权利无效的审查决定没有确定，就作为有效的权利而存在。

2. 当事人
无效宣告审判中的当事人，是指请求人、被请求人。

另外，有关当事人的确定、是否有办理程序的能力是依职权调查事项，因此在被请求人指出当事人不确定等的情况下，在通过依职权调查就能够充分地审理时，不需要进行当事人询问等证据调查程序。

（1）关于请求人

ア 办理无效宣告审判请求程序的人，应当是办理程序的能力（权利能力）得到认可的人（→22—01）。

イ 自然人、法人、规定了代表人或者管理人的非法人社团或者财团（特§6①三、实§2之4、外§68②、商§77②）可以请求无效宣告审判。

ウ 针对同一个权利有两人以上的请求人时，这些人可以共同请求审判（特§132①、实§41、平23附§19②实§41、外§52、商§56①、§68④）（→22—03）。

エ 无效宣告审判的请求人适格，如下。

（ア）2015年4月1日以后的请求

特许、商标注册无效宣告审判，仅限于利害关系人可以请求（特§123②、商§46②）（→31—00~02）。

关于以特许权利归属的无效理由（违反共同申请要件（特§123①二、§38）以及冒认（特§123①六））请求无效宣告审判时，仅限于有特许申请权的人可以请求。

实用新型、外观设计无效宣告审判，在以权利归属的无效理由以外的无效理由进行请求时，任何人都可以请求（实§37②、平23附§19②实§37②、外§48②）。在以权利归属的无效理由（违反共同申请要件（实§37①、实§11①→特§38、外§48①、外§15①→特§38）以及冒认（实§37①五、外§48①三））请

求无效宣告审判时，仅限于利害关系人可以请求（实§37②但书、外§48②但书）。但是，对于2012年4月1日以后申请的实用新型/外观设计注册，仅限于具有申请权的人可以请求无效宣告审判（实§37②但书、外§48②但书）。

（イ）2015年3月31日以前的请求（特§123②、实§37②、外§48②，另外，由于不适用于商标，因此仅限于利害关系人）

　　a. 涉及权利归属的无效理由以外的无效理由

以涉及权利归属的无效理由以外的无效理由请求无效宣告审判时，任何人都可以请求。

　　b. 涉及权利归属的无效理由

以涉及权利归属的无效理由请求无效宣告审判时，仅限于利害关系人可以请求。但是，对2012年4月1日以后申请的特许，仅限于有特许申请权的人可以请求无效宣告审判（平23附§2⑨）。

オ　有关请求人，应注意如下几点。

（ア）由非实际存在的人进行的无效宣告审判请求

以不是实际存在的人的姓名（匿名）进行的无效宣告审判请求，由于作为无效宣告审判当事人的无效宣告审判请求人不存在，因此无法确定当事人，请求行为不成立。相关的无效宣告审判请求作为不合法并无法补正的请求，以审查决定驳回（不予受理）（特§135、实§41、外§52、商§56①、§68④）。

（イ）冒用姓名的无效宣告审判请求

擅自使用实际存在的人的姓名请求无效宣告审判，或者以虽然同意使用其姓名但实际上并无进行该程序意愿的人的姓名请求无效宣告审判等冒用姓名的行为，由于不是基于被冒用者本人（表面上的请求人）的意愿而进行的审判请求，因此作为本人的审判请求行为不成立，并且，由于冒用者的行为是无权代理其效力无法归属于被冒用者，因此仍然作为不合法的审判请求而以审查决定驳回（民事诉讼法中的冒用姓名诉讼也是同样处理的）。

冒用姓名进行的无效宣告审判请求，在通过特许厅与请求人之间的意见交换或口头审理程序等查明时，审判长要确认被冒用者（表面上的请求人）是否有追认冒用者到此为止的程序并继续该程序的意思表示。无代理权的人办理的程序的追认，仅由具有办理程序的能力的被冒用者本人（或者法定代理人）可以追认。在有追认的意思表示时，认可该程序的追认（特§16②、实§2之5②、外§68②、商§77），之后的审判程序由被冒用者本人作为请求人继续进行。当被冒用者无这种意思表示时，该无效宣告审判请求作为不合法并且无法补正的请求，以审查决定驳回（特§135、实§41、外§52、商§56①、§68④）。

即使是由于疏忽而使审判请求没有被驳回直到审理后作出了审查决定，因不合法的程序而使自己所拥有的特许被审查决定无效的特许权人，可以通过审查决定撤销诉讼要求撤销无效审查决定（特§178、实§47、外§59、商§63）。而且，即使是在无效审查决定确定之后，由于特许权人对于审查决定的撤销存在利益，因此也可以要求撤销无效审查决定而请求再审（特§171②→民诉法§338①三之类推适用）。

所以，即使是冒用姓名进行了无效宣告审判请求，最终也无法得到特许无效的效果（另外，冒用姓名者的行为，从刑事上的观点来看，也有可能构成伪造并使用有印私人文书等的违法行为）。

（ウ）基于报酬的代理行为

本来就明显具有办理程序的意思表示的人，受希望无效宣告审判请求的第三人的委托而以自己的名义进行无效宣告审判请求时，不能说是冒用姓名，因此不会以审查决定无效宣告审判请求驳回。但是，不是辩理士/律师这样的职业代理人的人，获取金钱或其他的任何的报酬而为他人进行审判请求时，该行为有可能产生违反辩理士法/律师法的问题，因此需要注意（辩理§75、律师§72）。

（2）被请求人

ア 被请求人是权利人。

（ア）在权利共有时，全体共有人为被请求人（特§132②、实§41、外§52、商§56、§68④）（→22—03）。

在没有将全体共有人作为被请求人请求时，原则上以审查决定驳回。

a. 共有人全体或其中一部分为在海外者，未选任特许管理人时的程序（→23—10）

b. 共有人的其中一人因死亡导致的权利中断，对其他的全体共有人产生效力（→26—01）

（イ）根据信托法，属于信托财产的权利进行了信托注册时，被请求人为受托人。

另外，在权利消灭后请求无效宣告审判时（特§123③、实§37③、外§48③、商§46③、§68④）的被请求人是权利消灭时的权利人。在此时，被请求人当前的住所等与登记簿中的记载不同时的处理参照22—04。

イ 在被请求人的记载有误时对其进行补正，并不属于特§131之2①、实§41、外§52、商§56①的请求书的要旨变更，但有时可由此消除缺陷（→22—01之9.（3））。

3. 参加人（→57—00）

（1）作为共同审判请求人的参加（当事人参加）

可以成为共同审判请求人的人，在审理终结之前可以作为请求人参加（特§148①、实§41、外§52、商§56①、§68④）。

作为共同审判请求人的参加人的办理程序的能力和请求人适格，与请求人相同。

对作为共同审判请求人参加的申请（特§149①、实§41、外§52、商§56①、

§68④）是否认可的审理，在听取当事人意见的基础上作出决定。

由于共同审判请求人是"作为请求人"的参加人，因此原则上可以办理与最初的请求人同样的程序。但是，在共同审判请求人主张变更请求理由的要旨有新的无效理由的情况下，只有在满足规定的要件，审判长允许的情况下，合议组才能将其作为无效理由的审理的基础（特§131之2②）。

（2）辅助参加

对审判的结果有利害关系的人，在审理终结之前，为了辅助当事人一方而可以参加（辅助参加）无效宣告审判（特§148③、实§41、平23附§19②实§41、外§52、商§56①、§68④）。

另外，对权利人一方的辅助参加要求有利害关系，与权利人具有处分权的私权的权利归属有关，限定能够参与的人是适当的。

在对辅助参加的申请是否认可的审理中，审判长在听取当事人意见的基础上作出决定。

(2019.6修订)

51—06 PUDT
无效宣告审判的请求的限制

1. 可以进行审判请求的期间

（1）只要是在权利授权后，任何时候，即使是权利消灭之后都可以请求无效宣告审判（特§123①③、实§37①③、平23附§19②实§37①③、外§48①③、商§46①③、§68④）。

（2）无效宣告审判即使是在权利消灭之后也可以请求。例如在保护期届满而消灭后，对保护期中的侵权行为请求损害赔偿时，被请求方可以请求宣告该权利无效的无效宣告审判。

（3）在权利消灭后经过了20年，在损害赔偿请求权和起诉权等全部因时效而消灭时，或者不是在审案件时，对该权利的无效宣告审判的请求，有时以不存在请求的利益这样的宗旨而驳回（特登施规§5、实登施规§3②、外登施规§6②、商登施规§17②、→51—19之6.（4））。

（4）关于商标权，对于以商§3、商§4的一部分作为理由的情况，自商标权注册之日起届满5年之后不能请求（商§47①）。但是，对于商§4①十、十七、同§4①十五"以不正当竞争、不正当的目的获得商标注册的情况"没有除斥期间。此外，商§46①五所示的以后发性的不注册理由为无效理由的无效宣告审判的请求也没有除斥期间。

2. 基于后发性的无效事由的无效，或者针对放弃的权利的无效宣告审判的请求

属于后发性的无效事由（特§123①七、实§37①六、外§48①四、商46①五等）而被无效时，该无效事由发生以前的权利也可以请求无效宣告审判。在权利已被放弃时，针对放弃以前的权利可以请求无效宣告审判。

（裁判例）

在涉及权利要求中记载的两个以上的发明的无效宣告审判的审理中，其中一个发明放弃了，对该放弃的发明不进行审理判断的审查决定是违法的（东高判昭53.4.26（昭52（行ケ）161号）。

3. 请求的限制

在维持权利的审查决定确定时，根据一事不再理的适用，审判请求有时会受到限制（特§167、实§41、外§52、商§56①、§68④。→30—02、51—00之2.（7）ウ、51—19之5.（3））。

4．预告登记

特许登记簿中记载的预告登记的无效宣告审判请求日与审判官认定的无效宣告审判请求日不相符时，在审查决定作出后，将该情况通知审判书记员（→51—19之6.）。

（2019.6修订）

51—07 PUDT
无效宣告审判的请求书

1. 一般事项

（1）在无效宣告审判请求中，请求人应当提交满足特§131①②（实§38①②、外§52、商§56①）所规定的记载要件的请求书（特施规§46①、实施规§23⑩、外施规§14①、商施规§14）（→21—00）。

（2）副本（发送用/审理用）的提交数量。

关于请求书以及附件，应当分别提交与对方（包含参加人。在审理合并的情况下，也包含其他案件的部分）的数量相应的副本（特施规§4、实施规§23①、外施规§19①、商施规§22①、特施规§50②、实施规§23⑩、外施规§19⑧、商施规§22⑥）以及审理用的副本1份（特施规§50之4、实施规§23⑩、外施规§19⑧、商施规§22⑥）。

这同样适用于有关无效宣告审判的所有文件（也包含证据物件、特§134之2的订正请求书）。

2. 请求的宗旨

（1）请求人的请求内容（请求人想得到的审查决定的结论）是指定的，其中应当明确地指定请求的对象。

（2）通常记载为："请求作出如下审查决定：宣告特许第〇〇号的特许（注册第〇〇号实用新型的注册、注册第〇〇号外观设计的注册、注册第〇〇号商标的注册）无效。审判费用由被请求人负担。"

对于涉及两个以上的权利要求、指定商品/服务的权利，在针对每个权利要求、指定商品/服务请求无效宣告审判时，记载为："请求作出如下审查决定：宣告涉及特许第〇〇号权利要求书的权利要求〇中记载的发明的特许无效。审判费用由被请求人负担。""宣告注册第〇〇号商标的指定商品中，针对第〇类'〇〇'的注册无效。审判费用由被请求人负担"。

在无效宣告审判中，即使在请求宗旨一栏中没有指定权利要求，也作为针对"每个权利要求"进行请求来处理。

（3）关于特许无效宣告审判，通过订正审判等，权利要求的项数发生改变，即使无效宣告审判的请求宗旨随之发生改变，也不会作为请求书的要旨变更来处理。

3. 请求的理由

特许、实用新型、外观设计无效宣告审判中的"请求的理由"应当被具体指定为使权利无效的事实依据，针对需要举证的每个事实记载其与证据的关系（特§131②、实§38②、外§52）。

（1）"具体指定使权利无效的事实依据"

ア　"使权利无效的事实依据"（主要事实的网罗性）

所谓"使权利无效的事实依据"，是指构成无效理由的法条的要件（"要件事实"）的具体事实（"主要事实"）。

通常，特定的无效理由的法条由多个要件构成，"使权利无效的事实依据"也对应于各个要件而具有多个，因此应当针对所有的要件进行网罗，记载对应的"事实"。例如如下所述。

（ア）以申请日的延期等基准日产生变动的事实为前提主张该权利应当无效时，与成为其前提的申请日的延期等相关的法条根据（例：特§44②等）的要件成为主要事实。

（例） 违反分案要件（特§44②）、违反变更申请要件（特§46⑤→特§44②）、优先权主张的无效性（特§41②③等）、不满足新颖性丧失的例外要件（特§30①②）等

（イ）即使是公知常识（公知技术/惯用技术等），只要其是构成成为无效理由的根据的法条的要件的主要事实，就应当作为"使权利无效的事实依据"而记载在请求的理由一栏中。

（ウ）推定主要事实的间接事实和明确必要证据的证明力等的辅助事实，由于不是主要事实而没有在最初的请求理由中予以记载的义务，但是有这样的情况时，根据需要以记载为宜。但是，根据案件性质因其不直接出示主要事实的存在，只能代替主要事实的记载出示推定主要事实的间接事实时，实质上来看该间接事实是主张主要事实的事实，因此在最初的请求理由中应当记载该间接事实。

イ　"具体地指定"（主要事实的具体性/指定性）

将使权利无效的事实依据以"具体地指定"为记载要件，因此应当使主要事实充分具体化，并进行记载。

例如，在基于违反新颖性的无效理由的情况下，在主张申请前所公布的出版物中记载有特许发明的事实时，应当具体记载该发明的内容（发明的指定），并具体记载它是在何时（在先事实的指定）、何地（公布场所的指定）发行的何种出版物（出版物的指定）的哪一页的哪个位置记载有怎样的事项（具体记载的指定）。

作为现有技术仅列举出出版物的名称，仅将它的存在作为事实进行记载时，不能说是具体地指定了事实而使得权利人能够应对，因此不满足记载要件（由于没有在先事实所依据的具体事实这一点而缺乏具体性/指定性）。

换而言之，即使没有详细调查作为证据的出版物，仅记载请求的理由，也需要将主要事实具体指定到使权利无效的事实依据到能够把握的程度。

请求人以通过之后的证据调查等进行证明的出示为前提，在最初的审判请求书

中未附证据时，被请求人无法掌握成为证据的事实的内容，因此需要具体地指定以达到仅通过请求的理由的记载就能够充分掌握主要事实。

（2）"针对每个需要举证的事实记载其与证据的关系"

在请求理由的记载中要求"针对每个需要举证的事实记载其与证据的关系"（特§131②、实§38②、外§52）。

ア "需要举证的事实"（"要证事实"）

所谓无效宣告审判中的"需要举证的事实"，是指请求人所主张的全部主要事实（按照上述（1）具体指定的"使权利无效的事实依据"）。

但是，对合议组而言明显的事实是不需要证明的，因此不是要证事实。另外，法律的适用等原本也不是事实问题，因此不是要证事实。

在采取职权主义的无效宣告审判中，与民事诉讼不同，不认可自认的效力（参照特§151中对民诉§179的变换规定），即使是权利人不争辩的主要事实也需要证明，主要事实全部（对合议组而言明显的事实除外）都是要证事实。

イ "针对每个（要证）事实记载其与证据的关系"

要求"针对每个（要证）事实记载其与证据的关系"，是因为通常无效理由的法条根据由多个要件构成，因此也要以具有多个要证事实（≒主要事实）为前提。

在针对多个要证事实具有多个证据时，要证事实与证据的关系有可能变得不明确。这时，由于会产生权利人的应对负担和审理延迟，因此应当记载各个要证事实与各个证据各自是怎样对应的。

（例）在主张违反创造性的无效理由的事实依据的同时，提出现有技术文献作为证据的情况下，有时需要明确：该文献是要作为特§29①三所规定的出版物对特§29②所称的"前款各项中所记载的发明"的存在进行证明，还是该文献要作为出示本领域普通技术人员的知识水平的文献对特§29②所称的"该发明所属技术领域的一般知识"进行证明。这时，应当明确记载利用该证据是要证明何种要证事实。

另外，在为了证明某个要证事实而仅使用大量的证据中的一部分时，不仅要通过引用该大量的证据全体所附的证据编号来记载与要证事实的关系，还要更具体地指定证据中的哪个部分与要证事实对应。

（3）"请求的理由"的记载例（特许、实用新型）

在以特许违反创造性为无效理由进行主张时，以按照"本发明是在特许申请前本领域的普通技术人员在特许法第29条第1款各项所记载的发明基础上能够很容易进行的发明"这样的特§29②规定的要件（要件事实）形式，具体记载涉及该无效理由的事实关系（主要事实）。

ア 成为请求对象的特许发明（本特许发明）的指定

明确是针对涉及哪个权利要求的特许发明的无效理由，通过摘录涉及该特许发明的权利要求书（权利要求）的记载从而指定该特许发明。另外，在基于违反创造性的无效理由的主张举证中需要的时候，记载该特许要解决的问题和效果等。

イ 现有技术发明的存在

对在该特许发明的特许申请前属于特许法第 29 条第 1 款各项的任意一个的现有技术发明存在的事实进行具体记载。例如，要通过特§29①三的出版物记载的发明的存在来证明现有技术发明的存在时，如"在本发明的申请日○○年○月○日前的○○年○月○日，在○○公布的△△著、'○○○○'、第□□版、△△公司的出版物第○○页第○行起至第○行记载有○○"这样来指定相关出版物的作者、书名、版次、发行国、发行公司、发行年月日，并且在具体指定相关的记载出处和记载内容的同时指定根据该记载能够把握和主张的现有技术发明。

ウ 本特许发明与现有技术发明的对比

根据本特许发明相关权利要求书的记载，根据需要对特许发明进行分析的同时，与现有技术发明进行对比，确定两者的相同点以及不同点。

エ 针对不同点的本领域普通技术人员的显而易见性

应记载主张两者的不同点对于本领域普通技术人员来说能够容易地想到的事实依据。要符合特§29②的要件，必须在该特许申请之前本领域普通技术人员能够容易地作出发明，所以根据需要，对该特许申请前的本领域普通技术人员（具有该发明所属技术领域的一般知识的人）进行定义（"该发明所属技术领域"的确定和"该申请前的""一般知识"的确定等）。并且，记载主张本领域普通技术人员能够容易地作出发明的事实依据（包含显而易见性的逻辑构成）。

オ 结论

记载如下内容的结论，即，由于本特许发明是本领域普通技术人员在该特许申请前公布的出版物甲○号证据中记载的发明以及甲○号证据中记载的发明的基础上能够很容易作出的发明，因此本特许违反了特许法第 29 条第 2 款的规定，应当根据特许法第 123 条第 1 款第 2 项的规定宣告特许无效。

(**参考**) "证据的一般规定"（→34—01～01.1）

(2019.6 修订)

51—08 PUDT
无效宣告审判请求的缺陷和补正

1. 请求（书）的缺陷和处理

审判长拥有关于形式的权限（特§133），在该权限下审判请求在正式案件审理之前，如下图所示，由审判书记员进行形式审查，由合议组进行形式审理（→21—00）。

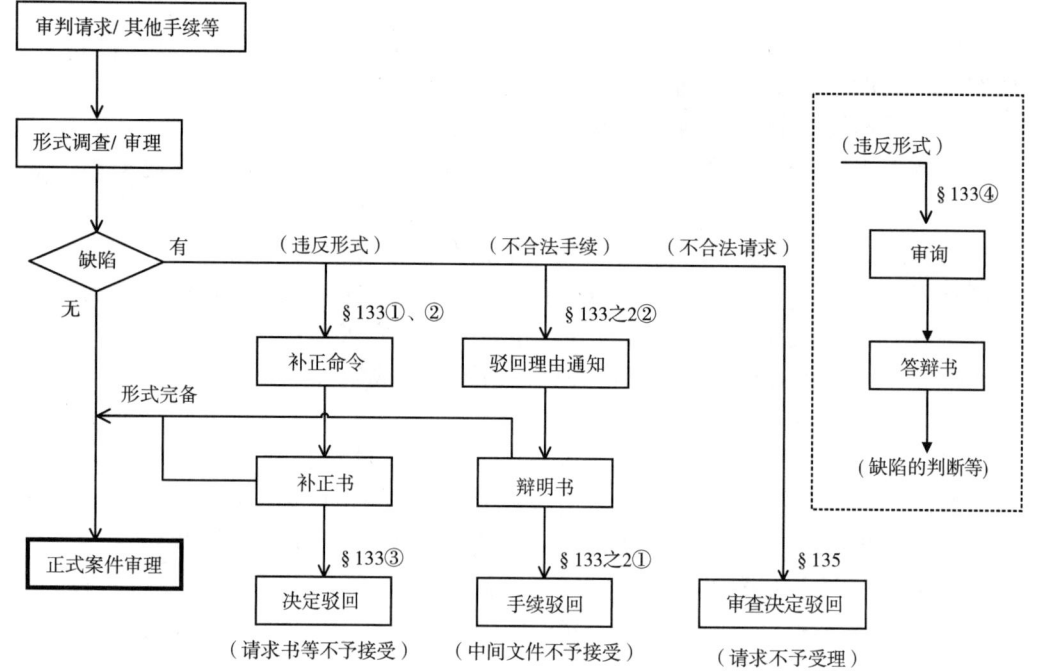

请求人在案件在特许厅审理中时，可以对审判请求书进行补正（特§17①、实§2之2、外§60之3、商§68之40①）。

在审判请求书违反记载要件、没有进行主动补正的情况下，可以采取以下任一种措施：①审判长通过补正命令给予补正的机会之后，缺陷仍未消除的，以决定将审判请求书驳回（特§133①③、实§41、外§52、商§56①、§68④）；②合议组不给予补正的机会就以审查决定将审判请求驳回（特§135、实§41、外§52、商§56①、§68④）；③为了使事实关系明确等而进行审询（特§134④、实§41、外§52、商§56①、§68④）。

采取哪种措施，由违反记载要件的情形是否有可能通过合法的补正而消除的可能性来决定。

(**注**) 当事人的补正（→22—01 之 9.（2））

    a. 除了请求人/被请求人的同一性不丧失的情况以外都构成要旨变更。

    b. 仅记载共有人的一部分作为被请求人的情况下，补充剩余的共有人的情形原则上构成要旨变更（根据全部宗旨综合判断）。

    c. 对遗漏法人的代表人名的情形进行补充，或者将所记载的代表人名变更的补正不构成要旨变更。

    d. 代理人姓名的误记的补正、代理师住所的补正不构成要旨变更。

2. 补正命令和审判请求书的决定驳回

（1）对于审判请求书的"请求的理由"以外的记载

违反审判请求书"请求的理由"以外的记载要件情形比较轻微、有可能通过补正消除该缺陷时，命令其补正（特§133①、实§4、外§52、商§56①、§68④）。

补正命令的例子如下。

    ア 由欠缺程序能力的人（未成年人/成年无行为能力人等）进行的请求

    イ 违反代理权范围的规定进行的请求

    ウ 违反特许法等的各法律或者政省令规定的形式进行的请求

    エ 未缴纳规定官费的请求

    オ 证据是外文却没有译文的请求

（2）关于"请求的理由"

"请求的理由"的记载要件（特§131②、实§38②、外§52）的目标是，减轻由于请求的理由最初记载不充分而对被请求人产生的不必要的对应负担，对违反记载要件的结果所可能产生的审理的延迟防患于未然。

所以，对是否满足"请求的理由"的记载要件从以下角度来判断：①根据请求理由的记载，被请求人是否能够确定反驳的对象；②虽然能够确定反驳的对象，但是对于被请求人来说是否会构成不合理的负担；③是否因为请求理由的记载缺陷，造成被请求人的偏离方向的对应等而无法期待实质性的反驳等。

另外，请求理由是否满足记载要件，应当根据其无效理由所依据法条的要件的内容、性质和该案件中的事实关系的内容/复杂性等而个别地判断，因此需要根据各个案件的情况进行合理的判断。

"请求的理由"的记载要件是形式上的要件，与根据所记载的主要事实请求是否能得到允许没关系。同样，关于事实和证据的关系的记载，也只需要要证事实和举证所使用的证据的对应关系明确就够了，与根据该证据要证事实的证明是否成功没有关系。

补正命令的例子如下。

    ア 在现有技术文献等的证据篇幅过大或者量大的情况下，没有指出证据中现有技术发明的记载出处时

イ　要证事实和证据涉及多个的情况下，它们之间的关系没有被具体地指定时
　ウ　虽然大致记载了要证事实与证据的关系，但是没有具体指定根据该证据的哪个部分来证明该事实，即使对审判请求书以及所附的文件进行了整体的考察也不清楚时

（3）审判请求书的决定驳回

针对上述（1）、（2）的补正命令，请求人不进行补正，或虽然进行了补正但是仍未消除违反记载要件缺陷，或属于违反特§131之2①的补正时（例如，补正变更了请求的理由的要旨或者变更了请求宗旨的要旨等），可以对该无效宣告审判请求书以决定的形式驳回（特§133③、实§41、外§52、商§56①、§68④）。

3. 审查决定驳回

审判请求书中明显违反了记载要件，为消除该缺陷进行补正的话显然就不得不导致审判请求书的要旨变更，或者请求缺乏根本要件的，作为"不合法的审判请求并且无法对其补正"，不用命令其补正也不用给权利人答辩的机会，以审查决定的形式驳回（特§135、实§41、外§52、商§56①、§68④）。

（说明）

在补正审判请求书的情况下，是不能变更请求书的要旨的，因此，为消除违反审判请求书的记载要件的补正是变更审判请求书要旨的情况下，不能进行补正，其结果是违反记载要件的缺陷无法消除。

但是，关于请求的理由，虽然有时审判长会例外地允许进行变更要旨的补正（特§131之2②、实§38之2②、外§52），但是在审判请求书副本送达被请求人之前的阶段，即使为了消除请求理由违反记载要件的缺陷进行了变更要旨的补正，审判长也不能允许其补正（特§131之2③、实§38之2③、外§52），其结果是记载要件违反的缺陷无法消除。

因此，如上述处理。

以下情况属于审判请求书的记载明显违反记载要件，或者请求缺乏根本要件，以审查决定的方式驳回。

　ア　请求的理由完全没有记载时

（例1）在审判请求书中完全没有记载请求的理由，或者仅记载有"随后补充"时。

（例2）将不符合法定无效理由中的任意一个理由作为无效理由进行主张时。

　イ　实质上等同于未记载请求的理由时

（例1）虽然针对无效理由有抽象的记载，但是对构成该无效理由根据的具体事实没有任何记载，也未提出证据时。

（例2） 虽然大致记载了具体事实或者提出了证据，但是根据该具体的事实或者证据，无法确定想要主张本特许（注册）属于哪种无效理由时。

ウ　对重要的要件的主要事实未记载时

（例1） 对违反创造性的无效理由（特§29②）的"前款各项所记载的发明（现有技术发明）"存在的事实没有记载时。

（例2） 对本特许发明与现有技术发明的比较没有记载导致无法具体理解请求的理由时。

（例3） 本特许发明根据现有技术发明能够容易想到的理由（包含容易想到的逻辑构成）没有记载，导致无法具体地理解请求的理由时。

エ　主要事实的记载缺乏具体性，而且未提出证据时

（例） 审判请求书未附证据物件的情况下，未能将请求的理由记载得即使未附证据物件也能把握主要事实那样的充分而具体时（应当注意：以在之后的证据调查中提出证据为前提而在审判请求最初没有提交证据本身并不违反记载要件，这时，请求理由的记载需要具体到即使不提出证据也能够把握主要事实，该必要性比一般案件更高）。

オ　其他

（例1） 没有将权利的共有人全体作为被请求人时（特§132②、实§41、外§52、商§56①、§68④）（→22—03之2.、51—05之2.、审查决定的范文45—20）。

（例2） 将不是权利人的人作为被请求人时（特§132②、实§41、外§52、商§56①、§68④）（→22—01、51—05之2.、审判决定的范文45—20）

（例3） 在特许无效宣告审判和商标注册无效宣告审判中，请求人不是利害关系人时（特§123②、商§46②）（→31—01）

（例4） 在特许无效宣告审判中主张无效的权利要求通过订正全部删除时（→51—19之3.）

（例5） 在特许无效宣告审判中主张无效的权利要求的一部分通过订正被删除时（对所删除的权利要求，以审查决定驳回→51—19之3.）

（例6） 在其他的无效宣告审判案件或者异议申请案件中，该权利的无效或者撤销确定时

（例7） 除斥期间届满后进行审判请求时（商标）

4. 其他不合法程序的驳回

在涉及审判请求书以外的审判案件的程序中存在形式缺陷的情况下要求进行补正，在指定期间内未补正时由审判长以决定的形式将程序驳回（特§133、实§41、外§52、商§56①），另外，对审判请求书以外的不合法程序不能进行补正的，通过审查意见通知给予辩明的机会之后，作出驳回的决定（特§133之2①、实§41、外§52、商§56①）。

5. 审判长、合议组的裁量

（1）补正命令、驳回

请求理由的记载要件的形式审理是依职权调查事项，在发现违反记载要件的情况下，审判长针对审判请求书命令其补正。由于补正命令是用于保障消除违反记载要件缺陷的机会，因此针对最终不会决定驳回的内容不需要命令其补正，关于是否命令其补正，由审判长裁量。

补正命令的结果，即使进行了补正违反记载要件的缺陷仍未消除时，"可以以决定的形式将该程序驳回"（特§133③、实§41、外§52、商§56①、§68④），因此最终是否以决定驳回，由审判长裁量。

审判请求书中存在明显的违反记载要件的缺陷并不能补正的，可以以审查决定驳回（特§135、实§41、外§52、商§56①、§68④），但是是直接驳回，还是命令其补正，由审判合议组裁量。

所以，在记载要件的违反极其轻微，无实质问题时，审判长/合议组不作出补正命令/不进行决定驳回或审查决定驳回也没有问题。同样，在命令补正的事项的一部分通过补正仍未消除缺陷时，应考虑违反的严重性等，进行是否以决定驳回的判断。

（2）进行了要旨变更的补正时的处理

审判请求书副本送达特许权人之前的请求的理由要旨变更的补正，由于是案件审理前阶段的补正，因此也有可能不会产生大幅度的审理的延迟。所以在将审判请求书副本送达特许权人之前命令对记载要件缺陷进行补正的情况下，对此进行回应的补正是消除请求理由违反记载要件缺陷的补正，并且不是明显变更要旨时，认可补正也没有问题（参照51—16之1.）。

另外，鉴于维持禁止对请求理由的要旨变更的补正的原则的宗旨，针对案件审理后请求理由的补正，与案件审理前相比，对禁止变更要旨规定进行更严格的判断是合适的。

6. 不服申诉

若对基于特§135的驳回审判请求的审查决定、基于特§133③的驳回审判请求书的决定不服，可向东京高等法院（知识产权高等法院）提起诉讼（特§178①、实§47①、外§59①、商§63①）。

另外，若对其他程序的驳回不服，可以基于行政不服审查法§2进行审查请求，或者向地方法院提起诉讼。

（2019.6修订）

51—09 ＰＵＤＴ
无效宣告审判的审理方式

1. 审判合议组的指定
无效宣告审判案件由特许厅厅长指定的三名或者五名审判官组成的合议组进行审理。此时，对同一权利的多个无效宣告审判案件，原则上指定同一合议组。→前审参与（12—04））

2. 有关无效宣告审判案件审理的进行
对于特许权等经授权的权利有时会有多个案件在同时审理，关于无效宣告审判案件的审理存在与其他审判案件同时在审中的情况，进行审理时需要注意优先审理哪个案件。

在审判需要时，在其他的审查决定确定之前或者诉讼程序结束之前，可以中止该程序（特§168①、实§40①、外§52、商§56①、§68④）。

（参考）
订正审判进行中的审理顺序（→51—22）。
多个无效宣告审判同时在审中的审理（→51—22.1）。
特许异议的申诉和无效宣告审判的同时在审处理（→67—09）。
程序的中止（→26—01 6.）

3. 审理形式
（1）口头审理
无效宣告审判通过口头审理（→33—00）进行。但是，审判长根据当事人或参加人的主张或者依职权，可以通过书面审理来进行（特§145①、实§41、外§52、商§56①、§68④）。

也可以在书面审理之后，再进行口头审理。此时，进行口头审理的通知。

在采取当事人对立结构的无效宣告审判中，通过有效利用口头审理，正确地进行事实认定，整理当事人之间的争议焦点，可以迅速准确地进行审理。

（2）书面审理
ア 无效宣告审判原则上通过口头审理进行，但是在以下情况下，可以例外地通过书面审理进行（→33—00.1）。
· 在应当对审判请求或者涉及审判请求的程序（审判请求书）予以驳回时
· 在当事人明确不进行争辩时

・全部当事人（以及参加人）都主张进行书面审理时
・其他，当判断不需要进行口头审理时
　　イ　书面审理通知

在通过书面审理进行时，必须进行书面审理的通知。但是，当审判长以决定驳回审判请求书时，或者不给被请求人提交答辩书的机会即以审查决定驳回审判请求时，不用进行书面审理的通知（→32—01）。

4. 依职权审理（→36—01、51—18、51—14之2.）

在审判中，采取职权主义。这是因为审判不仅以解决关系到当事人的利害问题为目的，还以解决广泛关系到第三人的利害的问题为目的。所以，虽然对请求人不主张的请求宗旨是不能进行审理的（特§153③、实§41、外§52、商§56①、§68④），不基于当事人的主张，或者不受其约束，依职权也可以进行事实的调查以及证据调查和证据保全。必要时依职权还可以进行程序的中止（特§168①、实§40①、外§52、商§56①、§68④）、审理终结通知后的审理的再启动（特§156③、实§41、外§52、商§56①、§68④）。

但是，在当事人对立结构下，基本上认为根据请求人的主张举证进行审理为合适，因此由合议组依职权审理是例外情况，并且其只在对审理进行补充时启用（→51—18）。

5. 合并审理

（1）合并审理的一般事项（→30—03之1.）

（2）无效宣告审判中的合并审理

在多个无效宣告审判中当事人双方或者其中一方相同时（权利相同并不是必要条件），通过将它们合并审理，从而避免重复审理，使程序效率化，并且防止审查决定的相互矛盾抵触（特§154①、实§41、外§52、商§56①、§68④）。

（3）适合合并审理的情况

作为适合合并审理的情况，例如可考虑以下情况。
　　ア　存在同样的证人询问等的证据调查。
　　イ　成为对象的发明技术基础共通。
　　ウ　证物（作为证据方法的文书、查证物）相同。
　　エ　针对同一权利。

但是，即使属于上述情况，例如，针对同一个特许，有多个无效宣告审判的请求，其中只有一个案件提出订正请求，或者在多个案件中各自提交了不同的订正请求等，将多个案件进行合并有困难的情况下，以考虑不强行合并，优先进行某一个案件的审理，中止其他案件的审理等为宜（→51—22.1 多个无效宣告审判案件同时在审中）。

（4）实用新型无效宣告审判中的合并审理

针对同一实用新型的多个无效宣告审判同时处于处理中时，原则上不进行合并，按照请求顺序进行审理。仅在由于证据共通等原因而认为进行合并审理（实§41、特§154①）可以更迅速、正确地处理案件时，才进行合并审理。

（说明）

实用新型的订正是与实用新型无效宣告审判不同的另一个的程序，通过订正书的受理而产生效果（实§14之2③），因此不会像特许那样作出与多个无效宣告审判对应的多个订正请求，而使程序变得错综复杂。

所以，在没有证据共通等认为进行合并审理可以更迅速、正确地进行审理等的特殊情况时，没有必要进行合并审理。

（5）可进行合并审理的时期

可进行合并审理的时期是在审理终结之前。

（6）合并的效果

ア　合并后的多个案件的审查决定，可以用一个审查决定书。但是，在该审查决定书中，需要对经合并审理的每个案件记载各自的结论以及理由。

イ　合并审理的多个案件中都需要的证据调查可以一次性地进行。

ウ　合并前在各个审判案件中提交或者出示的文件及其他物件、在各个审判案件的审理中采用的取证方法等，可以在合并后的审判案件的审理中加以利用。但是，在某个案件中提出的取证方法被其他案件采用时，应当给予其他案件的当事人提出意见的机会。

（7）合并审理的进行方式

ア　合议组通过对多个无效宣告审判请求调查是否具备合并的要件的同时，对该多个审判进行合并审理，从是否能够避免审理的重复、使程序效率化同时防止审查决定的互相矛盾抵触等角度出发进行探讨，判断是否进行合并审理。

イ　审判长在决定进行合并审理后，向当事人双方通知合并审理一事。

ウ　对进行合并审理的多个审判，将答辩书副本等相关文书向当事人发送、通知、合议、口头审理（包括通过口头进行询问、会晤）、证据调查、审查决定的预告等与审判相关的程序以及审理，均在一个程序中进行。

这时，应当在通知书及其他书面文件的审判编号、特许号、当事人姓名等栏中将进行合并审理的各审判案件的记载事项全部一并记载。

エ　针对合并审理的所有审判在足以作出审查决定时，进行审查决定的预告，或者终结审理。

（8）合并审理的审查决定

在合并了审理的基础上，进行审查决定时的情况的注意事项（→45—03之2.）

（9）分开审理（30—03 之 2.）

在进行了合并审理时，可以进一步进行分开审理（特§154②、实§41、外§52、商§56①、§68④）。分开审理是根据合议组的裁量而依职权进行的。在需要将进行了合并的审理分离时，例如，在审理的过程中，认为已经合并审理的案件之间不具有关联性，不仅不需要通过同一程序进行审判，而且若不分开审理反而会使得审理复杂化或延迟的情况。

（2019.6 修订）

51—10 ＰＵＤＴ
无效宣告审判的审理开始

1．伴随审理开始的程序
（1）请求书副本的送达

审判长在有无效宣告审判的请求时，应当在检查了审判请求是否符合形式要求（无效宣告审判的请求的缺陷和补正→51—08）的基础上，将请求书副本送达被请求人，并指定一定期间（→25—01.2），给予其提交答辩书的机会（答辩指令）（特§134①、实§39、外§52、商§56①、§68④）。

（2）对独占实施权人等的通知

在有无效宣告审判的请求时，将该情况通知该特许权的独占实施权人及其他的拥有与该特许相关的已注册权利的人（特§123④、实§37④、外§48④、商§46④、§68④、→11—02）。

（3）提交文件的送达

将提交文件的副本向相对方送达。

（4）在请求人提出证据调查申请时

请求人在审判请求最初就申请进行证人询问等证据调查，在证据调查中提交了证明请求人主张的证据之后，认为给予被请求人答辩机会/请求订正的机会是合适的时候，也可以首先送达请求书的副本，接着进行证据调查，之后再给予答辩机会/请求订正的机会。

这时，在送达请求书副本的通知书中，备注在进行了证据调查之后指定用于答辩/请求订正的期间。另外，在期间指定之前被请求人可以提交答辩书，但是不能进行订正的请求。

（**参考**）在有参加申请时（→57—00～09）

2．答辩书、订正请求书
（1）答辩机会

被请求人（权利人）可以在以下答辩机会中提交答辩书，对请求人主张的无效理由进行反驳。

ア　法定的答辩机会

被请求人在收到请求书副本时，可以在指定期间（→25—01.2）内提交答辩书（特§134①、实§39①、外§52、商§56①、§68④）。

另外，在审判长允许对审判请求书的请求理由进行要旨变更的补正时（包括通过辩驳书或者口头审理陈述要点书而实质上进行了请求理由的要旨变更），原则上也给予在指定期间内提交答辩书的机会（特§134②、实§39②、外§52）。

在特许无效宣告审判中，在这些指定期间内，可以针对申请书所附的说明书、权利要求书或者附图进行订正请求（特§134之2①）（→51—11）。

イ 施行规则中的答辩机会

不仅是上述法定的答辩机会，在审判长认为有必要时，可以给予一定的期间，要求被请求人提交答辩书（特施规§47之2①、实施规§23⑩、外施规§19⑧、商施规§22⑥）。

被请求人在审判长给予的期间内可以提交答辩书，但即使在该期间内，也不能进行订正请求。

（2）答辩书的格式

答辩书应当根据特施规格式第63进行制作（特施规§47①、实施规§23⑬、外施规§19⑧、商施规§22⑥）。

(2019.6 修订)

51—11 P
由特许权人进行的订正请求

1. 订正的请求

在特许无效宣告审判中,权利人在无效宣告审判程序中可以请求对申请书所附的说明书、权利要求书或者附图进行订正(特§134之2①)。

(1) 可以请求订正的期间

可以请求订正的期间仅限于以下指定期间(特§134之2①)。另外,在指定期间之外提交的订正请求书作为不合法的文件在通知了驳回理由之后予以驳回。

ア 伴随无效宣告审判请求书副本送达的答辩书的提交期间(特§134①)

イ 在审判长允许审判请求书的"请求的理由"的要旨变更的补正时,在该审判请求书的程序补正书的副本送达后的答辩书的提交期间(特§134②)

ウ 在审查决定撤销诉讼中维持权利的审查决定被判决撤销时根据权利人的请求而进行的订正请求的指定期间(特§134之3)

エ 针对依职权作出的对于无效理由通知的意见陈述书的提交期限(特§153②)

オ 针对审查决定的预告的订正请求的指定期间(特§164之2②)

(2) 订正请求的对象(→38—00)

由于无效宣告审判的在审中对订正审判请求的机会有一定的限制,因此针对没有被请求无效宣告审判的权利要求也可以进行订正的请求(特§134之2⑨、§126⑦)。

ア 订正的请求单位和一组权利要求(→38—00~01)

イ 说明书或者附图的订正(→38—02)

(3) 订正要件(→38—03)

订正请求中的订正要件,要求订正后的发明为在特许申请时可以独立获得授权的发明(独立授权要件。限于以权利要求书的减缩、误记或者误译的订正为目的的订正),除了没有被请求无效的权利要求之外,其他与订正审判中的订正要件相同(特§134之2⑨、§126⑦)。

2. 订正请求的方式

(1) 订正请求书

订正请求应当通过规定的订正请求书提出(特施规§47②、格式63之2)。另外,订正请求书的请求宗旨及理由,应当满足订正请求书的记载要件(特§134之2⑨、§131③、特施规§46之2)而进行记载。

订正请求与订正审判同样，准用独占实施权人等的允诺（特§127）、审判请求的方式（特§131）以及共同审判（特§132③）的规定（特§134之2⑨）。

（2）请求宗旨、理由（→38—04）
（3）订正说明书等（→38—05）
（4）官费（→38—06）
（5）订正请求书等副本的提交

被请求人（特许权人）在提交订正请求书以及订正说明书等时，应当提交必要数量的副本（请求人的数量＋参加人的数量＋1（审理用））（特施规§4、§50之4）。

3. 有多个订正请求时的处理

在一个无效宣告审判案件中有多个订正的请求时，在先作出的订正请求被视为撤回（特§134之2⑥）。

但是，对于在先作出的订正请求中的订正已被确定的情况下（其一部分确定的情况下，指该部分），该确定了订正的订正请求不视为撤回。

因此，对于第2次以后的订正请求，成为订正基准的权利要求书、说明书以及附图是授权时（有已确定的订正的情况下，指该订正时）的权利要求书、说明书以及附图，而不是前一份订正请求书所附的权利要求书、说明书以及附图。

该"视为撤回"的规定仅适用于一个无效宣告审判案件中存在多个订正请求时，不适用于同一权利的多个无效宣告审判案件中各自进行的订正请求。

所以，即使在一个无效宣告审判案件中的订正请求之后，在针对该权利的其他无效宣告审判案件中进行了订正请求，也不会因此将该在先无效宣告审判案件中的订正请求视为撤回，各自案件中的订正请求在各自的无效宣告审判程序中存在并成为审理对象。

（**参考**）一个特许权有多个审判在审中时的注意事项

当认可订正的审查决定确定时，根据特§128的规定，该订正的效果一直追溯到特许申请时（订正的效果→46—00之3.），因此对同一个特许权有多个审判（无效宣告审判、订正审判、特许异议的申诉）在审中时，任意一个案件认可订正的审查决定确定的情况下，关于该确定后的特许权的订正的效力将涉及其他所有的案件。

例如，在其他案件中进行了订正的请求时，因所确定的订正造成该订正的对象产生变更，因此有可能产生对该订正请求的订正适当与否的判断会改变等的影响。

审判长为了防止这样的事态发生，有必要将其他的无效宣告审判案件的审理中止（→26—01之6.）或者合并（→30—03之1.）等，使审理恰当地进行。

4. 订正请求的撤回

订正请求仅限于在可进行特§17之5²的补正期间内可以撤回（特§134之2⑦），当订正请求撤回时，该情况会通知对方（特施规§50之5之2）。

订正请求的撤回，应当将该请求的全部予以撤回（特§134之2⑦）。

因此，在想要取消订正请求的一部分时，不是撤回订正请求的一部分，应当通过对订正请求书的补正（特§17①）以及涉及订正的说明书、权利要求书、附图的补正（特§17之5①），删除订正事项的一部分。

另外，由于订正的请求是以无效宣告审判的请求为前提的，因此在无效宣告审判请求被撤回时，订正请求也被视为撤回。同样，无效宣告审判的请求针对每个权利要求被撤回时，订正请求也视为针对每个该权利要求被撤回（特§134之2⑧）（另外，这时，即使是构成"一组权利要求"（→38—01），也仅将涉及该权利要求的订正请求被视为撤回）。

5. 订正的效果（→46—00之3.）

在认可订正的无效宣告审判的审查决定确定时，被视为根据订正说明书等而作出特许申请、申请公开、应当获得特许的查定或者审查决定，以及被授予特许权（特§134之2⑨、特§128）。

订正请求与订正审判不同，不会只给出"认可订正"的结论的审查决定，而是在无效宣告审判的审查决定的结论中作出认可订正的判断，因此订正效力产生的时间点，是认可订正的审查决定确定的时间点，即，无效宣告审判的审查决定确定的时间点。所以，对被请求订正的无效宣告审判的审查决定提起审查决定撤销诉讼时，不等待诉讼的结果无效宣告审判的审查决定就不确定，就不产生订正的效果。

6. 订正请求的预告登记

根据无效宣告审判的预告登记（特登令§3），第三人可以预测对说明书等提出订正请求的可能性，因此与订正审判不同，不进行有订正请求情况的预告登记。

（2019.6修订）

51—13 PUDT
最初答辩后的审理

1. 被请求人的最初答辩后的审理

（1）形式审理

审判长／合议组针对在最初答辩阶段由被请求人提交的答辩书、订正请求书的形式进行审理，若有缺陷则进行补正命令等（→21—00、51—08）（提交订正请求书时的审理→51—14）。

（2）案件审理的基础

答辩书、订正请求书的形式没有缺陷时，以及缺陷被消除时，以在审判请求书中主张证明的无效理由和被请求人的答辩书、订正请求书、订正说明书、订正权利要求书或者附图为基础进行审理。

（3）最初答辩后的程序

通过被请求人答辩书的提交，请求人的主张和被请求人对此的反驳大致被提出来了，通常，争议焦点也就明确了。

在无效宣告审判中此后将进行口头审理（→33—00）。

在进行口头审理时，首先，根据需要展示合议组的心证，在使争议焦点明确的同时，将明确了在口头审理中审理事项的审理事项通知（→33—08）送达当事人，使其提交有关通知内容的当事人的主张作为口头审理陈述要点书，在口头审理中厘清进行案件判断所需要的事实关系。因此，通常在调整口头审理的日期时，将未记载日期的审理事项通知用传真发送给双方当事人，将答辩书副本等送达请求人，当日期确定后，将记载了日期的审理事项通知送达双方当事人（→33—08）。

在口头审理之前有必要要求请求人提供意见等的特别情况时，在调整口头审理的日期之前将答辩书副本等送达请求人，并可以指定期间而给予辩驳的机会。

当例外地不进行口头审理而进行书面审理时，进行书面审理通知。然后，判断作出审查决定的时机是否成熟，若已经成熟，则进行审查决定的预告（特许），或者终结审理作出审查决定。

当进行了审查决定的预告或者作出审理终结通知时，应在此之前向请求人送达答辩书的副本。

有必要让请求人对于被请求人的反驳进行反驳等还不足以作出审查决定之时，则向请求人送达答辩书副本等（特§134③、实§39③、外§52、商§56①），给予辩驳机会（特施规§47之3①、实施规23⑩、外施规§19⑧、商施规§22⑥）。

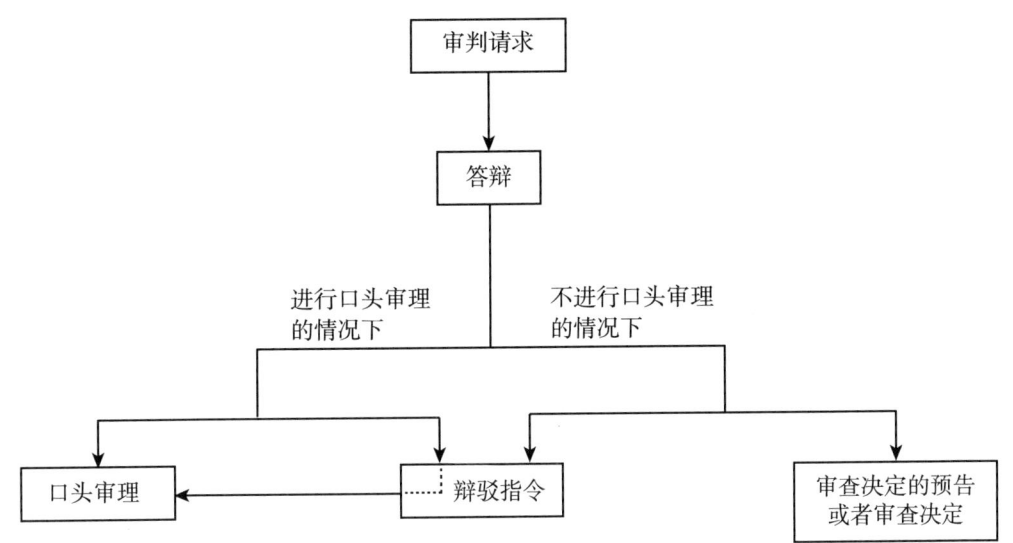

（4）与其他案件的关系

答辩书的内容中包含了与涉及同一特许权的其他案件（无效宣告审判案件、特许异议申诉案件、侵权案件等）中的主张矛盾的内容时，该矛盾事项涉及的主张可以作为禁反言处理的情况下，也考虑不采用该主张。

（裁判例）

"不允许特许权人在判定请求书、特许异议答辩书以及针对特许无效的审判请求作出的答辩理由补充书中作出的主张相矛盾。"（东地判昭 45.3.25（昭 39（ワ）3746 号）判夕 247 号 263 页）

（2019.6 修订）

51—14　P
提交订正请求书之后的审理

1. 订正请求书的形式和补正

（1）订正请求的形式审理事项

审判长/合议组针对订正的请求和附件等是否违反特§134之2⑨准用特§131的规定（特§131①、③、④）、是否属于特§133②各项的规定，或者是否违反其他事项（特§134之2⑨→特§127、特§132③等）进行形式审理（订正审判的请求程序→54—04）。

（2）违反可补正的形式（特§133）

针对订正请求书存在官费不足、委托书缺陷，或者有独占实施权人等情况的承诺书缺陷等违反形式但可以补正的情形，未进行主动补正的情况下，审判长对特许权人指定一定的期间（根据缺陷的内容，从标准10天起至30天。→25—01.2）而命令其进行补正（特§134之2⑨→特§133①、特§133②）。

在订正请求书的请求宗旨以及理由不满足记载要件（特§131③、特施规§46之2）时（例如，虽然无效宣告审判的请求是针对每个权利要求请求的，但是订正的请求却未针对每个权利要求进行请求时，或无法正确指定一组权利要求时，未将与说明书或者附图的订正有关的所有的权利要求作为请求的对象时等），审判长对特许权人指定一定的期间（标准30天（在海外者50天）→25—01.2）命令其补正。

针对被命令补正的事项，在特许权人未进行必要的补正时，审判长以决定的形式将订正请求书驳回（特§134之2⑨→特§133③）。

特许权人针对订正请求书的驳回决定，可以向东京高等法院（知识产权高等法院）提起诉讼（特§178①）。

（3）无法补正的不合法的订正请求（特§133之2）

当存在违反形式但无法补正的情况时（超过期限后的请求、共有人没有全体共同进行程序等），向特许权人通知驳回的理由，给予其提交辩明书的机会之后，审判长以决定的形式将该订正的请求驳回（特§133之2①）。

特许权人针对订正请求的驳回决定，可以根据行政不服审查法进行不服申诉。

合议组针对作出订正请求驳回决定的案件，在作出审查决定时，在理由中记载订正请求被驳回一事。

（4）根据命令进行的订正请求书的补正

订正请求书的补正不能进行要旨变更，但针对命令补正的事项进行的补正，即使是变更订正请求书的要旨的补正，仅限于回应该补正命令的情况可以得到认可（特§131之2①三）。

(5) 审询（特§134④）

审判长在进行是否符合订正要件的审理时，为了使事实关系明确，或者使请求的内容明确等需要要求订正请求人作出释明时，可以进行审询。

2．订正内容的审理

(1) 订正要件（→38—03）

ア 订正的目的（特§134之2①但书）

（ア）权利要求的范围的减缩（特§134之2①但书一）

（イ）误记或者误译的订正（特§134之2①但书二）

（ウ）不明确的记载的释明（特§134之2①但书三）

（エ）权利要求之间的引用关系的解除（将引用其他权利要求记载的权利要求的记载不再引用该其他权利要求的记载）（特§134之2①但书四）

イ 新事项增加的禁止（特§134之2⑨→特§126⑤）

ウ 权利要求范围的实质性扩大/变更的禁止（特§134之2⑨→特§126⑥）

エ 独立授权要件（未被请求无效宣告审判的权利要求，并且仅限于ア的（ア）（イ））（特§134之2⑨→特§126⑦）

(2) 订正的审核、订正审查意见通知

合议组以订正请求书及其所附的全文订正说明书等的记载为基础，针对订正的请求是否满足订正要件进行审理。

在判断是否满足订正要件时，针对每个订正事项逐个判断订正要件是否符合。

在判断イ～エ的要件之前，针对订正后的权利要求，判断是否满足ア的订正目的的要件。针对一看就明显不满足目的要件的订正事项，则不作其余的判断也无妨。

另外，对于涉及未被请求无效宣告审判的权利要求的订正，即使是涉及ア之（ア）（イ）的目的的订正事项，在违反イ、ウ的要件的任意一个时，不需要进行エ的独立授权要件的判断。

针对最终的订正是否满足要件的判断，根据订正请求的单位进行。也就是说，针对每个权利要求的请求，对每个权利要求判断订正是否满足要件，针对每一组权利要求的请求，对每一组权利要求判断订正是否满足要件，针对特许整体的请求，对特许整体判断订正是否满足要件（一组权利要求→38—01，说明书或者附图的订正→38—02）。例如，对于一组权利要求即使违反订正要件的只是一部分权利要求，订正作为一个整体得不到认可。

订正请求明显不符合订正要件的情况下，不等待请求人的主张而依职权告知订正审查意见有助于迅速且正确地审理时，审判长向当事人双方以及参加人告知违反订正要件的订正审查意见（依职权审理结果），指定一定的期间（标准30天（在海外者 50 天）→25—01.2）而给予提出意见的机会（特§134之2⑤）。订正审查意见的告知与以下（3）的辩驳机会可以同时进行。

另外，根据以下（3），请求人主张订正的不合法的情况下，不一定需要进行订正审查意见的告知。

（3）由请求人陈述意见的机会

在提出了订正请求时，向请求人发送副本，通过辩驳书、口头审理陈述要点书等，给予请求人针对订正请求提出意见的机会（辩驳机会）。

但是，在以下情况下，没必要给予请求人陈述意见的机会。

ア 当认为即使通过订正的请求也无法消除在审判请求书中被主张证明的无效理由时。

イ 无效宣告审判请求的理由原本就对订正前的特许不构成合适的无效理由时。

例1：无论是否提交订正的请求，原本请求人所主张的请求理由并不构成合适的无效理由时。

例2：仅针对并没有被主张无效理由的部分提出订正请求的情况下，针对没有请求订正的部分并不构成合适的无效理由时。

ウ 根据订正的请求并不产生对请求的理由进行补正的必要性，而且，就算给请求人陈述意见的机会，追加新的无效理由，也没有合理的理由认为该无效理由没有记载在审判请求时的请求书中（特§131之2②）。

例1：所请求的订正极少的情况。

例2：所请求的订正仅是二选一地记载的发明特定事项的删除，或权利要求的删除的情况。

3. 特许权人对订正审查意见通知的回应

（1）收到订正审查意见通知的被请求人（特许权人），可以在指定期间内提交意见陈述书以及对订正请求书所附的订正说明书等进行补正（也可以为了将二者合并整合而进行订正请求书的补正）。当存在特许权的独占实施权人等时，关于补正需要其同意（特§127）。

在指定期间内不能再次进行订正的请求。

（2）对于订正请求书所附的订正说明书等的补正，仅限于在以下所列期间内进行（特§17之5②）。

ア 答辩书提交期间（特§134①②）

イ 对于依职权引入的特许无效理由通知提交意见陈述书的期间（特§153②）

ウ 针对订正审查意见通知的意见陈述书的提交期间（特§134之2⑤、平15特§134之2③）

エ 在有撤销的判决等的情况下订正的请求的指定期间（平23特§134之3、平15特§134之3①②）

才 针对审查决定的预告进行订正请求的指定期间（特§164之2②）

订正请求书在有审理终结通知（特§156②）之前，可以进行补正（特§17①）。但是，由于订正请求书的请求宗旨和订正说明书等是一体的，两者多数情况下必须同时进行补正，因此可以对订正请求书进行补正的时期事实上仅限于可以对订正说明书等进行补正的时期。

（3）针对订正审查意见通知，若是进行订正事项的删除、轻微瑕疵的补正等不属于订正请求书要旨变更的情况，则可进行补正。

与订正审判请求书的补正同样，新增加订正事项和变更订正事项，都作为订正请求书的要旨变更来处理（特§134之2⑨→特§131之2①）。

但是，①将某个权利要求的订正事项变更为删除该权利要求这样的订正事项的补正及为了与该补正相匹配的针对订正说明书等的订正事项的补正，以及，②增加删除权利要求这样的订正事项的补正及为了与该补正相匹配的针对订正说明书等的订正事项的补正，不作为订正请求书的要旨变更来处理（→54—05.1）。

（4）对针对订正审查意见通知作出的意见陈述书以及补正书进行审核的结果，仍然认为订正请求不符合订正要件时，将其视为没有进行该订正，当认为订正请求符合订正要件时，以该订正请求得到认可为前提，就无效理由进行审理。

（2019.6修订）

51—15　PUDT
请求人辩驳后的审理

1. 请求人的最初辩驳（针对答辩书的主张）后的审理
（1）形式审理
审判长／合议组针对请求人所提交的辩驳书（特施规§47之3①），审判请求书的补正书、意见陈述书等的形式进行审理，若存在缺陷则作出补正命令等（→21—00）。
（2）案件审理的基础
在书面的形式没有缺陷时，以及缺陷被消除时，以这些书面文件为基础进行审理。

在该阶段，由于变更审判请求书的要旨的补正除了例外的情况以外是被禁止的（特§131之2①②、实§38之2①②、外§52），因此，首先应当对于请求人所提出的攻击方法（辩驳书、口头审理陈述要点书、审判请求书的补正书、意见陈述书等），是否相当于变更了最初的审判请求书所记载的请求理由的要旨的补正构成新的无效理由进行审理，其次在请求理由的要旨变更时对是否应当允许进行审理（关于要旨变更→51—16）。

即使请求人的攻击方法是根据辩驳书、口头审理陈述要点书等进行时，实质上也等同于对最初记载的请求理由进行补正，因此与程序补正书同样，要求具备与要旨变更的补正的许可要件同样的要件。

因此，在不构成与请求理由的要旨变更相当的新的无效理由时，或者虽然是请求理由的要旨变更，但是应当允许时，将其作为审理的基础。另一方面，构成与请求理由的要旨变更相当的新的无效理由，且审判长不应当允许时，不将其作为审理的基础。

2. 不包含请求理由的要旨变更的补正事项的情况
在请求人的攻击方法不包含请求理由的要旨变更的补正事项时，通常没有必要要求被请求人再次提交答辩书，因此可以直接进行口头审理。因特殊情况有必要要求再次提交答辩书时，在口头审理前将辩驳书／补正书等的副本发送被请求人，指定一定的期间而敦促被请求人再次提交答辩书。由于在这种情况下不构成新的无效理由，因此通常适用不能进行订正请求的施行规则中答辩机会的规定（特施规§47之2①、实施规§23⑫、外施规§19⑧、商施规§22⑥）。

另外，在决定了进行例外的书面审理时，判断作出审查决定的时机是否已成熟，若已经成熟则进行审查决定的预告（特许），或者终结审理而作出审查决定。这时，若进行审查决定的预告，或审理终结的通知，则与此同时向被请求人发送辩驳书/审判请求书补正书等的副本，但不敦促其提交答辩书。若时机尚未成熟，则将辩驳书/补正书等的副本发送被请求人，并指定一定的期间（标准30天（在海外者50天）→25—01.2）并敦促其再次提交答辩书（特施规§47之2①）。

在辩驳时的主张证明不属于要旨变更时，通常适用施行规则中答辩机会的规定（特施规§47之2①）即可。但是，即使在这样的时候，也要注意有时再次适用最初的法定答辩机会的规定（特§134①）而给予订正请求的机会是合适的。

3. 包含请求理由的要旨变更的补正事项的情况

（1）要旨变更的补正得到允许的要件（也称为"补正许可要件"）（特§131之2①但书、同②、实§38之2①但书、同②、外§52→特§131之2（§131之2②一除外））

审判长认为：

要件1："该补正显然不存在使审理不当延迟的情况"，并且，

要件2：存在属于下述任一种情况的事由，即，

"一 在该特许无效宣告审判中存在第一百三十四条之二第一款的订正请求，根据该订正请求产生需要对请求的理由进行补正的情况。

二 涉及该补正的请求的理由在审判请求时的请求书中未记载具备合理的理由，被请求人同意了该补正的情况。"

ア 不会造成审理延迟（要件1）（特§131之2②柱书）

在所给予的辩驳机会中不进行请求理由的补正而是延迟进行补正时，或者向清晰的请求理由增加不构成合理的无效理由的补正，只是平白地导致审理的延迟，因此违反该要件（参照例1~3）。

（**例1**）认定为通过补正而替换/增加的请求理由不构成合理的无效理由时。

（**例2**）所增加的请求理由与根据之前提出的事实或者证据而构成的无效理由实质上是同等的情况。

（**例3**）在所给予的辩驳机会中不进行请求理由的补正而是延迟补正的情况下，若允许该补正就需要给予被请求人进一步的答辩机会时。

イ 由订正请求引起的补正（要件2）（特§131之2②一）（特许）

必须是完全由请求进行特许的订正所引起的必要的请求理由的补正，对于在订正的请求中未请求进行订正的权利要求等，"趁机"增加新的无效理由等是不被认可的。

（**例1：允许**）将涉及无效宣告审判对象的权利要求的发明特定事项（A、B），通过相当于权利要求保护范围的缩小的订正请求而欲订正为（A、B、C）的情况下，重新主张鉴于相当于（C）的现有技术证据订正后的发明（A、B、C）缺乏创造性的无效理由时，可以认为由订正而产生了对请求理由进行补正的必要性。

(例2：不允许) 在仅针对权利要求1进行了订正请求的情况下，不仅针对订正后的权利要求1根据新的证据A主张缺乏创造性的无效理由，还趁机针对没有订正的权利要求2也根据新的证据B主张缺乏创造性的无效理由时，针对后者，不能认为因订正而需要对请求的理由进行补正。另外，对其本身并没有进行订正，而且也不受权利要求订正影响的说明书的记载重新主张记载缺陷的无效理由时，也不能认为由订正而产生了对请求的理由进行补正的必要性。

ウ　不记载的合理的理由（要件2）（特§131之2②二）

（ア）只有通过特许权人的答辩书才能使特许权人所主张的本特许发明的权利要求等的解释得以明确，按照关于该解释的特许权人的见解可以构成另外的无效理由的情况下，请求人主张增加该无效理由时。但是，权利要求等的记载清楚，特许权人所主张的权利要求等的解释是通常的解释，无效宣告审判的请求人当然能够预测到该解释时，不受此限。

（例） 最初记载的请求理由中主张的是违反创造性（特§29②）的无效理由，然而，特许权人必须对该权利要求进行限制性的解释，从而答辩从现有技术来看具备创造性的情况下，请求人辩驳称根据特许权人所主张的权利要求的解释，在特许授权之前作出的权利要求的补正违反禁止增加新事项的补正要件（特§17之2③）时，可以认为未将该辩驳的主张记载在最初的审判请求书中具有合理的理由。

（イ）需要处于第三人（例如无效宣告审判请求人的顾客）的管理下的信息作为无效宣告审判请求理由的依据，为了将该信息在无效宣告审判中出示要获得该第三人的同意需要时间时。但是，需要在获得同意之前请求无效宣告审判的合理的理由（另外，在无效宣告审判请求书最初的请求的理由中，若未将基于该信息的请求理由以外的请求理由作为"使特许无效的事实依据"，以满足记载要件的形式加以记载，则原本就违反请求理由的记载要件）。

（ウ）在主张由于证据是稀有语言的现有技术文献而无法在审判请求最初的请求理由中予以记载时，仅以证据是稀有语言这样的理由不能认为在最初的无效宣告审判请求书中未记载该请求的理由具有合理的理由，应当就不等到该稀有语言的现有技术文献取得就进行审判请求的必要性说明合理的理由。

（2）不允许补正时

请求人的攻击方法，无论书面文件是什么，在包含请求的理由的要旨变更的补正事项的情况下，在不满足上述补正许可要件时，审判长不能允许该补正事项。

另外，在满足补正许可要件时，通常允许补正，但是补正许可是审判长的自由裁量，因此根据各案的情况，在审判长认为不应允许补正时，也可以不允许。

在不允许补正时，与未被允许的补正事项相应的主张证明没有作为有效的攻击方法而在审理基础上采用，因此仅考虑到此为止有效的攻击防御来进行审理。

在向双方当事人发送文件时，制作结论为补正不允许的是否允许补正的决定书（特施规§47之5）一并发送，或者在口头审理中作出是否允许补正的决定。

（3）允许不需要被请求人同意确认的补正时

即使在请求人的攻击方法包含请求理由的要旨变更的补正事项的情况下，也明显不会使审理延迟（特§131之2②本文），而且是因订正的请求而成为必要的补正时（特§131之2②一），审判长可以允许该补正事项。

在允许请求理由的要旨变更的补正时，通常适用可进行订正的请求的法定的第2答辩机会的规定（特§134②），指定一定的期间（标准30天（在海外者50天）→25—01.2）敦促被请求人再次提交答辩书。此时，制作结论为允许补正的是否允许补正的决定书（特施规§47之5）并发送给双方当事人，并且将辩驳书/审判请求书补正书等的副本发送被请求人。

但是，例如以下（ア）、（イ）中所列举的"当存在认为不需要给予被请求人提交答辩书的机会的特殊情况时"（特§134②但书）等，进行口头审理是合适的。

（ア）认为即使根据涉及该补正事项的主张证明也不能使特许无效时；

（イ）根据被请求人在截至目前的答辩机会中已经被给予了反驳和订正等的防御机会的无效理由，认为特许无效时。

虽然属于上述"有特殊情况时"，但认为另外听取意见更合适时，适用施行规则中的答辩机会的规定（特施规§47之2①）敦促提交再次答辩书，并且发送上述文件。

在判断作出审查决定时机成熟时，进行审查决定的预告（特许），或者终结审理而作出审查决定，若是进行审查决定的预告则与此同时发送上述文件，若是终结审理则与该通知同时发送上述文件。

（4）在被请求人同意确认的基础上作出是否允许补正的决定时

请求人的攻击方法包括请求理由的要旨变更的补正事项的情况下，很明显该补正事项不会使审理延迟（特§131之2②正文），而且，涉及该补正的请求理由未记载在最初的审判请求中有合理的理由时（特§131之2②二前段），审判长以被请求人的同意（特§131之2②二后段）为条件，可以允许该补正。

在这种情况下，审判长应确认被请求人的同意（特施规§47之4）。此时，当认为对于补正许可要件的符合性先听取被请求人的意见之后决定是否允许补正更合适时，也可以与同意的确认一起，针对补正许可要件的符合性，要求被请求人提供意见（在这种情况下，在同意确认中记载要求提出该情况的意见）。

（5）同意确认的程序

审判长将记载有请求人的攻击方法的书面文件（辩驳书、口头审理陈述要点书、补正书、意见陈述书等）发送给被请求人的同时通知"同意确认"，给出一定的期间（标准10天（在海外者10天）→25—01.2），给予被请求人提交"同意答辩书"的机会（特施规§47之4①、外施规19⑧）。另外，在口头审理中确认同意时，只要在口头审理中确认同意的意思即可，不需要以书面的形式进行（特施规§47之4①但书、外施规19⑧）。

针对审判长的同意确认的通知，被请求人需要在答复期间内提交明确记载了对补正是同意还是不同意的同意答辩书（特施规§47之4①②格式63之5、外施规§19⑧）。

被请求人在同意答辩书中除了同意或不同意的意见之外，也可以记载对其他的补正许可要件的符合性的意见（例如，最初不记载的合理的理由不存在、由于不构成合理的无效理由从而使得审理不当延迟的意见）。

在被请求人明确不同意时，不满足补正许可要件，因此审判长不能允许补正。另一方面，在被请求人同意补正时，只要满足其他的补正许可要件，审判长就可以允许补正。

被请求人在答复期间内没有明确对补正是同意还是不同意时，审判长可以按照已经获得同意时那样允许该补正而进行审理。但是，与依职权的无效理由同样，根据涉及该补正许可的请求理由而使特许无效时，应当给予被请求人对该请求理由进行答辩和订正请求的机会（特§134②）。

4. 是否允许补正的决定

（1）是否允许补正决定的单位

在请求人的攻击方法包含相当于请求理由的要旨变更的补正事项和不相当的补正事项时，或者包含请求理由的要旨变更的补正事项之中能够允许的补正事项和不能允许的补正事项时，若对攻击方法整体不允许，则会对请求人过于苛刻，并且有可能阻碍正确的审理。

所以，要旨变更的判断以及是否允许补正的决定，以补正事项单位来进行，即使是一部分的补正事项属于要旨变更而不能被允许，也不会对补正整体不予允许。

（2）是否允许请求理由补正的决定（特§131之2②、外§52）

是否允许请求理由补正的决定以文书的形式进行，该决定的誊本发送给当事人以及参加人（特施规§47之5、外施规§19⑧）。

在作出是否允许补正的决定时，当作出对补正不允许的决定的情况下，在作为决定对象的补正事项被判断（特§131之2①、外§52）为要旨变更的补正事项，确定其为不允许的补正事项的基础上，记载对该补正事项不允许的结论。

在作出允许补正的决定时，除了特别需要时以外，不用指定所允许的补正事项，只要指定包含该补正事项的攻击方法（辩驳书、补正书、意见陈述书等），记载对包含其中的补正事项许可的结论即可。

在是否允许补正的决定书中，只需记载结论即可，不需要记载具体的理由。但是，在审查决定中作出了不允许补正的决定时，需要记载作为不允许的前提的、请求理由的补正为请求书的要旨变更的判断，并指出进行该判断的理由（请求人对要旨变更的判断无争议的话，也可以简单地记载）。

另外，对于基于上述特许法第131条之2第2款的是否允许补正的决定不能进行不服申诉（特§131之2④、外§52）。

(3) 口头审理中的处理

同意确认、同意回答、是否允许补正的决定在口头审理中可以以口头的形式进行，并将该情况记载在庭审笔录中。庭审笔录中记载的是否允许补正的决定的内容与（2）同样。

5. 被请求人再答辩后的审理

再答辩阶段的审理的进行方式，与"最初答辩后的审理"（→51—13）基本相同，但是由于是再次答辩阶段，因此需要特别注意以下几点。

(1) 形式审理

当再答辩指令是施行规则中的答辩指令（特施规§47之2①）的情况下，不能进行订正的请求，因此在错误地提出订正的请求时，审判长在作出不合法的订正请求的审查意见通知后，作出驳回决定（特§133之2、实§41、外§52、商§56①、§68④）。

(2) 当事人对于是否允许补正的决定的应对

对于已经作出的允许补正决定，即使被请求人在再答辩中提出不服，由于不能对审判长的决定进行不服申诉（特§131之2④、实§38之2④、外§52），因此合议组不需要考虑该申诉。

另外，在已经作出不允许补正的决定时，被请求人仍可针对作出不允许决定的补正事项的请求人的主张证明作出预备性反驳。

(3) 当存在再次订正请求的情况下的处理

当存在再次订正请求的情况下，在先作出的订正请求被视为撤回（特§134之2⑥）。通常将特许说明书作为基准说明书对最新的订正进行审理。

(4) 再答辩后的程序

合议组根据"最初答辩后的审理"（→51—13之1.(3)）的观点进行审理。另外，关于在该阶段进一步给予请求人辩驳的机会，考虑对请求人除了提交最初的无效宣告审判请求书之外已经给了辩驳的机会等而进行判断，以迅速地作出审查决定为目标。

6. 请求人再辩驳后的审理

在再辩驳阶段的审理的进行方法，与上述"1. 请求人的最初辩驳后的审理"中的进行方法基本相同，但由于是再次辩驳阶段，因此需要特别注意以下几点。

(1) 当事人对是否允许补正决定的应对

针对已经作出的不允许补正决定，请求人可能会在再辩驳中提出不服。但是，根据特许法第131条之2第2款，不能对是否允许补正的决定进行不服申诉（特§131之2④、外§52），因此不需要考虑该申诉。

（2）再辩驳后的程序

关于在该阶段进一步给予被请求人答辩的机会，考虑对被请求人已经给予了答辩和订正请求的机会，或者针对审查决定的预告给予了订正机会等而进行判断，以迅速地作出审查决定为目标。

7. 以后发性的不注册理由作为无效理由的审判请求

（1）当商标注册以适用商§46①六的后发性的不注册理由为理由请求无效宣告审判时，应当在审判请求的理由中记载对于涉及请求的指定商品或者指定服务注册商标适用该无效理由的事实关系，并且提出证明该事实关系的证据方法。具体而言，在该请求的理由以及证据方法中，需要明确适用该后发性的无效理由的时间（年月日），以及适用该无效理由的事实在审判请求之时也处于持续中的情况。

（2）针对商§46①五的后发性的无效理由，需要证明适用该后发性的无效理由的时间（年月日）的证据方法。

（3）即使适用商§46①五或者六的后发性的无效理由，也有不能确定属于该无效理由的时间（年月日）的情况。例如，由于商标注册后的商品交易的实际情况等的变化而导致该注册商标成为有可能产生对商品的品质的误认的商标（商§4①十六）时，要证明确定适用该情况的时间点极其困难，此时，至少需要明确在无效宣告审判的请求之时适用该情况的事实。

（2019.6 修订）

51—16 PUD
"请求理由"的要旨变更

1. 基本观点

对无效宣告审判请求书所记载的请求理由的补正进行限制（特§131之2、实§38之2、外§52）的宗旨在于防止请求理由的补正造成重新审理从而产生审理的延迟。

所以，在判断最初的审判请求书中记载的"使权利无效的事实依据"是否存在时，必要的审理范围，是否因请求理由的补正而实质上变更，由此需要进行大幅度的重新审理，或者需要权利人的实质性反驳，从这些角度出发，判断是否存在请求理由的要旨变更。

2. 判断方法

在进行要旨变更的判断时，从最初的审判请求书的请求理由中具体指定的"使权利无效的事实依据"（特§131②、实§38②、外§52）是否存在实质上变更的角度进行判断。

针对证据的增加和变更，也是从是否主张伴随着证据的增加和变更，导致在最初的请求理由中具体指定的"使权利无效的事实依据"实质上变更的角度来判断。

3. 请求理由的要旨变更的例子

（1）新的无效理由的法条根据的增加或替换

作为使权利无效的根据，增加主张与最初的审判请求书中记载的指定的无效理由的法条根据不同的法条根据为基础的无效理由，或者替换为基于不同法条根据的无效理由，将构成请求的理由的要旨变更的补正。即使是没有明示根据条文的补正，事实上增加/变更"使权利无效的事实依据"的情况下，构成要旨变更。

（要旨变更的例子）

（**例1**）最初主张以违反创造性（特§29②）为根据的无效理由，并记载了事实关系，但在之后主张以违反说明书的记载要件（特§36④一）为根据的无效理由，增加记载了作为违反记载要件根据的事实关系时。

（**例2**）最初主张以违反新颖性（特§29①）为根据的无效理由，并记载了事实关系，但在之后变更为以违反创造性（特§29②）为根据的无效理由，增加记载了作为违反创造性根据的事实关系时。

(2) 主要事实的替换或增加

对最初请求书中记载的"使权利无效的事实依据"本身进行替换/增加/变更的补正通常构成要旨变更（包含通过使不明确的请求理由的记载变得清楚，从而对"使权利无效的事实依据"做出实质变更的补正。另外，作为对请求理由的轻微补正，由此对"使权利无效的事实依据"在实质上没有变更的情形不受此限）。

（要旨变更的例子）

（例1） 将最初作为违反说明书的记载要件（特§36④一）的无效理由的根据而主张说明书中的特定出版A的记载不满足记载要件的事实，变更为其他的特定出处B的记载不满足记载要件的事实时。

（例2） 将最初作为违反禁止增加新事项的补正要件（特§17之2③）的无效理由的根据而主张特许说明书中的特定出处C是新事项的事实，变更为其他的特定出处D的记载是新事项的事实时。

(3) 直接证据的替换或增加

伴随着对用于证明最初的请求理由中记载的"使权利无效的事实依所"的"直接证据"进行替换/增加，将最初的请求理由中记载的"使权利无效的事实依据"变更为基于该替换/增加的证据的另外的"使权利无效的事实依据"时，结果与上述（2）相同，因此构成要旨变更。

再者，即使是在形式上未变更关于最初的请求理由中的"使权利无效的事实依据"的记载，仅进行直接证据的替换/增加的情况下，若实质上是将该替换/增加的证据作为根据而主张新的"使权利无效的事实依据"时，与上述（2）相同，因此仍然构成要旨变更。

另外，即使是将所增加的资料仅称为"参考资料"的情况下，将该参考资料作为证明材料而主张新的"使权利无效的事实依据"时，也构成要旨变更。

（要旨变更的例子）

（例1） 最初将违反创造性（特§29②）作为无效理由的根据，将现有技术发明E和F作为证据而主张能够容易发明的事实，进一步增加涉及现有技术发明G的证据，主张显而易见性时。

（例2） 最初将抵触申请（特§29之2）作为无效理由的根据，将在先申请H作为证据主张与在先申请公开发明相同的事实，现在将证据替换为在先申请J，主张抵触申请的无效理由时。

4. 不构成请求理由的要旨变更的例子

(1) 增加对公知常识的主张及证明

"公知技术""惯用技术手段""技术常识"与任何人都应知道的"公知常识"同样，作为本领域的普通技术人员本来应当熟知的事项，即使不逐一出示也都知晓其存在。所以，增加主张公知技术、惯用技术手段、技术常识等存在的事实，提交证明该事实的证据（例如出示公知技术/惯用技术手段等的现有技术文献等），通常不构成请求理由的要旨变更。

但是，通过增加主张证明公知常识，判断主要事实是否存在所必需的审理范围实质上变更，结果需要进行大幅度的重新审理和权利人的实质的反驳时，作为属于请求理由的要旨变更的情形来处理。另外，虽然请求人主张公知技术、惯用技术手段等，但实际上不是公知常识，而是直接证据的增加时，对其进行主张证明也构成要旨变更。

（2）间接事实、辅助事实、间接证据的增加

增加"间接推定主要事实的事实（间接事实）"，增加"使证明主要事实的证据的证据能力或证明力明确的事实（辅助事实）"，增加"证明间接事实或者辅助事实的证据（间接证据）"，都不是主要事实或直接证据的增加。所以，这些都不属于将"使权利无效的事实依据（主要事实）"在实质上进行变更的补正（参照例1～例3）。

（例1） 在最初的请求理由的"使权利无效的事实依据（主要事实）"中，将目录作为证据而主张根据现有技术发明是公知的发明，在权利人作出答辩针对目录中记载的发行时期进行争辩时，请求人将接受印刷该目录的订单的印刷公司的订货单的日期作为证据而主张发行时期在申请之前的情况可以适用间接事实、间接证据的提出。

（例2） 对最初的请求理由中证明"使权利无效的事实依据（主要事实）"的现有技术文献（直接证据），追加提交用于正确理解该文献中记载的技术内容的资料的情况可以适用间接证据的提出。

（例3） 对在最初的请求理由中作为"使权利无效的事实依据（主要事实）"而主张的"公开实施"的事实进行证明的证人，提出用于展示该证人的性格（可信任的情况）或与请求人的利害关系（无利害关系的情况）等的事实，可以适用辅助事实、间接证据的提出。

但是，借增加间接事实、辅助事实、间接证据的名义，实际上进行将主要事实实质变更的补正时，属于请求理由的要旨变更。另外，在最初的请求理由中缺乏主要事实的记载时（通常属于违反记载要件），通过之后的间接事实、间接证据的增加而主张可以推定该缺乏的主要事实的情况也构成请求理由的要旨变更。

（3）在审判请求后进行的证据调查等中的证据的提出

在最初的请求理由中充分且具体地记载了"使权利无效的事实依据"时，在之后的证据调查和辩驳机会等中提出证明该主要事实的证据的情况，属于举证行为，不是对最初的请求理由中记载的"使权利无效的事实依据"本身进行变更或增加，因此不构成要旨变更。

例如，在最初的请求理由中，具体记载本件特许发明属于在申请前公开实施的发明而违反新颖性的事实（该发明产品已经销售的事实等），并且记载有对该事实的证明根据之后的证人询问来进行的情况下，在之后提出进行证人询问时，并没有将主要事实本身进行变更，仅在之后的证据调查中提出了对主要事实进行证明的证据，因此，即使提出了这样的证据也不构成要旨变更。

但是，最初并没有具体指定"使权利无效的事实依据"而在之后提出证据等，该证据的提出实质上等同于主张新的"进行无效的事实依据"时，构成请求理由的要旨变更。

另外，最初的请求理由中没有具体指定"使权利无效的事实依据"也可能构成违反请求理由的记载要件（→51—08）。

（4）违反订正要件的主张及证明（特许）

在主张证明订正请求违反订正要件而不应当被认可，导致订正前的原特许根据最初的审判请求书中记载的"使特许无效的事实依据"而应当被无效时，作为最初的请求理由记载的"使特许无效的事实依据"本身没有变更。所以，不构成请求理由的要旨变更。

另外，不主张证明违反订正要件，而是根据订正的请求而主张证明订正后的特许具有新的无效理由时，由于是增加主张证明最初未记载的"使特许无效的事实依据"，因此构成要旨变更（但是，作为适用特§131之2②一的情形，有可能成为审判长允许补正的对象）。

（5）仅针对权利人所主张证明的相反事实进行反驳的主张证明

针对请求人在请求的理由中主张证明的事实，权利人通过答辩书等以否认该事实为目的，主张相反事实或者举出反证时，请求人有时会为了否定该相反事实的存在而主张证明。此时，请求人的反驳是专门否定权利人所主张证明的相反事实的存在的反驳，并不是对作为最初的请求理由的"使权利无效的事实依据"进行变更时，不构成请求理由的要旨变更。

另外，借着对权利人所主张证明的相反事实进行反驳的名义，主张与作为最初的请求理由而记载的"使权利无效的事实依据"实质上不同的无效事由的事实的情况下，构成请求理由的要旨变更。

（**例1**）针对违反可实施要件的请求理由，特许权人将实验数据作为证据主张证明可实施的事实（相反事实）的情况下，请求人为了否定该相反事实的存在，提出了显示特许权人的实验数据不正确或者错误的相反实验数据时，作为专门否定特许权人所主张证明的相反事实的存在所用的反驳，并不是对作为最初的请求理由而记载的"使特许无效的事实依据"进行变更，因此不构成请求理由的要旨变更。另一方面，提出与特许权人的实验数据无关的实验数据，主张与最初不同的另外的违反可实施要件的具体事实时，由于是主张与作为最初的请求理由而记载的"使特许无效的事实依据"实质上不同的无效理由的事实，因此构成请求理由的要旨变更。

（例2） 针对违反基于多个现有技术文献的组合能够容易发明的创造性的请求理由，特许权人主张存在现有技术组合的阻碍因素（例如，如果将副引用发明应用到主引用发明中，则主引用发明将丧失功能）的事实（相反事实）的情况下，请求人作出否定该相反事实的存在的反驳（例如，主张副引用发明的应用不会导致主引用发明丧失功能）时，作为专门否定特许权人所主张证明的相反事实存在的反驳，并没有对作为最初的请求理由而记载的"使特许无效的事实依据"进行变更，因此不构成请求理由的要旨变更。另一方面，与特许权人的阻碍因素的主张没有关系，主张与最初的违反创造性的事实不同的另外的事实（基于另外的现有技术文献等的事实）时，由于是主张与作为最初的请求理由而记载的"使特许无效的事实依据"实质上不同的无效事由的事实，因此构成请求理由的要旨变更。

（6）对特许权人的抗辩进行否认，但对请求理由没有任何变更的情形

在最初的审判请求书中，将某个现有技术文献作为证据而主张违反新颖性的请求理由，对此，特许权人进行抗辩，主张该现有技术文献属于"违反申请人意愿的公开"（特§30①），因此根据丧失新颖性的例外规定而不丧失新颖性，在这种情况下，请求人作为对特许权人的抗辩进行的否认，提出了显示不是违反意愿的公开的事实/证据等时，由于针对最初的请求理由中记载的"使特许无效的事实依据"没有任何变更，因此不构成请求理由的要旨变更。

（7）法律的适用条文的修正

在维持最初的审判请求书中记载的涉及"使权利无效的事实依据"的主张不变的基础上，仅对适用条文的错误（包含修改法的选择的错误等）进行修正的补正和辩驳，实质上并未变更请求理由中记载的"使权利无效的事实依据"，因此不构成要旨变更。

但是，以修正应适用的法律的错误的名目，增加新的无效理由（"使权利无效的事实依据"）的，构成请求理由的要旨变更。

另外，即使是在请求人没有进行对应当适用的法律规定的错误进行修正的补正和辩驳时，由于法律的适用是审判官的专权事项，因此审判官可以一边认定请求人所主张的事实，一边适用与该主张不同的另外的根据条文而作出特许无效宣告审查决定。

例如，在最初将基于违反新颖性（特§29①）的无效理由的主要事实依据作为"使特许无效的事实依据"而记载的情况下，将该主要事实的记载和证据等综合来看，认为其等同于对基于违反创造性（特§29②）的无效理由的主要事实依据也在

实质上进行了记载时,合议组可以认定该事实,并且适用违反创造性无效理由的规定(特§29②)而作出审查决定。

　　但是,需要特许权人反驳的情况下,除了已经给予了实质性的反驳机会以外,在审查决定前给予答辩机会是适当的。

(2019.6修订)

51—17　P
审查决定的预告

1. 与审查决定的预告相关的审理顺序的概要

平成24年（2012年）4月1日以后请求的特许无效宣告审判中，在案件作出审查决定的时机成熟的情况下，当由省令规定时（认可审判的请求中具备理由时，不认可订正的请求时等），进行"审查决定的预告"（特§164之2①、特施规§50之6之2）。

在不进行"审查决定的预告"时，终结审理而作出审查决定（特§156②④）。

针对"审查决定的预告"，被请求人可以进行订正的请求或者订正说明书等的补正（特§164之2②、特§134之2①），在不进行订正的请求或者订正说明书等的补正时，终结审理而作出审查决定（特§156②④）。

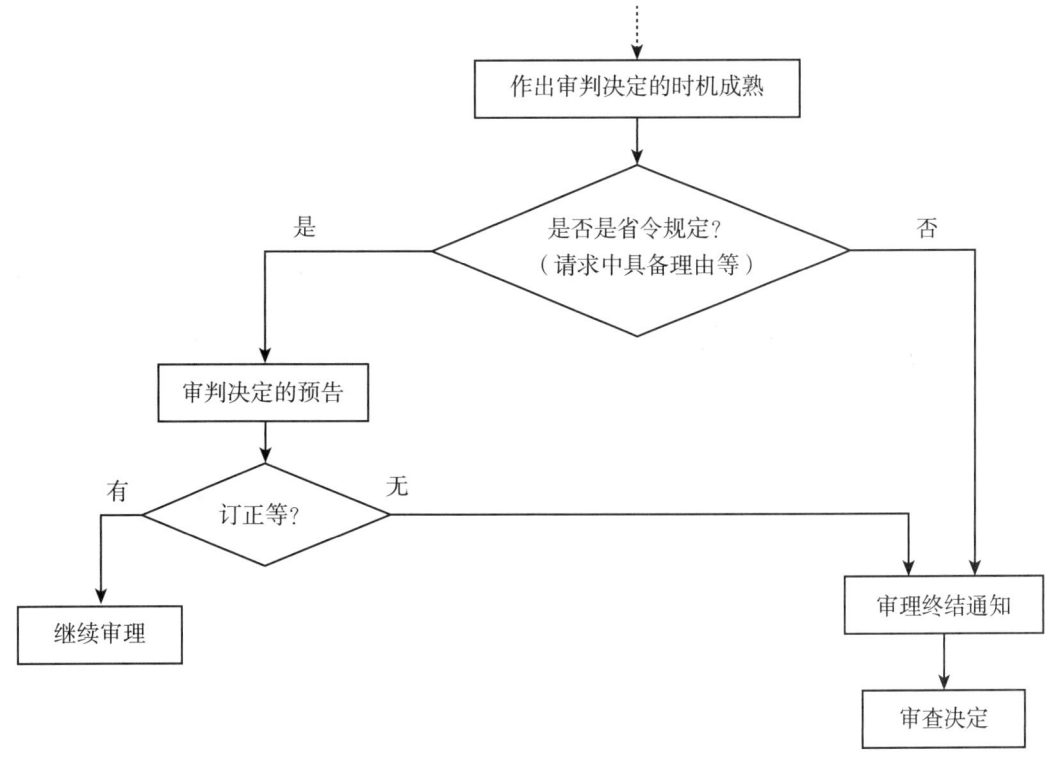

【图】作出审查决定的时机成熟之后的程序概况

2. 审查决定预告的概要

审查决定的预告是为了使法院和特许厅之间不产生"踢皮球现象"而创设的程序，向被请求人展示合议组的判断，据此来赋予其进行订正的机会。

（1）审查决定预告的记载内容

在审查决定的预告中记载与审查决定相同的事项（特§164之2③→§157②）。在结论以及理由中对所有订正事项适当与否的判断、对被请求审判的所有权利要求的有效性判断，以与审查决定同等程度的方式详细记载（审查决定的记载→51—19之3）。其中，在有效性判断中，原则上对所有的理由（在已经通知了请求人所提出的理由以及依职权的无效理由时指这些理由）进行审理判断，并在审查决定的预告中进行记载。

（2）针对审查决定预告的当事人的程序

并不重新对双方当事人指定期间而要求提出主张，仅对被请求人指定进行订正请求的期间（标准60日（在海外者90日）→25—01.2）（特§164之2②）。

3. 作出审查决定的时机成熟时的审理

（1）审理开始后，首次作出审查决定的时机成熟时

审理开始后，首次作出审查决定的时机成熟时，原则上进行审查决定的预告（特§164之2①、特施规§50之6之2一）。

但是，在不需要给予被请求人订正机会的以下情况下，不进行审查决定的预告，作出审查决定（特施规§50之6之2一、特§156②）。

·在被请求人提出不希望进行审查决定预告的意见
·未提出订正的请求，认为被请求审判的权利要求全都有效时
·涉及被请求审判的权利要求的订正全部被认可，并且，认为被请求审判的权利要求全部有效时

在作出审查决定的预告时，根据被请求人对此是否进行订正的请求，进行如以下所述的程序。

ア　进行了订正的请求时

通常对请求人给予辩驳的机会。

在作出审查决定的预告之后，口头审理仅在认为必要时进行即可。

イ　未进行订正的请求时

由于审理的对象未被变更，因此若无其他事项的变更，则通常终结审理（特§156②），以在审查决定的预告中记载的判断内容作出审查决定。

基本上将审查决定的预告中记载的内容记载在审查决定中即可，但是不妨碍在审查决定预告后提出的呈报书中提及。另外，在认为重新给予订正的机会更合适的时候（例如，伴随着证据的增加或变更时），再次作出审查决定的预告。

（2）再次作出审查决定的时机成熟时

按照上述（1）ア进行审理的结果，在该案件中再次作出审查决定的时机成熟时，根据上述 2. 中记载的审查决定预告的宗旨，原则上作出审查决定。

在此，针对之前的审查决定的预告进行订正请求之后，有时请求人会进行无效理由的增加或变更（作出对审判请求书的要旨进行变更的补正，作为起因于订正的内容而被审判长许可时等），针对这些无效理由，不作出审查决定的预告。另外，在要旨变更的补正被许可时给予订正/答辩的机会（特§134②）。

另外，根据在之前的审查决定预告前提出的理由或者作为依职权审理的结果被通知的理由（限于根据该理由没有作出审查决定的预告），认可审判请求中具备理由时，作出审查决定的预告（特§164之2①、特施规§50之6之2三）。

> ○给予订正的机会更合适的例子
>
> 　与基于文献证据的无效理由 A 一起，在审理中提出伴随着证据调查的无效理由 B 时，从有效进行审理的角度出发，可以保留证据调查中较花费时间的无效理由 B 的审理判断，仅以无效理由 A 进行审查决定的预告。这时，在之前的审查决定预告中记载的无效理由 A 不能维持，对所保留的无效理由 B 进行审理的结果成为无效的心证时，若针对无效理由 B 不公开心证，不给予订正的机会就作出审判决定，对于被请求人来说构成突然打击，因此以无效理由 B 进行审查决定的预告。
>
> 　这样的案件是例外，针对请求人提出的理由，原则上应在作出之前的审查决定预告之时进行全部审理判断。

（3）审查决定被撤销而退回特许厅重审，审理开始后，首次作出审查决定的时机成熟时

由于是重新进行到此为止的程序和审理，因此与上述（1）时相同，在退回重审开始审理后，首次作出审查决定的时机成熟时，原则上作出审查决定的预告（特§164之2①、特施规§50之6之2二）。关于之后的审理程序，参照上述（1）和（2）。

(2019.6 修订)

51—18 PUDT
无效宣告审判中的职权审理、无效理由通知

1. 无效理由通知（特§153、实§41、外§52、商§56）

在审判中，即便对于当事人或参加人未提出的理由（例如，不同的条文），也可以进行审理，因此在无效宣告审判中，也可以依职权调查请求人未主张的无效理由。但是，由于对请求人未提出请求宗旨不能进行审理，因此针对未被请求无效宣告审判的权利要求、指定商品/服务，不能依职权调查无效理由。

在对当事人或参加人未提出的理由进行审理时，审判长应当将该审理的结果向被请求人（权利人）作为无效理由进行通知，向请求人及参加人作为依职权审理结果进行通知，并指定一定的期间，给予提出意见的机会。与此对应，双方当事人及参加人针对被通知的无效理由可以陈述意见。

在特许无效宣告审判中，被请求人也可以在无效理由通知中所指定的期间（标准30日（在海外者50日）→25—01.2）内进行订正的请求（特§134之2①）。

2. 依职权审理启动的基本观点

依职权审理的启动并不是合议组的义务而是其所享有的裁量权，因此并不是必须要进行依职权审理。合议组是否启动依职权审理的权限，应当是综合考虑该案件对公众利益造成的影响、依职权进行调查造成审理延迟的可能性、作为依职权调查的结果的发现真实的可能性等，根据个案而由合议组决定。

无效宣告审判制度是当事人对立结构，因此基本上根据请求人的主张证明进行审理，依职权审理仅达到对审理进行补充的程度为止是适当的。

因此，原则上仅将以下的例子作为限度，启动涉及无效理由存在与否的依职权审理的裁量权。

ア 在认为根据无效宣告审判的请求人所主张的事实及证据并不构成合适的无效理由的情况下，认为通过对在该无效宣告审判案件中提出的多个证据的组合进行修正，或者补充公知常识等，可以构成合适的无效理由，有助于正确的审理时。

イ 通过一并考虑针对该权利的其他案件（其他的无效宣告审判、侵权诉讼等）中出现的事实或证据，可以构成更加合适的无效理由的情况下，认为需要规避与该其他的案件的结论的不一致时。

ウ 在请求人所提出的请求理由不构成合适的无效理由的情况下，基于赋予权

利后的信息提供制度（→10—04）而提出的信息，请求人并没有作为请求的理由来引用，但一看就明显构成合适的无效理由，而且若不将其作为依职权审理的对象则从公众利益的角度来看难以接受的案件。

エ　在请求人所提出的请求理由不构成合适的无效理由的情况下，存在其他的构成合适的无效理由的现有技术等的可能性非常高，并且，对其进行依职权调查比较容易，同时若不进行依职权调查则从公众利益的角度来看难以接受的案件。

3. 与不许可决定的补正相关的请求理由的依职权采用

即便将作出不许可决定的变更无效宣告审判请求理由要旨的补正（特§131之2②），作为"当事人未（合法）提出的理由"而采用为依职权审理的无效理由，也应当定位为补充的部分，作为依职权审理的对象，在考虑了截至目前的请求人的应对内容等（请求人是否在审判请求最初就充分记载了请求的理由，在之后的审理过程中是否适时且适当地作出了攻击等）的基础上慎重决定是适当的。

（1）不许可决定中每个补正类型的注意事项

ア　违反审理延迟要件

将有可能使审理不当延迟而不允许补正的请求理由作为依职权调查的无效理由而在之后又采用的情况由于不具有一贯性，因此除了有特别的情况变更时，或者认为作为依职权审理的对象有助于迅速审理时以外，不作为依职权审理的无效理由。

イ　违反订正起因要件/最初不记载的合理的理由要件

涉及并不是因订正请求而必需，而且未在最初的请求书中记载也没有合理理由的请求理由的补正，是不应当被认为属于变更要旨的补正的典型例子，因此除了不作出将其依职权采用而使特许无效的审查决定从公众利益的角度来看难以接受这样的案件以外，不作为依职权审理的无效理由。

ウ　仅违反被请求人的同意要件

不会使审理延迟，而且被认为在最初的请求书中未记载该请求理由大致具有合理理由的情况下，仅以被请求人不同意为理由而对请求理由的补正不许可时，对此，即使是针对这样的补正作为私人的被请求人不同意，也不妨碍合议组从公众利益的角度出发进行依职权的启动。所以，与上述2.ウ相同，在一看就明了该请求的理由构成合适的无效理由，而且若不将其作为依职权审理的对象则从公众利益的角度来看难以接触的案件中，作为依职权调查的无效理由来采用并没有障碍。

（2）无效理由通知书中的补正书等的引用

在采用涉及不许可补正的请求理由作为依职权调查的无效理由时，也可以引用记载有该补正事项的补正书或辩驳意见书等的记载。

这样，可以作出将请求人的意图容易传递给被请求人的无效理由通知。

4. 实用新型无效宣告审判中技术评价书的处理

在实用新型无效宣告审判中，在请求人未提及实用新型技术评价书中记载的现有技术文献时，根据需要将该现有技术文献作为依职权审理的对象。

另外，审查决定是考虑了当事人的主张而由合议组基于独立的判断而作出的，因此该评价书的评价并不能左右审查决定的结论。

（2019.6 修订）

51—19 ＰＵＤＴ
无效宣告审判的审查决定、审查决定的登记簿登记等

1. 审查决定的时期

在案件作出审查决定的时机成熟（对审理所需要的事实已全部参考，对应当调查的证据已全部调查，达到能够作出结论的状态）时，进行审查决定的预告（特§164之2①），或者通知审理终结而作出审查决定（特§156②④、实§41、外§52、商§56①、§68④）。

针对案件作出审查决定的时机是否已经成熟，合议组综合考虑以下几点而作出决定。

（1）随着当事人之间对事实的承认与否认达成一致，有争议的事实是什么对于双方当事人以及合议组来说是否变得明确（通常至第一答辩阶段结束）。

（2）针对该争议焦点，由负有举证责任一方的当事人举证，对此，对方当事人是否有反驳/反证的机会（通常至口头审理、第一答辩阶段或者第一辩驳阶段结束。另外，作出如对方当事人的"请求宗旨"或"答辩宗旨"那样的审查决定时，不需要给予反驳/反证的机会）。

（3）通过订正的请求（特许）、订正（实用新型）或新的无效理由的提出等，是否产生给予对方进一步反驳机会的需要（通常在第一答辩阶段或第一辩驳阶段审核）。

（4）为了合议组形成心证，是否需要针对一方当事人的主张证明进一步听取对方的反驳。

2. 无效宣告审判的审查决定

（1）特许、实用新型、商标

无效宣告审判的审查决定有以下4种情况。

ア　对请求人的请求全部认可（针对特许、实用新型，请求人主张无效的全部权利要求被无效。针对商标注册，请求人主张无效的全部指定商品或者指定服务被无效）。

イ　对请求人的请求部分认可（针对特许、实用新型，请求人主张无效的权利要求的一部分被无效，其他的权利要求未被无效。针对商标注册，请求人主张无效的指定商品或者指定服务的一部分被无效，其他的指定商品或者指定服务未被无效）（特§125、特§185、商§46之2①、§69）。

ウ　对请求人的请求不认可（针对特许、实用新型，请求人主张无效的全部权利要求未被无效。针对商标注册，请求人主张无效的全部指定商品或者指定服务未

被无效）。
　　エ　驳回审判的请求（→51—08、45—04 之 5.）。
（2）外观设计
无效宣告审判的审查决定有以下 3 种情况。
　　ア　对请求人的请求认可。
　　イ　对请求人的请求不认可。
　　ウ　驳回审判的请求（→51—08、45—04 之 5.）。

3．审查决定的记载

（1）审查决定的记载中的一般事项（→45—03）

审查决定的"结论"是合议组判断的结果，示出针对案件当事人请求宗旨在怎样的范围内允许或者排斥，因此结论中不能记载超出请求宗旨的判断。

关于与无效宣告审判（特§123）相关的费用的负担，无论是否有当事人的主张，都依职权在结论项中明确表明应当由哪一方负担。

审查决定的理由中记载争议焦点以及对此的判断。届时，作为原则，审理判断全部的理由（请求人申诉的理由及依职权被通知的无效理由），展示判断的结论和该具体理由。但是，对于与审查决定的结论不直接相关的无效理由，虽然展示判断的结论，但是对其理由的记载程度等合议组可以适当酌情考量。

在作出是否允许请求理由补正的决定（→51—15 之 4.（2）（特§131 之 2②，外§52））的情况下，决定内容为不允许补正的，作为不允许决定的前提，记载请求理由的补正构成请求书要旨变更这一决判的同时，示出作出该判断理由（请求人对要旨变更这一判断没有争议时，可以简单地记载）。

（2）根据后发性的无效理由而被无效时

在根据后发性的无效理由（特§123①七、实§37①六、外§48①四、商§46①五~七）使权利无效时的审判决定的结论中，最好写明该权利达到符合该项的时刻（特登令§9③、特登施规§37、实登令§3③、实登施规§3④、外登令§3③、外登施规§6④、商登令§3④、商登施规§16 之 2）。

（3）在特许无效宣告审判中有订正请求时（→45—04 之 5.（2）ウ（ウ））

　　ア　对在无效宣告审判程序中请求的订正认可的情况下，或者对订正部分认可的情况下，通过将该情况记载在审查决定的结论中，从而产生根据订正请求而产生的订正的效果（特§134 之 2⑨→特§128）。

对将主张无效的权利要求全部删除的订正认可时，通过审查决定将无效宣告审判请求驳回（→51—08 之 3.オ）。

对将主张无效的权利要求的一部分删除的订正认可时，针对所删除的权利要求的无效宣告审判请求通过审查决定驳回（→51—08 之 3.オ）。

　　イ　对无效宣告审判程序中请求的订正不认可时，在审查决定的结论中并不记载不认可订正的情况，而在理由中将该情况进行记载。这是因为仅针对"不认可订正"的情况进行争执没有意义。

  4．审判决定的确定
　存在产生部分确定的时候（特§167之2）（→46—00）。

  5．审判决定的效果
　(1) 结论为无效的审查决定的效果
　ア　在无效审查决定确定时，权利被视为自始不存在（特§125、实§41、外§49、商§46之2①、§68④）。
　イ　根据后发性的无效理由（特§123①七、实§37①六、外§48①四、商§46①五～七）而应当使该权利无效的审查决定确定时，权利被视为自达到符合该项的时刻起不存在（特§125但书、实§41、外§49但书、商§46之2①但书）。
　ウ　可以成为民事诉讼法上、刑事诉讼法上的再审事由（民诉§338①八、刑诉§435五）。但是关于民事诉讼法上的处理，在侵权诉讼等（适用特§104之3①的规定时）的判决确定后应当无效的审查决定确定的情况下，以该审查决定确定为理由的确定判决的再审被限制（特§104之4一、平23附§2⑮））。
　エ　在特许、实用新型的部分无效的审查决定确定时，仅涉及所符合的权利要求的特许无效（特§123①、§185）。针对外观设计，即使是主外观设计的关联外观设计，也仅被请求无效的外观设计无效，针对商标，每个指定商品、服务无效。
　(2) 特许无效宣告审判中订正被认可的审查决定的效果
　ア　通过订正请求订正被认可的无效宣告审判的审查决定确定时，被视为根据订正后的说明书、权利要求书或者附图而作出了特许申请、申请公开、应特许的决定或者审查决定，以及特许权的授权登记（特§134之2⑨）。
　イ　侵权案件等判决确定后应进行订正的审查决定（仅限于政令规定的）确定时，以订正确定为理由的确定判决的再审被限制（特§104之4三、特施令§8）。
　(3) 关于无效宣告审判的审查决定的一事不再理
　ア　无效宣告审判的确定审查决定的登记为平成24年（2012年）4月1日以后的在无效宣告审判的审查决定确定时，该审判的当事人以及参加人不能根据相同的事实，以及相同的证据请求进行审判（特§167、实§41、外§52、商§56①、§68④）（→30—02）。
　イ　无效宣告审判的确定审查决定的登记为平成24年（2012年）3月31日以前的在存在无效宣告审判的确定审查决定的登记时，任何人都不能根据相同的事实，以及相同的证据请求进行审判。
　(4) 根据后发性的无效理由而使得商标注册应当无效的审查决定的确定的效果
　在商标注册属于商§46①五～七的情况下，应当使该商标注册无效的审查决定确定时，商标权被视为从达到该商标注册属于该无效理由的时刻起不存在（商§46之2①但书）。

另外，在商标注册不能确定达到属于商§46①五~七的时刻时，商标权被视为从应当使该商标注册无效的审判请求的登记之日（预告登记之日）起不存在（商§46之2②）。

6．登记等

（1）审判请求的预告登记

当有无效宣告审判的请求时，在特许登记簿中预告登记（特登令§3四、实登令§2、外登令§1之3三、商登令§1之2三）。

预告登记是通过在表示部记录审判请求年月日、审判的编号，以及请求宗旨而进行的（特登施规§38、实登施规§3④、外登施规§6④、商登施规§16之3）。

（2）确定审查决定的登记

无效宣告审判的确定审判决定，依特许厅厅长的职权进行登记（特登令§16十、实登令§6五、外登令§6三、商登令§7五），登记的方法是通过在表示部记录审判的编号、审查决定确定的情况及其年月日，以及确定审查决定的概要而进行（特登施规§37、实登施规§3④、意登施规§6④、商登施规§16之2①）。另外，在审查决定部分确定时（→46—00），作为"审判决定的部分确定登记"而进行登记。

审查决定的原件被视为特许登记簿的一部分（特登令§9③、实登令§3③、外登令§3③、商登令§3④）。

（3）说明书、权利要求书或者附图的订正的登记

基于特许/实用新型无效宣告审判的说明书、权利要求书或者附图的订正，依特许厅厅长的职权进行登记（特登令§16二、实登令§6二）。在特许发明的名称发生变更时，登记变更后的名称（特登施规§31、实登施规§2之5②）。

再者，在伴随着审查决定的部分确定而有订正请求的确定时（→46—00之2.(1)），作为"审查决定的部分确定登记"而在特许登记簿中登记。

另外，获得特许的发明的该说明书、权利要求书，以及附图被视为特许登记簿的一部分（特登令§9②、实登令§3②、外登令§3②、商登令§3②）。

（4）权利消灭时的处理

权利的消灭（包括由于被无效造成时），依特许厅厅长的职权进行登记（特登令§16一、实登令§6一、外登令§6一、商登令§7一）。

在登记的权利消灭时，登记簿中有关该权利的登记被移至封闭登记簿（特登令§12、实登令§4、外登令§4、商登令§5）。

封闭登记簿的保存期限是20年（特登施规§5①、实登施规§3②、外登施规§6②、商登施规§17②）。

7．官费和费用负担

（1）官费

审判请求的官费按照特§195②（实§54②、外§67②、商§76②）的规定缴纳。

ア　此时，针对特许无效宣告审判，应当根据提出无效的权利要求的数量缴纳官费。

イ　根据订正审判或者订正请求中的订正，上述权利要求的数量增加的情况下，针对所增加的权利要求（发明）也请求无效宣告审判时，请求人要缴纳针对所增加的权利要求（发明）的官费。

（2）费用负担（→47—01～03）

有关无效宣告审判的费用的负担，在审判通过审查决定而结束时，应当以该审查决定的形式确定；在审判不通过审查决定而结束时，应当根据审判以决定的形式依职权确定（特§169①、实§41、外§52、商§56①、§68④）。

针对这种情况下的费用负担，要考虑根据特§169②的规定准用民诉§62等的适用。

8．其他

（1）特许（登记）证书

特许厅厅长在申请书所附加的说明书、权利要求书或者附图的订正被认可的审查决定确定的情况下，当存在该登记时，向特许权人发放特许（登记）证书（特§28①、特施规§66、实§50①、实登令§1一、实施规§19、外§62①、商施规§16、商§71之2①、商施规§16之2）。

（2）审查决定公报、特许公报

在特许无效宣告审判中作出说明书、权利要求书或者附图的订正时，审判的确定审查决定以及订正后的说明书、权利要求书中记载的事项及附图的内容被登载在特许公报（特许订正说明书）中（特§193②七、八）。

上述公报在案件确定的阶段发行，在涉及案件的所有的请求确定时发行的审查决定公报中，将全文订正说明书（订正说明书存在多个时则是多个）以连续的方式登载。另外，在部分确定时，发行部分确定审查决定公报，登载部分确定的信息。

（2019.6 修订）

51—20　P
关于订正请求的一事不再理的处理

　　在认可无效宣告审判程序中所请求的订正（特§134②）的审查决定确定时（确定审查决定的登记在平成24年（2012年）3月31日以前时为"在有无效宣告审判的确定审查决定的登记时"），针对该订正的合适与否的判断也适用一事不再理（特§167、实§41），之前的无效宣告审判的当事人及参加人（在确定审查决定的登记为平成24年（2012年）3月31日以前的情况下为"任何人"），不能以相同的事实/相同的证据为根据而请求主张订正不合法的无效宣告审判（特§123①八），在出现该请求时以审查决定的方式驳回。

　　（1）根据特许法第167条，针对无效宣告审判或延长保护期无效宣告审判的审查决定适用一事不再理。

　　（2）而且，在认可无效宣告审判程序中请求的订正，从而维持权利的审查决定确定时，关于订正，进行了与以不合法的订正为理由的无效宣告审判被审理的情况实质相同的审理，因此，针对上述审查决定中记载的、作为认可订正的依据而采用的事实/证据，考虑适用一事不再理的法理是合理的。所以，不能以该事实/证据，请求以不合法的订正作为理由的无效宣告审判，在出现该请求时以审判决定的方式驳回。

　　（3）另外，根据一事不再理（特§167）的适用而禁止的是特许无效宣告审判或者延长保护期无效宣告审判，所以在不认可订正而维持权利的无效宣告审判的审查决定确定后，在之后的订正审判中，针对以与该审查决定所采用的事实/证据相同的事实/证据进行反驳的形式请求相同内容的订正，不适用一事不再理。

　　（4）此外，根据一事不再理的适用而禁止的是审判的请求，并不是订正的请求，因此，在不认可订正而维持权利的无效宣告审判的审查决定确定后，在之后的其他的无效宣告审判程序中的订正中，针对以与该审查决定所采用的事实/证据相同的事实/证据进行反驳的形式请求相同内容的订正，不适用一事不再理。

（2019.6 修订）

51—21 PUDT
无效宣告审判审查决定后的程序

1. 审查决定撤销诉讼的提起

对无效宣告审判的审查决定不服的人，可以请求撤销审查决定而提起审查决定撤销诉讼（特§178②、实§47①、外§59①、商§63①）。

（1）诉讼当事人

无效宣告审判的当事人（请求人或者被请求人）、参加人或者申请参加该审判而被拒绝的人，可以提起诉讼。

无效宣告审判的对方当事人（被请求人或者请求人）成为被告。被告若不应诉，则有时会在诉讼中拟制为自认，作出撤销审查决定的判决。

（2）起诉期限

起诉可以在送达无效宣告审判审查决定的誊本之日起30日以内进行。该期限是固定期限（特§178③、实§47②、外§59②、商§63②）。

针对处在遥远或者交通不便之地的人，审判长依职权给予附加期限（国内居住者为15日，在海外者为90日），并与审判决定的送达一起告知（→25—04之4.）。

（3）裁判管辖

针对无效宣告审判审查决定的诉讼，由东京高等法院专属管辖，由作为东京高等法院的特别支部的知识产权高等法院处理（特§178①、实§47①、外§59①、商§63①、知识产权高等法院设置法§2）。

2. 审查决定撤销诉讼的判决和无效宣告审判的再审后的审理

（1）维持审查决定的判决（请求驳回判决）确定时

法院认为请求理由不成立（无效宣告审判的审查决定无违法性）而作出驳回请求的判决时，在该判决确定之时，审查决定也确定，因此不进行之后的审判的审理。

（2）撤销审查决定的判决（请求容许判决）确定时

法院认为请求理由成立（无效宣告审判的审查决定存在违法性）时，作出容许请求而撤销审查决定的判决（特§181①、实§47②、外§59②、商§63②）。在撤销审查决定的判决确定时，由于依然处于对无效宣告审判案件未作出行政处分（审查决定）的状态，因此无效宣告审判案件在特许厅再审，由合议组进一步进行审理（特§181②、实§47②、外§59②、商§63②）。

确定判决就该案件对特许厅产生约束（行诉§33①），因此合议组应根据该确定判决所示的结论（判决主文）和作为导出该结论所需要的事实认定以及法律判断而在判决理由中记载的事项，再次作出审查决定。但是，可以以另外的理由作出相同结论的审查决定。

（3）再审后的审理

审查决定是针对每个权利要求（指定商品或者指定服务）可分的行政处分，判决也与此对应而作出并确定。根据将什么样的结论的审查决定撤销的判决已经确定，或者审查决定撤销的判决针对哪个部分已经确定，如以下这样进行审理。另外，在再审后，口头审理仅在认为需要时进行即可。

ア　再审后审理开始前的程序（特许）

（ア）将维持权利的审查决定撤销的判决确定时

在将维持权利的审查决定撤销的判决确定，无效宣告审判在特许厅再审时，在该判决确定之日起1周以内，被请求人（特许权人）可以要求为了进行订正请求的指定期限（特§134之3、特施规§47之6格式63之6）。

审判长在有该要求时，可以给予被请求人进行订正请求的指定期限（标准10日（在海外者10日）→25—01.2）（特§134之3）。是否给予指定期限是审判长的裁量权的范围，并不一定必须给予指定期限，但是鉴于审查决定后无订正的机会，应当使被请求人有效利用审查决定之前的订正的机会。所以，除了在不进行订正也可以作出维持权利的审查决定时（例如，维持权利的审判决定被撤销的理由仅仅是违背程序等时，在再审的无效宣告审判中消除违背程序的情况之后，可以再次作出权利维持的审查决定时等）以外，如果同意该要求而给予指定期限，应将该情况记载在审理再启动通知中。

在此，在合议组认为需要特别敦促提交答辩书时，在通知订正请求的指定期限之际，记载敦促答辩的情况。

（イ）撤销判决针对一组权利要求中的一部分的权利要求确定时

针对"一组权利要求"中的一部分权利要求起诉，撤销审查决定的判决确定时，对其他的部分的权利要求的审查决定未被撤销而处于未确定的遗留状态。针对一组权利要求要一并进行处理，但是在这种状态下针对审查决定未确定而遗留的部分，不能一并进行审理。因此，在再启动审理时，审判官应当将针对该一组权利要求中的其他的权利要求的审查决定撤销（特§181②）。在这种情况下，在审理再启动通知中记载撤销审查决定的部分。

イ　作出审判决定的时机成熟之前的程序

（ア）将维持权利的审查决定撤销的判决确定时

由于合议组受到撤销判决的约束，因此例如针对在审查决定中判断不构成无效理由的理由，在判决中表示审查决定中的判断有误时，通常作出使权利无效审查决定。但是，在特许中，在上述ア（ア）的指定期限内提交了订正请求书的情况下，针对通过该订正是否将该无效理由消除进行审理。

审理的结果，认为通过该订正并没有将该无效理由消除时，不需要给予请求人反驳的机会,即可判断作出审查决定的时机已经成熟。关于之后的程序,参照以下的ウ。

另外,在认为该订正满足订正要件,并且将该无效理由消除时,将订正请求书以及订正说明书等送达请求人,并给予反驳的机会。

再者,被请求人未根据特§134之3进行主张时,或者在上述ア(ア)的指定期限内未提交订正请求书时,可以判断作出审查决定的时机已经成熟。

(イ)将权利无效的审查决定撤销的判决确定时

这时,合议组受到判决的约束,通常作出维持权利的审查决定,因此不需要给予被请求人订正的机会(特许)和提出答辩书的机会,也不需要重新给予请求人提交辩驳书的机会。

另一方面,作为例外情况,合议组认为基于判决,在之前的审查决定中认为不成立的另外的无效理由成立时,可以以不属于判决的约束力范围的另外的理由再次作出权利无效审查决定。合议组认为针对原审查决定中采用的无效理由以外的无效理由让请求人主张证明是适当的时候,也可以给予辩驳的机会。但是,仅限于认为在原审判中主张证明未穷尽的情况,另外,由于从判决起已经经过了充足的时间,因此可以使辩驳指令的应答期限很短(→25—01.2)。

ウ 作出审查决定的时机已经成熟之后的程序(特许)

在再审后首次作出审查决定的时机成熟时,原则上进行审查决定的预告(特§164之2①、特施规§50之6之2二)。这时,针对是进行审查决定的预告还是作出审查决定,与开始审理起首次作出审查决定的时机成熟时相同(→51—17之3)。

(2019.6 修订)

51—22　P
特许无效宣告审判与订正审判的关联处理

1. 特许无效宣告审判与订正审判的关联处理

从无效宣告审判在特许厅开始审理至审查决定确定的期间，不能请求涉及同一权利的订正审判（特§126②）。

但是，"无效宣告审判处于特许厅审理中时"指的是审判请求书的副本送达被请求人之时（→54—03），因此在无效宣告审判被请求后将请求书副本送达被请求人之前，请求订正审判的，无效宣告审判和订正审判同时归特许厅审理。

这时，为了迅速、正确地进行无效宣告审判和订正审判的审理，需要关联把握和审理两个审判。

2. 由同一合议组进行审理

订正审判和无效宣告审判不是上级审或下级审的关系，是另外的不同的案件，所以前审参与（→12—04）不构成问题。因此，无效宣告审判和订正审判的审理原则上由同一合议组进行。

3. 无效宣告审判和订正审判同时审理时的处理

（1）原则上无效宣告审判优先

在订正审判（特§126）和无效宣告审判（特§123）同时在特许厅审理时，原则上对无效宣告审判优先审理。

另外，在对一方的审判优先审理时，根据需要中止另一方审判的审理（特§168①），并对当事人进行中止通知。

这样做的理由是因为，（ア）无效宣告审判在审中，可能会考虑无效宣告审判程序中到目前为止的所有情况而进行订正的请求，审理该订正的请求按照权利人的意图进行；（イ）在当事人对立结构的无效宣告审判中，请求人可以针对订正的请求进行反驳，有助于更准确的审理。由此，可以防止产生以下这样的案例。

在下图中，图1的情况下，根据订正审判进行的订正 A+α 通过无效宣告审判中需要的订正 A+β 限缩而来，因此进行订正审判缺乏必要性。另外，在图2的情况下，若订正 A+α 确定，则不能进行订正 A+β。

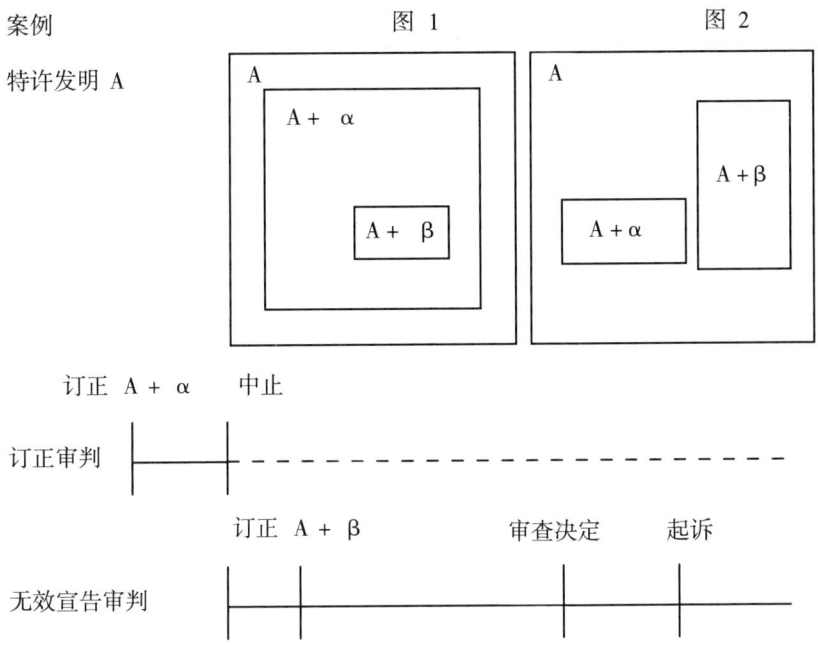

(2) 对订正审判优先审理时

另外，权利人在答辩书中，主张以订正审判的订正内容可充分对抗无效理由，因此应当先对订正审判进行审理的情况下，当合议组判断这样妥当时，优先进行订正审判的审理（但是，即使权利人主张应当先对订正审判进行审理，在订正审判的订正内容明显不能容许时，或者认为与订正审判的结果没有关系无效宣告审判的请求明显不成立时，对无效宣告审判优先审理）。

再者，如在订正审判审理终了之际请求了无效宣告审判的情况这样，订正审判的审理已经进行到一定程度时，也可以优先进行订正审判的审理。

4. 后续审判的审理

原则上在优先审理的审判决定确定之后，迅速继续进行另一方的审判的审理。此时，需要注意以下几点。

(1) 在对无效宣告审判优先审理时，使权利无效的审查决定确定时，订正审判的请求作为不合法的请求而以审查决定的方式驳回（特§135）（参考：最三小判昭59.4.24（昭57（行ツ）第27号））。

另外，在同意无效宣告审判中的订正请求而维持权利的审查决定确定时，应当注意以原特许为前提的订正审判请求的内容并不与订正确定后的特许相整合，有可能产生不满足订正要件的情况这一点。

(2) 在对订正审判优先审理的情况下，认可订正的审查决定确定，由此无效宣告审判的对象发生变更时，将该订正的内容通知无效宣告审判的请求人（→格式

1)，针对成为审判对象的订正后的特许，对无效宣告审判的请求人指定一定的期限而给予提出意见的辩驳机会（特施规§47之3）。

在至该辩驳机会为止，特许权人未进行无效宣告审判中的订正请求的情况下，在辩驳机会中无效宣告审判的请求人进行了变更请求理由的要旨的补正时，不是根据特§131之2②一（基于订正的请求产生的必要的补正）的规定，而是根据特§131之2②二（最初不记载的合理的理由/被请求人（特许权人）的同意）的规定，决定是否允许要旨变更的补正（由于原本订正的请求并不存在，以及在无效宣告审判的请求前请求了订正审判，因此针对请求人对应于订正的请求而提出新的无效理由的情况，不能拟制被请求人当然同意，所以进行如此处理）。

（3）对订正审判优先审理，作出不认可订正的审查决定，被提起审查决定撤销诉讼时，根据在当事人对立结构的无效宣告审判中迅速准确地进行订正正确与否和特许的有效性的判断的观点，不必等待订正审判的审判决定的确定即进行无效宣告审判的审理。

(2019.6 修订)

格式 1

将认可订正的审查决定的确定告知请求人的通知书

认可订正的审查决定的确定的通知书

令和　年　月　日
特　许　厅　审　判　长

审判请求的编号　　　　无效〇〇〇〇—〇〇〇〇
（特许的编号）　　　　（特许第　　号）
请求人　　　　　　　　　　　　　　先生/女士
代理人辩理士　　　　　　　　　　　先生/女士

针对本案如下所述特此通知。针对本特许无效宣告审判案件若有意见等，请于本文件发送之日起 30 日以内提出。

记

针对涉及本特许第　　　号的发明的说明书等，存在订正的审判请求（订正—　　），于令和　年　月　日作出认可订正的审查决定，于令和　年　月　日审查决定确定。

51—22.1 PUDT
多个无效宣告审判案件同时在审

1. 多个无效宣告审判案件同时在审时的审理

针对同一个权利,多个无效宣告审判"同时在审"时(当正要进行一个无效宣告审判案件审理时,另一个无效宣告审判案件也达到了可以审理的状态,或者当正在审理一个无效宣告审判案件时,另一个无效宣告审判案件也达到了可以审理的状态)的审理如下。

(1) 合并审理(→51—09 之 5.)

当多个无效宣告审判案件"同时在审"时,研究合并审理的可能性,对于通过合并审理可以有效进行审理的案件,进行合并审理(特§154①)。

(2) 事实上的合并审理

在不适合对同时在审的多个无效宣告审判案件进行合并审理的情况下,即使同时并行审理多个无效宣告审判案件也不妨碍程序的顺利进行时,不进行合并审理,而是同时并行审理多个案件,尽可能地同时作出审理决定。

通过以下方式进行审理:通过在两个案件中使答辩指令、反驳指令、无效理由通知、口头审理等的时间同步,使对权利人的攻击内容和时间尽可能地相同,由此使权利人的防御方法在多个案件中相同。

(3) 赋予优先顺序的审理

优先审理某特定案件有利于迅速解决争议时,赋予优先顺序进行审理,优先审理是指,选择最合适的无效宣告审判案件(一个或两个以上),在其他剩余无效宣告审判案件之前先审理该无效宣告审判案件。

ア 将未优先审理的无效宣告审判案件中主张的理由、证据等作为优先审理的无效宣告审判案件中依职权审理的对象考虑。

イ 对于未优先审理的无效宣告审判案件,原则上根据特§168①(实§40①、外§52、商§56①、商§68④)发出中止通知。在当事人提出请求解除中止的呈报书等的情况下,即使在优先审理的案件中已经考虑了该案件中提出的理由、证据,也只在认为有利于迅速解决争议时,才解除中止。

ウ 后续审理的案件的处理根据优先审理的案件的结论(权利无效或者权利维持)决定。

(ア)当优先审理的案件的结论为权利无效时,原则上在审查决定确定之前中止后续审理。

（イ）当优先审理的案件的结论为权利维持时，原则上立即开始后续审理的案件的审理。

　　另外，在特许中，当优先审理的无效宣告审判案件被提起诉讼且该优先审理的无效宣告审判案件中的订正未被确定时，注意与后续审理的无效宣告审判案件中的订正的一致性进行审理（→51—22.2 之 2.（2））。

(2019.6 修订)

51—22.2　PUDT
审查决定撤销诉讼在审期间被请求的无效宣告审判

1. 审查决定撤销诉讼在审期间被请求的无效宣告审判的审理

（1）当对权利无效审查决定提起审查决定撤销诉讼时

原则上中止新提出的无效宣告审判的审理，直至撤销诉讼的判决被确定，并且根据特§168①（实§40①、外§52、商§56①、商§68④）发出中止通知。

由此，在特许中，可以避免在后续审理案件中提出新的订正请求，或者在后续审理案件中先确定订正之后优先审理的案件的审理变得无用，或者法院和特许厅的判定不一致等案件的复杂化。另外，如果无效审理决定被确定，则不需要进行新的无效宣告审判的实质性审理。

另外，在当事人提出请求解除中止的呈报书等的情况下，即使考虑前案和本案中提出的所有理由、证据，也能够立即判断得出权利维持的结论（提出订正请求（案）等）时，或者被认为有助于迅速解决争议时，解除中止。

（2）当对权利维持的审查决定提起审查决定撤销诉讼时

原则上迅速开始新提出的无效宣告审判的审理，研究新提出的理由、证据等是否能够推翻在先的权利维持的审查决定。

2. 具体处理

（1）当对权利无效的审查决定提起审查决定撤销诉讼时

ア　当新的无效宣告审判被请求之后，文件送达合议组时，原则上，在请求书副本送达的同时，迅速发出中止通知。

在这种情况下，具体地：

（ア）在《请求书副本送达通知》的正文中记载："现送达请求人提出的审判请求书副本。关于答辩书的提交，由于本无效宣告审判程序已中止，当中止解除时重新给予该机会。"

（イ）起草《中止通知》，并与上述《审判请求书副本送达通知》在同一天进行审批。

イ　作为例外，在与在先案件中的无效审查决定进行比较之际，后续审理案件中的证据更有力时等，或者在看到被请求人的意见或订正请求的内容之后决定是否中止更为合适时，迅速送达请求书副本，之后研究提出的答辩书或订正请求的内容，来决定是否发出中止通知。发出中止通知的时间在答辩书提交期限之后。（注）

（注）当在副本送达之后且答辩书提交期限之前中止时，在解除中止之后，需

要重新给出完整的答辩期限，因此无法在解除中止后立即开始（特§24→民诉§132②）。

因此，必须在副本送达之后、答辩书提交期限届满的阶段发出中止通知。

（2）当对权利维持的审查决定提起审查决定撤销诉讼时

迅速送达新的无效宣告审判案件的请求书副本，给予提交答辩书和订正请求的机会，并开始审理。（注）

另外，在特许中，在特许权人提出与在先案件中接受的订正请求不同的订正请求的情况下，基于该订正进行审理，但需要注意的是，当先确定了在先案件的订正时，在后的无效宣告审判中订正的说明书基准发生改变，以及当接受并先确定了在后的无效宣告审判中的订正时，在先案件中权利维持的审查决定基本上被自动撤销。

（注）在特许中，与在先案件中的理由、证据等相比，在新的无效宣告审判中提出的理由、证据等并不是能够强烈否定特许性的理由、证据，即使考虑这些理由和证据，对于在先案件中的权利要求也能得到权利维持的结论时，在给予与在先案件中接受的订正请求（但订正未确定）相同的订正请求的机会之后，（通常）也会作出权利维持的审查决定。

（2019.6修订）

51—23 U
实用新型无效宣告审判

1. 适用对象
适用于针对平成6年（1994年）1月1日以后授权的实用新型提出的无效宣告审判（平5附§4①、§5）。

2. 实用新型无效宣告审判的特征
实用新型无效宣告审判的程序，相比于特许无效宣告审判，具有如下不同点。
（1）可以对实用新型进行订正，通过提交订正书无须进行实质性审理即可进行确定（→51—23.2）。
（2）任何人均可以请求实用新型无效宣告审判。
（3）在实用新型无效宣告审判中，没有订正请求。
（4）在实用新型无效宣告审判中，没有审查决定的预告。
（参考）以涉及同一发明的特许申请为理由的实用新型无效宣告审判的审理（→51—23.3）

3. 平成17年（2005年）4月1日以后申请的实用新型的处理
对于平成17年（2005年）4月1日以后申请的实用新型，适用平成16年（2004年）修正法（平成16年法律第79号）（平16附§3），按照以下方式处理。

（1）伴随着订正的允许范围的扩大的无效理由的增加

ア　除了以删除权利要求为目的的订正（实§14之2⑦），还可以进行以下目的的订正（以下称之为"缩减等订正"），即（ア）缩减实用新型的权利要求范围、（イ）订正笔误、（ウ）不清楚记载的解释，以及（エ）解除权利要求之间的引用关系（将引用某权利要求的权利要求修改为不引用该某权利要求）（实§14之2②）。除了订正目的的限制之外，还有关于不能增加新的内容和不能实质性扩大或变更实用新型的权利要求的限制（实§14之2③④）。

（注）
上述（エ）的订正，仅限于平成24年（2012年）4月1日以后的订正（平23附则§3）。

イ　期间以及次数的限制。
缩减等订正在（ア）针对最初的实用新型技术评价的请求作出的技术评价书的副本送达后2个月，或者（イ）无效宣告审判中最初的答辩状提出期限中最先到达的期限内，只能进行一次（实§14之2①）。

以删除权利要求为目的的订正，在无效宣告审判在审期间，截至审理终结通知前，随时可以提出，没有次数限制（实§14之2⑦）。

ウ 订正要件和无效理由。

缩减等订正不论是否违反实§14之2②～④中规定的订正要件，只要满足期间以及次数的限制，以及其他形式要件，则被受理而产生订正的效果，该订正的情况将刊载于实用新型公报中（实§14之2⑪⑫）。并且，缩减等订正是否满足订正要件的问题，将作为订正后的实用新型中是否存在无效理由的问题来进行处理（实§37①七）。

（2）基于实用新型的特许申请和无效宣告审判

在实用新型无效宣告审判请求之后，基于实用新型提出特许申请的情况下，审判长将该情况通知请求人、参加人（实§39⑤）。只有在收到通知之日起的30日内，无须征求对方同意即可撤回无效宣告审判请求（实§39之2③），另外，在30日内撤回无效宣告审判请求、参加申请时，依请求退还官费（实§54之2②④⑧）。

（2019.6修订）

51—23.1　P U
特许无效宣告审判和实用新型无效宣告审判的比较表

	特许无效宣告审判	实用新型无效宣告审判
答辩或者意见陈述的机会	审判请求书的副本送达时，给予答辩的机会（特§134①）。依职权审理增加新的无效理由以及证据时，给予意见陈述的机会（特§153）	同左（实§39①、实§41→特§153）
针对答辩的辩驳机会	根据需要，给予请求人辩驳的机会	同左
答辩书、辩驳书及意见陈述书的递交期限	基于程序种类和性质的标准指定期限（特§134①）。例如，第一次法定答辩书的递交期限：国内为60日，在海外者为90日	同左（实§39①）例如，第一次法定答辩书的递交期限：国内为30日，在海外者为60日
多个请求	存在多个请求时，根据需要，可以合并审理（特§154）	原则上，依据请求顺序进行审理，仅限于因证据相同等原因，认为可以迅速且准确地处理时，才进行合并审理（实§41→特§154、审判便览51-09之5.(4)）
撤回请求的条件	在提出答辩书后，需要获得对方当事人的同意（特§155）	同左（实§39之2②） 但是，在存在基于实用新型的特许申请（特§46之2）时，在收到该情况通知之日起30日内递交的审判请求的撤回，即便是在递交答辩书后，也无须获得对方当事人的同意（实§39之2③）
撤回请求的效果	若请求被撤回，则结束程序，不可以依职权继续进行审理。如有参加人（特§148①），则可以继续审理（特§148②）	同左（实§41→特§148①②）

续表

	特许无效宣告审判	实用新型无效宣告审判
审查决定的内容	原则上对订正的认可与否以及每个权利要求给出判断（特§185、§157）	同左（实§50之2、实§41→特§157）
不服申诉机关	东京高等法院（知识产权高等法院）（特§178）	同左（实§47）
可以进行不服申诉的主体	双方当事人、参加人、参加申请被拒绝的人（特§178②）	同左（实§47②→特§178②）
被告	另一方当事人（特§179）	同左（实§47②→特§179）
订正的审理	对订正请求需要进行审理（特§134之2）	对订正请求无须进行审理（实§14之2）
订正的机会	随着请求书副本送达的答辩书递交期间（特§134①） 针对无效理由通知，递交意见陈述书的期间（特§153②） 随着同意要旨变更补正的答辩书递交期间（特§134②） 维持权利的审查决定被撤销的判决被确定时的指定期间（特§134之3） 针对审理决定的预告的指定期间（特§164之2②）	在最初的答辩书递交期间内仅限于1次机会（实§14之2①） 删除权利要求的订正没有次数限制（实§14之2⑦）
可订正范围	◆权利要求范围的缩减 ◆笔误、误译的订正 ◆不清楚的记载的解释 ◆引用关系的解除 但是不允许： ◆订正后的内容超出申请时公开内容的订正 ◆实质上扩大或者变更了权利要求范围的订正 （特§134之2）	能够进行与特许相同的订正（实§14之2①~④、⑦）
有关订正合适与否的主张	在无效宣告审判程序或者审查决定撤销诉讼中，当事人可以针对订正的合适与否进行主张	对订正要件不进行审理而认可订正，无法对订正的合适与否进行争论。但是，可以以违反订正要件为由另行提出无效宣告审判（实§37①七）

续表

	特许无效宣告审判	实用新型无效宣告审判
订正的效果	程序中进行的订正，在审理决定中陈述是否采纳，在向高院提出不服的期间届满后，审查决定被确定时，产生订正的溯及效果（特§134之2⑨→特§128）	存在订正时，产生订正的溯及效果（实§14之2⑪）
诉讼的中止	在认为有必要时，法院可以中止诉讼程序直到审查决定被确定为止（特§168②）	与特许相同（实§40②）

（2019.6 修订）

51—23.2 U
实用新型无效宣告审判中的订正

1. 订正

（1）可订正的范围

在实用新型中，可以进行以删除权利要求为目的的订正（实§14之2⑦）。

除了以删除权利要求为目的的订正，对于平成17年（2005年）4月1日以后申请的实用新型，还可以进行以下目的的订正（以下称之为"缩减等订正"），即（ア）缩减实用新型的权利要求范围、（イ）订正笔误、（ウ）不清楚记载的解释，以及（エ）解除权利要求之间的引用关系（将引用某权利要求的权利要求修改为不引用该某权利要求），该缩减等订正仅限一次（实§14之2①②）。（注）上述（エ）的订正，仅限于平成24年（2012年）4月1日以后的订正（平23附则§3）。

还有不能追加新的内容和不能实质性扩大或变更实用新型的权利要求的限制（实§14之2②③④）。当进行了不满足这些要件的订正时，将成为无效理由（平16实§37①七）。

（2）可进行订正的期间

ア 以删除权利要求为目的的订正，没有次数限制，原则上随时都可以进行。

但是，在实用新型无效宣告审判在特许厅审理期间，发出审理终结通知（实§41→特§156①）之后（在重新开始审理（实§41→特§156③），再次发出审理终结通知后），不能请求订正（实§14之2⑦）。另外，审理终结通知后无法请求订正的最终期限截至实用新型无效宣告审判的审查决定送达时。（注1）

イ 在实用新型权利消灭后，也可以进行以删除权利要求为目的的订正，但是通过实用新型无效宣告审判（实§37①）被无效后，无法进行订正（实§14之2⑧）（注2）、（注3）。

ウ 缩减等订正在针对最初的实用新型技术评价请求作出的技术评价书的副本送达后2个月，或者无效宣告审判中最初的答辩状提出期限中最先到达的期限内，只能进行一次（实§14之2①）。

（注1）在实用新型无效宣告审判审理中，收到审理终结通知后不能请求订正的法律宗旨是：防止通过在实用新型无效宣告审判的审理结束后的订正来变更审理对象，使得到此之前已经进行的审理或者审查决定的起草变得无用，而不得不重新开始审理，从而迅速且正确地针对实用新型的有效性进行审理，因此，在实用新型无效宣告审判的审查决定送达后，认可订正也没关系。

另外，通过审查决定撤销诉讼，将实用新型无效宣告审判案件发回重审的判决被确定时，就与订正之间的关系而言，再次回到"特许厅在审"的状态。

又，实用新型的订正是针对长官进行的程序，在不能进行订正的期间提出的订正书处以程序驳回的处分（→21—08）。

在此，在与订正书提出程序的关系中，实用新型无效宣告审判在"特许厅在审"时的最终期限如下图所示进行处理。

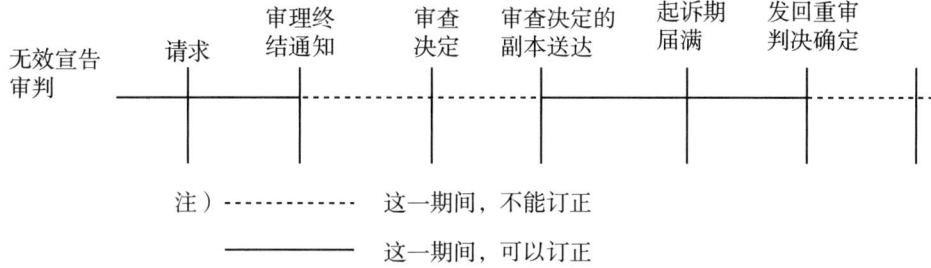

（注2）当适用在实§37①六中规定的"在实用新型授权后，其实用新型权利人基于在实§2之5③中准用的特§25（外国人享有的权利）的规定成为无法享有实用新型权利的人时，或其实用新型违反了条约时"的情况下，即便是该实用新型应当被无效的审查决定被确定，基于在实§41中准用的特§125但书的规定，在实用新型属于同款规定的时期之前的实用新型依然有效，因此可以进行订正（实§41→特§125）。

（注3）关于与实用新型的权利要求书中记载的两个以上的权利要求相关的实用新型，对于部分权利要求被无效的实用新型（实§37①后段），可以对剩余权利要求进行订正（实§14之2⑧）。

(3) 订正的效力

合法的订正书在被受理的时间点上发生效力，视为以订正后的说明书、实用新型的权利要求或者附图，递交了申请并获得授权（实§14之2⑪）。

(4) 订正的形式等

想要订正实用新型的人，应当在支付所定的费用（实§54②附表）的同时，递交根据实施规则格式8、格式8之2制作的实用新型订正书（实施规§10）。

例如，删除权利要求可以用权利要求的编号表示。

(5) 形式缺陷或者不合法订正的处理

ア　形式缺陷，以特许厅厅长的名义发出补正（实§2之2④）命令，没有消除缺陷的，以特许厅厅长的名义驳回程序（实§2之3①）。

イ　属于不合法的程序且无法补正的订正通知驳回理由，给予提交辩明书机会的基础上，驳回程序（实§2之5→特§18之2①）。

ウ　订正后的说明书等的基础要件存在缺陷时，以特许厅厅长的名义发出补正（实§14之3）命令，没有消除缺陷的，以特许厅厅长的名义驳回程序（实§2之3①）。

(注) 审判请求书以外的程序的驳回（→21—08）。

2. 实用新型无效宣告审判和订正的关联处理

（1）在实用新型无效宣告审判在审期间请求订正时，应当将其副本送达给请求人（实§39③）。由于无效宣告审判案件可以进行缩减等订正，因此根据需要可以给出辩驳指令（→51—13）。

另外，实用新型的订正仅以删除权利要求为目的时，作为无效宣告审判对象的权利要求即使被删除，也不会改变其内容，因此一般没有必要给予请求人重新提出意见的机会。

（2）基于订正的实用新型无效宣告审判的处理。

通过订正权利要求的数目发生变化，与此同时，即便变更实用新型无效宣告审判的请求宗旨，也不视为变更了请求书的要旨（→51—07 之 2.）。

（3）允许起因于订正的请求理由的要旨变更补正。

对应于缩减等订正，请求人对请求理由进行补正时，当该补正变更了请求理由的要旨时，与特许无效宣告审判相同，研究起因于订正的要旨变更是否可以允许补正，来作出是否允许补正的决定（实§38之2②）。

（2019.6 修订）

51—23.3 U
以涉及同一发明的特许申请为理由的
实用新型无效宣告审判的审理

1. 审理的进行方式

以在先申请或者涉及同日的同一发明的特许申请的存在为理由（实§7③⑥）的实用新型无效宣告审判的审理，为了防止审理的延迟，不必等待特许申请的确定就可以进行，判断在审理终结时的同一性并作出审查决定。

在以在先申请或者同日的特许申请的存在为理由（实§7③⑥）的实用新型无效宣告审判中，通过在答辩指令书中备注以下内容来通知被请求人。

例：另外，以与在先的特许申请或者同日的特许申请的发明相同为理由的实用新型无效宣告审判，不必等待针对该特许申请的决定的确定而进行审理，判断在审理终结时的同一性并作出审查决定。

2. 对涉及同日申请的特许申请人的通知

具有同日申请关系的实用新型和特许申请在实用新型法上（实§7⑥）不能进行协商，但是在实用新型权利人和特许申请人之间具有实质的协商机会，这对避免无效理由或者驳回理由从而得到适当的保护是有用的。

针对涉及同日申请的特许申请的申请人，除了实用新型权利人和特许申请人为同一人时以外，向其进行关于涉及同日申请的实用新型的以下通知，示意其进行实质的协商。

即，即使向被请求人送达实用新型无效宣告审判请求书副本，并作出答辩指令，也不能保证被请求人与该特许申请人实际达成协议，可能出现如下情况：在该特许申请人不知情的期间，同日的他人的实用新型的无效确定，针对与无效的实用新型相同的权利要求，特许申请人不能避免驳回理由以及无效理由。这对于特许申请人来说是残酷的事，为了使特许申请人能通过自己的努力避免驳回理由，至少需要向特许申请人通知存在涉及这种关系的同日申请的实用新型。

ア 通知内容

在发出答辩指令之际通知下述内容：

（ア）以发明和新型相同为理由请求实用新型无效宣告审判的情况；

（イ）进行答辩指令的情况；以及

（ウ）在实用新型无效宣告审判中不等待特许申请的确定就进行审理并作出审查决定的情况。

イ 通知的格式

使用通知书（格式1），为了发送该通知书而采取以下事务性程序。

审判长针对该无效宣告审判，在送达请求书副本，并给予提交答辩书的机会之际（请求书副本送达批准时）起草通知书及其副本，并将它们交给审判书记员。

审判书记员将通知书的誊本以封口书信的方式发送给特许申请人或者代理人，通知书装订到本无效宣告审判的记录册中。

3. 提交答辩书后的审理的进行方式

作为两者协商的结果，被请求人（实用新型权利人）在答辩书中主张通过特许申请的补正可以消除无效理由的情况下，合议组讨论发明与实用新型的同一性、其他无效理由、答辩内容等，在判断为有必要时，考虑该主张。具体而言：

（1）不需要为了进行特许申请的补正而发出审查意见通知书，在特许申请进行补正时（例如，最初的审查意见通知书的指定期间届满前进行补正时），确认该补正的内容之后，审理实用新型无效宣告审判。

（2）在为了特许申请的补正而需要发出审查意见通知书时（例如，已经提出实质审查请求时），审判官与特许申请的负责审查员联系，针对特许申请若可以发出特§39的审查意见通知书，则请求尽快通知该审查意见。然后，等待针对该审查意见通知书的补正，在确认该补正的内容之后，审理实用新型无效宣告审判。

（3）在上述（2）的情况下，针对该特许申请已经通知了审查意见，作出驳回决定时，就保持这样的状态对实用新型无效宣告审判进行审理。在被请求人（实用新型权利人）与特许申请人为同一人的情况下，该被请求人在答辩书中主张通过特许申请的补正消除了无效理由时，也同样处理。

格式 1

通知书

令和　年　月　日

审判长特许厅审判官

申请人代理人　　　　　　　　　　　　先生/女士

关于与您作为特许申请人或者其代理人的

特愿　　－　　号

（参照特开　　　号公报）

的申请同日申请且已授权的下述实用新型，通知以下几点。

记

（1）以涉及该实用新型的权利要求（　）与涉及上述特许申请的权利要求（　）的发明相同为理由，请求实用新型无效宣告审判（无效　　－　　号）。

（2）根据实用新型法第39条第1款的规定，为了向该无效宣告审判的被请求人送达审判请求书的副本并给予提交答辩书的机会，作出了答辩指令（令和　年　月　日）。

另外，以与涉及同日的特许申请的发明相同为理由的实用新型无效宣告审判可以进行审理，而不必等待该特许申请的决定的确定。

实用新型　第　　号
（实愿　　－　　号）
实用新型权利人
　住所（居所）
　姓名（名称）
实用新型管理人
　住所（居所）
　姓名（名称）
关于实用新型权利人、独占实施权人、一般实施权人的详细情况请根据登记簿来确认。

（2019.6 修订）

51—25　PUDT
计划审理

　　无效宣告审判与侵权等纠纷相关联而请求的情况很多，为了确保权利保护的实效性，也需要迅速出示针对权利有效性的判断。因此在特许厅审判部，与平成15年（2003年）法的修改一并规定计划审理，无效宣告审判案件的双方当事人、合议组相互达成协作关系，明确审理的进度，按照该进度有计划地进行无效宣告审判案件的审理。

1. 制作审理计划的案件的指定
　　如以下这样复杂而难以建立审理进度预测的案件中，制作审理计划。
　　①请求人所提出的无效理由/证据和双方当事人之间的争议焦点复杂或者涉及多个方面，进行理解和整理等估计需要相当长时间的情况下，难以建立达到最终判断的审理进度的预测时。
　　②针对该案件由于存在先决案件（同时在审的其他审判案件、审查决定撤销诉讼案件）等的理由，审理期限长期化的可能性大时。
　　③其他，作为复杂或者困难的案件，通过制作审理计划而可以期待有效审理的进行时。
　　制作审理计划的案件的指定，原则上由审判长判断。
　　另外，该审理计划是根据双方当事人、审判长之间的协作关系而实施的，因此并不是将审理计划单方面地强加给双方当事人。所以，在某些情况下，即使不能遵守审理计划，在审理中也不会受到不利的对待。

2. 审理计划书的格式
　　审理计划书的格式包括以下项目，详细内容由合议组自由裁量。（审理计划书的样本：参考1（1））
　　①应当要求阐明或者应当整理的主张/举证
　　②应当整理的争议焦点（主要的争议焦点、多个争议焦点的讨论顺序和进度的整理）
　　③特别记载事项（相关联的在审案件、起诉案件等）
　　④预计的审理模式（例如：第一答辩书→第一辩驳书→第二答辩书→口头审理→审查决定等）
　　⑤审理期限的目标审理进度的日程

3. 审理计划的制作方法

审理计划由审判长制作并发送给当事人。在由当事人申请修改进度时，若有合理的理由，则重新评估审理计划。

另外，合议组也可以在口头审理的日期或者通过电话/传真与当事人对审理计划进行协商。

4. 审理计划的制作期间

审理计划的制作期间如下。

①审理计划原则上在审理开始的阶段制作。具体而言：

（ⅰ）在发送答辩书副本的阶段制作（另外，在商标中，在发送辩驳意见书副本的阶段制作）。

（ⅱ）在提前进行第1次口头审理时，在该口头审理的日期制作。

②审理计划有时会在之后的口头审理的日期等时修改。

5. 无效宣告审判合意进度

在口头审理的日期或者紧接着之后，认为出示所预计的最近的合议组的通知或对当事人要求的回应对审理的顺利进行起到作用时，审判长将合议组的下一个通知或对当事人要求的回应作为简易的"无效宣告审判合意进度"（样本为参考2）而制作并发送。

该"无效宣告审判合意进度"不仅在复杂的无效宣告审判中，在一般的无效宣告审判中也可以根据需要制作。

（2019.6 修订）

参考 1（1）

"审理计划书"　　　　　　　　制作日：令和××年4月18日
审判编号：无效 20XX—800001 号
请求人：审判太郎
被请求人：特许次郎
审判长：○○○○

针对该"审理计划书"，若有意见或期望，请与审判长联系。
　　　　　　　　　　　　　　电话：03—3581—1101　内线××××

〈应当要求阐明或者应当整理的主张/举证〉

〈应当整理的争议焦点〉

1. 针对权利要求 1 中的"被分切"这样的措辞的解释，请求人/被请求人存在争议，在审理涉及权利要求 1 的发明基于甲 1 至 3 号证据所记载的发明的创造性之前，需要明确该点。
2. 被请求人对甲 3 号证据的公知性存在争议，作为判断创造性的前提，首先需要对甲 3 号证据的公知性进行审理。
3. 请求人主张本说明书的记载是相对于不满足第 36 条第 4 款中的记载要件的特许申请而制作的，对此，被请求人提出乙 10 至 25 号证据主张已经记载为本领域的普通技术人员可实施的程度。被请求人所提出的乙各号证据的关联性复杂，首先要整理乙各号证据的关联性并研究是否符合记载要件。

〈特别记载事项（相关联的在审案件、起诉案件等）〉

参考1（2）

〈预计的审理模式和进度〉

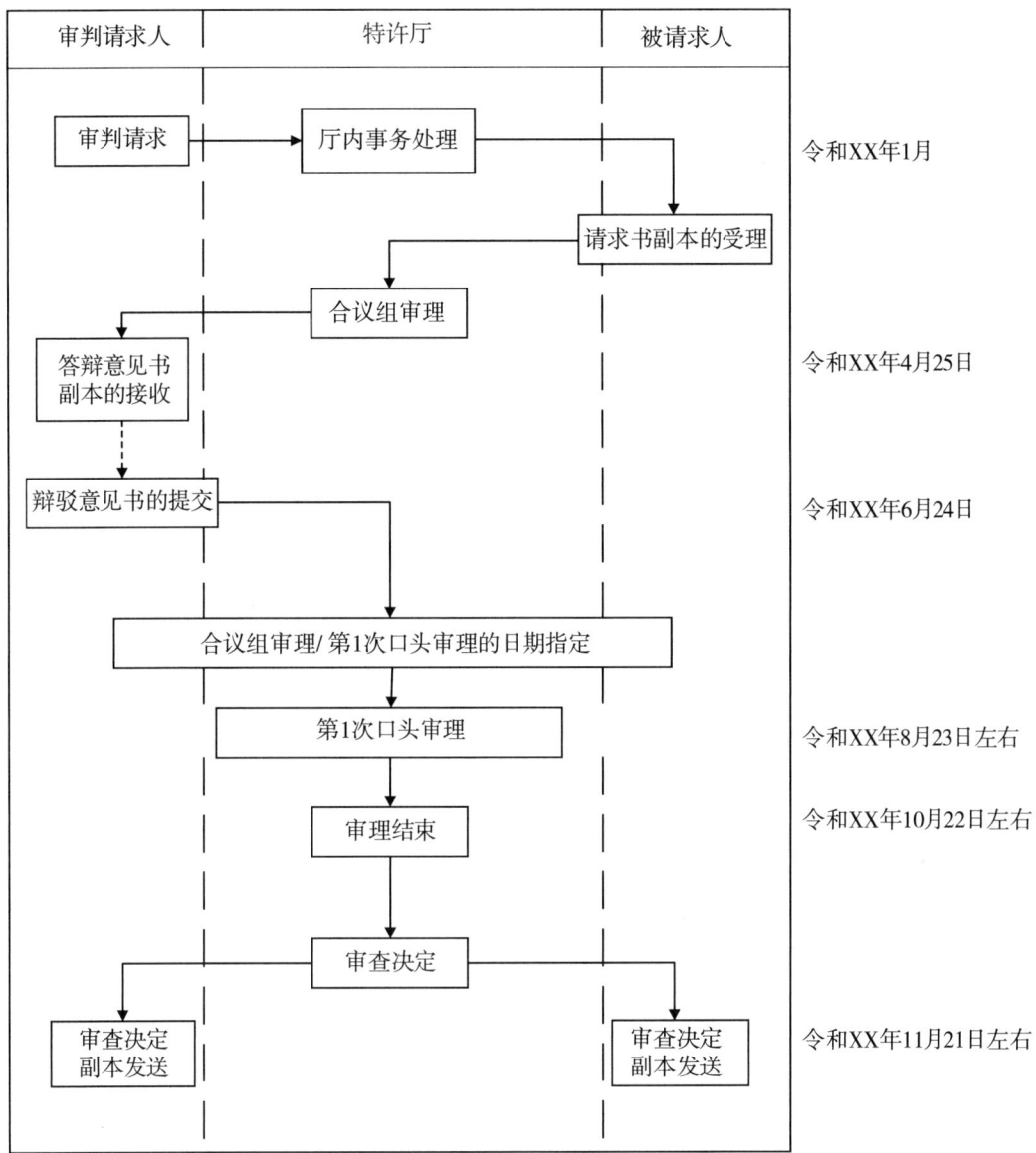

・该审理进度的日程、审理模式只是大致目标。
・该审理进度的日程是事务处理毫无迟滞而进行的情况。在请求书等有形式缺陷的情况下，相比于上述计划进一步延迟。请注意形式缺陷并为了迅速处理而协作。

参考 2

"无效宣告审判合意进度"　　　　　制作日：令和 XX 年 7 月 15 日

审判编号：无效 20XX—800001 号

请求人：审判太郎

被请求人：特许次郎

审判长：○○　○○

针对该"无效宣告审判合意进度"，若有意见或期望，请与审判长联系。

电话：03—3581—1101　内线××××

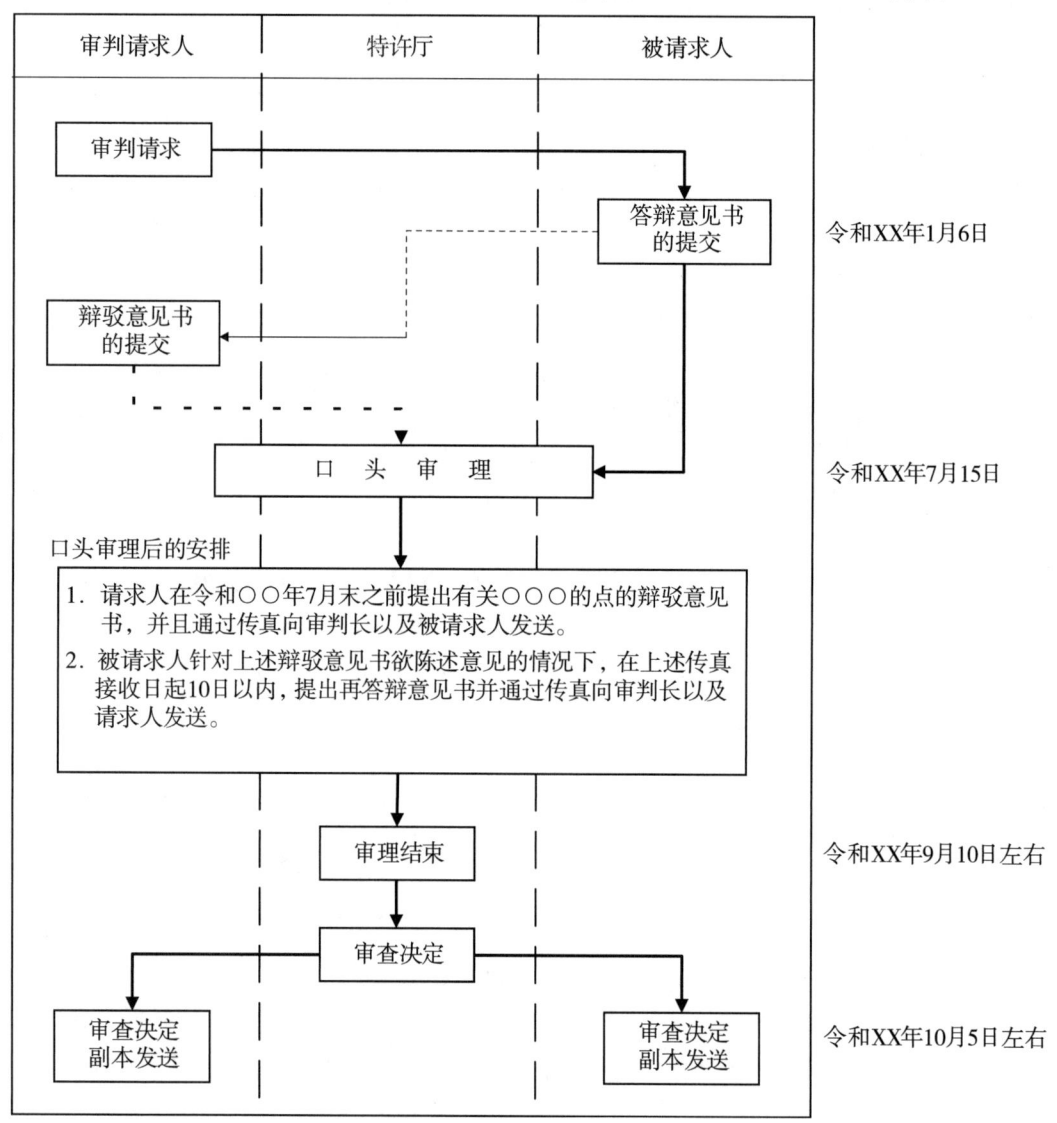

53—00　T
撤销审判的审理方式

1. 口头审理

撤销审判采用口头审理。但是，审判长根据当事人或者参加人的申请或者依职权，可以采用书面审理（商§56①→特§145①、商§68④→商§56①→特§145①）。

书面审理后，可再进行口头审理。届时，进行口头审理的通知。

采用当事人对立结构的撤销审判中，审判请求的理由及答辩不明确或者复杂，当事人的主张数量过多，且未充分整理的情形不少见。在这种情况下，通过有效利用口头审理，正确进行事实认定，对当事人之间的争议焦点进行整理，能够迅速准确地进行审理。

因此，撤销审判中，除以下2.中认为书面审理更适当的情形等例外案件以外，均采用口头审理。

2. 书面审理

（1）撤销审判中的书面审理

撤销审判原则上采用口头审理，但是在以下情形下，可以例外地采用书面审理（→33—00.1）。

ア　应当驳回审判请求或者审判请求相关程序（审判请求书）时

イ　当事人不争议的事项很明确时

ウ　所有当事人（及参加人）申请书面审理时

エ　注册商标不使用撤销审判（→53—01）中，被请求人未进行任何答辩或者基于提出的证据明确成立或者不成立时

オ　认为没有必要进行口头审理的其他情形时

（2）书面审理通知

采用书面审理时，除上述（1）ア的情形以外，应当发出书面审理的通知（→32—01）。

（2015.2 追加）

53—01　T
注册商标不使用撤销审判

1. 原委

昭和 34 年法在商 § 50 中规定，注册商标的不使用事实由审判请求人证明，仅在特定的场合推定该商标的不使用时减轻审判请求人的举证责任（商 § 50①）。但是，由于审判请求人证明不使用的事实有困难，昭和 50 年（1975 年）的部分修改（昭 50 法律 46）中，进行了将举证责任转移至商标权人一方的举证责任的全面转移（商 § 50②）。又，平成 3 年的部分修改（平 3 法律 65）中，除商品外新增加了服务，即涉及指定服务的注册商标也成为撤销审判的对象。再者，平成 8 年的部分修改（平 8 法律 68）中，为进一步促使不使用商标的整理，采取了①放宽请求人适格、②预防紧急使用、③追溯撤销效果、④废止关于联合商标使用的特别规则、⑤扩大注册商标的使用认定范围的措施（商 § 50、商 § 54②）。

2. 平成 8 年修改商标法中对不使用撤销审判的改进

（1）修改的宗旨

ア　放宽请求人适格

平成 8 年修改前的商标法中，由于对不使用撤销审判的请求人适格没有明确的规定，从相反解释上理解，请求人适格仅限于"利害关系人"，修改后的商标法对"任何人"给予了认同，并对此在法律条文中予以明确（商 § 50①）。

另外，虽然请求人适格规定为"任何人"，但如果该审判的请求被认为是以侵害被请求人利益为目的的，则该请求作为权利滥用不被认可。

イ　预防紧急使用

修改前的不使用撤销审判中，由于审判请求登记之日前 3 年以内如果使用注册商标即可避免被撤销（商 § 50②），在转让谈判或者许可谈判等的过程中从对方的行动上察觉到不使用撤销审判请求的可能性后骤然开始使用该注册商标（即"紧急使用"）从而免于撤销注册商标的情形并不少见。

修改后的商标法为了排除这种紧急使用形式的注册商标使用，关于在审判请求前 3 个月至请求登记日期间进行的使用，请求人证明该使用是在其提出审判请求被得知后所为时，不属于注册商标的使用，但是被请求人对该使用有正当理由的不受此限（商 § 50③）。

ウ　追溯撤销效果

不使用撤销审判中确定撤销注册商标时，该商标权视为在审判请求登记日消灭

（商§54②）。

也就是说，撤销审判中，撤销审查决定的效果原则上在撤销审查决定确定之时产生（商§54①），但是作为例外，在不使用撤销审判的场合，则是追溯至审判请求登记日。由此，可以回避基于不使用注册商标在审判请求登记日至撤销审查决定确定之日的商标权的损害赔偿请求等权利的行使。

エ　废止关于联合商标使用特别规则

修改商标法的过程中，为了排除不使用商标的增加、特许厅的审查迟延等不良影响，伴随联合商标制度的废止，在不使用撤销审判中也删除了有关通过使用与注册商标有联合关系的注册商标从而规避撤销的特别规则（商§50②之括号部分）。

オ　扩大注册商标的使用认定范围

注册商标的使用认定范围明确记载为"包括社会通常观念上认为相同的商标"，比如，①仅变更字体的相同文字构成的商标；②仅相互变更平假名、片假名及罗马字的文字表示，发音及含义相同的商标；③由外观上视为相同的图形构成的商标（商§50①）。

（2）关于注册商标的使用认定的运用案例

在认定是否属于注册商标的使用的过程中，应当充分考虑注册商标的指定商品及指定服务所属产业领域的交易实际情况，根据具体的个案进行判断，大致列举案例如下。

ア　认为属于注册商标的使用的案例

（ア）仅变更字体的相同文字构成的商标

例1　不同印刷体的字体（清朝、明朝、黑体字等）之间的相互使用

明朝体　　　　　　　○　　　　　ゴシック体

永い春　　←——→　　永い春

例2　不同手写体的字体（楷书、行书、草书等）之间的相互使用

かい書体　　　　　　○　　　　　行書体

永い春　　←——→　　永い春

例3　不同印刷体的字体与不同手写体的字体之间的相互使用

○

Ｂｌｕｅｂｉｒｄ　　←——→　　Bluebird

例4　汉字的繁体字与简体字之间的相互使用

○

學藝　　←——→　　学芸

例5 罗马字的大写字母与小写字母之间的相互使用

$$HI—KE \stackrel{○}{\longleftrightarrow} hi—ke$$

（イ）变更平假名的文字表示，发音及含义相同的商标

例1 平假名与片假名之间的相互使用

$$ちゃんぴおん \stackrel{○}{\longleftrightarrow} チャンピオン$$
$$わんぱく \stackrel{○}{\longleftrightarrow} ワンパク$$
$$よいこのくに \stackrel{○}{\longleftrightarrow} ヨイコノクニ$$

例2 平假名及片假名与罗马字之间的相互使用

$$ラブ（らぶ） \stackrel{○}{\longleftrightarrow} love［爱］$$
$$アップル（あっぷる） \stackrel{○}{\longleftrightarrow} apple［苹果］$$
$$ライオン（らいおん） \stackrel{○}{\longleftrightarrow} lion［狮子］$$
$$ポスト（ぽすと） \stackrel{○}{\longleftrightarrow} post［柱、邮政、岗位］$$
$$スクール（すくーる） \stackrel{○}{\longleftrightarrow} school［学校、教育］$$
$$スモモ（すもも） \stackrel{○}{\longleftrightarrow} sumomo［李子］$$
$$ホタル（ほたる） \stackrel{○}{\longleftrightarrow} hotaru［萤火虫］$$

（注）［］内表示的是各案例的含义。

（ウ）由外观上视为相同的图形构成的商标

例

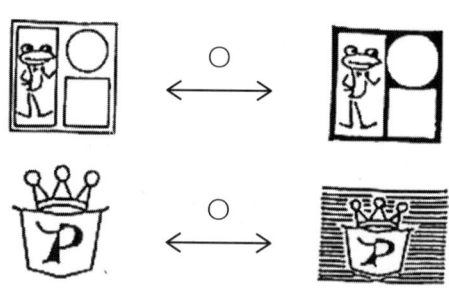

（エ）社会通常观念上认为是相同的其他商标

例1 发音及含义相同时的平假名及片假名与汉字之间的相互使用

$$
\begin{array}{ccc}
はつゆめ（ハツユメ） & \xleftrightarrow{\bigcirc} & 初夢 \\
かんぱく（カンパク） & \xleftrightarrow{\bigcirc} & 関白 \\
ほくとせい（ホクトセイ） & \xleftrightarrow{\bigcirc} & 北斗星
\end{array}
$$

例2 注册商标由两段记载构成，上段及下段等的各部分含义相同时，对其中一方的使用

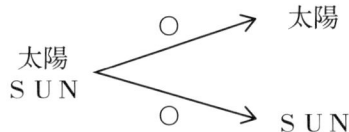

例3 竖写表示方式与相对应的从左向右或者从右向左（罗马字的，从右向左书写除外）的横写表示方式之间的相互使用

$$
永い春 \xleftrightarrow{\bigcirc} \begin{array}{c}永\\い\\春\end{array}
$$

イ　认为不属于注册商标使用的案例

（ア）平假名与片假名之间的相互使用

例　外来语等的相互变更导致特定含义丧失，不同的含义产生时

$$
\begin{array}{ccc}
チョコ［巧克力的简称］ & \xleftrightarrow{\times} & ちょこ［酒盅］ \\
カム［机械装置的一种］ & \xleftrightarrow{\times} & かむ［咬］
\end{array}
$$

（イ）平假名及片假名与罗马字之间的相互使用

例　平假名及片假名与罗马字发音相同，含义不同时的相互使用

$$
\begin{array}{l}
ピース（ぴーす）［和平、小片］ \xleftrightarrow{\times} peace［和平］ \\
 \xleftrightarrow{\times} piece［小片］ \\
ホール（ほーる）［大厅、穴］ \xleftrightarrow{\times} hall［大厅］ \\
 \xleftrightarrow{\times} hole［穴］ \\
ライト（らいと）［光、右、书写］ \xleftrightarrow{\times} light［光］ \\
 \xleftrightarrow{\times} right［右］ \\
 \xleftrightarrow{\times} write［书写］
\end{array}
$$

（ウ）社会通常观念上不认为是相同的其他商标

例1 平假名及片假名与汉字发音相同，含义不同时的相互使用

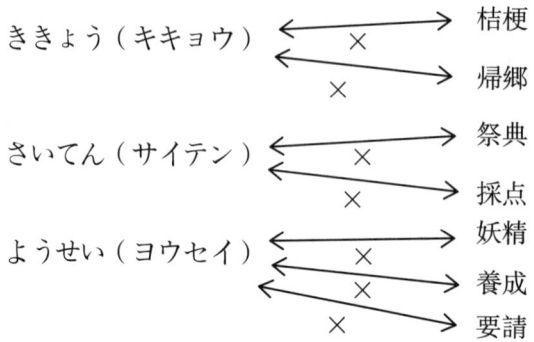

例2 发音不同时，汉字与罗马字之间的相互使用

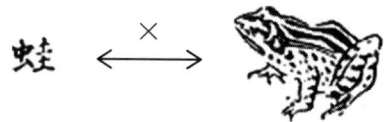

例3 产生一定含义的文字与认为表示该含义的图形表示方式之间的相互使用

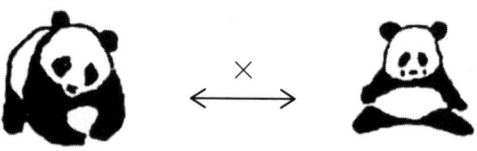

例4 产生一定含义的图形与认为表示该含义的图形（外观视为相同的图形除外）表示方式之间的相互使用

（注）本案例中虽然各个图形均被理解为产生一定的含义（熊猫），但是由于该图形的形态显著不同，在社会通常观念上不被认为是相同的商标。

（3）审理的运用方针

ア　紧急使用的证明

注册商标的使用证明本身是由被请求人负担的。但是，该使用为紧急使用的情况，应当由请求人举证。

请求人需要证明被请求人所证明的注册商标的使用属于以下情况：

①是在紧急期间内（请求前 3 个月至请求登记之日）的使用

②是使用者（商标权人、独占使用权人、一般使用权人中的任意一个）得知审判请求后进行的使用

作为证明方法的具体举例，比如，将在商标权转让谈判等过程中，在内容证明邮件或者第三人在场的情况下，曾经告知对方"对该当商标注册提起不使用撤销审判的请求"的事实在审判的审理过程中证实等。

イ 紧急使用的正当理由

即使被请求人证明的注册商标的使用符合紧急使用的要件，但是该使用具有正当理由的，不属于紧急使用。

关于正当理由，例如有如下的情形。

①使用者在得知请求人具有审判请求的意向之前即已对注册商标的使用有了明确的使用计划时

②因商品或者经营的许可等的限制，不得不在紧急期间进行使用时

(2019.6 修订)

53—02　T
基于注册商标的不正当使用的撤销审判

1. 原委

旧法（大正10年法）在商§15中规定，商标权人故意在其注册商标上附加容易产生商品的误认或者混淆的标记，或者变更注册商标进行使用的情况，应当经审判撤销该商标的注册。

现行法（昭和34年法）在商§51～§53中规定，存在导致商品的品质误认或者与他人业务相关的商品产生混淆的商标滥用行为时，通过撤销商标的注册来保护公众利益以及对商标权人进行制裁。之后，经平成3年的部分修改（平3法律65），服务上的注册商标也成为撤销审判的对象。

2. 现行法与旧法的不同点等

（1）旧法并没有明确"附记或者变更"的范围，但是解释上认为，"附记"是指，在原商标上附加文字、图形、记号或者颜色；"变更"是指，删除原商标的一部分或者删除一部分后补充其他文字、图形、记号等。一般理解，本条的适用原则上仅限于两者在主要部分上外观近似，仅在随附部分上具有差异的场合（比如，昭7审117号、昭8.5.31）。

现行法将其限定为商标及与商品或者服务相关的类似范围的同时，又将该类似范围中的商标滥用行为全部列为撤销审判的对象（商§51、§53）。

（2）旧法认为，审判请求人的适格性仅限于"利害关系人及审查员"（商§22②）。现行法规定，"任何人"均可以提出请求（商§51①、§53①）。

（3）旧法中，在撤销审判的请求当时已经不存在不正当使用的事实时是否也可以提出请求，或者假设可以的话，审判请求的期间内是否有制约等问题上存有疑问，但是现行法规定了不正当使用的事实消失后也允许提出审判请求的同时，又更进一步地明确了超过"5年"后不能提出请求（商§52）。

（4）旧法规定，"容易产生商品的误认或者混淆的附记，或者变更注册商标进行使用时"（商§15①）。现行法将其修改为"产生混淆时"（商§51①、同§53①）。

（5）现行法认为，商§51②的规定与旧法的商§15②的规定在宗旨上相同，被撤销商标注册的该商标权人自身受其制约，但是他人提交注册申请取得注册后，再从他人处受让则没有问题，这一点与旧法中的情形没有差异。

（6）现行法不仅对商标权人，而且对独占使用权人，或者一般使用权人的行为也予以规制（商§53）。

现行法中，由于在对注册商标的使用权的设定（商§30、同§31）上没有予以任何制约，因此为了担保使用权人的责任，设置了该条款。

另外，该条款的宗旨与商标权人自身的情形（商§51）大体相同，但是在以下几点上存在不同。

ア　本条款的适用，不以"使用权人的故意"为要件。

イ　"注册商标"在"指定商品"上使用时产生混淆误认的情形，适用本条款。

（2015.2 修订）

53—03　T
所在成员国之一的标志所有人提起的对代理人或者代表人取得的商标不正当注册的撤销审判

1. 原委
商§53之2中，根据其他成员国的商标相关权利所有人的请求，通过撤销其代理人或者代表人等取得的不正当注册，以强化对所在成员国的商标相关权利所有人的保护。为实施巴黎公约§6之7的规定，在昭和40年的部分修改（昭40法律81）中新设置了本条款。之后，经平成3年的部分修改（平3法律65），涉及服务的注册商标也成为撤销审判的对象。

2. 请求的除斥期间
商标权注册之日起5年后不能提出请求（商§53之3）。本条款的宗旨是，即使是以代理人或者代表人为名义的注册，一旦取得注册，则基于此建立起新的信用。因此，如果任何时候都可以请求撤销，该新的信用将变得十分不安定。因此，考虑到本人对代理人等的行为负有注意义务，参考巴黎公约§6之7的规定，限制撤销审判的请求为注册后5年内。

3. 正当理由
条文中的"正当理由"是指，比如标志的所有人放弃了该标志，或者在该国，对取得该标志的权利给人以不关心印象的情形。
〔Bodenhausen 著《注解巴黎公约》第121页（AIPPI 日本部会，1968年）〕

(1997.2 修订)

53—04　T
防止近似商标的移转导致混淆的撤销审判

1. 宗旨
该撤销审判制度基于联合商标制度的废止，应对近似商标的分别移转以及存在近似关系的商品、服务上亦允许商标权的分割移转，作为防止混淆的一项担保措施而设。

（平成 8 年（1996 年）修改"平成 8 年法律第 68 号"）

2. 概要
（1）商标权移转导致互相抵触的商标权归属于不同商标权人的情况下，其中一件注册商标的商标权人出于不正当竞争的目的使用其注册商标致使与其他注册商标的商标权人、独占使用权人或者一般使用权人业务相关的商品（服务）产生了混淆时，任何人都可以请求该注册商标的撤销审判（商§52之2）。

（2）该撤销审判适用商§52之2的规定，在商标权人未使用商标之日起5年后不能再提出请求（商§52之2②→商§52）。

（3）在撤销商标注册的审查决定确定时，该商标权消灭（商§54①）。

（4）收到撤销商标注册的审查决定的商标权人，在该审查决定确定之日起未满5年时，不能在该注册商标的指定商品或者指定服务或者与之相类似的商品或者服务上，对该注册商标或者其近似商标取得商标注册（商§52之2②→商§51②、商§15①）。

（2015.2 修订）

54 P
订正审判（小目录）

54—00　订正审判
1. 制度的宗旨
2. 法律修改过程

54—01　订正审判的请求
1. 概要
2. 订正相关的一般事项
3. 一组权利要求
4. 说明书或附图的订正

54—02　订正审判的当事人
1. 请求人
2. 关于参加

54—03　可以请求订正审判的时期
1. 可以请求订正审判的时期
2. 在特许异议申诉或特许无效宣告审判的审理中不得提出请求宗旨
3. 关于"特许异议申诉或者特许无效宣告审判在特许厅审理中时"
4. 特许权消灭后的处理

54—04　订正审判的程序
1. 审判请求书
2. 对违反形式的请求书以决定驳回
3. 对其他违反形式的请求以审查决定驳回
4. 审判请求书的补正
5. 审判请求的放弃、撤回

54—05　订正审判的审理
1. 订正审判的审理
2. 订正审查意见通知
3. 与特许无效宣告审判或特许异议申诉的相关处理

54—05.1　变更订正审判请求书主要内容的补正
1．概要
2．补正的类型及其要旨变更的判断方法

54—06　订正审判审理的注意事项
1．审判官的指定
2．审理方式
3．依职权审理
4．合并审理
5．审询
6．中断与中止

54—07　订正审判的审查决定、审查决定的登记等
1．订正审判的审查决定
2．审查决定的记载
3．审查决定的确定
4．审查决定的效果
5．登记等
6．其他

（2019.6修订）

54—00　P
订正审判

1. 制度的宗旨

订正审判，主要是在特许的某些部分存在瑕疵时，为了预防被请求无效宣告审判；以及，将特许发明不清楚部分予以明确从而防争议于未然，保障特许权人自发地订正申请书所附的说明书、权利要求书或附图的权利的一种制度（特§126）。

因为订正审判往往与无效宣告审判案件、特许异议申诉案件、请求判定案件或侵权案件等相关联，有时也会影响审查决定、决定、判决的结论，所以最好尽快审理。但是当提出订正审判的请求后又被提出无效宣告审判请求或特许异议申诉的，有可能会在无效宣告审判或者特许异议申诉中进行订正请求，所以审理时须注意与无效宣告审判及特许异议申诉的关系（→51—22、67—10）。

2. 法律修改过程

（1）平成23年（2011年）法律第63号的法律修改（2012年4月1日起实施）
通过法律修改，引入了"一组权利要求"的概念，并规定了无效宣告审判审查决定撤销诉讼提起后禁止请求订正审判等。该修改后的法律适用于2012年4月1日以后被请求的订正审判（平23附§2⑱）。

（2）平成26年（2014年）法律第36号的法律修改（2015年4月1日起实施）
随着特许异议申诉制度的引入，通过法律修改规定，特许异议申诉提出后到决定确定为止不能请求订正审判等。无过渡措施。

(2018.6 修订)

54—01　P
订正审判的请求

1. 概要

订正审判的请求对象为"申请书所附的说明书、权利要求书或附图"（注）（特§126①、特登令§16二）。

例如申请书、摘要、特许公报等不能订正。

（注） 由于平成15年6月30日（2003年6月30日）以前的申请的补正、订正说明书的格式仍采用旧格式（省令附则§2①），所以其订正审判的请求对象为"申请书所附的说明书或附图"。

"申请书所附的说明书、权利要求书或附图"是指特许权授权时的资料。但在该订正审判请求之前，存在其他确定的订正审判的审查决定、确定的许可订正的无效宣告审判的审查决定、确定的许可订正的特许异议申诉的决定时，请求对象为该订正后的说明书、权利要求书或附图（特§134之2⑨、特§128、平6特§120之4③、平6特§128）。

2. 订正相关的一般事项（→38—00）

3. 一组权利要求（→38—01）

4. 说明书或附图的订正（→38—02）

（2019.6 修订）

54—02　P
订正审判的当事人

1. 请求人

请求人为特许权人（特§126①）。

当存在独占实施权人、质权人或者特§35①、特§77④或特§78①所规定的一般实施权人时，只有在取得这些权利人的同意后才可以请求订正审判（特§127）。并且，需要提交同意书（特施规§6）。

特许权的共有人欲就共有的权利提出请求时，需所有共有人共同提出请求（特§132③）。

另外，例如特许权人不提出订正审判请求的，在请求订正审判的行为相当于独占实施权人对自己的专用实施权的保存行为等的情况下，可以转用债权人代位权（民§423①）的思路，解释为独占实施权人等可以代替特许权人请求订正审判。

2. 关于参加

对于订正审判，不适用参加（特§148）及参加申请（特§149）的规定，因此参加不被认可（特§166）。

(2018.9 修订)

54—03 P
可以请求订正审判的时期

1. 可以请求订正审判的时期

特许权人在权利授权后即可请求订正审判，但是，在特许厅开始审理特许异议申诉或无效宣告审判时起至该决定或审查决定确定之前，不得提出订正审判的请求（特§126①②）。即使特许异议申诉及无效宣告审判的对象仅为一部分的权利要求，也不得提出订正审判的请求。

参考图：可以请求订正审判的时期

```
     可以请求订正        不得提出订正审判的请求        可以请求订正
     审判                                              审判
     ●─────●───────●←──────────────→●──────●
     授   请求无     送达副                审查    确定
     权   效宣告     本（到                决定
         审判       达）                  （决定）
         （特许
         异议
         申诉）
```

2. 在特许异议申诉或特许无效宣告审判的审理中不得提出请求宗旨

在特许异议申诉或者特许无效宣告审判在审中的情况下，如果订正审判导致特许异议申诉或者无效宣告审判的请求的特许发明的内容变更，有可能对审理产生影响，可以在特许异议申诉或者无效宣告审判的程序中，以订正请求的形式进行和订正审判相同内容的订正。因此，不能另行请求订正审判。

3. 关于"特许异议申诉或者特许无效宣告审判在特许厅审理中时"

在判断可以请求订正审判的时期时，对于"特许异议申诉或者特许无效宣告审判在特许厅审理中时"，根据下述（1）～（3）的理由，以特许异议申诉书的副本被送付（到达）特许权人或审判请求书的副本送达被请求人时为准。

（1）规定在特许厅审理特许异议申诉及无效宣告审判期间不得提起订正审判（特§126②）的宗旨在于：仅限于特许异议申诉及无效宣告审判的过程中，通过对申请书所附的说明书、权利要求书或附图提出订正请求，在特许异议申诉及无效宣告审判的审理过程中可以及时、准确地进行攻击与防御，使得审理能更迅速、准确地进行。

（2）此外，订正说明书等是特许权人的权利，所以对该订正权利加以限制，应将其限制在为实现上述（1）的宗旨所必要的最小限度的范围内。

（3）综合上述（1）、（2）的观点，应当加以限制的期间的起始日期应定为申诉人、请求人、特许权人或被请求人双方参加攻击、防御之时，即申诉书副本发送（到达）特许权人之时或请求书的副本送达被请求人之时。

4. 特许权消灭后的处理

（1）虽然在特许权消灭（注）后也可以请求订正审判，但通过特许异议申诉（特§113）或者无效宣告审判（特§123①），当所有与权利要求有关的特许基于撤销决定被撤销或者基于无效宣告审判的审查决定被无效后，不得再提出请求（特§126⑧）。此外，还需要留意下述（2）～（4）记载的各项内容。

（注）消灭的例子　○存续期限届满（特§67）
　　　　　　　　○没有继承人时（特§76）
　　　　　　　　○放弃（特§97）
　　　　　　　　○不缴纳费用（特§112④）
　　　　　　　　○根据反垄断法予以撤销（独§100）

（2）特许被授权后，该特许权人根据特§25（外国人享有的权利）的规定不享有特许权时或该特许违反条约时的情况（特§123①七）下，即使是在该特许应被无效的审查决定确定后，在符合前项规定之前的特许权仍然有效（特§125但书）。所以对于符合前项规定之前的特许，仍然可以提起订正审判的请求。

（3）与权利要求书中记载的两项以上的权利要求有关的特许，当其中部分被无效（特§123①柱书后段）后，对于其他权利要求仍可以提出订正审判的请求（特§185）。

（4）只要特许未因无效宣告审判被无效，也未因特许异议申诉被撤销权利，可以无限次地请求订正审判。

（2019.6 修订）

54—04 P
订正审判的程序

1. 审判请求书（参照后述记载的例子）

（1）一般事项

ア　订正审判的请求人应提交符合形式要件的审判请求书（特§131①③、特施规§46、格式62）。

イ　对于请求书及附件、证据物件（查证物的话如图片、样本、雏形），应提交一份审理用的副本（特施规§50之4、§50②③）。

（2）请求宗旨（特§131①三）（→38—04之1.）

（3）请求的理由（特§131①三、§131③、特施规§46之2）（→38—04之2.）

（4）请求书的附件（→38—05）

当存在独占实施权人、质权人或者特定的一般实施权人（基于职务发明而取得一般实施权的人等）时，还应提交证明这些人同意的书面材料（特§127、特施规§6）。没有提交同意的书面材料的，对该审判请求书驳回（特§133③）。

（5）官费（→38—06）

2. 对违反形式的请求书以决定驳回

审判请求违反特§131①③及④的规定或者构成特§133②各项规定的情形〔参照（例）ア～ウ〕，被要求补正（特§133①②）但未补正的，审判长以决定的形式驳回该请求书（特§133③）（→21—02、21—03、44—00）。

（责令补正后，以决定驳回的例子）

ア　当没有附加订正后的说明书、权利请求书（全文）或附图时（→38—05之1.）。

订正的说明书、权利要求书及附图的格式应按照特施规§24、§24之4、§25规定的格式第29、第29之2或者格式第30制作。

另外，当在审判请求书中附带多份可供选择的订正说明书等请求订正审判时，应要求其补正为一个订正说明书的请求后，再进行审理。

イ　当缺乏请求宗旨或理由，或者不符合记载要件（特§131③、特施规§46之2）时（→38—04）。

例如，"一组权利要求"没有被正确地指定时，或者与说明书或附图的订正有关的所有的权利要求没有作为被请求的对象时，由于其不符合记载要件，审判长可以要求其对请求宗旨（及其理由）补正。

ウ 当缺少独占实施权人、质权人或者特定的一般实施权人的同意时（特§127）(→1.（4））。

3. 对其他违反形式的请求以审查决定驳回

即使没有违反审判请求书的形式（特§131①③④、特§133②）等，但如果本质上就是不合法的请求且无法补正的，以审查决定的形式驳回（特§135）。

（以审查决定驳回的例子）

ア 请求人不是特许权人，亦无代位请求权时（特§126①）。

イ 对于共有特许权提出的请求，全部共有人没有共同请求审判时（可以被推定为没有违反意志的情况除外）（特§132③）（→22—03之3.（2））。

ウ 在不能提起订正审判请求的期间，请求订正审判的（特§126②）（→54—03之1.）。

エ 特许被无效时（特§126⑧）（→54—03之4.）。

4. 审判请求书的补正

（1）订正审判过程中，在下达审理终结通知（特§156①）[重新开始审理时（特§156③），之后再次下达审理终结通知之前]之前，可以补正请求书（特§17①）。

（2）通过补正增加订正事项等情况时，如果该补正为主要内容的变更，则该补正将不得被采用。

但是对于请求的理由进行的补正（特§131之2①一）以及对于审判长在补正命令中具体要求的事项的补正（特§131之2①三），不受此限（→30—01、54—05.1）。

5. 审判请求的放弃及撤回（→43—01~05）

格式　缩减权利要求及取消一组权利要求之间的引用关系的订正的例子

特许 印花税 50000	特许 印花税 10000	特许 印花税 500

（60500日元）

审　判　请　求　书

令和〇〇年〇〇月〇〇日

特许厅厅长　　　先生/女士
1　审判案件的名称特许第〇〇〇〇〇〇〇号订正审判案件
2　与审判请求有关的权利要求的数量　　2
3　请求人
住所（居所）　　　东京都港区虎门二丁目2番1号
电话号码　　　　　03—〇〇〇〇—〇〇〇〇
传真号码　　　　　03—〇〇〇〇—〇〇〇〇
姓名（名称）　　　特许株式会社
代表人　　　　　　审判　　太郎　　　　　　　　　　　　　印
4　代理人
（识别号码　　　　100×××××）
住所（居所）　　　东京都千代田区霞关三丁目4番2号
电话号码　　　　　03—〇〇〇〇—〇〇〇〇
传真号码　　　　　03—〇〇〇〇—〇〇〇〇
姓名（名称）　　　特许业务法人〇〇〇〇事务所
代表人　　　　　　代理　　花子　　　　　　　　　　　　　印
联系人　　　　　　负责人（辩理士）　代理　二郎
5　请求宗旨
请求允许按照附加于本审判请求书的订正权利要求书所述，就订正后的权利要求1、2，订正特许第〇〇〇〇〇〇〇号的权利要求的审判。
6　请求的理由
（1）授权的经过
申　　请　　　　　　　　　　　　令和〇〇年〇〇月〇〇日
（主张优先权　　　　　　　　　　 令和〇〇年〇〇月〇〇日）
申请公开　　　　　　　　　　　　令和〇〇年〇〇月〇〇日
……　　　　　　　　　　　　　　……

授权决定	令和〇〇年〇〇月〇〇日
登　记	令和〇〇年〇〇月〇〇日
发行特许发表公报	令和〇〇年〇〇月〇〇日

（特许第……号公报）

（2）订正事项

ア　订正事项1

将权利要求书中权利要求1记载的"由通气性的管子构成的防滑材料"订正为"由设有网状的多个开口部的通气性的管子构成的防滑材料"。

イ　订正事项2

将权利要求书中权利要求2所记载的"具有通气性的管子是外表面具有许多小突起的权利要求1所记载的圆珠笔"，订正为"轴筒内容纳多个笔芯，通过选择性向前移动操作部可以将该笔芯的前端从轴筒的前端孔中突出的多芯圆珠笔，在轴筒前端部分的把持部分采用与轴筒不同的材质，镶嵌了外表面具有多个小突起的有通气性的管子构成的防滑材料的圆珠笔"。

（3）订正的理由

ア　一组权利要求的相关说明

有关订正前的权利要求1和2，权利要求2引用了权利要求1，通过订正事项1引起权利要求1的订正，从而权利要求2由于联动也被订正。因此，与订正前的权利要求1和2相对应的订正后的权利要求1和2，是符合特许法第126条第3款规定的一组权利要求。

イ　关于订正事项符合所有订正要件之事实的说明

（ア）订正事项1

a. 关于订正目的

订正事项1将权利要求1记载的"由通气性的管子构成的防滑材料"订正为"由设有网状的多个的开口部的通气性的管子构成的防滑材料"。

在订正前的权利要求1记载的特许发明中，作为"由通气性的管子构成的防滑材料"，防滑材料的管子仅被限定为具有通气性，而对于其通气性是如何构成的没有任何限定。

与之相对，在订正后的权利要求1记载的特许发明中，明确了其具体结构是通过设有网状的多个的开口部的管子来实现通气性的，由于该订正能够缩减权利要求，所以该订正事项1符合特许法第126条第1款但书第1项所规定的以缩减权利要求为目的的要求。

b. 并非实质上扩大或变更权利要求的范围的订正

通过上述（ア）的理由可以明确，上述订正事项1是发明特定事项的串联性附加，而不是类型、对象、目的的变更，所以不构成对权利要求的范围的实质性扩大或变更的订正，符合特许法第126条第6款的规定。

c. 其是在申请书所附的说明书、权利要求书或附图所记载的事项范围之内的订正

订正事项1是基于特许发表公报的说明书的第1实施例导出的结构。作为与该第1实施例有关的说明，在段落【0018】描述为"……（略）……通过将把持部分的管子设计为设有网状的多个开口部的结构，可以通过在书写工具把持部分内侧设有的网状的多个开口部之间的间隙保持通气性的结构，从而实现具有良好通气性的管子。

将该管子镶嵌在轴筒前端的把持部分，在把持书写工具时，可以在起到维持防滑功能的同时抑制出汗导致的发黏进而持续舒适的把持感。……（略）……"，所以该订正事项1是在申请书所附的说明书、权利要求书或附图所记载的事项范围之内的订正，符合特许法第126条第5款的规定。

d. 申请特许时可以被单独授权

订正后的权利要求1所记载的发明（以下简称为"本订正发明1"）根据以下理由，通过在之前的……处提出的甲第1号证据（特开平〇〇—〇〇〇〇〇〇号公报）所记载的发明，甲第2号证据（特开平〇〇—〇〇〇〇〇〇号公报）所记载的发明及公知技术，即使是在该发明所属的技术领域具有普通技术知识的人，在本特许申请前也是不容易想到与本订正发明1有关的发明的，因此其不属于特许法第29条第2款所规定的情形，是申请特许时可以被单独授权的内容。

……（省略）……

如上所述，本订正发明基于甲第1号证据甲第2号证据所记载的发明及公知技术是不容易被发明的，由于其明显不属于特许法第29条第2款所规定的情形，因此，申请特许时可以被单独授权，符合特许法第126条第7款规定的情形。

（イ）订正事项2

a. 订正目的

上述订正事项2是关于将权利要求2所记载的"具有通气性的管子是外表面具有许多小突起的权利要求1所记载圆珠笔"，修改为"轴筒内容纳多个笔芯，通过选择性向前移动操作部分可以将该笔芯的前端从轴筒的前端孔中突出的多芯圆珠笔，在轴筒的前端部分的把持部分采用与轴筒不同的材质，镶嵌了外表面具有多个小突起的有通气性的管子构成的防滑材料的圆珠笔"的订正。

该订正是为了解除权利要求之间的引用关系，在不引用权利要求1的情况下，将在权利要求2中引用权利要求1所记载的内容修改为独立权利要求的订正，是特许法第126条第1款但书第4项所规定的以"将引用了其他权利要求记载的权利要求修改为不引用该其他权利要求的记载的权利要求"为目的的订正。

b. 未导致实质性的权利要求范围扩大或者变更

因为该订正不导致任何实质性内容的变更，所以其符合特许法第126条第5款及第6款的规定。

c. 特许申请时可独立获得授权

订正事项 2 是以特许法第 126 条第 1 款但书第 4 项规定的"将引用其他权利要求记载的权利要求修改为不引用该其他权利要求的记载的权利要求"为目的的订正，不是以该条第 1 项或者第 2 项所记载的事项为目的的订正。因此关于权利要求 2 的订正事项 2，不要求符合特许法第 126 条第 7 款的独立特许要件。

ウ　作为其他订正单位的要求

关于订正后的权利要求 2，在允许对该权利要求进行订正的情况下，要求与一组权利要求的其他权利要求分开订正。

7　附件及附件的目录

（ア）订正权利要求书　　　　正副本各 1 份
（イ）同意书　　　　　　　　1 份
（ウ）审判请求书副本　　　　1 份

（2019.6 修订）

54—05　P
订正审判的审理

1. 订正审判的审理

合议组根据审判请求书及其所附的说明书、权利要求书或附图的记载，就订正审判的请求是否满足特§126 所规定的要件进行判断（→38—02～03）。就每个权利要求（或一组权利要求）提出订正审判时（→38—00 之 2.），就每个权利要求（或一组权利要求）进行订正是否适当的判断。

2. 订正审查意见通知

（1）当审判请求不是以特§126①但书各项所规定的事项为目的时，或者不符合特许法第 126 条第 5 款、第 6 款或第 7 款的规定时，审判长应向请求人就该理由发送通知，并给予其在指定的期限内提交意见书的机会（特§165）。

（2）订正拒绝理由的例文如下：

（范文 1）……。因此，本订正审判的请求没有以特许法第 126 条第 1 款但书各项所规定的事项为目的。

（范文 2）……。因此，本订正审判的请求不符合特许法第 126 条第 5 款（或者第 6 款、第 7 款）的规定。

（3）当在指定的期限内没有提交意见书或者虽然提交但该意见不被采纳时，在发送终结审理的通知后，作出请求不成立（有时部分请求成立）的审查决定。

（4）针对订正拒绝理由通知，就审判请求书中所记载的请求目的（订正事项等）进行了补正，而该补正没有变更请求书的主要内容时，对于补正后的请求的宗旨（订正事项等）进一步审理。当该补正变更了请求书的主要内容时，对于该补正不予采纳，应在发送审理终结的通知后作出审查决定。此时，应在审查决定的理由中记载不接受该补正的事实及其理由（（→54—04 之 4.（2）、54—05.1）。

3. 与特许无效宣告审判或特许异议申诉的相关处理

（1）与无效宣告审判相关联的处理（→51—22）

（2）与特许异议申诉相关联的处理（→67—10）

（2019.6 修订）

54—05.1 P
变更订正审判请求书主要内容的补正

1. 概要
审判请求书的补正不得变更其主要内容（特§131之2①）。主要内容的变更是指审判请求书的记载事项中，通过变更请求宗旨（订正事项）的表述，在补正的前后，对作为请求基础的"提出审判的事项"的同一性或范围的变更（→30—01）。

2. 补正的类型及其要旨变更的判断方法
就审判请求书的要旨变更进行规定的特§131之2的宗旨被解释为防止因审理对象的扩大变更而导致审理延迟。

（1）增加的变更

对请求宗旨进行增加变更（增加订正事项）时，例如，将订正事项由A（缩减）及B（对不清楚记载的释明）改为A、B及C（误记的订正），即为审判请求书的主要内容的变更。

另外，增加被理解为仅是删除审理对象的权利要求的订正事项，或追加解除权利要求之间的引用关系的订正事项，因为不伴随审理对象的扩大变更，不作为变更审判请求书的要旨。

（2）交换的变更

对请求的宗旨进行交换的变更时，例如，将订正事项A变更为订正事项B，由于是将以前的请求变更为新的请求，所以构成该要旨的变更。

但是，如果补正对象是将某个权利要求的订正事项变更为删除该权利要求的订正事项以及以保持其一致性为目的的关于说明书、权利要求书或附图的订正事项的补正，因为不伴随审理对象的扩大变更，所以其不构成审判请求书的要旨的变更。

（3）缩减的变更

对请求的宗旨进行缩减的变更时，例如，将订正事项由A（缩减）及B（笔误）变更为仅由A构成，通常不被作为该要旨的变更处理。

（2019.6修订）

54—06　P
订正审判审理的注意事项

1. 审判官的指定
指定审判官时，如果存在与同一特许有关的无效宣告审判案件、特许异议申诉案件，原则上指定与该无效宣告审判案件、特许异议申诉案件同一个合议组的审判官（→12—04）。

2. 审理方式
（1）订正审判为书面审理。
（2）但是审判长可以根据当事人的要求或依职权采用口头审理（特§145②）。

3. 依职权审理（→36—01）
对于请求人未提出的请求宗旨不得审理（特§153③）。

4. 合并审理（→30—03）
对于订正审判也可以合并审理（特§154）。

5. 审询（→37—00）
审判长可以询问当事人（特§134④）。

6. 中断与中止（→26—01）
审判中如有必要，可以中止该程序直至其他审判的审查决定被确定或诉讼程序结束（特§168）。

(2019.6 修订)

54—07　P
订正审判的审查决定、审查决定的登记等

1. 订正审判的审查决定
订正审判的审查决定的结论，分为如下 4 种：
（1）请求成立（认可订正）；
（2）部分请求成立（认可部分订正）；
（3）请求不成立（不认可订正）；
（4）驳回请求（特 §135）。

2. 审查决定的记载（→45—01~20）

3. 审查决定的确定（→46—00）

4. 审查决定的效果
（1）当认可申请书所附的说明书、权利要求书或附图的订正的审查决定被确定时，将订正后的说明书、权利要求书或附图视为特许申请、申请公开、特许授权决定或者审查决定及特许授权的内容（特 §128）。

（2）在侵权案件等的判决确定后，应予以订正的审查决定（仅限于政令规定的情况）才被确定的情况下，以订正已被确定为理由而提出的关于确定判决的再审应被限制（特 §104 之 4 三、特施令 §8）。

5. 登记等
（1）审判请求的预告登记
当有订正审判的请求时，应在特许登记簿上做预告登记（特登令 §3 四）。预告登记时，需在表示部记录提出审判请求的年月日、审判的编号以及请求的宗旨（特登施规 §38）。

（2）确定审查决定的登记
特许厅厅长依职权对订正审判的确定审查决定进行登记（特登令 §16 十）。
进行该登记时，需在表示部记录审判的编号、审理判决确定的情况及其年月日，以及确定审查决定的概要（特登施规 §37①）。如果基于审查决定的部分确定，订正的请求被确定的（→46—00），特许厅厅长确认发生部分确定，将该部分确定的事实作为"审查决定的部分确定登记"予以登记。

审查决定的原件作为特许登记簿的一部分（特登令§9③）。

（3）说明书、权利请求书及附图的订正的登记

特许厅厅长依职权对订正审判的说明书、权利请求书及附图的订正在特许登记簿中进行登记（特登令§16二）。特许发明的名称发生变更的，登记变更后的名称（特登施规§31①）

此外，如果基于审查决定的部分确定，订正的请求被确定（→46—00）此时应在特许登记簿上作为"审查决定的部分确定登记"予以登记。

被授予特许权的发明的说明书、权利请求书及附图视为特许登记簿的一部分（特登令§9②）。

6. 其他

（1）特许证书

当认可申请书所附的说明书、权利要求书或附图的订正的审查决定确定后，对其予以登记，此时特许厅厅长向特许权人发放特许证书（特§28①、特登令§1二、特施规§66）。

（2）审查决定公报等

在订正审判中对说明书、权利要求书或附图予以订正的，应将审判的确定审查决定以及订正后的说明书、权利要求书或附图所记载的事项及附图的内容刊登在特许公报（特许订正说明书）上（特§193②七、八）。

上述特许公报应于案件确定阶段予以发行。在与案件有关的所有的请求被确定时发行的审查决定公报中，应将订正说明书的全文（如果订正说明书存在数份，则含数份订正说明书）附于审查决定之后。此外，只有部分被确定时，应发行部分确定的审查决定公报，并刊登部分确定的信息。

（2019.6修订）

57—00　P U D T
参加

1. 参加的意义

参加是指在审判的审理过程中，第三方加入该审判的当事人的一方，参加审判程序。

通过特许无效宣告等审判解决纠纷的方式，因为通常是在该审判的当事人之间进行，所以一般情况下第三方没有必要对此予以干涉。但是当第三方与当事人之间存在某种法律关系时，或者在特许法等中审查决定的效力会影响第三方时，他人之间的审判的结果有可能会直接或间接地影响该第三方的法律地位。

在这种情况下，仅仅旁观放任该审判的当事人参加审判程序，其结果有可能会导致该第三方在法律上遭受不可预测的损害。因此需要允许这样的第三方为守护自己的法律上的利益，介入他人之间正在审理中的审判，辅助一方当事人或者自己作为请求人加入一方当事人，向对方当事人主张自己的请求宗旨，并参加审判程序。这就是审判中的参加制度。

2. 适用参加规定的审判等

在特§148、§149（准用实§41、外§52、商§56①、§68④中准用）中，列有参加的规定。

（1）无效宣告审判

（2）特许权存续期间的延长注册的无效宣告审判

（3）特许异议的申诉（特§119）

（4）注册商标的取消审判

（5）改写登记的无效宣告审判

（6）注册商标异议的申诉（商§43之7）

（7）对（1）、（2）、（4）、（5）的审判的确定的审查决定，以及（3）、（6）的确定的撤销决定提出再审

3. 不适用参加规定的审判

关于参加的规定，根据特§161（外§52、商§56①、§68④）及特§166的规定，不适用于以下审判。

（1）驳回决定不服审判（特§121①、外§46①、商§44①、§68④）
（2）外观设计、商标的驳回补正决定不服审判（外§47①、商§45①、§68④）
（3）特许的订正审判（特§126）

（2015.2 修订）

57—01 PUDT
参加的种类与要件

1. 参加的种类

（1）特§148①的参加（当事人的参加）

根据特§132①（实§41、外§52、商§56①、§68④）的规定可以提出审判（特许无效宣告审判、延长注册的无效宣告审判）请求的人，在审判终结之前可以作为请求人参加该审判（特§148①、实§41、外§52、商§56①、§68④）。

这是一种与当事人参加、民事诉讼法上的共同诉讼参加，或者与共同诉讼的当事人参加相类似的参加。

（2）特§148③的参加（辅助参加）

与审判结果有利害关系的人在审判终结之前，为辅助一方当事人可以参加该审判（特§148③、实§41、外§52、商§56①、§68④）。

这是一种与辅助参加或共同诉讼的辅助参加相类似的参加。

（3）特§119①的参加（辅助参加）

特许权的权利所有人之外的其他与特许权有利害关系的人在特许异议申诉的决定作出之前，为辅助特许权人可以参加该审理。

（4）商§43之7①的参加（辅助参加）

商标权的权利所有人以外的其他与商标权有利害关系的人在注册商标异议申诉的决定作出前，为辅助商标权人，可以参加该审理。

2. 参加的形式

（1）特§148①的参加（当事人的参加）

基于特§148①的参加被批准后，该参加人取得作为共同审判请求人的地位，审判的形式与类似必要的共同诉讼相类似（特§132①、实§41、外§52、商§56①、§68④）。

因此，参加人作为共同审判请求人，将受到审查决定的效力的约束（特§167）。

（2）特§148③的参加（辅助参加）

基于特§148③的参加是以辅助一方当事人为目的的参加。在（1）规定的当事人的参加中，只能加入请求人一方；但这种辅助参加则可以加入任何一方。

3. 参加的要件

（1）特§148①的参加（当事人的参加）

ア　可以参加的人

当对于同一个特许权（实用新型权、外观设计权、商标权）提出无效宣告审判或注册商标的撤销审判的请求人为两人以上时，这些人可以共同提出审判请求（特§132①、实§41、外§52、商§56①、§68④），但是是否共同请求审判必须由可以共同提起审判的请求人决定（→22—01～03、31—00）。

イ　对象物的同一性

对象物应是相同的。

例如，当特许包含两个以上发明时，已经在审理中的审判对象必须是关于同一特许中的同一发明。

ウ　申请的时期

审理终结前，都可以提出参加的申请。

（2）特§148③的参加（辅助参加）

ア　可以参加的人

必须是与审判的结果有利害关系（→エ）的人，但不需要当事人适格。

审判的结果是指权利有效或无效的最终结果，并非是审查决定的理由中表述的判断或事实。

イ　申请的时期（→（1）ウ）

ウ　辅助参加人的利害关系

（ア）辅助参加人需要与审判的结果有利害关系（→31—00）（特§148③、实§41、外§52、商§56①、§68④）。

（イ）特§148③的有利害关系的人是指，根据审判的结果，对于该审判的对象的特许权的法律地位，或者申请人与请求人、被申请人之间的法律关系有可能产生变动的第三人。

エ　当参加申请人被认为不具有利害关系时，应作出不允许参加的决定

オ　在参加申请书中未记载利害关系时的措施（→57—02之1.）

カ　利害关系的判断时间

对审判请求人的请求人适格的判断时间为审查决定作出时，但从是否允许参加的决定是在审理判决前作出的来看，关于辅助参加人的利害关系是在作出是否允许

参加的决定时解决的。

　　关于参加人，一旦被许可参加，成为参加人以后则不得推翻，因此有审查决定（昭 23 抗审 233 号、昭 25.9.30）认为：无论抗告审判请求人的主张如何，参加人都保有其地位（特§148①的参加的情形—申请人适格→57—07 之 2.）。

（2015.2 修订）

57—02 ＰＵＤＴ
参加申请（书）的形式违反

1. 当参加的申请符合如下（1）、（2）的情形，审判长可以指定期间命令其补正，当该期间届满后申请人仍不补正时，与审判请求书的驳回一样，审判长以决定驳回申请书（特§133、实§41、外§52、商§56①、§68④）。

(1) 当参加申请书违反特§149①（实§41、外§52、商§56①、§68④）（特施规§49格式第65（实施规§23⑩、外施规§19⑧、商施规§22⑤、⑥））规定的形式时

(2) 不缴纳参加申请的官费或缴纳不足时

2. 对于具有除上述1.以外的形式缺陷的参加申请，在就不能补正的内容给予提交辩明书的机会后，审判长以决定驳回参加申请（特§133之2、实§41、外§52、商§56①、§68④）。

(2015.2 修订)

57—05 ＰＵＤＴ
参加的效力

1. 审判程序

参加人在审判过程中可以提出攻击防御的方法及进行其他一切的审判程序（特§148④、实§41、外§52、商§56①、§68④）。

2. 参加申请人对审判程序的援用

参加人的审判程序可以与参加申请同时进行（民诉§43②的类推）。

当事人参照适用参加申请人的审判程序时，不论其何时参照适用，即使不允许参加的决定得以确定，其参照适用仍然有效（民诉§45④的类推）。

3. 与参加人有关的中断、中止

当参加人发生中断或中止的事由时（特§22～24、实§2之5②、外§68②、商§77②），应停止审判程序（特§148⑤）。

4. 参加的撤回

（1）撤回的时期

参加的撤回准用审判请求的撤回（特§155①、实§41、外§52、商§56①、§68④），审查决定确定之前，在审判请求的任何阶段都可以撤回。

（2）撤回的条件

参加的撤回由于并不损害被参加人及对方的利益，而且由于审查决定的效力涉及参加人，所以不需要任何当事人的同意。

但是，对于特§148①规定的参加（当事人参加），当由于审判请求人撤回审判的请求导致仅有参加人参与审判程序时，在被申请人针对参加人的主张提出答辩书后，参加的撤回根据特§155②（实§41、外§52、商§56①、§68④）的规定类推，需要被请求人的同意。

（3）撤回的程序

撤回，在口头审理时采用口头形式，除此之外采用书面形式进行。通过书面形式撤回的，将该情况通知双方当事人。

5. 参加的消灭

在有不批准参加的决定时、审查决定确定时、存在参加申请的撤回时，参加消灭。

6. 与审判请求撤回的关系

请求人撤回审判请求时，不需要参加人的同意。

审判请求被撤回后，特§148①（当事人的参加）的参加人可以照常继续审判程序（特§148②），但特§148③（辅助参加）的参加人丧失参加人的地位。

7. 审查决定的效力

当有审查决定时，审查决定的效力及于参加人。此外，鉴于当申请参加审判，但不被批准的人可以对该审查决定提起诉讼（特§178②、实§47②、外§59②、商§63②），所以可以理解为审查决定的效力也涉及申请参加审判但不被批准的人。

（2015.2 修订）

57—07 PUDT
是否允许参加的决定

1. 是否允许参加的决定的程序

（1）当有参加的申请时，审判长应将参加申请书的副本送达双方当事人及参加人（已经取得允许参加决定的人），指定一定的期限给予就该申请提出意见的机会（特§149②、实§41、外§52、商§56①、§68④）。

此外，对于参加申请人提交的参加申请书以外的资料，可以适用4.。

（2）作为根据（1）听取意见的结果，当关于特§148①的参加（当事人的参加）请求人是否适格，或者关于特§148③（辅助参加）的参加是否有利害关系并不明确时，审判长可以询问参加申请人，让其就这些事项（参加的理由）予以释明（民诉§44①的类推）。

（3）（1）的指定期间届满后，应立即作出是否允许参加的决定。该决定由申请人欲参加的审判的审判官（合议组）通过审判作出决定（特§149③、实§41、外§52、商§56①、§68④）。

在民事诉讼法中，仅在当事人（在民事诉讼法中，包括参加人）就参加提出异议的时候才作出是否允许的决定（民诉§44）。但在特许法中规定不论当事人或参加人是否提出了意见都必须作出决定。

（4）是否允许参加的决定应采用书面形式，并在决定书中注明理由（特§149④、实§41、外§52、商§56①、§68④）（→3.）。

2. 是否允许参加的决定

参加的要件是依职权调查事项。

作出是否允许参加的决定时，应研究参加申请的理由及与其有关的意见书的内容。

是否允许参加，对于特§148①的参加应根据请求人是否适格，对于特§148③的参加应根据是否有利害关系，作出判断。

3. 关于是否允许参加的决定的格式

（1）关于是否允许参加的决定的记载事项根据特施规§50之6（实施规§23⑩、外施规§19⑧、商施规§22⑤、⑥）决定。

ア　审判编号

イ　当事人、参加人，以及他们的代理人的姓名或名称

ウ 参加申请人的姓名或名称，住所或居所，代理人的姓名或名称
エ 决定的结论及理由
オ 决定的年月日

而且，审判官应在决定上签名盖章（盖章的代替措施→00—02之2.）。
但在该决定中记载的当事人及参加人如下：
（ア）请求人
（イ）请求人一方的参加人
（ウ）被请求人
（エ）被请求人一方的参加人
（2）结论的表述方法（→45—04之6.（3））

4. 参加申请人提交的资料

由于参加申请人的参加申请与可以作为参加人参与的审判程序可以并行进行（→57—05之2.），所以在作出是否允许参加的决定前，将参加申请人提交的资料的副本发送当事人，必要时可以征求意见。

5. 对是否允许参加的决定提起不服申诉

对于是否允许参加的决定不得提起不服申诉（特§149⑤、实§41、外§52、商§56①、§68④）。

不被批准参加的参加申请人对审查决定不服时，也可以提起诉讼（特§178②、实§47②、外§59②、商§63②）。

(2015.2 修订)

57—09 ＰＵＤＴ
参加申请与审判请求的驳回或者审判请求的撤回

1. **审判请求的驳回**

当审判请求的程序不完备时，对审判请求书或审判请求驳回。当就该不完备的审判请求提交参加申请书的，应先由审判长对审判请求书作出驳回决定（特§133③、实§41、外§52、商§56、§68④），或者由合议组对审判请求作出驳回的审查决定（特§135、实§41、外§52、商§56、§68④），之后再由审判长对参加申请作出驳回的决定（特§133之2、实§41、外§52、商§56、§68④）。

2. **在是否允许参加的决定前撤回审判请求**

根据特§148、实§41、外§52、商§56、§68④提出参加的申请，当在是否允许参加的决定前审判请求被撤回时，审判结束。

3. **在是否允许参加的决定后的审判请求的驳回或撤回**

特§148①（当事人的参加）的参加人，在被参加人撤回该审判请求后也可以继续审判程序（特§148②）。但是，特§148③（辅助参加）的参加人在该审判请求撤回后，则丧失其参加人的地位（→57—05之6.）。

此外，对于审判请求的请求人不满足请求人适格，因不合法而应驳回的情况下，如果特§148①（当事人的参加）的参加人满足请求人适格，应照常继续该审判程序。

（**例**）合议组在对请求人的请求驳回后，根据参加人（特§148①的参加人）的请求，作出认定实用新型无效的审查决定（昭和54年审判第14725号（实用新型1059988号））。

(2015.2修订)

58—00　ＰＵＤＴ
判定

1. 判定制度及其宗旨

所谓判定制度，是特许厅根据请求，就特许发明和实用新型的技术范围、外观设计及与之类似的设计的范围、商标权的效力范围（以下，在58—00～58—03中，称为"特许发明的技术范围等"），以中立、公平的立场，表明官方见解的制度（特§71）。该制度的宗旨在于，特许厅根据请求，对特许发明的技术范围等表明官方的见解，谋求符合法律目的的发明的保护及利用等，防纠纷于未然或者帮助尽早解决纠纷。

以特许权为例，特许权人拥有在商业上独占实施特许发明的权利（特§68），其权利的效力广泛地影响第三人。而且，特许权人甚至在该特许权因存续期限届满而消灭后，仍可以对存续期限内的第三人的侵权行为请求损害赔偿。

而且，围绕特许权，例如，会发生如下情况。

（1）特许权人想知道，第三人的特许权或第三人实施的技术等是否属于自己的特许发明的技术范围。

（2）非特许权人想知道，开发投资乃至业务的实施计划中，或实际实施的技术是否属于特许权人的特许发明的技术范围。

此时，需要通过由拥有高度专业技术知识的人站在中立的立场，对特许发明的技术范围迅速地作出判断，并且保障欲寻求判断的人可以容易地利用该判断，从而实现对符合法律目的的发明的保护及利用，同时防纠纷于未然或者帮助尽早解决纠纷。

因此，根据请求，参与特许权授权的特许厅，利用其高度专业的技术知识，对该特许发明的技术范围表明官方见解的制度，就是以特§71的规定为依据法令的判定制度。

上述是关于特许权判定制度及其宗旨的说明，对于实用新型、外观设计及商标权的判定制度也与之相同。

2. 判定的性质

判定是特许厅对特许发明的技术范围表明的官方见解，其仅具有鉴定的性质，并不具有法律约束力，不构成行政不服审查法中行政机关行使其他公权力的行为（行政不服审查法§1）。

但是，由于是作为具有高度专门技术知识的行政部门的特许厅作出的鉴定，所以事实上其被社会普遍尊重，被认为是权威的判断之一（名古屋高金泽支判昭42.6.14（昭41（ネ）137号））。

3. 标准必要性相关判断的判定

在特许权的判定中，可以对特许发明是否对特定的标准是必要的，请求判定（标准必要性相关判断的判定）。就标准必要性相关判断的判定，在58—04中进行说明。

（2019.6 修订）

58—01 ＰＵＤＴ
判定的程序

1. 判定请求的对象

判定请求的对象是特许发明的技术范围等（→58—00 之 1.）（特§71①、实§26→特§71①、外§25①、商§28①、商§68③→商§28①）。本节以特许权的相关判定为主进行说明。

2. 判定的当事人

（1）当事人和请求的利害关系

因为判定的结果对当事人不产生法律约束力，所以在判定请求中，法律上的利害关系是不必要的。另外，在判定请求中，特许厅根据请求，对特许发明的技术范围表明官方见解，从而对符合法律目的的发明进行保护和利用，并且有助于预防或早日解决纠纷，这是判定制度的宗旨。因此，从该制度的宗旨而言，最好能够将请求判定的必要性填写在判定请求书的请求理由栏中。

（2）请求人和被请求人

因为判定请求需要根据制度的宗旨请求判定的利害关系的存在，所以多数情况下，存在被请求人，也就是当事人对立结构。但是，即使不存在被请求人，仅请求人作为当事人的情况下，只要判定请求存在利害关系符合制度宗旨，也可以请求判定。另外，在判定请求中，无论应成为被请求人的人是否存在，不允许隐藏该人，或者显示不是イ号实施者的虚构的对方从而接受判定，导致滥用判断（→58—03 之 1.（1）イ（オ）（カ））。

请求判定的形式，作为例子，可以分为以下几种：

ア 被请求人存在，当事人之间形成对立结构的例子

（ア）特许权人针对第三方现在正在实施或过去实施的技术，将该第三方作为被请求人请求判定。

（イ）希望确认特许权利用关系的特许权人针对其他特许权人的发明，将该特许权人等作为被请求人而请求判定。

（ウ）特许权人以外的人将特许权人作为被请求人，请求对于自己正在实施的，或将要实施的技术的判定。

（エ）独占实施权人对于第三方现在正在实施或过去实施的技术，将该第三方作为被请求人请求判定。

（オ）独占实施权人以外的人将独占实施权人作为被请求人，请求对自己正在

实施的，或将要实施的技术的判定。
　　イ　被请求人不存在的例子
（ア）特许权人请求对自己正在实施的，或将要实施的技术的判定。
（イ）特许权人请求对实施人不明确的技术的判定。
（ウ）独占实施权人请求对自己正在实施的技术的判定。
（エ）独占实施权人请求对实施人不明确的技术的判定。

3．判定请求书

（1）总论

请求人，必须向特许厅厅长提交记载有以下事项的判定请求书（特§71③、特施规§39、实§26→特§71③、实施规§23⑦→特施规则§39、外§25③→特§71③、外施规§19⑤→特施规§39、商§28③→特§71③、商§68③→§28③→特§71③、商施规§22④→特施规§39）。

　　一号　判定请求案件的名称（→（2））
　　二号　当事人及代理人的姓名或名称，及住所或居所，以及法人或非法人团体等的代表人姓名（→（3））
　　三号　请求的宗旨及理由（→（4）、（6））

（2）判定请求案件的名称

使用特许（授权）号，如记载"特许第〇〇号判定的请求案件"（特施规§39、格式57、备考1）。

（3）当事人的名称

ア　有被请求人时，必须记载。

但是有时没有被请求人（→2.（2）イ），那么此时不必记载被请求人。（→被请求人未记载理由不明的，隐藏被请求人的嫌疑较高时的处理方法参见58—03之1.（1）イ（オ））。

被请求人为权利人时，在判定请求书中记载的被请求人的住所（居所）、姓名（名称）必须与登记簿所记载的内容保持一致。

　　イ　请求人为权利人时也同样，判定请求书中请求人的住所（居所）、姓名（名称）必须与登记簿所记载的内容保持一致。

（4）请求宗旨栏

在特许权的判定中请求的宗旨栏应当明确记载一定的技术内容（此技术内容通常通过イ号附图或イ号说明书予以明确）属于或者不属于特许发明的技术范围。

这与实用新型相同。

对于授权的外观设计及与之类似的外观设计，通常记载请求判定イ号附图及其说明书所示的外观设计属于（不属于）授权外观设计及与之类似的外观设计的范围。

对于注册商标，通常记载请求判定注册第〇〇号商标的商标权的效力涉及（不涉及）在商品"○○○"上使用的イ号标志。

(5) イ号及其指定

ア 关于イ号

イ号是指，在判定请求中存在权利人的对方当事人时该对方当事人实施的技术；以及当权利人在没有对方当事人的情况下提出请求判定时，与权利人实施的特许发明相对比的技术。

イ号应表示为イ号附图、イ号说明书、イ号标志。

对应一个判定请求，应有一个イ号。

イ イ号的指定

在判定请求书中，必须充分确定イ号到审判官能够审理的程度。

当イ号的实物存在时，根据商品名、型号等被确定。

另外，需要在文章中以能够与特许发明的权利要求的记载对应的程度来确定イ号的技术构成。此时，イ号与特许发明的类别（物或方法）保持一致。

(6) 请求理由栏

在"请求理由"栏中，记载请求判定的必要性（→2.(1)）、从申请到授权的经过（存在关联的审判请求、诉讼的话，为案件号等）、本特许发明、イ号的技术构成、前述项目的对比、イ号属于（不属于）本案的技术范围的说明等具体内容。

(7) 证据方法栏

在"证据方法"栏中，记载证据名称、证明目的、证据的说明等。另外，除了文件记载清楚的情况以外，应提交明确记载了文件条目、制作者及证明目的的证据说明书。作为证据提出的文件，如果用外语记载，需要附加相关部分的译文。同时，必要的证据最好在请求时全部提交。

4. 可以请求判定的时期

原则上，在权利授权后可以提出判定的请求。

也可以在权利消灭后请求判定。但权利消灭20年后，有关该特许权的损害赔偿请求权和诉讼权等全部由于时效消灭时，或者没有审判案件在审中的，不受此限（特登施规§5）。

5. 在登记簿上的记载等

当有判定请求时，应在登记簿的栏外记载该情况，并且在特许公报上予以公示。

(2019.6 修订)

58—02 PUDT
判定机关及审理方式

1. 判定机关
（1）判定机关

根据特§71②（实§26→特§71②、外§25②、商§28②、商§68③→商§28②）的规定，判定应由被指定的审判官构成的合议组作出。

该合议组的合议通过过半数来决定（特§71③→特§136②、实§26→特§71③→特§136②、外§25③→特§71③→特§136②、商§28③→特§71③→特§136②、商§68③→商§28③→特§71③→特§136②）。

（2）审判长/审判官的指定

特许厅厅长在有判定请求时，指定3名审判官。指定其中1名作为审判长。审判长总体负责与判定请求案件有关的事务。

指定审判官的时候适用特§139及特§141所规定的对审判官的除斥及回避的限制（特§71③）（→59—01）。

2. 审理方式
（1）书面审理

关于判定的审理，原则上为书面审理（特§71③→特§145②、实§26→特§71③→特§145②、外§25③→特§71③→特§145②、商§28③→特§71③→特§145②、商§68③→商§28③→特§71③→特§145②）。

这是因为，判定的对象（イ号）的指定必须通过书面（附图等）形式；判定案件不一定仅限于当事人对立的结构；以及为满足程序的简易、迅速性的要求等。

（2）口头审理（→33—00）

判定的审理原则上为书面审理，但审判长可以根据当事人的主张或依职权采取口头审理（→33—00）（特§71③→特§145②、实§26→特§71③→特§145②、外§25③→特§71③→特§145②、商§28③→特§71③→特§145②、商§68③→商§28③→特§71③→特§145②）。判定的审理通过口头审理进行时，应向当事人发送口头审理的通知。

这是因为，判定的审理中，为把握事实的真相，有时通过口头审理更为适当。

（3）依职权审理

ア 在判定中，采用职权主义（→36—01）（特§71③→特§152、§153）。这是因为判定是拥有高度专业技术知识的行政机关特许厅作出的鉴定，其结果将被公开，使广泛的第三人知晓其内容。

因此，关于审理所必要的范围及内容，可以依职权对于当事人没有提出的理由予以审理（特§71③→特§153①）；或者将书面审理方式变更为口头审理方式（特§71③→特§145②）。

イ 但是，对于请求人没有提出请求宗旨不得审理（特§71③→特§153③）。

这是因为：请求宗旨应由请求人划定；如果允许对未提出请求宗旨作出审理，则会导致违反请求人的意思的对请求宗旨的变更。

（4）合并审理

合议组通过对多个判定案件的斟酌，当判断如果将这些案件合并审理可以更加迅速、准确地审理案件时，只要不违反判定制度的宗旨，并且当事人没有特殊的意思表示的情况下，可以合并后进行判定程序（特§71③→特§154）。

（5）着手的顺序与迅速审理

ア 着手的顺序原则上为请求日期的顺序。

但是判定案件通常与无效宣告审判案件、订正审判案件，以及侵权案件等有关，在这种情况下，可以综合考虑相关联的多个案件，不按照请求日期的顺序进行。

イ 由于判定请求本身往往涉及与该特许发明的技术范围有关的现存的争议及其预防，或者业务的实施等，很多时候需要尽快得以解决，所以最好尽量迅速地予以审理。

（2019.6 修订）

58—03　PUDT
判定的审理

1. 判定请求的审理
本节主要就特许权相关判定进行说明。
（1）判定请求书
ア　一般事项
请求书的必要记载事项（→58—01 之 3.（1））。
对形式不完备的请求书的处理（→21—00）。
イ　当事人
（ア）要求判定的为共有特许权，但是在请求书的被请求人名称中缺少部分共有人的时候（特§71③、§132②）。

判定没有法律约束力，因此不需要将所有特许权人作为被请求人。因此，即便被请求人一栏中有部分共有特许权人没有记载，也可以不作补正的命令，继续进行程序。

但是，考虑到特许权人中有切实利害关系的人存在的情况，对于只将部分共有人作为被请求人提出的请求，审判官认为有必要时，可以向其他共有人发送副本，依职权征求意见。

关于独占实施权人存在的特许权，即使特许权人作为被请求人，审判官在认为必要的时候，也向独占实施权人发送副本，依职权寻求其意见。

（イ）由于特§71③没有准用特§132③的规定，所以当要求判定的特许发明为共有发明时，没有必要将所有特许权利人作为共同请求人。

（ウ）当在判定请求案件的审理过程中，该权利发生了承继时，可以对权利的继承人继续进行该程序。

（エ）当事人死亡时：
程序中断及中止的规定（特§22～§24、民诉§124 以下）不适用于判定的程序。

  a. 死亡的当事人为权利人时
可以对该权利的继承人继续进行该程序。
  b. 死亡的当事人为非权利人时
（a）是被请求人时
由于有时不得不承认没有被请求人的判定请求，所以应照常作为没有被请求人的判定予以审理。

（b）是请求人时

在法律上，不存在判定请求权，因此不存在继承的问题，所以在没有继承申请时，应在请求人死亡的同时，按照请求消失结束案件。但是在现实中有发生关于侵权等争议的情况，这种情况下，仅限于继承了实施イ号的技术内容的业务的继承人为避免重新请求判定的烦琐而提出继承该程序的意思表示时，对该继承人继续进行程序。当有被请求人时，应就该情况予以通知。

另外，当法人解散时，也同样适用上述规定。

（オ）如果一个没有记载被请求人的判定是一个"属于"（积极的判定）的请求，当未记载被请求人的理由不明确时，可以进行询问，如果有应该列为被请求人的人存在时，应让其记载。另外，在被请求人有很强的隐藏嫌疑时，要求补正为在请求书中记载被请求人。

判定请求中无论是否存在应当作为被请求人的人，将其隐瞒，或者假设一个非イ号实施人将其作为对方当事人接受判定等滥用该判定时，将会在行业中引起不必要的摩擦等弊端。而且，这种未经过对方当事人的答辩，仅根据请求人一方的主张作出的判定，没有经历公平适当的程序，应尽量避免。

（カ）如果第三方请求的判定是一个"不属于"（消极的判定）特许发明的技术范围的请求，当没有记载被请求人时，应通知其将登记簿上登记的权利人（特许权人、独占实施权人）作为被请求人记载；此时如果请求人不作回应，则作出将权利人作为被请求人处理的通知。

此时，请求人仍未将权利人作为被请求人记载时，将登记簿上登记的权利人作为被请求人继续进行审理（注）。

（注）向登记簿上登记的权利人发送判定请求书副本。在判定书中记载权利人的名字。

（キ）依据制度宗旨请求判定的利害关系。

驳回根据制度宗旨请求的判定没有利害关系的判定请求（特§71③→§135）。

ウ　请求的宗旨、理由

（ア）对请求的宗旨及理由变更的补正，由于构成对判定请求书的主要内容的变更，所以不予认可（特§71③、§131之2①柱书的本文）。例如，将对象イ号变更为不同的内容，由于这样变更了判定对象，所以其构成请求主要内容的变更（→30—01）。

（イ）当请求的宗旨与理由不一致时，应要求其按照请求的宗旨补正理由部分。

（ウ）当实质上存在多个イ号（包含在请求的宗旨等记载多个内容的情况）时，可以向请求人进行询问，让其提交书面答复等，指定一个イ号（书面答复以外，通过传真、电话回答也可以，此时应制作应对记录）。此时，应敦促其就其他イ号另行提出判定请求。

（2）副本送达和答辩书提交

ア　当有判定请求时，审判长应将判定请求书的副本送达被请求人，指定一定的期间给予提交答辩书的机会（特§71③、134①、实§26、外§25③、商§28③、§68③）。提交答辩书等的指定期间为，本国人30日，在海外者60日（→25—01之Ⅱ）。

答辩书应根据格式第63制作（特施规§40、§47①、实施规§23⑨、外施规§19⑤、商施规§22④）。

审判长在受理答辩书（注）后，应将其副本送达判定请求人（特§71③、§134③、实§26、外§25③、商§28③、§68③）。

（注） 对于违反形式的答辩书，可以作出程序驳回处分。

イ 当被请求人在答辩书中明确表示自己并未实施イ号的内容，并且将来也没有实施的计划时，将该答辩书发送请求人，收到请求人的辩驳后，作出判断。

（3）请求的承认、撤回、放弃

ア 请求的承认

被请求人承认请求的行为是不能被认可的。

判定是作为一个事实问题，根据附加于申请书的权利要求书的记载而对特许发明的技术范围的确定。对于请求判定的结论，不仅仅依据当事人的主张，还要依职权予以确定，请求的承认不符合制度的性质。

イ 请求的撤回

当有请求的撤回时，特许厅厅长应将该情况通知被请求人（特施规§40→特施规§50之5、实施规§23⑨、外施规§19⑤、商施规§22④）。

ウ 请求的放弃

有请求放弃时，按撤回处理，特许厅厅长将该情况通知被请求人。

（4）审理

下面以特许权判定为例，进行说明。

ア 特许发明的认定

特许发明的认定，没有特殊情况的话，应依据权利要求文字的记载进行。当在权利要求中记载的构成中有与イ号不同的部分存在时，原则上不能认定其属于特许发明的技术范围。

イ イ号的认定

用文章表述的イ号的技术特征是判断イ号是否属于特许发明的技术范围的前提，因此可以与权利要求书的记载作对比。

当事人为了方便自己而主张イ号的构成等，但当事人主张的イ号的构成不合适的时候，合议组可以依职权认定イ号。

イ号本身不清楚，且通过附图、说明资料等也不能认定イ号时，可以进行询问。当通过询问也不能明确认定イ号，导致不能审理时，应作出驳回决定（特§71③→特§135）。

ウ 均等成立的要件

在权利要求书记载的构成中,即使存在与对象产品（イ号）不同的部分（在本节58—03中称为"相异部分"）,如果满足①~⑤的全部要件,作为与权利要求书记载的构成均等的内容,也被认为属于特许发明的技术范围。

①相异部分不是特许发明的本质部分；

②置换相异部分也能够达到发明的目的,起到同样的作用效果；

③在制造对象产品等的时间点,当事人可以容易想到置换相异部分；

④对象产品,不属于特许申请时的公知技术,以及同行业者在申请时容易想到的技术；

⑤没有在特许发明的申请程序中将对象产品有意识地从权利要求书中排除在外等特殊事由。

（参考） 最三小判平10.2.24（平6（オ）1083号）接受均等论的滚珠花键案件。

关于是否适用均等的法理,原则上仅在当事人提出适用均等的法理时作出判断。在虽然没有采用均等这一词语,但可以推定是实际上主张均等时,除非明显不需要对均等要件进行判断的情况,都应该对均等要件作出判断。

エ 当特许发明被主张无效时

如果仅以请求判定"因本特许发明无效,所以イ号不属于本特许发明的技术范围"为宗旨的,应在敦促其提出无效宣告审判请求的同时要求其撤回本判定请求。如果对此不予回应,应在不考虑本特许发明无效等的情况下进行审理。

オ 当主张间接侵权时

涉及特许权的判定中,审理对象是特许发明的技术范围（特§71①）。因此,即使根据特§101的规定主张间接侵权,也不考虑该主张。基于特§69的规定主张不在特许权的效力范围内,或者基于特§79的规定主张基于在先使用的一般实施权时,也不考虑这些主张。

（5）审结通知、中断、中止（特§156①、§22~24）

不适用于判定。

（6）一事不再理（特§167）与反复进行判定请求

虽然判定不适用一事不再理,但是反复进行同一判定请求时,很可能结论相同。

（7）证据调查（→35—00）

在判定的程序中,可以进行证据调查（特§71③、§150①、实§26、外§25③、商§28③、§68③）。

（8）费用的承担

关于费用的缴纳及必要的支付,在不违反其性质的范围内,适用关于民事诉讼费用等法律（昭和46年法律第40号）中相关规定（第二章第一节及第三节规定的部分除外）的例子（特§71③、§169⑥）。

（9）除斥及回避（→59—01）
（10）要求当事人提供所提交的书面文件的电子数据

审判官在判定书的制作过程中使用，或在其他认为需要的情况下，在当事人所提交或将要提交的书面文件中记载的内容有电子版（以电子方式、磁盘方式，以及其他通过人无法认知的方式记录，并用于电子计算机信息处理）时，可以要求当事人提交电子版（特施规§40→特施规§50之11）。（具体提交方法，参见特许厅官网）

2. 判定书

（1）审判官必须在判定书上签名盖章（特施规§40、§50之10、实施规§23⑨、外施规§19⑤、商施规§22④）（盖章的代替措施→00—02之2.）

（2）结论的记载要点（→45—04之7.）

ア 示范判定结论的例文如下

（例1）

イ号附图及其说明书所示"……"属于（不属于）本特许发明的技术范围（本实用新型的技术范围）。

（例2）

イ号附图及其说明书所示"……"的外观设计属于（不属于）授权第〇〇号外观设计及与之相似的外观设计的范围。

（例3）

商品〇〇〇上使用的イ号标志属于（不属于）第〇〇号注册商标的商标权的效力范围。

イ 驳回的情况

驳回本判定请求。

3. 判定的结束

（1）将判定的副本送达当事人（特§71③、§157③）、判定请求撤回、判定请求的驳回决定（特§71③→特§135）的副本送达当事人（特§71③、§157③），或者针对判定请求书的驳回决定（特§71③→特§133③）的不服申诉期间届满，判定结束。请求的放弃按请求的撤回处理（→1.（3）ウ）。

（2）判定的审理结束后不作结审通知（→1.（5））。

（3）判定结束时的程序。

ア 判定的审理结束时，特许厅厅长必须将判定的副本送达当事人（特§71③、§157③）。

イ 对判定的请求作出驳回决定时（特§71③→特§135），与ア相同。

ウ 以决定驳回判定请求书时（特§71③→特§133③），特许厅厅长必须将决定的副本送达当事人（特§189、特施规§16②）。

(4) 对判定等不服时的申诉。

ア 判定并非行政处分，因此不能基于行政不服审查法提起不服申诉，也不能基于行政案件诉讼法向地方法院起诉（→58—00之2）。

イ 当判定请求被以决定驳回时（特§71③→特§135），不能基于行政不服审查法提起不服申诉，以及基于行政案件诉讼法向地方法院起诉（特§71④）。

ウ 当判定请求书被以决定驳回时（特§71③→特§133③），可以基于行政不服审查法提起不服申诉，以及基于行政案件诉讼法向地方法院提起诉讼。

(2019.6 修订)

58—04　P
有关标准必要性的判断的判定

1. 有关标准必要性判断的判定的概要

有关标准必要性判断的判定是指，为了判断某一特许发明是否属于标准必要发明，就该特许发明的技术范围，由标准规格文件中特定的虚拟对象物品等（虚拟イ号）代替通常判定中的イ号（→58—01 之 3.（5））来请求判定。

在判断标准必要性的判定中，与通常的判定相同，符合制度宗旨的利害关系是必要的，因此，与请求标准必要性判断的判定没有利害关系的话，通过决定驳回（特§71③→§135）。

在判断标准必要性的判定中，在判定书的结论部分，示出虚拟イ号是否属于本特许发明的技术范围。此外，例如，如请求宗旨所述，得出了虚拟イ号属于本特许发明的技术范围的结论时，在判定书的理由中，附言本特许被认为是对该标准规格来说是必要的标准必要性判断。

（关于程序的详细内容，请参照在特许厅网站上公开的"有关标准必要性判断的判定利用指南"）

（2019.6 追加）

58—10 PUDT
来自法院的鉴定委托

1. 制度的概要
法院向特许厅提出关于特许发明的技术范围的鉴定委托时,特许厅厅长应指定3名审判官予以鉴定(特§71之2、实§26、外§25之2、商§28之2)。

2. 鉴定的内容
进行鉴定的内容,基本上是关于特§71之2、实§26、外§25之2、商§28之2所规定的如下(1)~(3)的情况。
(1) 关于特许发明、实用新型的技术范围的鉴定(特§71之2(实§26))
(2) 关于外观设计及与之相似的设计的范围的鉴定(外§25之2)
(3) 关于商标权效力的鉴定(商§28之2)
针对上述任意一种情况,均由3名审判官合议,由审判长总理事务。

3. 关于鉴定费及为实施鉴定说明的差旅费
(1) 基本观点
鉴定是在审判的举证过程中根据需要、基于民事诉讼法的规定而实施的,鉴定中必要的费用由当事人支付。

参考: 关于民事诉讼费用等的法律

缴纳义务(§11)、证人的差旅费的请求等(§18)、说明者的差旅费的请求等(§19),调查委托时的报酬的支付等(§20)

因此,对于实施的鉴定,特许厅根据关于民事诉讼费用等的法律的规定,接受鉴定费及为实施鉴定说明的差旅费的支付。

但是,法官依职权委托鉴定时,由法院指定的人(当事人)支付费用。

(2) 具体的运用

ア 鉴定费与判定的费用(40000日元/个)相同(※)。

※计算费用时,将对应1个特许权的1个イ号的鉴定作为1个鉴定事项,1个鉴定事项的费用是40000日元。因此,例如,对于2个特许权,请求关于イ号、ロ号、ハ号的3个全部组合的鉴定时,因为鉴定事项为6(2×3)个,所以费用的计算如下:

40000日元×6=240000日元

イ 请求实施鉴定说明时的差旅费,使用法院依据"关于民事诉讼费用等的法律"所支付的费用。因此，不需要由特许厅支付差旅费。

4. 关于鉴定委托书的管理

对于鉴定委托书，应标注审理编号予以管理。

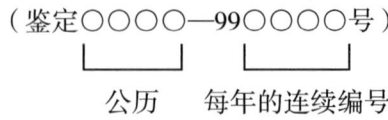

（鉴定○○○○—99○○○○号）

公历　每年的连续编号

与鉴定有关的业务程序概览

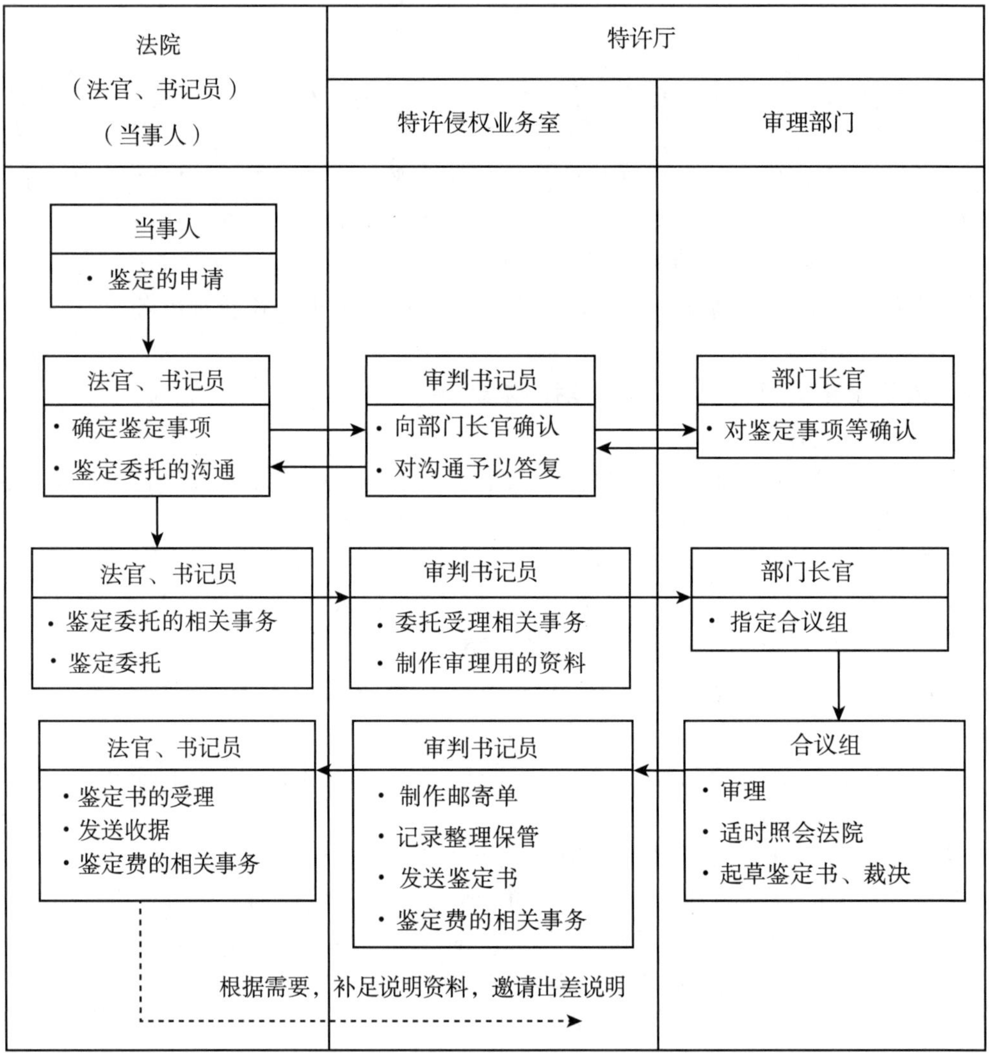

法院 （法官、书记员） （当事人）	特许厅	
	特许侵权业务室	审理部门
当事人 ・鉴定的申请		
法官、书记员 ・确定鉴定事项 ・鉴定委托的沟通	**审判书记员** ・向部门长官确认 ・对沟通予以答复	**部门长官** ・对鉴定事项等确认
法官、书记员 ・鉴定委托的相关事务 ・鉴定委托	**审判书记员** ・委托受理相关事务 ・制作审理用的资料	**部门长官** ・指定合议组
法官、书记员 ・鉴定书的受理 ・发送收据 ・鉴定费的相关事务	**审判书记员** ・制作邮寄单 ・记录整理保管 ・发送鉴定书 ・鉴定费的相关事务	**合议组** ・审理 ・适时照会法院 ・起草鉴定书、裁决

根据需要，补足说明资料，邀请出差说明

关于鉴定费的流程图

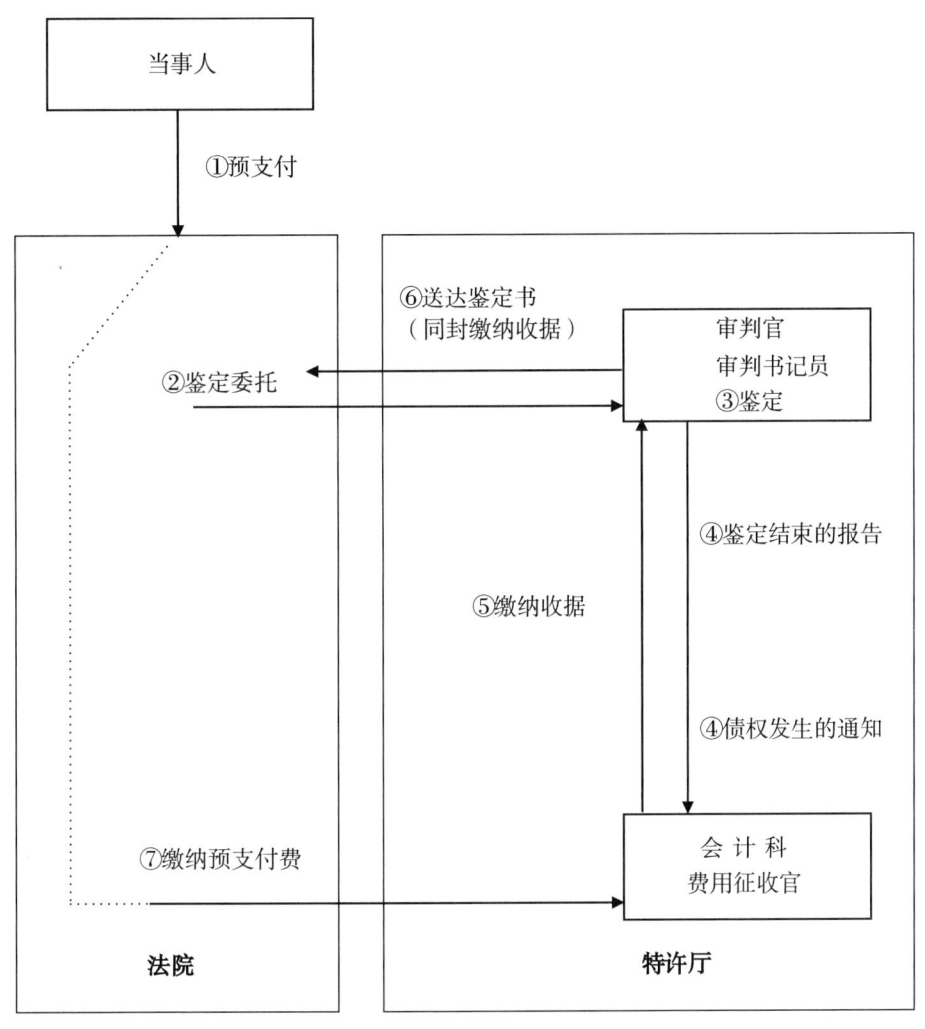

（注）①至⑦为程序的进行顺序，同一号码同时进行。

（2019.6修订）

58—12 PUD
来自海关署长的意见照会

1. 意见照会制度的概要

关于特许权、实用新型权或者外观设计权,当海关的认定程序(注)启动后,权利人或者出口方或进口方在一定期间内,可以请求海关署长就是否属于特许发明、实用新型的技术范围或授权的外观设计及其相似外观设计征求特许厅厅长的意见(关税法§69之7①、§69之17①)。

此外,即使没有权利人或者出口方或进口方的要求,海关署长认为有必要时,也可以就技术范围等征求特许厅厅长的意见(关税法§69之7⑨、§69之17⑨)。

海关署长将特许厅厅长的意见内容通知申请人以及出口方和进口方的同时,参考该意见以及其他资料认定货物是否属于侵权物品。

(注)"认定程序"是指,针对被认为构成知识产权侵权物品的货物,为了认定是否构成侵权物品而进行的程序(关税法§69之3①、§69之12①)。

2. 意见照会请求的要件

(1)	对象	涉及特许权、实用新型权或者外观设计权的认定程序中的货物
(2)	请求人	特许权人、实用新型权人,或外观设计权人或者出口方或进口方
(3)	请求可能的期间	从接收到认定程序开始通知之日起算,至10天(不含行政机关的假日)届满之日(10天届满日),如果期限被延长的,至20天(不含行政机关的假日)届满之日(20天届满日)
(4)	意见照会内容	与认定程序中的货物的权利有关的技术范围等
(5)	需要的资料	明示了认为构成权利侵害的或不构成权利侵害的物或方法的具体形态的资料

3. 程序的概要

(1) 来自海关署长的照会

海关署长附加以下书面文件后,就特许发明、实用新型的技术范围或授权的外观设计及其相似外观设计的范围向特许厅厅长征求意见。

ア 特许厅厅长意见照会书
海关署长特别指定的、与意见照会有关的货物的具体形态
イ 特许厅厅长意见照会请求书及附件
为请求意见照会，申请人提交的书面文件及附件
ウ 其他应参考的资料
（2）特许厅厅长的回答

特许厅厅长应在自意见照会之日起 30 日内给出书面意见（关税法 §69 之 7④、§69 之 17④）。此外，特许厅厅长可以让审判科执行与特许发明、实用新型的技术范围或授权的外观设计及其相似外观设计的范围有关的意见照会事务。

审判科根据部门长官的选任，指定 3 名审判官。

（2019.6 修订）

58—14　P U D T
征求意见、意见陈述

1. 征求意见制度和意见陈述制度的概要

在对无效宣告审判等（包括延长注册无效宣告审判、不使用撤销审判、不正当使用撤销审判。本节58—14下同）的审查决定撤销诉讼中，法院可以向特许厅厅长就该案件相关的特许法等的适用以及其他必要事项征求意见（征求意见制度）（特§180之2①、③）。

同时，在无效宣告审判等的审查决定撤销诉讼中，特许厅厅长在得到法院许可的情况下，可以对法院就有关该案件的特许法等的适用以及其他必要的事项表达意见（意见陈述制度）（特§180之2②、③）。

2. 征求意见制度和意见陈述制度的设置宗旨

在无效宣告审判等的审查决定撤销诉讼中，特许厅不能作为当事人参与其审理。但是，在无效宣告审判等中，特许厅的法令解释或运用基准成为争议焦点，法院根据与特许厅的法令解释或运用基准不同的法令解释等，作出撤销审查决定的判决时，有可能对该法令解释或运用基准产生重大影响。为此，在无效宣告审判等的审查决定撤销诉讼中，最好将作为专业机关的特许厅的想法反映到法院的诉讼审理中，在此基础上作出判断。

因此，在无效宣告审判等的审查决定撤销诉讼中，设有法院向特许厅征求意见的征求意见制度，以及根据特许厅的申请由法院给予许可，特许厅向法院陈述意见的意见陈述制度。

（2019.6 修订）

59—01 PUDT
除斥及回避的原因等

1. 关于审判官及审判书记员，由特许厅厅长对各审判案件进行指定（特§137①、§144之2①、实§41、外§52、商§56①、§68④），当其中有不适于参与审判的人时，可以解除指定，让其他审判官来补充（特§137②、§144之2③、实§41、外§52、商§56①、§68④）。为保证审判的公正，当审判官与具体的案件有特殊关系时，有必要不让其执行审理该案件的职务。这就是除斥、回避制度（特§139～§144之2、实§41、外§52、商§56①、§68④）。

2. 除斥是指，基于一定的原因，在法律上当然地解除其职务执行的制度；回避是指，有妨碍公正的事由时，依据当事人等提出的排除其职务执行的申请，解除其职务执行的制度。

3. 除斥的原因、申请的方式、时期。

(1) 除斥的原因如下（特§139一～七、§144之2⑤、实§41、外§52、商§56①、§68④）。

ア 审判官或审判书记员或者其配偶，或元配偶是或者曾是案件的当事人、参加人或特许异议申诉人（在本节59—01中称为"审判请求关系人"）时（一号）

イ 审判官或审判书记员是或者曾是审判请求关系人的四等亲以内血亲、三等亲以内的姻亲或同居的亲属时（二号）

ウ 审判官或审判书记员是审判请求关系人的监护人、监护监督人、保护人、辅佐监督人、辅助人或辅助监督人时（三号）

エ 审判官或审判书记员是案件的证人或鉴定人时（四号）

オ 审判官或审判书记员是或者曾是审判请求关系人的代理人时（五号）

カ 审判官曾经作为审判官参与与该案件有关的不服申诉的审查时（六号）（→12—04）

キ 审判官或审判书记员与该案件有直接利害关系时（七号）

ク 此处的直接利害关系是指法律上的利害关系，不包括经济上的利害关系。法律上的利害关系举例说明如下。

（ア）审判官或审判书记员是案件争议对象的权利的先取得权人

（イ）审判官或审判书记员是案件争议对象的权利的质权人

（ウ）审判官或审判书记员是案件争议对象的权利的实施权人

（エ）审判官或审判书记员是案件争议对象的权利的物上保证人

（2）除斥的申请（特§140、§144之2⑤、实§41、外§52、商§56①、§68④）

无论是否存在除斥的原因，当审判官或审判书记员参与案件时，当事人等可以提出除斥的申请。

ア　申请人

可以提出除斥申请的人为当事人、参加人（特§140、§144之2⑤、实§41、外§52、商§56①、§68④）。此外，特许（注册商标）异议申诉人也可以提出申请。

而且，其他审判官等也可以就除斥的原因向所属长官陈述意见。

イ　申请的方式（特§142、§144之2⑤、实§41、外§52、商§56①、§68④、特施规§48之2、格式64、实施规§23⑫、外施规§19⑧、商施规§22⑥）

申请不限于书面或口头（→6.）形式，但需明确审判案件、希望除斥的审判官或审判书记员的姓名及除斥原因（明示特§139的对应规定项）。

但是，允许口头方式的申请，仅限于口头审理时。

ウ　申请的时期

审查决定作出前，都可以提出除斥的申请。

（注）1. 在审查决定得以确定之前，可以作为起诉的原因。

2. 在审查决定得以确定之后，可以作为再审的事由（特§171②、民诉§338①②、§339、实§42②、外§53②、商§57②、§68⑤）。

4. 回避的原因、申请的方式、时期。

（1）回避的原因（特§141、§144之2⑤、实§41、外§52、商§56①、§68④）

回避的原因规定了审判官或审判书记员具有妨碍审判公正的事由，这种情况虽不构成除斥的理由，但足以成为当事人担心审判官的审理或审判书记员处理事务不公正的客观的、合理的理由。在以下情况下会成为问题：

ア　审判官或审判书记员是案件当事人的亲友时

イ　审判官或审判书记员与案件的当事人有仇敌关系时

ウ　审判官或审判书记员与案件有经济上的特殊利害关系时

エ　审判官或审判书记员对于案件曾经私自提出过鉴定书时

オ　审判官或审判书记员与当事人有事实婚、婚约关系时

（2）回避的申请（特§142、§144之2⑤、实§41、外§52、商§56①、§68④、特施规§48之2、格式64、实施规§23⑫、外施规§19⑧、商施规§22⑥）

ア　申请人

可以提出回避申请的人为当事人、参加人（特§141①）。

イ　申请的方式（特§142）

申请不限于书面或口头形式（→6.），但需明确审判案件、希望回避的审判官

或审判书记员的姓名及回避原因。但是允许口头方式申请的,仅限于口头审理时。

　　ウ　申请的时期

在通过书面或口头形式对案件进行陈述之后,不允许申请。但当时不知道回避原因时或回避原因是在之后发生的,即使在陈述之后也可以申请(特§141②、§144之2⑤、实§41、外§52、商§56①、§68④)。

该陈述是指,在口头审理中,当事人或参加人提出了一定的主张,关于理由虽还没有陈述,但可以认定已经进行了陈述的情形。

5. 实质上的回避。

为事先防止当事人等提出除斥或回避的申请,并且为保证审判公正的宗旨,当有可能存在上述原因时,特许厅厅长不应指定这样的人(→12—04)。

此外,当有可能发生该情形时,审判官或审判书记员可以自己向所属长官提出这样的申请。

6. 关于在口头审理过程中被提出除斥申请、回避的审判案件的立案程序,参照33—04之3.(6)。

7. 对于应当审理审判官的除斥、回避案件的审判,应指定被申请的审判官以外的审判官,或者被申请的审判书记员以外的审判书记员(特§143①、§144之2⑤、实§41、外§52、商§56①、§68④)。

8. 除斥的申请权、回避的申请权的滥用及其对策。

对于明显仅是以延迟审判程序为目的的除斥(回避)的申请,可以加入作为被申请对象的审判官,作出因该申请构成申请权滥用所以驳回的决定。

但为保障不损害丝毫公正,对于这样的决定应特别慎重。

(2015.10 修订)

59—02 PUDT
除斥申请的效果以及除斥审判的程序和决定的效果

1. 除斥申请的效果
当有除斥申请时，直至对除斥审判作出决定之前，应中止审判程序。但对于需要迅速作出的行为，不受此限（特§144）（→26—01 之 13.）
这种需要迅速作出的行为可以考虑以下情况。
（1）不马上进行询问，证人即将出国或死亡时
（2）不马上进行验证，标的物将发生变化或消失时

2. 除斥审判的程序
（1）当当事人等以书面形式或者在口头审理中以口头形式（→33—04 之 3.(6)）提出除斥申请时，审判书记员应启动除斥审判的开始程序。

（2）当有除斥申请时，应中止相关的审判案件。作为除斥申请的判断机关，特许厅厅长应指定审判官（→59—01 之 7.）组成新的合议组。此时，被申请除斥的审判官不得参加该合议组，但可以陈述意见（特§143①）。

此外，与除斥申请有关的审判书记员也不得参与与除斥有关的审判。由特许厅厅长指定的新的审判书记员参与除斥审判。

关于可以确定是滥用申请权时的被申请除斥的审判官的规定，参照 59—01 之 8.。

（3）在口头审理中（或证据调查中）有除斥申请时的措施。

ア　在口头审理中（或证据调查中）有口头形式的除斥申请时（当提出书面申请时，由于除斥申请的提交对象是特许厅长官，所以应理解为是通过负责口头审理的审判官向特许厅厅长提出的申请），审判长应命令审判书记员在口头审理调查书中记载除斥申请的情况，并且宣布在对该申请作出决定前中止审判程序。

但通过口头（或申请书）提出的除斥申请及原因，可以确定该申请为明显的滥用除斥申请权的情形，在该申请之后，当可以确认确实没有对其他说明事项的申请时，应立即通过合议，作出因为该申请构成申请权的滥用所以不予受理的决定（59—01 之 8.）。

イ　当审判官必须执行需要迅速作出的行为时（→1.），可以在将该情况告知当事人等后，不中止而继续审理。

（4）对于除斥的原因，应在申请之日起 3 日内作出说明（特§142②）。如果在 3 日内未作出说明，则不能认可其追加完成，因此作出驳回决定（决定的格式→

59—05 之 2.）。

说明是指，让审判官足以推测当事人主张的事实基本上属实的行为。对于这种行为所使用的证明方法没有限制。

（5）对于除斥申请的审判，应尽量立即审理，并作出决定。因为由于除斥的申请，本案的审判程序已经被中止。

（6）除斥审判原则上应通过书面审理进行（特§145②）。

（7）对于除斥申请的决定，应采用书面形式，并且注明理由。对于该决定，不得提出不服申诉（特§143②、③）（决定的格式→59—05 之 1.）。该决定即时确定。

（8）当对除斥申请作出决定时，审判书记员应将决定书的复印件装订到相关案件的记录中，将记录有该情况的纸张放入记录袋后，移交给相关案件的审判长。

（9）当对负责除斥申请的审判案件的审判官或审判书记员又提出除斥申请时，在程序上做同样处理。

3. 除斥审判决定的效果

有除斥原因的审判官，在法律上当然地对于该审判案件不得执行一切职务（例外→特§144但书）。不论该审判官、当事人等是否知晓除斥原因，都产生该效果。

作为审判的结果，对于明显地存在除斥原因的审判官参与的审理，由于程序上应作无效处理，所以如果是在作出审查决定之前，应重新审理。如果该审查决定已经作出，并且对该审查决定已经提起诉讼，那么该审查决定会被法院撤销。如果该审查决定已经得以确定，则构成再审的事由（特§171②→民诉§338①二）。

但是，当对除斥申请已经作出除斥审判的决定时，不得以此为由申请再审（特§143③），而且也不构成再审的理由。

（2015.2 修订）

59—03　PUDT
回避申请的效果以及
回避审判的程序和决定的效果

1．回避申请的效果
当有回避申请时，直至对回避审判作出决定之前，应中止程序。但对于需要迅速作出的行为，不受此限（特§144）。该需要迅速作出的行为与除斥规定的情况相同（→59—02 之 1.、26—01 之 12.）。

2．回避审判的程序
（1）当当事人等提出书面形式或者在口头审理中以口头形式（→33—04 之 3.（6））提出回避申请时，审判书记员应启动回避审判的开始程序。

（2）当有回避申请时，应中止相关的审判案件的程序。作为回避申请的判断机关，特许厅厅长应指定审判官（→59—01 之 7）组成新的合议组。此时，被申请回避的审判官不得参加该合议组，但可以陈述意见（特§143①）。

此外，与回避申请有关的审判书记员也不得参与与回避有关的审判。由特许厅厅长指定的新的审判书记员参与回避审判。

关于可以确认是滥用申请权时的被申请回避的审判官的规定，参照 59—01 之 8.。

（3）在口头审理中（或证据调查中）有回避申请时的措施准用 59—02 之 2.（3）。

（4）对于回避的原因，应在申请之日起 3 日内作出说明（特§142②）。如果在 3 日内未作出说明，则不能认可其追加完成，因此作出驳回决定。该说明与除斥的规定相同（→59—02.（4））。

（5）与除斥的规定相同，对于回避申请的审判，应尽量立即审理，并作出决定（→59—02 之 2.（5））。

（6）回避审判原则上通过书面审理进行（特§145②）。

（7）对于回避申请的决定，应采用书面形式，并且注明理由。对于该决定，不得提出不服申诉（特§143②、③）。该决定即时确定。

（8）当对回避申请作出决定时，审判书记员应将决定书装订到相关案件的记录中，将记录有该情况的纸张放入记录袋后，移交给相关案件的审判长。

（9）当对负责回避申请审判案件的审判官或审判书记员也提出回避申请时，在程序上做同样处理。

3. 回避审判决定的效果

通过回避审判，作出同意该申请提出的理由的决定时，该审判官在该决定后解除执行的职务。

（注）关于回避的申请，当作出同意该申请提出的理由的决定时，如果其原因构成除斥原因（特§139一～七），那么该原因发生后该审判官或审判书记员参与的审判程序无效。

（2015.2修订）

59—05 PUDT
除斥或回避的决定的格式、实例等

1. 除斥或回避（以下仅称为"除斥"）申请案件的决定的格式如下。
（1）审判编号
（2）除斥申请人的姓名（名称）及住所（居所），以及代理人的姓名
（3）案件的描述
（4）决定的结论
（5）决定的理由（特§143②）
（6）决定的年月日
（7）审判官签名盖章（盖章的代替措施→00—02 之 2.）

2. 自除斥申请之日起 3 日内，未就除斥原因提出说明时的驳回决定的格式、例文，如下页所示。

（格式）

```
除斥 20××—960○○○

        决  定
除斥申请人  住   所           姓名或名称
代  理  人                   姓名


关于不服 20××—○○○○○○审判案件，因为对审判长（或者审判官、审判书记员）提出了除斥的申请，因此作如下决定。


      结   论
对本除斥申请驳回。


      理   由
关于不服 20××—○○○○○○审判案件，虽然除斥申请人于令和年月日对审判长（或者审判官、审判书记员）某某提出了除斥的申请，但在 3 日内未对除斥原因进行说明。根据特许法第 142 条第 2 款的规定，对于除斥原因应在提出申请后 3 日内进行说明，但由于除斥申请人在该期限内未对除斥原因进行说明，所以本除斥的申请不符合法律的规定。
因此，作出以上结论的决定。


   令和    年    月    日


       审判长特许厅审判官  姓  名
           特许厅审判官  姓  名
           特许厅审判官  姓  名
```

3. 除斥、回避审判的案例，（　）内为结论

（1）以其他审判案件中情况不构成回避的原因为由，对回避的申请驳回的案例。昭40回避审1号（对回避申请驳回）

（2）由于参与说明书的订正审判并允许该订正的审判官与对订正后的特许发出特许无效理由通知的审判官为同一人，订正后的特许发明因具备了特许法第126条第3款规定的所谓的"可以单独授权"的要件，所以确信本特许不具备特许无效理由，但最后被认定存在特许无效理由，这是该审判官的判断不稳定性所导致的。由此，对审判官以存在妨碍审判公正的情况为由提出回避的申请，但根据法第153条规定的宗旨，可以判断该事由不成立，所以对回避的申请作出驳回的案例。昭48回避审1号（对回避申请驳回）

（3）以无论是审判长未指定证据方法提出期限，还是依职权发送了书面审理通知，都不构成妨碍审判公正的事由，对回避的申请作出驳回决定的案例。昭40回避审3号（对回避申请驳回）

（4）以审判官与当事人相同（地方法院）的侵权禁止案件等其他案件中的请求人一方代理人有深交，并且审判长对于标的物及当事人相同的之后的判定案件不予积极推进，放任的同时又明言想早早作出结论为由提出的回避的申请，由于没有就足以认定有不公正的介入存在的客观的合理理由作出说明，也不认为审判长与代理人有特别深交，也不存在能够妨碍公正情形的回避事由，所以认定回避申请不成立的案例。昭51回避审2号（回避申请不成立）

（5）对于在判定请求案件中执行职务的审判官提出的回避申请，由于在判定的程序中不存在可以申请审判官回避的规定，所以以该申请不符合法律规定为由驳回的案例。昭51回避审1号（对回避申请驳回）

（6）对于以参与了驳回补正决定的审判官作为审判长参与发明目的及作用相同、内容相似、当事人相同的案件（无效宣告审判）等构成了妨碍审判公正为由提出的回避申请，以不违反特许法第139条第6款的规定为主要理由，认定回避申请不成立的案例。昭50回避审2号（回避申请不成立）

（7）对于以审判官在其他案件中拒绝与一方当事人面谈的同时与另一方当事人面谈的事实，或者无视应以口头审理的方式审理案件的申请，明显缺乏审理的公正性，并且持有预先的判断进行审理，所以有足够理由怀疑在本案中也会持有预先的判断进行审理为由提出的回避申请，以仅凭借在其他案件的审理中拒绝了面谈的申请以及仅以在请求人、被请求人、参加人相互之间存在的种种事为由而没有允许口头审理这一理由，不能确认审判官缺乏公正、持有预先判断进行了审理的事实，所以认定回避申请不成立的案例。昭53回避审2号（回避申请不成立）

（8）对审判及其审查决定的再审不构成前审参与。昭55除斥审1号

4. 参考判例

（1）对于基于特许法的除斥或回避的申请的决定，不得独立于对本案的审查决定的不服申诉而另行提起上诉（最二小判昭36.3.24（昭35（オ）1072号）、民集15卷3号587页）。

（2）特许申请的审查与实用新型申请的审查是互相独立的程序，所以没有理由在特许申请变更为实用新型申请后，因为参与实用新型申请的驳回决定不服审判的审判官曾经参与当初的特许申请的审查，就解除其职务的执行（东京地判昭45.10.30（昭44（行ウ）81号）无体财产权关系民·行裁例集2卷2号546页）。

（3）审判官在作为审查科长或审查长时，在审查员制作的决定书上加盖过检阅章的情况下，对于该案件的职务执行不属于前审参与（大判昭17.1.23（昭16（オ）1104号）审查决定号外23号415页、吉藤《特许法概说》（第9版增补版）535页）。

（4）具体如下：

ア 民诉§23①六规定的"参与了前审的裁判"是指，参与了前审裁判的评定的情况。所以即使有在前审中指挥口头辩论、调查证据的事实，也不能解除其职务的执行（最二小判昭28.6.26（昭26（オ）759号）民集7卷783页）。

イ 民诉§23①六规定的"参与了前审裁判"是指，参与裁判这一国家意思的形成，具体讲就是参与其评定及判决书的制作。所以仅是对裁判准备行为的准备程序或准备的口头辩论的参与，不应该包括在其中（最判昭和39.10.13（昭39（行ツ）28号）民集18卷8号1619页）。

ウ 代理师曾经作为在职的审判官，参与撤销审查决定诉讼的对象的审查决定的审判（昭和39年6月9日指定，昭和40年3月末辞去官职，并未参与本审查决定本身，但曾作为主任审判官参与审理），对于该代理师又作为该诉讼的代理人的起诉行为，对方代理人以该方代理人的行为构成辩理士法第8条第2项规定的违反行为为由而提出异议时，该起诉行为无效，因起诉不合法而驳回维持原审查决定的案例（最一小判昭44.2.13（昭43（行ツ）78号）判夕234号131页其他）。

（5）民诉规§10仅是为防止没有任何根据的回避申请，要求申请人在申请之日起3日内就回避原因予以说明的规定，并没有限制在申请之日起3日届满前不得对该申请作出裁判（东高决昭53.7.25（昭53（ラ）751号）判时898号36页）。

（6）当辅助参加人有自己固有的事由，例如，自己与法官之间存在有可能妨碍裁判公正的事由时，主要当事人并不丧失回避权，而且在不违背其意志的范围内，可以申请回避（名古屋高决昭50.11.26（昭50（ラ）91号）判时815号62页）。

（7）法官是诉讼代理人的女婿时，不构成回避的事由（最二小判昭30.1.28（昭28（オ）277号）民集9·83）。

（8）因为回避的原因是指法官与具体的案件之间有妨碍客观公正裁判的人或存

在物上的特殊关系的情况，而包括法官本身的不准确性、之后的态度在内的品行、思想、法律上的见解等在内的事由都仅是与具体案件无直接关系的一般事由，所以这样的事由不能构成回避的原因，对申请驳回的案例（东高决昭45.5.8（昭45（ウ）283号）判时590号18页、最一小决昭45.9.29（昭45（夕）191号）最集民100号499页）。

（9）需要迅速作出的行为（民诉§26但书）是指，为避免因迟延导致的损害需尽快进行该裁判，并且按照该裁判的内容立即实现其结果的情况时的证据保全、临时扣押（处分）等行为。按照回避制度的宗旨，对临时处分申请驳回的决定这种在该审级就可以完结，同时决定本身的效果也不会重新形成任何法律状态的效果的程序，理解为不属于需要迅速作出的行为是适当的（东高决昭52.2.18（昭51（ラ）676号）判时847号49页）。

（10）因为分案前的申请与分案后的申请是不同的案件，所以即使前者的审查员、审判官参与了后者的审查或审判也不违法；又或者即使是在前者的审判中提出过分案建议的审判官参与了分案后的审判也不构成回避事由（最三小判昭36.4.4（昭32（オ）985号））。

（11）对于针对特许厅审判官提出的除斥申请的驳回决定，不得提起要求撤销的诉讼（最二小判昭36.3.24（昭35（オ）1072号））。

（12）关于释明权的行使，法院根据已经提交的证据资料认为可以提出其他的法律上的主张，即使法院向当事人提出该法律构成的建议，也是在行使释明权的范围内，因此这样的行为不构成妨碍裁判公正的事由（东京高决昭46.4.3（昭46（行夕）1号）判夕263号226页）。

(2019.6修订)

61 PDT
驳回决定不服审判（小目录）

61—00.1　特许驳回决定不服审判的基本流程

61—00.2　特许审查、审判的模拟案例

61—01　驳回决定不服审判的请求对象
1. 审判请求的对象
2. 根据商标法作出的驳回决定

61—02　驳回决定不服审判的当事人
1. 审判请求人
2. 参加

61—03　驳回决定不服审判的请求时期
1. 可以提出审判请求的时期

61—04　驳回决定不服审判的请求程序
1. 审判请求书
2. 审判请求书的审理与对违反形式的请求书驳回的决定
3. 对请求驳回的审查决定
4. 审判请求书的补正
5. 放弃、撤回

61—05　对驳回决定不服审判的请求的审理
1. 审查程序的效力
2. 审判请求时的补正
3. 前置审查
4. 审判中的审查意见通知
5. 本审判中的补正（不包括审判请求时的补正）
6. 本审判中的驳回补正决定
7. 审查决定

8. 审理的终结、重新启动

9. 当申请被撤回或放弃时的审判请求的处理

61—05.1　在特许申请的驳回决定不服审判中，对前审的驳回补正决定提起的不服申诉

1. 作为审理对象的说明书、权利要求书以及附图
2. 当对前审的驳回补正决定提起不服申诉时，对于请求人要求的审理对象的观点

61—06　对驳回决定不服审判的审理方式

1. 审理的顺序
2. 书面审理
3. 口头审理
4. 依职权审理
5. 合并审理
6. 审询
7. 中断、中止
8. 其他

61—07　驳回决定不服审判的审查决定

1. 驳回决定不服审判的审查决定
2. 审查决定的记载
3. 审查决定的确定期间
4. 审查决定的效果
5. 官费与费用负担

61—10　驳回决定不服审判的请求后又同时变更申请时的处理

61—11　在特许申请驳回决定不服审判中，该特许申请的发明与不同的申请人在同日申请且已经被授权的特许发明相同时向特许权人发送的通知

（2015.2 修订）

61—00.1 P
特许驳回决定不服审判的基本流程

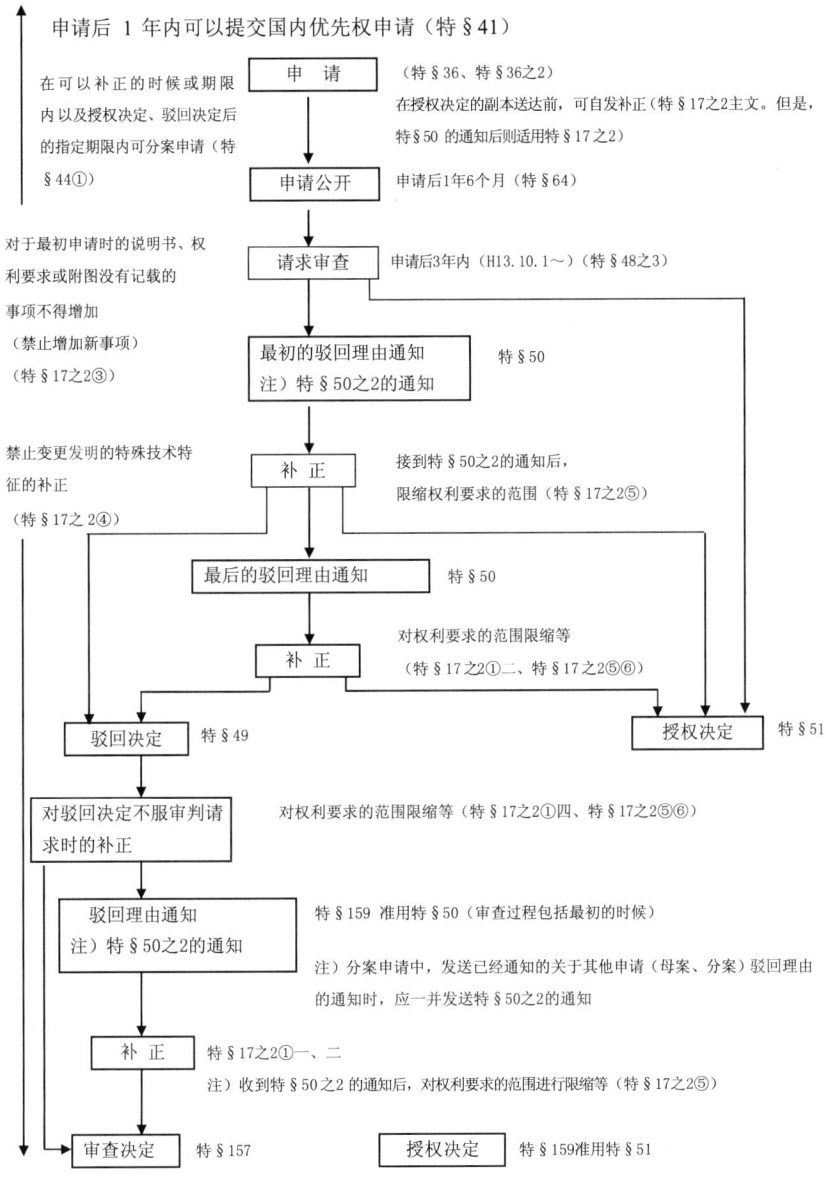

（2015.2 修订）

61—00.2 P
特许审查、审判的模拟案例

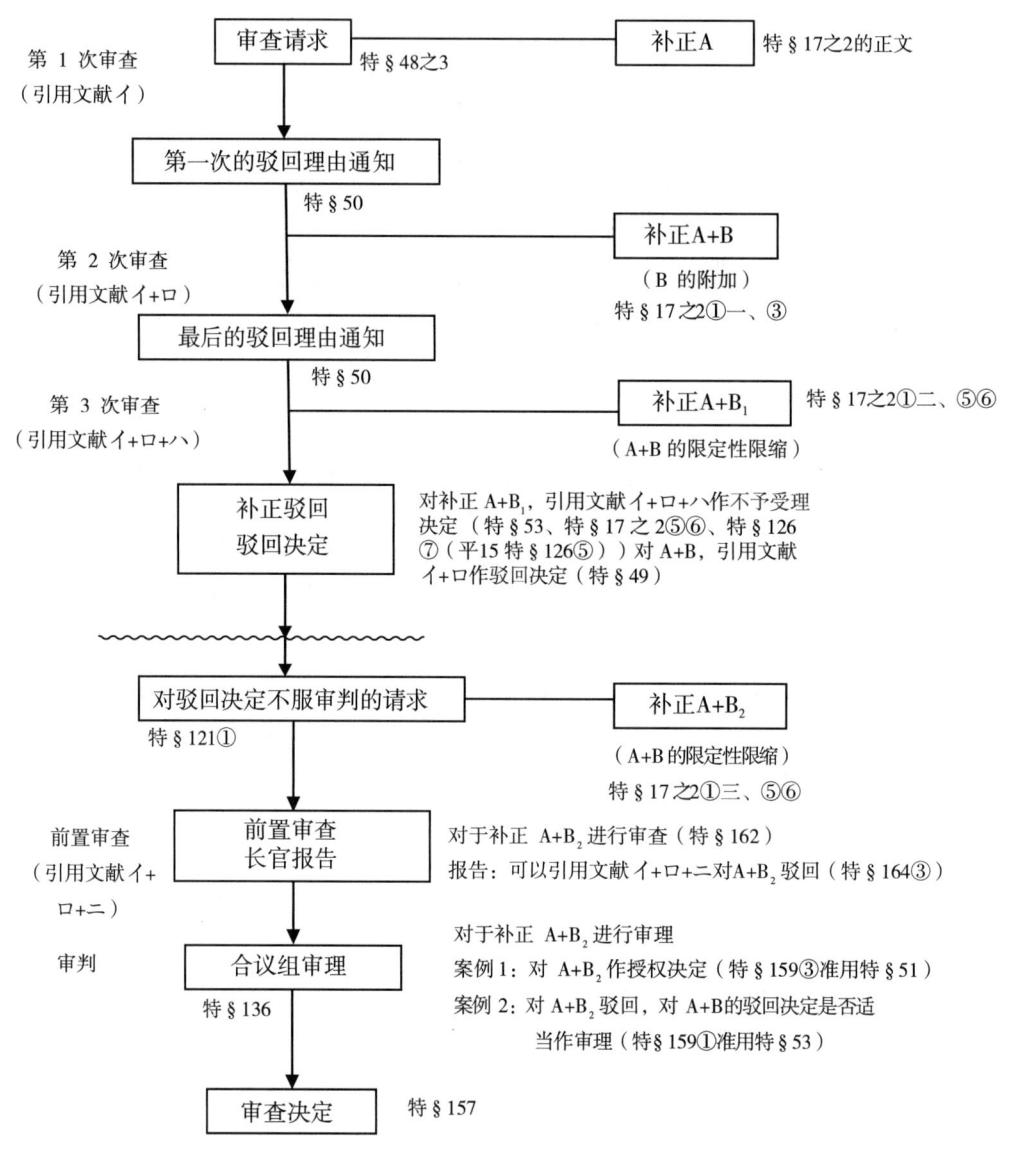

(2015.2 修订)

61—01 PDT
驳回决定不服审判的请求对象

1. 审判请求的对象

驳回决定不服审判是指，当收到驳回决定的人对此不服时，为判断该决定是否适当，进一步进行的案件审理，是一个不限于法规解释及适用，对事实也可以重新认定的程序（特§121①、外§46①、商§44①）。

驳回决定不服审判的请求对象是"结论为应予以驳回的决定"。

2. 根据商标法作出的驳回决定，有以下几种。

（1）针对商标（包括集体商标）注册申请的驳回决定（商§15）

（2）针对防御性标志注册申请的驳回决定（商§68②→商§15）

（3）针对基于防御性标志注册的权利的存续期限更新注册申请的驳回决定（商§65之4①）

（4）针对商标权的指定商品的分类变更注册申请的驳回决定（商附§6）

（5）针对基于防御性标志注册的权利的指定商品的分类变更注册申请的驳回决定（商附§23→商附§6）

（6）针对重复注册商标的最初的商标权存续期限的更新注册申请的驳回决定（修改了商标法等的一部分的法律（平成8年法律第68号）附§13①）

（2015.2修订）

61—02　PDT
驳回决定不服审判的当事人

1. 审判请求人

（1）审判请求人是收到结论为应予以驳回的决定的人（包括继承人）（特§121①、外§46①、商§44①、§68④、商附§13）（注）

（注）

ア　收到结论为应予以驳回的决定的人是指特许申请人，即有权接受特许的人。

イ　当享有接受特许的权利的共有人对其共有的权利提出请求时，应由全部共有人共同请求（特§132③、外§52、商§56①、§68④）。

（2）对于部分共同申请人提出的审判请求的处理（→22—03之3.（1））

2. 参加

对于驳回决定不服审判，不适用参加（特§148、外§52、商§56①、§68④）及参加的申请（特§149、外§52、商§56①、§68④）的规定（→61—06之9.、→21—08之1.（11））。

（2015.2修订）

61—03 ＰＤＴ
驳回决定不服审判的请求时期

1. 可以提出审判请求的时期

（1）自结论为应予以驳回的决定的副本的送达之日起 3 个月以内，可以提出审判请求（特§121①、外§46①、商§44①）。

驳回决定不服审判，仅在驳回决定的副本送达后可以请求。

在未作出驳回决定之前就请求驳回决定不服审判时，对于该请求作出驳回的审查决定。

（驳回理由的例文）

由于本审判请求是在作出驳回决定之前提出的，所以其违反了特许法第 121 条第 1 款的规定，而且这种缺陷是无法补正的。因此，作出如上结论的审查决定。

（2）当审判请求人因为非可归责于己方的理由，在上述期限内未能提出请求时，以上述期限届满后 6 个月为限，自该理由消失之日起 14 日（在海外者 2 个月）以内，可以提出请求（特§121②、外§46②、商§44②）。

（3）特许厅厅长对于居住在遥远的地方或交通不便的地方的人，可以根据其请求或依职权延长特§4（外§68①、商§77①）规定的期限（→25—01），但关于特许申请的驳回决定不服审判的期限（特§121）除外，该期限原则上不得延长（→25—04 之 2.、4.）。

(2015.2 修订)

61—04 PDT
驳回决定不服审判的请求程序

1. **审判请求书**
   (1) 一般事项
   ア 驳回决定不服审判的请求人应提交满足特§131规定的形式要件的审判请求书（特施规§46（格式62）、外施规§14、商施规§14）
   イ 请求书的必要记载事项与形式等（→21—00～08）
   (2) 请求的宗旨（特§131①三、外§52、商§56①、§68④）
   ア 请求的宗旨，指的是请求人要求何种审查决定，必须明确构成请求对象的特许申请。
   イ 在"请求的宗旨"栏中，通常填写"要求撤销原驳回决定。本申请的发明应授予特许，特此请求。"这样的表述。
   (3) 请求的理由（特§131①三、外§52、商§56①、§68④）
   ア 在请求的理由中，根据请求的宗旨表述应撤销驳回决定的理由。
   イ 在"请求的理由"栏中，首先填写驳回决定之前的经过及驳回决定的理由的要点，其次还需要明确且具体地填写应撤销驳回决定的理由（→21—03.1）。
   ウ 当在提出审判请求的同时，欲对说明书、权利要求书或附图补正时，填写根据补正后的说明书、权利要求书或附图应撤销驳回决定的理由。
   エ 对于特许，在请求驳回决定不服审判后，可以在审判（特§121）中对审查阶段中作出的补正驳回的决定提出不服申诉（特§53③）。

   此外，对审判阶段中作出的补正驳回的决定不服，也可以在驳回决定不服审判的审查决定撤销诉讼（特§178）中提出申诉（特§159①→特§53③）。
   オ 关于特许申请，当对在审查中作出的驳回补正决定进行不服申诉时，如果没有对审判请求时的说明书、权利要求书及附图进行补正：应明确记载对驳回补正决定不服，以及应撤销驳回补正决定的理由；并且基于该补正后的说明书、权利要求书及附图，记载应撤销驳回决定的理由。
   カ 关于特许申请，当对在审查中作出的驳回补正决定进行不服申诉时，并且与审判请求同时对说明书、权利要求书及附图进行了补正：基于审判请求时补正的说明书、权利要求书及附图，填写应撤销驳回决定的理由。此外，由于审判请求时的补正是以驳回决定的说明书、权利要求书及附图为对象作出的，所以应将对驳回补正决定不服的事项全部反映到审判请求时的补正中。也就是说，当作出的补正与被驳回的补正相同时，需要重新提交相同内容的程序补正书。

2. 审判请求书的审理与对违反形式的请求书驳回的决定

（1）当驳回决定不服审判的请求书违反特§131①或特§133②的规定时，审判长可以命令其补正（特§131①②、外§52、商§56①、§68④）。当其不采取对应措施时，可以作出对该请求书驳回的决定（特§133③、外§52、商§56①、§68④）（→21—02、44—01）。

（**注**）在特许申请的驳回决定不服审判中，对于在审判请求的同时对说明书、权利要求书及附图作出的补正内容（前置审查），特许厅厅长可以命令其补正（特§17③），当其不采取对应措施时，可以作出对该审判请求程序驳回的决定（特§18）。

3. 对请求驳回的审查决定

即使没有违反审判请求书的形式等（特§131①、§133②），但如果是不合法且无法补正的请求，那么对该请求也可以作出驳回的审查决定（特§135、外§52、商§56①、§68④）（→21—02）。

（**例1**）在审判请求期限届满后，提出审判请求的情况（特§121①、②、外§46①、②、商§44①、②）（审查决定的例文→45—20）。

（**例2**）享有接受特许的权利的全体共有人没有共同提出审判请求的情况（特§132③→22—03之3.（1）、61—02、审查决定的例文→45—20）。

（**例3**）针对一个特许申请，重复地提出驳回决定不服审判的请求时，最初的审判请求以外的审判请求的情况（→45—19）。但当最初的审判请求以外的审判请求被审查决定驳回之前，除一个审判请求以外的其他审判请求被撤回时，剩下的审判请求仍是合法的。

4. 审判请求书的补正

（1）在特许厅的审判过程中，可以对审判请求书予以补正（特§17①、外§60之3、商§68之4①），但该补正不得是请求书主要内容的变更。但是对于请求理由的变更则不受此限（特§131之2①一、外§52、商§56①、§68④）（→30—01）。

（2）由合议组对该补正是否适当作出判断（→30—01）。

（3）关于补充审判请求理由的处理（→21—06）。

5. 放弃、撤回（→43—01～43—05）

（2015.2 修订）

61—05　PDT
对驳回决定不服审判的请求的审理

1. 审查程序的效力
在审查中进行的程序，在驳回决定不服审判中也具有效力（特§158、外§52、商§56①、§68④）。

2. 审判请求时的补正
（1）对于特许的申请，当请求驳回决定不服审判时，申请人仅限于在提出审判请求的同时，可以对申请书附件中说明书、权利要求书及附图作出仅以如下内容为目的的补正（特§17之2①四）。

ア　对权利要求书可以补正的范围（特§17之2⑤）

（ア）删除权利要求

（イ）对权利要求作限定性的限缩（→关于权利要求项数的增加，参照东高判平16.4.14（平15（行ケ）230号）、知财高判平17.4.25（平17（行ケ）10192号））

（ウ）笔误的订正

（エ）对与驳回理由所示事项有关的不明确的记载作出说明

而且，对于以（イ）限定性的限缩权利要求为目的的补正，仅限于特许申请时可以独立授权的情况（特§17之2⑥→特§126⑦）。

イ　关于说明书、权利要求书及附图，不得作出超越申请书最初附件中的说明书、权利要求书及附图中所记载的事项范围以外的新事项增加的补正（特§17之2③）

但提交误译订正书时，在外文资料所记载的事项范围内，可以超越翻译文本所记载的事项范围作出补正（特§17之2③）。

ウ　在审判请求时，不得作出将补正前收到的审查意见通知中所描述的能否授权的发明变更为与其技术特征不同的其他发明的补正（特§17之2④）

エ　对于不满足ア、イ、ウ要件的补正予以驳回（特§159①→特§53）

（2）对于外观设计申请，仅限于审判过程中可以补正（外§60之3）（→6.（2））。

（3）关于商标（防御标志）注册申请，对于记载于申请书的指定商品或指定服务或者即将获得商标（防御性标志）注册的商标（标志），依据商§68之40①的规定可以进行补正。但是，当该补正变更上述商标的要旨时，根据在商§55之2③、商§68②准用的商§16之2①的规定被驳回，所以该补正不能进行，这与审查相同。

另外，对曾经缩减补正过的指定商品或指定服务进行复原的补正属于变更要旨的补正。

（4）审判请求时的补正可以通过以下方式进行：

ア　向特许厅的窗口提交书面资料时：将审判请求书与程序补正书一同向窗口提交；

イ　通过邮寄方式提交书面资料时：将审判请求书与程序补正书装入同一信封邮寄；

ウ　通过电子信息处理系统办理手续时：连续输入审判请求书与程序补正书。具体为，将应同时发送的所有的文件上传至"发送文件文件夹"，选择这些所有的发送文件，在该状态下点击"在线申请"键。

（5）当在审判请求的同时作出删除权利要求的补正时，作为计算审判请求费用等的基础的"权利要求的个数"为补正后的权利要求的个数。此时，在审判请求书中设置"权利要求的个数"栏，填写补正后的权利要求的个数。

（6）关于特许申请，当以"应予以驳回"为结论的最初的决定的副本送达后作出补正时，应以权要求书的全文为单位作出补正（特施规格式13备注7）。

因此，在审判请求时以及审判过程中提出的关于权要求书的补正，不是以权利要求为单位，而是以权要求书的全文为单位。

3. 前置审查（特§162～164）

（1）关于特许申请，当有对驳回决定不服审判的请求，并且在请求的同时对申请书附件中的说明书、权要求书或附图作出补正时，特许厅厅长应让审查员对该审判请求进行审查（前置审查）（特§162）。

（2）前置审查时，应就该情况通知请求人。

（3）在前置审查中，除非作出应予以授权的决定外，审查员对于该审判请求不应作出决定，仅就审查结果向特许厅厅长汇报（特§164③）。

（4）在（3）的情况下，之后应由审判官组成的合议组对该审判进行审理，并就该情况通知请求人。

4. 审判中的审查意见通知

（1）特许申请的驳回决定不服审判。

ア　当发现与决定的理由不同的驳回理由时，应就发现的所有驳回理由发出通知，并指定适当期限，给予提交意见书的机会。但对审判请求时的补正或审判请求后，对于最后的审查意见通知作出的补正驳回时，不受此限（特§159②→特§50）。

（例） 当在审判阶段可以明确，审查阶段作出的补正违反了对于最后的审查意见通知可以补正的范围时，对该补正可以不作驳回决定（特§159①→特§53）。但是当该违反是新事项增加的情况时，在该审判中应就驳回理由（特§49①一）发送通知（→5.（1））。

　　イ　发送审查意见通知时，除了不能对每个权利要求作出判断的驳回理由（说明书全体的记载缺陷、新事项的增加等），否则应就每个权利要求表述新颖性、创造性等的驳回理由。为容易区分发现了驳回理由的权利要求与未发现驳回理由的权利要求，在驳回理由中应明示各个权利要求。

　　ウ　当本审判中发送的审查意见通知的驳回理由包括自申请当初就存在驳回理由，本来在最初的审查意见通知中就应该指出的内容时，原则上（注1），该通知相当于特§17之2①一所规定的最初的审查意见通知。当通知的对象仅是因为对最初的驳回通知作出了补正而必须通知的驳回理由时，该通知相当于特§17之2①三所规定的最后的审查意见通知。

　　（注1）在本审判中，将（ア）当说明书记载中除轻微瑕疵以外没有其他缺陷时作出的审查意见通知，以及（イ）对因不满足申请的单一性要件而未被审查（审理）的权利要求作出的审查意见通知，作为最后的审查意见通知。这些驳回理由在申请最初就已经存在，即使在最初的审查意见通知中没有被通知，也可以作为最后的审查意见通知来处理。

　　エ　由于根据审查意见通知是最初的通知还是最后的通知，可以补正的范围以及补正不合法时的处理都不相同（→5.（1）），所以在发送最后的审查意见通知时，应明示是"最后通知"。

　　オ　对于对前审的驳回补正决定提出不服申诉，且请求审判时没有作出补正的情况，在本审判中发送审查意见通知时，由于与驳回补正决定是否合法的判断有关，所以在审查意见通知书中应明示是基于哪个说明书等作出的审查意见通知（→61—05.1之1.（2）ア（イ））。

　　（2）对外观设计申请、商标注册申请以及防护标志注册申请的驳回决定的审判

　　当发现与决定所示理由不同的驳回理由时，应就该理由发送通知，并给予在合理期限内提交意见书的机会（外§50③、商§55之2①、§68④）。

5. 本审判中的补正（不包括审判请求时的补正）

　　（1）在特许申请的驳回决定不服审判过程中，接到审查意见通知后，审判请求人可以对添付于申请书的说明书、权利要求书以及附图作出补正（特§159②→特§50→特§17之2①二）。

　　ア　当在本审判中通知的驳回理由相当于特§17之2①一所规定的"最初驳回理由通知"（特§159②→特§17之2①一）时，可以在最初申请时的说明书、权利要求书及附图（以外文书面资料申请时为翻译文本）中不增加新事项的范围内作出补正（特§17之2③）。但提交误译订正书时，以外文书面资料记载的事项范围为限，可以超越翻译文本所记载的事项范围作出补正（特§17之2③）。违反了补正

要件的补正将构成驳回理由（特§159②→特§50）的对象。

イ 当在本审判中通知的驳回理由相当于特§17之2①三所规定的"最后的审查意见通知"（特§159②→特§17之2①三）时，补正的范围与审判请求时的可补正范围相同（特§159②→特§17之2①三→特§17之2③④⑤⑥）。对于违反了补正要件的补正，应作出驳回决定（特§159①→特§53）（→6.（1））。

（2）关于外观设计的申请，在案件审查、审判或再审阶段都可以作出补正（外§60之3）。

（3）关于商标注册申请以及防御标志注册申请，请求人在该审判过程中，不论是否收到驳回理由通知，只要在不变更要旨的范围内，就可以对其指定商品或指定服务或将要被授权的商标（标志）进行补正。对于平成9年3月31日（1997年3月31日）以前申请的商标（防御标志）注册，即使是收到申请公告的决定的誊本，且注册（前）被异议申诉的情况下，也同样可以进行补正（→2.（3））。

6. 本审判中的驳回补正决定

（1）对特许申请的驳回决定不服审判

在应予以授权决定的副本送达前，认定审判请求时的补正或审判请求后对于最后的审查意见通知的补正违反了特§17之2③④⑤⑥时，对该补正作出驳回决定（特§159①→特§53）。

当在审判阶段可以明确，审查阶段作出的补正违反了对于最后的审查意见通知可以补正的范围时，对该补正不作出驳回决定。但是当该违反是增加新事项的情况时，在本审判中应就驳回理由（特§49①一）发送通知。

（2）对外观设计申请的驳回决定不服审判

ア 当对申请书的记载或附件中特许请求书的附图、照片、模型或样本作出的补正是对其主要内容的变更时，对于该补正应作出驳回决定（外§50①→外§17之2①）。

イ 对该补正作出驳回决定后，在驳回补正决定的副本送达之日起30日届满前，不应作出审查决定（外§50①→外§17之2③）。

ウ 当请求人对驳回补正决定提起撤销决定的诉讼时，直至该诉讼得以确定前应中止审理（外§50①→外§17之2④）。

エ 当请求人在自驳回补正决定的副本送达之日起30日以内，对补正后的外观设计重新提出外观设计的申请时，原申请视为撤回（外§50①→§17之3②），审判程序结束（→61—05之9.）。

オ 对本审判中作出的驳回补正决定，可以向东京高等法院（知识产权高等法院）提起诉讼（外§59①）。

（3）针对商标注册申请以及防御标志注册申请的驳回决定的审判

ア 当针对记载于申请书的指定商品或指定服务或即将授权的商标的补正为变

更其要旨的补正时，该补正被驳回（商§55之2③、§68④→商16之2①）。

イ　驳回补正时，在驳回补正决定的誊本送达30日以内，不可以作出审查决定（商§55之2③、§68④→商16之2③）。

ウ　在请求人针对驳回补正决定请求撤销决定而提起诉讼时，在该诉讼确定之前，必须中止审理（商§55之2③、§68④→商§16之2④）。

エ　请求人在驳回补正决定的誊本送达30日以内将补正后的商标（防御标志）作为新的商标（防御标志）提出注册申请的情况下，之前的申请被视为撤回（商§55之2③、§68④→外§17之3②），审判程序结束（→61—05之9）。

オ　针对本审判所作出的驳回补正决定可以向东京高等法院（知识产权高等法院）提起诉讼（商§63①、§68⑤）。

7. 审查决定（→61—07）

8. 审理的终结、重新启动（→42—00）

9. 当申请被撤回或放弃时的审判请求的处理
当审判进行中的申请被撤回或放弃时，应结束审判程序，无须作出审查决定。

（2015.2 修订）

61—05.1 P
在特许申请的驳回决定不服审判中，对前审的驳回补正决定提起的不服申诉

1. 作为审理对象的说明书、权利要求书以及附图

（1）当对前审的驳回补正决定（特§53①）没有提起不服申诉时（包括在前审中没有作出驳回补正决定的情况）

将驳回决定的对象说明书、权利要求书以及附图作为审理对象。审判请求时作出了补正的，将补正后的说明书、权利要求书以及附图作为审理对象。

（2）当对前审的驳回补正决定提起不服申诉时

即使对前审的驳回补正决定的不服申诉没有被明确记载，但通过请求书的全体的记载可以确定存在对上述决定提起不服的意思时，例如，基于被驳回的补正作为本申请发明的主要内容对发明进行描述时，可以作为对前述决定提起的不服申诉处理。

ア　在提出审判请求的同时没有作出补正时

（ア）当通过对驳回补正决定提起的不服申诉的审理，可以判断该驳回补正决定不合法时，应以撤销该驳回补正决定为前提，进行之后的审理。当判断该驳回补正决定合法时，将驳回补正决定后的说明书、权利要求书以及附图（即驳回决定时的说明书、权利要求书以及附图）作为审理对象。

（イ）在审判中发送审查意见通知时，由于关系驳回补正决定是否合法的判断，所以应在审查意见通知书中明确是基于哪个说明书等发送的审查意见通知（→61—05之4.（1）オ）。

（ウ）对于前审中的驳回补正决定是否合适的判断，应在审查决定的理由中予以记载（→61—07之2.（3）ア、45—01～20）。

イ　在提出审判请求的同时作出补正时

（ア）由于审判请求时的补正是以驳回补正决定后的说明书、权利要求书以及附图（即驳回决定时的说明书、权利要求书和附图）为对象作出的，所以应将通过该审判请求时的补正而补正的说明书、权利要求书以及附图作为审理对象。

（イ）当对审判请求时的补正予以判断时，应参考对驳回补正决定提出的不服理由。

（ウ）当对审判请求时的补正应予驳回时，应以驳回决定时的说明书、权利要求书以及附图作为对象进行之后的审理。

2. 当对前审的驳回补正决定提起不服申诉时，对于请求人要求的审理对象的观点

（1） 在提出审判请求的同时没有作出补正时

（审理对象）

通过被驳回的补正而补正的说明书、权利要求书以及附图

（观点）

"在驳回决定不服审判过程中，可以对驳回补正决定提出不服申诉"这一法律的宗旨应解释为，"因为驳回补正决定本身不合法，所以基于该决定而作出的对被驳回的补正之前的说明书、权利要求书以及附图的特许性的判断也不合法。因此，要求的是对通过被驳回的补正而补正的说明书、权利要求书以及附图的特许性作出判断"。

（2） 在提出审判请求的同时作出补正时

（审理对象）

通过审判请求时的补正而补正的说明书、权利要求书以及附图

（观点）

在审判请求时，由于驳回补正决定有效，所以不能以通过被驳回的补正而补正的说明书、权利要求书以及附图作为基准。

"在驳回决定不服审判过程中，可以对驳回补正决定提出不服申诉"这一法律宗旨应解释为，"实质上保证对驳回补正决定提出不服申诉的机会"，所以"当在审判请求时作出补正的情况下，只要保证在再次作出与审判请求时被驳回的补正相同的补正时，对该补正驳回可以提出不服申诉就可以"。（因此，当以被驳回的补正之前的说明书等为基准，对审判请求时的补正是否满足补正的要件作出判断时，应考虑请求人在审判请求书中主张的关于驳回补正决定的反驳意见。当审判请求时的补正被驳回时，应将在审查中被驳回的补正之前的说明书等（成为驳回决定对象的内容）作为之后的审理对象。

另外当请求人在审判请求时只对与被驳回的补正事项无关的部分作了补正，再进行驳回补正决定的不服申诉时，由于作为审理的对象的说明书中不包括对驳回不服应审理的补正事项，实质上没有对驳回补正不服进行审理，因此，此时应考虑审判请求的理由，通过审询等手段确认当事人的意图，必要时合议组应给予补正的机会。

（2015.2 修订）

61—06 ＰＤＴ
对驳回决定不服审判的审理方式

1．审理的顺序
（1）原则
对于驳回决定不服审判案件应按照审判请求的顺序审理。
但是，对于申请日（包括追溯的申请日以及主张优先权的优先日）较早的案件应尽快审理。
（2）对于以下情况，不按照审判请求顺序优先审理
ア 提交了关于优先审理的事由说明书，并且满足所规定的要件时（→参照特许厅网站公开的优先审理指南）
イ 其他因特殊情况，认为需要提前审理时

2．书面审理
驳回决定不服审判采用书面审理方式。
但审判长可以根据当事人的申请或依职权采用口头审理方式（特§145②、外§52、商§56①、§68④）。

3．口头审理（→33—00）

4．依职权审理（→36—01）
在审判中，对于当事人或参加人未提出的理由，也可以审理。但对于请求人未提出的请求宗旨，不得审理（特§153①③、外§52、商§56①、§68④）。

5．合并审理（→30—03）
对于驳回决定不服审判也可以合并审理（特§154、外§52、商§56①、§68④）。

6．审询
审判长可以对当事人进行询问（特§134④、外§52、商§56①、§68④）。

7. 中断、中止（→26—01～26—01.1）

在审判中，当有必要时，可以中止程序直至其他审判的审查决定得以确定或诉讼程序完结（特§168、外§52、商§56①、§68④）。

8. 其他

关于答辩书的提出、订正请求、参加及参加的申请的规定，不适用于驳回决定不服审判（特§161、外§52、商§56①、§68④）（→61—02之2.）。

（2015.2修订）

61—07 ＰＤＴ
驳回决定不服审判的审查决定

1. 驳回决定不服审判的审查决定

（1）审查决定的种类

ア　基于原决定的驳回理由应予以驳回的，作出审判请求不成立的审查决定。

イ　基于原决定的驳回理由作出不应驳回的判断时，在审判中可以准用审查意见通知等的程序进行审理。作为审理的结果，当判断是应予以驳回的申请时，作出审判请求不成立的审查决定；当未发现驳回理由时，应撤销原决定，作出认可审判请求的审查决定（特§159①～③、外§50①～③、商§55之2、§68④）。

ウ　基于原决定的驳回理由作出不应驳回的判断，撤销原决定时，也可以作出应予以进一步审查的审查决定（特§160①、外§52、商§56①、§68④）（→1.(2)）。

エ　对于不合法且无法补正的审判请求，应作出不予受理的审查决定（→61—04之3.）。

（2）撤销原决定与发回重审

ア　在民事诉讼法中，分别规定了必须发回重审与任意发回重审（民诉§307、§308）。但在特许法中，是否发回重审完全由审判官自由裁量（特§160、外§52（仅准用特§160①、②）、商§56①、§68④）。

イ　发回重审的范围。

当在驳回决定不服审判的审理中，基于原决定的驳回理由可以判断该申请不应予以驳回的，由于在审判中准用审查意见通知等程序，所以此时本来可以在审判中立即撤销原决定发回重审，在审查中进行相关程序，但是由于这样会降低行政效率，所以此时应在审判中进一步审理。

但在以下情况中，由于自己判断并不妥当或不能作出判断，所以应撤销原决定发回重审。

（ア）如果自己作出判断，会丧失审查、审理两个审级的实质意义时

○当在审查中对发明不作实质判断，或者仅依据形式理由被驳回时

○引用例子中的表述有错误，正确的引用例子又不够明确时

（イ）当如果自己作出判断会构成违法时

○未给予陈述意见的机会而作出驳回决定时

2. 审查决定的记载

（1）审查决定的记载的一般事项（→45—01～45—19）

（2）审查决定记载时的基本观点

由于审查决定显示了关于审判案件的最终判断并决定该案件的处理，所以即使审查决定被撤销，除非在撤销审查决定的判决中有需要指出作出审查决定时不能预料的事项等不可避免的情况，否则在再次审理中应争取不作出其他权利要求或其他驳回理由不成立的审查决定。

但是在以下情况时，不需要对该驳回理由作出判断。

ア 当可以预测到，对于一个权利要求的驳回理由通过判决被否定，会导致其他权利要求的驳回理由也消除时，则对该其他权利要求的驳回理由不需要作出判断（裁判例：平 24（行ケ）10341 号、平 22（行ケ）10121 号）。

イ 当关于一个权利要求的多个驳回理由未消除时，或者涉及说明书全体的驳回理由与关于一个权利要求的驳回理由同时未消除时，原则上所有理由都应该记载在审查决定中。但当在审查决定中同时记载多个驳回理由会丧失审查决定的一贯性时，也可以仅就某一个驳回理由作出判断。

（注）在撤销审查决定后，再次审理的结果是基于判决的约束力未涉及的新证据可以构筑新的驳回理由时，再次基于同一结论作出审查决定也不违法。

但是需要留意，对于一个案件，无论审查决定是否被撤销，如果数次地反复作出审判请求不成立的审查决定，其结果可能会导致案件处理的延迟，进而损害请求人的利益。

此外，当基于审查员提出的驳回决定理由可以作出维持原决定的审查决定时，仅在审查员提出的驳回决定理由的范围内作出审查决定即可，此时没有必要依职权对其他驳回理由开展调查。

（3）在特许申请驳回决定不服审判中，同时提出对前审的驳回补正决定（特§53）的不服申诉时的审查决定的记载

ア 当同时提出对前审的驳回补正决定的不服申诉时，关于该驳回补正决定是否适当的判断，不应记载在审查决定的结论中，应记载在审查决定的理由中（→61—05.1 之 1.（2）ア（ウ））。

イ 此外，当同时提出了对前审的驳回补正决定的不服申诉，并且在审判请求时作出补正的，应在对审判请求时的补正是否适当作出判断的基础上，作为结果对该驳回补正决定是否适当作出判断（→61—05.1 之 1.（2）イ）。审判请求时的补正是否适当的判断应记载在审判理由中。

（4）请求成立的审查决定的记载

对于请求成立的审查决定，请求人不能进行不服申诉。因此，在特许的请求成立的审查决定中，只记载与撤销原决定理由有关的必要事项，而必要事项以外的与

权利要求书的解释有关的事项则不需记载。

（5）结论的表述方法（→45—04 之 5.（2）ア）

3. 审查决定的确定期间（→46—00）

4. 审查决定的效果

当有撤销原决定发回重审的审查决定时，其判断对该案件的审查员有约束力（特§160②、外§52、商§56①、§68④）。

5. 官费与费用负担

（1）官费

ア　审判请求的官费应按照特§195②（外§67②、商§76②）的规定缴纳。

イ　此时，对于特许申请驳回决定不服审判，应缴纳与权利要求的数量相对应的官费。

（2）费用负担

关于驳回决定不服审判的费用，由请求人负担（特§169③、外§52、商§56①、§68④）。

(2015.2 修订)

61—10 ＰＤＴ
驳回决定不服审判的请求后又同时变更申请时的处理

在法定期限内提出驳回决定不服审判的请求后，又在法定期限内变更申请（例如，将特许申请变更为实用新型申请）时，应作为合法的申请变更处理，与此同时对与该审判案件有关的申请视为撤回。

此外，对于在法定期限内提出驳回决定不服审判的请求，同日又变更申请时也做同样处理。

（关于申请撤回时的审判请求的处理→61—05 之 9.）

1. 在提出驳回决定不服审判的请求后变更申请的情况

关于此时的处理，有判例（东高判昭 35.9.15（昭 34（行ナ）61 号））。该判例虽然是关于旧实§5 的申请变更的内容，但当该判例中的判断适用于现行法时，大致内容如下。

（1）审判请求后是否可以变更申请

实§10 中明确规定，将特许申请变更为实用新型申请时，为享有实§10③所规定的申请日优先的利益，需满足该申请变更必须在法定期限内这一要件。

但是，法律对这一要件以外的要件，例如对于驳回决定提出审判请求时，必须是在该审判程序终结后等，却没有任何规定。此外，实际上，虽说是审判请求，但仍是以获得特许权利等与最初的申请有关的请求权作为审理的标的物（对象），由于其本质与最初的申请没有不同，所以是否继续审判请求，对是否可以基于实§10 变更申请没有任何影响。

因此，自驳回决定的副本送达之日起的法定期限内作出的申请变更，与审判请求无关，是合法有效的。

（2）实用新型申请与审判请求是否可以并存

根据（1）所述关于审判请求该怎样进行或者两者是否并存是应探讨的问题，但对于两者是否应该并存，法律上没有任何规定。但是，由于实§10 第 54 款规定"基于第 1 款或第 2 款的规定变更申请时，该特许申请或外观设计申请视为撤回"，所以与审判请求有关的特许申请应视为已经被撤回，此时基于该特许申请的法律关系也已经消灭。因此，审判请求伴随着审理对象的丧失当然结束，仅剩下申请变更后的实用新型申请。

2. 在提出驳回决定不服审判请求的同时变更申请的情况

对于这种情况,参照东高判昭 39.11.10（昭 39（行ケ）52 号）。该判例与 1. 的宗旨相同。

（2015.2 修订）

61—11　P
在特许申请驳回决定不服审判中，该特许申请的发明与不同的申请人在同日申请且已经被授权的特许发明相同时向特许权人发送的通知

1. 审查标准"特许法第 39 条"中，对于特许申请的发明与不同的申请人在同日申请且已经被授权的特许发明相同的情况，做以下处理（→审查标准　第Ⅲ部　第 4 章　在先申请（特许法第 39 条）的 4.4.2（1）b（b））。

"审查员根据特许法第 39 条第 2 款或第 4 款的规定发送驳回理由通知时，应向特许权人或实用新型权人通知该事实。"

2. 当因此而在驳回决定不服审判中出现了相同案件时，做同样处理。

（1）审判官事务程序

通知书的文字表述参照接下来的第 3 页①。填写特许申请的编号、授权的特许号等。

ア　向所有的特许权人或实用新型权人分别发送通知。

イ　特许权人不在海外时，填写特许权人姓名。特许权人的姓名通过终端经在线调查、根据电子登记簿查询。

ウ　当特许权人在海外时，按如下方式填写：

查询电子登记簿，有特许管理人的选任登记时，填写特许管理人的姓名。没有选任登记时，通过电子登记簿查找授权注册时的特许申请代理人，填写特许申请代理人的姓名。

（2019.6 修订）

---

① 此处"第 3 页"指下页的通知书。

通知书

令和○年○月○日
特 许 厅 审 判 长

特许权人　　　　　○○○○株式会社　　　　　　先生／女士
代理人　　　　　　○○　○○（另外○名）　　　先生／女士

关于以您为特许权人（或特许管理人）的特许第○○○○○号（特愿 20 ○○
—○○○○○○号）的特许，就以下各点予以通知。

记

与下述申请的权利要求○○有关的发明，是在同日申请并已经被授权的与上述申请的权利要求○○有关的发明相同的发明。现对于下述申请，就特许法第 39 条第 2 款或第 4 款规定的驳回理由发送通知。
不服 20 ○○—○○○○○○号
特愿 20 ○○—○○○○○○号
（参照特开 20 ○○—○○○○○○号公报）

审判请求人
　住所（居所）○○○○○○○○○○
　姓名（名称）○○○○○

代 理 人
　住所（居所）○○○○○○○○○○
　姓名（名称）○○○○○

当上述特许权有共有人、独占实施权人、一般实施权人时，请将此通知内容通知共有人、独占实施权人、一般实施权人。

61—12　T
引证商标处于无效宣告审判、撤销审判中的
驳回决定不服审判的处理方式

在商§4①十一的驳回决定不服审判（在本节61—12中称为"在后审判"）中，被引用的注册商标的无效宣告审判或撤销审判（在本节61—12中称为"在先审判"）的审查决定尚未确定时，对于在后审判，按以下方式处理。

1. 在先审判的请求不成立的情况下，即使在先审判的审查决定尚未确定，也可以作出以该在先审判所涉及的注册商标为引用商标驳回在后审判所涉及的商标（判定在后审判的请求不成立）的审查决定。

2. 在先审判的请求成立（无效、撤销）的情况下，在先审判的审查决定确定之前暂不作出在后审判的审查决定。

理由如下。

商§4①十一规定，该商标注册提出申请的申请日以前，已由他人提出商标注册申请的注册商标或者与之类似的商标，不能接受商标注册。

并且，根据无效宣告审判、撤销审判，注册商标被无效或者被撤销，审查决定的"确定"为必要条件。

在先审判的审查决定为无效、撤销审查决定时，在审查决定确定之前商标权是存在的，也即"注册商标"是实际存在的，所以在审查决定确定前对在后审判作出注册审查决定的话，会产生在先审判所涉及的注册商标和在后审判所涉及的商标出现双重注册状态。

但是，商标法中，如商§4①十一（与他人的注册商标相同或类似）及商§8（在先申请）所示，均排除双重注册。

因此，在明知可能出现双重注册状态的情况下，不应作出审查决定。

另一方面，在先审判的审查决定是不成立的审查决定的情况下，由于在先商标是"注册商标"，在后审判涉及的商标属于商§4①十一规定的情形，不等待在先审判的审查决定的确定即可作出驳回的审查决定，并且不会产生双重注册的问题。

（2015.2 追加）

62—02　P
当判断在原决定中因否定新颖性而驳回的申请
在审判中以没有创造性为由驳回
更为适当时的处理

关于在原决定中提出引用出版物后以缺乏新颖性作为驳回理由而驳回的申请，在该驳回决定不服审判中，却基于上述相同的引用出版物记载的公知事实，被认定为该申请的发明是可以容易发明的内容。当这样的认定被认为是适当的时候，由于应理解为是发现了与特§159②的决定理由不同的驳回理由的情形，所以应就驳回理由重新发送通知。

此外有判例（东高判昭 26.5.19（昭 25（行ナ）7 号））认为，由于可以将此时的否定新颖性的原决定的驳回理由与审判中否定创造性的驳回理由视为同一宗旨的理由，所以不将其理解为是发现了与决定理由不同的驳回理由的情形，可以立即作出审查决定。但这些案件都是关于大正 10 年法律的内容，新颖性与创造性都适用于旧特§1 的条文，所以上述判例不能直接适用于现行法。

（2012.3 修订）

62—03 P
当判断在原决定中因否定创造性而驳回的申请
在审判中以没有新颖性为由驳回
更为适当时的处理

关于在原决定中提示引用出版物后以缺乏创造性作为驳回理由而驳回的特许申请，在该驳回决定不服审判中，基于原决定所示内容相同的引用出版物记载的发明，否定该申请的发明的新颖性从而作出驳回。当该驳回被认为是适当的时候（因课题等的不同难以否认创造性的时候等），应就驳回理由重新发送通知。特别是对补正驳回的时候，应小心处理。

但是，无论实质上还是形式上都可以明确，请求人对新颖性也作出了相应的陈述意见等时候，可以不就驳回理由重新通知而直接作出审查决定（注1~3）。

（注1） 东高判昭59.9.26（昭56（行ケ）8号）
（注2） 东高判平1.5.31（昭62（行ケ）225号）
（注3） 东高判平3.11.21（平3（行ケ）82号）

(2015.2 修订)

62—04　P
将公开的实用新型公报作为引用出版物时的处理

在审判的审理中，考虑到公开的实用新型公报与说明书、附图的微缩胶卷或CD—ROM是不同的引用出版物（证据），所以在将公开的实用新型公报作为引用出版物时应做如下处理。

1. 在驳回决定不服审判中，当引用出版物是公开的实用新型公报时，对于仅靠公开公报所记载的内容（实用新型的权利要求书、附图及关于附图的简单说明）能否维持原决定予以严格判断（不应以在公报中没有记载的该方案的详细说明的内容为依据或参考作出判断）。

2. 以方案的详细说明的内容为依据时，在该审判中应就驳回理由发送通知。作为出版物的记载方法如下（平成5年1月8日以后发行的公报用CD—ROM）。

①"拍摄记录了实愿昭〇〇—〇〇〇号（实开昭〇〇—〇〇〇号）的申请书附件的说明书及附图的内容的微缩胶卷（昭和〇年〇月〇日特许厅发行）"

②"实愿昭〇〇—〇〇〇号（实开昭〇〇—〇〇〇号）的微缩胶卷"

③"记录了实愿平〇〇—〇〇〇号（实开平〇〇—〇〇〇号）的申请书附件的说明书及附图的内容的CD—ROM（平成〇年〇月〇日特许厅发行）"

④"实愿平〇〇—〇〇〇号（实开平〇〇—〇〇〇号）的CD—ROM"

3. 在审查中的引用出版物虽然是公开的实用新型公报，但当在审判请求书中基于该实用新型申请的说明书全部内容陈述理由时，也应遵照上述1.、2. 的宗旨。

（2015.2修订）

62—06 ＰＤＴ
驳回决定不服审判中，虽在审查时被通知却没有被作为决定理由的驳回理由的处理

　　审查中同时或分别地被通知了多个驳回理由，当对将其中部分驳回理由作为决定理由而驳回申请的驳回决定进行不服审判时，无法根据构成决定理由的驳回理由予以驳回，但认为可以根据不构成决定理由，却在审查中已经通知过的驳回理由予以驳回时，原则上在依职权重新调查后，应就依职权调查发现的所有驳回理由以及没有作为决定理由的驳回理由发送通知。

　　1. 驳回决定不服审判中，发现了与决定理由不同的驳回理由时，应就驳回理由发送通知，并给予在指定的适当期限内提交意见书的机会（特§159②）。

　　2. 另外对于在审判中可以作为应予以驳回的判断根据的驳回理由，如果在审查中已经就其内容通知了请求人（申请人），并且对此已经给予提交意见书的机会（特§50），由于该审查中作出的程序在审判中也有效，所以即使不重新就驳回理由发送通知，也不违反法律（特§158）。

　　3. 但是，由于在作出驳回决定时，已经指出了之前通知过的驳回理由中仍未被消除的全部权利要求，并且在驳回决定中也明确记载了未消除的全部驳回理由，所以审判请求人可能会判断：在上述审判中构成应予以驳回的判断依据的驳回理由已经消除。如果不重新提供补正的机会，而仅通过这样的驳回理由就作出驳回的审查决定，从审判请求人的角度来讲，是有点出乎预料的，还不如通过依职权调查发现的所有的驳回理由和没有作为决定理由的驳回理由一起重新发送通知更为合适。

（2015.2 修订）

63—04　P
特许申请驳回决定不服审判的审查决定与驳回补正的决定合并作出时的起草

特许申请驳回决定不服审判的审查决定与驳回补正的决定合并作出时，请求成立或请求不成立的审查决定理由中，记载驳回补正决定的结论及理由。此时，驳回补正的决定不需重新以其他文书作出。

另外，此时在审查决定的结论中，不记载驳回补正决定的结论。

1. 请求不成立的审查决定作出时

对于驳回补正的决定，在审查决定中对本申请发明的要旨认定有误，在审查决定的撤销事由中成为争议点。

这种情况下，对于审查决定撤销诉讼的原告，如果审查决定与驳回补正决定以文书分别作出，由于撤销审查决定时驳回补正决定是否也一并撤销不明确，因此对于仅在审查决定的撤销事由中可以争议的驳回补正决定的结论及理由，在审查决定的理由中展示更为合适。

如果驳回补正决定的结论记载在审查决定的结论栏中，提起诉讼时，容易被误解为其也可以成为诉讼提起的对象，因此在审查决定的结论中，仅记载"本案审判请求不成立"。

2. 请求成立的审查决定作出时

与1.的情形起草形式相同，审查决定的结论中仅记载"撤销原驳回决定。本案申请的发明应授予特许"。

（2015.2修订）

66 T
商标注册异议申诉（小目录）

66—00 商标注册异议申诉
1. 制度的宗旨
2. 制度的概要
平成 8 年修改法实施后（平成 9.4.1）的商标注册异议申诉制度的简要流程

66—01 商标注册异议的申诉程序
1. 法律根据
2. 注册异议申诉
3. 注册异议申诉的理由
4. 可以提出注册异议申诉的时期
5. 注册异议申诉的撤回
6. 申请文件等的阅览
[参考] 商标法的商标注册异议申诉理由、无效理由及驳回理由的比较

66—02 商标权人、商标注册异议申诉人、参加人
1. 商标权人
2. 注册异议申诉人
3. 参加人
4. 中断或者中止的效力

66—03 商标注册异议的申诉方法
1. 注册异议申诉书
2. 关于注册异议申诉（书）及注册异议申诉案件中的程序不完备
3. 注册异议申诉书的要旨变更

66—04 关于商标注册异议的审理
1. 审理机构与审判官
2. 审理范围
3. 注册的撤销理由的通知
4. 证据调查及审询

5. 要求以电子方式提交书面文件中记载的信息
6. 意见书的提交
7. 提出意见书后的审理

66—05　商标注册异议申诉的审理方式
1. 审理的合并或者分离
2. 书面审理与口头审理

66—06　商标注册异议的决定
1. 法律依据
2. 注册异议申诉决定的种类
3. 注册异议申诉决定的程序
4. 注册异议申诉决定书中应当记载的事项
5. 注册异议申诉决定的确定
6. 注册异议申诉决定的效果
7. 对决定的不服申诉
8. 确定登记
9. 商标公报上的刊载

66—07　商标注册异议申诉与审判之间的关系
1. 注册异议申诉与无效宣告审判
2. 注册异议申诉与撤销审判

（2015.2 修订）

66—00　T
商标注册异议申诉

1. 制度的宗旨

商标权授予后的注册异议申诉制度,是为促进商标注册申请的加快授权,废止商标权授予前的注册异议申诉制度的同时,在商标权的授权注册后的一定期间,尽可能广泛地给予第三人以请求撤销的机会,在有注册异议申诉时特许厅自行审理注册处分是否适当,存在瑕疵时通过予以更正,为达成提高注册信赖的公益目的而被引入的制度。

另外,由于注册异议申诉制度不是以当事人之间的具体纷争解决为主要目的,关于该申诉,不限于具有具体利害关系人,对任何人均广泛给予承认。

2. 制度的概要

注册异议申诉制度,限于商标刊载公报(注册后发行的商标公报)发行之日起2个月内,任何人均可以商标注册构成商§43之2各项之一为理由,请求撤销该注册,可以对每个指定商品或者指定服务提起申诉。

(商§43之2～§43之15)

(2015.2修订)

平成8年修改法实施后(平成9.4.1)的商标注册异议申诉制度的简要流程

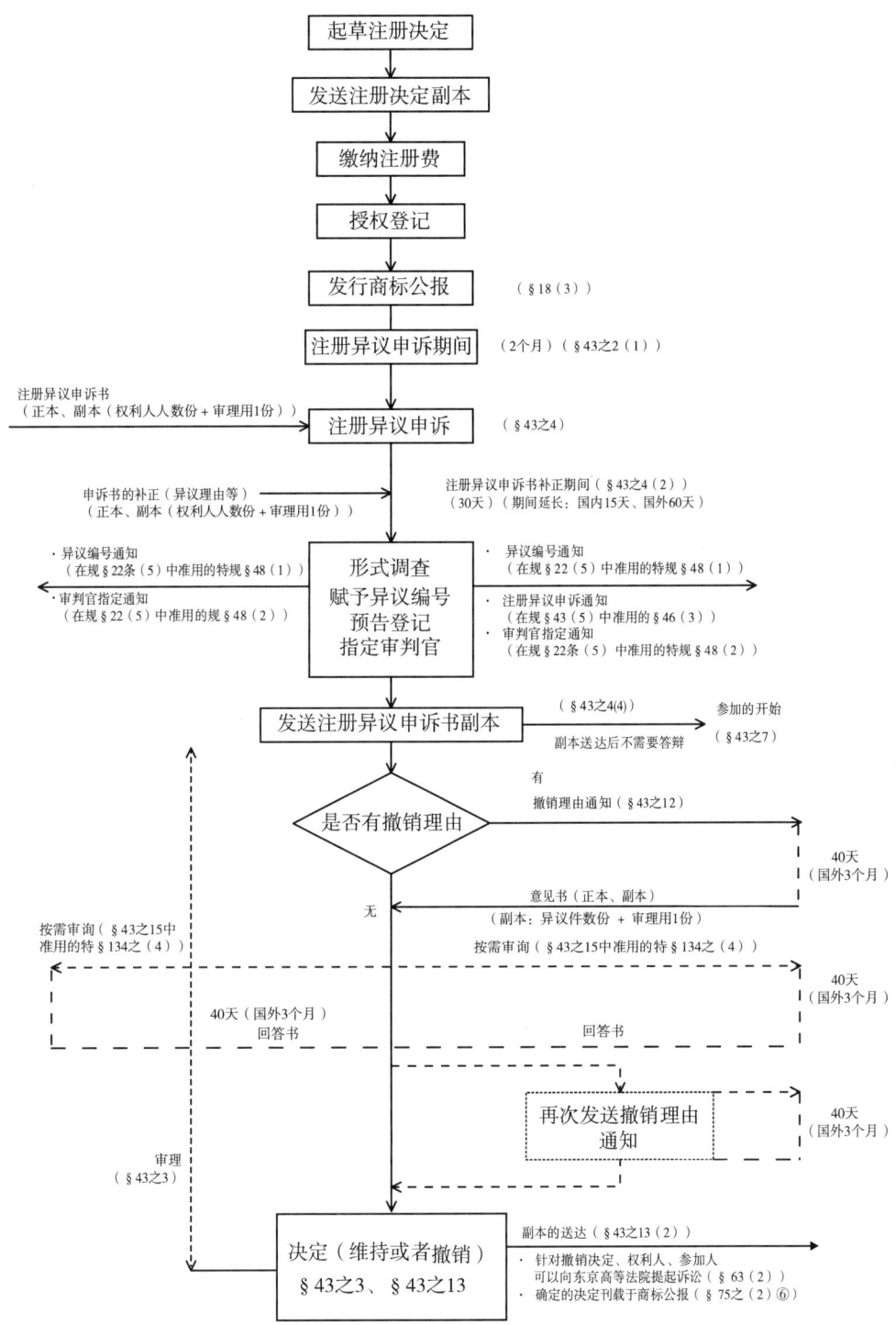

66—01 T
商标注册异议的申诉程序

1. 法律依据
商§43之2（注册异议申诉）

商标刊载公报发行之日起2个月内，任何人都可以以商标注册构成下列各款之一为理由，向特许厅厅长提出注册异议申诉。这种情况下，对于指定商品或者指定服务有两个以上的商标注册，可以对每个指定商品或者指定服务提出注册异议的申诉。

一 该商标注册违反第三条、第四条第一款、第七条之二第一款、第八条第一款、第二款或第五款、第五十一条第二款（含第五十二条之二第二款中准用的情况）、第五十三条第二款或第七十七条第三款中准用特许法第二十五条的规定的。

二 该商标注册违反公约的。

三 该商标注册为针对不符合第五条第五款规定的要件的商标注册申请。

2. 注册异议申诉
（1）任何人都可以以商标注册属于商§43之2各款之一为理由，提出注册异议申诉。

但是，商标权消灭（含商标权的放弃）后不能提出注册异议申诉。

（2）就指定商品或者指定服务有两个以上的商标注册，可以对每个指定商品或者指定服务提出注册异议申诉。

另外，平成9年（1997）4月1日以后的申请取得注册时，存在多类别指定的情况，但可以不区分多类别指定的注册，对每个指定商品或者指定服务提出注册异议申诉。

3. 注册异议申诉的理由
注册异议申诉的理由仅限于商§43之2（含§68④中准用的情况）规定的理由，不能以其他理由提出注册异议申诉。

（1）商§43之2规定的异议申诉理由如下

ア 第1款方面

违反商标注册的要件（商§3）

违反不得注册的事由（商§4①）

集体商标的注册要件（商§7之2）

违反在先申请（商§8①②⑤）

撤销注册情况下的禁止再次注册（商§51②（含§52之2②中准用的情况）及商§53②）

违反外国人的权利享有（商§77③→特§25）

イ　第2款方面违反公约

ウ　防御标志注册方面（商§68④）

违反防御标志注册的要件（商§64）

违反外国人的权利享有（商§77③→特§25）

（2）与驳回理由之间的关系

在与商§15规定的驳回理由的关系中，注册的指定商品或者指定服务不属于适当的商品及服务的类别等不满足商§6（一商标一申请）规定的要件不构成异议理由。

（3）与无效理由之间的关系

在与商§46①规定的无效理由之间的关系中，假冒申请（商§46①三）、注册后不再享有外国人的权利、违反公约（商§46①四）及符合公益上的不得注册的事由（商§46①五）不构成注册异议申诉理由。

（4）与商§53之2规定的撤销审判之间的关系

注册异议申诉理由中，虽然含有违反公约，但是在巴黎公约的成员国等享有商标权利的人的代理人或者代表人在未取得该商标权利人的许可下，以自己的名义申请注册该商标取得注册的（巴黎公约§6之7（1）、WTO TRIPS协定第2条第1款、商标法条约§15），不构成注册异议申诉理由。这种情况下只能请求商§53之2规定的撤销审判。

商标法中，商标权授权注册后的巴黎公约§6之7的实施只能通过撤销审判（商§53之2）进行（不能提起商§46规定的无效宣告审判请求）。

另外，巴黎公约§6之7规定，"享有该权利的人可以提出注册异议申诉"，但是这里的"注册异议申诉"被理解为"授权前的异议申诉"，不包括"授权后的异议申诉"。

4．可以提出注册异议申诉的时期

（1）注册异议申诉的提出限于商标刊载公报发行之日起2个月内（商§43之2）。

（2）注册异议申诉书的补正不能变更其要旨，但是对于注册异议的申诉理由及必要证据的表述，在注册异议申诉期间届满后的30天内，可以进行要旨变更的补正（参照66—03之1．（3）"商标注册异议的申诉理由或者必要证据的表述"），并且，对地处遥远或者交通不便者，可以进一步延长前述期限（商§43之4③）。

〈可以延长的期限〉

◆在海外者　　　　　　　　　　　　　　　　　　　　……延长60天

◆在国内居住，但是地处遥远或者交通不便之地（参照下面的表格）的人或者其代理人　　　　　　　　　　　　　　　　　　　　　……延长 15 天

5. 注册异议申诉的撤回
（法律依据）

商 §43 之 11（申诉的撤回）

注册异议申诉在依下条规定发出通知（注 1）后，不能撤回。

2　第五十六条第二款中准用特许法第一百五十五条第三款（注 2）的规定，在关于注册异议申诉的撤回中准用。

（注 1）商标注册的撤销理由通知
（注 2）审判请求的撤回
（参考）

特 §155③

3　对记载两项以上权利要求的特许的两项以上的权利要求提出特许无效宣告审判请求时，该请求可以撤回每项权利要求。

注册异议申诉的撤回可以在特许厅发出商标注册撤销理由的通知之前进行（商 §43 之 12），对两项以上的指定商品或者指定服务进行申诉时，可以就每个指定商品或者指定服务进行撤回。

6. 申请文件等的阅览
（法律依据）

商 §18（商标权的授权注册）

4　在刊登前款规定的同款各项事项的商标公报（以下称为"商标刊载公报"）的发行日起两个月内，特许厅厅长应当在特许厅内将申请文件及其附属物件供公众阅览。

商标权授权注册时，刊登注册编号、申请书中记载的商标（注册商标）、指定商品或者指定服务等事项的商标公报（以下称为"商标刊载公报"）的发行日起两个月内，在特许厅内，申请文件及其附属物件供公众阅览（商 §18③④）。

[**参考**] 商标法的商标注册异议申诉理由、无效理由及驳回理由的比较

注册异议申诉理由	无效理由	驳回理由
商标注册要件 商§3	同左	同左
不得注册的事由 商§4①	同左	同左
集体商标注册要件 商§7之2①	同左	同左
在先申请 商§8①②⑤	在先申请商§8①②⑤	在先申请商§8②⑤
注册禁止中的禁止再次注册 商§51②、商§52之2②、商§53②	同左	同左
外国人的权利享有 商§77③→特§25	同左	同左
违反公约 商§43之2①二	同左	同左
第5条第5款的要件 商§43之2①三	同左	同左
		一商标一申请 商§6①②
	无权利人注册 商§46①四	
	后发的事由 商§46①五~七	

(2015.10 修订)

66—02　T
商标权人、商标注册异议申诉人、参加人

1. 商标权人
商标权共有时，全体共有人为商标权人。

2. 注册异议申诉人
注册异议申诉制度为"任何人"均可以提出注册异议申诉的制度，不限定于利害关系人。

另外，注册异议申诉人死亡时，或因合并而消灭时，申诉的地位不能继承。

3. 参加人
（1）法律依据

商§43之7（参加）

拥有商标权权利的人之外的其他与商标权有利害关系的人，在对注册异议的申诉作出决定前，为了辅助商标权人，可以参加其审理。

商§43之7②、商§56①→特§148（参加）

4　依前款利害关系人的辅助参加规定参加的人，可以进行一切审判程序。

（2）可以参加的人

ア　必须是拥有商标权权利的人之外的其他与商标权有利害关系的人。拥有商标权权利的人是指，例如独占使用权人、一般使用权人。

イ　必须是为了辅助商标权人而参加。

（3）可以参加的时期

由于参加的对象是已经在审中的注册异议申诉，所以应当在注册异议申请在审中，对注册异议申诉作出决定前参加。

4. 中断或者中止的效力
（1）法律依据

商§43之6（审理的方式等）

3　当共有商标权的商标权人中的一个，有使注册异议申诉的审理及决定的程序中断或者中止的原因时，其中断或者中止对共有人的全体成员发生效力。

商§43之7②、商§56①→特§148（参加）

5　依第一款或者第三款规定的参加人如有中断或者中止审判程序的原因时，其

中断或者中止，对被参加人也产生效力。

商§43之7②、商§56①→特§149（参加）

申请参加者应当向审判长提出参加申请书。

2　当有参加申请时，审判长应当将参加申请书的副本送达当事人及参加人，并指定适当期限，给予陈述意见的机会。

3　当有参加申请时，由申请人希望参加的审判的审判官，依审判作出决定。

4　前款的决定，应当以书面形式进行并附上理由。

5　对第3款的决定，不得提起不服申诉。

（2015.2修订）

66—03　T
商标注册异议的申诉方法

1. 注册异议申诉书
（1）法律依据
商§43之4①（申诉的方式等）
注册异议申诉人应当向特许厅厅长提出记载下列事项的注册异议申诉书。
一　注册异议申诉人及代理人的姓名或者名称，以及住所或者居所
二　被提出注册异议申诉的注册商标的内容
三　注册异议申诉的理由及必要证据的内容
（2）注册异议申诉人的姓名等、注册商标的表示
ア　注册异议申诉人等
注册异议申诉书中，应当记载注册异议申诉人及代理人的姓名或者名称，以及住所或者居所。
イ　被提出申诉的注册商标的表示
注册异议申诉书中，应当记载商标注册号、注册异议的申诉对象商品及服务的类别和指定商品或者指定服务。
（3）商标注册异议的申诉理由及必要证据的表示
ア　注册异议申诉的理由
商标注册异议申诉书中，应当记载注册异议申诉人主张被提出申诉的指定商品或者指定服务属于商§43之2各项之一的理由。
申诉理由中通常记载以下事项等。
（ア）本案注册商标的申请到注册的经过
（イ）作为申诉对象的注册商标、指定商品（服务）以及应当撤销注册的法律上的依据及证据的表示
（ウ）应当撤销注册的具体理由
イ　必要证据的表示
需要证据的注册异议的申诉中，为了证明作为申诉理由主张的具体事实，应当出示证据。
作为证据方法，有文书、查证物、当事人本人、鉴定人、证人。
（4）商标注册异议申诉书的副本提交
提交注册异议申诉书时，应当提交向商标权人发送的必要数量的副本及审理用

的副本 1 份（商施规§22①→特施规§4）。

（5）有注册异议申诉时的程序

ア　注册异议申诉书副本的发送

审判长应当向商标权人发送注册异议申诉书的副本（商§43之4④）。另外，在注册商标的商标权人委托代理人时，向该代理人发送注册异议申诉书的副本。

注册异议申诉书副本在注册异议理由的补充期限届满后发送，存在两个以上的注册异议申诉时汇总后发送。

商标权人就该副本不需要阐述意见。另外，发出注册的撤销理由的通知后，给予其阐述意见的机会（→66—04之3.）。

イ　对独占使用权人等的通知

审判长在注册异议申诉被提出时，将该情况通知该商标权的独占使用权人等其他拥有注册商标相关权利的人（商§43之4⑤→商§46④）。

ウ　注册异议申诉的预告登记

注册异议申诉被提出时，在商标登记簿中预告登记（商登令§1之2二）。

エ　商标公报上的刊载

注册异议申诉被提出时，预告登记该情况之后将其刊载在商标公报中（特许厅公报（公示号））（商§75②五）。

2．关于注册异议申诉（书）及注册异议申诉案件中的程序不完备

（1）法律依据

商§43之15、商§56①→特§133（违反形式时的以决定驳回）

当请求书违反第一百三十一条的规定时，审判长应当对请求人指定适当的期限，命令其对请求书作出补充。

2　除前款规定的情形外，对于审判案件的程序，符合以下各项之一时，审判长可以指定适当的期限，命令其补正。

一　该程序违反第七条第一款至第三款或者第九条的规定时（注1）

二　该程序违反本法律或者基于本法律的命令中规定的形式时

三　关于该程序，未缴纳依第一百九十五条第一款或者第二款规定（注2）的应缴纳的官费时

3　依前两款规定，对于审判案件的程序，被命令作出补正的人在指定的期限内未作出补正时，或者该补正违反第一百三十一条之二第一款的规定时，审判长可以作出决定驳回该程序。

4　前款的决定，应当成文并附上理由。

（注1）特§71①～③（未成年人、成年被监护人等的程序能力）、§9（代理权的范围）

（注2）在商§43之15中准用时，理解为商§76①②（官费）。

商§43之15、商§56①→特§135（不合法的审判请求以审查决定驳回）

对于不合法的审判请求不能作出补正的，可以不给予被请求人提出答辩书的机会，直接作出驳回的审查决定。

商§43之15、商§56①→特§133之2（不合法的程序的驳回）

审判案件的程序（审判请求除外）中，审判长对不合法且不能进行补正的手续，可以作出决定驳回该程序。

2　依前款规定作出驳回决定时，审判长应当对办理程序的人通知该理由，指定适当的期限，给予其提出辩明书的机会。

3　第一款的决定，必须以书面形式进行，并附上理由。

（2）注册异议申诉（书）的不完备与处分

ア　补正命令与注册异议申诉书的驳回

注册异议申诉书的形式违反或者官费不足时，由审判长作出补正命令。就该补正命令，在指定期间内不予补正时，审判长作出决定驳回该注册异议申诉书（商§43之15、商§56①→特§133③）。

イ　不合法的注册异议申诉的驳回

关于不合法的注册异议的申诉（逾期等），不作出补正命令，而是由审判官组成的合议组作出驳回决定（商§43之15、商§56①→特§135）。

（3）注册异议申诉（书）以外的注册异议申诉案件中程序的缺陷与处分

注册异议申诉（书）以外的注册异议申诉案件的程序（例如，注册异议申诉人住所变更申请、代理人变更申请等。以下称为"注册异议申诉书以外的程序"）中存在不完备时，进行以下程序。

ア　补正命令与手续的驳回

关于注册异议申诉书以外的手续的形式违反或者官费不足的情况，由审判长作出补正命令。

就该补正命令，在指定期间内不予补正时，审判长作出决定驳回该手续（商§43之15、商§56①→特§133①）。

イ　不合法的程序的驳回

在注册异议申诉书以外的程序中，对不合法且不能进行补正的程序，审判长可以作出驳回该程序的决定。

对注册异议申诉书以外的程序作出驳回决定时，审判长应当对办理程序的人通知该理由，指定适当的期限，给予其提出辩明书的机会（商§43之15、商§56①→特§133之2②）。

（4）对驳回决定的不服申诉

ア　对注册异议申诉书的驳回决定的不服申诉

对上述（2）ア的注册异议申诉书的驳回决定，可以向东京高等法院（知识产权高等法院）提起诉讼（商§63①）。

イ　对不合法的注册异议申诉的驳回决定的不服申诉

对上述（2）イ的不合法的注册异议申诉的驳回决定，不能提起不服申诉（商

§43之15②、商§43之3⑤、商§56①→特§135）。
　ウ　对注册异议申诉的程序的驳回决定的不服申诉
　对上述1.的注册异议申诉书以外的程序的驳回决定的不服申诉，可以根据行政不服审查法请求审查（商§63之2→特§184之2）。

3. 注册异议申诉书的要旨变更
（1）法律依据
商§43之4②、③（申诉方式等）
　2　依前款规定（注1）提交的注册异议申诉书的补正，不得变更其主要内容。但是，在第四十三条之二规定的期间（注2）届满后三十天内，关于前款第三项所列事项（注3）进行的补正，不受此限。
　3　对地处遥远或交通不便者，特许厅厅长可以根据请求或者依职权延长前款规定的期限。
（注1） 注册异议申诉书的记载事项
（注2） 注册异议申诉期间
（注3） 注册异议申诉的理由及必要证据的表示
（2）对注册异议申诉书的要旨进行变更的补正
　ア　注册异议申诉人的姓名等、注册商标的表示的补正
（ア）注册异议申诉人的姓名等
　注册异议申诉人的姓名或者名称的补正结果，使注册异议申诉人的同一性丧失的，属于要旨的变更。
（イ）注册异议申诉中对注册商标的表示的补正
　商标注册号或者作为注册异议申诉对象的指定商品或者指定服务的表述的补正结果，使注册异议申诉对象的同一性丧失的，属于要旨的变更。
　另外，注册异议申诉对象的指定商品、指定服务的删除，不属于要旨变更。但是，申诉对象的指定商品或者指定服务的删除仅限于在撤销理由的通知之前进行。
　イ　对注册异议的申诉理由或者必要证据的表示的修改
　关于注册异议的申诉理由或者必要证据的表示，在注册异议的申诉理由及证据的补充期限过后，对变更其要旨的补正不予采用。
　具体而言，不允许注册异议申诉的法律依据以及证据的增加、变更。
　上述ア、イ中，对是否属于要旨的变更，应基于注册异议申诉书的整体进行判断。

（2015.2 修订）

66—04 T
商标注册异议申诉的审理

1. 审理机构与审判官
（1）审理机构
商§43之3①（决定）
对注册异议申诉的审理及决定，由三人或者五人审判官组成的合议组进行。
商§43之5、商§56①→特§136②（审判的合议制）
前款合议组的合议，以过半数作决定。

商标权授予后的异议申诉制度的目的是审理注册处分是否适当，考虑到有必要充分保障审理的公平性、独立性，以及程序上审理的准确性，因此由审判官的合议组进行审理。

（2）审判官的指定
ア　法律依据
商§43之5、商§56①→特§137（审判官的指定）
特许厅厅长对于各审判案件（……略……），应当指定组成前条第一款（注）的合议组的审判官。
2　当依前款规定在指定的审判官中存在于参与审判有障碍之人时，特许厅厅长应当解除其指定，并由其他审判官补充。
（注）审判的合议制
イ　审判官的指定通知
商施规§22⑤→特施规§48②
（ア）指定审判官后，向商标权人、注册异议申诉人及参加人通知该审判官的姓名。
（イ）变更审判官后，向商标权人、注册异议申诉人及参加人通知该审判官的姓名。
（3）审判长的权限
商§43之5、商§56①→特§138（审判长）
特许厅厅长应当在依前条第一款（注）规定所指定的审判官中指定一人为审判长。
2　审判长总管有关审判案件的事务。
（注）审判官的指定

（4）除斥或者回避的申诉

ア　法律依据

商§43之5、商§56①→特§139（审判官的除斥）

审判官凡属以下各项之一者从其执行的职务中排除。

1　审判官或其配偶，或者其前配偶，是或者曾是案件的当事人、参加人或特许异议申诉人。

2　审判官是或者曾是案件的当事人、参加人或特许异议申诉人的四等亲内的血亲，三等亲内的姻亲或者同住的亲属时。

（第3~7项省略）

商标权人、注册异议申诉人或参加人可以申请审判官的除斥或者回避。

另外，商§43之5及商§56①中准用的特§137规定，存在参与审判有障碍之人时，应当解除其指定，并由其他审判官补充，该"有障碍之人"除因病等情况外，也包括符合除斥或者回避的人。

2. 审理范围

（1）法律依据

商§43之2柱书（注册异议的申诉）

限于商标刊载公报发行日起两个月内，任何人都可以以注册商标属于下列各项之一为理由，向特许厅厅长提出注册异议的申诉。在这种情况下，对于指定商品或者指定服务是两个以上的商标注册，可以对每个指定商品或者指定服务提出注册异议的申诉。

（各项省略）

商§43之3②、④（决定）

2　当审判官认为被提出注册异议申诉的注册商标属于前条各项（注）之一时，应作出撤销该商标注册的决定（以下称为"撤销决定"）。

4　当审判官不认为被提出注册异议申诉的注册商标属于前条各项（注）之一时，应作出维持该商标注册的决定。

（注） 注册异议的申诉理由

商§43之9（依职权审理）

在关于注册异议申诉的审理中，对于商标权人、注册异议申诉人或者参加人没有提出的申诉理由，也可以进行审理。

2　在关于注册异议申诉的审理中，对未提出注册异议申诉的指定商品或者指定服务，不能进行审理。

商§43之11①（申诉的撤回）

注册异议的申诉，在依下条（注）规定发出通知后，不能撤回。

（注） 撤销理由的通知

（2）作为审理对象的指定商品或者指定服务

作为审理对象的指定商品及指定服务的范围仅限于被提出注册异议申诉的指定商品及指定服务。

两个以上的注册异议申诉被提出的，合并审理时，该被合并的注册异议申诉中被提出申诉的指定商品及指定服务均为审理的对象。

（3）关于注册异议申诉的审理

关于注册异议申诉的审理，因为是在经审查员的审查后，等待提出注册异议的申诉后进行审理，所以基本上根据注册异议申诉人的申诉理由、提出的证据进行审理（例1）。

另外，注册异议申诉的审理，对于注册异议申诉人没有提出的理由，也可以进行审理。例如，注册异议申诉中未提交的文献的采用（例3），与之相伴的适用条文的适用（例4）等。

例1. 采用由注册异议申诉中的理由（证据）得出的撤销理由进行审理的情况

注册异议申诉人的主张（提出证据A、B）被采用（采用证据A和B），通知撤销理由。

例2. 有两个以上的注册异议申诉时，选择由这些注册异议申诉中的理由/证据得出的撤销理由进行审理的情况

注册异议申诉人甲提出证据A、B，注册异议申诉人乙提出证据C、D，采用这些证据中的A和D，通知撤销理由。

例3. 采用注册异议申诉人未提出的证据进行审理的情况

在注册异议申诉人提出的证据A、B之上，审判官采用发现的证据C，通知撤销理由。

例4. 适用注册异议申诉人未主张的适用条文的情况

注册异议申诉的理由中，主张该注册商标符合商§3①三，但是根据提出的证据等符合商§4①十六的，以商§3①三及商§4①一六作为法律依据通知撤销理由。

（4）注册异议的申诉被撤回的场合

发出注册的撤销理由通知之前，可以撤回注册异议的申诉（商§43之11）。

ア 所有的注册异议的申诉（有两个以上申诉的情况下指全部的申诉）被撤回时，则终结对该商标注册提出的注册异议申诉的审理，向商标权人及参加人通知注册异议的申诉已被撤回的情况（商施规§22⑤→特施规§50之5）。

イ 涉及注册异议申诉的指定商品或者指定服务的一部分被撤回时，排除被撤回的指定商品或者指定服务继续进行审理。

ウ 但是，撤销理由的通知发出后，由于不能撤回注册异议的申诉，因此继续进行审理。

3. 注册的撤销理由的通知

（1）法律依据

商§43之12（撤销理由的通知）

审判长欲作出撤销决定时，应对商标权人及参加人发出商标注册的撤销理由的通知，并指定一定的期限给予其提出意见书的机会。

注册异议申诉制度以其重新评估注册的特性，以及迅速并准确进行异议申诉的审理之要求来看，在注册异议申诉制度中，以合议组的撤销理由通知及商标权人对此提出的意见书等为基础。另外，没有撤销理由时，作出维持注册的决定（商§43之3④）。

（2）撤销理由通知的程序

注册异议申诉被提出时，向商标权人发送注册异议申诉书副本（→66—03之1.（5）ア"注册异议申诉书的副本发送"）。

上述副本发送后，审判长欲作出撤销注册的决定时，对商标权人通知撤销理由，给予其提出意见书的机会。

因此，商标权人待收到撤销理由通知后提出意见书即可，无需对注册异议申诉书副本提出答辩书。

（3）撤销理由通知的起草

ア　注册异议申诉的审理当中，对所有的申诉理由及证据进行审核。

イ　经审核，认为不存在撤销理由时，作出维持注册的决定。

ウ　经审核，认为存在撤销理由时，以此作为撤销理由通知（撤销理由有两个以上时，根据个案，原则上为全部的理由）进行起草。

涉及注册异议申诉的指定商品或者指定服务中的部分指定商品或者指定服务存在撤销理由时，明示存在撤销理由的该指定商品或者指定服务，发出撤销理由通知。

通知撤销理由时，原则上发出一份通知书，但是在撤销理由横跨两个以上的类别，适用条文也不同的场合，可以依内容发出两个以上的撤销理由通知书。

エ　上述ウ中，例如，相同适用条文存在两个以上的撤销理由时，选择合适的理由作为驳回理由进行采用等，根据个案，起草高效的、合理的撤销理由通知。

オ　起草撤销理由通知时的注意事项。

（ア）由于是注册后的审理，应当慎重作出撤销理由通知。

（イ）根据意见书，注意不应多次通知撤销理由。

（ウ）存在两个以上的撤销理由时，撤销决定的撤销诉讼中撤销注册的决定被撤销时，注意不应再次以其他撤销理由作出撤销决定。

4. 证据调查及审询

（1）法律依据

商§43之8（证据调查及证据保全）

第五十六条第一款中准用特许法第一百五十条及第一百五十一条的规定，在关于注册异议申诉的审理的证据调查及证据保全中准用。

商§43之15、商§56①→特§134④（审判规定的准用）

4 关于审判，审判长有权询问当事人及参加人。

（2）证据调查

ア 证据调查

注册异议申诉人等申请证据调查，合议组判断有必要进行证据调查时，实施证据调查。

イ 证据调查与撤销理由通知

经证据调查后，判断应当撤销注册时，向商标权人通知撤销理由，给予提出意见书的机会。

（3）审询

合议组为进行准确判断，在有必要寻求商标权人或者注册异议申诉人等的意见等时，进行审询。

[审询的举例]

例1. 注册异议申诉的审理之际，为准确判断是否存在撤销理由，在认为有必要时，对商标权人寻求对注册异议申诉书的意见。

例2. 对商标权人提出的意见书中主张的事项，为正确判断是否存在撤销理由，认为有必要时，给予注册异议申诉人阐述意见的机会。

向注册异议申诉人询问时，合议组判断有必要时，向其发送商标权人提出的意见书及撤销理由通知书的复印件等。

5. 要求以电子数据方式提交书面文件中记载的信息

审判官在制作决定书中使用时或者其他认为有必要的情况下，商标权人、注册异议申诉人或者参加人将已经提出或将要提出的书面文件中记载的信息内容以电子数据方式记录时（包括基于类似方法可以准确记录一定事项的物品），审判官可以向这些人要求以电子方法提交该电子数据记录的信息（商施规§22⑤→特施规§50之11）。（具体提交方法参见特许厅官网）

6. 意见书的提交

（1）法律依据

商§43之12（撤销理由的通知）

审判长欲作出撤销决定时，应对商标权人及参加人发出商标注册的撤销理由通知，并指定一定的期限给予其提出意见书的机会。

（2）意见书

商标权人收到撤销理由通知时，可以在指定期限内提交意见书。

另外，商标法不认可注册商标的订正或对指定商品或者指定服务的减缩等的订正。

（3）意见书副本的提交

商标权人在提交意见书时，应当提交向注册异议申诉人发送用的必要份数的副本及审理用的副本1份（商施规§22⑤→特施规§50之4）。

7. 提交意见书后的审理

（1）即使参考意见书仍然判断依撤销理由应当撤销注册时，作出商标注册的撤销决定。

（2）根据撤销理由，判断不应撤销注册时，作出维持注册的决定。

（2019.6修订）

66—05　T
商标注册异议申诉的审理方式

1. 审理的合并或者分离
（1）法律依据
商§43之10（申诉的合并或者分离）
对于与同一商标权相关的两个以上的注册异议申诉，除特别情况外，其审理合并进行。
2　当依前款规定合并审理时，可以对其进行更进一步的分离审理。
关于合并审理
ア　关于商标权授予前的注册异议申诉制度，两个以上的注册异议申诉被提出时，由于原则上应当对全部申诉作出注册异议决定，因此存在以下两点问题。①两个以上的注册异议申诉被提出时导致注册延迟，②对每个注册异议申诉都要答辩，导致商标权人的答辩负担大。
イ　由此，变更为商标权授予后的注册异议申诉的同时，为迅速并有效地进行注册异议申诉的审理，两个以上的注册异议申诉被提出时，原则上将这些审理合并进行，就注册的撤销或者维持，作出一个决定即可。
（2）合并审理
ア　审理合并的原则
在同一注册上被提出两个以上的注册异议申诉时，关于合法的注册异议申诉，除特别情况外，其审理合并进行，因此各注册异议申诉中涉及的指定商品或指定服务或者申诉的理由/证据无论是否相同，其审理均合并进行。
イ　特别情况
"特别情况"是指，合并审理导致审理的程序复杂化，使其进行变得困难的情况。
例如，两个以上的注册异议申诉中的一件注册异议申诉书被驳回，对该决定提起诉讼的情况。
ウ　审理合并的效果
（ア）合并后的程序
一旦审理合并，之后的撤销理由通知、意见书的提交、注册异议申诉的决定等相关的程序均合一进行。
（イ）提出的文件、证据方法等的利用
审理合并时，各个注册异议的申诉中提出或者提交的证据方法等，可以在合并后的全部注册异议申诉的审理中被利用。

エ　与审理合并相关的程序

（ア）两个以上的注册异议申诉被提出时，由于原则上采用合并审理，因此不发出合并审理的通知。

（イ）不进行审理合并时的程序。

有两个以上的合法的注册异议申诉时，对部分的注册异议申诉不予合并就进行案件审理时，将其通知商标权人、注册异议申诉人及参加人。

（3）分开审理

ア　分开审理的前提

仅限于已合并进行案件审理的情况下，才能进行分开审理。

イ　被分离的情况

审理被分离是指，两个以上的注册异议申诉合并审理后，认为继续合并审理将导致审理的程序复杂化，使其进行困难的情况。

ウ　审理分离的效果

审理被分离的注册异议申诉，在不同的程序中进行审理并作出决定。

审理被分离之前提出的书面资料，在双方的程序中拥有相同的效力。

エ　审理分离的程序

进行审理分离时，将该情况通知商标权人、注册异议申诉人及参加人。

2．书面审理与口头审理

（1）法律依据

商§43之6①（审理的方式等）

关于注册异议申诉的审理，采用书面审理。但是，审判长可以根据商标权人、注册异议申诉人或参加人的请求，或者依职权进行口头审理。

商§43之6②、商§56①→特§145③（审判中的审理方式）

3　依第一款或者前款但书的规定采用口头审理进行审判时，审判长应当规定其日期及场所，并传唤当事人及参加人如期到场。

（2）书面审理的原则

注册异议申诉制度因是以特许厅发出的撤销理由通知及对其提出的意见书等为基础的制度，所以在该制度中，规定书面审理为原则，口头审理为例外（商§43之6①）。依商标权人、注册异议申诉人或者参加人的申请或者依职权采用口头审理进行审判时，应通知商标权人、注册异议申诉人及参加人（商§43之6②、商§56①→特§145③）。

（2015．2修订）

66—06　T
商标注册异议申诉的决定

1. 法律依据
商§43之3②、④（决定）

2　当审判官认为被提出注册异议申诉的注册商标属于前条各项（注）之一时，应作出撤销该商标注册的决定（以下称为"撤销决定"）。

4　当审判官不认为被提出注册异议申诉的注册商标属于前条各项（注）之一时，应作出维持该商标注册的决定。

（注）注册异议的申诉理由

商§43之13（决定的方式）
关于注册异议申诉的决定，应当以记载下列事项的文书的形式作出。
一　注册异议申诉案件的编号
二　商标权人、注册异议申诉人及参加人以及代理人的姓名或者名称，以及住所或者居所
三　决定相关的注册商标的表示
四　决定的结论及理由
五　决定的年月日

2　决定作出时，特许厅厅长应当将决定的副本送达商标权人、注册异议申诉人、参加人及申请参加注册异议申诉的审理而被拒绝者。

2. 注册异议申诉决定的种类
注册异议申诉的决定有以下两种：
（1）对不合法的异议申诉（书），作出驳回的"注册异议申诉的决定"（商§43之15→商§56①→特§133③、特§135）（→66—03之2.），以及
（2）经案件审理作出的"注册异议申诉的决定"（商§43之3②、④）。

（参考）
驳回注册异议申诉书的"注册异议申诉的决定"是基于商§43之15及商§56①中准用的特§133而作出的，又，注册异议申诉书以外的注册异议程序的驳回决定是基于商§43之15及商§56①中准用的特§133之②而作出的（→66—03之2.）。

3. 注册异议申诉决定的程序

（1）两个以上的注册异议申诉被提出的

ア 两个以上的注册异议申诉被提出的，由于原则上合并审理，因此在一份决定书中记载撤销注册或者维持注册的判断内容。

另外，注册异议申诉为对横跨两个以上的商品及服务的类别的指定商品或者指定服务提出申诉的，就各类别的指定商品或者指定服务，在一份决定书中记载撤销注册或者维持注册的判断内容。

イ 被提出注册异议申诉的指定商品或者指定服务中，仅认为部分指定商品或者指定服务存在撤销理由时，对该指定商品或者指定服务作出撤销注册的决定，在一份决定书中同时记载对其他指定商品或者指定服务的维持注册的决定。

（2）两个以上的注册异议申诉中存在不合法的申诉时

两个以上的注册异议申诉中存在不合法的申诉时，与合法的注册异议申诉的决定分开，在判断其为不合法时即驳回该注册异议的申诉。

另外，在该情况下，不合法的注册异议申诉不构成合并审理的对象。

（3）注册异议申诉的决定副本的送达

决定作出时，将决定的副本送达商标权人、注册异议申诉人、参加人及申请参加注册异议申诉的审理而被拒绝者。

另外，不予发送终结审理的通知。

4. 注册异议申诉决定书中应当记载的事项

注册异议申诉的决定中，记载注册异议申诉案件的编号、商标权人、注册异议申诉人及参加人以及代理人的姓名等，注册商标的表示，结论及理由，决定的年月日。

5. 注册异议申诉决定的确定

关于注册异议申诉的决定，撤销注册的决定被作出时，不服申诉的期限届满后即确定，维持注册的决定被作出时，在决定的副本送达时确定。

6. 注册异议申诉决定的效果

撤销注册的决定确定时，商标权被视为自始不存在（商§43之3③）。

另外，注册的指定商品或者指定服务中仅对部分指定商品或者指定服务作出的撤销决定确定时，仅就该指定商品或者指定服务上的商标权视为自始不存在。

7. 对决定的不服申诉

（1）法律依据

商§43之3⑤（决定）

5 对于前款的决定（注），不能提出不服申诉。

（注） 维持注册的决定

商§43之15②（审判规定的准用）

2 第四十三条之三第五款的规定，依据在前款中准用的特许法第一百三十五条的规定（注）在决定中准用。

（注） 就不合法的注册异议申诉作出的决定

商§63（对审查决定的诉讼）

对撤销决定或者审查决定的诉讼……以及对注册异议申诉书或者审判或再审的请求书驳回的决定的诉讼，由东京高等法院专属管辖。

商§63②→特§178②~⑥（对审查决定等的诉讼）

2 前款的诉讼，限于当事人、参加人或者申请参加该特许异议申诉的审理、审判或再审而被拒绝者，才可以提出。

3 第一款的诉讼，自送达审查决定或者决定的副本之日起三十日后不得提出。

4 前款的期限为不变期限。

5 审判长对因路程遥远或者交通不便的人，依职权按前款的不变期限的规定确定附加期限。

6 关于可以请求审判的事项的诉讼，若非针对审查决定的，不得提起。

（2）可以提起诉讼的决定

ア 撤销注册的决定

商标权人对撤销注册的决定可以向东京高等法院提起诉讼。

イ 注册异议申诉书的驳回决定

注册异议申诉人对注册异议申诉书的驳回决定（商§43条之15①→商56①→特§133③）可以向东京高等法院提起诉讼。

针对上述ア、イ的决定，不可依行政不服审查法提起不服申诉（商§77条→特§195之4）。

ウ 注册异议申诉书以外的注册异议申诉案件中的程序的驳回决定

收到注册异议申诉书以外的注册异议程序的驳回决定（商§43之15①→商§56①→特§133之2①）之人可以根据行政不服审查法提起不服申诉（商§63之2→特§184之2）。

（3）不能提起诉讼的决定

ア 维持注册的决定（商§43之3④）

イ 注册异议申诉的驳回决定（商§43之15①→商§56①→特§135）

对上述ア、イ的决定，不能根据行政不服审查法提起不服申诉（商§43之3⑤、商§43之15②、商§77⑦→特§195之4）。

（4）起诉期限

上述（2）ア及イ的诉讼，可以在决定的副本送达之日起30日内（在海外者的附加期限为90日）提出（商§63②→特§178③）。

（5）被告

对决定提起诉讼的被告为特许厅厅长（商§63②→特§179）。

8．确定登记

注册异议申诉的决定确定时，进行登记（商登令§1一）。

9．商标公报上的刊载

对注册异议申诉作出的已确定的决定在商标公报上刊载（商§75②六）。

确定的注册异议申诉的决定，在审查决定公报上刊载。

(2015.2 修订)

66—07　T
商标注册异议申诉与审判之间的关系

1. 注册异议申诉与无效宣告审判

（1）无效宣告审判与注册异议的申请同时处于审理中时的审理

ア　无效宣告审判与注册异议申诉同时针对同一注册处于审理中时，原则上优先进行注册异议申诉的审理。

イ　注册异议申诉审理之际，无效宣告审判程序已经进行，并提前审结时，或者该注册商标存在纠纷，商标权人/无效宣告审判请求人请求尽快处理无效宣告审判时等，合议组认为合适的情况下可以优先审理无效宣告审判。

（ア）因注册异议的申请与无效宣告审判属于不同种类的程序，所以不能合并审理。

（イ）针对同一注册的注册异议申诉与无效宣告审判同时处于审理中时，可以考虑将两者并行审理，但是一旦将两者并行审理时：

a. 对于商标权人，需要同时应对两个程序；

b. 两个程序的一方的结果为无效（撤销）时，则另一方没有必要进行审理，以防对特许厅及商标权人产生无用的负担；

c. 基于同一理由/同一证据进行两个程序时，考虑到最好不产生互相矛盾的结果，因此一方优先审理更为适当。

（ウ）注册异议申诉制度与无效宣告审判制度进行比较如下：

a. 注册异议申诉制度中，即使提出了注册异议申诉，但是判断不存在撤销理由时，立即作出维持注册的决定；

b. 无效宣告审判中，提出辩驳书的情况，以及因理由或证据可以补充提交导致再次答辩的情况较多，而在注册异议申诉中这种情况较少。

c. 因对维持注册的决定不能提起不服申诉，一般认为注册异议申诉的决定比无效宣告审判的审查决定要更早确定。

（エ）另外，从时期角度看，由于注册异议申诉的形式在完备之前需要一定的期限，因此对注册异议申诉开始审理之际，无效宣告审判有可能提前终结审理。

该种情况下，合议组认为合适时，优先无效宣告审判的审理更为合适。

（オ）另外，该注册商标存在纠纷，商标权人请求迅速处理无效宣告审判时，优先无效宣告审判的审理更为合适。

（カ）因此，两个程序同时处于审理中时，原则上优先审理注册异议申诉，在无效宣告审判程序进行中且能够提前终结审理时，合议组认为合适的情况下，优先审理无效宣告审判。

（2）具体处理

ア　无效宣告审判能提前审结的情况

注册异议申诉的审理中，在无效宣告审判能够提前终结审理的情况下，先对无效宣告审判作出审查决定。该情况下，关于注册异议申诉的审理：

（ア）作出注册无效的审查决定的情况下，原则上待审查决定确定后再进行。

（イ）作出审判请求不成立的审查决定的情况下，原则上不等审查决定确定即可进行。

イ　无效宣告审判被请求优先处理的情况

商标权人主张该注册商标存在纠纷，请求优先审理无效宣告审判的，合议组认为合适的情况下，优先审理无效宣告审判。

ウ　在上述ア、イ以外的情况下，原则上中止无效宣告审判的程序，优先审理注册异议申诉，确定后再继续审理无效宣告审判

（3）程序的中止（→26—01之6.）

（法律依据）

商§43之15、商§56①→特§168①（与诉讼的关系）

审判中认为有必要时，在特许异议申诉的决定或者其他审查决定确定或者诉讼程序完结之前可以中止该程序。

ア　无效宣告审判或者注册异议申诉的任一方被优先审理时，按需中止另一方的程序（商§43之15、商§56①→特§168）。

是否需要中止，依审判官的自由裁量进行判断（东高判昭23.5.28（昭22（オ）11））。

另外，不承认中止申诉权（大判昭13.11.28（昭13（オ）1270））。

イ　程序中止时，向商标权人、注册异议申诉人及参加人发出中止通知书。

解除程序的中止时，向商标权人、注册异议申诉人及参加人发出中止解除通知书。

ウ　针对中止通知书，商标权人、注册异议申诉人及参加人提交申诉书就中止的判断提出意见时，考虑该意见。

2. 注册异议申诉与撤销审判

（1）注册异议申诉与撤销审判同时处于审理中

即使注册异议申诉处于审理中，也可以请求以下审判：商标权人或者独占使用权人或一般使用权人的不正当使用撤销审判（商§51、商§53）、近似商标的分别移转过程中导致注册商标混淆的撤销审判（商§52之2），或者以代理人/代表人名义注册的撤销审判（商§53之2）。

另外，关于不使用撤销审判（商§50），授权注册后未经过 3 年不可提出审判请求。

（2）注册异议申诉与撤销审判同时处于审理中时的审理

同一注册上的注册异议申诉与撤销审判同时处于审理中时，考虑到根据注册异议申诉的撤销注册确定决定与上述撤销审判的撤销注册确定审查决定中，商标权的消灭时间（依注册异议申诉作出的撤销注册的确定决定：商§43 之 3③，依撤销审判请求作出的撤销注册的确定审查决定：商§54）不同，原则上优先进行注册异议申诉的审理。

ア 该情况下，中止撤销审判的程序，待注册异议申诉的审理终结后，注册异议申诉的决定确定后，解除撤销审判的程序的中止，继续审理。

イ 作出注册异议的申诉的决定的情况下：

撤销审判的审理，在该注册异议申诉的决定

（ア）为撤销注册的决定的情况下，待该决定确定后进行。

（イ）为维持注册的决定的情况下，立即进行。

（2015.2 修订）

67　P
特许异议申诉（小目录）

67—00　特许异议申诉
1. 制度宗旨
2. 适用对象
与无效宣告审判制度的比较
特许异议申诉制度的程序流程

67—01　特许异议申诉的理由及可申诉期间
1. 特许异议申诉
2. 特许异议申诉的理由
3. 特许异议可申诉期间
4. 申诉文件等的阅览

67—02　特许权人、特许异议申诉人、参加人
1. 特许权人
2. 特许异议申诉人
3. 参加人

67—03　特许异议申诉程序
1. 特许异议申诉书等
2. 特许异议申诉被提起之后的程序
3. 特许异议申诉的撤回

67—04　特许异议申诉的不完备与补正
1. 特许异议申诉（书）的不完备与处理
2. 特许异议申诉书的补正

67—05　特许异议申诉的审理
1. 审理机构与审判官
2. 特许异议申诉审理的开始
3. 审理范围
4. 书面审理

5. 证据调查及审询
6. 要求提供所提交的书面文件中记载的信息的电子版
7. 撤销决定被撤销的案件的审理

特许异议申诉的审理流程

67—05.1 撤销理由通知
1. 撤销理由通知（特§120之5）的宗旨和种类
2. 撤销理由通知的程序
3. 撤销理由通知的审核

67—05.2 特许权人的意见书或者订正请求书的提出
1. 特许权人针对撤销理由通知的应对
2. 订正的效果
3. 订正请求的预告登记

67—05.3 意见书或者订正请求书提出后的审理
1. 提出意见书或者订正请求书后的审理
2. 仅提出意见书时的审理
3. 既未提出意见书，又未提出订正请求书时的审理
4. 提出订正请求书时的审理

67—05.4 特许异议申诉人意见书的提出
1. 特许异议申诉人意见书的提出
2. 关于特别情形
3. 特许异议申诉人提出意见书的程序

67—05.5 撤销理由通知（决定预告）
1. 需要作出撤销理由通知（决定预告）的情形
2. 不需要作出撤销理由通知（决定预告）的情形
3. 撤销理由通知（决定预告）的记载内容
4. 撤销理由通知（决定预告）后的审理

67—06 特许异议申诉的决定
1. 决定的程序
2. 决定中必须记载的事项
3. 决定理由的起草

4. 决定副本的送达
5. 决定的确定
6. 撤销决定的效果
7. 对决定不服的申诉
8. 确定登记
9. 再审
10. 其他

67—07　两个以上的特许异议申诉的处理
1. 合并审理
2. 分开审理
3. 对特许异议申诉书的理由及证据的补正的处理
4. 特许异议申诉撤回的处理

67—08　特许异议申诉期间届满前的审理
1. 特许异议申诉期间届满前的审理
2. 特许异议申诉期间届满前通知撤销理由时的处理
3. 特许异议申诉期间届满前作出决定时的处理

67—09　同时处于特许异议申诉与无效宣告审判
1. 同时处于特许异议申诉与无效宣告审判中的审理
2. 具体措施
3. 程序中止
4. 程序中止的解除

67—10　特许异议申诉与订正审判的关系
1. 特许异议申诉正在审理时对订正审判的处理
2. 可以请求订正审判的期间
3. 特许异议申诉与订正审判同时处于审理中的审理
4. 程序的中止
5. 进行优先审理时的注意事项

67—11　特许权消灭后特许异议申诉的处理
1. 特许权消灭后特许异议申诉的处理
2. 提起特许异议申诉后特许权消灭时的处理

（2015.2 追加）

67—00　P
特许异议申诉

1. 制度宗旨

特许异议申诉制度是指，限于特许授权后的一定期间内，尽可能广泛地给予第三人以请求重新评估特许的机会，申诉被提起时，特许厅自行审理该特许授权处分的是否适当，该特许存在瑕疵时，通过予以更正，实现特许的提前稳定化的制度。

[与无效宣告审判制度的比较]

	特许异议申诉制度	特许无效宣告审判
制度宗旨	为实现特许的提前稳定化	为解决当事人之间与特许有效性相关的纠纷
程序	查定类程序（原则上在特许厅和特许权人之间进行）	当事人类程序（在审判请求人和被请求人（特许权人）之间进行）
申诉人/请求人的适格	任何人（不可匿名）	仅限于利害关系人
申诉/请求的期间	特许刊载公报发行之日起6个月内（权利消灭后不可）	授权注册后任何时间（权利消灭后亦可）
申诉/请求及其撤回	可以就每个权利要求提出 撤销理由通知后不能撤回	可以就每个权利要求提出 若对方当事人同意，答辩书提出后可以撤回
异议理由无效理由	①公益事由（新颖性、创造性、说明书的记载不完备等）	①公益事由（新颖性、创造性、说明书的记载不完备等） ②关于权利归属的事由（假冒申请、违反共同申请） ③特许授权后的后发性事由（违反权利享有、违反公约）
审理方式	书面审理（口头审理不可）	原则上口头审理（书面审理亦可）
数个申诉/案件的处理	原则上合并审理	原则上不予合并，对每个案件进行审理

续表

	特许异议申诉制度	特许无效宣告审判
决定/审查决定的预告	撤销决定之前，撤销理由的通知（决定的预告）	请求成立（无效宣告审判决定）之前，审查决定的预告
决定/审查决定	撤销或者维持特许或者驳回申诉的决定	请求成立或者不成立或者驳回的审查决定
不服申诉	对撤销决定，特许权人可以以特许厅厅长为被告向东京高等法院（知识产权高等法院）提起诉讼 对维持决定及申诉驳回决定不能提起不服申诉	审判请求人及特许权人双方均可以以对方为被告向东京高等法院（知识产权高等法院）提起诉讼
费用	16500 日元 +（被提起申诉的权利要求数×2400 日元）	49500 日元 +（被请求的权利要求数×5500 日元）

2．适用对象

2015 年 4 月 1 日以后发行的特许刊载公报上公告的特许为特许异议申诉的适用对象（平成 26 年法律第 36 号附则§2⑯，平成 27 年政令第 25 号）。

特许异议申诉制度的程序流程

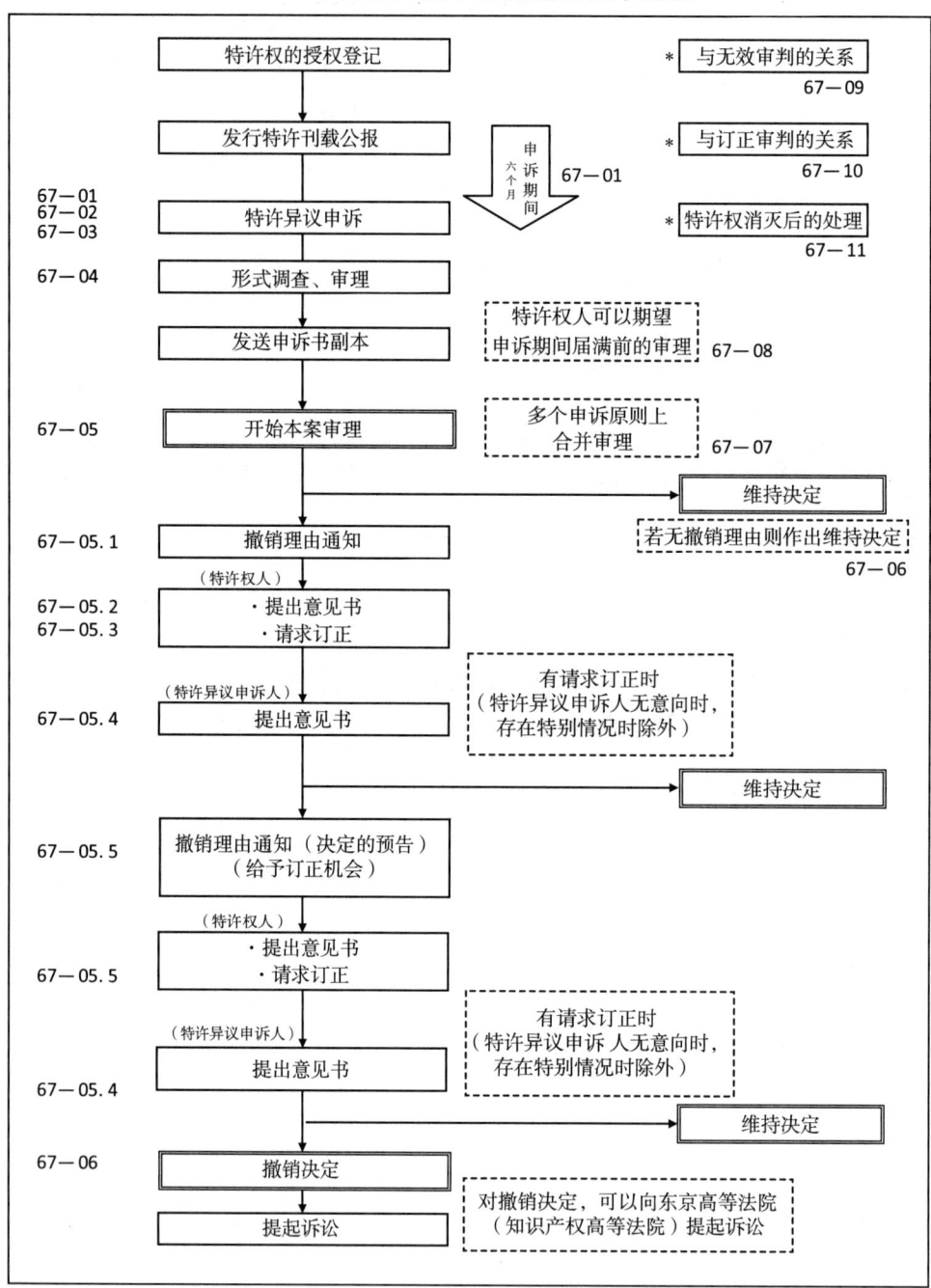

※图中的数字（例：67—01）表示相关记载的所在章节。

（2018.9 修订）

67—01 P
特许异议申诉的理由及可申诉期间

1. 特许异议申诉
（1）任何人均可以以特许属于特§113各项中的任一项为理由，提起特许异议申诉。

（2）关于拥有两个以上权利要求的特许，可以对每个权利要求提起特许异议申诉（特§113）。

此外，针对全部权利要求提起特许异议申诉的，作为针对每一项权利要求提起申诉来处理。

（3）对于特许权消灭后的特许，不能提起特许异议的申诉（→67—11）。

2. 特许异议申诉的理由
特许异议申诉的理由仅限于特§113规定的理由，除此之外的不能作为理由。
（1）特§113规定的特许异议申诉的理由
ア　第1项相关　　违反新事项（外文书面申请除外）（特§17之2③）
イ　第2项相关　　违反外国人的权利享有（特§25）
　　　　　　　　违反特许要件（特§29、§29之2）
　　　　　　　　不授予特许事由（特§32）
　　　　　　　　违反先后申请（特§39①～④）
ウ　第3项相关　　违反公约（特§113 三）
エ　第4项相关　　违反记载要件（特§36④一、⑥（第四项除外））
オ　第5项相关　　外文书面申请违反原文新事项（特§113 五）
（2）与驳回理由的关系

特§49规定的驳回理由中，形式上的事由（防御性补正（特§17之2④、§49一）、记载要件中的违反委任省令（特§36⑥四、§49 四）、违反申请的单一性（特§37、§49 四）、特§48之7的违反通知后的文献公知信息记载（特§36④二、§49 五））及权利归属的相关事由（违反共同申请（特§38、§49 二）、假冒申请（特§49 七））不作为特许异议申诉的理由。

（3）与无效理由的关系

特§123①规定的无效理由中，权利归属的相关事由（违反共同申请（特§38、§123①二）、假冒申请（特§123①六））及授权特许后的后发性事由（基于授权特许后的后发性事由违反外国人权利享有及违反公约（特§123①七）、违反订正要件（特§123①八））不作为特许异议申诉的理由。

3. 特许异议可申诉期间

限于特许刊载公报发行之日起 6 个月内，任何人均可以提起特许异议的申诉（特§113 柱书）。

逾期的特许异议申诉，以及虽然在该期间内，但是特许权消灭后提出的特许异议申诉，作为无法通过补正进行更正的不合法的申诉，合议组作出驳回特许异议申诉的决定（特§120 之 8①→特§135）（→67—04、67—11）。

4. 申诉文件等的阅览

在特许刊载公报发行之日起 1 年内可以免费阅览已授权注册的特许申请的档案中记录的事项（申请文件等）（特例法§40①二、官费令§5②）。

（2018.9 修订）

67—02　P
特许权人、特许异议申诉人、参加人

1. 特许权人
在特许权共有的情况下，全体共有人为特许权人。

2. 特许异议申诉人
特许异议申诉不限定于利害关系人，"任何人"均可以提起（特§113）。具体而言，自然人、法人及非法人的社团或财团的代表人或者管理人（特§6①二）可以是申诉主体。但是，不能匿名提起特许异议申诉（特§115①一）。

另外，特许异议申诉人死亡或者因合并而消灭时，申诉的地位不能继承（→22—01、26—01）。

（参考判例）（平成7年12月31日以前的授权前异议的案例）

"异议申诉制度是基于不论是否具有利害关系，任何人均可以提起异议的申诉，从而排除商标注册申请的审查错误，从期待公正的公益角度出发而设立的，异议申诉人因公司合并消灭时，异议申诉也随之失效，合并后存续的公司不能继承异议申诉人的地位。"

（最高判昭56.6.19（昭53（行ツ）103号））

3. 参加人（特§119→特§148）（→57—00～09）
（1）可以参加的人（→57—01）

ア　拥有特许权权利的人之外的其他与特许权有利害关系的人，辅助特许权人的人可以参加审理（特§119①）。

拥有特许权权利的人，例如，独占实施权人、一般实施权人。

イ　特许异议申诉人一方的参加，由于没有规定，因此不予认可。

（2）参加的效力（→57—05）

参加人为了辅助特许权人，可以进行攻击防御的方法的提出等其他一切的异议申诉程序（特§119②→§148）。

参加人与特许权人一样，被送达相关文件。

另外，本章 67 中提到的"特许权人"，包括以辅助特许权人为目的的"参加人"。

（3）许可参加与否的决定（→57—07）

（2018.9 修订）

67—03　P
特许异议申诉程序

1. 特许异议申诉书等

（1）一般事项

特许异议申诉时，应当提出规定的特许异议申诉书（特§115、特施规§45之2、格式61之2）。

此时，关于特许异议申诉书及附件，应当提交必要数量的副本（特许权人数＋1（审理用））（特施规§4、特施规§45之6→特施规§50之4）。

（2）特许的表示、特许异议申诉人等

ア　被提出特许异议申诉的特许的表示

特许异议申诉书中，应当记载被提起申诉的特许编号、申诉的权利要求。

イ　特许异议申诉人等（→21—00之4.）

特许异议申诉书中，应当记载特许异议申诉人及代理人的姓名或者名称，以及住所或者居所，并盖章。

特许异议申诉人非自然人时，应当在特许异议申诉人的名称之上记载代表人的姓名。

然而，委托代理人办理程序时，不需要加盖特许异议申诉人的印章，也不需要记载特许异议申诉人为非自然人时的代表人的姓名。

另外，代理人为两个人以上时或者代理人为特许业务法人时，尽量记载负责代理人（辩理士等）。

为与特许厅进行联络，尽量一并记载电话号及传真号。

（3）特许异议申诉的理由及必要证据的表示

特许异议申诉书中，应当记载特许异议申诉的理由及必要的证据。

ア　特许异议申诉的理由

特许异议申诉书中，就特许是否属于特§113各项之一的理由，记载应当撤销特许的法律依据（适用条文）及应当撤销特许的具体理由。

イ　必要证据的表示（→34—01）

为了证明作为特许异议的申诉理由主张的具体事实，应当出示证据（特施规§45之2、格式61之2备注6）。

特许异议申诉的证据方法，通常为文书，此外还可以是查证物、证人、鉴定人。

证据方法是文书的，应当在正本的基础上，依照特许厅及特许权人的人数提交其复印件（特施规§45之6→特施规§50②）。

由外文做成的文书，应当附上请求调查的部分的译文（特施规§61①）。
ウ　理由及证据的补正（→67—04）
虽然最好自始就提出理由及证据完备的特许异议申诉，但如果是特许异议申诉期满时或者发出撤销理由的通知时的任一更早的时期之前作出补正的，可以对理由及证据进行增加、变更（特§115②）。换言之，基本上在特许异议申诉期满前，可以增加、变更理由及证据，但是需要注意的是，在特许异议申诉期间发出撤销理由的通知时，期间缩短至该撤销理由的通知被发出之时（→特许异议申诉期满前的审理参照67—08）（→存在两个以上特许异议申诉时参照67—07之3．）。

2．特许异议申诉被提起之后的程序

（1）案件编号及申诉号的赋予（→11—01）

对同一特许权提起的特许异议申诉，不管特许异议申诉的件数，一律赋予同一异议案件编号，并以申诉为单位赋予申诉号。

（例）　特许权1　　申诉人甲　　异议20××—000001　　申诉号01
　　　　特许权1　　申诉人乙　　异议20××—000001　　申诉号02
　　　　特许权2　　申诉人丙　　异议20××—000002　　申诉号01

（2）特许异议申诉书副本的发送

审判长应当将特许异议申诉书的副本发送至特许权人（特§115③）。

两个以上特许异议申诉被提起时，特许异议申诉书的副本不是在特许异议申诉期满后汇总发送，而是就每一申诉予以发送。

（3）关于合并的通知

两个以上特许异议申诉被提起时，由于以合并审理为原则，不需就合并审理发出通知。

（4）对独占实施权人等的通知（→11—02）

特许异议申诉被提起时，审判长将该情况通知该特许权的独占实施权人及其他享有特许权利之人（在本章67，称为"独占实施权人等"）（特§115④→特§123④）。

（5）特许异议申诉的预告登记

特许异议申诉被提起时，在特许原簿中予以预告登记（特登令§3三）。在特许原簿的表示部中记录特许异议申诉的年月日、异议案件编号，以及被提起申诉的特许的表示（特许编号、权利要求的表示）（特施规§38）。

（6）特许公报上的刊载

特许异议申诉被提起时，将该情况刊载在特许公报上（特§193②六）。

3．特许异议申诉的撤回

特许异议申诉在撤销理由的通知发出之前可以撤回（特§120之4①）（→两个

以上特许异议申诉被提起时参照67—07之4.）。另外，两个以上权利要求的特许异议申诉，可以就每一个权利要求予以撤回（特§120之4②→特§155③）（→43—05）。特许异议申诉被撤回时，将该情况通知特许权人及参加人（特施规§45之6→§50之5）。

另外，撤销理由的通知发出之后，则不能撤回（特§120之4①）。

撤销理由的通知发出之后撤回申请书被提出时，在给予解释机会的基础上驳回撤回申请书，继续进行审理（特§120之8①→特§133之2）。就特许权提起的所有特许异议申诉被撤回时，终结审理。

（2018.9修订）

67—04 P
特许异议申诉的不完备与补正

1. 特许异议申诉（书）的不完备与处理（→21—00～09）
（1）补正命令与申诉书驳回
对于特许异议申诉书的形式违反（记载事项的欠缺、不清楚、官费不足/未缴纳等），未进行自发的补正时，根据形式违反的内容，审判长发出补正命令或者审询（特§120之8①→特§133①、②、特§134④）（→21—02）。对补正命令在指定期间内不予补正时，审判长作出驳回决定驳回特许异议申诉书（特§120之8①→特§133③）。

（2）无法补正的不合法的特许异议申诉与驳回申诉
对不合法，且无法补正的特许异议申诉（可申诉期间届满后提交的申诉，作为申诉对象的特许不存在等），合议组作出驳回决定驳回特许异议申诉（特§120之8①→特§135）。

另外，被提起特许异议申诉的权利要求中，对部分权利要求，申诉期满时或者发出撤销理由通知时的任一更早的时间之前不补正申诉的理由及证据，申诉的理由及证据实质上的记载/表示不存在时驳回其申诉，但是在该时间之前撤回对该权利要求提起的申诉时不受此限。

（3）对驳回决定的不服申诉
对上述（1）中特许异议申诉书的驳回决定不服时，可以向东京高等法院（知识产权高等法院）提起诉讼（特§178①）。

对上述（2）中特许异议申诉的驳回决定，不能提起不服申诉（特§120之8②、§135、§195之4）。

2. 特许异议申诉书的补正
（1）对补正的观点
特许异议申诉书中，应当记载特许异议申诉的主体（特许异议申诉人）、客体（被提起申诉的特许的表示（特许编号、权利要求）），以及特许异议的申诉理由及必要的证据（特§115①），任何时候均可以补正该特许异议申诉书，但是不得变更其要旨（特§115②本文）。

（2）具体处理
ア　主体（特许异议申诉人）的补正
特许异议申诉的主体（特许异议申诉人）的补正，使特许异议申诉人丧失同一性时属于要旨变更。在不丧失对象的同一性的范围内，订正错误的记载不属于要旨变更。

　　イ　客体（特许编号、权利要求）的补正

　　关于特许异议申诉的客体（特许编号、权利要求）的补正，同样，使特许编号、权利要求丧失同一性时属于要旨变更。

　　但是，作为特许异议的申诉对象的权利要求的删除，本来应当属于要旨变更，但是由于可以与被提起申诉的权利要求的撤回（→67—03之3.）进行同样的处理，因此在撤销理由被通知之前例外地视为不属于要旨变更。

　　ウ　理由及证据的补正

　　关于特许异议的申诉理由及证据的补正，作为例外，即使是对其要旨的变更，但是只要是在特许异议申诉期满时或者被通知撤销理由时的任一更早的时间之前，可以增加、变更理由及证据（特§115②但书）（→21—06）。

　　此后，只可以进行未变更特许异议申诉书的要旨的补正。

(参考) 从提起特许异议申诉至案件审理开始为止的形式流程（→20—00）

（2018.9修订）

67—05　P
特许异议申诉的审理

1. 审理机构与审判官

（1）审理机构（特§114①）

特许异议申诉为充分保证审理的公平性、独立性及准确性，由审判官组成的合议组进行审理。

（2）审判官/审判书记员的指定（特§116→特§137①、特§117①、特施规§45之6→特施规§48②）（→12—01~04）

特许厅厅长应当就各个特许异议申诉案件指定审判官/审判书记员。

审判官/审判书记员被指定/变更时，将该审判官/审判书记员的姓名通知特许权人、特许异议申诉人及参加人。

另外，在同一特许上存在无效宣告审判案件、订正审判案件时，原则上指定与无效宣告审判案件、订正审判案件相同的合议组的构成人员的审判官。

（3）审判长的权限（特§116→特§138）

特许厅厅长应当在指定的审判官中指定一名作为审判长。审判长总管该审判案件的相关事务。

（4）除斥或者回避的申请（特§116→特§139~144、特§117②→特§144之2⑤）（→59—01）

特许权人、特许异议申诉人或者参加人可以对审判官/审判书记员提出除斥或者回避的申请。

2. 特许异议申诉审理的开始

（1）存在两个以上特许异议申诉时，原则上合并审理，合议组对所有的申诉理由进行整理，集中审理（特§120之3①）（→67—07）。案件审理待特许异议申诉期间届满后开始进行。

（2）即使在特许异议申诉期间内，如果特许权人有意愿，可以在特许异议申诉期间内开始审理（→67—08）。

（3）关于特许异议申诉的审理，不通过特许权人对特许异议申诉书或者特许异议申诉人提交的意见书中记载的理由及证据进行答辩的方式，而是通过特许权人对审判长通知的撤销理由提出意见书等的方式进行。

3. 审理范围

（1）审理的对象

审理的对象仅限于被提起特许异议申诉的权利要求（特§120之2②）。

存在两个以上特许异议申诉时，原则上合并审理（→67—07），在被合并的任何一件特许异议申诉中被提起申诉的权利要求，均属于审理的对象。

（2）基于特许异议申诉的理由及证据进行审理

基于特许异议申诉人提出申诉的理由及证据进行审理（例1~3）。

（例1） 特许异议的申诉理由及证据未进行增加或变更被采用的

特许异议申诉人甲提出证据A、B的组合时，因适当所以未进行追加或变更而被采用的情况。

（例2） 采用特许异议申诉的理由及证据中可以得出撤销理由的合适的内容

特许异议申诉人甲选择性地提出证据A、B的组合，或者C、D的组合时，A、B的组合作为撤销理由的依据被采用的情况。

（例3） 采用两个以上特许异议申诉的理由及证据中可以得出撤销理由的内容

特许异议申诉人甲提出证据A、B的组合，特许异议申诉人乙提出证据C、D的组合，特许异议申诉人丙提出证据E时，A、B的组合，以及E作为撤销理由的依据被采用的情况。

（3）依职权审理

合议组依职权可以审理特许异议申诉人未提出的理由（特§120之2①）。也可以采用特许异议申诉人未提出的证据。

启动依职权审理不是合议组的义务，而是其裁量权。合议组是否行使依职权审理的权限，是特许厅自行审理相关特许处分是否合适，当该特许存在瑕疵时，通过谋求对其的更正，在实现特许的早期稳定化这一制度宗旨（→67—00）的基础上，就该案件对公益的影响，依职权调查导致审理延迟的可能性，依职权调查的结果发现真相的可能性等进行综合考虑，合议组根据案件作出的决定。

依职权审理采用特许异议申诉人未提出的理由或者证据的案例有证据的组合（例4）、特许异议申诉人未提出的证据的采用（例5）、适用条文的变更（例6）等。

（例4） 两个以上特许异议申诉中提出的证据的组合

特许异议申诉人甲提出证据A、B，特许异议申诉人乙提出证据C、D时，A、D的组合作为撤销理由的依据被采用的情况。

（例5） 采用特许异议申诉人未提出的证据的情况

在特许异议申诉人提出的证据A、B之外，再加上在审查中被提出过的证据C作为撤销理由的依据被采用的情况。

为了补足基于特许异议申诉书中提出的证据印证创造性等的撤销理由的证据

（展示技术领域的技术常识的文献等），或者为证明申诉理由违反记载要件的证据，依职权调查发现的证据被采用的情况。

（例6）适用条文的变更

在特许异议申诉的理由中，对适用新颖性（特§29①）的主张，认为适用创造性（特§29②）更为适当的情况。

此外，由于特许异议申诉中要求尽早给出最终判断，因此特许异议申诉人未提出的证据除上述（例5）的情况外，仅限采用审判官极其容易得到的证据。

另外，考虑到特许异议申诉期间限定为特许刊载公报发行之日起6个月内（特§113①），并且要求在特许异议申诉书记载请求的理由（特§115①三），以及特许异议申诉书的补正也在该期间后设置限制（特§115②），特许异议申诉期间届满后提出的以出版物等提出书的方式提出的文献，除非一看就明显构成合适的撤销理由，否则不能作为证据被采用。

4. 书面审理

所有的特许异议申诉的审理均采用书面审理（特§118①）。

5. 证据调查及审询

（1）证据调查（特§120→特§150、特§151）

ア 证据调查（→35—00）

特许异议申诉人等提出证据调查申请时或者依职权，在合议组认为有必要的场合，进行证据调查。

证据为特许公报等以外的形式（人证、查证物），存在进行证据调查的情形时，在证据调查中，特许异议申诉人、特许权人及参加人被要求到场。

イ 撤销理由通知

基于证据调查进行审理的结果，判断应当撤销特许时，通知撤销理由，给予特许权人提出意见书及请求订正的机会。

ウ 两个以上特许异议申诉被合并的场合

两个以上特许异议申诉原则上被合并后，证据调查的结果可以作为所有特许异议申诉的判断基础。

（2）审询（特§120之8→特§134④）（→37—02）

合议组在认为有必要听取特许权人或者特许异议申诉人的意见时，进行审询。

6. 要求提供所提交的书面文件中记载的信息的电子版

在制作决定书中使用时或者其他认为有必要的场合，特许权人、特许异议申诉人或者参加人将提交的书面文件记载的内容有电子版（指以电子方式、电磁方式等他人无法通过感官予以认识的方式制作的记录，供电子计算机信息处理用的物品）时，审判官可以向这些人要求以电子方法提供该电子版记录的信息（特施规§45之6→特施规§50之11）。（具体提交方法，参见特许厅网站）

7. 撤销决定被撤销的案件的审理

关于撤销决定被法院撤销的案件，在特许厅，与通常的审理一样重新审理。法院以与被撤销的决定中的理由不同的理由判定应当撤销特许时，通知撤销理由（决定的预告）。另外，不构成撤销理由时，作出维持决定。

（2019.6修订）

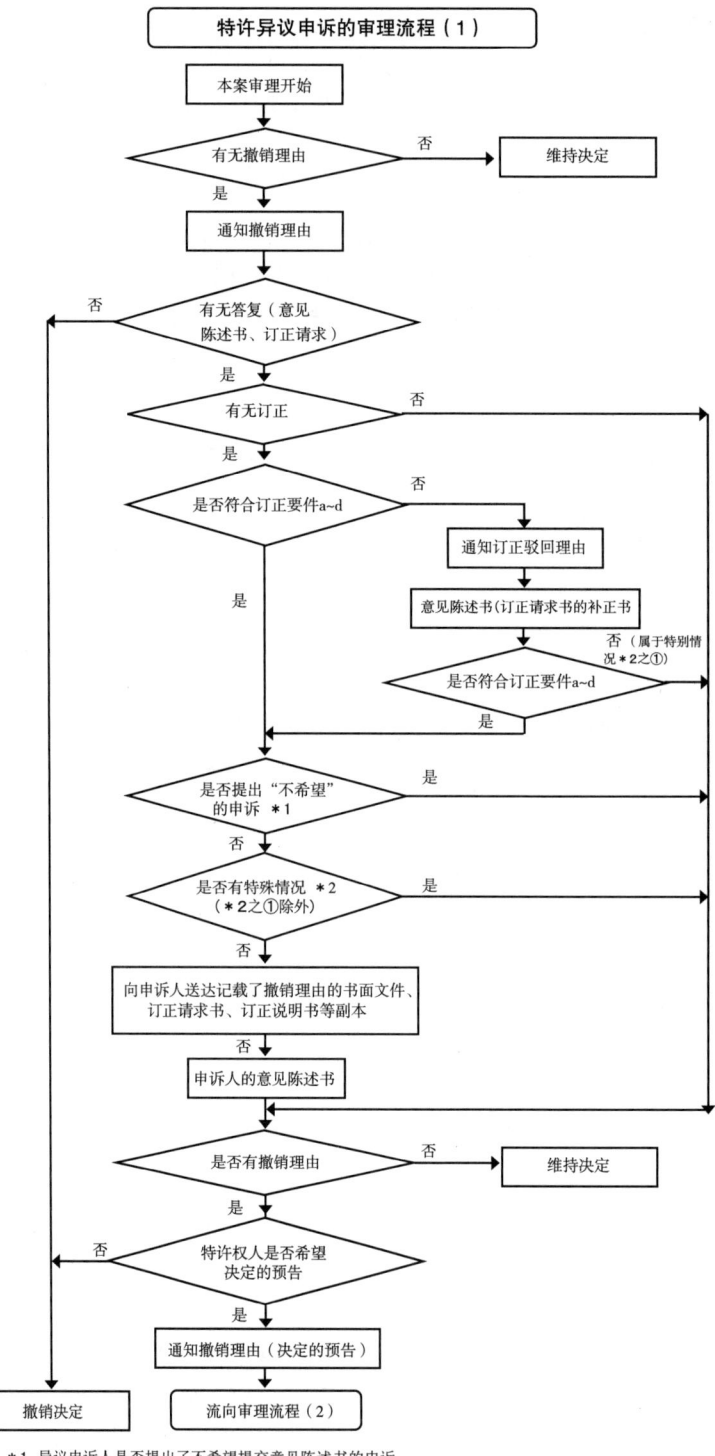

*1 异议申诉人是否提出了不希望提交意见陈述书的申诉。
*2 属于特殊情况时（参照67-05.4之2.）。

```
                    ┌──────────────────────────┐
                    │ 特许异议申诉的审理流程（2）│
                    └──────────────────────────┘
                                 ↓
                    ┌──────────────────────────┐
                    │ 通知撤销理由（决定的预告）│
                    └──────────────────────────┘
                                 ↓
            否    ╱ 是否有答复（意 ╲
        ←───────╱  见陈述书、订正  ╲
        │       ╲  请求书）        ╱
        │        ╲                ╱
        │              ↓ 是
        │        ╱          ╲        否
        │       ╱ 是否有订正 ╲─────────────────────────────────→
        │        ╲          ╱
        │         ╲        ╱
        │              ↓ 是
        │        ╱              ╲     否   ┌──────────────┐
        │       ╱ 是否符合订正   ╲────────→│ 通知订正驳回 │
        │        ╲ 要件 a~d     ╱          │ 理由         │
        │         ╲            ╱           └──────────────┘
        │              ↓ 是                       ↓
        │                                 ┌──────────────────────┐
        │                                 │ 意见陈述书（订正请求 │
        │                                 │ 书的补正书）         │
        │                                 └──────────────────────┘
        │                                         ↓
        │                                         │   否（属于特殊情况
        │                                   ╱   ╲     *4之①）
        │                                  ╱ 是否 ╲──────────────────→
        │                                  ╲ 符合  ╱
        │                                   ╲订正 ╱
        │                                   要件a~d
        │                                    ↓ 是
        │        ╱              ╲     是
        │       ╱ 是否提出"不希望"╲──────────────────────────────────→
        │        ╲ 的申诉 *3      ╱
        │         ╲              ╱
        │              ↓ 否
        │        ╱              ╲     是
        │       ╱ 是否有特殊情况 ╲──────────────────────────────────→
        │        ╲ *4            ╱
        │         ╲(*4之①除外)  ╱
        │              ↓ 否
        │    ┌──────────────────────────────────┐
        │    │ 向申诉人送达记载了撤销理由的书面 │
        │    │ 文件、订正请求书、订正说明书等副本│
        │    └──────────────────────────────────┘
        │                    ↓
        │        ┌────────────────────┐
        │        │ 申诉人的意见陈述书 │
        │        └────────────────────┘
        │                    ↓
        │            ╱              ╲    否   ┌──────────┐
        │           ╱  是否有撤销理由 ╲──────→│ 维持决定 │
        │            ╲                ╱       └──────────┘
        │             ╲              ╱
        │                  ↓ 是
        │            ┌──────────┐
        └───────────→│ 撤销决定 │
                     └──────────┘
```

*3 异议申诉人是否提出了不希望提交意见陈述书的申诉。
*4 属于特殊情况时（通知撤销理由（决定的预告）后）（参照67—05.5之4.）。

67—05.1　P
撤销理由通知

1. 撤销理由通知（特§120之5）的宗旨和种类
（1）撤销理由通知的宗旨

撤销理由通知，是在判断应当撤销特许的情况下，明示合议组的判断，给予特许权人提交意见书以及订正的机会。

（2）撤销理由通知的种类

撤销理由通知在运用上有两种，即通常的撤销理由通知，以及在决定撤销特许前，为了给予特许权人订正机会的撤销理由通知（在本章67中，称为"撤销理由通知（决定的预告）"）（→67—05.5）。

2. 撤销理由通知的程序

合议组经审理，判断应当撤销特许时，向特许权人通知撤销理由，指定一定的期间（标准60日（在海外者90日）→25—01.4），给予提出意见书及订正的机会。不向特许异议申诉人发送撤销理由通知（如果之后特许权人提出了订正请求，则发送记载了向特许权人通知的撤销理由的书面文件（特§120之5⑤）（67—05.4）。另外，如果对于撤销理由通知书中记载的撤销理由发表意见就足够，特许权人没有必要对特许异议申诉书或特许异议申诉人提交的意见书或对审询的回答书中记载的理由及证据阐述意见（→67—05之2.（3））。通知撤销理由时，指定特许权人提出意见书等的情况下所需要的副本的数量（特许异议申诉人数+参加人数+1（审理用））（特施规§4、特施规§45之6→特施规§50之4）。

3. 撤销理由通知的审核

（1）审理过程中，就所有的特许异议申诉理由及证据进行审核。另外，必要时，依职权，对特许异议申诉人未提出的理由及证据进行审理（→67—05之3.（3））。

（2）不构成撤销理由时，作出维持特许的决定（在本章67中，称为"维持决定"）（→67—06之3.（2））。

（3）构成两个以上撤销理由时，原则上将其全部作为撤销理由。另外，关于适用条文不同的撤销理由，将各个适用条文作为撤销理由。

（4）但是，上述（3）中，构成两个以上撤销理由时，为实现案件全体高效、合理的解决，也可以选择与案件对应的合适的理由作为撤销理由。在该情况下，为避免多次发出撤销理由通知，或撤销特许撤销决定的判决确定后再次根据其他撤销理由作出决定的情形，要在考虑特许权利要求书被缩减的可能性的同时，对理由及证据进行审核。

（5）合议组将其认定与判断记载在撤销理由通知书中。如果只引用与异议申诉书中记载的撤销理由相关的特许异议申诉人的主张的出处（页、行），有可能被理解为并非表示合议组的认定及判断，因此不可行。但是，在必要时，可以引用异议申诉书中记载的证据等的说明，作为合议组的认定依据。

（2018.9 修订）

67—05.2　P
特许权人的意见书或者订正请求书的提出

1. 特许权人对撤销理由通知的应对

（1）意见书的提出

特许权人收到撤销理由通知时，可以在指定期间（标准60日（在海外者90日）→25—01.4）内提交意见书（特§120之5①）。

特许权人为提前获得决定，不希望发出撤销理由通知（决定预告）（→67—05.5）时，特许权人将该意愿在意见书中予以记载（→67—05.5之2.）。

（2）订正的请求

特许权人可以对申请书所附的说明书、权利要求书或者附图（在本节67—05.2中称为"说明书等"）请求订正（特§120之5②）。另外，在存在独占实施权人等时，需要取得他们的同意（特§120之5⑨→特§127）。

ア　可以请求订正的期间

可以请求订正的期间为撤销理由通知中指定的意见书提交期间（标准60日（在海外者90日）→25—01.4）（特§120之5①）。

イ　订正请求的对象（→38—00）

对未被提起特许异议申诉的权利要求，也可以订正（特§120之5⑨→特§126⑦）。

（ア）一组权利要求与订正请求（→38—01）

（イ）说明书或者附图的订正（→38—02）

ウ　订正要件（→38—03）

关于被提起特许异议申诉的权利要求，订正后的发明为特许申请之际可以独立获得特许（独立特许要件）不作为订正要件进行判断，只要符合其他订正要件，在认可订正的基础上进行审理。

另外，针对未被提起特许异议申诉的权利要求或者部分确定的权利要求的订正，在其他订正要件的基础上增加独立特许要件进行判断（特§120之5⑨→特§126⑦）（→51—11之1.（3））。

エ　订正请求的方式等

（ア）订正请求书

订正的请求应当通过所规定的订正请求书进行（特施规§45之3②、特施规格式61之4）。又，订正请求书的请求宗旨及其理由应当满足订正请求书的记载要件（特§120之5⑨→特§131③、特施规§46之2）。

订正的请求与订正审判一样，准用独占实施权利人等的同意（特§127）、审判请求的方式（特§131①、③以及④），以及共同审判（特§132③、④）的规定（特§120之5⑨）。

（イ）请求宗旨及其理由（→38—04）

（ウ）订正说明书等（→38—05）

（エ）官费（→38—06）

（オ）意见书、订正请求书等副本的提交

特许权人提交意见书、订正请求书及订正说明书等时，应当提交必要数量的副本（特许异议申诉人数＋参加人数＋1（审理用））（特施规§4、特施规§45之6→特施规§50之4）。另外，必要的副本数量在撤销理由通知中被记载。

（3）两次以上的订正请求

一件特许异议申诉案件中被提起两次以上订正请求时，在先提出的订正请求被视为撤回（特§120之5⑦）。

因此，即使对于第二次以后的订正请求，作为订正基准的权利要求书、说明书及附图是授权时（已经确定订正的情况下，指该订正时）的权利要求书、说明书及附图，而非附在前一订正请求书中所附的订正权利要求书、订正说明书及附图。

此外，关于已确定的订正，不视为因在后提起订正请求而被撤回（→51—11之3.）。

（4）订正请求的撤回

特许异议申诉中提起的订正请求限于撤销理由通知（包括作为决定预告进行的撤销理由通知）中指定的意见书提出的期间（标准60日（在海外者90日）→25—01.4）或者订正驳回理由的通知中指定的意见书提出的期间（标准30日（在海外者50日）→25—01.4），可以撤回（特§120之5⑧、特§17之5①）。该情况下，订正的请求按照每一权利要求或者每一组权利要求进行时，应当撤回所有的请求（特§120之5⑧、特施规§45之6→§50之2之2）。希望取消部分订正请求时，可以通过订正请求书的补正或对订正涉及的说明书、权利要求书、附图的补正（特§17之5①）对部分订正事项进行删除。

2. 订正的效果

结论为认可订正的特许异议申诉决定确定时，被视为根据订正说明书等已进行了特许申请、申请公开、授予特许的决定或者审查决定及特许权的授权（特§120之5⑨→特§128）。

3. 订正请求的预告登记

通过特许异议申诉被提起的预告登记的作出（特登令§3三），考虑到第三人可以预测到说明书等的订正被请求的可能性，因此不进行订正请求的预告登记。

（2018.9修订）

67—05.3　P
提出意见书或者订正请求书后的审理

1. 提出意见书或者订正请求书后的审理
针对撤销理由通知，特许权人提出意见书或者订正请求书的，根据提出的文件进行以下审理。

2. 仅提出意见书时的审理
对通知的撤销理由，订正请求书未被提出，仅意见书被提出时，原则上不会给予特许异议申诉人提出意见书的机会，直接进行审理（当存在合法的订正请求时，应该给予特许异议申诉人提出意见书的机会：特§120之5⑤）。但是，根据特许权人的主张，合议组对特许撤销理由产生疑义时，可以向特许异议申诉人进行审询（特§120之8①→特§134④）。

基于以上内容，合议组进行以下处理。
（1）判断特许应被撤销时，原则上通过撤销理由通知（决定预告）给予订正的机会（→67—05.5）。
（2）判断特许不能撤销时，作出维持决定。

3. 既未提出意见书，又未提出订正请求书时的审理
既未提出意见书，又未提出订正请求书的情况，即使进一步发出撤销理由通知（决定的预告）（→67—05.5）也无法期待订正请求书被提出，因此可以不发出撤销理由通知（决定的预告），直接作出撤销特许的决定（本章67中称为"撤销决定"）。

4. 提出订正请求书时的审理
（1）订正请求书的形式违反与补正
ア　订正请求书为可补正的形式违反时的处理

订正请求书存在官费不足、委托书不完备或者存在独占实施权人等情况下的承诺书不完备（特§120之5⑨→特§127）等形式上的违反，可以进行补正的，不进行主动补正时，审判长对特许权人指定一定的期间（根据不完备内容的不同，标准10日到30日。→25—01.5）命令其补正（特§120之5⑨→特§133①、特§120之8①→特§133②）。

订正请求书的请求宗旨及理由不符合记载要件（特§120之5⑨→特§131③、

特施规§46之2②）时（例如，特许异议申诉是按照每个权利要求请求的，订正请求却不是按照每个权利要求进行请求时，或者一组权利要求未被正确指定时（包含作为其他订正单位的要求不完备时），与说明书或者附图的订正相关的所有权利要求没有作为请求的对象时等），审判长对特许权人指定一定的期间（标准30日→25—01.5）命令其补正。

关于被命令进行补正的事项，特许权人不进行必要的补正时，审判长作出驳回决定驳回订正请求书（特§120之5⑨→特§133③）。

特许权人对订正请求书的驳回决定可以向东京高等法院（知识产权高等法院）提起诉讼（特§178①）。

イ 无法进行补正的不合法的订正请求的处理

形式违反无法进行补正时（期间届满后的请求等），向特许权人通知驳回的理由，给予其提出辩明书的机会（特§120之8①→特§133之2②）后，审判长作出决定驳回该订正请求（特§120之8①→特§133之2①）。

特许权人对驳回订正请求的决定（特§120之8→特§133之2①）可以根据行政不服审查法提出不服申诉，或者根据行政案件诉讼法向地方法院提起诉讼。

合议组在作出驳回订正请求的决定的案件中对特许异议申诉作出决定时，在该理由中，记载驳回订正请求的情况。

ウ 根据命令进行订正请求书的补正的处理

订正请求书的补正除请求理由外不得变更其要旨，但是对被命令补正的事项进行的补正，即使是变更订正请求书的要旨的补正，仅在根据该补正命令的情况下予以认可（特§120之5⑨→特§131之2①三）。

（2）订正请求的审理

ア 订正的合适与否的判断

（ア）权利要求书相关订正的审核

订正请求是否符合订正要件的判断，应当先对各个订正事项是否符合各订正要件进行判断。

[订正要件]

a. 特§120之5②：订正的目的（权利要求书的限缩，笔误、误译的更正，不清楚记载的释明或者将引用其他权利要求的记载的权利要求的记载不再引用该其他权利要求的记载（新写）中的任何一项）

b. 特§120之5⑨→特§126⑤：特许说明书等（笔误、误译更正的情况为最初的说明书等）的范围内订正（禁止新事项）

c. 特§120之5⑨→特§126⑥：禁止权利要求书的扩张或者变更

d. 特§120之5⑨→特§126⑦：独立特许要件（未被提起特许异议申诉的权利要求相关的内容，限于以权利要求书的限缩或者笔误、误译的更正为目的的）

最终订正合适与否的判断，按照被提起订正请求的单位进行。例如，对各个权利要求提起的请求应当以每一权利要求为单位，对一组权利要求提起的请求应当以每一组权利要求为单位，对特许全体提起的请求应当以该特许全体为单位分别判断订正是否合适。

（イ）说明书及附图相关订正的审核

对与两个以上的权利要求关联的说明书或者附图进行订正事项的合适与否的判断应当对含有该订正事项的权利要求（或者一组权利要求）上提起的各个请求进行。

イ 订正请求不符合订正要件时的处理

订正请求不符合订正要件（特§120之5②但书各项、特§120之5⑨→特§126⑤⑥⑦）时，发出订正驳回理由的通知（特§120之5⑥）。

特别应当留意的是，对未被提起特许异议申诉的权利要求的订正请求，即便不符合独立特许要件（特§120之5⑨→特§126⑦）时也发出订正审查意见通知（→67—05.2之1.（2）ウ））。

（3）特许权人对订正审查意见通知的应对

ア 对订正审查意见通知，可以提出意见书及对订正请求书所附的订正说明书、权利要求书或者附图（在本节67—05.3中称为"订正说明书等"）进行补正（特§120之5⑥、§17之5①）。存在独占实施权人等时，就补正一事需要取得其同意（特§120之5⑨→特§127）。

イ 对订正审查意见通知，订正事项的删除、轻微瑕疵的补正等非变更订正请求书的要旨的，可以进行补正。

与订正审判请求书的补正一样，新增订正事项或者变更订正事项作为订正请求书的要旨变更进行处理。

但是，①将某权利要求的订正事项变更为删除该权利要求的订正事项的补正及为将其整合对订正说明书等进行的订正事项的补正，以及②增加删除权利要求的订正事项的补正及为将其整合对订正说明书等进行的订正事项的补正不作为订正请求书的要旨的变更进行处理（→54—05.1之2.）。

ウ 针对订正审查意见通知的意见书及补正书的审核结果仍然判断订正请求不符合订正要件时，不许可该订正进行审理，另外，判断订正请求符合订正要件时，在许可该订正的基础上进行审理。

（4）可以进行订正请求书、订正说明书等的补正的期间

订正请求书限于案件处于特许厅审理中时可以进行补正（特§17①）。但是，订正请求书所附的订正说明书、权利要求书或者附图可以限于以下列举的期间进行补正（特§17之5①）。

ア 对撤销理由通知（包括作为决定预告发出的撤销理由通知）提出意见书的期间（标准60天（在海外者90天）→25—01.4）（特§120之5①）

イ 对订正审查意见通知提出意见书的期间（标准30天（在海外者50天）→

25—01.4）（特§120之5⑥）

由于订正说明书等与订正请求书的请求宗旨实为一体，两者应当同时进行补正，因此可以进行订正请求书的补正的时期事实上与可以进行订正说明书等的补正的时期一样，限于对订正审查意见通知的指定期间。

（2018.9 修订）

67—05.4　P
特许异议申诉人意见书的提出

1. 特许异议申诉人意见书的提出
（1）对通知的撤销理由提起合法的订正请求时，除特许异议申诉人不希望的情况下（注），或者认为存在不需要给予该机会的特别情形的情况外（特§120之5⑤但书），应当与记载撤销理由的书面文件（记载与向特许权人通知的撤销理由相同内容的书面文件）一同，向特许异议申诉人发送意见书、订正请求书及其所附的订正说明书、权利要求书或者附图（在本节67—05.4中称为"订正说明书等"）的副本，指定一定的期间（标准30天（在海外者50天）→25—01.4），给予提出意见书的机会（特§120之5⑤）。

（注）特许异议申诉人不希望提出意见书的情况是指，在特许异议申诉书中申请不希望提出意见书时（参照特施规§45之2格式61之2备考4）。

（2）合议组参考特许异议申诉人提出的意见书的内容进行审理。但是，除属于对通过订正增加的事项的见解等伴随订正请求内容产生的理由的情况或一看就明显构成合适的撤销理由的情况以外，意见的内容实质上提出了新的理由及证据时，本着对公益的影响或特许异议申诉的期间限制为特许刊载公报发行之日起6个月以内的宗旨，不采用该新的理由和证据。

2. 关于特别情形
从迅速并高效审理的观点来看，订正请求的内容对判断不产生实质影响的情况下，不需听取特许异议申诉人的意见时，属于特别情形，不给予特许异议申诉人提出意见书的机会。

作为不给予特许异议申诉人提出意见书机会的情形举例如下。
①订正请求不符合订正要件的
订正请求不合法，被驳回时（特§120之5⑨→特§133③、特§120之8→特§133之2②），或者订正不被认可时（→3.（1）），不属于"提起订正的请求时"。
②订正属于笔误的更正等轻微的情形
③订正为仅删除一部分权利要求的
④订正仅为针对未被提起特许异议申诉的权利要求的
另外，关于撤销理由通知（决定预告）后的特别情形，参照67—05.5之4.（1）。

3. 特许异议申诉人提出意见书的程序
（1）审判长根据上述1.（1），向特许异议申诉人发送必要的书面文件。订正请求书中存在形式上的不完备时，将主动提出的补正书，或命令特许权人补正提出的补正书的副本也一并发送给特许异议申诉人（→21—02）。

又，不符合订正要件时，通知订正驳回理由，通过补正使订正的请求符合要件后发送。该情况下，在上述书面文件基础上，除记载订正驳回理由的书面文件以外，发送的书面文件有，特许权人对被通知的订正驳回理由提出的书面文件（意见书、订正请求书的补正书及所附的订正说明书等的副本）。

另外，经订正请求书的补正也未能符合订正要件的，视为属于特别情形（→2.①）不向特许异议申诉人听取意见，不发送书面文件。

（2）特许异议申诉人制作意见书在指定期间（标准30天（在海外者50天）→25—01.4）内予以提出（特施规§45之3③格式61之5）。

意见书的意见内容一栏中，就特别需要陈述的订正的请求事项，予以具体记载（→1.（2））。

提出意见书的，应当提出必要的副本（特许权人数＋参加人数＋1（审理用））（特施规§4、特施规§45之6→特施规§50之4）。另外，必要的副本的数量在向特许异议申诉人发出的给予意见书提出机会的通知书中予以记载。

（2018.9修订）

67—05.5　P
撤销理由通知（决定预告）

1. 需发出撤销理由通知（决定预告）的情形

（1）在无效宣告审判中，为防止特许厅与法院之间的"踢皮球现象"（→51—17 之 2.），经平成 23 年法律修改，在发出"审查决定预告"给予订正机会的同时，禁止审查决定撤销诉讼审理中的订正审判的请求。由于在特许异议申诉中也禁止撤销决定撤销诉讼审理中的订正审判请求（特§126②），因此在撤销理由通知后，判断应当再次撤销特许时，应向特许权人送达撤销理由通知（决定预告），给予其再次订正的机会。

据此，在第一次撤销理由通知与撤销理由通知（决定预告）中分别给予一次订正机会，能够保证在审判合议组的判断基础上给予两次订正机会。

另外，无效宣告审判是以特许有效性相关的当事人间纠纷解决作为制度宗旨，在双方当事人的主张证明的基础上有必要进行审查决定，另一方面，特许异议申诉制度以谋求特许尽早稳定化为制度宗旨，在考虑到当事人程序保障的同时，期望尽早作出最终判断。

基于以上背景，第二次撤销理由通知被原则上作为撤销理由通知（决定预告）。但是，第二次撤销理由通知仅以给予订正机会为目的的情况（例如，合议组根据轻微的记载不完备的消除等可以作出维持特许的心证的情况）不作为撤销理由通知（决定预告），作为通常的撤销理由通知。

（2）撤销理由通知（决定预告）中，在开头处明示"决定预告"。特许权人可以在指定期间（标准 60 日（在海外者 90 日）→25—01.4）内提出意见书及请求订正（特§120 之 5①②）。

（3）判断应当维持特许时，作出维持决定。

2. 不需要发出撤销理由通知（决定预告）的情形

在以下情况下，不需要发出撤销理由通知（决定预告），直接作出决定。

（1）对撤销理由通知不作回复（未提出意见书或者未请求订正）的

对撤销理由通知不作任何回复时，由于没有必要进一步提供订正的机会，不发出决定预告（→67—05.3 之 3.）。

（2）特许权人申请不希望发出决定预告的

特许权人为提前获得特许异议申诉决定，不希望发出决定预告时，不发出决定预告。特许权人不希望发出决定预告的申请通过对撤销理由通知的意见书进行。

3. 撤销理由通知（决定预告）的记载内容

在撤销理由通知（决定预告）的结论中，记载对被提出特许异议申诉的所有权利要求的结论（维持、撤销、驳回申诉等）。撤销理由通知（决定预告）的理由与合议组决定撤销特许的理由的内容相同。

申请书所附的说明书、权利要求书或者附图的订正请求被认可时，将认可订正的情况在撤销理由通知（决定预告）的结论中予以明示的同时，在撤销理由通知（决定预告）的理由中记载认可订正的理由。

不认可该订正请求时，不认可订正的情况不记载于撤销理由通知（决定预告）的结论中，而是将不认可订正的情况及不认可订正的理由记载于撤销理由通知（决定预告）的理由中。

4. 撤销理由通知（决定预告）后的审理

撤销理由通知（决定预告）后的审理按照是否存在请求订正，进行如下处理。

（1）存在订正请求时

特许异议申诉人未申请不希望提出意见书，不属于不需要给予特许异议申诉人提出意见书的机会的特别情形时，给予特许异议申诉人提出意见书的机会（→具体程序参照67—05.4之1.）。向特许异议申诉人送达撤销理由通知（决定预告）等（特§120之5⑤）。

在撤销理由通知（决定预告）后，不给予特许异议申诉人提出意见书机会的情况下，在通常的撤销理由通知中以下①～④（→67—05.4之2.）的基础上，举出⑤、⑥的情况。

①订正请求不符合订正要件的情况
②订正属于笔误的订正等轻微订正的情况
③订正仅为删除权利要求的情况
④订正仅为针对未被提起特许异议申诉的权利要求的情况
⑤审核订正内容后，合议组仍然判断应当撤销特许的情况
⑥在已经给予特许异议申诉人提出意见书的机会时，经订正请求，特许权利要求书在一定程度上被限缩，根据案件中提出的所有证据或者意见等即使进一步进行审理，合议组的判断仍为维持特许的情况

（2）不存在订正请求时

不给予特许异议申诉人提出意见书的机会径直审理，如果特许权人提出意见书，审核其内容后，根据撤销理由通知（决定预告）的理由可以作出应当撤销特许的判断时，根据撤销理由通知（决定预告）中记载的内容作出决定（特§114②）。

基本上，将撤销理由通知（决定预告）中记载的内容记载于决定即可，但是根据需要可以提及笔误的订正或者撤销理由通知（决定预告）后提出的特许权人的意见书。

　　另外，即使在不存在订正请求时，根据特许权人的主张，如果合议组对特许应当撤销的理由产生疑义，可以向特许异议申诉人进行审询。

（2018.9 修订）

67—06　P
特许异议申诉的决定

1. 决定的程序
（1）特许异议在两个以上权利要求上被提起时

特许异议在两个以上权利要求上被提起时，关于这些权利要求，对各个权利要求明示是撤销特许还是维持特许还是我国特许异议申诉，最终作出一个决定。

（2）提起两个以上特许异议申诉时

提起两个以上特许异议申诉时，原则上合并审理（→67—07之1.），最终作出一个撤销或者维持特许的决定。

2. 决定中必须记载的事项
在特许异议申诉的决定中，应当记载特许异议申诉案件的编号，特许权人和特许异议申诉人及代理人的姓名，特许的表示、结论及理由，决定的年月日（特§120之6①），由作出决定的审判官全体人员签名、盖章（特施规§45之6→特施规§50之10）（盖章的代替措施→00—02之2.）（→45—03）。另外，为了确认在特许异议申诉期间内进行了特许异议申诉，在决定的理由中记载特许异议申诉日和特许刊载公报的发行日。

3. 决定理由的起草
（1）撤销决定

撤销决定的结论和理由将分别记载对提出特许异议的所有权利要求的结论（维持、撤销、驳回申诉等）及其理由。不能以未记载在撤销理由通知（发出决定预告的撤销理由通知时为该撤销理由通知）中的理由作出撤销决定。为避免撤销决定通过撤销诉讼被撤销后，基于在该撤销决定中未记载的撤销理由再次作出撤销决定的情形，在撤销决定的起草过程中，在撤销理由通知（发出决定预告的撤销理由通知时为该撤销理由通知）记载的理由中，将其依据的所有撤销理由在决定的理由中予以记载。

（2）维持决定

ア　不发出撤销理由通知直接作出维持决定时，将根据特许异议申诉的理由不予撤销特许的理由在特许异议申诉的决定的理由中予以记载。

イ　在撤销理由通知或者撤销理由通知（决定预告）之后作出维持决定时，至少将依据之前的撤销理由通知书（或者撤销理由通知书（决定预告））记载的全部撤销理由不能撤销特许的理由，以及基于该之前的撤销理由通知（或者撤销理由通知（决定预告））未采用的特许异议申诉理由特许未被撤销的理由在决定理由中予以记载。

（3）提起订正请求时（→45—04 之 5. オ（イ））

对申请书所附说明书、权利要求书或者附图提起订正的请求，认可该订正请求时，将认可的结论在特许异议申诉决定的结论中予以表示的同时，在决定理由中记载认可的理由。

不认可该订正请求时，不用在决定的结论中记载该不认可的结论，在决定的理由中记载不认可的结论以及其理由。

存在删除一部分权利要求的订正请求，因其订正被允许，特许异议申诉的对象不再存在时，将驳回不存在的权利要求申诉的情况予以记载。

另外，根据订正请求，被提起特许异议申诉的权利要求全部被删除时，由于特许异议申诉的对象不再存在，因此认可该订正请求，驳回特许异议申诉（特§120之8①→特§135）。

4. 决定副本的送达

作出决定时，将决定副本送达特许权人、特许异议申诉人、参加人及申请参加特许异议申诉的审理但被拒绝者（特§120之6②）。

5. 决定的确定（→46—00）

撤销决定在起诉期限（→7.（3））届满后，维持决定在送达决定的副本时得以确定。

但是，在对每一权利要求提起特许异议申诉时，关于对每一组权利要求提起订正请求时作出的决定，在该每一组权利要求上得以确定，关于对每一权利要求提起订正请求时作出的决定，在该每一权利要求上得以确定（特§120之7）。

6. 撤销决定的效果

（1）撤销决定确定时，视为特许权自始不存在（特§114③）。

（2）部分权利要求上的特许撤销确定时，仅该权利要求上的特许权被视为自始不存在（特§185）。

另外，特许异议申诉中未设置与无效宣告审判审查决定的一事不再理规定（特§167）（→51—19之5.（3））相同的规定，不适用一事不再理。另外，特许异议申诉与无效宣告审判之间也不适用一事不再理。

7. 对决定不服的申诉

（1）可以提起诉讼的决定

对撤销决定，特许权人、参加人或者申请参加特许异议申诉的审理但被拒绝者可以向东京高等法院（知识产权高等法院）提起诉讼（特§178①）。

对撤销决定，不能根据行政不服审查法提起不服申诉（特§195之4）。

（2）不能提起诉讼的决定

ア　维持决定（特§114④）

イ　对被删除的权利要求的特许异议申诉的驳回决定（特§120之8①→特§135）

对上述ア、イ的决定，即使依据行政不服审查法也不能提起不服申诉（特§114⑤、特§120之8②→特§114⑤、特§195之4）。

（3）起诉期限

可以在决定副本的送达之日起30日内向东京高等法院（知识产权高等法院）提起诉讼（特§178③）。程序办理者为在海外者时，审判长依职权附加90日（特§178⑤）（→25—04）。

（4）被告

对决定提起的诉讼应当以特许厅厅长为被告（特§179）。

8. 确定登记

特许异议申诉决定确定时，在特许原簿上予以登记（特登令§1一）。

9. 再审

对确定的撤销决定，特许权人或者参加人可以请求再审（特§171①）。请求再审的理由仅限于法定的理由（→70—00）。

10. 其他

（1）特许证书

认可申请书所附说明书、权利要求书或者附图的订正的决定确定的情况下，在特许原簿中予以登记时，特许厅厅长向特许权人发放特许证书（特§28①）。

（2）在特许公报上的刊载

特许异议申诉及其撤回在特许公报中予以刊载（特§193②六）。

关于特许异议申诉的已确定决定以及订正说明书及权利要求书中记载的事项及附图的内容（作出应当予以订正的已确定决定）在特许公报中予以刊载（特§193②七、八）。

（3）已缴纳的特许费

关于撤销决定确定之年的第二年以后的特许费，依缴纳者在确定之日起 6 个月内提起的请求，给予返还（特§111①二、②）。

（4）特许异议申诉的书面文件等的阅览

关于特许异议申诉的记录，除属于"有可能损害个人名誉或者生活平稳的"或者"有可能危害公序良俗的"、特许厅厅长认为有必要保密的以外，可以请求阅览（特§186①）（→01—01 之 2.（2））。

(2018.9 修订)

67—07　P
两个以上的特许异议申诉的处理

1．合并审理

（1）合并审理的原则

同一特许权上被提起两个以上的特许异议申诉时，无论被提起特许异议申诉的权利要求或者申诉的理由及证据是否相同，除有特别情形外，将它们的审理合并进行（特§120之3①）。

案件审理待特许异议申诉期间（特许刊载公报发行之日起6个月（特§113柱书））届满后进行（→67—08）。

（2）关于特别情形

存在特别情形是指，通过合并审理使继续审理有困难或者有可能导致显著延迟的情形等。

例如以下情形。

ア　两个以上特许异议申诉的一部分，因形式不完备导致特许异议申诉书的驳回决定被作出，对该决定提起诉讼的情形

イ　特许异议申诉进行加快审理，决定确定后，其他特许异议申诉被提起的情形

（3）合并审理的效果

ア　合并后的程序

合并审理后的撤销理由通知，意见书或订正请求书的提出，撤销理由通知（决定预告），特许异议申诉的决定等在一个程序中被作出。

因此，关于订正请求，可以防止对每一特许异议申诉提起订正的请求，未进行整合的订正。

イ　提出的文件、证据方法等的利用

合并审理后，在各个特许异议申诉中被提出的证据方法等可以在合并后所有的特许异议申诉的审理中利用。

（4）合并审理的相关程序

两个以上特许异议申诉被提起时，由于原则上合并审理，因此不必就合并审理予以通知。

（5）各特许异议申诉的指定

两个以上特许异议申诉被提起，其中的一个被指定时，通过申诉编号、申诉人及申诉日的组合得以指定（→67—03之2.（1））。

2. 分开审理

(1) 分开审理的情形

提起两个以上特许异议申诉时，以上述 1.（1）为原则，将审理合并进行。但是在合并审理导致审理显著迟延等时，则将审理分离。

(2) 分开审理的效果

分开审理后的特许异议申诉案件作为不同案件在另一个独立的程序中被审理，决定也另行作出。

另外，分开审理之前提出的文件等的资料在分离后的各程序中具有共通的效力。

(3) 分开审理的程序

分开审理时，将该情况通知特许权人、特许异议申诉人及参加人。

在该情形下，由于存在未整合的订正请求被提出的可能性，在审理其中一件时，其他案件中止审理。

3. 对特许异议申诉书的理由及证据的补正的处理

关于特许异议申诉，若特许异议申诉期限届满时或者作出撤销理由通知时的任何一个较早时期之前作出补正，认可理由及证据的增加、变更（特§115②）（→67—03 之 1.（3）ウ）。

关于合并后两个以上特许异议申诉，由于合并后撤销理由在一个程序中对全部案件是共通的，撤销理由通知后，不能对全部案件的理由、证据进行增加或变更。合并后又分开处理的，即使一个案件被通知撤销理由，也对其他异议申诉没有影响，因此对于其他特许异议申诉在该特许异议申诉的撤销理由通知前、并且特许异议申诉期限届满前，可以进行理由及证据的增加、变更。

4. 特许异议申诉撤回的处理

经合并的两个以上特许异议申诉作为一件案件进行处理，但特许异议申诉在撤销理由的通知之前可以撤回合并前的案件（特§120 之 4①）（→67—03 之 3.）。撤销理由通知后，合并的全部的案件的撤销理由被通知，因此无法撤回。

关于合并后分离（→2.）的特许异议申诉，由于各个申诉成为不同案件，即使是在对其他特许异议申诉发出撤销理由通知之后，只要是在对该特许异议申诉发出撤销理由通知之前，也可以撤回。

(2018.9 修订)

67—08　P
特许异议申诉期间届满前的审理

1. 特许异议申诉期间届满前的审理

（1）即使是在特许异议申诉期间届满之前，特许权人收到特许异议申诉书副本后，对审判长提出希望在特许异议申诉期间届满前开始审理的呈报书（特许异议申诉期间届满前审理的呈报书）时，在特许异议申诉期间届满前进行审理。

另外，对特许异议申诉人的相同请求不予受理。

（2）特许异议申诉期间届满前开始审理后，新的特许异议申诉被提起时，原则上对该特许异议申诉的审理进行合并。

（3）特许异议申诉期间届满前被通知撤销理由之后，就特许异议申诉书，不能进行导致要旨变更的补正（特许异议申诉的理由的增加、变更，必要证据的表示的增加、变更等）（特§115②）（→67—04之2.）。特别需要留意的是，在特许异议申诉期间届满前被通知撤销理由之后，新的特许异议申诉被提起，合并审理时，该新的特许异议申诉书自始不能进行导致要旨变更的补正。

（4）与新的特许异议申诉相比，关于先行开始审理的特许异议申诉，审理正在一定程度上进行，提前作出决定时，在通知分离的基础上将两者分离，该先行的特许异议申诉优先审理。在该情况下，由于存在未整合的订正请求被提出的可能性，审理一件案件时，其他案件中止审理。

2. 特许异议申诉期间届满前通知撤销理由时的处理

（1）特许异议申诉期间届满前通知撤销理由时，在撤销理由通知书中记载审理的特许异议申诉的申诉号的同时，指定特许权人在提出意见书时需要提出的副本的数量（特许异议申诉人数＋参加人数＋1（审理用））（特施规§4、特施规§45之6→特施规§50之4）。

（2）针对撤销理由通知，特许权人请求订正时，给予撤销理由通知书中记载的申诉编号的特许异议申诉人（声明不希望提出意见书的申诉人除外）以提出意见书的机会（特§120之5⑤）（→67—05.4之1.、3.）。

（3）另外，特许异议申诉期间届满前通知撤销理由，特许权人请求订正的情况下，新的特许异议申诉被提起时，考虑到副本数量不足，向新的特许异议申诉人（声明不希望提出意见书的申诉人除外）发送记载撤销理由的书面文件的同时，制作并发送意见书、订正请求书及其所附的订正说明书、权利要求书或者附图的复印件。

3. 特许异议申诉期间届满前作出决定时的处理

特许异议申诉期间届满前开始审理特许异议申诉，且审理在一定程度上已经进行，特许异议申诉期间届满前可以提前作出决定时，可以在特许异议申诉期间届满前作出决定。另外，作出决定后，新的特许异议申诉被提起时，作为不同案件进行审理。

（2018.9 修订）

67—09　P
同时处于特许异议申诉与无效宣告审判

1. 同时处于特许异议申诉与无效宣告审判中的审理

（1）由于特许异议申诉与无效宣告审判属于不同种类的案件，因此不能合并审理。

（2）两个案件同时处于审理中时，两个案件可以并行审理，但是考虑到并行审理存在以下问题，因此应当优先一方进行审理。

ア　由于两个案件的程序构成与当事人构成不同，如果进行并行审理，程序的时期及内容无法整合，使程序复杂化，产生两者之间无法整合的结果。

イ　两个案件的一方或者双方在进行中被提起订正请求，一方案件的订正确定后，另一方案件由于审理对象变更导致需要再次进行审理，从而造成特许厅及当事人等至此作出的答辩书（意见书）、订正请求书，辩驳书（意见书），无效理由通知（撤销理由通知），审查决定（决定）及对其提起的诉讼程序等的程序的浪费。

ウ　两个案件一方的结果为特许无效（特许撤销）时，虽然另一方案件不需要进行案件审理，但因为对两个案件进行并行审理给特许厅及当事人带来无谓的负担。

（3）特许异议申诉与无效宣告审判同时处于审理中时，原则上优先审理无效宣告审判。

理由是，①无效宣告审判中侵权案件等有关特许纠纷的请求情况较多，从提前解决纷争的角度来看，需要迅速地审理；②无效宣告审判请求人不提起特许异议申诉，而是请求无效宣告审判以求通过当事人系程序解决纷争，根据审查决定的结论，在知晓可能存在诉讼争议的可能性的基础上选择了无效宣告审判，应尊重无效宣告审判请求人的意愿。

（4）但是，特许异议申诉的审理已经在一定程度上进行，能够提前作出特许异议申诉的决定时，作为例外优先审理特许异议申诉。

另外，特许异议申诉中提交的证据明显比无效宣告审判请求中提交的证据的证明力更高，优先审理特许异议的申诉有助于迅速解决该特许权上的纠纷时，作为例外可以优先审理特许异议的申诉。

（5）优先审理特许异议申诉时，因特许异议申诉的审理与无效宣告审判请求人无关，如果无效宣告审判中提出的理由及证据在特许异议申诉的审理中依职权进行采用，将有损当事人类程序的无效宣告审判制度的宗旨，因此不应采用。

假设不采用无效宣告审判中提出的理由及证据，不能构成撤销理由的情况下，

①特许异议申诉的审理已经在一定程度上进行时，作出维持决定；②非前者时，中止特许异议申诉的审理，优先审理无效宣告审判。

2. 具体措施

（1）优先审理无效宣告审判的情况

中止特许异议申诉的审理（特§120之8→特§168），优先审理无效宣告审判。在该情况下，待无效宣告审判的审查决定确定后，恢复特许异议申诉的审理。

（2）优先审理特许异议申诉的情况

中止无效宣告审判的审理（特§120之8→特§168），优先审理特许异议申诉时：

ア　对特许异议申诉作出撤销决定时，待决定确定后，恢复无效宣告审判的审理。

イ　作出维持决定时，由于经决定的副本送达即为确定，之后迅速恢复无效宣告审判的审理。

3. 程序中止（→26—01之6.）

（1）中止程序时，将程序中止通知书通知特许权人、特许异议申诉人、无效宣告审判请求人及参加人。

（2）中止程序之际，中止的案件的审理程序在特许异议申诉书的副本发送前，或者审判请求书的副本送达前时，将程序中止通知书与其副本一同发送或者送达。中止无效宣告审判案件时，随后指定提出答辩书的期间（→51—22.2之2.（1）ア（ア））。

在该情况下，就无效宣告审判案件已通知中止时，在通知解除中止之际，重新指定一定的期间（标准60日（在海外者90日）→25—01.2），给予提出答辩书的机会。

（3）中止程序之际，中止案件的审理程序处于应答期间中时，待期间届满后再通知中止（→51—22.2之2.（1）イ）。

4. 程序中止的解除

（1）解除程序的中止时，将程序中止解除通知书通知特许权人、特许异议申诉人、无效宣告审判请求人及参加人。

（2）解除特许异议申诉的审理程序中止之际，优先审理的无效宣告审判中订正确定后，特许异议申诉的对象产生变更时，除申请不希望提出意见书的情况外，将该订正的内容（订正请求书及其所附的订正后的说明书、权利要求书或者附图）通知特许异议申诉人，就订正后的特许，对特许异议申诉人指定一定的期间（标准30

日（在海外者 50 日）→25—01.4）给予其提出意见书的机会（→67—05.4）。

（3）解除无效宣告审判程序的中止之际，优先审理的特许异议的申诉中订正确定后，无效宣告审判的对象产生变更时，将该订正的内容（订正请求书及其所附的订正后的说明书、特许权利要求书或者附图）通知无效宣告审判的请求人，就订正后的特许，对无效宣告审判的请求人指定一定的期间（标准 30 日（在海外者 50 日）→25—01.2）给予其提出辩驳书的机会。

另外，因无效宣告审判的对象产生变更，请求理由的要旨也相应变更时，审判长在许可该请求书的补正之际，征求被请求人对补正的同意（特§131 之 2②二：注意由于不是通过无效宣告审判中的订正请求进行的订正，因此不适用特§131 之 2②一）。

(2019.6 修订)

67—10　P
特许异议申诉与订正审判的关系

1. 特许异议申诉正在审理时对订正审判的处理

自特许异议申诉在特许厅开始审理时起至其决定（对各个权利要求提起申诉时，为涉及其所有的权利要求的决定）确定，不能请求订正审判（特§126②）。另外，对撤销决定，请求撤销决定向法院提起诉讼时，在该撤销决定确定之前，不能请求订正审判。

2. 可以请求订正审判的期间（→54—03）

（1）自特许异议申诉被提起时起至特许异议申诉书的副本被发送（送达）时请求的订正审判作为合法的订正审判进行处理。

（2）维持决定的副本送达后请求的订正审判作为合法的订正审判进行处理。

（3）撤销决定时，起诉期间（决定的副本送达之日起 30 日（在海外者附加 90 日）→25—01.5）（→67—06 之 7.（3））（特§178③⑤）届满且决定确定后，或者诉讼被提起时该决定（对各个权利要求提起申诉时，为涉及其所有的权利要求的决定）确定后，对未被撤销的权利要求请求的订正审判作为合法的订正审判进行处理。

3. 特许异议申诉与订正审判同时处于审理中的审理

（1）由于特许异议申诉与订正审判属于不同种类的程序，不能合并审理。

（2）两个案件同时处于审理中时，两个案件可以并行审理，但是考虑到并行审理存在以下问题，因此应当优先一方进行审理。

ア　由于两个案件的程序构成与当事人构成不同，如果进行并行审理，程序的时期及内容无法整合，使程序复杂化，产生两者之间无法整合的结果。

イ　在两个案件的一方中订正确定后，另一方案件中由于审理对象变更导致需要再次进行审理，从而造成特许厅及当事人等至此作出的程序的浪费。

ウ　特许异议申诉案件的结果为撤销特许时，虽然订正审判不需要进行案件审理，却因为对两个案件进行并行审理给特许厅及当事人带来无用的负担。

（3）特许异议申诉与订正审判同时处于审理中时，在特许异议申诉的审理之际，即使是已经请求订正审判时，由于对特许异议申诉中的撤销理由通知，可以重新请求订正，所以原则上优先审理特许异议申诉。

订正审判中的订正明显不符合订正要件时，在特许异议申诉的审理过程中，在撤销理由通知的理由中，附加记载上述订正审判中的订正不符合订正要件的情况。

但是，订正审判的审理已经在一定程度上进行，可以提前作出审判决定时，作为例外优先审理订正审判的审理。

4．程序的中止

优先进行特许异议申诉或者订正审判的任一方的审理时，中止另一方的审理（特§168①），将程序中止通知书通知特许权人、特许异议申诉人、订正审判请求人及参加人（→51—09之1．）。

5．进行优先审理时的注意事项

（1）对特许异议申诉进行优先审理时

经特许异议申诉的优先审理，所有的权利要求被撤销且确定的场合，由于另一方的订正审判成为不合法的请求，因此作出审查决定驳回请求（特§126⑧、特§135（→54—04之3．）。

另外，在优先审理的特许异议申诉中认可订正的请求且维持决定确定时，注意存在以订正前的特许为前提的订正审判的请求内容与订正确定后的特许得不到整合，不符合订正要件的情况。

（2）对订正审判进行优先审理时

经订正审判的优先审理，认可订正时，解除中止后的特许异议申诉的审理中，参照订正请求被提起的情况，给予特许异议申诉人提出意见书的机会（→67—09之4．（2））。具体而言，将该订正的内容（订正审判确定的审查决定书）通知特许异议申诉人，就订正后的特许，对特许异议申诉人指定一定的期间（标准30日（在海外者50日）→25—01.4）给予其提出意见书的机会。

（2018.9修订）

67—11　P
特许权消灭后特许异议申诉的处理

1. 特许权消灭后特许异议申诉的处理

无效宣告审判中规定即使是在特许权消灭后，也可以提出请求（特§123③），特许权消灭后可以请求审判。

另外，特许异议申诉中，由于不存在与无效宣告审判的上述规定相同的规定，因此理解为特许权消灭后不能提起特许异议申诉。

因此，即使是在特许异议申诉期间内提起的申诉，申诉对象的特许权消灭后提起的申诉是对不存在的对象特许权提起的特许异议申诉，属于不合法的特许异议申诉，因此合议组作出决定驳回特许异议申诉（特§120之8①→特§135）。

另外，即使在特许权消灭后，利害关系人也可以请求无效宣告审判，因此相关处理不会产生重大的不利。

2. 提起特许异议申诉后特许权消灭时的处理

即使在特许异议申诉的审理中特许权消灭时（放弃特许权、未缴纳费用、权利期间届满、特§123①七规定的无效等），在特许异议申诉的提起时点上，该申诉合法。

假设特许权人放弃特许权等时，审理中如果不以特许权消灭为理由作出决定，①仅以特许权消灭前的审理期间的长短来判断是否作出决定，导致结论不同，缺乏公平性。②因过去曾经存在特许权使特许权人的利益照样残存，致使提起合法的特许异议申诉的特许异议申诉人必须重新请求无效宣告审判。

由此，特许权消灭后，并不会导致立即修正有瑕疵的特许的必要性消失，因此除特许权视为自始不存在的情况外，需要作出决定。

因此，提起特许异议申诉后特许权消灭时，除依无效宣告审判特许无效或者依订正审判或订正请求使所有的权利要求被删除等视为特许权自始不存在的情况外，应进行审理，作出决定。

（2015.2 追加）

69—02　D T
驳回补正决定不服审判案件的审查决定范例

1. 记载范例（外观设计）
补正 20XX—500○○○
审查决定

住所或者居所
请求人　　姓名或者名称
住所或者居所
代理人　　姓名或者名称

就外观申请20YY—　　　　，对于令和　　年　　月　　日办理的程序补正进行的驳回补正决定不服审判案件，作出审查决定如下。

结　　论

撤销原决定。

理　　由

本申请于令和　　年　　月　　日提交申请，之后，于令和　　年　　月　　日提出程序补正书。

对此，原审作出以下决定，"该程序补正书中的补正附图是对申请最初的申请书所附附图中○○图的○○部分作出的新的△△部分的表示，该补正为对申请最初的申请书及申请书所附附图的要旨的变更，根据外观设计法第17条之2的规定予以驳回"。

并且，请求人主张，"该程序补正书的补正附图所表示的新的△△部分是对正面图的一部分的限定，该补正并非对申请最初的申请书及申请书所附附图的要旨的变更"。

于是，经对前述补正附图与申请最初的申请书所附附图整体之间的关系进行详细的审核，通过该补正新表示的○○图的○○部分中的△△部分作为物品的形状更加明确了申请最初的不明确部分，是使各附图大致一致的补正，可以判断该补正为该外观设计的所属领域中具有一般知识者可以当然推定的范围内的补正，上述补正并非对申请最初的申请书及申请书所附附图的要旨的变更。

因此，撤销原决定不可避免。

由此，如上述结论作出审查决定。

2. 记载范例（商标）

补正 20XX—500△△△
审查决定

住所或者居所
请求人　　姓名或者名称
住所或者居所
代理人　　姓名或者名称

就商标申请 20YY—　　　　，对于令和　年　月　日办理的程序补正进行的驳回补正决定不服审判案件，作出审查决定如下。

结　　论

本案审判的请求不成立。（撤销原决定。）

理　　由

本申请的商标由"　　"构成，以第　类"　　　"为指定商品，于令和　年　月　日提交申请，之后，于令和　年　月　日提出程序补正书补正"　　"。

对此，原审作出以下决定，"该补正中的'　　'与申请书中所附（记载）的'　　'在其构成样态（指定商品的表示）上不同，该补正为对申请的要旨的变更，根据商标法第 16 条之 2 第 1 款的规定驳回"。

由此可推，申请最初的申请书中所附（记载）的商标的构成样态（指定商品的表示）与前述程序补正书中所附（记载）的构成样态（指定商品的表示）在"　　"上不同（并无不同），因此上述补正为（非）对商标注册申请的要旨的变更。

因此，原审作出的驳回补正决定适当（不适当），不存在撤销的理由。（撤销不可避免。）

由此，如上述结论作出审查决定。

（2019.6 修订）

70—00 PUDT
再审

1. 概要

再审制度是对已确定的撤销决定，或者审查决定，在该特许（商标注册）异议申诉、审判程序存在重大瑕疵时，或者作为其判断基础的资料中存在异常的缺陷却被忽视时等，当事人等请求撤销该撤销决定或者审查决定的不服申诉方法。撤销决定或者审查决定确定后，尊重经该撤销决定、审查决定的解决从法律的稳定性目的来看是理所当然的，但是即使存在重大的瑕疵也不允许例外的话，将导致与审理的公平要求不相容，因此可以在同一审级中再次请求特许（商标注册）异议申诉，或者审判。

2. 再审请求

（1）对已确定的撤销决定、审查决定，该撤销决定、审查决定中的当事人可以请求再审（特§171①、实§42①、外§53①、商§57①）。

另外，特§174③对特§132③不予准用，所以请求无效宣告审判（包括延长保护期无效宣告审判）的再审时，不需要所有的共有人都作为请求人。

（2）关于再审请求，准用民诉§338①、②及§339（特§171②、实§42②、外§53②、商§57②）。再审事由限于以下列举事由，除此以外的事由，例如，对特许创造性判断的失误等，不属于再审事由。

民诉§338

1 存在以下列举事由的场合，对已确定的终局判决，可以以再审之诉，进行不服申诉。但是，当事人经控诉或者上告主张该事由时，或者明知该事由但是不予主张时，不受此限。

一 根据法律不构成判决法院的。

二 根据法律不能参与判决的法官参与判决的。

三 法定代理权、诉讼代理权或者代理人缺乏行使诉讼行为必要的授权的。

四 参与判决的法官在案件中犯职务罪的。

五 通过应当给予刑罚的他人的行为，妨碍自认或者妨碍影响判决的攻击或者防御的方法的提出。

六 作为判决的证据的文件和其他物件为经伪造或者篡改的。

七 证人、鉴定人、翻译或者宣誓的当事人或法定代理人的虚假陈述作为判决的证据的。

八　作为判决的基础的民事或者刑事的判决以及其他裁判或者行政处分根据在后的裁判或者行政处分被变更的。

九　对影响判决的重要事项的判断有遗漏的。

十　不服申诉的判决与在先确定的判决相抵触的。

2　存在前款第四至七项列举的事由的情况，对应当责罚的行为，限于在有罪判决或者过失罚款裁判确定时，或者以无证据的理由之外的理由无法获得有罪判决或者过失罚款裁判时，可以提起再审之诉。

民诉§339

作为判决基本的裁判中存在前条第1款规定的事由的情况（存在同款第四至七项列举的事由的场合，限于同条第2款规定的情况），即使对该裁判规定独立的不服申诉的方法时，该事由也可以作为对判决请求再审的理由。

（3）审判的请求人及被请求人共谋以损害第三人权利或者利益为目的促使作出审查决定时，该第三人可以对该确定审查决定请求再审（特§172①、实§43①、外§54①、商§58①）。该再审中，审判的请求人及被请求人应当作为共同被请求人（特§172②、实§43②、外§54②、商§58②）。

（4）再审的请求书中应当附上涉及不服申诉的审查决定（决定）的复印件（特§171、特施规§50之12、民诉§211①）。

3. 再审的请求期限

（1）撤销决定、审查决定确定后，在请求人得知再审的理由之日起30天以内（注意不能在起诉期间中请求再审）（特§173①、实§45①、外§58①、商§61）。

（2）因不能归责于再审请求人的理由，在前述期间内未能提起请求时，在该理由被解除之日起14天以内。但是，前述期间届满6个月以后不能提起请求（特§173②、实§45①、外§58①、商§61）。

（3）请求人以根据法律规定未被代理为理由请求再审时，在请求人或者其法定代理人通过送达得知撤销决定、审查决定之日起30天以内（特§173③、实§45①、外§58①、商§61）。

（4）撤销决定、审查决定确定之日起3年届满后不能请求再审。但是，再审理由为在撤销决定、审查决定确定后发生的，该发生之日起3年以内可以请求再审（特§173④⑤、实§45①、外§58①、商§61）。

（5）关于以该撤销决定、审查决定与在先确定的撤销决定、审查决定相抵触为理由请求再审的期间，不适用（1）、（4）（特§173⑥、实§45①、外§58①、商§61）。

4．再审的审理

（1）应当以审查决定驳回时

例如，以下情形属于不合法的再审请求，由于无法进行补正，因此作出审查决定或者决定驳回。

ア　再审的请求并非针对确定审查决定或者确定撤销决定的（特§171①、§172①）

イ　再审的请求人不符合适格要求的（特§171①、§172①、②）

ウ　再审的请求在允许期间届满后提起的（特§173）

エ　当事人就该再审的事由已经通过审查决定撤销诉讼或者其上诉予以主张时，或者明知该事由但不主张时（特§171②→民诉§338①柱书但书）

オ　再审请求中主张的事由不属于民诉法第338条第1款各项的任一再审事由时

（2）认为再审的请求理由不成立时

再审的请求在程序上合法，就被请求的再审事由（民诉§338①各项）进行审理的结果，得出不存在再审事由的结论时，不应当对该再审的请求作出驳回的审查决定或者决定，而是应当对再审请求作出请求不成立的审查决定或者决定。

[说明]

关于再审之诉，民事诉讼法规定，再审之诉不合法的场合，驳回该再审之诉（民诉§345①），不存在再审事由时，驳回再审的请求（民诉§345②）。特许法虽然对该民事诉讼法的规定不予准用，但是与民事诉讼法规定的情况一样，对是否存在再审的事由进行案件审理时，根据特§135作出驳回的审查决定并不适当，因此应当按照上述4.或者5.所述进行处理。又，在案例（知财高判平20.5.28（平19（行ケ）10407号））中也有相同的说明。

另外，实用新型（实§42）、外观设计（外§53）、商标（商§57）也同样。

5．审判规定等的准用

（1）再审的程序、在审理中，准用关于审判及特许异议申诉的规定（特§174、实§45、外§57、§58、商§60之2、§61、§62）。

（2）民诉§348①（注）的规定在再审中准用（特§174⑤、实§45①、外§58①、商§61）。

（注）

民诉§348

1　在再审开始的决定确定时，法院在不服申诉的限度内，对本案进行审理及裁判。

6. 经再审得以恢复的特许权等的效力限制

（1）被撤销或被无效的特许等的特许权等经再审得以恢复时，或者对作出驳回审查决定的特许申请，经再审取得特许授权时，该特许权等的效力不及于该撤销决定或者审查决定确定后再审请求登记前的、就该特许的发明等进行的善意实施（特§175、实§44、外§55、商§59）。

（2）被撤销或被无效的特许等的特许权等经再审得以恢复时，或者对作出驳回审查决定的特许申请，经再审取得特许授权时，在该撤销决定或者审查决定确定后再审请求登记前，善意实施该特许发明的行为人或者准备实施的人，在该实施或准备中的发明等及行为目的的范围内，对该特许权等享有一般实施权（特§176、实§45、外§56）。关于商标，在审查决定确定后再审请求登记前，善意地使用商标的结果导致再审请求登记之际其商标已为消费者广为知晓是表示其自己的商品时，享有继续使用该商标的权利（商§60）。

7. 其他

（1）再审请求的预告登记

有再审请求时，进行预告登记（特登令§3四）。对驳回决定不服审判提起的再审请求，根据活页式账簿（特登令§10②）在特许关联驳回决定不服审判再审请求原簿（特登令§9）中予以预告登记。对当事人类审判及异议申诉的再审请求，在特许登记簿中予以预告登记。

（2）再审的确定登记

再审的确定审查决定（决定）、根据再审对说明书、权利要求书或者附图进行订正的，在原簿中予以登记（特登令§16二、十）。又，再审请求的撤回、驳回决定也予以登记。登记簿等如上述（1）所记载。

（3）在特许公报上的刊载

再审的请求或者其撤回、确定审查决定（决定）（限于已经进行特许权的授权或者申请公开的）在特许公报中予以刊载（特§193②六、七）。

8. 参考案例

主张特许厅作出的审查决定中存在判断遗漏的事由，考虑到该内容不会影响原审查决定的结论，因此对该事由未予以判断并不能解释为属于再审事由的判断遗漏，以此为理由的再审请求不合法（东高判平1.10.12（平1（行ケ）128号））。

（2015.10修订）

78—00 PUDT
再审的案例

1. 以再审请求时为基准，判断该请求是否适当的案例（昭37再审1号、昭37.7.11）。

在不服申诉的审查决定（以下称为"审查决定"）的确定日之前请求再审时，该请求不但没有在再审请求的不变期间（特§173）内提出，而且是对不能成为再审对象的审查决定（特§171之非"确定审查决定"）提出的，因此作为无法补正的、存在缺陷的不合法的请求，作出审查决定予以驳回。

2. 根据民诉§338①但书（旧民诉§420①但书）的解释，原判决或者原审查决定在再审请求时未确定，但是在作出判决或者审查决定时已确定的场合，原告或者再审请求人在审查决定确定之前明知不服的理由，但是不提起诉讼，而是请求再审的，根据上述规定作为不合法的请求，予以驳回的案例（东高判昭34.12.22（昭33（ム）10号）昭37再审1号、昭37.7.11）。

根据民诉§338①但书的规定，当事人明知再审事由但是不通过上诉进行主张时，很明显基于该再审事由不能提起再审之诉，这里的不通过上诉进行主张，除虽然现实中提起了上诉，但是在该上诉中不予主张的情况以外，当然还包括通过上诉本可以主张，但是却疏忽了提起上诉的情况。

然而，应当认为再审原告在判决书正本送达判的同时，已经知道其主张的各再审事由，虽然如前面所认定的那样，不采取上诉的手段提起不服申诉，根据辩论的整体宗旨是很明显的，所以再审原告以与之相同的事由提起再审之诉，根据前述的规定不应当容许。

3. 对未确定的上诉审判的审查决定，在请求再审的同时向东京高等法院提起请求撤销之诉，案件各自处于审理中的场合，以与上述1.相同的理由判定驳回再审请求的案例（昭30再审1号）。

4. 原判决中存在对重要事项判断遗漏的违法之处，因此再审之诉存在理由，之后本案审理的结果，判定控诉审的判断适当，本案不存在上诉理由的案例（昭8（ヤ）10号）。

根据送达证明书认定原审查决定的送达日为昭7.12.13，于昭8.1.13提起的上诉是期间届满后提起的，不合法，因此原判决判定驳回，但是根据邮局的邮寄证明书送达日应为昭7.12.14，进而明确本案上诉是在法定期间内提起的。因此原判决中存在对重要事项判断遗漏的违法之处，所以再审之诉存在理由。

就本案上诉是否存在理由对本案进行审理，确认审判中对公知事实，即使没有当事人的申请也可以作为裁判的资料，考虑该公知事实认定发明的要旨的做法合法，不存在上诉理由。

（注）该判决的正文中，虽然根据旧民诉§428（民诉§348②）判定"驳回本案再审之诉"，但是因特许法不准用该民事诉讼法的规定，审判程序的规定基本上都在再审中予以准用，所以该审判正文也应当以作为一直以来的通例的不服申诉的审判的审查决定为基准，判定"本案再审的请求不成立"。

5. 因未贴印花税票判定驳回再审诉状的案例（昭9（ヤ）8号命令、昭10.1.29）。

6. 虽然再审原告主张应当适用旧民诉§420①九（民诉§338①九），但是实质上只是认为与原判决存有不同的意见，对原判决的非难，因此判定驳回再审之诉的案例（昭31（ヤ）12号、昭33.6.10）。

7. 实用新型申请及对其驳回决定提起的上诉审判请求由A、B两名共同进行，之后的上诉及上告仅由A单独进行的，上诉审及上告审的任一审判均以"对前述审查决定提起的不服诉讼中，就是否撤销审查决定应当对共同享有授权权利的全体人员统一确定，因此该诉讼需要由前述权利人全员共同提起"的理由适用旧民诉§62（民诉§40），分别判定驳回原告的起诉、驳回上告，虽然原审原告主张原判决中存在判断遗漏及法律解释适用错误的违法行为，但是对该再审请求作出以下判决，"本案再审诉状中记载的，并非是主张前述判决中存在旧民诉§420①（民诉§338①）中列举的事由，因此本案再审之诉属于不合法，判定驳回不可避免"（昭36（ヤ）33、昭36.10.27）。

8. 仅对当事人主张的事实进行判断不产生判断遗漏的问题，因此对原审中未主张的事项不加以判断的，不能说该判决中存在判断遗漏的违法之处（昭14（ヤ）133、昭15.2.2）。

9. 对被告送达诉状副本、期限传唤、判决正本全部因欠缺补充送达的要件，所以无效，被告未参与审理就直接作出判决的案例，表面上自送达报告书记载的送达日起2周后即确定，由于易导致以此为前提进行处理时，该判决属于"已确定的终局判决"（高松高判平12.11.27（平12（ツ）3）判例时报1759号76页）。

10. 对是否存在民诉§338①三列举的再审事由进行判断的案例。

（1）因未能有效地送达诉状，被告未被给予参与诉讼的机会就作出判决时，由于没有理由采取与当事人的代理人欠缺代理权的情况不同的处理，因此认可存在民诉§338①三规定的再审事由（最判平4.9.10（平3（才）589）民集46卷6号553页）。

（2）接收诉状等的补充送达的同居者与受送达者之间，即使就该诉讼存在事实上对立的利害关系（作为同居人的金融消费借贷合同的债务人未经抗告人同意擅自使用印章等，签署了连带保证合同），对受送达者的补充送达仍有效，但是同居者实际上并未将诉状交予受送达者，在受送达者不知道诉讼的提起的情况下作出判决时，因未保障提供参与诉讼程序的机会，因此认可存在民诉§338①三规定的再审事由（最决平19.3.20（平18（许）39）民集61卷2号586页）。

11. 就民诉§338①但书及再审事由（§338①九）的解释进行判定的案例（知财高判平20.5.28（平19（行ケ）10407）法院网站）。

存在民诉§338①但书列举的事由时，根据特§174准用的§135规定予以驳回，民诉§338①各项列举的再审事由不被认可时应理解为作出了再审请求不成立的审查决定。又，"控诉或者上告"（民诉§338①但书）是指，根据特许法规定，"审查决定撤销诉讼的提起或者对该诉讼提起的上告"，"判断的遗漏"是指，对必然影响审查决定的结论的当事人合法提出的作为攻击防御方法的事项，审查决定的理由中没有予以判断的场合。

12. 公司处于破产程序中，向破产者送达审判关联文件的案例（再审2011—950001、平23.11.30）。

破产法上，属于破产财团的财产的管理及处分的权利专属于破产管理人（破产§78），破产管理人享有关于破产财团的追诉权（破产§80），破产者丧失相关管理处分权及追诉权。本案中，向破产者送达审判关联文件，属于破产管理人在未被提供参与审判程序的机会的情况下作出的已确定的审查决定，因此原审的确定审查决定不得不说是对当事人的实质的程序保证的欠缺。于是，本案中，没有理由采取与作为当事人的代理人行使诉讼行为者欠缺代理权的情况不同的处理，因此认为存在商§57②中准用的民诉§338①三列举的再审事由是适当的。

(2015.2修订)

80—00　P U D T
审查决定等的撤销诉讼

1. 审查决定等的撤销诉讼

（1）概要

审查决定等的撤销诉讼是指，对行政机关特许厅作出的审查决定等的行政处分请求予以撤销，可以向法院提起行政诉讼。

（2）管辖

对撤销决定、审查决定、审判中的驳回补正决定（外§17之2、商§16之2）或者特许（注册）异议申诉书、审判/再审/订正请求书的驳回决定提起的诉讼，属于东京高等法院专属管辖，由东京高等法院的特别支部知识产权高等法院进行处理（特§178①、实§47①、外§59①、商§63①、知识产权高等法院设置法§2）。

（3）当事人

ア　原告是指，撤销决定或者审查决定的接受者、审判中的驳回补正决定的接受者、特许（注册）异议申诉书或者审判/再审/订正请求书的驳回决定的接受者、其继承人、参加人或者申请参加但被拒绝者（特§178②、实§47②、外§59②、商§63②）。

由于特许（注册）异议申诉人的地位的继承不被承认，因此继承人不能成为原告（→22—01之9.（5））。

イ　对撤销决定或者审查决定（无效宣告审判、延长保护期无效宣告审判及撤销审判以及对这些审判作出的确定审查决定提起的再审除外）提起的诉讼及对特许（注册）异议申诉书、审判或者再审请求书或者订正请求书的驳回决定提起的诉讼中，特许厅厅长应当作为被告。

又，对无效宣告审判、延长保护期无效宣告审判或者撤销审判或者对这些审判作出的确定审查决定请求再审的审查决定提起的诉讼中，该审判或者再审请求人或者被请求人应当作为被告（特§179、实§47②、外§59②、商§63②）。

（4）起诉期间

审查决定或者决定的副本的送达之日起30日以内可以起诉，该期间为不变期间（特§178③、④、实§47②、外§59②、商§63②）。审判长对因路途遥远或者交通不便者，可以依职权在该不变期间的基础上规定附加期间（特§178⑤、实§47②、外§59②、商§63②）（→25—04之4.）。

（5）判决

法院经过审理，认为存在请求的理由时，应当撤销该审查决定或者决定（特

§181①、实§47②、外§59②、商§63②），作出撤销处分或者裁决的判决，就该案件，对作为当事人的行政机关及其他关联行政机关具有约束力（行政案件诉讼法第33条第1款）。该撤销判决确定时，审判官应当进一步进行审理，作出审查决定或者决定（特§181②、实§47②、外§59②、商§63②）。又，关于对平成24年4月1日以后被请求的审查决定等提起的诉讼，就一组权利要求中的部分权利要求上的审查决定等的撤销判决确定时，在恢复该审理时，审判官应当撤销该组权利要求中其他权利要求上的审查决定等（特§181②）。由此以"一组权利要求"为单位进行审理。该情况下，在恢复审理通知中，记载审查决定等的撤销部分。

又，法院认为不存在请求的理由时，驳回请求。

2．当事人间的程序

（1）概要

根据民事诉讼法，特许法、实用新型法、外观设计法、商标法的审查决定撤销请求案件（包括特许（异议）异议申诉的"请求撤销撤销决定的案件"）的审理过程中，原告（申请人/权利人）与被告（特许厅）不通过东京高等法院（知识产权高等法院）直接进行程序。

（2）程序的概要

ア　准备文件等的直接发送（民诉规§83①）

〈直接发送的对象文件〉

（ア）准备文件（含答辩书）、书证的复印件

根据民诉规§83①，原则上不是经由法院而是直接向对方当事人发送"准备文件（含答辩书）"。

又，根据民诉规§137②，关于"书证的复印件"，以法院发送为原则，但是也可以直接发送。

（イ）受领书

根据民诉规§83②，收到直接发送的文件时，原则上应当向对方当事人及法院发送受领书。

〈文件的发送方法〉

（ア）发送方法的种类

民诉规§47规定，直接发送和其他文件的发送，通过应发送文件的复印件的交付或者利用该文件的传真发送。即，在直接发送准备文件（含答辩书）、书证的复印件的文件的情况下，以"邮寄""窗口提出""传真发送"等的任一种发送方法，直接向对方的发送地点予以发送。

（イ）传真发送的优点与缺点

"传真发送"具有迅速性和便利性的优点，因此在"受领书"的发送和接收上

积极地予以使用。

但是，考虑到"准备文件（含答辩书）"中，存在包含化学式、附图等情况，此外"书证的复印件"中特许公报、技术文献等包含多个附图的文献较多，这些文件不适合"传真发送"。

（ウ）来自法院的请求事项

关于"准备文件"及"书证的复印件"的提交，法院请求不用传真发送，而请求提交法院用的复印件（3份）。特许厅接受该请求，不采用传真发送的方式提交这些文件，而是采用窗口提出的方式提交这些文件。

（エ）特许厅对直接发送文件的发送

根据上述理由，从特许厅直接发送的准备文件、书证的复印件原则上以"邮寄"进行发送。但是，期限紧迫时，在"传真发送"后，予以"邮寄"。

此外，关于特许厅发送的受领书，在直接发送文件被"邮寄"时，虽然以"传真发送"为原则，但是诉状中没有记载传真号时等，采用邮寄。但是，直接发送文件在"窗口提出"时，当场交付受领书。

（オ）原告（申请人）直接发送文件的发送方法

关于原告/代理人直接发送文件，也是"邮寄"或者"窗口提出"直接发送的准备文件、书证的复印件。但是，期限紧迫时，在"传真发送"后，尽早"邮寄"或者"窗口提出"文件。

另外，受领书的发送方法原则上采用"传真发送"，但是也可以采用"邮寄"或者"窗口提出"。

另外，本人诉讼时的副本等的发送中，在下一个期限之前尚有余地时，也存在不从特许厅直接发送，而是从东京高等法院（知识产权高等法院）发送的情况。

イ　当事人照会（民诉§163）

在民事诉讼法中规定了"当事人照会制度"，即，当事人为直接从对方处得到主张、证明所需的信息，"在诉讼审理过程中，当事人就为准备主张或者证明所需的事项，可以指定一定期间，书面照会对方要求其作出书面回答"（民诉§163正文）。

（ア）可进行当事人照会的时期

"诉讼在审中"，即，诉状的副本送达被告之日起至口头辩论终结时。

（イ）可进行照会的事项

为准备主张或者证明所需的事项（比"为明确诉讼关系"所需的要求说明事项更广泛）。例如，公知文献绝版时的文献存在场所（图书馆名等）、产品的设计图、制造工程表、试验数据是否存在的照会。

（ウ）不能照会的事项（民诉§163 但书一～六）

a. 非具体的或者个别的照会

b. 侮辱对方或者使对方为难的照会

c. 与已经进行的照会重复的照会

d. 寻求意见的照会

e. 对方为了回答而花费不相应的费用或者时间的照会

f. 与根据民诉§196、197 的规定可以拒绝提供证言的事项相同的事项上的照会

（エ）照会书的记载事项

照会书的记载事项如下，对照会事项分项进行记载（民诉规§84②）。

a. 当事人及代理人的姓名

b. 案件信息

c. 诉讼隶属法院的信息

d. 照会年月日

e. 照会事项及其必要性

f. 根据民诉§163 的规定进行照会的主旨

g. 答复期限

h. 照会请求人的住址、邮政编码及传真号码

（オ）照会收件人

向作为文件的送达地点的特许厅审判部诉讼事务室邮寄或者窗口提出（不以被告指定代理人为收件人）。

但是，期限紧迫时，也可以传真发送，但之后需要邮寄或者窗口提出。

3. 上告

（1）上告

对高等法院的判决不服时，可以向最高院提起上告。

向东京高等法院（知识产权高等法院）提出上告状（民诉§314①）。

（2）上告期限

判决书的送达之日起 2 周以内可以提起上告，该期间为不变期间（民诉§313→§285）。

（3）上告理由

上告理由以宪法解释的错误及违反宪法（民诉§312①）为首，限于民诉§312②各项所列举的事由。

不过，就与最高院的判例相反的案件等"认为包括有关法令的解释的重要事项

的案件",根据决定可以作为上告审案件受理(上告受理申诉制度、民诉§318)。

又,关于决定/命令,从实现法令解释统一的角度来看,对高院的决定/命令,还有根据该高院的许可可以向最高院提起上诉的许可上诉制度(民诉§337)。

(4) 判决

判决包括驳回上告、撤销原判发回重审或者撤销原判自行判决。

(2015.2 修订)

（ウ）不能照会的事项（民诉§163但书一～六）

a. 非具体的或者个别的照会

b. 侮辱对方或者使对方为难的照会

c. 与已经进行的照会重复的照会

d. 寻求意见的照会

e. 对方为了回答而花费不相应的费用或者时间的照会

f. 与根据民诉§196、197的规定可以拒绝提供证言的事项相同的事项上的照会

（エ）照会书的记载事项

照会书的记载事项如下，对照会事项分项进行记载（民诉规§84②）。

a. 当事人及代理人的姓名

b. 案件信息

c. 诉讼隶属法院的信息

d. 照会年月日

e. 照会事项及其必要性

f. 根据民诉§163的规定进行照会的主旨

g. 答复期限

h. 照会请求人的住址、邮政编码及传真号码

（オ）照会收件人

向作为文件的送达地点的特许厅审判部诉讼事务室邮寄或者窗口提出（不以被告指定代理人为收件人）。

但是，期限紧迫时，也可以传真发送，但之后需要邮寄或者窗口提出。

3. 上告

（1）上告

对高等法院的判决不服时，可以向最高院提起上告。

向东京高等法院（知识产权高等法院）提出上告状（民诉§314①）。

（2）上告期限

判决书的送达之日起2周以内可以提起上告，该期间为不变期间（民诉§313→§285）。

（3）上告理由

上告理由以宪法解释的错误及违反宪法（民诉§312①）为首，限于民诉§312②各项所列举的事由。

不过，就与最高院的判例相反的案件等"认为包括有关法令的解释的重要事项

的案件",根据决定可以作为上告审案件受理(上告受理申诉制度、民诉§318)。

又,关于决定/命令,从实现法令解释统一的角度来看,对高院的决定/命令,还有根据该高院的许可可以向最高院提起上诉的许可上诉制度(民诉§337)。

(4)判决

判决包括驳回上告、撤销原判发回重审或者撤销原判自行判决。

(2015.2修订)

80—01 ＰＵＤＴ
提起诉讼过程中的事务

1. 诉状

对审查决定等提起撤销诉讼（特§178①、实§47①、外§59①、商§63①）时，知识产权高等法院审判书记员（第1部~第4部）对不以特许厅厅长为被告的诉讼（当事人类案件），发送诉讼提起通知书（以下称为"通知书"）等（特§180①②、实§47②、外§59②、商§63②），对以特许厅厅长为被告的诉讼（查定类案件），发送通知书后，送达诉状及期限的传票（行政案件诉讼法§7、民诉§138①、§94）。

2. 文件的调查

诉讼事务室在接收上述文件时，与该诉讼案件中的审判案件的记录（查定类的场合包括申请文件）进行对照，就以下几点进行调查。
（1）当事人的记载
（2）案件的内容
（3）提起诉讼的期限

3. 对照的结果

在上述文件的记载事项中存在不一致时，或者上述期限届满时，诉讼事务室的各部门负责指定代理人制作诉讼的答辩书向法院提出。但当事人类案件的场合向法院通知。

4. 账簿等的记载、起诉案件记录的制作等

诉讼事务室根据上述文件，在"起诉案件簿""起诉案件期限簿"上记载所要求的事项，制作起诉案件记录等。

5. 代理人的指定等

指定代理人是指，由特许厅厅长指定的处理对审查决定等提起的撤销诉讼的职员。

（参考）

关于与国家利害相关的诉讼的法务大臣的权限等的相关法律§5①行政机关可以指定所属的职员处理以行政机关为当事人或者参加人的诉讼。

关于对审查决定等提起的撤销诉讼，指定代理人享有行使代理人的选任以外的一切裁判上的行为的权限（同法§8）。对审查决定请求撤销的诉讼被提起时，诉讼事务室办理被告特许厅厅长的代理人指定程序，向知识产权高等法院发送代理人指定书。

指定代理人可以是部门的审判长/审判官及诉讼事务室所属的审判长/审判官，前者作为主任指定代理人。但是，撤销理由为违反一般的法律解释/适用、一般的审查基准及习惯或者请求变更的案件（共同的案件）时，后者作为主任指定代理人。

（2015.2 修订）

83—00.5 ＰＵＤＴ
对审判长作出的驳回决定提起的不服申诉

关于对审判长作出的驳回决定提起的不服申诉（基于特§133③的程序上的驳回决定（不包括特§133③的请求书驳回决定）、特§133之2），向特许厅厅长提出审查请求。

1. "审判长作出的驳回决定"是指审判长作出的行政处分，但是关于其不服申诉，可以提起特许法中没有规定的行政不服审查法上的不服申诉。

可是，行政不服审查法上的不服申诉，从行政不服审查制度的宗旨来看，希望能够向作出处分的行政机关以外的行政机关提出，因此对审判长作出的驳回决定不服时，可以向特许厅厅长提出审查请求。

2. 另外，行政不服审查法上，通过"对特许厅厅长提出审查请求"，特许厅厅长与审判长在特许法上的关系不产生变更。

3. 对订正请求书的驳回决定提起的诉讼，属于东京高等法院（知识产权高等法院）的专属管辖（特§178①）。

(2015.2 修订)

83—02.2 PUDT
从法院发回重审的审判案件的合议组构成

关于法院撤销审查决定发回重审的审判案件，考虑到公平性、中立性等，原则上应当变更合议组。另外，指定参与原审判的审判官不属于前审参与。

1. 特§139规定，为了确保审判的公正，审判官存在除斥原因时，就该案件的审判，从其职务的执行中予以排除，例如审判官为对该案件作出驳回决定的审查员时（前审参与）作为除斥原因的一种（特§139六）。

2. 与此相关，关于由原审查员再次审查被审判发回重审的案件的对错，以往案例的观点是，"前审参与之所以被作为除斥理由，是因为参与前审的决定者参与其上级审时会导致审级制度没有意义，因此为避免这种结果，驳回决定不服审判案件发回原审重审的场合，发回重审之前作出决定的审查员在发回重审之后，即使参与该案件的决定也不会产生导致审级制度无意义的结果，因此不属于前审参与"（东高判昭31.7.14（昭30（行ナ）48号））。

3. 因此，关于题述事宜也同样认为不属于前审参与，但是审查决定撤销案件要求考虑其重大性进行慎重的审理，因此关于审判程序及合议组的构成，应当更加考虑公平性、中立性等。

（2015.2修订）

附　录

1. 法院行政案件记录符号

2. 审判制度的并存状态

3. 特许法的运用关系一览
（1）法律修改的概要与注意事项
（2）过渡措施摘录
（3）无效理由一览（特§123）
（4）驳回理由一览（特§49）
（5）第36条的变迁

4. 实用新型法的运用关系一览
（1）法律修改的概要与注意事项
（2）过渡措施摘录（新实用新型法）
（3）过渡措施摘录（旧实用新型法）
（4）无效理由一览（实用新型法§37）

(2015.2修订)

附录 1
法院行政案件记录符号

（昭和 38 年最高法院规程第 3 号．昭和 39.1.1 实施）

《简易法院》
 行ア 协助案件
 行イ 杂案

《地方法院》
 行ウ 诉讼案件
 行ヌ 提起上诉案件（控訴提起事件）
 行エ 跃级提起上告案件及提起上告案件
 行ネ 跃级上告受理申诉案件
 行オ 再审案件
 行カ 提起上诉案件（抗告提起事件）
 行キ 协助案件
 行ク 杂案

《高等法院》
 行ケ 诉讼案件（第一审）
 行コ 上诉案件（控訴事件）
 行サ 提起上告案件
 行ノ 上告受理申诉案件
 行シ 提起特别上告案件
 行ス 上诉案件（抗告事件）
 行セ 提起特别上诉案件（特别抗告提起事件）
 行ハ 许可上诉申诉案件（許可抗告申立て事件）
 行ソ 再审案件
 行タ 杂案

《最高法院》
 行チ 诉讼案件（第一审）
 行ツ 上告案件

行ヒ　上告受理案件
行テ　特别上告案件
行ト　特别上诉案件（特別抗告事件）
行フ　许可上诉案件（許可抗告事件）
行ナ　再审案件
行ニ　杂案

民事案件记录符号规程

（平成 16 年最高法院规程第 10 号．平成 17.8 实施）

《简易法院》

イ　　和解案件
ロ　　督促案件
ハ　　一般诉讼案件
手ハ　票据诉讼案件及支票诉讼案件
少コ　小额诉讼案件
少エ　对小额诉讼案件的异议申诉案件
ハレ　提起上诉案件（控訴提起事件）
ハツ　跃级提起上告案件
少テ　对小额异议判决提起特别上告案件
ニ　　再审案件
ヘト　公示催告案件
ト　　保全命令案件
ハソ　提起上诉案件（抗告提起事件）
借　　借地非讼案件
ノ　　民事一般调停案件
ユ　　住宅建筑物调停案件
セ　　农事调停案件
メ　　商事调停案件
ス　　矿害调停案件
交　　交通调停案件
公　　公害等调停案件
特ノ　特定调停案件
少ル　小额诉讼债权执行案件
ア　　过科案件

キ	协助案件
サ	民事杂案

《地方法院》

ワ	一般诉讼案件
手ワ	票据诉讼案件及支票诉讼案件
ワネ	提起上诉案件（控訴提起事件）
ワオ	跃级提起上告案件
ワ受	跃级上告受理申诉案件
カ	再审案件
ヨ	保全命令案件
レ	上诉案件（控訴事件）
レツ	提起上告案件
ソ	上诉案件（抗告事件）
ソラ	提起上诉案件（抗告提起事件）
チ	民事非讼案件
ヒ	商事非讼案件
借チ	借地非讼案件
シ	灾区所在城市租地租家临时处理案件及关于接收不动产的租地租家临时处理案件
配チ	关于配偶者暴力的保护命令案件
劳	劳动审判案件
ノ	民事一般调停案件
ユ	住宅建筑物调停案件
セ	农事调停案件
メ	商事调停案件
ス	矿害调停案件
交	交通调停案件
公	公害等调停案件
特ノ	特定调停案件
リ	根据情况报告由执行法院实施的分配等程序案件
ヌ	对不动产、船舶、飞机、汽车、建筑机械及小型船舶进行强制执行的案件
ル	对债券及其他财产权进行强制执行的案件
ケ	以不动产、船舶、飞机、汽车、建筑机械及小型船舶为目的作为担保权的实行进行拍卖等案件
ナ	以债券及其他财产权为目的实行及行使担保权的案件

财チ	公开财产案件
ヲ	执行杂案
企	实行企业担保权的案件
フ	破产案件
再	再生案件
再イ	小规模个人再生案件
再ロ	工资所得者等再生案件
ミ	公司更正案件
承	承认援助案件
船	船舶所有人等责任限制案件
油	油污损害赔偿责任限制案件
ホ	过科案件
エ	协助案件
仲	仲裁关联案件
モ	民事杂案
人	人身保护案件
人モ	人身保护杂案

《高等法院》

ワ	一般诉讼案件
ネ	上诉案件（控訴事件）
ネオ	提起上告案件
ネ受	上告受理申诉案件
ラ	上诉案件（抗告事件）
ラク	提起特别上诉案件（特别抗告提起事件）
ラ许	许可上诉申诉案件（許可抗告申立て事件）
ム	再审案件
ツ	上告案件
ツテ	提起特别上告案件
ノ	民事一般调停案件
ユ	住宅建筑物调停案件
セ	农事调停案件
メ	商事调停案件
ス	矿害调停案件
交	交通调停案件
公	公害等调停案件

ウ　　民事杂案
人ナ　人身保护案件
人ウ　人身保护杂案

《最高法院》
オ　　上告案件
受　　上告受理案件
テ　　特别上告案件
ク　　特别上诉案件（特別抗告事件）
许　　许可上诉案件（許可抗告事件）
ヤ　　再审案件
マ　　民事杂案

（2007.12 修订）

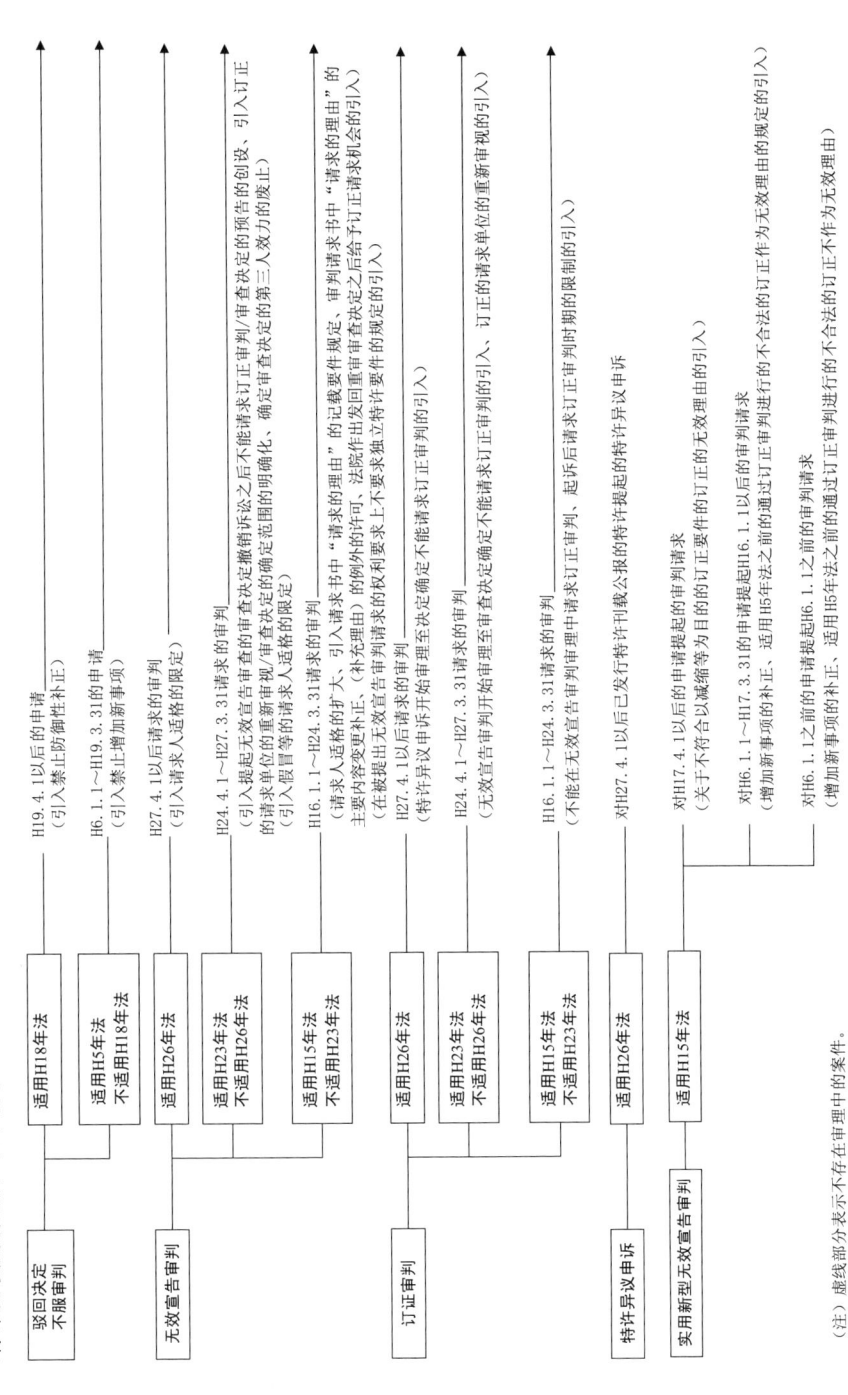

附录 3
特许法的运用关系一览

（1）法律修改的概要与注意事项
（2）过渡措施摘录
（3）无效理由一览（特许法 §123）
（4）驳回理由一览（特许法 §49）
（5）第 36 条的变迁

附录3

(1) 法律修改的概要与注意事项

修改	修改的概要	审判关联修改中的注意事项
平成5年修改 (H6.1.1实施)	①补正范围的合理化 ・说明书或者附图的补正限制（禁止增加新事项） ・权利要求书的补正的合理化 ・不合法的补正的无效处理合理化 ②审判程序的合理化 ・请求驳回决定不服审判时的补正的合理化 ・补正驳回决定不服审判的废止 ・订正审判中禁止增加新事项 ・无效宣告审判中许可订正请求 ・不合法的订正的无效处理合理化	・平成6年1月1日以后的特许申请相关的特许无效宣告审判中，增加新事项的补正属于无效理由 ・关于平成6年1月1日以后提出请求的无效宣告审判中的订正，特许异议申诉审判中的订正请求，适用新事项。经平成6年1月1日以后可以增加新事项的修改法，无论申请日是哪一天均不可以增加新事项。经平成6年1月1日以后提出请求的订正审判进行的订正不合法时，属于无效理由的对象
平成6年修改 (H7.7.1实施)	①存续期间的延长 ②特许权效力范围的扩大 ③对特许申请引入外文书面申请制度 ・订正笔误的基准说明书为特许说明书 ・根据原文对误译进行订正的许可 ④说明书对对发明的详细说明的记载要件 ⑤解释特许请求范围时对详细说明的参考 ⑥权利恢复制度的引入	・关于对实施日之前的申请的订正，适用旧法，适用旧法第126条，不许可误译订正。 ・订正笔误的基准说明书为特许说明书。 ・关于平成7年7月1日以后申请中的订正，适用修改法。
平成6年修改 (H8.1.1实施)	①授予特许权之前的特许异议申诉制度的废止及授予特许权之后的特许异议申诉制度的创设 ・异议申诉理由：限定于违反公益 ・异议申诉中可以请求订正	・关于平成8年1月1日公告决定的副本未送达的申请，无论申请日是哪一天均适用授权后特许异议申诉的申诉（包括程序中的异议申诉） ・关于订正关系，如止，无论申请日是哪一天不可以追加新事项。关于订正要件，根据申请日是否为平成7年7月1日以后而不同

671

续表

修改	修改的概要	审判关联修改中的注意事项
平成10年修改 （H11.1.1实施）	①损害赔偿制度的重新审视 ②发明的名称在申请书上省略记载 ③在先申请的地位的重新审视 ④优先权数据的交换 ⑤特许费用的下调 ⑥无效宣告审判中对请求理由的补正限制	·平成11年1月1日以后提出新的无效宣告审判请求的场合，对于修改前申请的特许权，如果与确定驳回的申请为同一特许权则无效 ·由于无效宣告审判中对审判请求书的请求理由要旨变更的补正限制为审判程序的忽视，因此即使是关于无效宣告审判的补正限制，在实施后提出请求的无效宣告审判中，也受请求书的要旨变更补正的限制
平成11年修改 （H12.1.1实施）	①审查请求期间的缩短 ②对订正请求中的订正要件的附条件删除 ③对特许侵权权的救济措施的扩充 ④法院与特许厅之间的侵权案件关联信息的交换 ⑤新颖性阻却事由的扩大 ·世界公知/公用的例外规定的适用对象的扩大 ·丧失新颖性的例外规定的适用对象的扩大 ·因特网上的技术信息定为新颖性阻却事由 ⑥丧失新颖性的例外规定的适用程序的简略化 ⑦分案/变更申请相关程序的简略化 ⑧特许费用的下调	·对订正请求中的独立特许要件的附条件删除适用于在平成12年1月1日以后提起的审判请求等的订正请求。另外，对被提起无效宣告审判的订正权利要求不符合独立特许要件的忽视，就实施日之前申请的特许等将因属于不合法订正而作为无效理由
平成14年修改 （H14.9.1实施）	①发明的实施行为的明确化 ②间接侵权规定的扩充（H15.1.1实施） ③说明书与权利要求书的分离（H15.7.1实施） ④PCT申请的国内过渡期间的延长 ⑤在先技术文献开示制度的引入	

续表

修改	修改的概要	审判关联修改中的注意事项
平成15年修改（H16.1.1实施）	①审查请求费的上调、特许费及申请官费的下调 ②审查请求官费的返还制度的引入 ③对共有特许权等的减免措施的重新审视 ④特许异议申诉制度的废止 ⑤无效宣告审判的记载要件 ⑥无效宣告审判的请求理由变更的例外许可 ⑦提起审判决定撤销诉讼之后对请求订正审判的时期的限制 ⑧法院作出的发回重审审查决定规定与发回重审审查决定后的订正请求机会等的调整规定 ⑨审查决定撤销诉讼中征求意见陈述制度及意见陈述制度的引入	〈特许异议的申诉〉 ·对实施日之前提起的特许异议申诉及特许异议申诉的已确定的撤销决定提起的再审，在该决定确定之前适用修改前的规定 ·对异议申诉的驳回决定提起的撤销诉讼或者对异议申诉书的驳回决定提起的撤销诉讼，适用旧法 平成16年1月1日以后提起的撤销诉讼（也可以在平成16年1月1日以后提起诉讼） ·平成16年1月1日以后提起的撤销决定的订正请求时期，限于第126Ⅱ的措辞替换 起90日以内（§第126Ⅱ的措辞替换） 〈无效宣告审判〉 ·关于平成16年1月1日以后提请求的审判/再审，适用修改法 ·关于征求意见陈述的规定，在实施前提请求的无效宣告审判或者再审的诉讼审中也适用 ·关于依决定发回重审或者发回重审后的无效宣告审判与再审的订正作为无效理由的规定等再审判中不适用 ·以违反修改后的订正要件的订正作为无效理由的规定，适用于平成16年1月1日以后作出的订正审判 〈订正审判〉 ·订正审判的请求期同的限制适用于对平成16年1月1日以后提起请求的订正审判及订正审判的确定审查决定的再审

673

续表

修改	修改的概要	审判关联修改中的注意事项
平成 16 年修改 (H17.4.1 实施)	①在先技术调查体制的扩充/效率化 ②利用因特网发行公报 ③利用事先缴纳制度对特许费的返还 ④基于实用新型的特许申请制度的引入 ⑤职务发明规定的重新审视	
平成 18 年修改 (H19.4.1 实施)	①分案要件的缓和 ②防御性补正的禁止	· 分案申请以基于平成 19 年 4 月 1 日以后申请的特许申请的分案申请为对象
平成 20 年修改 (H21.4.1 实施)	①一般实施权利等登记制度的重新审视 ②不服审判请求期间的重新审视 ③优先权文件的电子交换的对象国的扩大 ④特许/商标相关费用的下调 (H20.6.1 实施) ⑤费用缴纳的账户转账制度的引入 (H21.1.1 实施)	· 对实施日之前被送达副本的驳回决定或者驳回补正决定提起不服审判的请求期间，适用修改法前的规定 · 对平成 18 年修改法实施日（平成 19 年 4 月 1 日）以前的特许申请，于平成 20 年修改法的实施日（平成 21 年 4 月 1 日）以后送达驳回决定不服审判 "同时" 进行分案申请只能与驳回决定不服审判 "同时" 进行分案申请（特§44①三） · 对平成 18 年修改法实施日（平成 19 年 4 月 1 日）以后的特许申请，于平成 20 年修改法的实施日（平成 21 年 4 月 1 日）以后在该决定的副本送达日起 "3 个月以内" 可以在该决定的副本送达日起 "3 个月以内" 进行分案申请（特§44①三），但是与驳回决定不服审判 "同时" 进行分案申请（特§44①一），在分案的实体要件的判断基础的原申请的说明书等上不同

续表

修改	修改的概要	审判关联修改中的注意事项
平成15年修改 (H16.1.1实施)	①审查请求费的上调，特许费及申请官费的下调 ②审查请求官费的返还制度的引入 ③对共有特许权等的减免措施的重新审视 ④特许异议申诉制度的废止 ⑤无效宣告审判的请求理由的记载要件 ⑥无效宣告审判的请求理由的请求变更的例外许可 ⑦提起审查决定撤销诉讼之后对请求订正审判的时期的限制 ⑧法院作出的发回重审审查决定规定与发回重审查决定的订正请求机会等的调整规定 ⑨审查决定撤销诉讼中征求意见制度及意见陈述制度的引入	〈特许异议的申诉〉 ·对实施日之前提起的特许异议申诉及特许异议申诉的已确定的撤销决定提起的再审，在该决定确定之前适用修改前的规定 ·对异议申诉的驳回决定提起的诉讼或者对异议申诉书的撤回决定提起的撤销的诉讼，适用旧法 ·平成16年1月1日以后提起诉讼 ·平成16年1月1日以后提起的撤销决定的撤销诉讼在法院开始审理时的订正请求时期，限于撤销诉讼开始审理起90日以内（§第126Ⅱ的措辞替换） 〈无效宣告审判〉 ·关于平成16年1月1日提请的审判/再审，适用修改法 ·关于征求意见陈述的规定，在实施前提请的无效宣告或者再审查决定等规定，在实施前提请的无效宣告审审查审判中不适用 ·关于依决定发回重审或者发回重审后的订正作为无效要件的订正的规定，在实审施后提起的订正审判的请求、无效宣告审判和订正审判等审判中适用 ·以违反修改后的订正要件的订正作为无效理由的规定，适用于平成16年1月1日以后作出的审查决定的再审 〈订正审判〉 ·订正审判的请求期间的限制适用于对平成16年1月1日以后提起请求的审判及订正审判及订正审查决定的确定

续表

修改	修改的概要	审判关联修改中的注意事项
平成16年修改（H17.4.1实施）	①在先技术调查体制的扩充/效率化 ②利用因特网发行公报 ③利用事先缴纳制度对特许费的返还 ④基于实用新型的特许申请制度的引入 ⑤职务发明规定的重新审视	
平成18年修改（H19.4.1实施）	①分案要件的缓和 ②防御性补正的禁止	·分案申请以基于平成19年4月1日以后申请的特许申请的分案申请为对象
平成20年修改（H21.4.1实施）	①一般实施权利等登记制度的重新审视 ②不服审判请求期间的重新审视 ③优先权文件的电子交换的对象国的扩大（H20.6.1实施） ④特许/商标审判费用的下调 ⑤费用缴纳的账户转账制度的引入（H21.1.1实施）	·对实施日之前被送达副本的驳回决定或者驳回补正决定提起不服审判请求期间，适用修改法的规定 ·对平成18年修改法的实施日（平成19年4月1日）以前的特许申请，于平成20年修改法的实施日（平成21年4月1日）以后送达驳回决定副本的，分案申请只能与驳回决定不服审判"同时"进行（特§44①一） ·对平成18年修改法的实施日（平成19年4月1日）以后的特许申请，于平成20年修改法的实施日（平成21年4月1日）以后送达驳回决定副本的，可以在该决定送达日起"3个月以内"进行分案申请（特§44①三），但是与驳回决定不服审判"同时"进行的分案申请（特§44①一），在分案申请的判断基础的原申请的说明书等上等上不同

附录 3

续表

修改	修改的概要	审判关联修改中的注意事项
平成 15 年修改 （H16.1.1 实施）	①审查请求费的上调、特许费及申请官费的下调 ②审查请求官费的返还制度的引入 ③对共有特许权的减免措施的重新审视 ④特许异议申诉制度的废止 ⑤无效宣告审判的请求审理由的记载要件 ⑥无效宣告审判的请求审理由的要旨变更的例外许可 ⑦提起审查决定撤销诉讼之后请求订正审判的时期的限制 ⑧法院作出的发回重审判决规定与发回重审后的订正请求机会等的调整规定 ⑨审查决定撤销诉讼中征求意见制度及意见陈述制度的引入	〈特许异议的申诉〉 ・对实施日之前提起的特许异议申诉及特许异议申诉书的已确定的撤销决定提起的再审，在该决定确定之前适用修改前的规定 ・对异议申诉的驳回决定的撤销提起的诉讼或者对异议申诉书的驳回决定提起的诉讼，适用旧法 ・平成 16 年 1 月 1 日以后提起撤销决定的诉讼（也可以在平成 16 年 1 月 1 日以后提起诉讼） ・平成 16 年 1 月 1 日以后提起撤销决定的撤销诉讼时期的调整等规定，限于诉讼在法院开始审理起 90 日以内（§第 126Ⅱ的措辞替换） 〈无效宣告审判〉 ・关于平成 16 年 1 月 1 日以后提起的审判/再审，适用修改法 ・关于征求意见/意见陈述的规定，在实施前提请求的无效宣告审判或者再审查决定审理中不适用 ・关于依决定发回重审或者发回重审后的无效宣告审判的调整规定等作为无效理由的，在实施前提起的订正审判等的无效理由的规定，适用于平成 16 年 1 月 1 日以后的订正审判（订正审判） ・以违反修改规定的订正作为无效理由的规定，适用平成 16 年 1 月 1 日以后作出的订正审判的再审 〈订正审判〉 ・订正审判的请求期间的限制适用于平成 16 年 1 月 1 日以后提起对订正审判及确定审查决定的再审

673

续表

修改	修改的概要	审判关联修改中的注意事项
平成16年修改（H17.4.1实施）	①在先技术调查体制的扩充/效率化 ②利用因特网发行公报 ③利用事先缴纳制度对特许费的返还 ④基于实用新型的特许申请制度的引入 ⑤职务发明规定的重新审视	
平成18年修改（H19.4.1实施）	①分案要件的缓和 ②防御性补正的禁止	・分案申请以基于平成19年4月1日以后申请的特许申请的分案申请为对象
平成20年修改（H21.4.1实施）	①一般实施权利等登记制度的重新审视 ②不服审判请求期间的重新审视 ③优先权文件的电子交换的对象国的扩大（H20.6.1实施） ④特许/商标费用的下调 ⑤费用缴纳的账户转账制度的引入（H21.1.1实施）	・对实施日之前被送达副本的驳回决定或者驳回补正决定提起不服审判的请求期间，适用修改前的规定 ・对平成18年以前的特许申请，于平成19年4月1日（平成19年修改法的实施日）以后送达驳回决定副本的，分案申请只能与驳回决定不服审判"同时"进行（特§44①一） ・对平成18年以前的特许申请，于平成19年4月1日（平成19年修改法的实施日）以后送达驳回决定副本的，可以在该决定副本送达日起"3个月以内"进行分案申请（特§44①三），但是与驳回决定不服审判"同时"进行的分案申请（特§44①一），在分案申请的判断基础的原申请的说明书等上不同

续表

修改	修改的概要	审判关联修改中的注意事项
平成23年修改 （H24.4.1实施）	①一般实施权利等的对抗制度的重新审视 ②对假冒/违反共同申请的救济措施的整备 ③提起审查决定撤销诉讼之后禁止请求订正审判 ④再审的诉讼等中主张的限制 ⑤审查决定的确定范围等相关规定的整备 ⑥无效审判等确定审查决定的第三人效力的重新审视 ⑦特许费等的减免相关例外规定法令的重新审视 ⑧发明的新颖性丧失的救济规定等的重新审视 ⑨申请人/特许权人的重新审视 ⑩费用的重新审视 ⑪商标权消灭之后1年内的排除注册规定的废止	关于特许法的过渡措施，参照附则第2条（→附录2.（2）、附录4.（2））
平成26年修改 （H27.4.1实施）	①救济措施的扩充 ②特许异议申诉制度的创设 ③为了在多个国家一并申请外观设计的规定的整备（《日内瓦修改协定》在日本产生效力之日起实施） ④商标法的保护对象的扩充 ⑤地区集体商标的注册主体的扩充 ⑥PCT官费的缴纳程序的重新审视（H26.8.1实施） ⑦代理师的使命的明确化	特许异议申诉制度的创设、特许无效宣告审判中对请求人适格的变更（"任何人" → "利害关系人"）
平成27年修改	①职务发明规定的重新审视 ②特许费等的修改 ③使特许法公约及关于商标法的新加坡公约得以实施的规定的整备	

(2) 过渡措施摘录

（H26年法）
H27.4.1实施

附则 §2

16 新特许法第一百一十三条的规定，在该法律的实施之前根据旧特许法第六十六条第三款的规定刊载同款各项列举的事项的特许公报已经发行的特许，不予适用。

17 关于该法律的实施之前提起的特许无效宣告审判请求，无论新特许法第一百二十三条第二款的规定如何，均从前例。

（H23年法）
H24.4.1实施

附则 §2

8 新特许法第三十九条的规定，适用于在该法律的实施日以后提起的特许申请、关于该法律的实施日以前提起的特许申请或者实用新型申请或者实用新型申请，从前例。

9 新特许法第四十九条、第七十四条、第一百零四条之三第三款以及第一百二十三条第一款第六项及第一百二十五条第一款的规定，适用于在该法律的实施日以后提起的特许申请，关于该法律的实施日以前提起的特许申请，从前例。

10 新特许法第六十七条之三第一款及第六十七条之五第一款的规定，适用于在该法律的实施日以后提起的特许权存续期间的延长注册申请，关于该法律的实施日以前提起的特许权存续期间的延长注册申请，从前例。

第11款～13款 省略

14 该法律的实施日之前，对于诉讼已完结的案件、第二审的高等法院或者地方法院中口头辩论已终结的案件，以及简易法院的判决或者地方法院作为第一审作出的判决未保留上诉权利达成不上诉协议的案件，无论新特许法第一百○四条之四第一款的规定如何，均从前例。

15 新特许法第一百○四条之四的规定，适用于在该法律的实施日以后提起的再审之诉（包括对以该诉讼为本案的暂时扣押命令案件的债权人请求损害赔偿为目的的诉讼，以及对以该诉讼为本案的临时处分命令案件的债权人请求损害赔偿等进行部分修改的法律（平成十六年法律第一百二十号）中对同条第一项第三项或第三项列举的审查决定已确定的主张（限于根据对法院法等进行部分修改的法律（平成十六年法律第一百二十号）中对同条第一项第三项或第三项列举的审查决定已确定的主张（以下称为"平成十六年修改特许法"）第一百○四条之三第一款的规定的主张）适用修改后新特许法第四款的规定，适用新特许法第一百○四条之四第二项列举的审查决定已确定的主张（限于适用新特许法第一百○四条之三第一款的规定的主张），以及对新特许法第一百○四条之四第二项列举的审查决定已确定的主张相关的再审之诉中的主张），以及对新特许法第一百○四条之四第二项列举的审查决定已确定的主张规定的诉讼案件相关的再审之诉中的主张。

续表

第16、17款	省略
18	关于该法律的实施日之前提起请求的审判或者再审，在该审查决定确定之前从前例。
19	关于该法律的实施日之前提起请求的特许无效宣告审判的确定审查决定的相关特许的订正审判，在该审查决定尚未确定之前从前例。
20	关于该法律的实施日之前提起请求的审判的确定审查决定的再审，以及对该法律的实施日以后根据前款规定提出请求的从前例进行的旧特许法第十八款或第十九款的规定的订正审判，从前例。
21	关于该法律的实施日之前进行的旧特许法第一百二十六条第一款或第一百三十四条之二第一款的订正（包括该法律的实施日以后根据前款规定从前例的）相关的特许的实施日以后与确定审查决定登记后与确定审查决定登记后的审判基于同一事实及同一证据的审判，从前例。
22	新特许法第一百六十七条的规定，适用于在该法律的实施日以后请求的特许无效宣告审判基于同一事实及同一证据的审判，关于在该法律的实施日以前请求的特许无效宣告审判，从前例。
23	新特许法第一百七十八条第一款及第一百九十五条第三款的规定，适用于在该法律的实施日以后请求的特许无效宣告审判的根据新特许法第一百三十四条之二第一款的实施日以前提起请求书的对旧特许法第一百二十三条第三款的规定作出的驳回决定，关于该法律的实施日以前提起请求的订正请求书的对旧特许法第一百二十三条第三款的规定作出的驳回决定的订正请求的驳回决定，从前例。
24	新特许法第一百八十一条的规定，适用于对在该法律的实施日以后提起请求的特许无效宣告审判的审查决定提起的诉讼，关于对在该法律的实施日以前提起请求的审判的审查决定提起的诉讼，从前例。
第25、26款	省略
27	新特许法附表第十三号的规定，适用于该法律的实施日以后提出请求的特许无效宣告审判的官费，旧特许法附表第十三号的规定的审判的官费，关于该法律的实施日以前提出请求的特许无效宣告审判的官费的规定具有效力。

(50年法) 51.1.1	(60年法) 60.11.1	(62年法) 63.1.1	(H2年法) H2.12.1	(H5年法) H6.1.1	(H6年法) H7.7.1 H8.1.1 (授权后异议)	(H10年法) H11.1.1	(H11年法) H12.1.1	(H14年法) H15.7.1	(H15年法) H16.1.1	(H18年法) H19.4.1	(H20年法) H21.4.1
附则§2 (1) 关于实施该法律之际提出的特许申请或者在特许厅正在进行审查特许申请中的请求或特许,除根据修改后特许法第195条第1款的规定缴纳的官费以外,关于该特许申请的审决之前,关于实施该法律以前提起的特许申请的特许申请的无效理由,从前例。	略	附则§3 (1) 根据第2条的规定修改后特许法第36条第4款及第5款、第37条、第49条第3项、第55条第1款但书、第123条第1款及第185条第3款以及第195条第3款的规定,适用于在该法律实施后提起的特许申请,关于实施	关于工业所有权程序等的特例的特许法等修改的特许法附则§2 (1) 根据第4条的修定规定修改后特许法第36条第1款的规定也适用于在该法律实施后具有效力。	附则§2 (1) 关于实施该法律之际在特许厅正在进行审查的特许申请或附§2 (1) 实施该法律的特许申请或者附图的补正及对驳回的补正及对驳回的特许申请的特许申请或特许,除根据修改后特许法第195条第1款的规定缴纳的官费以外,关于该特许审判的审决确定之前,关于实施该法律以前提起的特许申请,从前例。 (4) 新特许法第123条第1款第4项及第184条之15第2项的规定,适用于在该法律实施后提起的特许申请,	附则§6 (1) 对实施该法律以前的特许申请书所附的说明书、权利要求书或附图的订正及对驳回特许申请的审决的无效,从前例。 (2) 新特许法第36条、第37条、第49条第4项及第123条第1款第4项的规定,适用于在该法律实施后提起的特许申请,	附则§2 (1) 对实施该法律以前的特许申请或者附审判的决定确定以前,或审查的审决确定之前,从前例。 (12) 对实施该法律以前提起的特许异议申请或者撤销的特许申请或撤销的理由,从前例。 (13) 对实施该法律以前提起的特许异议申请或者撤销的理由,已确定的撤销决定提起诉讼,从前例。	附则§2 (1) 关于实施该法律之际在特许厅进行审查申请中的新颖性要件,对该特许申请的审查决定确定之前,从前例。 (12) 对实施该法律以前提起的特许异议申请无效的理由,从前例。 (13) 对实施该法律以前提起的特许异议申请或者撤销决定的诉讼,同款的规定销定诉讼	附则§2 (1) …… 修改后的特许法…… 第36条第4款的规定适用于该法律实施以前提起的特许申请,从前例。 附则§3 (2) 该法律实施前提起的特许申请或新型申请的场合,关于第29条之2规定的其他特许申请或者实用新型申请,适用同条第1款的	附则§2 (7) 关于实施该法律以前提起的特许异议申请或者审判或者再审查决定之前,从前例。 (8) 关于实施该法律以前提起的特许异议申请或者再审的已确定的撤销决定之前,从前例。 (9) 关于实施该法律以前提起的特许异议申请或者再审的已确定的撤销决定的驳回的诉讼,从前例。 (10) 适用法律实施以后提出的特许无效宣告	附则§3 (1) 根据第2条的规定修改的特许法(以下称为"新特许法")第17条之2、第36条之3、第41条、第44条之2、第46条之2、第49条第50条及第53条、第159条及第163条的规定,适用于实施该法律以后交付的请求特许法律实施以后提交的请求,	附则§1 (1) 根据第1条的规定修改的特许法(以下称为"新特许法")第17条之2第1项、第4款、第121条及第162条的规定,关于对该法律实施以后本的驳回决定起的决定不服送达的请求,适用法律实施以后已送达决定的副本的驳回决定不服审判请求,(3) 新特许法第44条第1款及第3项及

678

续表

			第6款的规定，适用于实施该法律以后的特许申请，从前例。
该法律之前的特许申请，从前例。	该法律以后（以上为H7.7.1实施附则§8（1）实施该法（修改法）第2条的规定在实施特许申请的之际，进行审查中的特许权，特许申请根据新特许法以及决定送达后同条规定的特许申请在实施该法修改前的已进行审查的特许权，无论审判或再审，均从前例。（5）新第123条第1款第7项的规定，适用于在实施该法以后根据订正以及该法修改前的实施的特许以及根据旧特许法进行订正的特许，从前例。（以上为H8.1.1实施的部分）	的再审中的请求书或者实用新型权利要求书、说明书或附图的订正。无论新特许法第120条之4第3款及新特许法第134条第5款的规定如何，均从前例。	审判的审查决定提起的诉讼，关于实施该法律以前的特许申请第123条第1款的审查决定提起的诉讼，从前例。（11）新第123条第1款第8项的规定适用于实施该法以后根据新规定的实施订正以及该法实施以后根据该规定进行订正的特许，从前例。	适用于实施该法律以后的实施最初副本送达的特许申请，且在修改外观设计的部分的特许（……以下称为"平成18年修改法"）的实施日以后提起的特许申请，关于实施最初副本送达决定回的特许申请，或者在平成18年修改法的实施日以后提起的特许申请，从前例。

（参考）《关于该效力》与《从前例》

- 两者均为过渡性地使旧法令的效力或者旧制度暂时持续的规定。前者的场合，旧法令或者修改前的法令成为适用的依据；后者则根据《具有该效力》的规定使旧法令的规定成为适用的依据。

- "从前例" 规定，除该法律以外，根据还包括实施令或修改令等在内的旧法令的规定对实施特许的规定或修改前的法令对对象，应当重新规定关于实施令等的措施。

- "从前例" 是在对某事项上实施令具有效力，因此如有必要可以修改。

- "具有该效力" 由于在某事项上，旧法令或者修改前的法令具有效力，之后不能修改，而《具有该效力》是在某事项上原封不动地以冻结的状态适用修改前的法律制度，因此如有必要可以修改。

(3) 【H16年法之前的无效理由一览】

(50年法) 51.1.1	(60年法) 60.11.1	(62年法) 63.1.1	(H2年法) H2.12.1	(H5年法) H6.1.1	(H6年法) H7.7.1	(H10年法) H11.1.1	(H11年法) H12.1.1	(H14年法) H14.9.1	(H15年法) H16.1.1	(H16年法) H17.4.1	理由
				1号关联 §17(2) (含§17之2 (2)) (*1) §17之3(2) §64(2) (在驳回决定不服审判规则上准用)	1号关联 §17之2(3) (*2)	1号关联 §17之2(3)	1号关联 §17之2(3)	1号关联 §17之2(3) (*5)	1号关联 §17之2(3)	1号关联 §17之2(3)	增加新事项
(1号关联) §25 §29 §29之2 §32 §37 §39 (1)～(4)	(1号关联) §25 §29 §29之2 §32 §38 §39 (1)～(4)	(1号关联) §25 §29 §29之2 §32 §38 §39 (1)～	(1号关联) §25 §29 §29之2 §32 §38 §39 (1)～(4)	2号关联 §25 §29 §29之2 §32 §38 §39 (1)～(4)	2号关联 §25 §29 §29之2 §32 §38 §39 (1)～(4)	2号关联 §25 §29 §29之2 §32 §38 §39 (1)～(4) (*3)	2号关联 §25 §29 §29之2 (*4) §32 §38 §39 (1)～(4)	2号关联 §25 §29 §29之2 §32 §38 §39 (1)～(4)	2号关联 §25 §29 §29之2 §32 §38 §39 (1)～(4)	2号关联 §25 §29 §29之2 §32 §38 §39 (1)～(4) (*6)	外国人权利的享有 特许要件 新颖性/创造性 扩大在先申请 特许对象 共同申请 在先申请
(2号关联)	(2号关联)	(2号关联)	(2号关联)	3号关联	3号关联	3号关联	3号关联	3号关联	3号关联	3号关联	违反公约
违法公约	[同左]	[同左]	[同左]	[同左]	[同左]	[同左]	[同左]	[同左]	[同左]	[同左]	

680

附录3

续表

								记载要件
(3号关联) §36(4),(5)	(3号关联) §36(3),(4)	(3号关联) §36(3),(4)	(3号关联) §36(4),(5)	4号关联 §36(4),(5)(第3项除外),(6)	4号关联 §36(4)(第4项除外)	4号关联 §36(4),(5)(第3项除外),(6)	4号关联 §36(4)(仅第1项),(6)(第4项除外)	4号关联 [同左]
(4号关联) 假冒	(4号关联) [同左]	(4号关联) [同左]	(4号关联) [同左]	5号关联 原文新事项	5号关联 [同左]	5号关联 [同左]	5号关联 [同左]	5号关联 [同左] 原文新事项
(5号关联) 授权后的 §25	(5号关联) [同左]	(5号关联) [同左]	6号关联 [同左]	6号关联 [同左]	6号关联 [同左]	6号关联 [同左]	6号关联 [同左]	6号关联 [同左] 假冒
			7号关联 [同左]	7号关联 [同左]	7号关联 [同左]	7号关联 [同左]	7号关联 [同左]	7号关联 [同左] 授权后的外国人的权利享有
		(7号关联) §126(1)但书(2)~(4)(含§134(5)准用) §134(2)但书	8号关联 §126(1)但书(2)~(4)(含§134(5)准用) §134(2)但书	8号关联 §126(1)但书 §126(2)~(4)(含§120之4(3),§134(2)(5)准用) §120之4(2) 但书§134(2)	8号关联 §126(1)但书 §126(2)~(5)(含§120之4(3),§134(2)(5)准用) §120之4(2) 但书§134(2)	8号关联 §126(1)但书(2)~(5)(含§120之4(3),§134(2)(5)准用) §120之4(2) 但书§134(2)	8号关联 [同左]	8号关联 [同左] 违反订正

(注)号关联表示新法的编号。

*1 补正的重新审视

*2 说明书的记载(原文申请,原文订正)

*3 关于放弃的在先申请,驳回决定或者审查决定已确定的在先申请,不适用§39

*4 世界公知,因特网公知引入

*5 特许权利要求书与说明书的分离

*6 基于实用新型的特许申请

681

(4) 驳回理由一览（特许法 §49）

[H23 年法与 H18 年法规定的驳回理由的对比]

驳回理由	H18 年法	H23 年法
	实施日：H19.4.1	实施日：H24.4.1
补正要件	§49 一号关联	同左
新事项	§17 之 2（3）	同左
变更发明的特别技术特征的补正	§17 之 2（4）	同左
外国人权利的享有	§49 二号关联 §25	同左
发明/新颖性/创造性	§29	
扩大在先申请	§29 之 2	
特许对象	§32	同左
共同申请	§38	
在先申请	§39①~④	
违反公约	§49 三号关联	同左
记载要件	§49 四号关联 §36④一、⑥	同左
单一性	§37	同左
现有技术文献开示	§49 五号关联 §36④二	同左
原文新事项	§49 六号关联	同左
假冒	§49 七号关联	同左
	该特许申请人非发明人的情况，就该发明不继承接受特许的权利时	该特许申请人就该发明不享有接受特许的权利时

附录3

[H18年法之前的驳回理由一览]

(50年法)51.1.1	(60年法)60.11.1	(62年法)63.1.1	(H2年法)H2.12.1	(H5年法)H6.1.1	(H6年法)H7.7.1	(H6年法)H8.1.1	(H14年法)H14.9.1	(H15年法)H16.1.1	(H18年法)H19.4.1	理 由
					1号关联 §17(2)（含§17之2(2))	1号关联 §17之2(3)	1号关联 §17之2(3)	1号关联 §17之2(3)	1号关联 §17之2(3); §17之2(4)	新事项 变更发明 的特别特 征的补正
(1号关联) §25	(1号关联) §25	(1号关联) §25	(1号关联) §25	2号关联 §25	2号关联 §25	2号关联 §25	2号关联 §25	2号关联 §25	2号关联 §25	外国人权利的享有
§29	§29	§29	§29	§29	§29	§29	§29	§29	§29	发明/新颖性/创造性
§29之2	§29之2	§29之2	§29之2	§29之2	§29之2	§29之2	§29之2	§29之2	§29之2	扩大在先申请
§31										
§32	§32	§32	§32	§32	§32	§32	§32	§32	§32	特许对象
§37	§37	§38	§38	§38	§38	§38	§38	§38	§38	增加的特许 共同申请
§39(1)~(4)	§39(1)~(4)	§39(1)~(4)	§39(1)~(4)	§39(1)~(4)	§39(1)~(4)	§39(1)~(4)	§39(1)~(4)	§39(1)~(4)	§39(1)~(4)	在先申请
(2号关联) 违反公约	(2号关联) [同左]	(2号关联) [同左]	(2号关联) [同左]	(3号关联) [同左]	(3号关联) [同左]	(3号关联) [同左]	(3号关联) [同左]	(3号关联) [同左]	(3号关联) [同左]	违反公约
(3号关联) §36(4)、(5)	(3号关联) §36(3)~(5)	(3号关联) §36(4) (6)	(3号关联) §36(4) (6)	(4号关联) [同左]	(4号关联) §36(4) (6) §37	(4号关联) §36(4) (6) §37	(4号关联) §36(4)①、(6) §37	(4号关联) [同左]	(4号关联) [同左]	记载要件 单一性
§38	§38									
							5号关联 §36(4)②	5号关联 [同左]	5号关联 [同左]	现有技术开示要件

683

续表

(4号关联)[同左]	(4号关联)[同左]	(4号关联)[同左]	(4号关联)[同左]	(5号关联)[同左]	(5号关联)原文新事项	(6号关联)[同左]	(6号关联)[同左]	原文新事项
假冒					(6号关联)[同左]	(7号关联)[同左]	(7号关联)[同左]	假冒
§31 §36(6) §38	§36(5) §38	§36(4)③ §37	§36(5)③ §37	§36(5)③ §37	§36(6)④ §37 §38 §17之2(3) 中,外文书面申请	§36(6)④ §37 §38 §17之2(3) 中,外文书面申请 假冒	—	授权前异议申诉制度下,左记的理由构成异议申诉理由
						—	—	H8.1.1开始实施的授权后异议申诉制度中,异议申诉的理由是该被驳回中请的理由除去左记的理由之外的理由

684

(5) 第36条的变迁

法律	昭和50年法	昭和60年法	昭和62年法	平成2年法	平成5年法	平成6年法（第1条关联）	平成6年法（第2条关联）	平成10年法	平成14年法
实施日	昭和50.1.1	昭和60.11.1	昭和63.1.1	平成2.12.1	平成6.1.1	平成7.7.1	平成8.1.1	平成11.1.1	平成14.9.1
修改的要点	*多项制的采用	*增加的特许制度的废止（删除第31条）→第36条第3款的删除	*改善多项制的采用（发明数→权利要求数，申请的单一性）	要约书采用→根据第36条第2款的修改下调编号		*第36条的修改→说明书记载要件的缓和："明确并充分"地记载发明的详细说明，"明确简洁"地记载权利要求书。*外文书面申请制度的引入		*申请书记载事项"发明的名称"的删除→第36条第2项的删除及第1款第3项的编号下调	*说明书与权利要求书的分离→在第36条第2款增加"权利要求书"及就关联条文从"说明书"分离"权利要求书"*就发现有技术文献信息增加第36条第4款第2项
条文 详细的说明	第4款 第2款 第3项 在前的详细说明中，应当在该发明所属技术领域中具有一般知识者可以容易地实施的程度下，记载该发明的目的，构成及效果。	第3款 第3项 在前的详细说明中，应当在该发明所属技术领域中具有一般知识者可以容易地实施的程度下，记载该发明的目的，构成及效果。	第3款 [同左]	第4款 [同左]	第4款 [同左]	第4款 在前款第3项的发明的详细说明中，根据产业省令的规定，应当在该发明所属的技术领域中具有一般知识者可以容易地实施的程度下，明确并充分地记载。	第4款 [同左]	第4款 [同左]	第4款 对前款第3项的发明的详细说明的记载应当符合以下各项的规定。第1项 根据经济产业省令的规定，在该发明所属的技术领域中具有一般知识者可以容易地实施的程度下，明确并充分地记载。第2项 该发明关联的文献公知发明（指在第29条第1款第3项所列举的发明，下同）中，接受授权者在申请特许申请时有一般知道的，对记载该发明的出版物的名称等其他关于该文献公知发明的信息所在进行记载。

附录3

685

续表

法律	昭和50年法	昭和60年法	昭和62年法	平成2年法	平成5年法	平成6年法（第1条关联）	（第2条关联）	平成10年法	平成14年法
实施日	昭和50.1.1	昭和60.11.1	昭和63.1.1	平成2.12.1	平成6.1.1	平成7.7.1	平成8.1.1	平成11.1.1	平成14.9.1
条文 权利要求书	第5款 在第2款的权利要求第4项的记载中,应当仅记载对发明的构成不可或缺的事项。但是,不得妨碍结合该发明的实施状态的记载。	第4款 在第2款的权利要求第4项的记载中,应当仅记载对发明的构成不可或缺的事项。但是,不得妨碍结合该发明的实施状态的记载。	第4款 对第2款第4项的权利要求书的记载,应当适合以下各项。第1项 希望被授予权利的发明应当在发明的详细说明中已记载。第2项 仅记载希望被授予权利的发明构成的事项（以下称为"权利要求"）相分的事项。第3项 根据其他通商产业省令的规定予以记载。	第5款 对第4项的权利要求书的记载,应当适合以下各项。第1～3项 [同左]	第5款 [同左]	第6款 对第4项的权利要求书的记载,应当适合以下各项。第1项 希望被授予权利的发明应当在发明的详细说明中已记载。第2项 希望被授予权利的发明是明确的。第3项 各个权利要求的记载是简洁的。第4项 根据其他通商产业省令的规定予以记载。	第6款 [同左]	第6款 [同左]	第6款 对第2款的权利要求书的记载应当为适合以下各项的记载 [同左] 第1～4项

续表

法律	昭和50年法	昭和60年法	昭和62年法	平成2年法	平成5年法	平成6年法（第1条关联）	平成6年法（第2条关联）	平成10年法	平成14年法
实施日	昭和50.1.1	昭和60.11.1	昭和63.1.1	平成2.12.1	平成6.1.1	平成7.7.1	平成8.1.1	平成11.1.1	平成14.9.1
条文 权利要求书	第6款 依前款规定的权利要求书应当根据通商产业省令的规定进行记载。	第5款 依前款规定的特许权利要求书应当根据通商产业省令的规定进行记载。	第5款 前款的规定不得妨碍该项记载成为某一项权利要求中涉及的发明与其他权利要求涉及的发明为同一权利要求的记载。	第6款[同左]	第6款[同左]	第5款第3款 在第4项的权利要求书中，应当区分权利要求，特许申请人在每个希望被授权的权利要求上为了指定权利要求记载的全部事项。该场合有必要时，不妨碍某一项权利要求涉及的发明与其他权利要求涉及的发明为同一权利要求的记载。	第5款[同左]	第5款[同左]	第5款 在第2款的权利要求书中，应当区分权利要求，特许申请人在每个希望被授权的权利要求上为了指定权利要求记载的全部事项。该场合有必要时，不妨碍涉及的发明与其他权利要求涉及的发明为同一权利要求的记载。
要约书				第7款 在第2款的要约书中，应当在说明书或记载附图中的概要等说明发明的其他通商产业省令规定的事项。	第7款[同左]	第7款[同左]	第7款[同左]	第7款[同左]	第7款 在第2款的说明书中，权利要求在要约书或记载附图的发明的概要等通商产业省令规定的事项。

续表

法律	昭和50年法	昭和60年法	昭和62年法	平成2年法	平成5年法	平成6年法（第1条关联）	平成6年法（第2条关联）	平成10年法	平成14年法
实施日	昭和50.1.1	昭和60.11.1	昭和63.1.1	平成2.12.1	平成6.1.1	平成7.7.1	平成8.1.1	平成11.1.1	平成14.9.1
附则过渡措施	*旧法下提出的申请适用旧法，附则§2、③、实施前提出申请的特许的无效理由，从前例。	*除增加的特许以外，旧法下提出的申请适用新法，旧法§2下提出申请中也无适用过渡措施（对附则3的背后含义的理解）	*旧法下提出的申请适用旧法，附则§3、§36④、§123①实施后实施后申请从前例。	*旧法下提出的申请适用旧法，特例法，附则§2、令附则§2，适用于实施后的修改前的特许法的规定具有效力。	*旧法下提出的申请适用旧法，附则§2、④，适用于实施后的无效宣告审判请求§123①一，关于及订正，关于实施后提出的申请）。	*旧法下提出的申请适用旧法，附则§6法、第123条①四的规定的修订，适用于实施后的申请。	*旧法下提出的申请适用旧法。	*旧法下提出的申请适用旧法。	*旧法下提出的申请适用旧法。

（2018.9 修订）

附录 4
实用新型法的运用关系一览

（1）法律修改的概要与注意事项
（2）过渡措施摘录（新实用新型法）
（3）过渡措施摘录（旧实用新型法）
（4）无效理由一览（实用新型法 §37）

（1）法律修改的概要与注意事项

修改	修改的概要	审判关联修改中的注意事项
平成 5 年修改 （H6.1.1 实施）	①早期授权制度的采用 ・提出实用新型技术评价书予以警告之后，可以对侵权人等行使权利 ・侵权诉讼被告行使权利的场合，向权利人转移举证责任 ・补正中禁止增加新事项 ・不合法的补正的无效理由化 ・授权后允许限于以权利要求订正为目的的请求 ・无效宣告审判中允许订正请求 ・通过向无效审查授权的审判/订正的审判/驳回决定的审判/订正的审判过渡，废止对驳回决定的无效宣告审判 补正审查决定的审判/订正的审判存续期间的变更（申请日起 6 年） ②权利存续期间的变更	・呈报接受适用新实用新型法时，视为撤回了旧实用新型申请 ・新实用新型申请视为旧实用新型申请之时所提出的申请
平成 6 年修改 （H7.7.1 实施）	①说明书的记载要件 ②对基于 PCT 的外文实用新型申请、允许以笔误订正为目的的补正 ③在解释权利要求时参考发明的详细说明 ④权利恢复制度的引入	・关于平成 7 年 7 月 1 日以后的实用新型申请相关的审判/再审，适用修改法
平成 10 年修改 （H11.1.1 实施）	①损害赔偿制度的重新审视 ②实用新型技术方案的名称在申请书上省略记载 ③在先申请的地位的重新审视 ④费用的下调	・即使是在平成 11 年 1 月 1 日以后提出新的无效宣告审判请求的情况，关于修改日之前提起申请的实用新型权，适用旧法的规定 （关于实施旧法前提起申请的实用新型申请相关的无效宣告审判，适用旧法不认可与驳回已确定的申请相同的实用新型技术方案的授权，该实用新型无效）
平成 11 年修改 （H12.1.1 实施）	①对侵权的救济措施的扩充 ②法院与特许厅之间的侵权案件关联信息的交换	・平成 12 年 1 月 1 日以后提起的实用新型申请相关的实用新型的无效理由适用修改法

续表

修改	修改的概要	审判关联修改中的注意事项
平成11年修改（H12.1.1实施）	③新颖性阻却事由的扩大 ・世界公知/公用的引入，因特网上的技术信息定位于新颖性阻却事由 ④丧失新颖性的例外规定的适用对象的扩大 ⑤变更申请相关程序的简略化 ⑥注册费的下调	
平成14年修改（H14.9.1实施）	①实用新型技术方案的实施行为的明确化 ②说明书与权利要求书的分离 ③PCT申请的国内过渡期间的延长	
平成15年修改（H16.1.1实施）	①无效宣告审判请求人适格的扩大 ②无效宣告审判的请求理由的记载要件 ③无效宣告审判的请求的请求理由变更的要旨变更的例外允许 ④审查决定撤销诉讼中征求意见陈述制度的引入	・关于平成16年1月1日以后提起请求的审判/再审的程序等的规定适用修改后 ・关于征求意见/意见陈述的规定，在实施前提起请求的无效宣告审判或者再审的审查决定撤销诉讼中也适用
平成16年修改（H17.4.1实施）	①存续期间的延长 ②订正的允许范围的扩大 ③不合法的订正的无效理由化	・关于平成17年4月1日以后提起的申请，可以进行以限缩权利范围为目的，订正笔误及解释不清楚的记载为目的的订正 ・以进行了违反修改后的订正要件的订正为无效理由的规定，适用于平成17年4月1日以后进行的订正
平成18年修改（H19.4.1实施）	略	
平成20年修改（H21.4.1实施）	略	

续表

修改	修改的概要	审判关联修改中的注意事项
平成23年修改（H24.4.1实施）	①一般实施权的对抗制度的重新审视、临时一般实施权的整备（§4之2、§10、§19、§49） ②对假冒/违反共同申请的申请相关的救济措施的整备（§7、§17之2、§26、（§30）、§37、§50） ③再审的诉讼等中对主张的限制（§30） ④审查决定确定范围的整备（§14之2、§41） ⑤无效宣告审判的确定审查决定的第三人效力的废止（准用特许法第167条） ⑥发明（实用新型技术方案）的新颖性丧失的例外规定等的重新审视（§11①（准用特许法第30条） ⑦申请人/特许权人（实用新型权利人）的救济程序的重新审视（§33之2、§48之4）	修改事项②（审判关联摘录）、④的概要 ○修改事项② ·实用新型无效宣告审判中，关于假冒等无效理由的解除（§37①二、五） 通过行使转移请求权，假冒申请相关的实用新型权已转移至真正权利人的情况，不属于假冒等的无效理由。 ·假冒申请的在先申请的地位相关的重新审视（§7） 为防止真正权利人就同一发明重复取得特许权的情况，就假冒申请确认可共有特许申请的地位。 ○修改事项④ ·作为订正的目的，增加"将引用其他权利要求记载的权利要求变为不再引用该其他权利要求的记载"（§14之2②但书四） ·审查决定的确定范围明确化（§41（准用特许法的规定）

※关于旧实用新型法，参照特许法的记载部分（→附录4（1））

(2) 过渡措施摘录（新实用新型法）

(H23年法）
H24.4.1 实施

附则 § 3

2 新实用新型法第七条的规定，适用于在该法律的实施日以后提起的实用新型注册申请，关于该法律的实施日以前提起的实用新型注册申请或者特许申请，从前例。

第 3～5 款　省略

6 新实用新型法第十七条之二、第三十条准用的新特许法第一〇四条之三第三款以及新实用新型法第三十七条第一款第五项及第二款的规定，适用于在该法律的实施日以后提起的实用新型注册申请，另外关于该法律的实施日以前提起的实用新型注册申请，从前例。

第 7～9 款　省略

10 新实用新型法第三十条准用的新特许法第一〇四条之四的规定，适用于在该法律的实施日以后提起的再审之诉（限于根据修改法院法等一部分的法律（平成十六年法律第一二十号）第五条的规定，适用修改后的实用新型法第三十条准用的平成十六年修改特许法第一〇四条之三第一款的规定的诉讼案件）中的主张。

第 11 款　省略

12 关于该法律的实施日之前提出请求的审判或者再审，在该审查决定确定之前，从前例。

13 关于该法律的实施日之前提出请求的审判的确定审查决定提起的再审，从前例。

14 关于该法律的实施日之前进行的订正（包括该法律第十二条第一款的根据第十二条第一款第七项的无效），从前例。

15 新实用新型法第四十一条准用的新特许法第一百六十七条的规定，适用于基于与该法律的实施日以后确定审查决定已登记的审判相同事实及证据的审判从前例。

16 新实用新型法第四十七条第二款准用的新特许法第一百八十一条的规定，适用于对该法律的实施日以后提出请求的审判的审查决定提起的诉讼，从前例。

第 17 款～18 款　省略

(50年法) 51.1.1	(60年法) 60.11.1	(62年法) 63.1.1	(H2年法) H2.12.1	(H5年法) H6.1.1	(H6年法) H7.1.1 H8.1.1	(H10年法) H11.1.1	(H11年法) H12.1.1	(H14年法) H15.7.1	(H15年法) H16.1.1	(H16年法) H17.4.1
附则§3（1）前条第1款的规定准用于特许法该实施之际在特许厅处于审查中的实用新型申请，前条第3款的规定适用于该法律实施之后提起的实用新型的无效的理由。	略	附则§3（2）新特许法第55条第1款正文（包括在新实用新型法第13条前条的规定在上准用的场合）的规定，适用于该法律实施之后刊载特许申请公告的特许申请或实用新型申请，从前例。	关于工业所有权相关程序等的特例法的实施令附则§3	附则§5（1）该法律的实施之际在特许厅处于审查中的实用新型申请（该实用新型申请之日起经过5年6个月的除外），根据第3条的规定适用修改新型法的（以下称为"新型法"）实施的实用新型申请（以下称为"旧申请"）规定的一件实用新型申请可以作为根据修改新实用新型法规定的实用新型申请（以下称为	附则§10（1）关于该法实施之际在特许厅处于审查中的实用新型申请或者在提起5年前的新型审判或者再审判的除外适用修改新型法第45条第1款准用的新特许法第173条第2款，以及新实用新型法第45条及第54条第2款第1款的规定从前例。（以上为H7.1实施的部分）（2）实用新型申请关于H7第2条及第1款规	附则§3（1）关于实施法律之际在特许厅处于审查中的实用新型申请，除其他规定以外，实施该新实用新型或实用新型申请审查的决定在确定之前，或者在被授权之前，从前例。（3）关于该法律之实施该法的实用新型相关提起的实用新型的无效的异议申请的理由，从前例。	附则§2（1）关于实施该法律之际在特许厅处于审查中的实用新型申请，除该法其他规定以外，实用新型的新颖性要件，在该申请被授权之前，从前例。（7）关于该法律之实施的实用新型相关提起的实用新型的无效的理由，从前例。	附则§5（2）实施日之前提起的实用新型申请或者特许申请，关于新实用新型法第3条之2规定的其他申请的规定使用同条的规定，同条"说明书"的规定，同条实用新型申请者特许权利要求书作为"说明书"。	附则§3（4）关于实施该法律以前提出请求的审判或者再审，在该审判或再审的判定之前，从前例。（5）关于实施该法律，以前提出请求的审判已确定的审查决定前的再审，从前例。	附则§3根据第2条的规定（实用新型法第54条第6款修改规定除外）修改后的实用新型法，适用于该法实施以后提起的实用新型申请，关于该法律以前的实用新型申请，从前例。

续表

"新实用新型申请"。 | 新实用新型定的实施之前送达决定的副本的申请公告终结的申请提起的实用新型申请适用新实用新型法第3条之2的规定,同条中的"发行或者""发行"分别作为"申请公开或者""申请公开"与"申请公开公告"。(以上为H8.1.1实施的部分)

(3) 过渡措施摘录（旧实用新型法）

（H23 年法）
H24.4.1 实施

（平成五年旧实用新型法的部分修改）

§17 对根据特许法等的部分修改的法律（平成五年法律第二十六号）附则第四条第一款的规定作为具有该效力的根据同法第三条的规定的修改前的实用新型（以下称为"平成五年旧实用新型法"）的部分进行以下修改。

将第十三条之三第四款中的"第一〇四条之二至第一〇四条之二（具体情况的明示义务，专利权人等的权利行使的限制，文件的提出等以及""第一〇四条之二（具体情况的明示义务），第一〇四条之五（",在"关联"之后增加"根据特许法等的权利行使的限制及主张的限制）"。（专利权人等的权利行使的限制及主张的限制）"。

（平成五年旧实用新型法的部分修改的过渡措施）

§18 根据前条的规定，适用于该法律的实施日以后提起的再审之诉（限于根据法等的部分修改的平成十六年法律第一百二十号）附则第四条第四款准用的平成十三年法律第一百〇四条之三第一款的规定被适用的诉讼案件（平成二十三年法律第 号）中的主张。

（平成五年法的部分修改）

§19 对特许法等的部分修改的法律（平成五年法律第二十六号。以下称为"平成五年法律四十七号。以下称为"平成五年旧法"）附则第十五条（平成十五年"平成五年修改法"）改为"特许法等的修改法""）的部分进行以下修改。

附则第四条第二款中的"特许法等的部分修改的法律（平成十六年法律第 号。以下称为"平成二十三年法律改法"），同款的表格进行如下修改。

表格省略

（平成五年修改法的部分修改的过渡措施）

§20 关于该法律的实施日之前的根据附则第十七条的规定的修改前的平成五年旧实用新型法（以下称为"旧平成五年旧实用新型法"）第三十七条第一款或者第四十八条之十二第一款的审判或者再审，在该审查决定确定之前，从前例。

2 关于旧实用新型法的实施日之前提出请求的旧平成五年实用新型法第四十八条第四十二条第一款（在下款中称为"订正的审判"），在该审查决定确定之前，从前例。

3 关于该法律的实施日之前提出请求的根据前款规定从前例所相关的实用新型的申请书所附的说明书或者附图的订正相关的订正审判或者根据第四十一条第一款或者第三十九条第一款，第三十九条第一款或者第四十八条之十二第一款的审判的确定审查决定以及该法律实施日之后根据前款规定从前例的订正审判请求的订正审判的确定审查决定的再审，从前例。

附录4

续表

4	关于该法律的实施日之前根据旧平成五年实用新型法第三十九条第一款或第四十条之二第一款的规定进行的订正（包括该法律的实施日以后根据旧平成五年实用新型法第三十九条第一款或第四十条之二第一款的规定进行的订正）相关的实用新型登记从前例的无效（限于旧平成五年实用新型法第三十七条第一款第二项之二的无效），从前例。
5	根据前条的规定修改法附则第四条第二款中被改变措辞的新平成五年实用新型法（以下称为"改变措辞后的新平成五年实用新型法"）第四十一条准用的新特许法第一百六十七条的规定，适用于审查决定与确定审判基于相同的事实及证据的审判，关于该法律的实施日以后与确定审查决定已登记的审判基于相同的事实及证据的审判，从前例。
6	新平成五年实用新型法第四十一条第一款以及改变措辞后的新平成五年实用新型法第四十八条之二第一款准用的新特许法第一百九十五条第六款或第一百九十五条之二的规定，适用于新平成五年实用新型法第三十条第三款或新平成五年旧实用新型法第一百三十条第三款的规定进行的审判请求的旧特许法第一百八十一条第一款以前例。关于该法律的实施日之前提出请求的新平成五年旧实用新型法第三十条第三款或新平成五年旧实用新型法第一百三十条第三款的规定进行的驳回决定的订正审判的请求书的订正相关的审判，从前例。
7	改变措辞后的新平成五年实用新型法第四十七条第二款的规定，适用于对该法律的实施日以后提出请求的新平成五年旧实用新型法第三十九条第一款、第三十七条第一款第二款之十一第一款或第四十八条第一款或第四十八条第一款或第四十八条之十二第一款第一款或第四十八条之十二第一款的审判或者第三十九条第一款、第三十七条第一款、第三十八条第一款的审查决定提起的诉讼。
8	新平成五年旧实用新型法附表第九项的规定，适用于该法律的实施日以后请求的新平成五年旧实用新型法第四十八条之十二第一款第一款或第四十八条第一款的审判相关的官费，关于实施日之前提出请求的新平成五年旧实用新型法附表第九项的规定，关于实施日之前请求的新平成五年旧实用新型法第三十七条第一款或第四十八条之十二第一款的审判相关的官费，旧平成五年实用新型法附表第九项的规定，具有该效力。

697

（50年法）51.1.1	（60年法）60.11.1	（62年法）63.1.1	（H2年法）H2.12.1	（H5年法）H6.1.1	（H6年法）H7.7.1 / H8.1.1（授权后异议）	（H10年法）H11.1.1	（H11年法）H12.1.1	（H14年法）H14.9.1 / H15.1.1 / H15.7.1	（H15年法）H16.1.1	（H16年法）17.4.1
附则§3（1）前条第1款的规定准用于该法律实施之际在特许厅处于审查中的特许申请、实用新型申请或者实用新型申请的实用新型无效审判的前提。（2）前条第3款的规定准用于依照该法律实施之前提起的实用新型申请相关的新型的无效的理由。	略	附则§3（2）新特许法第55条第1款正文（包括在实用新型法§3中准用的场合）的规定，随实用新型申请之后公告刊载的特许申请或者实用新型申请，从前例。	关于工业所有权相关程序等的特例的法律的实施令附则§3	附则§4（1）该法律实施之际对于特许厅处于审查中的新型申请（依条第13条的规定在申请的场合）第1款实用新型法规定进行再审、审判或者实用新型实用新型权，根据规定修改前的法律"…"的实施具有该效力。（2）前款的场合，关于该实用新型的实施法律提出请求的说	附则§9（1）关于特许等部分改正法律（平成5年法律第26号。以下称为"平成5年修改法"）的实施之前提交的新型申请之实施前申请公告前应当刊载的副本未被送达的，根据平成5年修改法附则第4条第1款规定修改前的法律第1款作为具有根据该法第3条规定的实用新型（在以下条中称为"平成5年实用新型特许法"）	※附则§13平成5年法律第26号第4条第2款的措辞的修改	※附则§14[同左]	—	附则§13（1）关于实施该法律以前根据平成5年第3条的规定提出申请的实用新型（以下称为"旧实用新型法"）第1款、第39条第12款之1条1款之1审判、审查决定确定之前，从前例。（2）根据前条的规定修改后的法5年修改法附则第4条第2款中改变措辞的旧实用新型	—

续表

明书或附图的订正，以及对根据平成5年修改法第1条的规定修改前的特许法（在下款中称为"平成5年旧特许法"）无论如何规定，作为具有效力，旧实用新型法的下表中同表格的上栏中所列的规定中同表格中栏中所列的措辞令的规定。		法第47条第2款的规定适用对新特许法第181条的规定，适用于实施法律之后请求的旧实用新型法第37条第1款或第12条之第48条第1款或第12条之审判的审查决定提起的诉讼，关于该法律实施以前实施的旧实用新型法第37条第1款或12条之第48条第1款的审判的审查决定提起的诉讼，从前例。
（2）对于前款规定的实用新型申请，不能根据平成5年旧实用新型法第13条实用新型法第13条的规定的场合准用新特许法第55条的规定。		平成5年法律第26号附则第12条
		平成5年法律第26号附则第4条第2款的措辞改变的修改

(4)【H16年法之前的无效理由一览】

(45年法)	(62年法)	(H2年法)	(H5年法)	(H6年法)	(H15年法)	(H16年法)	无效理由
(1号关联)（准用特§55(3))	(1号关联)§55(3)（准用特§25)	(1号关联)§55(3)（准用特§25)	1号关联§2之2(2)	1号关联【同左】	1号关联【同左】	1号关联【同左】	违反新事项增加
§3	§3	§3	2号关联§2之5(3)（准用特§25)	2号关联§2之5(3)（准用特§25)	2号关联§2之5(3)（准用特§25)	2号关联§2之5(3)（准用特§25)	外国人的权利享有
§3之2	§3之2	§3之2	§3	§3	§3	§3	实用新型技术方案/新颖性/创造性
§4	§4	§4	§3之2	§3之2	§3之2	§3之2	扩大在先申请实用新型对象共同在先申请
§9(1)（准用特§37)	§9(1)（准用特§38)	§9(1)（准用特§38)	§4	§4	§4	§4	
§7(1)~(3)、(8)	§7(1)~(3)、(8)	§7(1)~(3)、(8)	§11(1)（准用特§38)	§11(1)（准用特§38)	§11(1)（准用特§38)	§11(1)（准用特§38)	
			§7(1)~(3)、(6)	§7(1)~(3)、(6)	§7(1)~(3)、(7)	§7(1)~(3)、(7)	
(2号关联)违反公约	(2号关联)【同左】	(2号关联)【同左】	3号关联【同左】	3号关联【同左】	3号关联【同左】	3号关联【同左】	违反公约
(3号关联)§5(3)、(4)	(3号关联)§5(3)、(4)（第3项除外）、(5)	(3号关联)§5(4)、(6)	4号关联§5(4)、(5)（第3项除外）、(6)	4号关联§5(4)、(6)（第4项除外）	4号关联【同左】	4号关联【同左】	记载要件
(4号关联)假冒	(4号关联)【同左】	(4号关联)【同左】	5号关联【同左】	5号关联【同左】	5号关联【同左】	5号关联【同左】	假冒
(5号关联)实用新型授权后的§5(3)(准用特§25)	(5号关联)【同左】	(5号关联)【同左】	6号关联实用新型授权后的§2之5(3)(准用特§25)	6号关联【同左】	6号关联【同左】	6号关联【同左】	实用新型后的外国人的权利享有
						7号关联§14之2(2)~(4)	违反订正

700

旧实用新型法措辞改变

	（H2年法）H2.12.1	（H5年法）H6.1.1	
1号关联 §55(3)（准用特§25） §3 §3之2 §4 §9(1)（准用特§37） §7(1)～(3)、(8)	1号关联 §55条(3)（准用特§25） §3 §3之2 §4 §9(1)（准用特§38） §7(1)～(3)、(8)	1号关联 §55(3)（准用特§25） §3 §3之2 §4 §9(1)（准用特§38） §7(1)～(3)、(8)	外国人的权利享有 实用新型技术方案/新颖性/创造性 扩大在先申请 实用新型对象 共同申请 在先申请
2号关联 违反公约	2号关联 【同左】	2号关联 违反公约	违反公约
3号关联 §5(3)、(4)	3号关联 第5条(3)、(4)（第3项除外)(5)	2之2项 违反订正 ※根据平成5年法律第26号附则第4条第2款进行措辞改变	违反订正
		3号关联 【同左】	记载要件
4号关联 假冒	4号关联 【同左】	4号关联 【同左】	假冒
5号关联 实用新型授权后的§55(3)（准用特§25条）	5号关联 【同左】	5号关联 【同左】	实用新型授权后的外国人权利享有

附录4

701

日本知识产权审理与申诉程序手册
发明、实用新型、外观设计和商标(修订第 18 版)

  1967 年(昭和 42 年) 7 月 20 日 初 版 发 行
  2019 年(令和元年) 6 月 12 日 修订第 18 版发行